U0944273

21世纪高等院校法学系列精品教材

规范刑法学

（教学版）

（第二版）

陈兴良 著

中国人民大学出版社

·北京·

作者简介

陈兴良，男，汉族，1957 年生，浙江义乌人。1981 年毕业于北京大学法律学系，获法学学士学位；同年考入中国人民大学法律系，1984 年获法学硕士学位；1988 年获法学博士学位。现任北京大学法学院教授、北京大学国家与法治发展研究院刑事法治研究中心主任。

主要社会兼职：最高人民检察院专家咨询委员、教育部社会科学委员会委员、国家社会科学基金项目学科评审组专家。

主要学术研究领域：刑法教义学与刑法哲学。

主要奖项：1997 年入选国家教委首批跨世纪优秀人才培养计划，1999 年当选全国杰出中青年法学家，2000 年获教育部高校青年教师奖，2004 年入选教育部长江学者特聘教授，2007 年获评美国法律社会学会国际学术奖，2010 年获日本刑法学会名誉会员称号。

第二版序

《规范刑法学》（教学版）的第二版，对第一版的若干内容进行了修订，虽然变动的地方不多，但也算是一个新的版本。

《规范刑法学》（上下卷）是一部刑法的体系书，它以刑法条文体系为基本脉络，对刑法理论进行了系统的叙述，完整性和全面性是其主要特征。当然，对于刑法教学来说，受制于学时，很难在有限的课时内将《规范刑法学》的全部内容教授完毕。在这种情况下，对《规范刑法学》的内容删繁就简，保留重点，以适应刑法教学之需，就成为《规范刑法学》（教学版）编撰的目的。自从《规范刑法学》（教学版）的第一版出版以来，这个目的在一定程度上达到了，为刑法教学提供了一本可选择的教科书。当然，刑法教科书的内容是会随着立法与司法的发展而不断更新的。在本书第一版出版以后，有关司法解释颁布，例如 2016 年 4 月 18 日最高人民法院、最高人民检察院《关于办理贪污贿赂刑事案件适用法律若干问题的解释》对贪污贿赂罪以及相关犯罪的数额与情节作了具体规定，这是在《刑法修正案（九）》对贪污贿赂罪进行修改以后，司法解释根据立法精神对贪污贿赂罪的规范加以进一步发展和完善。为此，在本书第二版中，根据最新的司法解释调整了有关内容。需要说明的是，在刑法教科书中如何处理已失效的司法解释是一个值得注意的问题。随着司法解释的废、改、立，司法解释的新陈代谢不可避免。在新的司法解释替代旧的司法解释以后，刑法教科书需要对相关内容进行更新替换。在我看来，新旧司法解释之间的关系具有以下两种情形：第一种是替代关系。例如旧的司法解释对某罪的数额较大规定为 1 万元，而新的司法解释修改为 3 万元。在这种情况下，对于该罪的数额较大就应当以 3 万元取代 1 万元。第二种是并列关系。旧的司法解释的某个规定，在新的司法解释中并没有规定。在这种情况下，即使旧的司法解释已经失效，但新的司法解释没有规定而旧的司法解释有规定的内容仍然具有参考价值。对此，在刑法教科书中还是可以引用。在有关司法解释中，往往都有这样一句话："本解释发布实施后，××解释同时废止；之前发布的司法解释和规范性文件与本解释不一致的，以本解释为准。"根据这一规定，被废止的司法解释就失效了，但只有在新旧司法解释不一致的情况下，新的解释代替旧的解释，旧的解释不再适用。但如果旧的解释的某项内容在新的解释中并未规定，在这种情况下，我认为旧的解释还是可以在刑法教科书中引用的。本书中所涉及的新旧司法解释的关系，按照上述原则处理。

《规范刑法学》（教学版）以简洁的方式叙述复杂的刑法理论，以便适应刑法教学，尤其是本科教学的需要。实际上，刑法理论是具有层次性的。对于初学者来说，接触到的只是某个学科最为基础，也是最为简单的知识，这些知识具有确定性与共识性。只有在掌握了这些知识的基础上，才有可能对本学科理论作进一步的钻研。因此，一个学科的基础知识还是十分重要的。刑法学这个学科与其研究对象——刑法这个部门法之间具有密切的关联。一名刑法学人应当随时关注刑法立法和司法的发展，并且将这些刑法规范的演进及时地反映在刑法教科书之中。

是为序。

谨识于北京海淀锦秋知春寓所

2018 年 3 月 16 日

序

本书是在《规范刑法学》（上下卷）的基础上缩编而成的，是该书的教学版。《规范刑法学》一书是我所编写的一部刑法体系书，基本上囊括了刑法的所有内容，尤其是对刑法分则的每个罪名都根据刑法规定和司法解释进行了细致的梳理和严密的解读。因此，《规范刑法学》一书的篇幅较大，而且随着法律与司法解释以及指导性案例的不断发展，该书的内容也不断地扩展。《规范刑法学》第一版（中国政法大学出版社 2003 年版）全书共计 92 万字，装订为一册；第二版（中国人民大学出版社 2008 年版）全书共计 107 万字，装订为上下两卷。及至第三版（中国人民大学出版社 2013 年版）全书扩展为 117 万字。如此大的篇幅不仅使书的价格较贵，而且不适合于教学。在这种情况下，中国人民大学出版社的编辑多次催促我对该书进行压缩，出版一个适合于刑法本科教学的版本。因为各种写作任务的纠缠，直到今天才完成这一缩编的任务，我也算松了一口气。

在对《规范刑法学》一书进行缩编的时候，主要考虑了刑法课程教学的时间安排。目前各校一般都分一学年安排刑法课程的教学，其中，刑法总论一个学期，每周学时在 4 个左右；刑法各论一个学期，每周学时在 3 个左右。在这种情况下，刑法总论的基本原理应该系统讲授，其内容较为完整，尤其是犯罪论体系应该是讲授的重点，所以本书对刑法总论没有进行过多的压缩。而刑法各论，涉及五百四十多个罪名，不可能每个都讲授，对此应该重点压缩。我在北京大学法学院给本科生讲授刑法各论时，曾经只讲授 14 个重点罪名①，这 14 个罪名是：故意杀人罪、过失致人死亡罪、故意伤害罪、强奸罪、抢劫罪、盗窃罪、诈骗罪、侵占罪、贪污罪、挪用公款罪、受贿罪、重大责任事故罪、非法经营罪、玩忽职守罪。这些罪名是刑法中的重点罪名，与之关联的罪名达到百个以上，能够起到举一反三之功效。在《规范刑法学》的教学版中，考虑到学生学习以及考试的需要，稍微扩大罪名范围，将较为常见的罪名都罗列其中，总数达到 88 个，基本涵括了我国刑法分则中的主要罪名。掌握这些罪名，就能够较好地理解刑法分则的内容。值此本书付印之际，适逢《刑法修正案（九）》颁布，我根据最新立法，对书稿作了修订。

刑法是一门重要的法学课程，具有其独特的法律方法论。通过刑法课程的学习，对现行刑法的基本内容要有一个框架性或者体系性的掌握。《规范刑法学》（教学版）一书意在为刑法课程的讲授与学习提供样本，期待着它在刑法教学中发挥作用。在本书编写过程中，我的硕士生吴雨豪帮我做了若干文字处理工作，对此深表谢意。

陈兴良
谨识于北京海淀锦秋知春寓所
2015 年 9 月 28 日

---

① 参见陈兴良：《口授刑法学》，北京，中国人民大学出版社，2007。

目　录

上篇　刑法总论

第 1 章　刑法概述 …… 3
第 2 章　刑法原则 …… 15
第 3 章　刑法效力 …… 21
第 4 章　犯罪概说 …… 28
第 5 章　定罪 …… 34
第 6 章　犯罪论体系 …… 41
第 7 章　罪体 …… 49
第 8 章　罪责 …… 73
第 9 章　罪量 …… 91
第 10 章　未完成罪 …… 96
第 11 章　共同犯罪 …… 107
第 12 章　单位犯罪 …… 125
第 13 章　竞合论 …… 134
第 14 章　刑罚概说 …… 142
第 15 章　刑罚体系 …… 151
第 16 章　量刑概说 …… 170
第 17 章　量刑制度 …… 178
第 18 章　行刑概说 …… 194
第 19 章　行刑制度 …… 199
第 20 章　刑罚消灭 …… 210

下篇　刑法各论

第 1 章　危害公共安全罪 …… 217
第 2 章　破坏社会主义市场经济秩序罪 …… 228
第 3 章　侵害人身权利罪 …… 263
第 4 章　侵犯财产罪 …… 281
第 5 章　妨害社会管理秩序罪 …… 315
第 6 章　贪污贿赂罪 …… 343
第 7 章　渎职罪 …… 365

细　　目

上篇　刑法总论

第 1 章　刑法概述 ………… 3
一、刑法的概念 ………… 3
二、刑法的分类 ………… 3
三、刑法的界定 ………… 4
四、刑法的根据 ………… 5
五、刑法的任务 ………… 5
六、刑法的体系 ………… 6
七、刑法的条文 ………… 8
八、刑法的解释 ………… 10

第 2 章　刑法原则 ………… 15
一、罪刑法定原则 ………… 15
二、罪刑平等原则 ………… 17
三、罪刑均衡原则 ………… 18

第 3 章　刑法效力 ………… 21
一、刑事管辖原则 ………… 21
二、刑法的属地管辖 ………… 22
三、刑法的属人管辖 ………… 23
四、刑法的保护管辖 ………… 24
五、刑法的普遍管辖 ………… 24
六、刑法的生效时间 ………… 24
七、刑法的失效时间 ………… 25
八、刑法的溯及力 ………… 25

第 4 章　犯罪概说 ………… 28
一、犯罪的概念 ………… 28
二、犯罪的特征 ………… 29
三、犯罪的分类 ………… 31

第 5 章　定罪 ………… 34
一、定罪概述 ………… 34

二、定罪原则 …… 35
三、定罪过程 …… 38

第 6 章 犯罪论体系 …… 41
一、犯罪构成概述 …… 41
二、犯罪构成的体系 …… 43
三、犯罪构成的分类 …… 46

第 7 章 罪体 …… 49
一、罪体概述 …… 49
二、罪体构成要素 …… 50
三、罪体排除事由 …… 62

第 8 章 罪责 …… 73
一、罪责概述 …… 73
二、罪责构成要素 …… 74
三、罪责排除事由 …… 82

第 9 章 罪量 …… 91
一、罪量概述 …… 91
二、数额 …… 93
三、情节 …… 94

第 10 章 未完成罪 …… 96
一、未完成罪概述 …… 96
二、犯罪预备 …… 99
三、犯罪未遂 …… 100
四、犯罪中止 …… 103

第 11 章 共同犯罪 …… 107
一、共同犯罪概述 …… 107
二、共同犯罪的形式 …… 109
三、共同犯罪的定罪 …… 110
四、共同犯罪的处罚 …… 116

第 12 章 单位犯罪 …… 125
一、单位犯罪概述 …… 125
二、单位犯罪的定罪 …… 127
三、单位犯罪的处罚 …… 131

第 13 章 竞合论 …… 134
一、竞合论概述 …… 134

二、法条竞合 …… 135
三、想象竞合 …… 138
四、实质竞合 …… 139

第 14 章　刑罚概说 …… 142
一、刑罚的概念 …… 142
二、刑罚的功能 …… 144
三、刑罚的目的 …… 148

第 15 章　刑罚体系 …… 151
一、刑罚体系概述 …… 151
二、主刑 …… 152
三、附加刑 …… 161
四、非刑处置 …… 168

第 16 章　量刑概说 …… 170
一、量刑概述 …… 170
二、量刑原则 …… 171
三、量刑情节 …… 173

第 17 章　量刑制度 …… 178
一、累犯 …… 178
二、自首 …… 182
三、坦白 …… 186
四、立功 …… 187
五、数罪并罚 …… 189

第 18 章　行刑概说 …… 194
一、行刑概述 …… 194
二、行刑原则 …… 196
三、行刑的变通 …… 197

第 19 章　行刑制度 …… 199
一、缓刑 …… 199
二、减刑 …… 203
三、假释 …… 206

第 20 章　刑罚消灭 …… 210
一、刑罚消灭概述 …… 210
二、时效 …… 211
三、赦免 …… 213

下篇　刑法各论

第1章　危害公共安全罪 …… 217
一、放火罪 …… 217
二、失火罪 …… 217
三、以危险方法危害公共安全罪 …… 218
四、破坏交通工具罪 …… 219
五、破坏广播电视设施、公用电信设施罪 …… 219
六、非法制造、买卖、运输、邮寄、储存枪支、弹药、爆炸物罪 …… 221
七、交通肇事罪 …… 222
八、危险驾驶罪 …… 224
九、重大责任事故罪 …… 226
十、强令违章冒险作业罪 …… 226

第2章　破坏社会主义市场经济秩序罪 …… 228
一、生产、销售伪劣产品罪 …… 228
二、走私普通货物、物品罪 …… 230
三、非法经营同类营业罪 …… 232
四、为亲友非法牟利罪 …… 233
五、骗取贷款、票据承兑、金融票证罪 …… 234
六、非法吸收公众存款罪 …… 234
七、内幕交易、泄露内幕信息罪 …… 236
八、操纵证券、期货市场罪 …… 238
九、洗钱罪 …… 239
十、集资诈骗罪 …… 240
十一、贷款诈骗罪 …… 241
十二、信用卡诈骗罪 …… 242
十三、逃税罪 …… 244
十四、虚开增值税专用发票、用于骗取出口退税、抵扣税款发票罪 …… 247
十五、假冒注册商标罪 …… 249
十六、侵犯著作权罪 …… 250
十七、侵犯商业秘密罪 …… 252
十八、合同诈骗罪 …… 254
十九、非法经营罪 …… 255
二十、强迫交易罪 …… 261

第3章　侵害人身权利罪 …… 263
一、故意杀人罪 …… 263
二、过失致人死亡罪 …… 265
三、故意伤害罪 …… 266
四、过失致人重伤罪 …… 268

五、强奸罪 …… 268
六、非法拘禁罪 …… 272
七、绑架罪 …… 273
八、拐卖妇女、儿童罪 …… 275
九、侮辱罪 …… 279
十、刑讯逼供罪 …… 280

第 4 章　侵犯财产罪 …… 281
一、抢劫罪 …… 281
二、盗窃罪 …… 285
三、诈骗罪 …… 298
四、抢夺罪 …… 303
五、聚众哄抢罪 …… 304
六、侵占罪 …… 305
七、职务侵占罪 …… 307
八、挪用资金罪 …… 308
九、挪用特定款物罪 …… 309
十、敲诈勒索罪 …… 310
十一、故意毁坏财物罪 …… 312
十二、破坏生产经营罪 …… 313

第 5 章　妨害社会管理秩序罪 …… 315
一、妨害公务罪 …… 315
二、招摇撞骗罪 …… 316
三、破坏计算机信息系统罪 …… 316
四、聚众扰乱公共场所秩序、交通秩序罪 …… 319
五、编造、故意传播虚假恐怖信息罪 …… 319
六、聚众斗殴罪 …… 320
七、寻衅滋事罪 …… 321
八、组织、领导、参加黑社会性质组织罪 …… 323
九、聚众淫乱罪 …… 326
十、赌博罪 …… 326
十一、辩护人、诉讼代理人毁灭证据、伪造证据、妨害作证罪 …… 328
十二、掩饰、隐瞒犯罪所得、犯罪所得收益罪 …… 329
十三、组织他人偷越国（边）境罪 …… 330
十四、非法行医罪 …… 331
十五、污染环境罪 …… 332
十六、盗伐林木罪 …… 333
十七、走私、贩卖、运输、制造毒品罪 …… 334
十八、非法持有毒品罪 …… 336
十九、组织卖淫罪 …… 338

二十、制作、复制、出版、贩卖、传播淫秽物品牟利罪 …… 339

第6章　贪污贿赂罪 …… 343
一、贪污罪 …… 343
二、挪用公款罪 …… 349
三、受贿罪 …… 353
四、单位受贿罪 …… 359
五、行贿罪 …… 360
六、介绍贿赂罪 …… 362
七、巨额财产来源不明罪 …… 362
八、私分国有资产罪 …… 363

第7章　渎职罪 …… 365
一、滥用职权罪 …… 365
二、玩忽职守罪 …… 367
三、故意泄露国家秘密罪 …… 368
四、徇私枉法罪 …… 369
五、私放在押人员罪 …… 370
六、徇私舞弊不移交刑事案件罪 …… 371
七、国家机关工作人员签订、履行合同失职被骗罪 …… 372
八、帮助犯罪分子逃避处罚罪 …… 373

上篇

刑法总论

21 世纪高等院校法学系列精品教材

Faxue xilie jingpin jiaocai

规 范 刑 法 学 (教 学 版)

第1章　刑法概述

一、刑法的概念

刑法是规定犯罪和刑罚及罪刑关系的法律。刑法作为一个独立的部门法，具有以下特征。

（一）公法的特征

公法是与私法相对应的概念。公法是指涉及公共利益，尤其是国家利益的法律，因此，公法调整的是纵向的法律关系，在公法关系中，个人与国家处于法律上的从属地位。而私法是指涉及私人利益的法律，因此，私法调整的是横向的法律关系，在私法关系中，公民之间处于法律上的平等地位。在刑法所调整的法律关系中，个人处于受国家权力支配的法律地位，只要主体的行为触犯刑律构成犯罪，即应当受到司法机关的刑事追究。

（二）刑事法的特征

刑事法是与民事法、行政法相对应的概念，是指以犯罪为规制对象，围绕犯罪的侦查、认定与刑罚的裁量、执行及其程序的法律规范总和。凡与刑事（犯罪）有关的一切法律，均可称为刑事法。这个意义上的刑事法，包括刑法、刑事诉讼法、监狱法等，被称为全体刑法。刑事法的特点是与犯罪相关，在这个意义上，刑事法可以说是犯罪规制法，从而区别于民事法和行政法。在刑事法中，刑法居于核心地位，是主法，是实体法，故又称为本体刑法。其中，主法是与助法相对而言的。助法是指从属性法律或者辅助性法律，程序法往往被认为是助法；而主法是指规定权利、义务之实体内容的法律，实体法往往被认为是主法。刑法作为刑事法，与犯罪和刑罚具有密切联系，可以说是刑事基本法。

（三）强行法的特征

强行法是与任意法相对应的概念。任意法又称任意性法律规范，是指在法定范围内允许法律关系参加者自己确定相互权利、义务的具体内容的法律规范。而强行法，又称为强行性法律规范，是指必须绝对执行的法律规范。在法学理论上，一般认为刑法主要是强行法，只有在告诉才处理的情况下才具有任意法的性质；而民法主要是任意法，只有少数强行性法律规范。由于刑法具有这种强行法的特征，其国家强制力体现得更为明显。

二、刑法的分类

（一）狭义刑法与广义刑法

根据刑法规定范围的大小，可以将刑法分为狭义刑法与广义刑法。狭义刑法又称刑法典，是指条理化和系统化地规定犯罪与刑罚的一般原则和具体罪名及其法定刑的法律规范。对于狭义刑法，有些国家明确标明是刑法典，例如《法国刑法典》，也有些国家未明确标明是刑法典，而只是一般地称为刑法，例如《日本刑法》，我国亦如此，这只是一个习惯问题。在没有标明是刑法典的情况下，狭义刑法实际上仍然具有刑法典的性质。当我们在一般意义上使用刑法这个概念时，指的就是狭义刑法。广义刑法，一般指一切刑法规范的总和，不仅包括刑法典，而且包括单行刑法和附属刑法。

（二）普通刑法与特别刑法

根据刑法适用范围的大小，可以将刑法分为普通刑法与特别刑法。普通刑法是指效力及于一国领域内任何地区和个人的刑法规范。这种刑法规范具有普遍适用的性质，通常不局限于某一类主体，也没有特殊的时间、地点限制，是刑法的基本构成部分。普通刑法的主要表现形式是刑法典，还包括作为刑法典的补充并具有相同效力范围的其他单行刑法。特别刑法有实质意义上的特别刑法与形式意义上的特别刑法之分。实质意义上的特别刑法是指国家为了适应某种特殊需要而颁布的，效力仅及于特定人、特定时间、特定地域或者特定事项的刑法规范。这种特别刑法可以分为以下四种情形：（1）时间的特别刑法，如战时特别法。（2）地域的特别刑法，如特定地区的戒严法。（3）对人的特别刑法，如军事刑法。（4）对事的特别刑法，如禁毒法。形式意义上的特别刑法是指现行刑法典以外的一切有关犯罪及其刑罚的法律规范，包括单行刑法与附属刑法。这种形式意义上的特别刑法是国家为了弥补现行刑法典的不足而颁布的刑法规范。在一般情况下，特别刑法是指实质意义上的特别刑法。

（三）单一刑法与附属刑法

根据刑法规范的独立性和附属性，可以将刑法分为单一刑法与附属刑法。单一刑法是指内容全部是刑法或者基本上是刑法的法律规范。在这种情况下，刑法规范是这些法律规范的主体内容。单一规范又可以分为两种：一是刑法典，其内容均为刑法规范。二是单行刑法，是为补充或者修改刑法典而颁布的刑法规范。单行刑法的内容基本上是刑法规范，但也不排除在个别单行刑法中包含某些非刑法规范的内容，例如行政处罚。单一刑法由于在外形或者名称上便具有刑法的性质，因而又被称为形式刑法。附属刑法是指非刑事法律中关于犯罪及其刑罚的法律规范。在这些法律中，刑法规范不是其所依存的法律的主体部分，因而被称为附属刑法。附属刑法由于在外形或者名称上不具有刑法的性质，因而又被称为实质刑法。

（四）国内刑法与国际刑法

根据刑法规定是否涉及国际关系，还可以将刑法分为国内刑法与国际刑法。国内刑法是指由一定的主权国家制定，在其刑事管辖权范围内适用的刑法。一般意义上的刑法，都是国内刑法。国际刑法有狭义与广义之分：狭义的国际刑法是指国际公约中旨在制裁国际犯罪、维护各国共同利益的各种刑事法规范。广义的国际刑法，除狭义的国际刑法以外，还包括刑法适用范围中的空间效力问题，即国内刑法中与国际相关的内容，以及各国为避免刑事管辖权的冲突而缔结的国际公约。由此可见，国内刑法与国际刑法是两种不同的刑法，对国际刑法的特殊性更应予以充分的关注。国际刑法，往往与国内刑法有着密切联系，但又超越国内刑法，成为自成一体的刑法体系。因此，国际刑法是国际法的刑法方面与刑法的国际方面的统一，具有国际法与刑法的二重性。在这个意义上，我认为国际刑法具有独立存在的根据。当然，对于国际刑法之刑法，应理解为刑事法，包括刑事实体法与刑事程序法。因此，国际刑法是国际社会惩治国际犯罪的刑事实体法规范和刑事程序法规范的总和。这里的“国际刑事程序法规范”，主要是指国际刑事司法协助，它是刑事诉讼国际化的反映。由于国际刑事司法协助与国际刑法存在密切联系，将其归入国际刑法并无不可。

三、刑法的界定

刑法的界定主要涉及刑法与相关刑事法及刑事法学的区分问题。在法律体系中，刑法是一个重要的部门法，以其为核心，形成刑事法。刑事法中的各个法律部门之间既具有密切联系，又存在性质上的区分。

（一）刑法与刑事诉讼法

刑法与刑事诉讼法的关系，是实体法与程序法之间的关系。刑法规定的是犯罪与刑罚的实体内容，刑事诉讼法规定的是处理刑事案件的诉讼程序，两者的关系十分密切，是一种内容与形式的关系。从世界各国的情况来看，大陆法系国家严格区分实体法与程序法，而且对实体法格外重视，可以说是实体优先。在英美法系国家，实体法与程序法并未得到严格区分，但程序法被特别强调，可以说是随着法治的发展，从程序工具主义向程序本位主义转变，程序的独立价值越来越得到强调。在这种情况下，对于刑法与刑事诉讼法的关系应当重新认识，尤其应当克服重实体、轻程序的偏见，确立程序正义优先的理念。

（二）刑法与监狱法

监狱法是以规制刑事执行为主要内容的法，因此，监狱法又称为行刑法。在性质上，监狱法属于刑事法。监狱法与刑法的关系也十分密切：监狱法的任务在于保障刑罚实施并实现行刑目的。随着目的刑思想的流行，行刑问题越来越受到重视，因而监狱法成为与刑法、刑事诉讼法并列的刑事法的三大支柱，由此形成全体刑法的框架。可以说，没有监狱法的正确实施，刑法适用就会丧失其正当的目的性。

四、刑法的根据

我国《刑法》第 1 条规定："为了惩罚犯罪，保护人民，根据宪法，结合我国同犯罪作斗争的具体经验及实际情况，制定本法。"这一规定明确了我国刑法的根据，包括法律根据和实践根据。现分述如下。

（一）刑法的法律根据

宪法作为国家的根本大法，是我国刑法制定的法律根据。宪法规定的是我国社会制度和国家制度的根本原则、国家机关组织和活动的基本原则，以及公民的基本权利和义务等根本性的问题。而各个部门法律是从不同的领域、用不同的手段，为保障和实施宪法所规定的基本内容和各项基本原则服务的。因此，宪法是我国其他一切法律的立法根据，当然也是刑法的立法根据。我国刑法以宪法为立法根据，就必须在其领域内具体贯彻宪法的规定，刑法的规定及其解释都不能与宪法相抵触，否则，便没有法律效力。刑法的有关具体规定，都是以宪法为依据的，并且通过惩治各种犯罪行为来保障宪法的正确实施。

（二）刑法的实践根据

我国同犯罪作斗争的实践经验和实际情况，是我国刑法制定的实践根据。调查研究，实事求是，一切从实际出发，是我国刑事立法的根本指导思想。按照这一思想，制定刑法的时候，应当认真地总结我国长期同犯罪作斗争的经验，立足于我国的实际情况。在立法过程中，我国刑法借鉴、吸取了中外刑事立法的经验，并从我国目前的实际情况出发，从而使我国的刑法成为一部具有中国特色的刑法。从刑法规定的内容来看，对于我国多年来同犯罪作斗争行之有效的、成熟的经验以及我国独创的制度，刑法都作了规定，例如管制、"死缓"、减刑、自首等。事实说明，现实生活决定法律的立、改、废，法律只有立足于客观实际，才有生命力，刑法也不例外。

五、刑法的任务

我国《刑法》第 2 条规定："中华人民共和国刑法的任务，是用刑罚同一切犯罪行为作斗争，以保卫国家安全，保卫人民民主专政的政权和社会主义制度，保护国有财产和劳动群众集体所有的财产，保护公民私人所有的财产，保护公民的人身权利、民主权利和其他权利，维护社会秩序、经济秩序，保障社会主义建设事业的顺利进行。”根据这一规定，关于我国刑法的任务可以从以下两个方面加以说明。

（一）打击犯罪与保护人民的统一

打击犯罪与保护人民是手段和目的的关系。打击犯罪是指采用刑罚即刑事制裁的方法，同一切危害国家安全的和其他的刑事犯罪行为作斗争。打击犯罪的目的是保护人民。根据我国刑法的规定，保护人民主要是指保护国家的根本政治制度和公民的合法权益。具体地说，表现在以下四个方面：（1）保卫人民民主专政的政权和社会主义制度。严厉打击直接危害我国人民民主专政的政权和社会主义制度的危害国家安全的犯罪行为，是我国刑法的首要任务。（2）保护公共财产和公民私人所有的财产。国有财产和劳动群众集体所有的财产，是社会主义的物质基础，是我国进行现代化建设的物质保证，因而保护公共财产是我国刑法的重要任务。公民私人所有的财产，是公民生产、工作、生活必不可少的物质条件。保护公民私人所有的财产，是宪法的原则在刑法中的体现。（3）保护公民的人身权利、民主权利和其他权利。保护人民的合法权益是我们社会主义国家的根本任务，也是我国刑法任务的重要内容之一。（4）维护社会秩序和经济秩序。良好的社会秩序和经济秩序，是社会主义建设事业顺利进行的保障，同人民的切身利益密切相关，因此，维护社会秩序和经济秩序，是刑法的一项重要任务。

（二）保障机能与保护机能的统一

刑法的保障机能一方面是指刑法为无罪的人不受法律追究提供法律保障。刑法以罪刑法定为基本原则，而无罪不罚是罪刑法定的必然要求。从无罪不罚的角度出发，任何人，只要未实施犯罪，便不受刑罚惩罚，因此，刑法是公民自由的重要保障。另一方面，刑法的保障机能还指保障犯罪人不受法外刑。按照罪刑法定原则的要求，任何犯罪人，都只能依法受刑罚惩罚，不得被法外施刑，因此，刑法也为犯罪人不受法外刑的惩罚提供了法律保障。刑法的保护机能，是指刑法通过制裁侵害一定社会关系的犯罪行为，达到使社会关系不再受犯罪侵害的目的。刑法的保障机能与保护机能是有机统一的，两者不可偏废。

六、刑法的体系

刑法的体系，是指各种刑法规范按照一定的规律、顺序、联系有机地排列，组成统一的整体。各国刑法典一般都分为总则和分则两编，个别的还有附则。编之下，再根据法律规范的性质和内容，有次序地划分为章、节、条、款、项等层次，从而构成刑法的统一整体。

（一）编

编是刑法典的第一级单位。我国刑法将总则和分则列为两编，附则不另立一编，但性质上与总则、分则并列。以总则、分则为基本框架，我国刑法把各种刑法规范科学而系统地纳入总则和分则之中，并使两者有机地结合起来。刑法总则是关于刑法的基本原则和适用范围以及犯罪和刑罚一般规定的规范体系，这些法律规范是定罪量刑必须遵守的共同规则。刑法分则是关于具体犯罪及其法定刑的规范体系，这些法律规范是定罪量刑的具体规则。根据上述标准，可以将刑法规范分为总则性规范和分则性规范。在刑法典中，刑法总则规定的是总则性规范，刑法分则规定的是分则性规范。不仅刑法典的规范可以分为总则性规范与分则性规范，而且单行刑法与附属刑法按其内容属性也可以作这样的划分。单行刑法和附属刑法中的内容大多属于刑法分则性规范，但也有个别总则性规范。应当指出，刑法总则性规范的效力不仅及于刑法典，也及于单行刑法与附属刑法。对此，我国《刑法》第101条明确规定：“本法总则适用于其他有刑罚规定的法律，但是其他法律有特别规定的除外。”这里的“有刑罚规定的法律”，就是指单行刑法与附属刑法。从理论上说，刑法总则与刑法分则的关系是一般与特殊、抽象与具体的关系。附则是关于刑法内容的附属性规定，一般涉及刑法的非实体性内容。

（二）章

编下是章，章是总则和分则两编之下的单位。刑法总则和分则各自独立设章。我国刑法总则分设5章，刑法分则分设10章。在刑法分则中，罪名往往按章排列，各章的排列有一定的顺序，形成一个有机的整体。

（三）节

章下是节，节是章根据需要而下设的单位，反映章内部的有机联系。我国刑法根据内容决定章下是否设节。在刑法总则中，凡内容较多并且有明确的层次之分的章，往往章下设节，其他章下就不设节。在刑法分则中，第三章与第六章因章下罪名较多而设节，其他章下均不设节。

（四）条

节下是条，条是表达刑法规范的基本单位。刑法规范通常都是以条文形式出现的，因而条是刑法规范的基本构成元素。配置在各编、章、节中的刑法条文，全部用统一的顺序号码进行编号。我国刑法修正案对刑法条文进行增补的时候，采用“刑法第某某条，后增加一条，作为第某某条之一”的方式，保持了刑法条文的编号不变。我国刑法条文的编号自成系统，不受编、章、节划分的影响。刑法条文采用统一编号，易于检索，方便引用。在刑事判决书中引用法条，不应引用刑法修正案的条文，而应当引用经刑法修正案修订或者补充的刑法条文。

（五）款

条下是款，款是设于某些条文之下的单位。有些条文表达的内容简单，只有一段，因而没有必要在条下设款。在条文所要表达的内容比较丰富，存在若干层次的情况下，需要在条下设款。我国刑法中的款采用另起一行的方法表示。例如，我国《刑法》第23条分为两款，第1款规定的是犯罪未遂的概念，第2款规定的是未遂犯的处罚原则。

在款的内部还有段之分。在某些情况下，在同一款里还会包含两个甚至三个意思。在学理上，对于同一款里包含的两个意思，分别称为前段与后段；对于同一款里包含的三个意思，分别称为前段、中段与后段。在具有这种结构的条款当中，如果用“但是”这个连接词表示转折关系，从“但是”开始的这段文字，在学理上称为但书。刑法中的但书所表示的大致有以下三种情况：(1) 补充性但书，这种但书是对前段的补充，使前段的意思更为明确，我国《刑法》第13条前段规定了犯罪的概念，后段规定：“但是情节显著轻微危害不大的，不认为是犯罪”，它从反面使犯罪概念更加明确。(2) 例外性但书。这种但书是前段的例外。在条款中，凡是以“但是……除外”这种句型出现的但书，都属于例外性但书，例如我国《刑法》第65条前段规定了累犯的概念和处罚原则，后段规定：“但是过失犯罪和不满十八周岁的人犯罪的除外”。因此，过失犯罪是累犯构成的排除性条件。(3) 限制性但书。这种但书是对前段的限制，例如，我国《刑法》第20条第2款规定：“正当防卫明显超过必要限度造成重大损害的，应当负刑事责任，但是应当减轻或者免除处罚”。

（六）项

条与款下有项，项是某些条或款之下设立的单位。刑法典中的项，往往采用基数号码进行编号。一般来说，列为项的内容之间往往具有并列关系，并共同从属于条或款。例如，我国《刑法》第33条规定：“主刑的种类如下：（一）管制；（二）拘役；（三）有期徒刑；（四）无期徒刑；（五）死刑。”以上5种主刑，刑法分为5项加以规定。

（七）目

条与款下还有目，目也可能设于节下、条上。一般来说，目是某些条与款之下设立的单位。

七、刑法的条文

（一）刑法总则条文

刑法总则是关于定罪量刑的一般原则与制度的规定，例如，关于犯罪构成要件的规定和关于刑罚适用条件的规定等。从形式上看，刑法总则条文主要由两部分构成，即定义与规则。

1. 定义

定义式规定，在刑法总则条文中占有主要地位。因为刑法总则条文的内容具有一般性，在规定的时候采用定义的方法是较为合适的，定义可以对某一原则与制度的本质特征加以表述。尤其是对于某些主要概念，都应当尽量采用定义方式加以规定，防止定义权旁落。我国刑法总则条文中存在大量定义式规定，最为著名的是《刑法》第13条关于犯罪概念的规定，揭示了犯罪的特征。此外，故意犯罪、过失犯罪、正当防卫、紧急避险、犯罪预备、犯罪未遂、犯罪中止、犯罪集团、主犯、从犯、胁从犯、自首、立功等都是定义式规定。另外，我国《刑法》总则第五章“其他规定”，对公共财产、公民私人所有的财产、国家工作人员、司法工作人员、重伤、违反国家规定、首要分子、告诉才处理等法律用语加以定义，以便于适用。定义式规定的特征是简明性与确切性，尤其适合于刑法总则条文的规定。

2. 规则

刑法总则条文的内容除定义以外，还包含大量处理规则。例如，《刑法》第23条第1款是关于犯罪未遂概念的规定：“已经着手实行犯罪，由于犯罪分子意志以外的原因而未得逞的，是犯罪未遂。”第2款则是关于犯罪未遂处罚原则的规定：“对于未遂犯，可以比照既遂犯从轻或者减轻处罚。”处理规则直接明确地规定了某一行为的法律后果，因而是刑法总则条文的主要组成部分。

我国刑法总则条文关于处理规则的设置，采用了不同的模态词，从而反映了不同的立法意图，对于司法适用具有重要意义。这些模态词包括：（1）应当，例如，《刑法》第18条第4款规定：“醉酒的人犯罪，应当负刑事责任。”这里的“应当”，是指必须，具有强制性，不能作相反的处理。（2）可以，例如，《刑法》第19条规定：“又聋又哑的人或者盲人犯罪，可以从轻、减轻或者免除处罚。”这里的“可以”，是指一般情况下应当如此，带有倾向性，允许在特殊情况下作出相反的处理。此外，还有未采用模态词的规则，我认为对此都应当理解为强制性规定。例如，《刑法》第20条关于正当防卫不负刑事责任的规定，这里的“不负刑事责任”，就是指应当不负刑事责任。

（二）刑法分则条文

刑法分则条文是规定具体犯罪的法律条文，是定罪量刑的直接根据。刑法分则条文中，除个别定义式条文以外，基本上都是罪刑式条文。罪刑式条文由两部构成，即罪状与法定刑。

1. 罪状

罪状是指刑法分则条文对具体犯罪的基本构成特征的描述。按照苏联著名刑法学家A. H. 特拉伊宁的形象说法，罪状是犯罪构成的“住所”：立法者通过罪状设置具体犯罪，司法者通过罪状认定具体犯罪。因此。罪状在刑法中具有重要意义。在刑法理论上，罪状可以分为以下四种情形。

（1）简单罪状

简单罪状是指刑法分则条文对能被罪名加以概括的具体犯罪的构成特征的类型化表述，因此，简单罪状基本上等同于罪名，其对具体犯罪的构成特征的描述未能超出罪名的范围。《刑法》第 232 条规定的故意杀人罪，其罪状是故意杀人。在这种情况下，罪状的内容正好与罪名相重合，因此，在刑法理论上将这种罪状称为简单罪状。简单罪状由于其罪状的简单性，因而具有简明扼要的特点，便于掌握。对于那些众所周知的犯罪，采用简单罪状的立法方式，可以消除法条在表述上的烦琐、累赘，具有其优越性。当然，简单罪状不可超范围地采用，因为简单罪状除罗列罪名以外，未对具体犯罪的构成特征加以进一步的描述。对于那些构成特征不为人所周知的犯罪采用简单罪状的立法方式，就无法发挥通过罪状设置具体犯罪的构成要件这一罪状的基本功能，因而无法实现罪之法定。

（2）叙明罪状

叙明罪状是指刑法分则条文对超出能被罪名加以概括的具体犯罪的构成特征的类型化表述。叙明罪状对具体犯罪的构成特征进行了详细描述，因此对于正确地理解某一具体犯罪的构成特征具有重要意义。在一般情况下，对于法定犯往往采用叙明罪状的立法方式。当然，叙明罪状对具体犯罪的构成特征的描述，在不同条文中，详细程度是有所不同的。但是，叙明罪状对具体犯罪的构成特征的描述，必须超出罪名概括的内容。唯有如此，才能将叙明罪状与简单罪状加以区分。在我国刑法中，典型的叙明罪状是《刑法》第 305 条规定的伪证罪的罪状："在刑事诉讼中，证人、鉴定人、记录人、翻译人对与案件有重要关系的情节，故意作虚假证明、鉴定、记录、翻译，意图陷害他人或者隐匿罪证"。在这一罪状中，既有罪体的特征，又有罪责的特征，可谓叙述详细。

（3）引证罪状

引证罪状是指刑法分则条文援引其他条文对具体犯罪的构成特征的类型化表述。例如，《刑法》第 124 条第 1 款规定了破坏广播电视设施、公用电信设施罪的罪状，第 2 款则规定："过失犯前款罪的，处三年以上七年以下有期徒刑；情节较轻的，处三年以下有期徒刑或者拘役。"这里的"犯前款罪"，就是引证罪状，以前款规定之罪状为本款规定之罪状的一部分。采用引证罪状，可以避免法条之间的重复。

（4）空白罪状

空白罪状是指刑法分则条文参照其他法律、法规对具体犯罪的构成特征的类型化表述。在空白罪状中，刑法对具体犯罪的构成特征未加描述，而是指明参照法规，根据参照法规确定某一具体犯罪的构成特征。例如，《刑法》第 133 条规定的交通肇事罪，其罪状是："违反交通运输管理法规，因而发生重大事故，致人重伤、死亡或者使公私财产遭受重大损失的"。在这一罪状中虽然描述了发生重大事故，致人重伤、死亡或者使公私财产遭受重大损失这一结果，但对于交通肇事行为在罪状中未加以描述，因而属于空白罪状。可见，空白罪状之空白，主要是指刑法分则条文对行为要素未作规定，而是参照其他法律、法规确定。应当指出，并非所有刑法分则条文规定了"违反国家规定"的罪状，都是空白罪状。只有那些具体犯罪的行为要素需要根据参照法规确定的才是空白罪状。虽然载明"违反国家规定"，但在刑法分则条文中对具体犯罪的构成特征已经加以详细描述的，就不是空白罪状，而是叙明罪状。例如，《刑法》第 338 条规定的污染环境罪，其罪状是："违反国家规定，排放、倾倒或者处置有放射性的废物、含传染病病原体的废物、有毒物质或者其他有害物质，严重污染环境的"。在这一罪状中，虽有"违反国家规定"的前置词，但关于本罪的构成特征已在法条中作了详细描述，无须参照国家有关规定而确定，因而不属于空白罪状，而是典型的叙明罪状。空白罪状使刑法对具体犯罪的规定与相关法律、法规相衔接，从而使刑法保持相对稳定性，这是其优点。当然，在刑法理论上也存在空白罪状是否违反罪刑法定原则的疑问。我认为，空白罪状并非对具体犯罪的构成特征未作规定，只是未加以直接规定，而是参照其他法律、法规来确定，这是一种间接规定。

从这个意义上说，空白罪状不等于罪状空白，因而并不违反罪刑法定原则关于罪之法定的要求。当然，空白罪状以参照法规的存在并且完善为前提，因此应当慎用。

2. 法定刑

法定刑是指刑法分则条文对具体犯罪规定的刑罚种类和刑罚幅度。法定刑是刑法分则条文的重要组成部分，也是司法机关对犯罪人量刑的根据。法定刑与宣告刑是有所不同的：法定刑是立法机关对具体犯罪规定的刑罚，而宣告刑是司法机关对具体犯罪判处的刑罚。因此，宣告刑是司法机关适用法定刑的结果。在刑法理论上，法定刑可以分为以下三种情形。

（1）绝对确定的法定刑

绝对确定的法定刑是指刑法分则条文对具体犯罪或者具体犯罪的某种情形规定的没有量刑幅度的法定刑。在绝对确定的法定刑的情况下，法官没有任何酌情科处刑罚的自由裁量权。绝对确定的法定刑使法官不能根据犯罪的具体情节对犯罪人判处轻重适当的刑罚，故存在一定的缺陷。在我国刑法中，不存在对具体犯罪规定的绝对确定的法定刑，但存在对具体犯罪的某种情节规定的绝对确定的法定刑。例如，根据《刑法》第239条第2款规定，致使被绑架人死亡或者杀害被绑架人的，处死刑，并处没收财产。

（2）绝对不确定的法定刑

绝对不确定的法定刑是指刑法分则条文对具体犯罪不规定具体的刑种和刑度，只规定对该种犯罪判处刑罚，至于判处何种刑罚完全由法官自由裁量。绝对不确定的法定刑违反罪刑法定原则所要求的刑之法定，因而为我国刑法所不取。

（3）相对确定的法定刑

相对确定的法定刑是指刑法分则条文对具体犯罪规定了数个刑种或者具有一定刑度，法官可以根据法定刑对具体犯罪裁量适用。我国刑法分则条文规定的法定刑绝大多数是相对确定的法定刑。我国刑法规定的相对确定的法定刑具有以下五种情形：（1）刑法分则条文只规定法定刑的最高限，对最低限未作规定，而是按照刑法总则的有关规定确定。例如，《刑法》第448条规定，犯虐待俘虏罪的，处3年以下有期徒刑。《刑法》总则第45条规定有期徒刑的下限为6个月，因此，虐待俘虏罪的法定刑是6个月以上、3年以下有期徒刑。（2）刑法分则条文只规定法定刑的最低限，对最高限未作规定，而是按照刑法总则的有关规定确定。例如，《刑法》第425条第2款规定，战时犯擅离、玩忽军事职守罪的，处5年以上有期徒刑。《刑法》总则第45条规定有期徒刑的上限为15年，因此，战时擅离、玩忽军事职守罪的法定刑是5年以上、15年以下有期徒刑。（3）《刑法》分则条文同时规定法定刑的最高限和最低限。例如，《刑法》第232条规定，犯故意杀人罪，情节较轻的，处3年以上、10年以下有期徒刑。（4）刑法分则条文规定两种以上主刑或者两种以上主刑和附加刑。例如，《刑法》第238条规定，犯非法拘禁罪的，处3年以下有期徒刑、拘役、管制或者剥夺政治权利。（5）刑法分则条文规定了援引性法定刑，即规定某一具体犯罪援引其他条款的法定刑处罚。例如，《刑法》第386条规定，对犯受贿罪的，根据受贿所得数额及情节，依照《刑法》第383条的规定处罚。

八、刑法的解释

刑法的解释是指对刑法规范蕴意的阐述。刑法条文所具有的一定程度的抽象性和稳定性，决定了刑法解释在正确领会立法意图、准确适用法律方面的必要性。

（一）刑法解释的立场

1. 主观解释论与客观解释论

主观解释论认为：法律是立法者为社会一般人设计的行为规范，表达了立法者希望或不希望、允许或不允许人们从事什么样的行为的主观愿望，因而法律应该具有明确性。就刑法而言，刑法应以成文法的形式明确规定什么行为是犯罪以及应受何种刑罚处罚。依据法律规定的行为规范，人们就可以在社会生活中选择自己的行为方式，预见到自己行为的法律后果。法律的明确性同时促使法官严格依法办案，在法律规定的权限范围内行使权力，禁止法官滥用职权，侵犯公民的合法权利，即使是犯罪人也不应受到法外制裁。法律的这种可示人以规范的明确性是安全价值的保障。因此，任何对法律的解释都是对立法者在立法时表达的立法原意的理解，亦即找出立法原意。这种法律解释的主张以立法原意为认识目标，希望实现立法者的主观立法意图，因而被称为法律解释上的主观解释理论。

客观解释论认为：法律是社会的产物，法律解释必须符合实际的社会生活。因此，所谓客观，在词义上是指客观的社会现实的需要，以此对应于主观解释理论主张的立法者的主观状况。客观解释论者指出：法律并非死文字，而是具有生命的、随时空因素的变化而变化的行为规范。一旦立法者颁布了法律，法律便随着时间的变化而逐渐地并越来越远地脱离立法者而独立自主地生存下去，并逐渐地失去了立法者赋予它的某些性质，获得了另外一些性质。法律只有在适应社会需要的情况下才能保持活力。激进的客观解释论者甚至认为所谓立法意图只是一个纯属虚构的概念。从否定立法意图开始，法官对法律的解释逐渐演变为在法律解释的名义下对法律的创造，即法官造法。

我认为，激进的客观解释论显然有悖于解释一词的原意，从而混淆了立法与司法的界限。解释一词，字面含义是指分析、说明。解释不同于创作，而颇类似于翻译，它是以一定的客体（往往是文本）为前提的，是在理解文本所包含的意义基础上的阐发。创作虽然要有所本，但其所本的客体并非一定的文本；创作是直接面对社会生活的一种精神性创造。立法，根据马克思的说法，是将一定的客观规律以法律条文的形式确认下来。虽然马克思在说明立法对客观规律的反映时使用翻译一词，但这只是借喻而已。立法是否反映了客观规律以及反映得好坏，是评价立法的一个客观标准。因此，立法者在立法时有着充分的自由度。解释则有所不同：它受到文本的制约，不像立法那样是一种从无到有的确立，而是一种从隐到显的阐发。法律解释即是如此，它只是把已经或者应当包含在法律文本中的意义（可以称为立法意蕴）阐发出来。因此，如果离开了法律文本的意义，像激进的客观解释论者所主张的那样，从根本上否认立法意图的存在，则已经不是在解释法律，而是在创制法律。因此，只有从解释的特定含义出发，才能进一步阐发如何解释的问题。我认为，刑法解释应当坚持罪刑法定原则，不得僭越刑事立法权，应坚持严格解释。刑法的严格解释，在一定程度上可以引申出有利于被告人解释的原则。当然，刑法解释又不能拘泥于立法原意，而应在立法意蕴所允许的范围内，使刑法解释起到阐明立法精神、补救立法不足的功效。

2. 形式解释论与实质解释论

形式解释论主张以罪刑法定原则为核心，在对法条进行解释时，先进行形式判断，即以可能的语义作为刑法解释的界限，从而为确认对某一行为刑法是否有明文规定提供一个客观可以检验的标准；在此基础上再进行实质判断，以确定行为是否具有法益侵害性。如果根据形式判断，某一行为属于法律有明文规定的，但根据实质判断，该行为不具有法益侵害性，同样不应认定为犯罪。

实质解释论主张以处罚必要性为出发点，在对法条进行解释时，应当进行实质判断，即当刑法没有形式规定，但行为具有严重的法益侵害性时，根据实质解释论，应当予以入罪。因此，实质解释论所确认的解释容许范围与处罚必要性成正比，而与刑法用语核心含义的距离成反比。也就是说，处罚必要性越高，对与刑法用语核心含义距离的要求就越缓和，因而解释容许的范围越为宽泛。

形式解释论与实质解释论的根本对立在于：在刑法没有所谓形式规定的情况下，能否将具有实质上的处罚必要性的行为通过解释的方法予以入罪？对此，形式解释论基于罪刑法定原则的形式理性，予以断然否定；而实质解释论根据处罚必要性的标准，予以充分肯定。

我认为，形式解释论与实质解释论之争，并不仅仅是一个解释方法问题，而且涉及对罪刑法定原则的理解、对刑法机能的认识问题。形式解释论与实质解释论之争，也并不是一个要不要实质判断的问题，而是形式判断是否应当独立于、前置于实质判断，从而在形式判断与实质判断之间形成逻辑上的位阶关系的问题。我主张形式解释论，认为这是从罪刑法定原则中引申出来的必然结论。在可能语义与处罚必要性之间，应当以可能语义限制处罚必要性，而不是以处罚必要性决定可能语义的边界。只有这样，才能严格限制司法权，从而实现刑法的人权保障机能。

（二）刑法解释的种类

刑法解释一般可以分为立法解释、司法解释和学理解释，下面分别加以论述。

1. 立法解释

立法解释是指立法机关对刑法的含义所作的解释。立法机关具有立法权，当然也有权对法律加以解释。这种解释具有与立法相同的法律效力。刑事立法解释对于弥补刑法规范中的漏洞、使刑法规范适应复杂多变的犯罪活动、维护刑法规范的稳定性，具有重要作用。

在 1997 年刑法颁行以后，我国立法机关开始注重通过立法解释进一步明确立法意蕴；尤其是对于司法机关存在异议的问题，通过立法解释加以明确。例如，2002 年 4 月 28 日全国人大常委会《关于〈中华人民共和国刑法〉第二百九十四条第一款的解释》[以下简称《解释（一）》] 和《关于〈中华人民共和国刑法〉第三百八十四条第一款的解释》[以下简称《解释（二）》]，是自刑法实施以来，第一次在有关的法律问题已有司法解释的情况下，由于司法机关对法律规定认识不一致，而由全国人大常委会作出立法解释。其中，《解释（一）》是对黑社会性质的组织的立法解释，《解释（二）》是对“挪用公款归个人使用”的立法解释。关于这两个问题最高人民法院都曾经作过司法解释，最高人民检察院也存在不同意见，因而全国人大常委会作出立法解释。这些立法解释对于明确法律规定的立法本意、进一步规范司法解释，具有重要意义。

关于立法解释的效力问题，刑法未作规定。我国刑法理论认为：立法解释是对立法原意的阐释或者对法律含义的进一步明确，并不涉及对法律的修改或者补充，而法律规定的含义应当是在法律生效时就存在的，因此，立法解释对法律的效力没有影响。对于立法解释颁布前还没有判决的案件，应当适用立法解释。

2. 司法解释

司法解释是指司法机关对刑法的含义所作的解释。在刑法适用中，经常出现一些疑难问题，需要通过司法解释加以明确。因此，司法解释对于刑法的正确适用具有重要意义。

我国的司法解释是指最高司法机关（最高人民法院和最高人民检察院）对于刑法适用中的有关问题所作的解释。1981 年 6 月 10 日全国人大常委会《关于加强法律解释工作的决议》规定：“凡属于法院审判工作中具体应用法律、法令的问题，由最高人民法院进行解释。凡属于检察院检察工作中具体应用法律、法令的问题，由最高人民检察院进行解释。”因此，最高人民法院和最高人民检察院均有司法解释权。从 1997 年刑法颁行以来，最高人民法院和最高人民检察院就审判和检察工作中具体适用刑法的问题分别作出了大量的司法解释，同时就一些刑法适用的共同性问题联名作出司法解释。此外，最高人民法院和最高人民检察院还与有关行政主管部门，共同对刑法适用中的问题进行解释，这可以被视为一种准司法解释。我国的司法解释就内容而言，可以分为规范性解释与个案性解释。规范性解释通常以“规定”“解释”等形式发布，而个案性解释通常以“批复”“答复”等形式发布。此外，以“座谈会纪要”的形式出现的司法解释性文件，也同样具有司法解释的性质，只是在法律效力上略逊于正式的司法解释，因而在法理上也被称为准司法解释。

关于司法解释的效力问题，刑法未作规定。2001年12月7日最高人民法院、最高人民检察院《关于适用刑事司法解释时间效力问题的规定》第2条规定：“对于司法解释实施前发生的行为，行为时没有相关司法解释，司法解释施行后尚未处理或者正在处理的案件，依照司法解释的规定办理。”由此可见，司法解释作为对刑法的解释，其适用的时间效力依附于刑法的效力。但前引规定第3条规定：“对于新的司法解释实施前发生的行为，行为时已有相关司法解释，依照行为时的司法解释办理，但适用新的司法解释对犯罪嫌疑人、被告人有利的，适用新的司法解释。”因此，在具有新、旧司法解释的情况下，应当按照从旧兼从轻的原则解决司法解释的时间效力问题。

3. 学理解释

如果把立法解释与司法解释称为有权解释，即其法律解释具有法律上的拘束力，那么，学理解释就是一种无权解释，但具有学理上的参考价值。尽管学理解释不具有法律效力，但它在刑法适用中仍然具有十分重要的意义。

（三）刑法解释的方法

刑法解释的方法一般可以分为文理解释和论理解释，而论理解释又可分为扩张解释、限制解释、当然解释、沿革解释、目的解释等。下面分别加以论述。

1. 文理解释

文理解释，又称为文义解释或者平义解释，是指对法律条文的字义，包括单词、概念、术语以及标点符号，从文理上所作的解释。

对于法律解释来说，文理解释是一种首选的解释方法。在一般情况下，通过文理解释可以获得对刑法条文的正确理解的，就不应当再采用其他解释方法。文理解释依赖的是法律赖以表达的语言的日常意义。由于语言的文义具有多重性，因而有时需要在数个文义中根据立法精神加以选择。为了避免日常语言的歧义性而引起对法律的误解，在法律实践中创设了专业语言，即所谓法言法语，这种专业语言是法律所特有的，例如刑法中的累犯、假释等概念，对这种法律专业术语的解释被认为是一种特殊文义解释方法。当然，在法律文本中，法言法语只是少数，大多数采用的是自然语言。由于自然语言具有含糊性，文理解释方法是具有局限性的，正确的法律解释还需借助于论理解释方法。

2. 论理解释

论理解释是指按照立法精神，联系有关情况，对刑法条文从逻辑上所作的解释。论理解释可以分为以下五种。

（1）扩张解释

扩张解释是指将刑法条文用语从通常含义扩大到可能语义边缘的解释方法。在扩张解释的情况下，解释的内容超出刑法条文用语的通常含义。这种超出条文用语通常含义的解释之所以是正当的，主要是因为所解释的内容没有超出刑法条文用语的可能语义的范围。一般的用语都有核心意义与边缘意义之分，其核心意义就是通常含义，而边缘意义是指处于可能语义边缘的含义。因此，扩张解释并没有超出刑法条文用语的可能语义范围，这也是扩张解释与类推解释的根本区分之所在。例如《刑法》第252条规定的侵犯通信自由罪中的信件，通过扩张解释可以包括电子邮件。信件的通常含义是指纸质信件，电子邮件虽非纸质，将其视为信件并没有超出信件的可能语义范围。

（2）限制解释

限制解释是指将刑法条文的含义作限制范围的解释。在限制解释的情况下，解释的内容小于刑法条文用语的通常含义。例如，《刑法》第111条“为境外窃取、刺探、收买、非法提供国家秘密、情报罪”中的情报，2001年1月22日最高人民法院《关于审理为境外窃取、刺探、收买、非法提供国家秘密、情报案件具体应用法律若干问题的解释》第1条第2项将其规定为“关系国家安全和利益、尚未公开或者依照有关规定不应公开的事项”，这就是一种限制解释。通过限制解释，将与国家安全和利益无关的情报排除在外，从而使本罪的处罚范围收缩，使这一处罚规定更为合理。

（3）当然解释

当然解释是指刑法条文表面虽未明确规定，但实际上已包含于法条的意义之中，依照当然解释的道理解释法条意义的方法。例如，《刑法》第329条规定了抢夺国有档案罪，但未规定抢劫国有档案罪。那么，在行为人使用暴力抢劫国有档案的情况下，能否以抢夺国有档案罪论处呢？我认为是可以的，这里适用的就是举轻以明重的当然解释：抢劫行为本身包含抢夺的内容，是使用暴力抢夺。在抢夺与抢劫之间存在逻辑上的递进关系。如果不存在这种逻辑上的递进关系，而是具有逻辑上的类似关系，就不能根据举轻以明重而予以当然解释。

（4）沿革解释

沿革解释，又称历史解释，是指根据刑法条文制定的历史背景以及其因袭与演变的情况阐明条文含义的解释方法。法律是一个发展的过程，在这种发展过程中，具有连续性与变动性的双重变奏。沿革解释就是从连续与变动的相关性上阐明刑法条文的含义。在某些情况下，这种沿革解释优于其他解释。对于正确领会刑法条文的含义来说，沿革解释具有重要的意义。

（5）目的解释

目的解释，又称为体系解释，是指根据刑法条文制定的立法目的，阐明条文含义的解释方法。目的解释可以分为目的性限缩与目的性扩张，因目的性扩张与罪刑法定原则相悖，在刑法解释中目的解释通常是指目的性限缩。例如，《刑法》第170条规定的伪造货币罪，条文并没有规定以行使为目的，但如果将以行使为目的解释为该罪的主观违法要素，将伪造货币罪解释为非法定的目的犯，就是一种目的性限缩的解释方法。

第2章　刑法原则

一、罪刑法定原则

（一）罪刑法定原则的概念

罪刑法定原则的基本含义是法无明文规定不为罪，法无明文规定不处罚。罪刑法定原则的基本要求是：（1）法定化，即犯罪和刑罚必须事先由法律作出明文规定，不允许法官随意擅断。（2）实定化，即对于什么行为是犯罪和犯罪所产生的法律后果，都必须作出实体性的规定。（3）明确化，即刑法规定文字清晰、意思确切，不得含糊其词或模棱两可。罪刑法定的早期思想渊源，一般认为是1215年英王约翰签署的大宪章，大宪章第39条确定了适当的法定程序的基本思想。该条规定："凡是自由民除经其贵族依法判决或遵照国内法律之规定外，不得加以扣留、监禁、没收其财产、褫夺其法律保护权，或加以放逐、伤害、搜索或逮捕。"到了17、18世纪，欧洲大陆启蒙思想家针对封建刑法中罪刑擅断、践踏人权的黑暗现实，更加明确地提出了罪刑法定的主张，并以"三权分立"说和心理强制说作为其理论基础，使罪刑法定的思想更为系统、内容更加丰富。法国大革命胜利后，罪刑法定这一思想由学说转变为法律，在宪法和刑法中得到确认。1789年法国《人权宣言》第8条规定："法律只应规定确实需要和显然不可少的刑罚，而且除非根据在犯罪前已制定和公布的且系依法施行的法律以外，不得处罚任何人。"在《人权宣言》这一内容的指导下，1810年《法国刑法典》第4条首次以刑事立法的形式明确规定了罪刑法定原则。这一原则由于符合现代社会民主与法治的发展趋势，至今已成为不同社会制度的世界各国刑法中最普遍、最重要的一项原则。

罪刑法定原则从产生之日起发展、演变到今天，已经历了数百年的历史。在这期间，世界各国的政治、经济、文化和社会状况都发生了深刻的变化，这些变化必然反映在立法上，要求罪刑法定原则适应社会生活的需要。正是在这一时代背景下，罪刑法定原则发生了从绝对罪刑法定原则到相对罪刑法定原则的重大转变。绝对的罪刑法定原则是一种严格的、不容变通的原则，它要求关于犯罪和刑罚的法律规定必须是绝对确定的，法官没有任何自由裁量权。这一立法思想反映在刑法立法上就形成了绝对的罪刑法定原则，其基本内容是：（1）绝对禁止适用类推和扩张解释，把刑法的明文规定作为定罪的唯一根据。对于法律没有明文规定的行为，不能通过类推或者类推解释以犯罪论处。（2）绝对禁止适用习惯法，把成文法作为刑法的唯一渊源。对于刑法上没有明文规定的行为，不允许通过适用习惯法定罪。（3）绝对禁止刑法溯及既往，把从旧原则作为解决刑法溯及力问题的唯一原则。至于对行为的定罪量刑，只能以行为当时有效的法律为依据，行为后颁行的新法没有溯及既往的效力。（4）绝对禁止法外刑和不定期刑。刑罚的名称、种类和幅度，都必须由法律加以确定，并且刑期必须是绝对确定的，既不允许存在绝对的不定期刑，也不允许规定相对的不定期刑。相对的罪刑法定原则是对传统的绝对罪刑法定原则的修正，其基本内容是：（1）在定罪的根据上，允许有条件地适用类推和严格限制的扩张解释，即适用类推必须以法律明确规定类推制度为前提、以有利于被告人为原则，不允许不利于被告人的类推；进行扩张解释必须以不超越解释权限为前提、以符合立法精神为原则，不允许越权解释或违背立法本意作任意解释。(2) 在刑法的渊源上，允许习惯法成为刑法的间接渊源，但以确有必要或不得已而用之为前提。只有当构成犯罪的要件确定后，必须借助习惯法加以说明时，习惯法才能成为对个案定性处理的依据。(3) 在刑法的溯及力上，允许采用从旧兼从轻的原则，作为禁止刑法溯及既往的例外。新法对于其颁布、施行前的行为，原则上没有追溯的效力；但是，当新法不认为是犯罪或处罚较轻时，可以适用新法。(4) 在刑罚的种类上，允许采用相对的不定期刑，即刑法在对刑罚种类作出明文规定的前提下，可以规定出具有最高刑和最低刑的量刑幅度，法官有权根据案件的具体情况，在法定的量刑幅度内选择、确定适当的刑种和刑度。从当今世界各国的刑法立法和司法现状来看，早期的绝对罪刑法定原则已被废弃，相对罪刑法定原则成为各国刑法改革的发展方向。

我国 1979 年刑法没有明确规定罪刑法定原则，相反，在该法第 79 条规定了类推制度。1997 年刑法从完善我国刑事法治、保障人权的需要出发，明文规定了罪刑法定原则，并废止了类推。1997 年《刑法》第 3 条规定："法律明文规定为犯罪行为的，依照法律定罪处刑；法律没有明文规定为犯罪行为的，不得定罪处刑。"这一原则的价值内涵和内在要求，在刑法中得到了充分的体现。

（二）罪刑法定原则的立法体现

1. 罪之法定

罪之法定是法无明文规定不为罪的罪刑法定原则的根本要求。我国刑法中的罪之法定，主要是通过以下三个层次的内容体现出来的：一是对犯罪概念的规定。我国《刑法》第 13 条规定了犯罪的概念，这一犯罪的法定概念从根本上回答了什么行为是犯罪的问题，从而为划分罪与非罪作出了原则性的规定。二是对犯罪构成共同要件的规定。犯罪概念是对犯罪特征的高度概括，它仅是区分罪与非罪的基本尺度。为了具体区分罪与非罪以及此罪与彼罪，还必须要有一个明确的法律规格，这就是犯罪构成。我国刑法对犯罪构成的共同要件作了明确规定，例如，《刑法》第 14 条规定了故意犯罪；第 15 条规定了过失犯罪；第 16 条规定了意外事件与不可抗力，将其排除在犯罪之外；第 17 条是对刑事责任年龄的规定；第 18 条是对特殊人员刑事责任能力的规定。上述规定，结合《刑法》第 13 条关于犯罪的概念中对犯罪行为的规定，就是我国刑法中犯罪构成的共同要件，它为认定犯罪提供了一般标准。三是对具体犯罪的规定。我国刑法分则对各种犯罪都作了明文规定，从而为司法机关的定罪活动提供了具体标准。

2. 刑之法定

刑之法定是法无明文规定不处罚的罪刑法定原则的必然要求。我国刑法中的刑之法定，主要通过以下三个层次的内容体现出来：一是对刑种的规定。我国刑法规定了 5 种主刑、4 种附加刑，并对各种刑种的适用条件作了规定。二是对量刑原则的规定。我国《刑法》第 61 条规定了以犯罪事实为根据、以刑事法律为准绳的量刑一般原则。此外，刑法还对量刑的基本原则作了规定，例如，未成年人犯罪的量刑原则、未完成罪的量刑原则、共同犯罪的量刑原则等。三是对具体犯罪的法定刑的规定。我国刑法对具体犯罪规定了相对确定的法定刑，体现了相对罪刑法定的精神，既可以使司法人员在法定刑幅度内根据案情适当地确定宣告刑，又避免了司法人员因无法可依而滥施刑罚。

（三）罪刑法定原则的司法适用

1. 司法认定

在罪刑法定原则之下，法之明文规定是司法活动的前提性根据。因此，在罪刑法定原则的司法适用中，首先面临的是找法活动，也就是正确地理解法的明文规定。我认为，法的明文规定不仅是指法律的字面规定，而且指法律的逻辑包容。也就是说，法的明文规定包括两种情况：一是显形规定，二是隐形规定。显形规定是指字面上的直观规定，而隐形规定是指内容上的包容规定。显形规定通过字面就可以确定，而隐形规定通过字面一般难以确定，只有通过对内容的逻辑分析才能确定。因此，显形规定固然是法的明文规定，隐形规定同样是法的明文规定。

2. 司法解释

司法解释是沟通立法与司法的“桥梁”，对刑法适用具有重要意义。但在罪刑法定原则的制约下，司法解释是有限度的，超越这种限度的司法解释是越权的，也是违反罪刑法定原则的。在罪刑法定原则下，司法解释不能采用类推解释的方法。类推解释是指对于法无明文规定的行为，按照刑法中最相类似的条文加以解释，因此，类推解释是以法无明文规定为前提的。类推解释使刑法适用于法无明文规定的行为，因而有悖于罪刑法定原则，是应予禁止的。此外，不利于被告人的扩张解释，由于已经超出刑法条文用语含义的范围，因而也是违背罪刑法定原则的，不应允许。

3. 司法裁量

罪刑法定可以分为绝对罪刑法定与相对罪刑法定。绝对罪刑法定是完全排斥法官的自由裁量的，认为法官应当逐字地适用刑法。相对罪刑法定则并不排斥法官的自由裁量，它能够在一定程度上容纳司法裁量。我国刑法实行的是相对罪刑法定，因而给法官的司法裁量留下了广阔的空间；尤其是在空白罪状和概括条款的情况下，法官能够根据案件的具体情况加以裁量。当然，在罪刑法定原则下，法官的自由裁量是有限度的，司法裁量权应当被限制在合理的范围之内。只有这样，罪刑法定原则才有可能真正实现。

二、罪刑平等原则

（一）罪刑平等原则的概念

法律面前人人平等是我国宪法确立的一般原则。鉴于我国司法实践中适用刑法不平等的现象在现阶段还较为严重，为贯彻宪法规定，《刑法》第 4 条明确规定：“对任何人犯罪，在适用法律上一律平等。不允许任何人有超越法律的特权。”这就是罪刑平等原则。罪刑平等原则的基本含义是：就犯罪人而言，任何人犯罪，都应当受到法律的追究；任何人不得享有超越法律规定的特权；不论犯罪人的社会地位、家庭出身、职业状况、财产状况、政治面貌、才能或业绩，都一律平等地适用刑法，在定罪量刑时一视同仁，依法惩处。就被害人而言，任何人受到犯罪侵害，都应当依法追究犯罪、保护被害人的权益；被害人同样的权益，应当受到刑法同样的保护；不得因为被害人的身份、地位、财产状况等情况的不同，而对犯罪人在定罪量刑上有所区别。

（二）罪刑平等原则的立法体现

1. 定罪上的平等

定罪上的平等，是指任何人犯罪，无论其地位多高、功劳多大，都应当受到刑事追究而不得例外。在我国社会，虽然消灭了法律特权，但由于封建特权思想还根深蒂固地存在，封建等级制度的社会基础还在一定程度上残存着，因而还有人借其特殊的地位与身份逍遥法外，逃避法律制裁，因此，定罪上的平等具有重要意义。刑法在具体规定中都体现了定罪上的平等原则，例如，《刑法》第 6 条至第 8 条明确规定了我国刑法适用的空间范围，这些规定表明，只要实施了我国刑法规定的犯罪行为，无论是在我国领域内还是在我国领域外，也不论是中国人还是外国人，除法律另有规定以外，在适用我国刑法上一律平等，不存在任何超越法律的特权。此外，我国刑法分则关于具体犯罪的规定，同样体现了罪刑平等原则，尤其是适应我国经济格局的变化，由过去仅重视对公有财产的法律保护，发展到对公、私财产的同等保护。例如，将 1979 年《刑法》第 125 条规定的破坏集体生产罪，修改为 1997 年《刑法》第 276 条规定的破坏生产经营罪，将保护范围从集体生产扩大到个体生产。

2. 量刑上的平等

量刑上的平等是指犯相同之罪，除具有法定的从重、从轻或者减轻处罚情节以外，应当处以相同之刑。因此，量刑上的平等并非不考虑犯罪情节的绝对的同罪同罚。《刑法》第 61 条规定："对于犯罪分子决定刑罚的时候，应当根据犯罪的事实、犯罪的性质、情节和对于社会的危害程度，依照本法的有关规定判处。"这一量刑原则体现了以事实为根据、以法律为准绳的精神，同时也包含着对一切犯罪人都应当公正、平等地依法处刑的内容。

3. 行刑上的平等

行刑上的平等是指在刑罚执行上，应当受到相同的处遇，不因身份、地位而有所特殊。以往论及罪刑平等原则，往往注重定罪与量刑上的平等，而忽视行刑上的平等，这是不应该的。尤其是在现实生活中，行刑上的不平等现象是客观存在的，尤其是有些人通过各种手段获得非法减刑或假释，极大地损害了判决的严肃性。为此，我国《刑法》严格地规定了减刑和假释的程序，于第 79 条规定："对于犯罪分子的减刑，由执行机关向中级以上人民法院提出减刑建议书。人民法院应当组成合议庭进行审理，对确有悔改或者立功事实的，裁定予以减刑。非经法定程序不得减刑。"这一规定体现了行刑上的平等。

（三）罪刑平等原则的司法适用

1. 克服特权思想

由于受封建传统等级思想的影响，加之现实生活中各种因素对司法活动的干扰，以及司法水平、司法意识和司法人员素质等方面的原因，目前我国司法实践中仍然存在着刑法的适用有悖于罪刑平等原则的特权现象。坚持刑法面前人人平等，在刑事司法活动中就必须克服形形色色的特权思想，做到只要是犯罪，就要平等地适用刑法，追究犯罪人的刑事责任，予以惩处，而不允许任何人有超越法律的特权。

2. 实现实体平等

罪刑平等原则体现在司法适用上，首先是指实体平等，即依法裁量而使不同的人受到平等的实体处罚。当然，罪刑平等并不意味着绝对的同罪同罚，因此，在司法活动中应当正确地协调平等与差别的关系。实体平等并不完全否认差别，而恰恰是建立在对不同情况正确区别基础之上的，没有差别也就不可能存在平等。实体平等的要旨在于公正，只要是有助于实现刑法公正性的差别，都是应当承认的，都不违背罪刑平等原则。

3. 注重程序平等

罪刑平等原则之平等，不仅仅指实体上的平等，而且包括程序平等，即在刑事程序上享有相同的诉讼权利。例如，最高人民法院曾经将部分省、市、自治区的毒品犯罪案件的死刑核准权下放，导致不同地区犯毒品犯罪被判处死刑的，有些案件由最高人民法院进行死刑复核，有些案件由高级人民法院进行死刑复核，由此造成程序上的不平等。现在这个问题已经通过收回死刑复核权即由最高人民法院统一行使死刑复核权得以最终解决。

三、罪刑均衡原则

（一）罪刑均衡原则的概念

罪刑均衡的观念，最早可以追溯到原始社会的同态复仇和奴隶社会的等量报复。以眼还眼、以牙还牙，是罪刑均衡思想最原始、最粗俗的表现形式。作为刑法的一项基本原则，罪刑均衡原则是由 18 世纪启蒙思想家首先提出来的，并在法国大革命以后，成为一项重要的刑法原则。值得注意的是，自 19 世纪末期以来，随着刑事人类学派和刑事社会学派的崛起，传统的罪刑均衡原则受到了有力的挑战。行为人中心论和人身危险性论的出现、保安处分和不定期刑制度的推行，使罪刑均衡原则在刑事立法上受到削弱和排挤。但是，罪刑均衡原则所蕴含的公正性始终是人类所追求的重要刑法价值内容，因此，从当今世界各国的刑事立法来看，尽管罪刑均衡原则在内容上有所修正，但其作为刑法基本原则的地位，却是不容动摇的。

我国《刑法》第 5 条规定："刑罚的轻重，应当与犯罪分子所犯罪行和承担的刑事责任相适应。"由此可见，我国刑法中的罪刑均衡原则，实际上包含了刑罚的轻重与所犯罪行相适应、刑罚的轻重与所承担的刑事责任相适应这两个方面的内容。刑罚的轻重与所犯罪行相适应，体现的是报应观念，要求刑罚的轻重与犯罪行为的社会危害性相适应，也就是重罪重判、轻罪轻判。而刑罚的轻重与所承担的刑事责任相适应，体现的是预防观念，要求刑罚的轻重与犯罪人的人身危险性相适应。因此，我国刑法关于罪刑均衡原则的规定，反映了报应与预防相统一的刑法观念。当然，这种统一并非平分秋色，而是应当有所侧重，就是以报应为主、以预防为辅，反映在《刑法》第 5 条的规定上，就是以刑罚的轻重与所犯罪行相适应为主，以刑罚的轻重与承担的刑事责任相适应为辅。

（二）罪刑均衡原则的立法体现

1. 刑罚体系严密化

我国刑法总则确定了一个科学的刑罚体系，在这一刑罚体系中刑罚方法按轻重次序分别排列，各种刑罚方法相互区别又互相衔接，能够根据犯罪的各种情况灵活地运用，从而为刑事司法实现罪刑均衡奠定基础。

2. 处罚原则科学化

我国刑法总则根据各种行为的社会危害性的程度和行为人人身危险性的大小，规定了轻重有别的处罚原则。例如，对于防卫过当、避险过当而构成犯罪的，应当减轻或免除处罚；对预备犯可以比照既遂犯从轻、减轻或者免除处罚；对未遂犯可以比照既遂犯从轻或者减轻处罚；等等。此外，刑法总则还侧重于刑罚个别化的要求，规定了一系列刑罚裁量与执行制度，例如累犯制度、假释制度，等等。

3. 量刑幅度合理化

我国刑法分则不仅根据犯罪的性质和危害程度，建立了一个犯罪体系，而且为各种具体犯罪规定了可以分割、能够伸缩、幅度较大的法定刑。这就使司法机关可以根据犯罪的性质、罪行的轻重、犯罪人主观恶性的大小，对犯罪人判处适当的刑罚。

（三）罪刑均衡原则的司法适用

1. 重视量刑活动

在司法实践中贯彻罪刑均衡原则，首先必须纠正重定罪、轻量刑的错误倾向，把量刑与定罪置于同等重要的地位。长期以来在我国刑事审判活动中，对量刑的重要性存在认知上的偏差，认为我国刑法对犯罪规定的量刑幅度颇大，因此，只要定性准确即可，至于多判几年或少判几年，无关紧要。基于这种认识，在处理上诉、申诉案件时，就形成了一个不成文的规则，即确属定性错误或量刑畸轻畸重的才予改判，对于量刑偏轻偏重的，则维持原判。针对这种错误倾向，为了切实贯彻罪刑均衡原则，必须提高对量刑重要性的认识，把定性准确和量刑适当作为衡量刑事审判质量好坏的不可分割的统一标准，以此来检验每一个具体刑事案件的处理结果。

2. 摈弃重刑主义

在司法实践中贯彻罪刑均衡原则，还必须摈弃重刑主义的错误思想，强化量刑公正的司法观念。由于各种复杂的历史和现实的原因，我国深受封建刑法观念的影响，作为封建刑法思想重要表现之一的重刑主义传统，至今在社会生活中还有一定的市场；尤其是在社会治安不好的时期，重刑主义观念表现得尤为突出。必须指出，重刑主义是一种野蛮、落后的刑法思想，是与罪刑均衡原则直接对立的刑法观念。因此，我们必须清醒地认识重刑主义的危害，促使每一个法官都树立起量刑公正的理念，切实做到罚当其罪、不枉不纵。

3. 实现量刑平衡

在司法实践中贯彻罪刑均衡原则，还应当纠正量刑轻重悬殊的现象，实现量刑平衡。按照罪刑均衡原则的要求，类似的案件在处理的轻重上应基本相同。但是，从我国的实际情况来看，存在不同的法院在对类似案件的处理上轻重悬殊的现象。情节基本相同的案件，由不同的法院审理，甚至由同一法院不同的法官审理，最终判决的结果可能差别很大。造成这种现象的原因既有立法上的粗疏，也有司法活动中没有统一标准可循，还有法官个人业务素质有待提高等各种复杂因素。为解决量刑不平衡的问题，应当进一步加强司法解释工作，为正确适用刑罚提供明确、具体的标准；同时加强刑事判例的编纂工作，重视判例对刑事审判的指导作用。此外，还应当改进量刑方法，逐步实现量刑的规范化、科学化和合理化。

第3章　刑法效力

刑法的效力可以分为刑法的空间效力和刑法的时间效力。刑法的空间效力主要是指刑事管辖权问题，而刑法的时间效力主要是指刑法的生效时间与失效时间以及刑法溯及力问题。

一、刑事管辖原则

刑法的空间效力，是指刑法对地和对人的效力，也就是解决一个国家的刑事管辖权的问题。这里的“刑事管辖权”，是指一个国家根据主权原则所享有的，对于在其主权范围内所发生的一切犯罪进行起诉、审判和处罚的权力。刑事管辖权的行使事关国家主权，各国刑法对此都有明文规定，我国刑法亦不例外。由于各国社会、政治情况和历史传统、习惯的差异，在解决刑事管辖权范围问题上各国所主张的原则不尽相同，一般而言有以下原则。

（1）属地原则。属地原则以地域为标准，凡是在本国领域内犯罪，无论是本国人还是外国人，都适用本国刑法；反之，在本国领域外犯罪，都不适用本国刑法。

（2）属人原则。属人原则以人的国籍为标准，凡是本国人犯罪，不论是在本国领域内还是在本国领域外，都适用本国刑法。

（3）保护原则。保护原则以保护本国利益为标准，凡侵害本国国家或者公民利益的，不论犯罪人是本国人还是外国人，也不论犯罪地在本国领域内还是在本国领域外，都适用本国刑法。

（4）普遍原则。普遍原则以保护各国的共同利益为标准，凡发生国际条约所规定的侵害各国共同利益的犯罪，不论犯罪人是本国人还是外国人，也不论犯罪地在本国领域内还是在本国领域外，都适用本国刑法。

上述原则都有其正确性，也有其局限性。属地原则直接维护了国家领土主权，但无法解决本国人或外国人在本国领域外侵害本国国家或公民利益的犯罪的刑事管辖问题。属人原则，就对本国公民实行管辖而言无可非议，但根据这个原则，外国人在本国领域内犯罪，不能适用本国刑法，显然有悖于国家主权原则。保护原则，能够有效地保护本国利益，但如果犯罪人是外国人，犯罪地又在国外，就涉及本国与他国之间的主权交叉和刑法冲突问题，因此，实行这个原则存在一定的限制。普遍原则的法律基础不是本国刑法，而是国际公约、条约，涉及国际犯罪，诸如灭绝种族、劫持航空器、侵害外交人员等，其适用范围本身就是狭窄的，只能是刑事管辖的补充原则。由此可见，上述原则不能只取其一，而排斥其他。尽管从历史传统上看，英美法系国家大多采取属地原则，大陆法系国家大多采取属人原则，但及至近代，世界大多数国家的刑法都是以属地原则为主，兼采其他原则。这就是说，凡是在本国领域内犯罪的，不论本国人还是外国人，都适用本国刑法；本国人或外国人在本国领域外犯罪的，在一定的条件下也适用本国刑法。这种折中型的刑事管辖体制，既有利于维护国家主权，又有利于同犯罪行为作斗争，比较符合各国的实际情况和利益，所以能为各国所接受。我国刑法关于空间效力的规定，采取的也是以属地原则为主、兼采其他原则的刑事管辖体制。

二、刑法的属地管辖

我国《刑法》第 6 条第 1 款规定："凡在中华人民共和国领域内犯罪的，除法律有特别规定的以外，都适用本法。"这是我国刑法关于刑法空间效力的基本原则，它包括以下两项内容。

（一）"中华人民共和国领域内"的含义

所谓中华人民共和国领域内，是指我国国境以内的全部空间区域，具体包括：(1) 领陆，即国境线以内的陆地及其地下层。这是国家领土的最基本和最重要的部分。(2) 领水，即国家领陆以内和与陆地邻接的一定宽度的水域，包括内水、领海及其地下层。内水包括内河、内湖、内海以及同外国之间界水的一部分，通常以河流中心线或主航道中心线为界。领海即与海岸或内水相邻接的一定范围的水域，包括海床和底土。根据我国政府于 1958 年 9 月 4 日发表的声明，我国的领海宽度为 12 海里。(3) 领空，即领陆、领水的上空。

同时，根据国际条约和国际惯例，以下两部分属于我国领土的延伸，适用我国刑法：(1) 我国的船舶、航空器。我国《刑法》第 6 条第 2 款规定："凡在中华人民共和国船舶或者航空器内犯罪的，也适用本法。"这里所说的船舶、航空器，既可以是民用的，也可以是军用的；既可以是航行途中的，也可以是处于停泊状态的；既可以是航行或停泊于我国领域内的，也可以是航行或停泊于我国领域外或公海及公海上空的。这些船舶或者航空器，必须在我国登记注册，悬挂我国国旗、国徽或军徽等标志。(2) 我国驻外使、领馆。根据我国承认的《维也纳外交关系公约》的规定，各国驻外大使馆、领事馆不受驻在国的司法管辖而受本国的司法管辖。这些地方亦视同我国领域，对于在其内发生的任何犯罪都适用我国刑法。

除此之外，根据犯罪行为与犯罪结果在时间或地点方面存在跨越国界等情况，我国刑法又进一步明确了属地管辖的具体标准。我国《刑法》第 6 条第 3 款规定："犯罪的行为或者结果有一项发生在中华人民共和国领域内的，就认为是在中华人民共和国领域内犯罪。"这里包括 3 种情况：(1) 犯罪行为与犯罪结果均发生在我国境内。这是通常的情况。(2) 犯罪行为在我国领域内实施，但犯罪结果发生于国外。例如，在我国境内邮寄装有炸药的包裹，在境外发生爆炸。(3) 犯罪行为在国外实施，但犯罪结果发生在我国境内。例如，在我国境外开枪，打死境内居民。根据我国刑法的规定，上述 3 种情况均适用我国刑法。

（二）"法律有特别规定"的含义

我国《刑法》第 6 条在确立属地管辖基本原则的同时，还对例外情况作了特别规定，这些特别规定主要是指以下内容。

1. 关于外交特权和豁免权的特别规定

《刑法》第 11 条规定："享有外交特权和豁免权的外国人的刑事责任，通过外交途径解决。"所谓外交特权和豁免权，是指根据国际公约，在国家间互惠的基础上，为保证驻在本国的外交代表机构及其工作人员正常执行职务而给予的一种特别权利和待遇。1961 年在联合国主持下签订的《维也纳外交关系公约》是关于外交特权和豁免权的基本法律文件，我国于 1975 年加入该公约。1986 年 9 月 5 日通过了《中华人民共和国外交特权与豁免条例》，详细规定了外交特权与豁免权的具体内容，涉及刑事、民事、行政等诸方面，与刑事有关的规定主要包括：使馆馆舍不受侵犯；外交代表、外交信使人身不受侵犯，不受逮捕或者拘留；外交代表享有刑事管辖豁免权；非中国公民的外交代表的配偶及未成年子女，来中国访问的外国国家元首、政府首脑、外交部部长及其他具有同等身份的官员等，也享有与外交代表相同的特权与豁免权。这些人都不受我国刑法管辖。但这里需要注意的是：(1) 外交代表和非中国公民的与外交代表共同生活的配偶及未成年子女所享有的豁免权，可以由派遣国政府明确表示放弃。如果那样，将可以适用我国刑法。(2) 享有外交特权和豁免权的有关人员承担着尊重我国法律、法规的义务，不得侵犯我国国家主权，违反我国法律。一旦发生违法犯罪现象，我们当然不能听之任之，而应通过外交途径加以解决，诸如要求派遣国召回、宣布其为不受欢迎的人、限期离境等。

2. 关于民族自治地方的特别规定

《刑法》第 90 条规定："民族自治地方不能全部适用本法规定的，可以由自治区或者省的人民代表大会根据当地民族的政治、经济、文化的特点和本法规定的基本原则，制定变通或者补充的规定，报请全国人民代表大会常务委员会批准施行。"这是为了照顾少数民族的风俗习惯和文化传统，切实保证民族自治权的行使，巩固多民族国家的团结、稳定与发展。但在实施这一例外规定时，应注意以下几点：(1) 少数民族地区对刑法效力的限制不同于外交特权和豁免权，它不是完全排斥刑法的适用，而仅仅是不适用其中的一部分即与少数民族特殊的风俗习惯、宗教文化传统相关的部分，诸如情节轻微的械斗、聚众扰乱公共场所秩序等。这种变通或补充规定相对于刑法全文而言，只是一小部分，因此，从总体上看，刑法基本上还是适用于少数民族自治地方的。(2) 免予适用刑法的部分必须有明确的法律依据，即由自治区或者省的国家权力机关制定变通或补充规定，并报请全国人民代表大会常务委员会批准，而不能由有关当事人、各级司法机关或行政机关随意解释，随意行事。(3) 少数民族地区制定的变通或者补充规定不能与刑法的基本原则相冲突。

3. 关于新法的特别规定

刑法施行后国家立法机关制定的特别刑法的规定，包括单行刑法和附属刑法。若新法与旧法对同一事项的规定相矛盾，而新法又未明令废止旧法的，应当按照"新法优于旧法"的原则适用新法。

4. 关于属地管辖范围的特别规定

由于政治、历史的原因，我国刑法的效力还无法及于港、澳、台地区。这属于对刑法属地管辖权的一种事实限制。1997 年 7 月 1 日我国对香港恢复行使主权，香港于同日成为中央人民政府直辖的一个特别行政区。但是，《香港特别行政区基本法》第 2 条规定："全国人民代表大会授权香港特别行政区依照本法的规定实行高度自治，享有行政管理权、立法权、独立的司法权和终审权。"这样，除了对香港恢复行使国家主权，统一管理外交与国防事务外，香港的政治、经济、法律制度保持不变，我国刑法对其没有适用的效力，这就构成了对刑法属地管辖权的又一特别法限制。澳门的情况与香港的相同。台湾地区的政治状况及法律地位不同于香港、澳门，两岸统一的具体方式及进程还不能准确预测，但根据"一国两制"的基本构想，其未来的刑事立法仍然是独立的，因此，即使两岸统一，也不会适用《中华人民共和国刑法》，这也是排除刑法效力的又一特殊地区。上述情形，构成对我国刑法适用范围的事实上的限制。

三、刑法的属人管辖

我国《刑法》第 7 条第 1 款规定："中华人民共和国公民在中华人民共和国领域外犯本法规定之罪的，适用本法，但是按本法规定的最高刑为三年以下有期徒刑的，可以不予追究。"第 2 款规定："中华人民共和国国家工作人员和军人在中华人民共和国领域外犯本法规定之罪的，适用本法。"根据上述规定，我国公民在我国领域外犯罪的，无论按照当地法律是否认为是犯罪，亦无论罪行轻重以及是何种罪行，也不论其所犯罪行侵犯的是何国或何国公民的利益，原则上都适用我国刑法。只是按照我国刑法的规定，该中国公民所犯之罪的法定最高刑为 3 年以下有期徒刑的，才可以不予追究。所谓可以不予追究，不是绝对不追究，而是保留追究的可能性。此外，如果是我国的国家工作人员或者军人在域外犯罪，则不论其所犯之罪按照我国刑法的规定法定最高刑是否为3年以下有期徒刑，我国司法机关都要追究其刑事责任。这主要是考虑到对国家工作人员和军人在域外犯罪的管辖应从严要求。

我国《刑法》第10条规定："凡在中华人民共和国领域外犯罪，依照本法应当负刑事责任的，虽然经过外国审判，仍然可以依照本法追究，但是在外国已经受过刑罚处罚的，可以免除或者减轻处罚。"这里的"在中华人民共和国领域外犯罪"，既包括我国公民在域外犯罪的情况，又包括外国公民在域外犯罪的情况。这一规定表明，我国作为一个独立自主的主权国家，其法律具有独立性，外国的审理和判决对我国没有约束力。但是，从实际情况及国际合作角度出发，为了使被告人免受双重处罚，刑法规定，对于在外国已经受过刑罚处罚的犯罪人，可以免除或者减轻处罚。这样，既维护了我国的国家主权，又从人道主义出发对被告人的具体情况予以实事求是的考虑，充分体现了原则性与灵活性的统一。

四、刑法的保护管辖

我国《刑法》第8条规定："外国人在中华人民共和国领域外对中华人民共和国国家或者公民犯罪，而按本法规定的最低刑为三年以上有期徒刑的，可以适用本法，但是按照犯罪地的法律不受处罚的除外。"根据这一规定，外国人在我国领域外对我国国家或者公民犯罪，我国刑法有权管辖。但是，这种管辖权是有一定限制的：一是这种犯罪按照我国刑法规定的最低刑必须是3年以上有期徒刑；二是按照犯罪地的法律也应受刑罚处罚。当然，要实际行使这种管辖权存在一定的困难，因为犯罪人是外国人，犯罪地点又在国外，如果对该犯罪人不能依法引渡，或者没有在我国领域内予以抓获，我国就无法对其进行刑事追究。但是，如果刑法对此不加以规定，就等于放弃自己的管辖权。因此，作出这样的规定，是为了在法律上表明我国的立场。这对于保护我国国家利益，保护我国驻外工作人员、考察访问人员、留学生、侨民的利益是完全必要的。

五、刑法的普遍管辖

我国《刑法》第9条规定："对于中华人民共和国缔结或者参加的国际条约所规定的罪行，中华人民共和国在所承担条约义务的范围内行使刑事管辖权的，适用本法。"根据这一规定，凡是我国缔结或者参加的国际条约中规定的罪行，不论罪犯是中国人还是外国人，也不论其罪行是发生在我国领域内还是发生在我国领域外，在我国所承担条约义务的范围内，如不引渡给有关国家，我国就应当行使刑事管辖权，依照我国刑法的有关规定对罪犯予以惩处。

普遍管辖权的行使，应当注意掌握我国缔结或者参加的国际条约的有关内容，确定我国所承担的义务。只要我国缔结或者加入了某一规定有国际犯罪及其惩处的公约，我国便承担了对国际公约规定的罪行行使刑事管辖权的义务。当然，普遍管辖权的行使，在司法实践中会受到一定的限制：只有当犯有国际条约规定的罪行的罪犯在我国境内，并不予以引渡时，我国才能对该罪犯实施管辖，依照我国刑法的规定予以惩处。

六、刑法的生效时间

刑法的生效时间与其他法律的生效时间相似，主要有两种方式：一是从公布之日起生效。例如，1990年全国人大常委会通过的《关于禁毒的决定》（已失效）中规定，"本决定自公布之日起施行"。二是公布之后经过一段时间再施行。这是世界上多数国家关于刑法生效时间的通行做法。例如，我国《刑法》于1979年7月1日通过，自1980年1月1日起生效；1997年

3 月 14 日修订通过后的《刑法》从 1997 年 10 月 1 日起施行。这样做，是考虑到国家幅员辽阔，人们对新法较为生疏，通过一定时间的宣传、教育，便于司法工作人员和普通公民做好实施新法的心理、组织及业务准备工作，确保新法在全国范围内的统一实施。

七、刑法的失效时间

法律的失效时间，即法律终止效力的时间，通常要由立法机关作出决定。从世界范围看，法律失效的方式有很多种，诸如新法公布、实施后旧法自然失效，立法机关明确宣布废止某一法律，某一法律在制定时即规定了有效期限等。我国刑法的失效基本上包括两种方式：一是由立法机关明确宣布某些法律失效。例如，我国《刑法》第 452 条第 2 款规定，列于本法附件一的全国人大常委会制定的《关于严惩严重破坏经济的罪犯的决定》等 15 件单行刑法，自 1997 年 10 月 1 日起予以废止。二是自然失效，即新法施行后代替了同类内容的旧法，或者由于原来特殊的立法条件已经消失，旧法自行废止。

八、刑法的溯及力

刑法的溯及力，是指刑法生效以后，对于其生效以前未经审判或者判决尚未确定的行为是否适用的问题。如果适用，就是有溯及力；如果不适用，就是没有溯及力。

（一）刑法溯及力的原则

对于刑法的溯及力问题，各国采用的原则有所不同，概括起来，大致包括以下四种。

1. 从旧原则

新法对于其生效前未经审判或判决尚未确定的行为一律没有溯及力，完全适用旧法。这一原则充分考虑了犯罪当时的法律状况，反对适用事后法，对行为人比较公平。但如果某一行为按旧法构成犯罪而新法不认为是犯罪，再依旧法进行处罚就不能实现刑法的目的，因而也存在弊端。

2. 从新原则

新法对于其生效前未经审判或判决尚未确定的行为，一律具有溯及力，完全适用新法。这一原则强调新法的适用，适应当前的社会情况，有利于预防犯罪。但是，对于行为时的法未规定为犯罪的行为，依新法按照犯罪进行处罚，违背罪刑法定原则，因而有失妥当。

3. 从新兼从轻原则

新法原则上有溯及力，但旧法不认为是犯罪或者处刑较轻时，按照旧法处理。这一原则弥补了绝对从新原则的不足，既充分发挥了新法适应当前形势的优点，又认真考虑了旧法当时的具体规定，但仍有适用事后法之嫌，因此，采用这一原则的国家不多。

4. 从旧兼从轻原则

新法原则上没有溯及力，但新法不认为是犯罪或者处刑较轻时，按照新法处理。这一原则弥补了绝对从旧原则的缺陷，既符合罪刑法定原则，又适应当前需要，因而为绝大多数国家所采用。

（二）刑法溯及力的法律规定

我国刑法规定了罪刑法定原则，从罪刑法定原则中必然引申出刑法不溯及既往的派生原则，因此，我国刑法原则上否认刑法具有溯及力。但从有利于被告人的原则出发，对于那些旧法认为是犯罪或者处刑较重，而新法不认为是犯罪或者处刑较轻的行为，例外地承认新法的溯及力。申言之，我国刑法关于刑法的溯及力，采用的是从旧兼从轻原则。

我国《刑法》第 12 条第 1 款规定："中华人民共和国成立以后本法施行以前的行为，如果当时的法律不认为是犯罪的，适用当时的法律；如果当时的法律认为是犯罪的，依照本法总则第四章第八节的规定应当追诉的，按照当时的法律追究刑事责任，但是如果本法不认为是犯罪或者处刑较轻的，适用本法。”第 12 条第 2 款规定：“本法施行以前，依照当时的法律已经作出的生效判决，继续有效。”根据这一规定，对于 1949 年 10 月 1 日中华人民共和国成立至 1997 年 10 月 1 日新刑法施行前这段时间内发生的行为，应按以下不同情况分别采取不同的原则。

1. 从旧原则

当时的法律不认为是犯罪，而修订后的刑法认为是犯罪的，适用当时的法律，即修订后的刑法没有溯及力。对于这种情况采取从旧原则，不能以修订后的刑法规定为犯罪为由追究行为人的刑事责任。

2. 从新原则

当时的法律认为是犯罪，但修订后的刑法不认为是犯罪的，只要这种行为未经审判或者判决尚未确定，就应当适用修订后的刑法，采取从新原则，即修订后的刑法具有溯及力。

3. 从轻原则

当时的法律和修订后的刑法都认为是犯罪，并且按照修订后的刑法总则第四章第八节的规定应当追诉的，原则上按当时的法律追究刑事责任，即修订后的刑法不具有溯及力。但是，如果修订后的刑法处刑较轻的，则应适用修订后的刑法，即修订后的刑法具有溯及力。因此，对于这种情况应当采取从轻原则。这里的“处刑较轻”，根据 1997 年 12 月 31 日最高人民法院《关于适用刑法第十二条几个问题的解释》第 1 条的规定，是指刑法对某种犯罪规定的刑罚即法定刑比修订前刑法轻；法定刑较轻是指法定最高刑较轻；如果法定最高刑相同，则指法定最低刑较轻。前引司法解释第 2 条还规定：如果刑法规定的某一犯罪只有一个法定刑幅度，法定最高刑或者最低刑是指该法定刑幅度的最高刑或者最低刑；如果刑法规定的某一犯罪有两个以上的法定刑幅度，法定最高刑或者最低刑是指具体犯罪行为应当适用的法定刑幅度的最高刑或者最低刑。

（三）刑法溯及力的复杂情形

在一般情况下，刑法的溯及力是不难确定的，但在某些情况下，由于刑法的修改或者犯罪行为跨越新、旧法，出现了刑法溯及力确定上的以下三种复杂情形。

1. 刑法修改而产生的刑法溯及力的复杂情形

在一般情况下，作为刑法溯及力确定的参照物的新法与旧法是容易认定的。但在刑法修改频繁的情况下，新法与旧法就会难以认定，因而刑法的溯及力问题更为复杂。例如，1979 年《刑法》规定渎职罪的主体是国家工作人员，1997 年《刑法》规定渎职罪的主体是国家机关工作人员。根据 1997 年《刑法》的规定，国家机关工作人员以外的其他国家工作人员的渎职行为，只有符合《刑法》第 168 条规定的徇私舞弊造成破产、亏损罪，才能追究刑事责任，否则，不构成犯罪。但 1999 年 12 月 25 日全国人大常委会通过的《刑法修正案》对《刑法》第 168 条进行了修改，罪名相应地改为国有公司、企业工作人员玩忽职守罪与国有公司、企业工作人员滥用职权罪。根据《刑法修正案》，国家机关工作人员以外的其他国家工作人员的渎职行为又被规定为犯罪。在这种情况下，就出现了以下情形：1979 年《刑法》认为是犯罪，1997 年《刑法》不认为是犯罪，《刑法修正案》认为是犯罪。如果将 1979 年《刑法》当作旧法，将《刑法修正案》当作新法，不考虑 1997 年《刑法》，那么，旧法与新法均认为是犯罪，应适用处刑较轻的旧法。但如果将 1997 年《刑法》当作旧法，将《刑法修正案》当作新法，那么，旧法不认为是犯罪，新法认为是犯罪，根据从旧原则，适用 1997 年《刑法》，其行为不认为是犯罪。对此，我认为应当严格按照法律更替的时间顺序确定新法与旧法。既然 1979 年《刑法》的规定已被 1997 年《刑法》作了修改，那么，相对于《刑法修正案》而言，1997 年《刑法》是旧法，由此确定刑法的溯及力。

2. 行为跨越新、旧法而产生的刑法溯及力的复杂情形

在一般情况下，行为或者发生在旧法时，或者发生在新法时，因而刑法的溯及力问题容易确定。但在犯罪行为连续或者继续的情况下，行为极有可能跨越新、旧法。在这种情况下，到底是适用旧法还是适用新法，以及在何种情况下适用旧法、在何种情况下适用新法，是一个较为复杂的问题。我认为，对这一问题的解决，仍应以从旧兼从轻原则为基本精神。行为跨越新、旧法，新、旧法规定为同一犯罪的，无论新、旧法处刑的轻重，均应适用新法定罪处罚。行为跨越新、旧法，旧法认为是犯罪，新法不认为是犯罪的，适用新法，不以犯罪论处。行为跨越新、旧法，新、旧法规定为不同犯罪，旧法处刑轻的，适用旧法定罪处罚；新法处刑轻的，适用新法定罪处罚。行为跨越新、旧法，旧法不认为是犯罪，新法认为是犯罪的，对新法施行以后的行为适用新法定罪处罚。对于这一点，1997 年 10 月 6 日最高人民检察院《关于检察工作中具体适用修订刑法第十二条若干问题的通知》第 3 条规定：如果当时的法律不认为是犯罪，修订刑法认为是犯罪的，适用当时的法律；但行为连续或者继续到 1997 年 10 月 1 日以后的，对 10 月 1 日以后构成犯罪的行为适用修订刑法追究刑事责任。

3. 行为与结果跨越新、旧法而产生的刑法溯及力的复杂情形

在即成犯的情况下，行为完成时结果随之发生，因而其刑法的溯及力问题容易确定。但在隔时犯的情况下，行为与结果之间存在一定的时间间隙。如果行为发生在旧法时，结果发生在新法时，应当如何解决刑法的溯及力问题呢？我认为：在这种情况下，行为完成时与结果发生时均属于犯罪时。按照从旧兼从轻原则，旧法（行为完成时法，下同）不认为是犯罪，而新法（结果发生时法，下同）认为是犯罪的，适用新法，以犯罪论处；旧法认为是犯罪，而新法不认为是犯罪的，适用新法，不以犯罪论处；旧法与新法均认为是犯罪的，以犯罪论处。

第4章 犯罪概说

一、犯罪的概念

（一）犯罪的形式概念

犯罪的形式概念是指从犯罪的法律特征上描述犯罪而形成的犯罪概念，也就是将犯罪表述为触犯刑律、具有刑事违法性而应受刑罚处罚的行为。例如，1810年《法国刑法典》第1条规定："法律以违警刑所处罚之犯罪，称为违警罪；法律以惩治刑所处罚之犯罪，称为轻罪；法律以身体刑所处罚之犯罪，称为重罪。"这就是犯罪的形式概念的立法例。犯罪的形式概念源于罪刑法定原则，可以说是从罪刑法定原则引申出来的犯罪概念。犯罪的形式概念注重的是行为的刑事违法性，将刑事违法性作为区分罪与非罪的唯一标准。犯罪的形式概念之所谓形式，是指从法律规范的意义上界定犯罪。因此，犯罪的形式概念，又可以称为犯罪的法律概念。法律相对于社会来说，是一种形式的东西，是对某种社会关系或者社会事实的认可。但法律这种形式又具有对社会关系或者社会事实的规范作用，从而使这种社会关系或者社会事实法定化。在犯罪问题上，犯罪是一种客观存在的社会事实，是社会根据一定的价值标准予以否定评价的行为。但在经刑法规定以前，这种行为尚不具有刑事违法性，不能成为刑法意义上的犯罪。正是通过刑法的规定，一定的行为才由社会否定评价的行为转换为刑法上的犯罪行为。由此可见，犯罪的形式概念具有实体的法律内容。更为重要的是，犯罪的形式概念赋予犯罪以刑事违法性，从而为认定犯罪提供了法律标准。这对于保障人权具有极为重要的意义，可以保证刑法的正确实施。

（二）犯罪的实质概念

犯罪的实质概念是从犯罪的社会内容上描述犯罪而形成的犯罪概念，也就是将犯罪表述为具有社会危害性的行为。例如，1922年《苏俄刑法典》第6条规定："威胁苏维埃制度基础及工农政权在向共产主义制度过渡时期所建立的法律秩序的一切危害社会的作为或不作为，都被认为是犯罪。"这就是犯罪的实质概念的立法例。犯罪的实质概念不满足于对犯罪的法律界定，而力图揭示隐藏在法律背后的社会、政治内容。犯罪的实质概念不是把犯罪当作一种单纯的法律现象，而是首先把它视为一种社会现象，在与社会的关联上揭示犯罪的性质。犯罪的实质概念突破法律形式理解犯罪，因而它在一定程度上回答了一种行为为什么会被刑法规定为犯罪这一具有实质意义的问题。犯罪的实质概念的确立，将犯罪置于社会的视野中进行考察，分析了犯罪与社会的关联性，揭示了犯罪之所以应当受到刑罚处罚的根据，对于加深对犯罪这种社会现象的理解显然具有重要意义。

（三）犯罪的混合概念

犯罪的混合概念，是指形式与实质相统一的犯罪概念，即在犯罪概念的规定中，既揭示犯罪的实质社会内容，又强调犯罪的法律形式特征，使犯罪的实质社会内容和法律形式特征统一在同一个犯罪概念之中。1960年《苏俄刑法典》第7条被认为是犯罪混合概念的典型立法例：

"凡刑事法律所规定的侵害苏维埃的社会制度、政治和经济体系，侵害社会主义所有制，侵害公民的人身权利和自由、政治权利和自由、劳动权利和自由、财产权利和自由及其他权利和自由的危害行为，都认为是犯罪。"在这个犯罪概念中，指出了犯罪的形式特征，犯罪限于刑法所规定的范围，从而明确了犯罪的刑事违法性。更为重要的是，这个犯罪概念揭示了犯罪的实质内容，尤其是揭示了犯罪的法益侵害性。因此，犯罪混合概念既不同于犯罪的形式概念，又不同于犯罪的实质概念。当然，在犯罪的混合概念中，当形式与实质相一致的时候，犯罪的认定问题是容易得到解决的。但是，当形式与实质相冲突时，例如，在行为有刑事违法性而无法益侵害性或者有法益侵害性而无刑事违法性的情况下，是形式特征服从实质内容还是实质内容服从形式特征，就会使人陷入两难境地。

我国刑法中的犯罪概念，是形式与实质相统一的犯罪的混合概念。我国《刑法》第 13 条规定："一切危害国家主权、领土完整和安全，分裂国家、颠覆人民民主专政的政权和推翻社会主义制度，破坏社会秩序和经济秩序，侵犯国有财产或者劳动群众集体所有的财产，侵犯公民私人所有的财产，侵犯公民的人身权利、民主权利和其他权利，以及其他危害社会的行为，依照法律应当受刑罚处罚的，都是犯罪，但是情节显著轻微危害不大的，不认为是犯罪。"这一犯罪概念是对各种犯罪现象的理论概括，它不仅揭示了犯罪的法律特征，而且阐明了犯罪的社会、政治内容，从而为区分罪与非罪提供了原则标准。

二、犯罪的特征

（一）刑事违法性

刑事违法性是指触犯刑律，即某一个人的行为符合刑法分则所规定的犯罪构成要件。刑事违法性是犯罪的法律特征，是对犯罪行为的否定的法律评价。在罪刑法定原则下，没有刑事违法性，也就没有犯罪。因此，刑事违法性是犯罪的基本特征。

刑事违法性之违法具有不同于其他违法行为的特殊性。在法理上，违法行为可以分为民事违法行为、行政违法行为和刑事违法行为，此外还存在诉讼违法行为。违法行为的共同特征是违反法律规定，因此，法律规定是违法行为产生的法律原因。而法律规定是各种各样的，由此形成一个国家的法律体系。在这一法律体系中，刑法是其他部门法的制裁力量，其规范主要由假定与处理两部分构成。例如，"故意杀人的，处死刑、无期徒刑或者十年以上有期徒刑"这一刑法规定中，"故意杀人的"是罪状，"处死刑、无期徒刑或者十年以上有期徒刑"是法定刑。罪状就是刑法规范的假定部分，法定刑是刑法规范的处理部分。当行为符合刑法所规定的故意杀人这一假定性条件时，就应当处以死刑、无期徒刑或者 10 年以上有期徒刑这一法定刑。在刑法理论上，刑法规范的假定部分规定的是犯罪构成要件，只有当行为人的行为符合这一犯罪构成要件时，其行为才构成犯罪并被处以刑罚。因此，刑事违法性之违法并不是指对刑法规范中的假定性条件的违反，而恰恰是符合。显然，刑事违法性之违法是指违反作为刑法规范前提的禁止性规定。例如，刑法关于故意杀人罪的规定，表明刑法禁止杀人。当行为符合故意杀人罪的构成要件时，就是违反了刑法禁止杀人的规定。由此可见，刑法的禁止性规定是内在于刑法规范的，一个人的行为是否具有刑事违法性，应以其行为是否符合刑法所规定的犯罪构成要件为根据。

刑事违法性尽管在其性质上不同于其他违法性，但这并不意味着刑事违法性与其他违法性毫无关系。恰恰相反，在某些情况下，刑事违法性是以其他违法性为前提的，因而存在所谓双重违法的问题。在我国刑法分则中，某些犯罪是以违反国家规定（《刑法》第 137 条规定的工程重大安全事故罪）或违反法律、行政法规规定（《刑法》第 186 条规定的违法发放贷款罪）

或违反规定（《刑法》第188条规定的非法出具金融票证罪）为前提条件的，尤其是《刑法》第96条对于“违反国家规定”的含义作出了解释：“本法所称违反国家规定，是指违反全国人民代表大会及其常务委员会制定的法律和决定，国务院制定的行政法规、规定的行政措施、发布的决定和命令。”因此，在认定这些犯罪的时候，其行为是否具有上述行政违法性，就成为确认其行为的刑事违法性的标准。

（二）法益侵害性

法益侵害性是指对于刑法所保护的利益的侵害。这里所谓刑法所保护的利益，就是法益。刑法法益是关涉社会生活的重要利益，对此，我国《刑法》在第13条关于犯罪概念的规定中作了明文列举：国家主权、领土完整和安全、人民民主专政的政权和社会主义制度、社会秩序和经济秩序、国有财产或者劳动群众集体所有的财产、公民私人所有的财产，以及公民的人身权利、民主权利和其他权利。上述法益可以分为国家法益、社会法益和个人法益，这些法益为犯罪所侵害而为刑法所保护。因此，法益侵害性揭示了犯罪的实质社会内容。

法益侵害行为是刑法明文规定的，因此，行为是否具有法益侵害性，应以刑法规定为根据。在这个意义上说，刑事违法性是法益侵害性的前提。一个行为如果不具有刑事违法性，就不可能具有法益侵害性。因此，超越刑事违法性的法益侵害性是不被承认的，这也是罪刑法定原则的必然要求。由此可见，法益侵害性虽然是对犯罪的实质社会内容的阐述，但它仍然受到犯罪的刑事违法性的限制。在这个意义上说，法益侵害性是刑事违法范围内的法益侵害性。

法益侵害具有两种情形：一是实害，二是危险。实害是指行为对法益造成的现实侵害，例如故意杀人，已经将人杀死，造成对他人生命法益的侵害。危险是指行为对法益具有侵害的可能，在这种情况下，实际损害并未发生，但法益处于遭受侵害的危险状态，因而同样被认为具有法益侵害性，并具有刑事违法性。在我国刑法中，大多数行为是因为具有法益侵害的实害性而被规定为犯罪，例如以发生一定的法益侵害结果为法定犯罪构成要件的结果犯；也有少数行为是因为具有法益侵害的危险性而被规定为犯罪，这种危险包括抽象危险与具体危险。其中抽象危险是指立法推定的危险，在司法活动中无须认定，只要具有法律规定的行为就可构成犯罪。具体危险是指司法认定的危险，如果不具有这种危险，即使存在法律规定的行为也不构成犯罪。此外，犯罪的预备行为、未遂行为和中止行为，都没有造成法益侵害的实害结果，也是因其具有法益侵害的危险而被处罚。

（三）应受惩罚性

应受惩罚性是犯罪的重要特征，是国家对于具有刑事违法性和法益侵害性的行为赋予的刑罚后果。犯罪是适用刑罚的前提，刑罚是犯罪的法律后果。如果一个行为不应受刑罚惩罚，也就意味着它不是犯罪。应受惩罚性并不是刑事违法性和法益侵害性的消极的法律后果，它对于犯罪的立法规定与司法认定具有重要意义。在立法上，应受惩罚性对于立法机关将何种行为规定为犯罪具有制约作用。对于某种行为，只有当立法机关认为需要动用刑罚加以制裁的时候，才会在刑法上将其规定为犯罪，给予这种行为以否定的法律评价。在司法上，应受惩罚性对于司法机关划分罪与非罪也具有指导意义。根据《刑法》第13条关于犯罪概念的但书规定，某种行为情节显著轻微、危害不大的，不认为是犯罪。这些不认为是犯罪的行为，也是没有必要予以刑罚惩罚的行为。因此，是否具有应受惩罚性也是犯罪的重要特征。

这里应当指出，应受刑罚惩罚与实际受到刑罚惩罚，是两个不同的概念。某一行为如果缺乏应受刑罚惩罚性，就不构成犯罪。但犯罪不一定都实际受到刑罚惩罚。我国《刑法》第37条规定，“对于犯罪情节轻微不需要判处刑罚的，可以免予刑事处罚”。这种免予刑事处罚是以行为构成犯罪为前提的。这种情节轻微的犯罪行为虽然具有应受惩罚性，但因其不需要被判处刑罚而被免予刑事处罚。

三、犯罪的分类

（一）重罪与轻罪

在所有犯罪分类中，重罪与轻罪是最经典的一种分类法。这种分类法不仅盛行于大陆法系国家，而且为英美法系国家所认可。在大陆法系国家，重罪与轻罪的区分来自 1810 年《法国刑法典》，除重罪与轻罪外，还有违警罪。在英美法系国家，重罪（felony）作为一类特殊的犯罪，具有特定的含义，指某种残酷、凶暴、邪恶或卑鄙的东西。因此，同是重罪与轻罪的分类，在两大法系具有不同的蕴意。

重罪与轻罪，主要是根据犯罪的轻重程度划分的，其划分的意义在于实体与程序两个方面：从实体上来说，重罪与轻罪的划分在犯罪的认定与刑罚的适用上具有一定的意义。例如，未遂犯的处罚范围就与重罪和轻罪有关，重罪的未遂一般都要受到处罚，而轻罪的未遂只是在法律有规定的场合才受到处罚。刑罚的适用与重罪和轻罪的划分更具有直接关联，例如，缓刑，一般来说只能适用于轻罪。从程序上来说，重罪与犯罪的划分在诉讼程序的选择和管辖级别的确定上都具有一定的意义，例如，在诉讼程序分为普通程序与简易程序的情况下，对于轻罪一般只能适用简易程序。此外，在确定管辖级别的时候，重罪由较高级别的法院管辖，轻罪由较低级别的法院管辖，也是一般的原则。

我国刑法没有重罪与轻罪的明文规定，但在刑法中存在“犯罪较轻的”和“处刑较轻的”规定。相对于“犯罪较轻的”和“处刑较轻的”情形，当然就有“犯罪较重的”和“处刑较重的”情形。这里的“犯罪较轻”与“犯罪较重”，并非指不同种犯罪之间的轻重之分，而是指同一种犯罪中的轻重之别。例如，我国刑法中的故意杀人罪，分为两种情形：一是基本构成，处死刑、无期徒刑或者 10 年以上有期徒刑；二是减轻构成，处 3 年以上 10 年以下有期徒刑。这里的“情节较轻的故意杀人罪”，就是故意杀人罪中的轻罪。

（二）自然犯与法定犯

自然犯与法定犯，是学理上的一种犯罪分类。这种分类涉及对犯罪性质的基本认识，因而十分重要。

自然犯与法定犯的区分可以追溯到古罗马法。古罗马法将古希腊伦理学中的恶性理论适用于对犯罪的理解，确立了自体恶（malainse）与禁止恶（malaprohibita）两种不同的犯罪类型。及至近代，加罗法洛在其自然犯罪的概念中，明显包含古罗马法中自体恶的内容，在此基础上形成自然犯与法定犯的两分法。在现代大陆法系刑法理论中，自然犯与法定犯的分类被广泛承认，但在两类犯罪区分的标准上莫衷一是。在英美法系刑法理论中同样存在类似自然犯与法定犯的分类，但由于分类标准的模糊性，理论上不乏对此否认的观点。我认为，自然犯与法定犯的区分涉及伦理与法律的关系问题。在一般情况下，伦理与法律是统一的。凡是违反法律的，均是违反伦理的；反之，则不然。但在违反伦理的程度上，有些重一些，有些轻一些，也是一个不可否认的事实。尤其是在附属刑法日益发达的情况下，某些单纯由于违反法律规则而与伦理无涉的犯罪逐渐增加。在这种情况下，自然犯与法定犯的区分具有一定意义。当然，自然犯与法定犯的区分是相对的，二者之间是可以转化的。在社会伦理道德演变过程中，环境犯罪等法定犯越来越具有自然犯的色彩，这就是所谓法定犯的自然犯化。自然犯与法定犯的分类在刑法上具有一定的意义，例如，在违法性认识问题上，关于故意犯罪的成立是否要求具有违法性认识，存在各种不同的见解。其中，自然犯与法定犯区别论，就是着眼于自然犯与法定犯在犯罪性质上的区分，主张自然犯的故意不需要违法性认识，法定犯的故意要求具有违法性认识。

尽管这种见解未必完全正确，但还是说明自然犯与法定犯在性质上的差别，可能影响其构成要件的内容。

（三）侵害私法益的犯罪与侵害公法益的犯罪

在大陆法系刑法理论中，根据犯罪侵害的法益的性质，可以把犯罪分为侵害私法益的犯罪与侵害公法益的犯罪，由于公法益又可以分为社会法益与国家法益，所以可以把犯罪分为以下三类：侵害个人法益的犯罪、侵害社会法益的犯罪和侵害国家法益的犯罪。这是大陆法系刑法理论中最为通行的犯罪分类法。

侵害个人法益的犯罪、侵害社会法益的犯罪和侵害国家法益的犯罪三分法的历史渊源可以追溯到古罗马法。在古罗马法中，犯罪被分为公罪和私罪或称公犯和私犯两大类。公罪是指侵害国家法益和社会法益的犯罪，其法律后果是刑罚；私罪是指侵害个人法益的行为，最初被看成个人之间的纠纷，只发生债的关系，被害人只能依据普通程序要求损害赔偿。后来被害人才可以对私罪提起刑事自诉，不过因此而丧失要求损害赔偿的权利。及至中世纪，公罪与私罪的分类被世俗犯罪与宗教犯罪取代：世俗犯罪是指世俗当局管辖的犯罪，包括叛逆罪、犯上罪等。宗教犯罪是指由教会审判、处理的犯罪，包括亵渎神灵罪、异端罪等。贝卡里亚将犯罪分为三大类：第一类是直接地毁伤社会或社会的代表的犯罪，即危害国家法益的犯罪。第二类是侵犯私人安全的犯罪，即危害个人法益的犯罪。第三类犯罪属于同公共利益要求每个公民应做和不应做的事情相违背的行为，即危害社会法益的犯罪。在上述三类犯罪中，第一类和第三类实质上是侵害公法益的犯罪，类似于罗马法中的公罪，而第二类实质上是侵害私法益的犯罪，类似于罗马法中的私罪。这一犯罪分类经过刑事古典学派其他刑法学家的发展，成为大陆法系刑法理论中犯罪分类的通说，并且为大陆法系国家刑法分则体系的建构奠定了基础。例如，1810 年《法国刑法典》就是以侵害公法益的犯罪与侵害私法益的犯罪作为其刑法分则的基本框架的：它将犯罪分为两大类，即妨害公法益之重罪及轻罪和妨害私法益之重罪及轻罪，以妨害公法益之重罪及轻罪为刑法分则第一编，以妨害私法益之重罪及轻罪为刑法分则第二编，由此形成刑法分则体系。又如，1871 年《德国刑法典》虽然未将犯罪分为侵害公法益的犯罪与侵害私法益的犯罪，但是根据侵害国家法益的犯罪、侵害社会法益的犯罪与侵害个人法益的犯罪这样一种概括，建立刑法分则体系。由此可见，侵害公法益的犯罪与侵害私法益的犯罪的分类对于刑法分则体系的建立具有重要意义。

我国刑法没有采用关于侵害私法益的犯罪与侵害公法益的犯罪的划分法，我国刑法分则体系主要是根据犯罪所侵害的社会关系的性质而建构的，但依社会关系的性质，对其内容同样可以从侵犯国家利益的犯罪、侵犯社会利益的犯罪与侵犯个人利益的犯罪的角度进行划分。例如，危害国家安全罪、危害国防利益罪、贪污贿赂罪、渎职罪和军人违反职责罪具有侵害国家法益的犯罪的性质，危害公共安全罪、破坏社会主义市场经济秩序罪和妨害社会管理秩序罪具有侵害社会法益的犯罪的性质，侵犯公民人身权利、民主权利罪和侵犯财产罪具有侵害个人法益的犯罪的性质。由此可见，侵害私法益的犯罪与侵害公法益的犯罪之区分，对于正确地理解我国刑法分则体系具有一定的意义。

（四）国内犯罪与国际犯罪

从刑法的一般意义上说，犯罪指的就是国内犯罪。当涉及国际刑法的时候，才产生国际犯罪的问题，国内犯罪与国际犯罪的区分才具有理论意义。

国内犯罪是指违反国内刑法的行为，因而根据各国刑法可以确定其犯罪行为。国际犯罪是指违反国际刑法的行为，由于对国际刑法理解上的差别，国际刑法的范围与种类并不像国内刑法那样具有确定性。通常认为，犯罪最初都是国内刑法上的犯罪，国际犯罪是从涉外犯罪、跨国犯罪中发展起来的，因而国际犯罪与国内犯罪有着密切联系。涉外犯罪是指具有涉外因素的犯罪，包括：主体涉外，例如犯罪主体是外国人；客体涉外，例如被害人是外国人或者危害的是外国财物；犯罪地涉外，例如域外犯罪；等等。涉外犯罪虽然具有涉外因素，但由于这种犯罪认定的标准是国内刑法，因而它与国际犯罪仍然是有所不同的，两者不可混淆。至于跨国犯罪，是指犯罪跨越两个或两个以上国度的犯罪。与此相类似的，还有跨境犯罪，指犯罪跨越两个或两个以上地区的犯罪。跨国犯罪的跨国性，使之具有涉外犯罪的性质，但跨国犯罪又具有不同于一般涉外犯罪的特点，即犯罪行为跨越不同的国度。这种跨国犯的最狭义的表现是隔地犯，即行为实施地与结果发生地分别在两个不同国度，其中一项在本国领域内而形成的跨国犯罪；从广义上说，跨国犯罪是指犯罪行为本身在不同国家实施，例如跨国贩运毒品，或者同一犯罪分别在不同国家实施等。

上述涉外犯罪与跨国犯罪现象的存在表明：犯罪并非局限在一个国家的领域内，随着国际社会交往的增加，必然会出现与各国相关的犯罪。正是为了维护国际公共秩序，有必要把某些侵犯国际社会共同利益的犯罪视为国际犯罪。相对于国内犯罪而言，国际犯罪具有独立性与依从性。国际犯罪的独立性，是指国际犯罪作为一种危害国际社会的犯罪，其所违反的不仅是有关国家的国内刑法，而且是国际社会通过缔结国际公约的形式而制定的国际刑法规范。国际犯罪也需要在国内刑法中得以确认，这就是所谓国际犯罪国内化。因此，国际犯罪又具有对国内犯罪的依从性。在这个意义上，一个国家刑法中确认的国际犯罪，同时必然是其国内犯罪。由此可见，国内犯罪与国际犯罪的区分是相对的，应当看到两者之间的密切联系。

第5章　定　　罪

一、定罪概述

（一）定罪的概念

定罪，又称为犯罪认定，是指根据刑法规定，对于某一行为是否构成犯罪、构成何种犯罪以及构成的是轻罪还是重罪的确认与评判。定罪具有以下特征。

1. 定罪的主体是人民法院

定罪权是人民法院刑事审判权的重要内容之一。人民法院通过自己的职能活动，查明犯罪事实，根据刑法规定确认行为的犯罪性，这就是定罪活动。因此，定罪的主体是人民法院。

2. 定罪的客体是侵害法益的行为

侵害法益的行为是定罪的客体，因而只有侵害法益的行为才能被认定为犯罪。思想不能被定罪，言论如果没有侵害一定的法益也不能被定罪。至于人的身份、职业、宗教等，都不能被定罪。这是现代法治原则的必然要求。

3. 定罪的性质是刑事司法活动

定罪是人民法院根据刑法规定，对某一行为是否有罪的确认与评判，具有刑事司法活动的性质。定罪是以刑法规定为前提的，同时又是量刑与行刑的前提和基础。通过定罪活动，使有罪的人得以入罪，受到应有的刑事追究；使无罪的人得以出罪，保障公民的合法权益。因此，定罪活动关系到对一个人的生杀予夺，是一项重要的刑事司法活动。

（二）定罪的内容

定罪是追究刑事责任的前提，定罪的最终目的是解决行为的犯罪性问题。这里的“犯罪性”，从狭义上来说，是指罪与非罪的问题；从广义上来说，还包括此罪与彼罪的问题、轻罪与重罪的问题。我在这里所讲的定罪，是指广义上的定罪。因此，定罪包括以下内容。

1. 罪与非罪的认定

定罪的主要任务就是区分罪与非罪。罪与非罪的区分可以分为以下两种情形：（1）根据行为性质区分罪与非罪。任何犯罪都是一种行为，这种行为具有特定的性质。因此，是否属于刑法规定的某种行为，就成为定罪与否的主要根据。各国刑法一般都以行为性质作为区分罪与非罪的标准，只要是刑法规定的某种行为，即构成犯罪，无论这种行为的情节轻重。（2）根据行为程度区分罪与非罪。在这种情况下，不仅要考虑行为的质，还要考虑行为的量，即犯罪的定量因素。换言之，并非实施了刑法规定的一定的行为即构成犯罪，是否构成犯罪还要看行为的严重程度。区分罪与非罪的上述两种标准与各国刑法中的犯罪概念有关。大陆法系国家的刑法大多区分重罪、轻罪与违警罪，因此，只要实施了刑法规定的行为，一概视为犯罪，然后再根据行为的严重程度，分别按照重罪、轻罪与违警罪处理。我国刑法中的犯罪概念存在定量因素，因此，只将某些性质严重的行为径直认定为犯罪，在大多数情况下，尚需根据行为的严重程度区分罪与非罪。

2. 此罪与彼罪的认定

此罪与彼罪的区分也是定罪的任务。每一种犯罪都具有特定的违法蕴意，并且刑法上作了不同的法律评价，因此，在定罪的时候，应当严格区分此罪与彼罪，以便正确地适用刑法。

3. 轻罪与重罪的认定

犯罪有轻重之别，根据同一犯罪的轻重，刑法往往规定了两个以上量刑幅度。我国刑法是根据情节和数额区分轻罪与重罪的，因此，正确地认定犯罪情节和犯罪数额是区分轻罪与重罪的关键。

（三）定罪的意义

1. 定罪对于实现报应的意义

定罪是刑罚处罚的前提，某一个人的行为只有在被确定有罪以后，才能受到刑罚处罚。而刑罚处罚是刑罚报应的必然后果，因为刑罚报应追求的是有罪必罚，即刑罚的必然性与确定性。因此，正确地定罪，对于实现刑罚报应具有重要意义。

2. 定罪对于实现预防的意义

定罪是对犯罪人及其行为的否定评价，通过定罪使犯罪人认识到其行为已经触犯刑律构成犯罪，因而定罪具有个别预防之功能。同时，通过定罪，也使社会上的其他人认识到犯罪将会受到刑罚惩罚，使之感受到刑罚威吓的存在，因而定罪还具有一般预防之功能。

3. 定罪对于报应与预防的双重意义

在定罪过程中，首先应当考虑报应的因素，因为某一行为是否构成犯罪，主要是由犯罪构成要件决定的，而犯罪构成的罪体与罪责反映的是行为的客观危害和行为人的主观恶性。同时，定罪还包括对预防因素的考虑，这主要是指在定罪的时候，犯罪人的人身危险性程度也起一定的作用，尤其是在区分轻罪与重罪的时候，人身危险性程度是不可或缺的内容。而且，定罪是在一定的社会中进行的，治安形势、犯罪率、民愤等因素也会影响定罪。当然，在定罪的时候，报应因素起决定作用，预防因素起补充作用。只有正确地处理报应与预防的关系，定罪才能实现公正与功利的双重预期。

二、定罪原则

定罪是以刑法规定的犯罪成立条件为根据的，因而定罪是对犯罪构成要件逐一认定的过程。定罪原则，就是定罪活动应当遵循的规则。我认为，定罪活动应当遵循以下三个原则。

（一）法益原则

法益原则，又称法益保护原则。其基本含义是：无法益侵害则无犯罪。因此，根据法益原则，法益侵害性是犯罪的客观要素。不具有法益侵害性，则因不具备犯罪的客观要素而不构成犯罪。在这个意义上说，是否具有法益侵害性的判断就成为定罪的应有之义。

1. 法益的概念

法益是指法律所保护的利益。在这个意义上说，法益是指合法利益。法益概念，是德国刑法学家毕伦巴姆首倡的，以此作为刑法保护的客体。社会生活是丰富多彩的，在社会生活中存在各种利益关系，这种利益可以说是生活利益，它是先于法律而存在的，是社会本身的产物。刑法在调整社会关系、干预社会生活的时候，是有其限制的，这就是为保护利益所必需。因此，在刑法理论中将需要通过刑法保护的生活利益上升为法益，保护法益就成为刑法的正当性根据。犯罪，正是通过法益概念而获得了实体性的存在，并为定罪提供了价值根据。应当指出，刑法所保护的并非一切生活利益，而是涉及人们基本生存的利益，因此，凡是纳入刑法保护范围的利益，都是重大利益。这也表明刑法所保护的法益在社会生活中的极其重要性。

刑法对法益的保护，采取的是一种规范性保护的方法，即将刑法保护的法益在刑法规范中加以明确规定。刑法对法益的规定通过设置犯罪的形式体现出来。换言之，刑法并不是抽象地列举法益，而是将侵害法益的行为规定为犯罪，通过对犯罪加以刑罚处罚体现对法益的保护。因此，行为具有对法益的侵害性就成为犯罪的本质内容。行为对法益的侵害，可以概括为法益侵害性，是犯罪的本质属性，也是定罪的实体根据。

2. 法益的判断

在定罪过程中，对于行为是否具有法益侵害性要作出正确的判断。法益侵害性的判断是对行为性质的一种实质判断，这种实质判断必须受到形式判断的限制。因此，形式判断先于实质判断，是法益判断中应当遵循的一个基本规则，这也决定了法益判断在定罪中只具有出罪机能，是一种否定性的消极判断。

在犯罪成立的客观要件中，包含行为事实与规范评价这两个层次的判断。行为事实是犯罪成立的客观方面的事实要素，在一般情况下，具备这些要素即可推定犯罪客观要素的成立，但若存在正当防卫、紧急避险等排除犯罪的事由，则可以否定犯罪客观要件的成立。排除犯罪的事由的认定就是一个法益侵害的判断问题，也就是说，在具备行为事实的基础上，具有法益侵害性的，即应认定犯罪的客观要件成立。如果不存在法益侵害性，则犯罪的客观要件不能成立。犯罪排除事由就是具备行为事实而不具有法益侵害性的情形，因而也是出罪事由。

（二）责任原则

责任原则，又称责任主义。不具有客观上的法益侵害性的行为，当然是不构成犯罪的，但是具有客观上的法益侵害性的行为并不一定构成犯罪。是否构成犯罪，还要考察行为人主观上是否有责。因此，主观上的有责性，是责任原则所要解决的根本问题。

1. 责任的概念

责任是指对行为人的主观上的非难可能性。正如同无法益侵害即无犯罪是法益原则的要旨，无责任即无刑罚即是责任原则的精髓。

责任的概念存在一个从客观责任到主观责任的转变过程。最初的责任是客观责任，只要存在客观上的损害结果即要对行为人加以刑罚惩罚，因而客观责任是一种结果责任。我国《刑法》第 16 条明文规定在意外事件的情况下，即使行为在客观上造成了损害结果，但主观上不是出于故意或者过失，而是由于不能预见的原因所引起的，不是犯罪。这一规定表明，我国刑法是彻底否定客观责任的。主观责任的思想，在“违法是客观上的，责任是主观的”这句格言中体现得十分明显。主观责任经历了一个从心理责任到规范责任的演变过程：心理责任论揭示了责任的主观性，把责任理解为行为人的心理关系。根据这种心理关系的不同把罪责形式分为：在现实中以对客观构成事实有认识并且是有意地实施为要素的故意，与以对客观事实缺乏认识或者虽然有认识但误以为其不会发生为要素的过失。只要行为人具有责任能力，同时具备故意或者过失，即应承担责任。因此，责任完全是由主观心理事实要素构成的。心理责任论只是揭示了非难可能性的主观基础，还没有涉及非难可能性本身。因此，心理责任论虽然较之客观责任的思想具有进步意义，但并未揭示责任的真谛。在心理责任论的基础上形成的规范责任论，才使责任主义得以完善。规范责任论认为，责任的本质是从规范的角度对心理事实加以非难的可能性。根据规范责任论的观点，即使存在心理意义上的故意或者过失，亦不一定构成犯罪，还要看是否存在主观上的归责可能性。因此，规范责任论的形成表明责任主义的最终确立。

责任的概念在现代刑法中具有重要意义：它使刑事责任合理化，消解了刑罚的残暴性。如果说，法益原则是从犯罪的客体是否受到犯罪的实际侵害来设置犯罪的构成要件，那么，责任原则就是从犯罪的主体是否具有可遣责性来设置犯罪的构成要件。

2. 责任的判断

在定罪过程中，犯罪的客观要件的肯定性判断为定罪提供了客观根据。在此基础上，还要进行犯罪的主观要件的判断。犯罪的主观要件的判断必然以犯罪的客观要件的肯定性判断为前提，为定罪提供主观根据。

责任的判断是在具备心理事实基础上的一种可归责性判断。在一般情况下，行为人对行为事实具有故意或者过失的心理，就可以推定责任的存在。但在存在责任排除事由的情况下，责任同样不能成立。因此，责任的判断表现为一种否定性的判断，是一种出罪判断。关于归责要素在犯罪构成中的体系性地位问题，在刑法学中存在争议。例如，关于期待可能性的体系性地位，在大陆法系刑法理论中存在以下三种观点：一是故意与过失的构成要素说，认为故意、过失是责任形式，故意责任与过失责任共同包含非难可能性要素，欠缺期待可能性时阻却故意责任与过失责任。二是第三责任要素说，认为作为客观的责任要素的期待可能性，与作为主观责任要素的故意与过失区别开来，是和故意与过失并列的积极要素。三是阻却责任事由说，认为期待可能性的不存在是阻却责任事由，是例外妨碍犯罪成立的情形。

（三）当罚原则

当罚原则，又称为可罚性原则，也是在犯罪认定中应当遵循的原则。当罚原则表明：犯罪情节显著轻微时，不具有可罚性，因而不能认定为犯罪。

1. 当罚的概念

我国《刑法》第13条关于犯罪概念的规定中明确地提出了犯罪具有应当受到刑罚处罚的特征，尤其是我国刑法中的犯罪概念存在但书规定：情节显著轻微危害不大的，不认为是犯罪。因此，这里的“当罚”，就是指应当受到刑罚处罚。

在刑事司法活动中，并不是所有的犯罪都受到刑罚处罚，情节显著轻微的行为不具有可罚性。只不过在大陆法系国家一般都从刑事司法程序上加以排除，在刑法上还是认为只要具备犯罪构成要件都成立犯罪。因此，只要是盗窃，即便盗窃一张纸也是犯罪，至于是否按盗窃罪处罚那是另一个问题。可罚的违法性理论，为这个问题的解决提供了某种理论根据。在日本刑法理论上，最早承认可罚的违法性概念的是宫本英脩，此后进一步发展了这一理论的是佐伯千仞。根据可罚的违法性理论，各种犯罪都被预定了一定严重程度的违法性，即使行为符合犯罪构成要件，但如果其违法性极其轻微，没有达到法所预定的程度，就不成立犯罪。至于可罚的违法性在犯罪论体系中的地位，日本刑法学界存在以下分歧：第一种观点认为，可罚的违法性是一个构成要件该当性问题。因为犯罪构成要件以典型事态为中心，预定了一定类型程度的严重性，没有满足这种程度的违法行为缺乏构成要件该当性。例如盗窃罪，窃取的财物应当具有一定的财产价值。如果窃取一张纸，由于一张纸的财产价值极其轻微，不值得刑法保护，因而该行为因欠缺作为盗窃罪客体的财物而不构成犯罪。根据这种观点，可罚的违法性应在构成要件该当性中讨论。第二种观点认为，可罚的违法性是一个违法性的程度问题。缺乏可罚的违法性，是指具备构成要件该当性的行为缺乏实质的违法性，不值得在刑法上予以处罚。根据这种观点，可罚的违法性应在违法性中讨论。这个问题涉及对构成要件是作形式解释还是作实质解释：若对构成要件作形式解释，则可罚的违法性应当在违法性中加以讨论；如若对构成要件作实质解释，则可罚的违法性应在构成要件该当性中加以讨论。

我国刑法关于犯罪概念的但书规定，明确地将轻微的犯罪行为排除在犯罪概念之外；并且在我国刑法分则中，都有关于数额犯与情节犯的规定。因此，在定罪的时候，应当考虑行为的可罚性，这是具有刑法根据的。对此，我国刑法学界并不存在争议。在我国目前耦合式的犯罪构成体系中，当罚要素一般被作为犯罪客观要件讨论，也有个别学者认为其是四要件以外的综合要件。我认为，当罚要素应该独立于犯罪构成中的客观要件与主观要件。对于犯罪成立来说，当罚性是一个必不可少的要件。

2. 当罚的判断

当罚要素在我国刑法中都有法律与司法解释的明文规定，因此，应当严格地依照法律与司法解释的规定认定当罚要素。例如，我国《刑法》第274条规定的敲诈勒索罪，刑法规定数额较大的才构成犯罪。没有达到数额较大程度的敲诈勒索行为，显然不能作为犯罪加以惩罚。因此，数额较大才构成敲诈勒索罪表明该罪必须具备当罚性，至于数额较大的具体标准，由司法解释加以规定。2013年4月23日最高人民法院、最高人民检察院《关于办理敲诈勒索刑事案件适用法律若干问题的解释》规定，敲诈勒索公私财物数额较大以2 000元至5 000元为起点。这一规定为认定敲诈勒索罪提供了明确的法律根据。有些犯罪，虽然刑法没有规定以一定的数额或者情节作为构成犯罪的要件，但有关司法解释对此作了规定，也应认为这些犯罪具有当罚要素。例如，我国《刑法》第238条规定的非法拘禁罪，刑法并未规定情节严重才构成犯罪，但2006年7月26日最高人民检察院《关于渎职侵权犯罪案件立案标准的规定》规定，国家机关工作人员利用职权非法拘禁，涉嫌下列情形之一的，应予立案：（1）非法剥夺他人人身自由24小时以上的；（2）非法剥夺他人人身自由，并使用械具或者捆绑等恶劣手段，或者实施殴打、侮辱、虐待行为的；（3）非法拘禁，造成被拘禁人轻伤、重伤、死亡的；（4）非法拘禁，情节严重，导致被拘禁人自杀、自残造成重伤、死亡，或者精神失常的；（5）非法拘禁3人次以上的；（6）司法工作人员对明知是没有违法犯罪事实的人而非法拘禁的；（7）其他非法拘禁应予追究刑事责任的情形。在这种情况下，非法拘禁行为，只有具有上述情形之一的才能构成犯罪。

三、定罪过程

（一）定罪过程的概念

定罪是一个以确认行为的犯罪性为内容的司法过程。在定罪过程中，根据刑法规定对于行为是否符合犯罪构成要件依次进行判断。因此，定罪过程具有以下特征。

1. 动态性

定罪是一个动态的过程。定罪是对犯罪的认定，因而是否有罪是这一司法活动最终需要解决的问题。在这个意义上，定罪过程作为一种司法活动与对犯罪的构成要件解析是有所不同的。对犯罪的构成要件解析是指从刑法对犯罪的规定出发，对这种犯罪规定的构成要件进行分解与阐析。这种解析以犯罪模型为客体，试图对犯罪的内在结构进行剖析，是一种对犯罪的静态分析。例如，在刑法分则中，根据刑法关于盗窃罪的规定，分析盗窃罪的各种构成要素，以便掌握盗窃罪的成立条件。但定罪过程作为一种司法活动，是一个对于行为是否构成犯罪的确认过程，犯罪是定罪过程的肯定性结果而非其出发点。

2. 程序性

定罪过程是根据诉讼程序而展开的一种司法活动，因而必然受到刑事诉讼程序的制约。只有经过一定的刑事诉讼程序，才能确认一个人有罪，这是刑事法治的必然要求。程序意义上的定罪过程，从广义上说，始于侦查、终于审判，整个刑事诉讼过程都是以定罪为中心的；从狭义上说，定罪过程主要是指审判活动，包括一审程序与二审程序。只有通过庭审，才能最终确定一个人的刑事责任。由于刑事程序是由控、辩、审三方构成的，控辩对抗、法院居中裁判的诉讼结构会给定罪带来深刻的影响。英美法系国家强调诉讼程序，因而其定罪模式带有明显的诉讼印记。大陆法系国家虽然重视实体，但在定罪过程中仍然给辩护留下了充分的余地。

3. 依次性

定罪过程是在刑法规定与案件事实之间进行同一性的判断，这一判断并非一次性完成，而是一个依次渐进的过程。刑法规定作为定罪根据，在刑法理论中是以犯罪构成形式出现的，而犯罪构成作为评判根据是由各个构成要件组建而成的，在运用犯罪构成对案件事实进行评判的时候，从客观到主观有一个依次递进的过程。这一过程既是一个定罪过程，同时也是一个出罪过程，即犯罪嫌疑不断被排除的过程。

（二）定罪的逻辑

定罪过程是根据犯罪构成对案件事实进行罪与非罪的评判过程，这一评价活动应当严格遵循定罪的司法逻辑。定罪过程中应当坚持以下四个原则。

1. 客观判断先于主观判断

犯罪构成是主、客观要件的统一，主观与客观统一是犯罪成立的必然要求，这是不容否认的。那么，在定罪过程中，对主、客观要件的判断是否存在依次性呢？回答是肯定的，这就是客观判断先于主观判断。以故意杀人罪为例：客观要素是故意杀人罪的罪体要素，即杀人行为和死亡结果以及两者之间的因果关系。主观要素是故意杀人罪的罪责要素，即杀人故意，包括直接故意和间接故意。在罪体要素中，行为、结果与因果关系这三者之间存在先后顺序。只有在经过判断存在杀人行为与死亡结果的基础上，才能进行行为与结果之间因果关系的判断。在确定存在罪体以后，再进行罪责的判断。因为在没有杀人行为的情况下是不可能有杀人故意的，所以，客观要素具有对故意的规制机能。由此可见，客观判断先于主观判断对于正确定罪具有重要意义。

2. 形式判断先于实质判断

在定罪过程中，既存在形式判断，又存在实质判断。例如，规范的判断通常都是形式的判断，而价值的判断都是实质的判断。一个行为是否具有构成要件的客观要素，是形式判断。具备构成要件的客观要素行为是否具有法益侵害性，则是实质判断。只有在形式上作出肯定性判断以后，才能进入实质判断。在定罪过程中，坚持形式判断先于实质判断，可以通过形式判断限制实质判断，使实质判断不具有超越形式判断的入罪功能，并只有在作出肯定性的形式判断以后因否定性的实质判断而出罪。形式判断先于实质判断是罪刑法定原则的必然要求，也是保证定罪正确的逻辑基础。

3. 事实判断先于法律判断

在定罪过程中，既存在事实判断，又存在法律判断。应该说，这两种判断是有所不同的：事实是一个存在论的问题，而法律是一个规范论的问题。在任何情况下，法律评价都应当是以事实存在为前提的，必须严格建立在事实基础之上，因而事实判断应当先于法律判断，尤其应当避免以法律判断代替事实判断。

4. 定型判断先于个别判断

在犯罪构成的事实性要素中，既存在定型性要素，又存在个别性要素。定型性要素具有规范性特征，故定型判断具有明确的法律标准可以遵循，因而更易把握。而个别性要素大多具有非规范性特征，个别判断有时不易把握，更具有自由裁量的性质。例如，我国《刑法》第246条规定的侮辱罪、诽谤罪都以情节严重为构成犯罪的条件：侮辱、诽谤行为的认定是一种定型判断，而情节严重是一种个别判断。对此，应当严格遵照定型判断先于个别判断的原则依次认定。

（三）定罪的方法

定罪过程是将法律规定与案件事实进行同一性认定的过程，这个过程可以被视为一个司法三段论的推理过程。在定罪的不同步骤，应当相应地采用以下方法。

1. 法律的解释方法

定罪始于找法，尤其是在罪刑法定的原则下，定罪必须严格以法律规定为准绳。因此，找法活动是定罪过程的第一个步骤。在找法中，要采用法律解释方法。任何法律规定只有通过解释才能被适用，因而正确地解释法律是法律适用的应有之义。刑法关涉对公民的生杀予夺，因此对刑法应该加以严格解释。刑法解释可以采用文理解释和论理解释各种方法，在运用这些方法对刑法规定进行解释时，应该遵循一定的规则。在一般情况下，通过语义解释即可明确刑法规定的含义的，当然就无须采用其他解释方法。在这个意义上说，语义解释是最为常见的解释方法。但语义解释并非万能，在某些情况下沿革解释又会形成对语义解释的限制。

2. 事实的认定方法

事实是定罪的根据，因此，事实认定是定罪的基本环节。在事实认定中，一般采用确认和推定两种方法。确认是认定事实的一种直接方法。例如，一具尸体表明人的死亡这一事实的存在，可以采用确认方法认定这一事实。在定罪过程中，确认是主要采用的一种方法，尤其是对客观事实的认定，更是离不开确认的方法。推定是认定事实的一种间接方法。某些事实，例如心理事实，是行为人的一种主观心理活动，除非行为人供述，难以直接确认。在这种情况下，就存在一个根据客观事实加以推断的问题。这种推断，在理论上称为推定。推定是指根据已知的事实推断未知的事实的一种逻辑推理。在定罪活动中，推定的方法是经常被采用的，对主观罪过的认定更是如此。

3. 推理的演绎方法

在找法与事实认定的基础上，应当在法律规定与案件事实之间求得同一性，这是一个从法之一般到案件之个别的演绎过程。在定罪活动中，刑法关于构成要件的规定，是对犯罪现象的一般概括，个别案件事实只有该当构成要件时，才能视为犯罪。因此，将个别案件事实归属于一定的构成要件，通过演绎方法获得了定罪的正确性。

第 6 章　犯罪论体系

一、犯罪构成概述

（一）犯罪构成的概念

犯罪构成是指犯罪成立条件的总和，犯罪成立条件包括犯罪成立的客观条件和主观条件，这些条件按照一定的内在逻辑关系形成一个体系，称为犯罪构成体系。犯罪成立条件是由刑法规定的，刑法规定可以分为总则规定与分则规定。刑法总则规定的是犯罪成立的一般条件，刑法分则规定的是犯罪成立的特殊条件。基于罪刑法定的原则，刑法分则对犯罪成立特殊条件的规定往往是较为明确的。刑法总则对犯罪成立一般条件的规定有时是较为粗疏的，甚至对刑法中的某些重要概念未作规定。例如，我国刑法总则只有关于犯罪行为的一般性规定，对于作为、不作为和持有等行为方式未作规定；此外，刑法对因果关系等问题也未作规定。在这种情况下，犯罪成立条件需要通过刑法理论的填补才能得到充实。因此，犯罪构成不仅仅是一种法律规定，而且是一种知识形态，称为犯罪构成理论。犯罪构成、犯罪构成体系和犯罪构成理论，是我国刑法学在讨论犯罪成立条件时经常使用的概念。这三个概念之间存在密切联系，是从不同角度对犯罪成立条件的理论概括。

我国刑法学中的犯罪构成这一概念，是从苏俄刑法学引入的。苏俄刑法学中的犯罪构成概念又是在对大陆法系刑法学中的构成要件这一概念进行改造的基础上形成的。因此，犯罪构成与构成要件这两个概念是存在区别的：犯罪构成是犯罪成立条件的总和，而构成要件只是犯罪成立的一个要件。在大陆法系刑法学中，犯罪成立必须具备三个条件：构成要件该当性、违法性和有责性。这三个要件形成的犯罪成立及形式的一般理论，在大陆法系刑法学中称为犯罪论体系。因此，犯罪论体系和我国刑法学中的犯罪构成体系或者犯罪构成理论是同一层次的概念。当然，在犯罪论体系和犯罪构成理论之间还存在某些差别，例如，在我国刑法学中，犯罪构成理论只是犯罪论的一部分，犯罪论除了讨论犯罪成立条件以外，还讨论未完成罪、共同犯罪、竞合等问题。尤其是我国刑法对单位犯罪作了专门规定，单位犯罪不是作为主体问题而是作为一种犯罪特殊形态在犯罪论中加以讨论的。但在大陆法系刑法学中，犯罪论体系不仅讨论犯罪的成立条件，而且讨论未遂与共犯等问题。在这个意义上，犯罪论体系又等同于我国刑法学中的犯罪论，讨论与定罪相关的全部问题。

考虑到犯罪构成的概念已经被我国刑法学广泛采用，本书在犯罪成立条件的意义上使用犯罪构成一词。在论及大陆法系刑法学时，为叙述上的方便，间或使用犯罪论体系的概念。

（二）犯罪构成的特征

犯罪构成具有以下特征。

1. 犯罪构成的法定性

犯罪构成是刑法规定的，因而具有法定性。在我国刑法理论上，关于犯罪构成是法律规定还是理论命题，存在着争议。在这个问题上主要存在以下三种观点：一是法定说，认为犯罪构成是刑法规定的犯罪成立条件，因而是一种法律规定。二是理论说，认为犯罪构成是根据刑法规定并结合司法实践，对刑法规定所作的学理解释，因而是一种刑法理论。三是折中说，认为犯罪构成既是由法律规定的一系列犯罪成立条件的总和，又是一种理论。在我看来，犯罪构成具有明显的理论色彩，是传统刑法文化传承与积淀的结果。但犯罪构成的这种理论性又是以刑法规定为前提的，这也是罪刑法定原则的必然要求。因此，法定性是犯罪构成的根本特征。犯罪构成的法定性，表明犯罪构成是不能离开法律规定而存在的。对犯罪构成的分析应当以刑法规定为根据。只有这样，才能在犯罪构成的问题上贯彻罪刑法定原则。刑法对犯罪构成的规定，可以分为总则规定与分则规定。在刑法总则中，对犯罪构成的共同要件作了规定，如犯罪故意、犯罪过失与刑事责任能力等。在刑法分则中，对具体犯罪的构成要件以罪状的形式作了规定。刑法总则与刑法分则的结合，为确立犯罪构成提供了法律根据。

2. 犯罪构成的规范性

犯罪构成是犯罪成立条件的总和，因而具有规范性。犯罪构成的规范性，在立法上是指通过立法活动为犯罪所设置的法律规格，在司法上是指在司法过程中认定犯罪的法律标准。因此，规范的犯罪构成与事实的犯罪构成是有所不同的：前者是类型化的、以构成要件的形式表现出来的法律构成要件，是一种构成规范。而后者是符合犯罪构成要件、构成犯罪的一种事实，在刑法理论上称为构成事实。显然，构成规范是立法的产物，是先于司法而存在的；而构成事实是司法的结果，它所涉及的是一种构成犯罪的具体事实，因而具有个案性。强调犯罪构成的规范性，就是要对犯罪构成本身所具有的对于认定犯罪的准则功能予以充分关注，从而正确地认识犯罪构成所具有的可供反复适用的制度性特征。

3. 犯罪构成的体系性

犯罪构成是由各种主、客观要件组合而成的，因而犯罪构成具有体系性。犯罪构成的体系性，表明犯罪构成是各种犯罪成立条件的有机统一。犯罪构成体系可以分为不同的逻辑层次，如果说犯罪构成作为一个整体是第一层次，那么，犯罪的客观要件（罪体）、犯罪的主观要件（罪责）和犯罪的数量要件（罪量）就是第二层次。在罪体之下，又可以分为主体、行为、客体和结果等罪体构成因素；在罪责之下，又可以分为故意与过失等罪责构成要素；在罪量之下，又可以分为情节、数额等要素。构成—要件—要素，这三个层次的内容按照一定的逻辑关系建构，就形成了犯罪构成体系。

（三）犯罪构成的意义

犯罪构成理论是刑法理论之王冠上的“宝石”，在刑法理论体系中占据着核心的地位。犯罪构成的意义主要体现在以下三个方面。

1. 区分罪与非罪的意义

犯罪构成是犯罪认定的法律标准，对于区分罪与非罪具有重要意义。犯罪构成是犯罪概念的具体化，是各种犯罪成立条件的总和。只有正确地掌握了犯罪构成，才能据此准确地认定犯罪，并科学地区分罪与非罪。

2. 区分此罪与彼罪的意义

社会上的犯罪现象是形形色色的，刑法根据犯罪的特征将其规定为各种不同的犯罪。在刑事审判中，不仅应当区分罪与非罪，而且应当区分此罪与彼罪。此罪与彼罪的区分，主要表现为各种犯罪之间在构成要件上的差别，例如，抢夺罪与盗窃罪，都是非法占有他人财物的犯罪，两者的区分在于：抢夺罪采取公然夺取的手段，而盗窃罪采取的是秘密窃取的手段。只有正确地掌握上述两种犯罪的构成要件，才能将两罪科学地加以区分。

3. 区分轻罪与重罪的意义

犯罪在法益侵害的程度上存在差别，因而刑法规定的犯罪有轻重之分，即使是对同一犯罪，也设置了轻重有别的犯罪构成，这就是减轻构成与加重构成。因此，我们不仅要掌握基本构成，而且要掌握减轻构成与加重构成，这对于区分轻罪与重罪，对于刑罚的正确适用，都具有重要的意义。

二、犯罪构成的体系

（一）大陆法系递进式的犯罪构成体系

以德、日为代表的犯罪构成体系，由构成要件该当性、违法性和有责性构成，由于这三个要件之间具有递进式的逻辑结构，因而可以称为递进式的犯罪构成体系。

1. 构成要件该当性

构成要件该当性是指行为符合刑法分则所规定的某种具体犯罪的特征。构成要件该当性中又包括以下内容：（1）构成要件的行为，指该当构成要件的行为。（2）因果关系，指行为与结果之间的关系。（3）构成要件的故意，指认识符合构成要件的行为而决意实施的主观心理状态。（4）构成要件的过失，指由于违反注意义务或者结果回避义务而引起法益侵害结果的主观心理状态。

2. 违法性

行为具备构成要件该当性还不构成犯罪，是否构成犯罪还需考察该行为是否具有违法性。构成要件是违法行为的类型，如果行为符合构成要件，一般可以推定该行为属于违法。但如果行为具有刑法上所规定或者法秩序所认可的违法性阻却事由，则该行为就不构成犯罪。这种违法性阻却事由包括正当防卫、紧急避险等法定的违法性阻却事由，以及自救行为、义务冲突等超法规的违法性阻却事由。

3. 有责性

有责性是指行为人的行为具有主观上的可谴责性。某一行为构成犯罪，除行为该当构成要件并属于违法之外，还必须具备有责性。有责性包括以下要素：（1）责任能力，即作为谴责可能性前提的资格。凡是具有认识能力和控制能力的人，均被认为具有责任能力。（2）故意责任。作为责任要素的故意是指在认识构成要件事实的基础上，具有违法性意识以及产生这种意识的可能性。（3）过失责任。作为责任要素的过失是指违反主观注意义务而具有谴责可能性。（4）期待可能性，是指在行为当时的具体情况下，期待行为人作出合法行为的可能性。尽管对于期待可能性在有责性中的地位存在不同见解，但期待可能性作为责任要件是大陆法系刑法理论的共识。

（二）苏俄及我国耦合式的犯罪构成体系

以苏俄及我国为代表的犯罪构成体系，由犯罪的客体、犯罪的客观方面、犯罪的主体、犯罪的主观方面构成。由于这四个要件之间具有耦合式的逻辑结构，因而可以称为耦合式的犯罪构成体系。

1. 犯罪客体

犯罪客体是指刑法所保护而为犯罪所侵害的社会主义社会关系。刑法总则条文在规定犯罪的概念时概括列举了刑法所保护的社会关系的各个方面，分则条文则规定了各个具体犯罪所侵犯的社会关系的某一方面。由于犯罪的社会危害性集中表现在犯罪对社会关系造成或可能造成的侵害上，所以，犯罪客体是任何犯罪成立都不可缺少的要件，只不过不同的犯罪所侵犯的具体客体有所不同而已。由于犯罪对社会关系的侵犯通常通过对一定的物或人即犯罪对象的侵犯体现出来，故犯罪对象也是许多犯罪成立的要件。当然，犯罪行为作用于犯罪对象只是一种表面现象，其背后体现的仍是侵犯具体的社会关系。

2. 犯罪客观方面

犯罪客观方面是指犯罪活动的客观外在表现，包括危害行为、危害结果以及危害行为与危害结果之间的因果关系。因此，犯罪客观方面是表明犯罪活动在客观上的外在表现的要件。说明犯罪客观方面的事实特征是多种多样的，概括而言：首先，包括危害行为。只有通过危害行为，社会关系才会受到侵犯。犯罪本身就是具有严重社会危害性的行为，犯罪构成的其他要件其实都是说明行为的社会危害性及其严重程度的事实特征。因此，危害行为是犯罪构成的核心要件。其次，包括危害结果。危害结果即危害行为对社会造成或可能造成的危害。如果行为不可能给社会造成危害，则不属于犯罪行为。危害行为和危害结果是任何犯罪成立必须具备的犯罪客观方面要件。除危害行为和危害结果外，有些行为必须在特定的时间、地点实施，或者采取特定的方法、手段实施才能构成犯罪，因此，特定的时间、地点和方法成为犯罪构成客观方面的选择要件。这些选择要件对于某些犯罪的成立具有决定性的意义。

3. 犯罪主体

犯罪主体是指达到法定刑事责任年龄、具有刑事责任能力、实施危害行为的自然人或者单位，因此，犯罪主体是表明行为必须由什么人实施才能构成犯罪的要件。犯罪主体主要是指达到刑事责任年龄、具备刑事责任能力、实施了危害行为的自然人，单位也可以成为犯罪主体。根据刑法规定，未达到法定刑事责任年龄或者不能辨认、不能控制自己行为的自然人不具备犯罪主体资格，达到相对负刑事责任年龄的自然人只能成为刑法所列举的某些特别严重犯罪的主体。达到刑事责任年龄、具备刑事责任能力的自然人称为一般主体。此外，有些犯罪还需要行为人具有特定的身份或者职务才能构成，这类犯罪的主体称为特殊主体。

4. 犯罪主观方面

犯罪主观方面是指行为人对于危害社会的结果的主观心理状态。因此，犯罪主观方面是表明在实施危害行为时行为人所抱的主观心理状态的要件。犯罪主观方面首先包括罪过，即犯罪的故意或过失。根据刑法规定，主观上既无故意又无过失，即使行为在客观上造成了损害结果，行为人也不负刑事责任。因此，罪过是一切犯罪成立所必备的主观方面要件。此外，刑法规定某些犯罪必须具备一定的目的才能构成，因此，犯罪目的是某些犯罪主观方面不可缺少的内容。

（三）英美法系双层次的犯罪构成体系

以英美为代表的犯罪构成体系，具有双层次性的特点。英美法系刑法的犯罪构成分为实体意义上的犯罪要件和诉讼意义上的犯罪要件。实体意义上的犯罪要件是指犯罪行为和犯罪意图，这种要件包含在犯罪定义之中。犯罪定义之外的责任要件是诉讼意义上的犯罪要件，通过合法抗辩事由体现出来。由于这种构成要件具有双层次的逻辑结构，因而可以称为双层次的犯罪构成体系。

1. 犯罪行为

犯罪行为是英美法系犯罪构成的客观要件。犯罪行为有广义与狭义之分：广义上的犯罪行为，指犯罪心理以外的一切犯罪要件，也就是犯罪构成的客观要件，包括犯罪行为、犯罪结果和犯罪情节等。狭义上的犯罪行为指有意识的行为，它由行为和意识构成。犯罪行为是法律予以禁止并力求防止的有害行为，它是构成犯罪的首要因素。

2. 犯罪意图

犯罪意图，又称为犯罪心理，是英美法系犯罪构成的主观要件。“没有犯罪意图的行为，不能构成犯罪”是英美刑法的一条原则，它充分体现了犯罪意图在构成犯罪中的重要意义。在美国刑法中，犯罪意图分为以下四种：（1）蓄意，指行为人行动时的自觉目的就是引起法律规定为犯罪的结果，或者自觉目的就是实施法律规定为犯罪的行为；（2）明知，指行为人行动时明知道他的行为就是法律规定为犯罪的行为，或者明知道存在法律规定为犯罪的情节；（3）轻率，指行为人轻率地对待法律规定为犯罪的结果或情节，行动时认识到并有意漠视可能发生此种结果或存在此种情节的实质性的无可辩解的危险；（4）疏忽，指行为人疏忽地对待法律规定为犯罪的结果或情节，行为时没有察觉到可能发生此种结果或者存在此种情节的实质性的无可辩解的危险。从犯罪意图的内容来看，主要是行为人对于其犯罪行为的一种心理状态，它是构成犯罪的基本因素。

3. 合法抗辩

合法抗辩，又称为免责理由，它具有诉讼法的特点，是长期司法实践中通过对刑事诉讼中的辩护理由加以理性总结形成的，并从诉讼原则上升为实际上的总则性规范。内容包括：未成年、错误、精神病、醉态、胁迫、圈套、安乐死、正当防卫和紧急避险等。

（四）三位一体的犯罪构成体系

犯罪构成体系虽然可以分为各种不同类型，各个类型之间存在逻辑上的明显区别，但是，犯罪构成的使命是为犯罪成立提供一般性的法律模型。就此而言，各种犯罪构成体系的功能是相同的。而且，各种犯罪构成体系之间的差别表明采用这一犯罪构成体系的国家的法律文化传统，因而各具有其现实合理性。

在我国当前占主导地位的是从苏俄引入的耦合式的犯罪构成体系，它在我国司法活动中始终占有统治地位。随着大陆法系和英美法系的犯罪构成体系介绍到我国，刑法学界对于耦合式的犯罪构成体系的反思与重构之呼声此起彼伏，要求直接采用大陆法系的犯罪构成体系的观点也时有所闻。我认为，犯罪构成体系之间不存在非此即彼的对立关系。目前我国刑法理论尤其是犯罪构成理论，处于重新审视与清理阶段，犯罪构成体系应当多元化。

当然，主张犯罪构成体系的多元化并非无视各种犯罪构成体系的优劣，在决定采用某一犯罪构成体系的时候，应当确立一个基本的评价标准，这就是实用性与逻辑性。就实用性而言，英美法系的双层次的犯罪构成体系具有诉讼法的特征，只有在采用当事人主义的英美法系的司法过程中才具有实用性，在实行职权主义的大陆法系国家不具有可操作性。就逻辑性而言，主要是指犯罪构成要件之间的位阶关系。大陆法系的递进式犯罪构成体系和苏俄及我国的耦合式犯罪构成体系相比较而言，于前者构成要件之间存在位阶关系，因而定罪过程呈现出递进性；而于后者构成要件之间存在相互依存关系，因而定罪过程呈现出耦合性。根据递进式的犯罪构成要件进行判断，犯罪是同时符合三个构成要件的最终结果，而非罪呈现出不同情形：不具备构成要件该当性的非罪，具备构成要件该当性但不具备违法性的非罪，具备构成要件该当性和违法性但不具备有责性的非罪。一个构成要件又是由各种构成要素组合而成的，例如，构成要件该当性中又包括构成要件该当的行为、结果及其因果关系，构成要件该当的故意或者过失。在这种情况下，即使是对构成要件该当性的判断，也不是一个简单的有或无的问题，同样可以区分出层次性：不具备构成要件该当的行为的无；具备构成要件该当的行为但不具备构成要件该当的结果的无；具备构成要件该当的行为与结果但不具备构成要件该当的因果关系的无；具备构成要件该当的行为、结果及其因果关系但不具备构成要件该当的故意或者过失的无；等等。这些构成要件或者要素之间的位阶性就表现为：具备前一个构成要件或者要素并不一定具备后一个构成要件或者要素，具备后一个构成要件或者要素以具备前一个构成要件或者要素为前提。在这种情况下，前一个构成要件或者要素对后一个构成要件或者要素不存在依存性，后一个构成要件或者要素对前一个构成要件或者要素存在依存性。这是一种单向的依存，因而不同于苏俄及我国犯罪构成要件之间的双向依存关系。这里的“双向依存”，是指构成要件之间的相互依存：一无俱无，一有俱有。在这种情况下，根据耦合式的犯罪构成要件进行判断，要么有罪，要么无罪，从而在非罪上，不能呈现出各种欠缺某一犯罪构成要件或者要素的情形。就此而言，递进式的犯罪构成体系的逻辑性显然优于耦合式的犯罪构成体系的逻辑性。

在本书采用的罪体—罪责—罪量三位一体的犯罪论体系（见章后图）中，我力图构建三大要件之间的位阶性。罪体是犯罪成立的第一个要件，罪体首先包括主体、行为、客体、结果及因果关系等罪体构成要素，这些要素之间具有位阶关系，应当依次进行判断。在具备罪体构成要素的基础上，如果存在罪体排除事由，则罪体仍然被否认。在具备罪体的基础上，再进行罪责的判断，因此，罪责是犯罪成立的第二个要件。罪责包括故意、过失及动机、目的等罪责构成要素，这些要素之间同样具有位阶关系。在具备罪责构成要件的基础上，如果存在罪责排除事由，则罪责仍然被否认。在一般犯罪中，只要具备罪体和罪责这两个主、客观要件，就可以成立犯罪。但在刑法规定以情节严重或者数额较大作为犯罪成立要件的情况下，在具备罪体和罪责的基础上，还需要进行罪量的判断，因此，罪量是第三个要件。当然，罪量并非每一个犯罪的要件，只是选择性要件。在上述三个要件中，罪体是客观要件，罪责是主观要件，罪体可以独立于罪责而存在，罪责必须以罪体为前提，即没有罪体则无罪责，没有罪责但可以有罪体。罪量是犯罪的数量规定，它当然以罪体与罪责为前提。

三、犯罪构成的分类

（一）基本的犯罪构成与修正的犯罪构成

基本的犯罪构成，是指刑法条文就某一犯罪的基本形态所规定的犯罪构成；修正的犯罪构成，是指以基本的犯罪构成为前提，适应犯罪行为的不同形态，对基本的犯罪构成加以某些修改或变更的犯罪构成。由于刑法分则条文都是以单个人犯既遂罪为标本规定某一具体犯罪的犯罪构成的，所以，单独犯的既遂状态的犯罪构成即属于基本的犯罪构成。以此为前提，预备犯、未遂犯和中止犯等未完成形态的犯罪构成，以及组织犯、教唆犯和帮助犯等共犯形态的犯罪构成属于修正的犯罪构成。由于犯罪的未完成形态以及共犯形态的内容都在刑法总则部分规定，所以，修正的犯罪构成要以刑法分则规定的基本的犯罪构成为基础，结合刑法总则的有关规定加以认定。

（二）普通的犯罪构成与派生的犯罪构成

普通的犯罪构成，又称独立的犯罪构成，是指刑法条文对于具有通常法益侵害程度的行为所规定的犯罪构成。派生的犯罪构成，是指以普通的犯罪构成为基础，因为具有较轻或较重法益侵害程度而从普通的犯罪构成中衍生出来的犯罪构成，包括加重的犯罪构成和减轻的犯罪构成两种情况：（1）加重的犯罪构成是指在普通的犯罪构成的基础上，由于具有某种加重事由而形成的犯罪构成。例如，《刑法》第263条规定：“以暴力、胁迫或者其他方法抢劫公私财物的，处三年以上十年以下有期徒刑，并处罚金；有下列情形之一的，处十年以上有期徒刑、无期徒刑或者死刑，并处罚金或者没收财产：（一）入户抢劫的；（二）在公共交通工具上抢劫的；（三）抢劫银行或者其他金融机构的；（四）多次抢劫或者抢劫数额巨大的；（五）抢劫致人重伤、死亡的；（六）冒充军警人员抢劫的；（七）持枪抢劫的；（八）抢劫军用物资或者抢险、救灾、救济物资的。”上述8种情形构成的抢劫罪，就是抢劫罪的加重构成。根据加重事由不同，加重构成又可以分为地点加重、客体加重、数额加重、结果加重、方法加重等。（2）减轻的犯罪构成是指在普通的犯罪构成的基础上，由于具有某种减轻事由而形成的犯罪构成。例如，《刑法》第232条规定："故意杀人的，处死刑、无期徒刑或者十年以上有期徒刑；情节较轻的，处三年以上十年以下有期徒刑。"在此，由于情节较轻而构成的故意杀人罪，就是故意杀人罪的减轻构成。

普通的犯罪构成与派生的犯罪构成是相对而言的，有的具体犯罪，既有普通的犯罪构成，又有加重的犯罪构成或减轻的犯罪构成；有的具体犯罪，只有普通的犯罪构成而没有派生的犯罪构成。

（三）简单的犯罪构成与复杂的犯罪构成

简单的犯罪构成，即单纯的犯罪构成，是指刑法条文规定的犯罪构成要件均属于单一的犯罪构成。具体来说，是指出于一种罪过实施一个行为的犯罪构成。复杂的犯罪构成，是指刑法条文规定的犯罪构成诸要件具有选择或者复合的性质，包括：(1) 选择的犯罪构成，即法律规定有可供选择的要件的犯罪构成，包括手段可供选择、客体可供选择、主体可供选择、目的可供选择、时间可供选择、地点可供选择等。例如，《刑法》第280条第1款中规定："伪造、变造、买卖或者盗窃、抢夺、毁灭国家机关的公文、证件、印章的，处三年以下有期徒刑、拘役、管制或者剥夺政治权利"。在此，就包含5种可供选择的手段和3种可供选择的客体，因而是选择的犯罪构成。(2) 复合犯罪构成，即法律规定有复合性质的要件的犯罪构成，包括行为复合、罪过复合等。例如，《刑法》第236条第1款规定："以暴力、胁迫或者其他手段强奸妇女的，处三年以上十年以下有期徒刑。"在此，强奸罪具有双重行为，即手段行为与目的行为，在刑法理论上属于复行为犯，是复合的犯罪构成。在结果加重犯的情况下，行为人对某种犯罪具有故意或者过失，对于加重结果具有过失，因而是罪过复合的犯罪构成。

（四）叙述的犯罪构成与空白的犯罪构成

叙述的犯罪构成是指刑法分则条文对犯罪构成的要件进行了详细叙述的犯罪构成。在这种情况下，刑法分则条文对于犯罪构成的各种要件都进行了明确规定，从而为认定犯罪提供了直接的法律根据。例如，我国《刑法》第384条第1款中规定："国家工作人员利用职务上的便利，挪用公款归个人使用，进行非法活动的，或者挪用公款数额较大、进行营利活动的，或者挪用公款数额较大、超过三个月未还的，是挪用公款罪，处五年以下有期徒刑或者拘役；情节严重的，处五年以上有期徒刑。"在此，立法者以定义的形式对挪用公款罪的构成要件作了较为详尽的表述，因而挪用公款罪的犯罪构成是叙述的犯罪构成。空白的犯罪构成是指刑法分则条文对犯罪构成要件没有明白地规定的犯罪构成。在这种情况下，某一犯罪的构成要件不是由刑法直接规定的，而是需要参照相关法律才能明确。例如，我国《刑法》第133条规定："违反交通运输管理法规，因而发生重大事故，致人重伤、死亡或者使公私财产遭受重大损失的，处三年以下有期徒刑或者拘役"。在此，立法者虽然对交通肇事罪的犯罪结果作了规定，但是对于交通肇事的行为未作规定，需要参照有关交通运输法规加以确定。因此，交通肇事罪的犯罪构成是空白的犯罪构成。

（五）封闭的犯罪构成与开放的犯罪构成

封闭的犯罪构成是指对于某一犯罪的构成特征在刑法分则条文中作了确切规定的犯罪构成，此时，法官只需依照刑法分则条文的规定，无须另外加以补充。开放的犯罪构成是指对于某一犯罪构成的特征在刑法分则条文中只作了抽象或者概括规定的犯罪构成。例如，我国《刑法》第114条和第115条规定了以危险方法危害公共安全罪，该罪的行为特征不像放火罪、爆炸罪那样明确，而是表述为"以其他危险方法危害公共安全"，这是一种盖然性的规定。因此，以危险方法危害公共安全罪的犯罪构成是开放的犯罪构成。此时，法官必须对抽象的或者概括的规定加以补充。此外，刑法分则中关于情节严重等抽象性规定和关于其他方法等概括性规定而形成的犯罪构成就属于开放的犯罪构成。总之，开放的犯罪构成不具有犯罪构成的自足性，其犯罪构成处于一种待补充状态，因而给司法裁量留下了充分的余地。由于开放的犯罪构成具有对法官的授权性，为防止司法权的滥用，对于这种开放的犯罪构成在设置上应当采取慎重的态度。

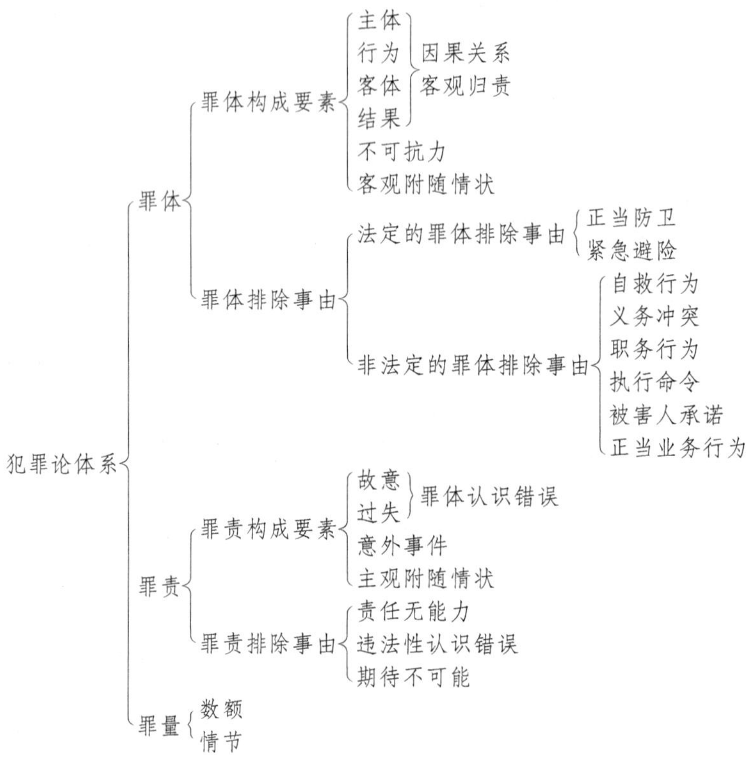

本书犯罪论体系示意图

第7章　罪　　体

一、罪体概述

（一）罪体的概念

罪体是犯罪构成的本体要件之一，是指犯罪的客观不法要件。罪体具有以下特征。

1. 法定性

罪体作为犯罪的客观要件，是由刑法明文规定的，因而具有法定性。在刑法分则中，罪状对各种具体犯罪成立的客观要素都作了规定。例如，《刑法》第236条第1款规定：“以暴力、胁迫或者其他手段强奸妇女的，处三年以上十年以下有期徒刑。”这一条文中的前段就是强奸罪的罪状，它对强奸罪成立的客观要件作了具体描述，为认定强奸罪提供了法律根据。

2. 客观性

罪体作为犯罪的客观要件是犯罪的事实性呈现，是犯罪类型的外在形态，因而具有客观性。罪体以一定的行为事实为其表现形态，对于犯罪的类型性把握具有统摄的作用。例如，《刑法》第270条第1款规定，将代为保管的他人财物非法占为己有，数额较大，拒不退还的，处2年以下有期徒刑、拘役或者罚金；数额巨大，或者有其他严重情节的，处2年以上5年以下有期徒刑，并处罚金。在这一规定中，将代为保管的他人财物非法占为己有是侵占罪的客观要件，它描述了侵占罪的类型性特征，从而为认定侵占罪提供了客观根据。

3. 侵害性

罪体是表明行为的法益侵害性而为犯罪成立所必须具备的构成要件，因而罪体在其性质上具有侵害性。这种侵害性反映了犯罪对法益的侵犯与损害，例如，故意杀人罪对人的生命权的侵害，故意伤害罪对人的健康权的侵害等。侵害性是对行为事实的实质评价，如果具有行为事实，但却不具有法益侵害性的，同样不具备罪体。例如，正当防卫杀人和正当防卫伤害，虽然造成了他人死亡或者伤害的后果，但由于该行为本身是为制止正在进行的不法侵害而实施的，因而不具有侵害性，属于罪体排除事由。

（二）罪体的内容

罪体是犯罪成立的客观要件，是罪体构成要素与罪体排除事由的统一。

1. 罪体构成要素

罪体构成要素是罪体的积极要件，是指在定罪过程中应当加以正面认定的客观事实要件。罪体构成要素包括以下内容。

（1）主体

主体是指行为人。没有行为人就没有行为，因而也就没有犯罪。在罪体中，主体是基本的构成要素。

（2）行为

行为是刑法的基础，是犯罪成立的前提。“无行为则无犯罪”这一法律格言广为流传，表明行为对于犯罪成立的决定性意义。因此，行为是任何犯罪成立所必需的构成要素。

（3）客体

客体是指行为指向的人和物。尽管某些行为对法益的侵害是可以不以客体的存在为前提的，但大多数行为是通过客体而实现对法益的侵害的。因此，客体也是罪体的构成要素之一。

（4）结果

结果反映了行为对法益的实际损害，因而也是罪体的重要构成要素。当然，结果并不是任何犯罪成立的要件。只有对于结果犯来说，结果才是必不可少的。在行为犯的情况下，只要对法益具有侵害危险，犯罪即可成立，而并不需要结果这一构成要素。

（5）客观的附随情状

罪体还包括时间与地点等客观的附随情状。虽然对于大部分犯罪来说，时间与地点并非犯罪成立的构成要素，但在少数犯罪中，时间、地点是必不可少的构成要素。

2. 罪体排除事由

罪体排除事由是在具备罪体构成要素的基础上，对行为事实所进行的实质审查，审查的根据就是法益侵害性。某一行为虽然具备罪体的构成要素，但存在罪体排除事由的，仍然不具备罪体。

（三）罪体的意义

1. 规制机能

罪体是由刑法明文规定的，它限定了犯罪的范围，因而对于司法机关具有规制机能。根据罪刑法定原则，法无明文规定不为罪。罪与非罪的区分取决于法的明文规定，而罪体作为犯罪存在的客观要件，是刑法条文规定的基本内容。由此，罪体限定了司法机关的定罪范围。

2. 统摄机能

犯罪是一个类型性的概念，在犯罪这一类型中，罪体是其基本框架，统摄各种犯罪构成要素。例如，敲诈勒索这一行为，提供了一种既不同于抢劫罪又不同于诈骗罪的犯罪类型，主观上的敲诈勒索的故意和非法占有的目的都在一定程度上依附于敲诈勒索的行为而存在。因此，罪体对于犯罪的类型性塑造起到了关键作用。

3. 区分机能

罪体作为犯罪的存在形式，对于每一种犯罪来说在一般情况下都是独特的，即各种犯罪都具有其特定的罪体。因此，根据罪体可以区分此罪与彼罪，防止罪的混淆。

二、罪体构成要素

（一）主体

1. 主体的概念

主体是指实施一定的构成要件行为的人，即行为人。因此，作为罪体要素的主体是行为主体。

行为主体揭示了行为是人的行为，将一定的行为归属于人，从而排除了人以外之物成为犯罪主体的可能性。因此，行为主体表明只有人才具有实施犯罪行为的某种资格。

2. 主体的类型

主体在一般情况下是自然人，当然，在单位犯罪的情况下，法人也可以成为行为主体。由于单位犯罪已经成为我国刑法中的一种特殊形态，本书将列专章加以研究。在此，我将主体分为以下两种类型。

（1）一般主体

一般主体是指刑法对行为主体没有身份上特殊要求的主体，因此，所有的自然人都可以成为一般主体。一般主体是由刑法总则规定的，因此，凡是刑法分则条文对主体未作特殊规定的，均为一般主体。

（2）特殊主体

特殊主体是指刑法对行为主体有身份上特殊要求的主体，没有某种特殊身份不能成为某一犯罪的主体。这种身份既包括自然身份，例如性别等，也包括法定身份，例如国家工作人员等。特殊主体是由刑法分则规定的，因此，应当依照刑法分则条文予以认定。

（二）行为

1. 行为的概念

作为罪体构成要素的行为，是指主体基于其意志自由而实施的具有法益侵害性的身体举止。行为具有以下特征。

（1）行为的举止性

行为的举止，指身体动静。这是行为的体素。因果行为论曾经强调行为的有体性，即行为人在意欲的支配下，必须导致身体的运动，并引起外界的变动，具有知觉的可能性。这种有体性是单纯地从物理的意义上界定人的行为，追求行为的自然存在性。这对于作为可以作出科学说明，对于不作为则难以贯彻，由此得出否定不作为的行为性的结论。现在看来，认为有体性是行为的体素是不确切的，行为的体素应当是举止性，既包括身体的举动（作为），又包括身体的静止（不作为）。当然，不作为作为一种物理意义上的“无”，如何能够成为一种刑法意义上的“有”，需要引入社会评价的因素。

（2）行为的有意性

行为的有意性，指主观意思。这是行为的心素。只有在意志自由的情况下实施的行为才可归属于行为人。因此，心素对于界定刑法中的行为具有重要意义。行为的有意性，可以把不具有主观意思的行为排除在刑法中的行为概念之外。所谓不具有主观意思的行为包括：1）反射动作，指无意识参与作用的动作。2）机械动作，指受他人物理强制，在完全无法抗拒的情况下的动作。3）本能动作，指因疾病发作、触电或神经反射而产生的抽搐、痉挛，梦游等。以下人类行为应被视为在行为人意思支配下实施的，因而仍属于刑法中的行为：1）自动化行为，指在一定的思维定式支配下反复实施而成为习惯的行为。2）冲动行为，指在激情状态下实施的、超出行为人理智控制的行为。3）精神胁迫行为，指在他人暴力的间接强制下实施的行为。4）忘却行为，指被期待有所行为时，由于丧失行为意识而造成某种危害后果的情形。忘却行为构成的犯罪，在刑法理论上称为忘却犯。5）原因上的自由行为，指在本人心神丧失的状态下实施犯罪的情形。原因上的自由行为属于自招行为，是否能作为犯罪行为，关键是如何解释心素与体素的统一性问题。在大陆法系刑法学中，责任能力与实行行为同时并存是一条原则，但原因上的自由行为有悖于这一原则，因而使得对这种行为的可罚性产生疑问。我认为，在原因上的自由行为中，虽然行为时没有意思决定，即内在意思决定与外在身体举止发生脱节，但这种脱节只是时间上的错位，而非绝对地分离，因此，原因上的自由行为仍然属于刑法中的行为。

（3）行为的实行性

行为的实行性，是指作为罪体之行为具有实行行为的性质，是刑法分则所规定的构成要件的行为。实行行为是刑法中的一个基本概念，对于理解犯罪构成具有重要意义。刑法一般意义上所称之行为，均指实行行为。它存在于罪状之中，是以具体的犯罪构成要件为其栖息地的。刑法理论中的行为概念，就是从罪状规定中抽象出来的。相对于实行行为而言，在刑法理论上还存在非实行行为，例如预备行为、共犯行为（包括组织行为、教唆行为和帮助行为）。这些非实行行为不是由刑法分则规定，而是由刑法总则规定的，以此区别于实行行为。因此，只有在构成要件的意义上，才能正确地把握实行行为的性质。

2. 行为形式之一：作为

（1）作为的概念

作为是指表现为一定的身体动作的行为。作为是通常意义上的行为，论及行为时，首先指的就是作为。作为具有以下特征。

A. 有形性。作为，在客观上必然通过一定的身体外部动作表现出来，因而具有有形性。作为可以通过各种方式实施，但都离不开行为人一定的身体动作，这种身体动作对外界发生影响，并且产生一定的后果。有形性赋予作为以一定的可以识别的物理特征，使之成为一种显性的行为。

B. 违法性。作为，在法律上表现为对禁止性法律规范的违反，是一种“不应为而为”的情形。作为之“为”是以“不应为”为前提的，这里的“不应为”是指刑法设定的不作为义务。因此，作为的违法性特征十分明显，其行为是以禁止的内容为内容的，例如违反禁止杀人的禁令而杀人，杀人就是其行为。对这一行为的认定，不能脱离法律的规定。在这个意义上，人的身体动作只有经过法律的规范评价才能上升为一定的作为犯罪。因此，应当把一般的身体动作与刑法意义上的作为加以区别。

（2）作为的形式

作为的形式是指作为的表现方式。作为虽然是行为人的一定的身体动作，但行为人在实施作为犯罪的时候，并不限于利用本人的肢体来实现一定的犯罪意图，还包括利用各种犯罪工具及手段，将本人的犯意付诸实施。作为具有以下各种表现形式。

A. 利用自身动作实施的作为。一个人的身体动作是受大脑的高级神经支配的，因而是人的意识与意志的外在表现。人的四肢五官能够形成各种各样的身体动作，这些身体动作可以用来实施作为犯罪。例如，采用拳打脚踢的方法伤害他人，就是典型的利用自身动作实施的作为犯罪。除四肢移动以外，五官也可以用于作为犯罪。例如，口出秽言侮辱他人，以眼神示意教唆他人犯罪等，同样是利用自身动作实施的作为犯罪。

B. 利用机械力实施的作为。人的自身力量是有限的，为加强人的活动能力，人往往借助于一定的机械力。同样，行为人也可能利用机械力来实施作为犯罪，例如，借助炸药的爆炸力，杀伤人畜，毁坏公私财物，危害公共安全；或者利用枪支杀人等。在这些情况下，犯罪人的肢体本身虽然没有接触被害人，但一定的机械力是在犯罪人的操作下作用于被害人的，因而应当归罪于犯罪人。

C. 利用自然力实施的作为。自然力与机械力在性质上是相同的，只不过前者出于天然，后者来自人工。因而，自然力也可能被犯罪人用来实施作为犯罪，例如，决水冲毁家舍农田、危害公共安全等。

D. 利用动物实施的作为。动物本身没有意志，因而不能成为犯罪主体。但如果是犯罪人故意地唆使动物去伤害他人或者损害他人利益，犯罪人就是利用动物实施作为犯罪。

E. 利用他人实施的作为。利用他人实施作为犯罪，是一个间接实行的问题。犯罪既可以是直接实行的，也可以是间接实行的。直接实行的是直接正犯，间接实行的是间接正犯。间接正犯就是利用他人作为中介实施犯罪的。

（3）作为的类型

关于作为的类型问题，以往我国刑法学界缺乏研究。实际上，根据其性质不同，可以将作为分为纯正的作为与不纯正的作为。

A. 纯正的作为。纯正的作为是指单纯地违反禁止性规范的情形。例如强奸，只能由作为构成，其所违反的是禁止性规范。

B. 不纯正的作为。不纯正的作为是指形式上违反禁止性规范而实质上违反命令性规范的情形。例如抗税，就其行为方式而言是作为，但通过作为所要达到的是不作为的目的，即以暴力、威胁方法拒不履行纳税义务。这种不纯正的作为，也可以说是以作为方式犯不作为之罪。

3. 行为形式之二：不作为

(1) 不作为的概念

不作为是相对于作为而言的，指行为人负有实施某种积极行为的特定的法律义务，并且能够实行而不实行的行为。不作为是行为的一种特殊方式，与作为具有一种相反关系。由于不作为具有复杂性，它一直是行为理论上争论的焦点问题。不作为是不是一种行为本身就是一个有待论证的问题。各种行为理论都力图证明不作为的行为性，可以说，不作为的行为性是检测各种行为理论的试金石。

不作为的行为性在证明上的困难源自它是身体的静止，即不像作为那样存在身体的外部动作，在单纯物理意义上是一种“无”的状态。因此，从物理的意义上难以证明不作为的行为性。为此，在不作为的行为性的证明中，往往引入目的性与规范性的视角。这种努力是有一定价值的，但又不无片面性。我认为，对于不作为的行为性的解释，不能拘泥于某一方面，而应当采取一种综合的解释，其中，社会的规范评价与行为人的态度这两个方面是至关重要的。在一定的社会中，人与人结成一定的社会关系，这种社会关系经法律的确认而形成以权利、义务关系为核心的法律关系。权利和义务是同一法律关系的两个不同侧面，两者互相依赖又互相转化：承担一定的法律义务实际上就是他人的权利赖以实现的前提，而行使本人的权利也必须以他人履行一定的义务为基础。因此，作为是一种公然侵害他人权利的行为，不履行自己应当并且能够履行的义务的不作为同样是一种侵害他人权利的行为。在这个意义上，不作为与作为具有等价性，即在否定的价值上是相同的。这是由社会的规范评价所得出的必然结论。不仅如此，不作为虽然在物理意义上是“无”，但这种“无”的状态本身是受行为人的主观意志支配的，因而从人的态度上来判断也是一种“有”：在故意的不作为的情况下，不作为正是行为人之所欲为；而在过失的不作为（忘却犯）的情况下，从表面上看行为人对于不作为没有意识到，但其存在意识的义务，因而仍然可以归结为行为人的态度。根据以上论述，我认为不作为的行为性是可以成立的。

(2) 不作为的构成

A. 不作为的作为义务

具有一定的作为义务，是不作为成立的逻辑前提。不作为之作为义务，是一种特定的法律义务。作为义务的这种特定性，是基于某种特定的条件而产生并且随着该条件的改变而改变的。在这个意义上，不作为的作为义务是一种特殊义务。特殊义务是相对于一般义务而言的，一般义务又称绝对义务、无条件义务，只要具有责任能力，一切人都应该遵守的义务就是一般义务。而特殊义务是特定的人应该履行的并且附有某种条件的义务，因此，在认定不作为的作为义务时，应当和一定的条件联系起来加以考察：如果具备这些条件，则负有特殊义务；如果不具备这些条件，则不负有特殊义务。如果先前具有这些条件，现在这些条件已经消失，则先前负有特殊义务，现在不负有特殊义务。

不作为的作为义务可以分为各种类型，因此，存在一个不作为的作为义务的分类问题，也可以称为来源问题。由于对不作为的作为义务的性质在理解上存在差别，刑法理论上对作为义务来源的确定也就有所不同。我以为，对于不作为的作为义务的来源，应当根据一定的社会现实加以确定。一般来说，在一个社会联系较为紧密、社会关系较为复杂的社会，作为义务将更为广泛一些，反之亦然。就我国目前来说，可将不作为之作为义务分为以下四种情形。

a. 法律明文规定的作为义务。法律明文规定的作为义务，是不作为之作为义务的主要来源，也是罪刑法定原则的必然要求。在纯正不作为中，作为义务都是由法律明文规定的。这里的“法律规定”，是指由其他法律规定而经刑法予以认可的，如果只有其他法律规定而未经刑法认可的，则不能成为不作为之作为义务。

b. 职务或者业务要求的作为义务。职务或业务要求的作为义务，是指一定的主体由于担任某项职务或者从事某种业务而依法要履行的一定作为义务。在不纯正不作为中，作为义务通常是职务或者业务要求的义务。它们一般都被规定在有关的规章制度中，这些规章制度具有法律上的效力，因此可以成为不作为的作为义务来源。

c. 法律行为产生的作为义务。法律行为是指在法律上能够设立一定权利和义务的行为。在社会生活中，人的法律行为是多种多样的。广义而言，不仅行为人按照有关法律规定实施的行为，而且凡是自愿承担了某种实施一定行为或者防止损害结果发生的义务，都会产生一定的法律义务，因而也属于法律行为。

d. 先行行为引起的作为义务。由于行为人先前实施的行为即先行行为使某种合法权益处于遭受严重损害的危险状态，该行为人有了积极行动阻止损害结果发生的义务，就是由先行行为引起的作为义务。由于先行行为引起的作为义务具有不同于其他情形的特殊性，在认定由此构成的不作为时，应当充分关注先行行为与由此引起的危害结果之间的关联性。至于先行行为的性质，在所不问。

B. 能够履行而没有履行

没有履行是不作为成立的事实前提，已经履行作为义务就不发生不作为的问题。而没有履行又是以能够履行为前提的。能够履行是一个履行能力问题。如果行为人虽然没有履行作为义务，但根据实际情况，根本不可能履行，仍然不发生不作为的问题。

a. 没有履行。没有履行是指没有履行法律或者职责所要求履行的作为义务。因此，在认定有没有履行的时候，不能简单地以行为人的身体动静为标准，而是应该以法律或者职责所要求的作为是否能够实施为标准。在某些情况下，行为人虽然具有一定的身体活动，但这一身体活动并非法律或者职责所要求的作为，因而仍应视为不作为。

b. 能够履行。能够履行是指具有履行作为义务的可能性。是否具有履行作为义务的可能性，应当根据事实加以判断。

C. 法益侵害

不作为本身具有法益侵害性，主要表现为不作为已经或者可能造成一定的法益侵害结果。不作为犯罪通常是结果犯，只有产生一定的法益侵害结果才能构成犯罪。当然，在直接故意的不作为犯罪中，存在犯罪未遂问题。在个别情况下，不作为犯罪也可以是行为犯，例如过失危险犯，在不作为犯罪的情况下就由行为犯构成。

（3）不作为的类型

关于不作为的类型，刑法理论的通说是分为纯正的不作为与不纯正的不作为。此外，我国刑法学界还存在一种同时包含作为与不作为两种形式的犯罪的观点。我认为，这种观点混淆了作为与不作为的关系。作为与不作为的区别并非简单地表现在身体动静，而主要表现在违反的义务法规的性质。作为是违反禁止性义务法规，而不作为是违反命令性义务法规，因此，凡是违反命令性义务法规，应为而不为的，就是不作为。不作为的内容是命令性义务法规规定的作为，如果应为而不为，尽管实施了其他身体动作，仍然是不作为。因此，对于作为与不作为的区分，应当从本质上去把握，否则，就可能导致对纯正不作为的否定。例如，公认为纯正不作为犯的遗弃罪，也并非没有任何身体动作，遗弃婴儿，往往将婴儿置放在街边路旁。在这个意义上，我主张作为与不作为是一种非此即彼的反对关系。

A. 纯正的不作为

纯正的不作为是指刑法规定只能以不作为构成的犯罪。纯正不作为犯在刑法中都有明文规定，据此可以对纯正不作为犯予以正确的认定。例如，我国《刑法》第 261 条规定："对于年老、年幼、患病或者其他没有独立生活能力的人，负有扶养义务而拒绝扶养，情节恶劣的，处五年以下有期徒刑、拘役或者管制。"遗弃罪就是负有扶养义务的人有能力履行扶养义务而拒不履行这种扶养义务而构成的，是纯正的不作为的犯罪。

B. 不纯正的不作为

不纯正的不作为是指以不作为形式而犯通常以作为形式实施的犯罪。不纯正的不作为在刑法上没有明文规定，因此，司法机关在认定不纯正的不作为犯时，应当注重考察不作为与作为是否具有等价性，只有在具有等价性的情况下，才能认定为不纯正的不作为犯罪。例如，我国刑法关于故意杀人罪的规定，包括作为的故意杀人与不作为的故意杀人，这种不作为的故意杀人就是不纯正的不作为犯。例如，母亲故意不喂养婴儿，致使婴儿因饥饿而死亡。这一不喂养的行为作为一种不纯正的不作为，与作为的故意杀人具有价值上的等同性，应以不纯正的不作为犯罪论处。

4. 行为形式之三：持有

持有是指与某些法律所禁止的物品之间存在支配关系的状态。我国刑法中规定了某些以持有为行为方式的犯罪。例如，《刑法》第 128 条第 1 款规定的非法持有枪支、弹药罪，第 172 条规定的持有假币罪，第 282 条第 2 款规定的非法持有国家绝密、机密文件、资料、物品罪，第 348 条规定的非法持有毒品罪，第 352 条规定的非法持有毒品原植物种子、幼苗罪等。随着我国刑法中广泛地规定持有型犯罪，对于持有行为到底是犯罪的作为还是犯罪的不作为，抑或是第三种行为方式，在我国刑法学界存在争议，主要有以下 3 种观点：第一种观点认为持有是作为，第二种观点认为持有是不作为，第三种观点则认为持有是有别于作为与不作为的第三种独立的行为方式。从行为的客观外在表现来看，持有是指行为人对物品的控制，这是一种静止状态，因而与处于运动状态的以积极身体动作实施的作为犯罪具有明显的区别。例如，对于持有毒品等犯罪来说，法律关注的不是如何取得，而是对毒品的控制状态。如何取得当然是作为，但这已经是持有以外的犯罪，因此，作为说有所不妥。不作为虽然在没有积极的身体动作这一点上能够对持有行为作出正确的描述，但不作为与持有仍然是有区别的，这种区别主要表现在义务问题上：毒品等危险物品一般属于违禁品，持有者负有交出义务，这是没有疑问的。持有者应当交出而不交出，似乎符合不作为的特征，这是不作为说的逻辑判断。但仔细分析，持有之交出义务与不作为的作为义务之间，仍然存在差别。持有如果被视为不作为，则应是一种纯正的不作为，以具有特定的法律义务为前提。持有虽然也存在义务，但这仅是一般的法律义务，它与特定的法律义务的区分，关键是看某种义务是否是刑法所责难的对象。在纯正不作为的情况下，法律义务之不履行是为刑法所责难的对象，即法律期待的作为未出现，因而应予刑罚处罚；而在持有的情况下，刑法责难的对象是一定的持有状态。虽然在非法持有毒品罪的规定中，也有非法这样的刑法评价，但这里的"非法"是对持有状态的法律评价，而不是对法律上交出义务之不履行的法律评价。因此，这种并非刑法责难对象的义务，仅是一般的法律义务。由于持有具有上述既不同于作为也有别于不作为的特征，应当把持有视为第三种行为形式。

（三）客体

1. 客体的概念

客体是指行为所指向的有形的人或者物。客体是相对于主体而言的，并且是与行为紧密相连的，对于说明行为的性质具有十分重要的意义。因此，客体也可以表述为行为客体，它是罪体的重要内容。

正如在语言学上存在及物动词与不及物动词一样，行为也相应地存在及物行为与不及物行为。对于及物行为之物应作广义理解，包括人与物，就是指行为客体；不及物行为，由其不及物性所决定，没有行为客体。因此，在客观上来说，并非任何行为都具有其客体。当及物行为在刑法上被规定为犯罪的时候，当然存在客体；而当不及物行为在刑法上被规定为犯罪的时候，当然不存在客体。

2. 客体的类型

（1）客体之一：人

作为行为客体的人，是指行为所指向的一切人。例如，杀人罪中的人，就是最为典型的客体。没有人，也就不可能存在杀人这种犯罪。这里的“人”，既可能是行为所侵害的对象，也可能是行为所作用或者影响的对象。因此，对于作为行为客体的人，不应加以限制。应当指出，关于作为行为客体的人，在某些情况下，刑法规定的是一般之人，即对人的身份没有限制，杀人罪中的人即是如此；但在另一些情况下，刑法规定的是特定之人，即对人的身份加以限制，例如强奸罪中的客体——妇女，就具有特殊身份。对于这种以特定的人作为行为客体的犯罪，在司法认定中应予关注。

（2）客体之二：物

作为行为客体的物，是指行为所指向的一切物。盗窃罪中的财物，就是最为典型的客体。没有财物，也就不可能存在盗窃这种犯罪。这里的“物”，既可能是行为所侵害的对象，也可能是行为所作用或者影响的对象。并且，物的法律性质并不妨害其成为行为客体。物作为行为客体，同样也有一般之物与特定之物的区分。在司法认定中，对于特定之物应予注意。

（3）复合客体

人和物是行为客体。在一般情况下，此种犯罪的行为客体是人，彼种犯罪的行为客体是物，但也不排除在某些犯罪中，人与物同时成为行为客体。例如抢劫罪，侵害的是双重法益：人身权利与财产权利。在这种情况下，行为客体也是双重的，包括人身和财物。因此，这种同时具有两种以上的客体，就是复合客体。

（四）结果

1. 结果的概念

行为作用于一定的客体，从而导致发生一定的结果。显然，结果在刑法中具有重要意义，它往往是法益侵害程度的标志。因此，结果是罪体的内容。

结果是指行为对于客体所造成的客观影响。只有在及物行为的情况下，由于存在客体，才存在对这种客体的侵害结果。在没有发生这种侵害结果而只是具有发生这种结果的危险，立法者将其规定为危险犯的情形下，不存在犯罪结果。此外，在行为犯以及不以犯罪结果发生为构成要件的犯罪未完成形态等情况下，都不存在犯罪结果。

2. 结果的类型

（1）物质性结果

物质性结果是指行为对客体造成的物质性影响，其表现形态是使客体发生物理上的变化，例如杀人，将人杀死；放火，将财物烧毁。在这种物质性结果的情况下，行为作用于客体，使客体发生了物理性变化，因而这种结果是有形的，具有可测量性。

(2) 非物质性结果

非物质性结果是指行为对客体造成的非物质性影响。在这种非物质性结果的情况下，作为客体的物只是发生位移，例如盗窃，使财物脱离所有人的控制；作为客体的人只是受到精神上的损害，例如侮辱，使人格和名誉被损害。这是一种精神性的损害，因而是无形的，具有不可测量性。

(五) 因果关系

1. 因果关系的概念

因果关系是指行为和结果之间决定与被决定、引起与被引起之间的关系。在刑法中，将某一结果归咎于某人的时候，往往需要查明其行为与结果之间是否存在刑法上的因果关系。因此，因果关系和行为与结果等罪体构成要素在性质上是有所不同的，它本身不是罪体构成要素。行为与结果是一种事实特征，而因果关系是两者之间一种性质上的联系，因此，不应将因果关系与行为、结果相并列，作为罪体构成要素。当然，这丝毫也不能否定因果关系在犯罪构成中的地位。

因果关系是行为与结果之间的一种客观联系，这种联系具有事实性质。但是，刑法中的因果关系不仅是一个事实问题，更为重要的，是一个法律问题。在这种情况下，对于刑法中的因果关系，应当从事实和法律这两个方面加以考察。事实上的因果关系，是作为一种行为事实而存在的。我国传统刑法理论，在哲学上的因果关系的指导下，对事实因果关系进行了深入的研究。然而，由于没有从价值层面上研究法律因果关系，使因果关系理论纠缠在必然性与偶然性等这样一些哲学问题的争论上，造成了相当的混乱。我曾经提出因果关系是行为事实与价值评判相统一的观点，认为作为行为事实的因果关系只有经过价值评判才能转化为犯罪的因果关系。因此，对于刑法中的因果关系，仅仅当作一个事实问题来把握难以完成因果关系在犯罪构成中所担当的使命。在事实因果关系的基础上，还应当从刑法角度加以考察，使之真正成为客观归咎的根据。

2. 事实因果关系

事实上的因果关系如何确定？在英美法系刑法理论上是按照“but-for”公式来表达的，因此，事实上的原因极为广泛。在大陆法系刑法理论中则引入了哲学上的条件与原因两分说的思想，在条件和原因是否区分以及如何区分问题上展开其学说，由此出现了条件说与原因说的争论。

条件说，又称全条件同价值说。此说立足于逻辑的因果关系的立场，认为一切行为只要在逻辑上是发生结果的条件，就是结果发生的原因。此说主张在行为与结果之间，如果存在逻辑上必然的条件关系，即“如无前者，即无后者”的关系（Conditio Sine Qua Non，简称C. S. Q. N公式），则存在刑法上的因果关系。条件说的C. S. Q. N公式坚持的是一种广义上的因果概念，具有物理的因果关系的性质，将之直接运用于刑法上的因果关系，会使刑事责任的客观基础过宽。为此，主张条件说的学者为限制条件的范围，又提出了因果关系中断说。该说认为，当行为与结果之间介入第三者的故意行为时，可以中断原先的因果关系。此后，中断的原因又扩展到自然性事件以及过失行为。尽管如此，这种观点仍然坚持从物理的角度考察因果关系的立场，未能从根本上克服条件说的缺陷。

原因说，又称原因与条件区别说。此说区分原因与条件，将结果的发生与许多条件相对应，提出将特别有力而重要的条件作为发生结果的原因，其他条件则因不被认为对于结果的发生具有原因力而称为条件（单纯条件）。原因说是为限制条件说不当扩大刑事责任的范围而产生的学说，故又称为限制条件说。那么，如何区分条件与原因呢？对于这一问题由于认识标准上的不同，又产生种种学说，主要有以下四种：（1）必生原因说（或必要条件说）。此说认为在引起结果发生的各种条件行为中，只有为结果发生所必要的、不可缺少的条件行为才是刑法上的原因，其余的是单纯条件。（2）直接原因说（或最近原因说）。此说认为在引起结果发生的数个条件行为中，直接引起结果发生的条件行为是刑法上的原因，其余的为单纯条件。（3）最重原因说（或最有力条件说）。此说认为，在引起结果发生的数个条件行为中，对于结果发生最有效力的条件行为是刑法上的原因，其余的为单纯条件。（4）决定原因说（或优势条件说）。此说认为在结果出现之前，积极引起结果发生的条件（起果条件）与消极防止结果发生的条件（防果条件）处于均势，后来，起果条件占了优势，压抑了防果条件，引起结果之发生。因此，凡是占有优势并使结果发生的条件行为，即是刑法上的原因，其余的为单纯条件。原因说从客观上对条件说作了种种限制，在一定程度上缩小了因果关系的范围。当然，如何区分原因与条件仍然是一个悬而未决的问题。

条件说与原因说相比较，原因说是限制条件说，因而条件说所确定的因果关系范围大于原因说的。对条件说的批评正在于此，认为它会无限制地扩大追究刑事责任的范围。如果仅从事实上的因果关系考虑，这一批评似乎有理，但如果考虑到条件说只是为法律上的因果关系提供事实根据，其并不直接导致刑事责任，这一批评就失之偏颇。至于原因说，力图限制条件的范围，缩小刑事责任的范围，使行为与结果之间的刑法因果关系定型化，因而具有合理性。但原因说并未提供条件与原因相区分的可操作性标准，更为重要的是它仍然只是在事实范围内确定刑法的因果关系，所以不能科学地解决刑法因果关系问题。条件说与原因说只是一种事实上的因果关系，从它们是为法律上的因果关系提供事实根据这一立场出发，目前大陆法系各国刑法理论通常采条件说。相当因果关系就是建立在条件说所确定的因果关系之上的，在这个意义上，相当因果关系说并不是对条件说的否定，而是使事实因果关系转化为法律因果关系。

3. 法律因果关系

法律因果关系是在事实因果关系的基础上，确定刑法因果关系。法律因果关系是以相当性为判断标准的，由此形成相当因果关系说。相当因果关系说是按照条件说的观点，当行为与结果被认为有因果关系时，进一步把人类全部经验知识作为基准，基于某种原因的行为引起某种结果的事实，一般人认为相当时，则认为它是刑法上重要的因果关系，属于这种相当性范围以外的结果被认为没有重要性，从而刑法上不予考虑。相当因果关系说的核心问题是相当性，相当性是法律设定的一种判断刑法因果关系的标准，因而是从事实上的因果关系转化为法律上的因果关系的关键。

那么，如何认定因果关系的相当性呢？对此，刑法理论上存在以下三种观点：（1）主观的相当因果关系说。此说认为：应当以行为人在行为时所认识或所能认识的事实为标准，确定行为与结果之间是否存在刑法因果关系。也就是说，凡是行为人在行为时所能认识到的因果关系事实，不论社会上一般人是否能认识到，皆认为存在刑法因果关系。可见，主观的相当因果关系说，完全是以行为人的主观认识能力为标准，确定刑法因果关系之有无。（2）客观的相当因果关系说。此说认为：刑法因果关系是否存在，应当由法官以社会一般人对结果能否认识为标准，作出客观的判断。凡是一般人已经认识或可能认识某种行为会引起某种结果的，就认为行为人的行为与结果之间存在刑法因果关系，否则，就不存在刑法因果关系。（3）折中的相当因果关系说。此说以行为时一般人所认识或可能认识之事实，以及虽然一般人不能认识而为行为人所认识或所能认识的特别事实为基础，判断刑法因果关系之有无：凡是一般人所认识或可能认识到的行为与结果之间的伦理上的条件关系，不论行为人是否认识，都认为存在刑法因果关系；凡是为一般人不能认识，但行为人能认识的，亦认为存在刑法因果关系。在上述三种相当性的判断标准中，在行为人的认识与社会上一般人的认识相一致的情况下，主观说与客观说并无区别。其区分在于：在社会一般人所能认识而行为人不能认识，或者社会一般人不能认识而行为人所能认识的情况下，是依一般人标准还是依行为人标准？主观说认为应依行为人标准，而客观说则认为应依一般人标准。折中说采一般人标准，即社会一般人所能认识而行为人所不能认识的情形下，承认其刑法上的因果关系的存在。但在社会一般人不能认识而行为人能认识的情况下，又依行为人标准，承认其刑法上的因果关系的存在。一般认为折中说是妥当的，从而折中说取得了通说的地位。

由于在相当因果关系说的判断中引入了人的认识能力，因而出现对相当因果关系说的批评，即是否否定了因果关系的客观性。我认为，这种批评恰恰是没有区分事实上的因果关系与法律上的因果关系。由于相当因果关系说是以条件说为基础的，因而是在事实上的因果关系的范围内确定法律上的因果关系，这就已经解决了因果关系的客观性问题。在事实上的因果关系的基础上，刑法还要设定一定的标准，从中选择某些事实上的因果关系成为刑法上的因果关系。这种刑法选择当然具有主观性，但并不违反因果关系的客观性，恰恰是刑法因果关系区别于哲学因果关系的法律特征的体现。更为重要的是，对于相当因果关系的相当性，不仅从社会经验法则上考察，而且从构成要件上考察，即对构成要件上的相当性作出判断。从构成要件上说，具有相当性的因果关系是以某一行为具有法益侵害性为前提的，只有具有法益侵害性的行为才可能被刑法确定为犯罪，从而将因果关系限定在法律规定的构成要件范围之内。

（六）客观归责

客观归责是在依条件说确定的因果关系范围的基础上，进一步考察其结果是否可以归责于行为主体。如果说，因果关系是解决是否具有可归因性的问题，那么，客观归责就是解决是否具有可归责性的问题。客观归责理论与相当因果关系理论存在一定的重合。相当因果关系说实际上已经不完全是归因的问题，在一定程度上涉及归责问题。但相当因果关系说仍然是以因果关系理论的形式出现的，其对归责问题的解决仍然受到归因逻辑的局限。客观归责理论则彻底将归因与归责加以区分：归因是一种事实判断，而归责是一种规范判断，后者以前者为前提，只有通过客观归责才能完成从归因到归责的转换。应该说，相当因果关系说与客观归责理论在判断方法上是存在重大差别的：相当因果说是在行为与结果分别确认以后，对行为与结果两者之间关系的事实性判断，因此，相当因果关系说的判断具有形式判断的性质。而客观归责理论虽然是在条件说所确认的因果关系基础上展开的，但为了考察某一结果是否可以归责于某一行为，它在对行为进行事实判断的基础上再加以规范判断，在形式判断的基础上再加以实质判断。在这个意义上说，客观归责理论不仅仅是因果关系理论，而且是一种行为理论，是对罪体构成要素进行实质考察的理论。

客观归责理论包括以下三个规则。

1. 制造法所不容许的风险

在理解“制造法所不容许的风险”的时候，首先需要对风险加以界定。风险，亦称为危险，在任何一个社会里都是广泛存在的。法律并不禁止任何风险，因为风险与利益同在：没有风险也就没有利益。法所禁止的仅仅是不被容许的风险，某种风险是否为法所容许，关键在于行为人是否尽到了一定的注意义务。如果尽到了注意义务，即使风险发生，也不能归责于行为人；反之，如果未尽到一定的注意义务，则应将风险归责于行为人。

（1）降低风险

法所不容许的风险如果是行为人所制造，当然具有客观上的可归责性。即使这种法所不容许的风险虽然不是行为人所制造，但行为人增加或者提高了风险，同样是具有客观上的可归责性的。但是，如果行为人实施了降低风险的行为，即使这种风险仍然发生，也是不具有客观上的可归责性的。例如，甲看到一块石头砸向乙的头部，出手挡石头，以致砸伤乙的脚。在这种情况下，虽然风险没有避免，但甲的行为不是提高而是降低了风险，因而不具有客观归责性。

（2）没有制造风险

行为人的行为虽然没有降低风险，但也没有以在法律上值得关注的方式提高风险，因而同样不具有客观归责性。所谓没有制造风险，并非不存在任何风险，而是存在一种法律上不值得关注的风险，这是一种生活风险。例如，甲在暴风雨就要来临的时候，把乙支使到森林里散步，希望他会被雷劈死。结果，乙真的被雷劈死。在这一案例中，能否将乙的死亡归责于甲的支使行为，就要对这一行为进行实质审查，看其是否制造了法所不容许的风险。显然，雷击不是甲的行为所制造的，因而不能将乙被雷劈死这一结果归责于甲。

（3）假定的因果过程

假定的因果过程是指存在一个代替性的行为人，假如行为人不实施某一法所禁止的行为，他人也会合法或者非法地实施该行为。在这种情况下，仍然不能否认客观上的可归责性，对于代替性行为人的合法行为不能否认客观归责性。例如，在死刑执行时，甲以私人身份撞开了死刑执行官，自己充当死刑执行官而对死刑犯乙执行死刑。对此，不能以如果甲不杀乙，反正乙也要被执行死刑而否认客观归责性，甲的行为仍然是故意杀人罪。代替性行为人的非法行为不能否认客观归责性，例如，某人对财物疏于管理，被窃贼甲与乙盯上，甲捷足先登窃得该人的财物。在这种情况下，某人的财物尽管如果不被甲窃走，也会被乙窃走，但不能以某人的财物反正是要被窃走的而否认甲的行为客观上的可归责性。

2. 实现法所不容许的风险

在客观归责的判断中，不仅要关注是否制造了法所不容许的风险，还应当进一步考察法所不容许的风险是否实现。

（1）未实现制造的风险

虽然制造了法所不容许的风险，但这种风险并未实现时，如果是故意犯，应当以未遂论处。但在某些情况下，制造了风险并且发生了某种法益侵害结果，但这一法益侵害结果是由于其他介入因素，包括自然力或者第三者的故意或过失行为所造成的，则仍应认为风险未实现。例如，受枪伤的被害人在医院救治期间被火烧死，就不能将这一死亡结果归责于枪击者。

（2）未实现不被容许的风险

未实现风险当然不具有客观上的可归责性，即使实现了风险，但这种风险并非不被容许，仍然不具有客观上的可归责性。例如，一家画笔厂的厂长没有遵照规定事先消毒，就将山羊毛交给女工加工，4名女工因此被感染上炭疽杆菌而死亡。后来的调查表明，规定的消毒措施对这种杆菌本来是没有作用的。换言之，即使按照规定消毒，也不能避免这一结果的发生。一个人不能因违反了一项即使履行了也无法避免危险发生的义务而受到刑事惩罚，所以不具有客观上的可归责性。

（3）结果不在注意规范保护范围之内

结果虽然发生，也就是风险已经实现，但这一结果并不在注意规范保护范围之内时，仍然不具有客观上的可归责性。例如，甲、乙两人在路上骑着没有照明灯的自行车前后相随，骑在前面的甲由于缺乏照明而将迎面而来的行人丙撞成重伤。如果骑在后面的乙在自己的自行车上装了灯，则这个事故本来是可以避免的。在这种情况下，甲当然应对其过失行为承担刑事责任，那么，乙是否也应对此承担刑事责任呢？根据客观归责理论，乙不可归责，因为照明要求的目的在于避免自己的车直接造成事故，而不在于让另一辆自行车避免相撞。在这种情况下，结果不在注意规范保护范围之内，因而这种结果不具有可归责性。

(4) 合法的替代行为和风险提高

合法的替代行为讨论的是在行为人未违反注意义务，也就是实施合法的行为，结果仍然会发生的情况下，行为人是否具有可归责性。当合法的替代行为必然会导致结果时，应当排除客观上的可归责性。例如，在前述山羊毛案例中，即使按照规定消毒，结果仍然发生，对厂长可以排除归责。但如果合法的替代行为并非必然导致结果，换言之，违反注意义务的行为提高了风险，那就是可以归责的。例如，一辆载重卡车司机要超越一辆自行车，但是没有遵守应当保持一定距离的要求。在超车过程中，骑车人因喝醉了酒反应迟钝而被卡车后轮轧死。事后查明，即使卡车司机遵守交通规则，与骑车人保持法定的距离，事故也可能发生。但根据客观归责理论，这个司机是可归责的。因为即使保持了法定距离骑车人仍可能死亡，这表明在超车中存在一定的风险。但是，立法者通过自己的许可为开车人接受了这种风险。因此，这个结果本来是不可归责的。但是，行为人超越了允许性风险，并且出现了在超车中存在的危险所作用的结果，因而就是可归责的。因为在这种情况下提高了风险，风险超出了法律所容许的限度。

3. 构成要件的效力范围

构成要件的效力范围讨论的是行为在何种范围内应对其结果负责。行为人虽然实施了一定的构成要件行为，但如果结果超出了构成要件的效力范围，自然不可归责。

(1) 参与他人故意的自危

参与他人故意的自危是指故意或者过失地积极参加由一个具有完全行为能力的人所造成的自我损害，是否应当归责。例如，追赶行为造成他人被汽车撞死，或者追赶行为使他人慌不择路，落水逃跑而被水淹死等。这一追赶行为是否属于杀人行为？根据客观归责理论，对于这种参与他人故意自危的行为应当排除归责。

(2) 同意他人造成危险

同意他人造成危险是指一个人不是故意地给自己造成危险，而是在意识到这种风险的情况下，让别人给自己造成危险。例如，一名乘客强迫掌握方向盘的人违反禁止性规定超速行驶，因为他想及时赶赴一个约会。由于车速太快导致车祸，造成这名乘客死亡。在这个案例中，超速行驶是违法的，由此造成他人的死亡后果，是否应以过失致人死亡罪论处？对此，客观归责理论认为，这名乘客完全认识到风险并且有意识地造成了风险，因而可以排除司机在客观上的可归责性。

(3) 第三人责任范围

第三人责任范围是指对于在他人责任范围之内应当加以防止的结果，行为人不具有客观上的可归责性。例如引发火灾的人是否应当对因救火而丧生的消防员负责？疏于注意致使小孩落水的母亲是否应对因救人而丧命的救生员负责？在这些情况下，消防员和救生员均有救火与救人的职责，因此，行为人对于其在履行职责中死亡不应承担过失致人死亡的刑事责任。

(七) 不可抗力

不可抗力是指行为在客观上虽然造成了损害结果，但不是出于故意或者过失，而是由于不能抗拒的原因所引起的情形。我国《刑法》第16条明确规定，行为在客观上虽然造成了损害结果，但是不是出于故意或者过失，而是由于不能抗拒的原因所引起的，不是犯罪。在不可抗力的情况下，行为人虽然已经认识到危害结果的发生，但意志上受到外力的强制，丧失意志自由，因而客观上不具备罪体的构成要素，不负刑事责任。

(八) 客观的附随情状

客观的附随情状是指犯罪的时间与地点。任何犯罪都存在于一定的时间与地点，犯罪的时间与地点是犯罪存在的基础。通常情况下，犯罪的时间与地点对犯罪的成立并无影响，因而不是罪体的构成要素。但在某些情况下，犯罪的成立以发生在特定的时间与地点为必要，因而这种犯罪的时间与地点就成为罪体的构成要素。因此，有必要论及犯罪的时间与地点。

1. 犯罪的时间

犯罪的时间在某些情况下是定罪的根据。这里的“某些情况”，是指刑法规定行为只有发生在一定的时间才能构成犯罪的场合。例如，我国《刑法》第434条规定：“战时自伤身体，逃避军事义务的，处三年以下有期徒刑”。因此，对于战时自伤罪来说，战时这一特定时间就成为该罪的客观构成要素。

2. 犯罪的地点

犯罪的地点在某些情况下是定罪的根据。这里的“某些情况”，是指刑法规定行为只有发生在一定的地点才能构成犯罪的场合。例如，我国《刑法》第444条规定：“在战场上故意遗弃伤病军人，情节恶劣的，对直接责任人员，处五年以下有期徒刑。”因此，对于遗弃伤病军人罪来说，战场这一特定地点就成为该罪的客观构成要素。

三、罪体排除事由

（一）罪体排除事由概述

1. 罪体排除事由的概念

罪体排除事由是指虽然具有罪体的构成要素，但实质上不具有法益侵害性，因而在罪体的认定过程中予以排除的情形。由此可见，罪体排除事由具有以下特征。

（1）形式特征

罪体排除事由是一种非罪行为，既然不是犯罪，本不应在刑法中加以规定，但罪体排除事由不同于一般的非罪行为，它具备罪体中的行为事实。例如，正当防卫杀人，就杀人而言，客观上实施了杀人行为，具备故意杀人罪的罪体构成要素。又如，在紧急避险情况下毁坏他人财物。就毁坏他人财物而言，客观上实施了毁坏他人财物的行为，具备故意毁坏财物罪的罪体构成要素。正是这种相似性，容易将其与犯罪相混淆。因此，形式上与犯罪的相似性，是罪体排除事由的前提条件之一。

（2）实质特征

罪体排除事由虽然于形式上具备罪体的构成要素，但它与犯罪之间存在本质的区别，这就是罪体排除事由不具有法益侵害性。在正当防卫的情况下，基于保护本人生命而实施的杀害不法侵害人的行为，是一种制止不法侵害的自救行为，即使造成不法侵害人死亡，也不能认为存在法益侵害性。因为法律对于不法侵害人的生命法益在一定限度内是不予保护的，这也是正当防卫权存在的根据。在紧急避险的情况下，被牺牲的较小权益虽然是受法律保护的，但通过牺牲较小法益可以保护较大法益，至于较小法益，可以通过民事或者其他途径得到补偿，因而从总体上来看也不存在法益侵害性。

（3）法律特征

罪体排除事由在法律规定上不认为是犯罪，或者虽然在法律上没有明文规定，但在司法实践中不认定为犯罪，因而在罪体认定过程中应予排除。

2. 罪体排除事由的根据

罪体排除事由的根据是指罪体排除事由不负刑事责任的正当理由。在刑法理论上，关于罪体排除事由的根据，主要存在以下三种学说：一是法益衡量说，该说认为罪体排除事由是法益冲突的结果，在法益冲突的情况下，应当进行法益比较，保全重要法益而牺牲次要法益。二是目的说，该说认为罪体排除事由之所以正当，原因就在于它是为达到国家所承认的共同生活的目的而采取的适当手段。三是社会相当性说，该说认为罪体排除事由的正当根据在于社会相当性。这里的“社会相当性”是指行为符合历史所形成的社会伦理秩序。以上三种学说各有利弊，相对而言，社会相当性说具有更大的包容性，因而我认为它可以成为罪体排除事由的根据。

那么，对社会相当性如何加以判断呢？我认为，对社会相当性应当从以下三个方面加以判断：(1) 目的的正当性。在社会生活中，存在各种利益冲突。行为人基于本人立场，追求本人的目的，只要这种目的符合社会生活的一般伦理秩序，即应视为正当。例如在正当防卫中，出于防卫的意图，就是一种正当的目的。因此，对于目的的正当性应从行为人的动机、行为人对正当价值的认识等主观的层面予以把握。(2) 手段的正当性。这里的“手段”，是指实现正当目的的方法。目的正当，是正当化事由的成立前提，而非其唯一标准。换言之，不能以目的的正当性证明手段的正当性，否则，将允许行为人不惜采取一切手段实现其正当目的，从而有悖于社会伦理观念。因此，手段的正当性具有独立于目的的正当性的判断价值。如果目的虽然正当，但采取的手段不正当，仍然为社会观念所不允许，因而欠缺社会相当性。(3) 法益的均衡性。在判断社会相当性的时候，法益具有重要意义。因此，社会相当性并不排斥法益衡量，而是主张应对保护之法益与损害之法益进行综合判断。上述内容，可以使社会相当性的判断标准具体化。

3. 罪体排除事由的分类

在一个法治社会里，罪体排除事由是基于法秩序的统一而加以确立的。社会相当性作为罪体排除事由的一般根据，只是提供了一个基本原理，还要以社会相当性为指导，将各种罪体排除事由类型化。

根据刑法对罪体排除事由是否有规定，可以把罪体排除事由分为法定的罪体排除事由和超法规的罪体排除事由。法定的罪体排除事由是指刑法有明文规定的罪体排除事由。超法规的罪体排除事由是指刑法无明文规定，从法秩序的精神引申出来的罪体排除事由。某种正当化事由是法定的还是超法规的罪体排除事由，取决于刑法的规定。我国刑法对正当防卫和紧急避险这两种罪体排除事由作了明文规定，因此，正当防卫和紧急避险是我国刑法中的法定的罪体排除事由。对于自救行为、义务冲突、职务行为、执行命令行为、被害人承诺、正当业务行为等，刑法均未作规定，因此，这些行为是超法规的罪体排除事由。

（二）法定的罪体排除事由Ⅰ：正当防卫

1. 正当防卫的概念

《刑法》第20条第1款规定：“为了使国家、公共利益、本人或者他人的人身、财产和其他权利免受正在进行的不法侵害，而采取的制止不法侵害的行为，对不法侵害人造成损害的，属于正当防卫，不负刑事责任。”刑法关于正当防卫的这一法定概念，正确地揭示了正当防卫的内容，对于司法机关认定正当防卫行为，科学地区分正当防卫与防卫过当具有重要意义。根据刑法的规定，对于正当防卫的内容可以从以下三个方面来理解。

(1) 正当防卫是目的的正当性和行为的防卫性的统一

根据刑法规定，目的的正当性是指正当防卫行为的目的在于使国家利益、公共利益、本人或者他人的人身、财产等合法权利免受正在进行的不法侵害。正当防卫的目的明确地揭示了正当防卫的社会、政治内容：我国刑法中的正当防卫不仅是免除正当防卫行为的刑事责任的法律依据，而且是公民和正在进行的不法侵害作斗争的法律武器。正当防卫的目的在正当防卫的概念中占有主导地位，它对于理解我国刑法中的正当防卫的本质以及确定正当防卫的构成要件都具有重要的意义。行为的防卫性是指正当防卫具有防卫的性质，它对于正在进行不法侵害的违法犯罪分子的人身或者财产所实施的暴力手段，是基于保护国家、公共利益和其他合法权益的需要而采取的，是对正在进行的不法侵害的反击。正当防卫目的的正当性和行为的防卫性之间具有密切的联系：首先，目的的正当性制约着行为的防卫性，它表明正当防卫不是报复、侵害，更不是对不法侵害人的惩罚，而是一种有限度的防卫行为。其次，行为的防卫性体现着目的的正当性，是目的的正当性的客观体现，它充分说明了正当防卫行为仅仅是一种在紧急情况下，为保护国家、公共利益和其他合法权益而采取的救济措施，因而具有一定的限度，这一限度就是正当防卫的目的得以实现的必要限度。离开了行为的防卫性，也就没有目的的正当性可言。

（2）正当防卫是主观上的防卫意图和客观上的防卫行为的统一

在正当防卫的情况下，防卫人主观上具有防卫意图。这里所谓防卫意图，是指防卫人意识到正在进行的不法侵害，而为使国家、公共利益、本人或者他人的人身和其他权益免受正在进行的不法侵害，对不法侵害人实行正当防卫的心理状态。因此，正当防卫行为在主观上区别于一般的违法行为。正当防卫行为在客观上对不法侵害人造成了一定的人身或者财产的损害，因此具有犯罪的外观。但是，正当防卫行为和犯罪行为在性质上有着内在本质的区别，我们只有透过正当防卫对不法侵害人造成一定的人身和财产的损害，因而具有不法或者犯罪的外观这一现象，看到正当防卫制止不法侵害，保护国家、公共利益和其他合法权益的本质，才能真正把握正当防卫不负刑事责任的根据。正当防卫的主观上的防卫意图和客观上的防卫行为的统一，清楚地表明它不具备犯罪构成，这正是正当防卫不负刑事责任的理论根据。

（3）正当防卫是社会、政治评价和法律评价的统一

正当防卫的目的是使国家、公共利益、本人或者他人的人身、财产等合法权益免受正在进行的不法侵害，而且客观上具有制止不法侵害、保护合法权益的性质。因此，正当防卫没有法益侵害性，这是我国刑法对正当防卫的肯定的社会、政治评价；正当防卫不具备犯罪构成，没有刑事违法性，因此，正当防卫行为不负刑事责任，这是我国刑法对正当防卫的肯定的法律评价。在这个意义上说，正当防卫是排除社会危害性和阻却刑事违法性的统一。

2. 正当防卫的构成

正当防卫是公民依法享有的权利，行使正当防卫权利的诸条件的统一，就是正当防卫的构成。根据《刑法》第 20 条关于正当防卫概念的规定，我认为，正当防卫的构成是主观条件和客观条件的统一。现分述如下。

（1）防卫意图

正当防卫是公民和正在进行的不法侵害作斗争的行为，因此，防卫人主观上必然具有某种防卫意图，这就是正当防卫构成的主观条件。所谓防卫意图，是指防卫人意识到不法侵害正在进行，为了保护国家、公共利益、本人或者他人的人身、财产等合法权利，而决意制止正在进行的不法侵害的心理状态。因此，防卫意图可以包括两个方面的内容：1）对于正在进行的不法侵害的认识，即正当防卫的认识因素。这里所谓对不法侵害的认识，是防卫人意识到国家、公共利益、本人或者他人的人身、财产等合法权益受到正在进行的不法侵害。因此，认识内容包括防卫起因、防卫人产生正当防卫意志的主观基础，是对客观存在的不法侵害的正确反映。没有正当防卫的认识，就不可能产生正当防卫的意志，也就没有防卫意图可言。2）关于制止正在进行的不法侵害的决意，即正当防卫的意志因素。正当防卫意志体现在对防卫行为的自觉支配或者调节作用，推动防卫人实施防卫行为，并且积极地追求保护国家、公共利益和其他合法权利等正当防卫的目的。因此，防卫意图是正当防卫的认识因素和意志因素的统一。

防卫意图作为正当防卫构成的主观条件，对于正当防卫的成立具有十分重要的意义。某些行为，从形式上看似乎符合正当防卫的客观条件，但由于主观上不具备防卫意图，因而不能被视为正当防卫。这种情况可以包括以下三种：1）偶然防卫。在刑法理论上，偶然防卫是指行为人出于一定的犯罪故意实施其行为，但该行为在客观上发生了防卫效果的情形。例如，甲在枪杀乙时，恰好丙出于杀害甲的意图向甲开枪，将其杀死，从而在客观上使乙免遭甲的杀害。在这种偶然防卫的情况下，丙的行为客观上具有防卫效果，但由于主观上不存在防卫意图，因而其行为不得被视为正当防卫。2）防卫挑拨。在刑法理论上，把故意地挑逗对方进行不法侵害而借机加害于不法侵害人的行为，称为防卫挑拨。在防卫挑拨中，虽然存在一定的不法侵害，挑拨人也实行了所谓的正当防卫，形式上符合正当防卫的客观条件，但由于该不法侵害是在挑拨人的故意挑逗下诱发的，其主观上具有犯罪意图而没有防卫意图，客观上实施了犯罪行为，因而依法构成犯罪，其行为不得被视为正当防卫。3）互相斗殴。在刑法理论上，互相斗殴是指参与者在其主观上的不法侵害故意的支配下，客观上所实施的连续的互相侵害的行为。在互相斗殴的情况下，由于行为人主观上没有防卫意图，其行为也不得被视为正当防卫。

（2）防卫起因

不法侵害是正当防卫的起因，没有不法侵害就谈不上正当防卫。因此，防卫起因是正当防卫构成的客观条件之一。作为防卫起因的不法侵害，必须具备两个基本特征：1）法益侵害性。这里所谓法益侵害性，是指某一行为直接侵害国家、公共利益、本人或者他人的人身、财产等合法权益，具有不法的性质。2）侵害紧迫性。这里所谓侵害紧迫性，一般来说是指那些带有暴力性和破坏性的不法行为，对我国刑法所保护的国家、公共利益和其他合法权益造成的侵害具有一定的紧迫性。只有同时具备以上两个特征，才能成为正当防卫的起因。行为的法益侵害性，是正当防卫起因的质的特征，没有法益侵害性就不存在正当防卫的现实基础，因此不发生侵害紧迫性的问题。侵害紧迫性是正当防卫起因的量的特征，它排除了那些没有紧迫性的不法侵害成为防卫起因的可能性，从而使正当防卫的起因限于为实现正当防卫的目的所允许的范围。总之，作为正当防卫起因的不法侵害，是具有法益侵害性的不法侵害，确切地说，是危害国家、公共利益和其他合法权益，并且达到了一定的紧迫程度的不法侵害。

不法侵害是正当防卫的起因，没有不法侵害，也就没有正当防卫可言。只有在不法侵害真实地发生的情况下，才存在正当防卫的问题。在现实生活中，往往发生这样的情形，即一个人确实由于主观认识上的错误，实际上并不存在不法侵害，却误认为存在，因而对臆想中的不法侵害实行了所谓的正当防卫，造成他人的无辜损害。这就是刑法理论上的假想防卫。我认为，假想防卫属于刑法中的认识错误，具体地说，是行为人在事实上认识的错误，是行为人对自己行为的实际性质发生错误认识而产生的行为性质的错误。因此，对于假想防卫应当按照对事实认识错误的一般原则解决其刑事责任问题，即：1）假想防卫不可能构成故意犯罪。2）在假想防卫的情况下，如果行为人主观上存在过失，应以过失犯罪论处。3）在假想防卫的情况下，如果行为人主观上没有罪过，其危害结果是由于不能预见的原因引起的，则是意外事件，行为人不负刑事责任。

（3）防卫客体

正当防卫是通过对不法侵害人造成一定损害的方法，使国家、公共利益、本人或者他人的人身、财产等合法权益免受正在进行的不法侵害的行为。正当防卫的性质决定了它只能通过对不法侵害人的人身或者财产造成一定损害的方法来实现防卫意图，因此，防卫客体的确定对于正当防卫的认定具有重要意义。我认为，防卫客体主要是不法侵害人的人身。因为不法侵害是人的积极作为，它通过人的一定的外部身体动作来实现其侵害意图。为了制止这种正在进行的不法侵害，必须对其人身采取强制性、暴力性的防卫手段。应当指出，在某些特定情况下，物也可以成为防卫客体。

正当防卫的性质决定了其防卫客体主要是不法侵害人本身，而缺乏防卫客体的防卫第三者的行为，不得被视为正当防卫。所谓防卫第三者，就是对第三者实行了所谓的正当防卫，即加害于没有进行不法侵害的其他人，使之遭受损害。我认为，对于防卫第三者应当根据以下三种情况处理：1）防卫第三者而符合紧急避险的条件的，应以紧急避险论，行为人不负刑事责任。2）防卫第三者而出于侵害之故意的，应以故意犯罪论。3）防卫第三者而出于对事实的认识错误，但主观上具有过失的，应以过失犯罪论。

（4）防卫时间

正当防卫的时间是正当防卫的客观条件之一，它所要解决的是在什么时候可以进行正当防卫的问题。正当防卫是为制止不法侵害而采取的还击行为，必须面临着正在进行的不法侵害才能实行。所谓不法侵害之正在进行，是指侵害处于实行阶段。这个实行阶段可以表述为已经发生并且尚未结束。因此，关于防卫时间可以从以下两个方面进行认定：1）开始时间。这里的关键是要正确地认定不法侵害行为的着手。我认为，在确定不法侵害的着手，从而判断正当防卫的开始时间的时候，不能苛求防卫人，而是应该根据当时的主观和客观的因素全面分析。例如，对于入室犯罪来说，只要已经开始入室，未及实施其他侵害行为，也应当视为已经开始不法侵害。在个别情况下，不法侵害虽然还没有进入实行阶段，但其实施已逼近，侵害在即，形势十分紧迫，不实行正当防卫不足以保护国家、公共利益和其他合法权益的，可以实行正当防卫。2）终止时间。在不法侵害终止以后，正当防卫的前提条件已经不复存在，因此，一般不再发生防卫的问题。所以，必须正确地确定不法侵害的终止，以便确定正当防卫权利的消灭时间。我认为，我国刑法中正当防卫的目的是使国家、公共利益、本人或者他人的人身、财产等合法权益免受正在进行的不法侵害，因此，不法侵害的终止应以不法侵害的危险是否被排除为其客观标准。在以下三种情况下，应当认为不法侵害已经终止，不得再实行正当防卫：第一，不法行为已经结束；第二，不法侵害行为确已自动中止；第三，不法侵害人已经被制伏或者已经丧失侵害能力。在以上三种情况下，正当防卫人之所以必须停止防卫行为，是因为客观上已经不存在危险，或者不需要通过正当防卫排除其危险。

不法侵害之正在进行是正当防卫的时间。正确认定不法侵害的着手和终止，对于判断正当防卫是否适时具有重大意义。所以，凡是违反防卫时间条件的所谓防卫行为，在刑法理论上称为防卫不适时。防卫不适时可以分为两种形式：1）事前防卫，是指在不法侵害尚未发生的时候所采取的所谓防卫行为。在这种情况下，不法侵害没有现实地发生，因此，其行为不得被视为正当防卫。2）事后防卫，是指不法侵害终止以后，对不法侵害人的所谓防卫。公民实施防卫行为，已使不法侵害人丧失了侵害能力，在有效地制止了不法侵害以后，又对不法侵害人实施侵害的，属于不法行为。这种不法侵害行为构成犯罪的，行为人应当负刑事责任。

（5）防卫限度

正当防卫的必要限度是它和防卫过当相区别的一个法律界限。关于如何理解正当防卫的必要限度，在刑法理论上主要存在以下三种观点：1）基本适应说，认为防卫行为不能超过必要的限度。也就是说，防卫行为和侵害行为必须基本相适应。怎样才算基本相适应？这要根据侵害行为的性质和强度以及防卫利益的性质等来决定。2）客观需要说，认为防卫行为只要是为制止不法侵害所需要的，就没有超过限度。因此，只要防卫在客观上有需要，防卫强度既可以大于，也可以小于，还可以相当于侵害的强度。3）基本适应和客观需要统一说，认为考察正当防卫行为是否超过必要限度，关键要看是否为有效制止不法侵害行为所必需，必要限度也就是必需限度。但是，如何认定是否必需，则脱离不了对侵害行为的强度、其所保卫权益的性质以及防卫行为的强度作综合的分析研究。

我基本上同意上述第三种观点，正当防卫必要限度实际上可以分为两个互相联系而又互相区别的问题：一是何谓正当防卫的必要限度，二是如何确定正当防卫的必要限度。关于前者，显然应当以为有效地制止正在进行的不法侵害所必需为限度。这是我们考察必要限度的出发点，是确定必要限度的基本原则。对于后者，应当采取一个综合的标准，从以下三个方面进行考察。

1）不法侵害的强度。在确定必要限度时，首先需要考察不法侵害的强度。所谓不法侵害的强度，是指行为的性质、行为对客体已经造成的损害结果的轻重，以及造成这种损害结果的手段、工具的性质和打击部位等因素的统一。对不法侵害实行正当防卫，如果用轻于或相当于不法侵害的防卫强度不足以有效地制止不法侵害的，可以采取大于不法侵害的防卫强度。当然，如果大于不法侵害的防卫强度不是为制止不法侵害所必需，那就超过了正当防卫的必要限度。

2）不法侵害的缓急。不法侵害的强度虽然是考察正当防卫是否超过必要限度的重要因素，但我们不能把侵害强度在考察必要限度中的作用绝对化，甚至认为这是唯一的因素。在某些情况下，不法侵害已经着手，形成了侵害的紧迫性，但侵害强度尚未发挥出来，因此，无法以侵害强度为标准，只能以侵害的缓急为标准，确定是否超过了正当防卫的必要限度。所谓不法侵害的缓急，是指侵害的紧迫性，即不法侵害所形成的对国家、公共利益、本人或者他人的人身、财产等合法权益的危险程度。不法侵害的缓急对于认定防卫限度具有重要意义，在防卫强度大于侵害强度的情况下，考察该大于不法侵害的防卫强度是否为制止不法侵害所必需，更应以不法侵害的缓急等因素为标准。

3）不法侵害的权益

不法侵害的权益，就是正当防卫保护的权益，它是决定必要限度的因素之一。根据不法侵害的权益在确定是否超过必要限度中的作用，可以作出以下判断：为保护重大的权益而将不法侵害人杀死，可以认为是为制止不法侵害所必需，因而没有超过正当防卫的必要限度；而为了保护轻微的权益，即使是非此不能保护，造成了不法侵害人的重大伤亡，仍可以认为是超过了必要限度。

3. 防卫过当的处罚

根据《刑法》第20条第2款的规定，正当防卫明显超过必要限度造成重大损害的，是防卫过当。由此可见，防卫过当之成立，必须同时具备以下两个条件：一是明显超过正当防卫的必要限度。这里的“明显”，是指超过必要限度的程度较大，而不是一般地超过必要限度。二是造成重大损害。这里的“重大”，是指造成损害十分严重，而不是造成一般的损害。根据我国刑法规定，防卫过当应当负刑事责任。在我国刑法中，防卫过当并不是一个独立的罪名，因此，在司法实践中，对于防卫过当应当根据行为人的主观罪过与客观后果，援引相应的刑法分则条文定罪。

根据我国刑法规定，对于防卫过当的，应当减轻或者免除处罚。防卫过当之所以应当减轻或者免除处罚，是因为：(1) 从主观上看，防卫人具有保护国家、公共利益和其他合法权益的防卫动机。虽然行为人对于过当行为所造成的重大的危害具有罪过，但和一般犯罪相比，其主观恶性要小得多。(2) 从客观上看，在防卫过当的全部损害结果中，由于存在正当防卫的前提，所以这种损害结果实际上可以分解为两部分：一是应有的损害，二是不应有的损害。防卫过当只对其不应有的危害结果承担刑事责任，而不对全部损害结果承担刑事责任。以上就是我国刑法明文规定防卫过当应当减轻或者免除处罚的主观和客观的根据，这一规定是罪刑均衡基本原则的体现。

那么，对防卫过当如何减轻或者免除处罚呢？根据我国刑法的规定和司法实践的经验，我认为，在对防卫过当量刑时，应考虑以下情节：（1）过当程度。过当程度的大小体现了社会危害性程度，因而影响到防卫过当的量刑。（2）防卫动机。在过当程度相同的情况下，其防卫行为是出于何种动机，例如是为了保护国家、公共利益还是为了保护本人利益，显然影响对防卫过当的量刑。（3）权益性质。有关正当防卫所保护的权益的性质，在对防卫过当量刑时，应该加以考虑。（4）社会舆论。在对防卫过当量刑时，还要考虑社会影响，既不挫伤公民正当防卫的积极性，又要维护社会主义法制的严肃性。

4. 无过当之防卫

《刑法》第 20 条第 3 款规定："对正在进行行凶、杀人、抢劫、强奸、绑架以及其他严重危及人身安全的暴力犯罪，采取防卫行为，造成不法侵害人伤亡的，不属于防卫过当，不负刑事责任。"这是对防卫过当的一种例外规定，我称之为无过当之防卫。无过当之防卫是一种特殊的防卫，其特殊性表现在以下两个方面。

（1）防卫客体的特殊性

无过当之防卫的客体是行凶、杀人、抢劫、强奸、绑架以及其他严重危及人身安全的暴力犯罪。这里的"行凶"，是指使用凶器的暴力行凶，即对被害人进行暴力袭击，严重危及被害人的人身安全。在这种情况下，防卫人可以对之实行无过当之防卫。杀人，是指故意杀人，而且在一般情况下是指使用凶器，严重危及防卫人的生命安全的情形。对于那些采取隐蔽手段的杀人，例如投毒杀人等，事实上也不存在防卫的问题，更谈不上无过当之防卫。抢劫和强奸，是无过当防卫的客体，我认为，这里的"抢劫"和"强奸"只限于使用暴力方法的抢劫和强奸。使用非暴力方法的抢劫和强奸不能成为无过当防卫的客体，如果超过正当防卫必要限度的，仍应以防卫过当追究刑事责任。至于绑架，一般情况下都是采用暴力方法的，因而可以实行无过当的防卫。在个别情况下，采用非暴力方法绑架的，也不允许实行无过当之防卫。刑法规定的其他严重危及人身安全的暴力犯罪，是一种概括性规定。我认为，这里的"其他严重危及人身安全的暴力犯罪"，是指与行凶、杀人、抢劫、强奸、绑架具有相当性的暴力犯罪。

（2）法律后果的特殊性

在一般情况下，正当防卫存在限度条件，超过必要限度的是防卫过当。根据我国刑法规定，防卫过当应当负刑事责任。但对于无过当之防卫来说，即使防卫行为造成不法侵害人伤亡，也不构成防卫过当，不负刑事责任。由此可见，无过当之防卫的法律后果具有特殊性，这种特殊性实际上是对防卫人的一种豁免，使防卫人解除后顾之忧，从而更为有效地保护本人或者他人的合法权益。

（三）法定的罪体排除事由Ⅱ：紧急避险

1. 紧急避险的概念

根据我国《刑法》第 21 条第 1 款的规定，紧急避险是指在法律所保护的权益遇到危险而不可能采用其他措施加以避免时，不得已而采用的损害另一个较小的权益以保护较大的权益免遭损害的行为。我国刑法规定，紧急避险行为不负刑事责任。

紧急避险之所以不负刑事责任，是因为：从主观上看，实行紧急避险的目的，是使国家利益、公共利益、本人或者他人的人身、财产和其他权益免受正在发生的危险。从客观上看，它是在处于紧急危险的状态下，不得已采取的以损害较小的合法权益来保全较大的合法权益的行为。因此，紧急避险行为不具备犯罪构成，不负刑事责任。在一般情况下，国家利益、公共利益和个人利益在根本上是一致的，因此，公民在法律所保护的权益遇到危险时，有权损害较小的权益以保护较大的权益，从而使合法权益可能遭受的损失减少至最低限度。所以，紧急避险对于保护国家利益、公共利益和其他合法权益具有重大的意义。

2. 紧急避险的构成

紧急避险是采用损害一种合法权益的方法来保全另一种合法权益，因此，必须符合法定条件，才能排除其社会危害性，真正成为对社会有利的行为。这些条件是：

（1）避险意图

避险意图是紧急避险构成的主观条件，指行为人实行紧急避险的目的在于使国家利益、公共利益、本人或者他人的人身、财产和其他权益免受正在发生的危险。因此，行为人实行紧急避险，必须是为了保护合法利益。为了保护非法利益，不允许实行紧急避险。例如，脱逃犯为了逃避公安人员的追捕而侵入他人的住宅，不能认为是紧急避险，仍应负非法侵入他人住宅的刑事责任。

（2）避险起因

避险起因是指只有存在对国家、公共利益、本人或者他人的人身、财产和其他权益的危险时，才能实行紧急避险。不存在一定的危险，也就无避险可言。一般来说，造成危险的原因首先是人的行为，而且必须是危害社会的违法行为。前面已经说过，对于合法行为，不能实行紧急避险。其次是自然界的力量，例如火灾、洪水、狂风、大浪、山崩、地震，等等。最后是来自动物的侵袭，例如牛马践踏、猛兽追扑等。在以上原因对国家利益、公共利益和其他合法权益造成危险的情况下，可以实行紧急避险。

如果实际并不存在危险，由于对事实的认识错误，行为人善意地误认为存在这种危险，因而实行了所谓紧急避险，在刑法理论上称为假想避险。关于假想避险的责任，适用对事实认识错误的解决原则。

（3）避险客体

紧急避险是采取损害一种合法权益的方法来保全另一种合法权益，因此，紧急避险所损害的客体是第三者的合法权益。明确这一点，对于区分紧急避险和正当防卫具有重大的意义。在行为人的不法侵害造成对国家利益、公共利益和其他合法权益的危险的情况下，如果通过损害不法侵害人的利益的方法来保护合法权益，那就是正当防卫；如果通过损害第三者的合法权益的方法来保护合法权益，那就是紧急避险。损害的客体不同，是紧急避险与正当防卫的重要区别之一。

（4）避险时间

紧急避险的时间条件，是指正在发生的危险必须是迫在眉睫，对国家利益、公共利益和其他合法权益已直接构成了威胁。对于尚未到来或已经过去的危险，都不能实行紧急避险，否则就是避险不适时。例如，海上大风已过，已经不存在对航行的威胁，船长这时还命令把货物扔下海去，就是避险不适时。船长对于由此而造成的重大损害，应负刑事责任。

（5）避险可行性

紧急避险的可行性条件，是指只有在不得已，即没有其他方法可以避免危险时，才允许实行紧急避险。这也是紧急避险和正当防卫的重要区别之一。因为紧急避险是通过损害一个合法权益来保全另一合法权益，所以对于紧急避险的可行性不能不加以严格限制，只有当紧急避险成为唯一可以免遭危险的方法时，才允许实行。

我国《刑法》第 21 条第 3 款规定：关于避免本人危险的规定，不适用于职务上、业务上负有特定责任的人。这是因为在发生紧急危险的情况下，这些负有特定责任的人应积极参加抢险救灾，履行其特定义务，而不允许他们以紧急避险为由临阵脱逃，玩忽职守。

（6）避险限度

紧急避险的限度条件，是指紧急避险行为不能超过其必要限度，造成不应有的损害。那么，以什么标准来衡量紧急避险是否超过必要限度，造成不应有的损害呢？对此，法律没有明文规定。我认为，其标准是：紧急避险行为所引起的损害应小于所避免的损害。

紧急避险行为所引起的损害之所以应小于所避免的损害，原因就在于紧急避险所保护的权益同紧急避险所损害的第三者的权益都是法律所保护的。只有在两利保其大、两弊取其小的场合，紧急避险才是对社会有利的合法行为。所以，紧急避险所保全的权益，必须明显大于紧急避险所损害的权益。

那么，在司法实践中如何衡量权益的大小呢？我认为，在衡量权益的大小时，应该明确以下3点：1）在一般情况下，人身权利大于财产权利。所以，通常不允许牺牲他人的生命来保全本人的财产，即使这种财产的价值很大。2）在人身权利中，生命权是最高的权利，通常不容许为了保护一个人的健康而牺牲另一个人的生命，更不容许牺牲别人的生命来保全自己的生命。3）在财产权益中，应该用财产的价格进行比较，通常不容许为了保护一个较小的财产权益而牺牲另一个较大的财产权益，尤其不允许牺牲较大的国家利益、公共利益以保全本人较小的财产权益。

现实生活中，往往存在紧急避险行为所引起的损害与所避免的损害相等的情形，例如，以牺牲他人生命的方式保全本人的生命。对于这种情形如何处理？在德国刑法中，将紧急避险分为两种：一是阻却违法的紧急避险，二是阻却责任的紧急避险。其中，紧急避险行为所引起的损害小于所避免的损害的，属于阻却违法的紧急避险；紧急避险所引起的损害与所避免的损害相等的，属于阻却责任的紧急避险。我国刑法对此未作规定。我个人认为，可以将紧急避险行为所引起的损害与所避免的损害相等的情形视为避险过当，但属于犯罪情节显著轻微危害不大，不以犯罪论处。

3. 避险过当的处罚

我国《刑法》第21条第2款规定："紧急避险超过必要限度造成不应有的损害的，应当负刑事责任，但是应当减轻或者免除处罚。"在刑法理论上，把紧急避险超过必要限度而造成不应有的损害的行为，称为避险过当。避险过当不是一个罪名，在追究其刑事责任时，应当在确定其罪过形式的基础上，以其所触犯的我国刑法分则有关条文定罪量刑。在避险过当的罪过形式中，大多数是疏忽大意的过失，也就是应当预见到紧急避险所损害的权益大于或相当于其所保全的权益，造成不应有的损害；当然，在少数或个别情况下，可能由间接故意或过于自信的过失构成避险过当。由于避险过当在主观上是出于保全合法权益的动机和目的，客观上发生在紧迫的情况下，所以对于避险过当应当减轻或者免除处罚。

（四）超法规的罪体排除事由

1. 超法规的罪体排除事由的概念

超法规的罪体排除事由是指刑法未作明文规定的罪体排除事由。超法规的罪体排除事由在罪体排除的性质上与法定的罪体排除事由是相同的，都是具备罪体构成要素，但不具有法益侵害性，因而在罪体认定过程中予以排除的情形。两者的差别只是在于刑法是否有明文规定：正当防卫、紧急避险等罪体排除事由在刑法中有明文规定，因为这些情形造成的后果（重伤或者死亡）较为严重，更多地需要通过司法程序来解决。而自救行为等罪体排除事由造成的后果并不严重，在日常生活中即可判断其所具有的非犯罪性，因而没有必要在刑法中加以详尽规定。当然，也有些国家的刑法对于正当防卫、紧急避险以外的其他罪体排除事由，例如法令行为、被害人同意、行使权利等也作了规定。但大多数国家的刑法只规定了正当防卫和紧急避险。因此，在各国刑法中法定的罪体排除事由的范围与超法规的罪体排除事由的范围是有所不同的。我国刑法像大多数国家的刑法一样，只规定了正当防卫和紧急避险这两种常见的罪体排除事由，其他的均为超法规的罪体排除事由。

2. 超法规的罪体排除事由的种类

（1）自救行为

自救行为是指在本人的权利受到他人侵害的情况下，通过公力救济难以恢复权利时，而采取的自力救济行为。例如财物被他人盗窃，盗窃犯走出不远被财物所有人发觉，为保护自己的财产权利，财物所有人奋力将财物从盗窃犯手中夺回，就是一种自救行为。从外观上看，该夺回财物的行为具备抢夺罪的罪体构成要素，但由于是在保护本人的财产权利，不具有法益侵害性，因而排除罪体。

（2）义务冲突

义务冲突是指行为人担负两项或者两项以上义务需要同时履行，根据当时的客观情况，只能履行其中一项义务，因而发生的义务竞合。在义务冲突的情况下，行为人未能履行另一项义务的行为，具备罪体的构成要素。在这种情况下，法定损害后果是由义务冲突造成的，可以构成排除罪体的事由。例如正在值班的医生，同时接到两个生命垂危的病人，由于只有一套抢救器材，医生对其中一位病人进行抢救，使其得以生还，另一位病人因延误抢救时间而死亡。从抢救义务上来说，医生对该两位病人都负有抢救义务，但根据当时的客观情况，只能择其中一人进行抢救，由此导致另一病人不治身亡，这是由义务冲突造成的。在义务冲突的情况下，医生对于另一病人的死亡不负刑事责任，因而义务冲突是罪体排除事由。

（3）职务行为

职务行为是指依据行为人所担任的职务而实施的行为。在执行职务行为过程中，可能造成一定的法益损害后果，行为人对此不负刑事责任。例如消防队员的职责是救火，为切断大火蔓延通道，消防队员将火场临近的房屋予以强行拆除。这种拆除是对房主的财产权益的损害行为，但因为消防员是在履行其职责，因而排除罪体。

（4）执行命令行为

执行命令行为是指依照上级发布的命令而实施的行为。在执行命令过程中，可能造成一定的法益损害后果，行为人对此不负刑事责任。执行命令通常发生在军队等组织，军人具有服从命令的天职，不服从命令是违法的。因此，执行命令而造成法益损害结果的，应由命令发布者承担责任，命令执行者不承担责任。当然，执行命令作为罪体排除事由，也是有限制的，并且不能超过必要限度：当发布的命令具有明显的违法或者犯罪性质时，命令执行者应当负有抵制命令的义务。如果不抵制这种明显违法或者有犯罪性质的命令而造成法益损害后果的，不能排除罪体。

（5）被害人承诺

被害人承诺是指行为人经被害人同意对其法益造成一定的损害。在这种情况下行为人对于造成的一定法益侵害后果不负刑事责任。被害人承诺之所以可以排除罪体，是因为某种法益属于他人可以支配的，在其可支配范围内，可以阻却法益损害行为的违法性。例如，医生经病人同意将病人具有传染病菌的衣物予以烧毁，就是一种被害人承诺的行为。如果不属于他人可以支配的法益，即使经他人允许予以损害，也不能阻却违法性。例如生命和身体健康是受法律保护的，不属于本人可支配的法益，因此，允许他人杀害或者伤害本人，行为人仍然应当承担故意杀人罪或者故意伤害罪的刑事责任。此外，被害人承诺的方式是多种多样的，既包括明示承诺，也包括暗示承诺，还包括推定的承诺。在推定承诺的情况下，是出于为被害人利益，在紧急情况下，来不及征得被害人同意而采取的损害被害人的某一较轻法益而保护被害人的某一较重法益的行为。例如，邻居甲见邻居乙在早上10点还未起床，从门缝里闻到一股煤气味道，敲门仍不见动静，判断乙煤气中毒而丧失知觉，在来不及征得乙同意的情况下，为抢救乙破门而入，将乙送往医院救治。破门造成防盗门等损坏，就是一种推定的被害人承诺的行为。

（6）正当业务行为

正当业务行为是指基于某种业务的要求，正当地从事某种业务活动。在这种情况下，只要在业务的正当范围内，这种业务行为就可以被排除法益侵害性，因而属于罪体排除事由。例如正当医疗行为，出于治疗的需要，而对病人进行截肢等损害健康的活动，就是典型的正当业务行为。

第 8 章　罪　　责

一、罪责概述

（一）罪责的概念

罪责是犯罪构成的本体要件之一，是指犯罪的主观责任要件。罪责具有以下特征。

1. 法定性

罪责作为犯罪构成的本体要件，是由刑法规定的，因而具有法定性。刑法总则对故意与过失等罪责构成要素作了明文规定。刑法分则还对具体犯罪成立的特定的主观要素作了规定，例如我国《刑法》第 239 条第 1 款规定："以勒索财物为目的绑架他人的……处十年以上有期徒刑或者无期徒刑，并处罚金或者没收财产"。这是关于以勒索财物为目的的绑架罪的规定，在这一规定中，以勒索财物为目的是这一犯罪的特定的主观要素，因而该罪是目的犯。

2. 主观性

罪责的内容是行为人在实施构成要件行为时的主观心理状态，因而具有主观性。主观是相对于客观而言的，主观要素是内在于客观活动的人的心理态度，对客观活动具有某种支配性，是刑事责任的根据之一。在对一个人追究刑事责任的时候，不仅要看是否具备一定的构成要件行为，而且要看这一行为是否在故意或者过失的主观心理状态的支配下实施。因此，主观要素对于犯罪成立来说是必不可少的。

3. 归责性

罪责是体现行为人的主观恶性，从而为犯罪成立所必需的构成要件，因而罪责在其性质上具有主观上的可归责性。如果说，罪体要件所要解决的是客观的归责问题，那么，罪责要件所要解决的就是主观的归责问题。因此，罪责要件不仅包括心理要素，而且包括对心理要素的规范评价。

（二）罪责的内容

罪责是犯罪成立的主观要件，它是罪责构成要素与罪责排除事由的统一。

1. 罪责构成要素

罪责构成要素是罪责的积极要件，是指在定罪的过程中应当加以确认的主观事实要件。罪责构成要素包括以下内容。

（1）故意或者过失

故意或者过失是两种基本的罪责形式。以故意为罪责形式而构成的是故意犯罪，我国《刑法》第 14 条第 2 款规定："故意犯罪，应当负刑事责任。"以过失为罪责形式而构成的是过失犯罪，我国《刑法》第 15 条第 2 款规定："过失犯罪，法律有规定的才负刑事责任。"

（2）主观的附随情状

罪责中的主观附随情状是指动机与目的等心理事实。虽然对于大部分犯罪来说，动机与目的并非犯罪成立的要素，但在少数犯罪中却是要素。例如，在目的犯的情况下，是否具有一定的目的对于犯罪成立来说具有决定意义。

2. 罪责排除事由

罪责排除事由是罪责的规范要素，也是罪责的阻却事由，它是在心理事实的基础上，对主观心理进行归责的要素。在通常情况下，具备故意或者过失的心理事实，就可以推定为主观上具有可归责性。但如果存在责任无能力或者违法性认识错误和期待不可能，则不能加以主观归责。因此，责任无能力、违法性认识错误和期待不可能，是罪责排除事由。

（三）罪责的意义

1. 限制机能

罪责的限制机能，是指通过限制刑罚权，防止客观归罪，从而实现刑法的人权保障机能。英美法系刑法理论中存在“没有犯罪意图的行为，不能构成犯罪”的原则，大陆法系刑法理论中则存在“没有责任就没有刑罚”的责任主义原则。责任主义是一种主观责任主义，是在否定客观责任主义或者结果责任主义的基础上形成的。责任主义存在着一个从古典责任主义到现代责任主义的转变。古典责任主义是一种与报应观念相联系的责任主义，而现代责任主义是一种与预防观念相联系的责任主义。这种转变的背景是报应主义与功利主义的融合，从而使刑罚具有复合性质。尽管如此，建立在罪责要件之上的责任主义所昭示的限制机能仍然存在，它对于人权保障具有重要意义。

2. 整合机能

故意与过失作为行为人的主观心理状态，对于客观行为具有某种支配性，客观行为是为实现一定的犯罪意图而实施的。因此，表现为外在的一系列身体举止，只有通过行为人的故意与过失才能整合为一定的构成要件行为。例如，采用枪支射击杀人，在客观上表现为装弹、举枪、瞄准、射击一系列动作，这些动作经过杀人故意的整合形成杀人行为。因此，故意与过失等心理事实对于构成要件行为的认定具有重要作用。

3. 区分机能

罪责构成要素中的故意与过失是两种不同的罪责形式，据此可以将犯罪区分为故意犯罪与过失犯罪。例如，同一种伤害他人身体造成重伤结果的行为，根据主观罪责形式的不同，可以区分为故意伤害罪与过失致人重伤罪。因此，罪责具有区分机能。

二、罪责构成要素

（一）犯罪故意

1. 犯罪故意的概念

根据我国《刑法》第14条第1款的规定，犯罪故意是指明知自己的行为会发生危害社会的结果，并且希望或者放任这种结果发生的主观心理状态。这种因犯罪故意而承担的刑事责任，就是故意责任。

2. 犯罪故意的构成

犯罪故意由两个因素构成：一是认识因素，二是意志因素。现分述如下。

（1）认识因素

犯罪故意的认识因素是指对于构成事实的认识。这里的“认识”包括对以下罪体要素的认识：1）行为的性质。对于行为性质的认识，是指对于行为的自然性质或者社会性质的认识，对于行为的法律性质的认识属于违法性认识而非事实性认识。2）行为的客体。对于行为客体的认识，是指对行为客体的自然或者社会属性的认识。例如杀人，须认识到被杀的是人。3）行为的结果。对于行为结果的认识，是指对于行为的自然结果的认识，在很大程度上表现为一种预见，即其结果是行为的可期待的后果。4）行为与结果之间的因果关系。对于因果关系的认识，是指行为人意识到某种结果是本人行为引起的，或者是行为人采取某种手段以达到预期的结果。在这种情况下，行为人对行为与结果之间的因果关系具有事实上的认识。5）其他法定事实。例如时间、地点等，如果作为犯罪构成特殊要件的，亦应属于认识内容。此外，某种行为的前提条件，亦在认识限度之内。除上述情况以外，法律还规定某些特定事项作为认识对象，无此认识则无故意。例如《刑法》第259条第1款规定："明知是现役军人的配偶而与之同居或者结婚的，处三年以下有期徒刑或者拘役。"根据这一规定，破坏军婚罪的构成以明知是现役军人的配偶为认识前提，否则，不能构成该罪。

（2）意志因素

犯罪故意的意志因素是指对结果所具有的希望或者放任的心理态度。意志对人的行动起支配作用，并且决定着结果的发生。如果说，意志对于行为本身的控制可以直观地把握的话，意志对于结果的控制就不如对行为那么直接，因为结果虽然是行为引起的，但在一定程度上它又受外界力量的影响。在这种情况下，应当区分必然的结果与偶然的结果：必然的结果是由意志力支配的结果，可以归于行为。而偶然的结果是受外在因素所支配的结果，不能归于行为。从意志与这些结果的关系上来说，必然的结果是意志控制范围之内的、预料之中的结果，偶然的结果是出乎意料的结果。从意志对行为结果的支配关系上，我们可以把故意中的意志区分为以下两种形态：1）希望。希望是指行为人追求某一目的的实现。在刑法理论上，由希望这一意志因素构成的故意被称为直接故意。直接故意是与一定的目的相关联的，只有在目的行为中，才存在希望这种心理性意志。在希望的情况下，行为人是有意识地通过自己的行为实现某一目的，因此，行为与结果之间的关系是手段与目的之间的关系，意志通过行为对结果起支配作用。2）放任。放任是行为人对可能发生的结果持一种纵容的态度。在刑法理论上，由放任这一因素构成的故意被称为间接故意。希望与放任之间的区别是明显的：希望是对结果积极追求的心理态度，放任则是对某种结果有意地纵容其发生。两相比较，在意志程度上存在区别：希望的犯意明显而坚决，放任的犯意模糊而随意。

3. 犯罪故意的法定类型

根据我国《刑法》第14条第1款的规定，犯罪故意可以分为以下两种类型。

（1）直接故意

直接故意是指明知自己的行为会发生危害社会的结果，并且希望这种结果发生的心理态度。在直接故意中，存在认识程度上的差别，即明知自己的行为必然发生危害社会的结果与明知自己的行为可能发生危害社会的结果。但这种认识程度上的差异并不影响直接故意的成立。只要对危害结果的发生是明知的，无论是明知其必然发生还是明知其可能发生，并对这种危害结果持希望其发生的心理态度，即可构成直接故意。

我国刑法关于犯罪故意的概念中，虽然规定犯罪故意是对于危害社会结果的一种主观的心理态度，但危害社会的结果并非所有犯罪的构成要素。因此，犯罪故意同样也是对于危害行为的一种主观心理状态。在这个意义上，直接故意具有以下两种情形：一是对危害结果的直接故意，即结果故意。在结果犯的情况下，一定的危害结果是犯罪构成的要素，行为人在认识到自己的行为会发生危害结果的前提下，希望其发生，就是这种结果故意的心理内容。二是对危害行为的直接故意，即行为故意。在行为犯的情况下，刑法规定不以一定的结果作为犯罪构成的要素。在这种情况下，行为人只要明知行为将危害社会而有意实施就构成直接故意。

（2）间接故意

间接故意是指明知自己的行为可能发生危害社会的结果，并且有意放任，以致发生这种结果的心理态度。间接故意的认识因素是指行为人认识到自己的行为可能发生危害社会的结果，而不包括认识到自己的行为必然发生危害社会的结果，因为放任是以行为人认识到危害结果具有可能发生也可能不发生这种或然性为前提的，如果行为人已认识到自己的行为必然发生危害结果而又决意实施的，则根本不存在放任的可能，其主观意志只能是希望结果发生的直接故意。间接故意的意志因素，是指行为人对危害结果的发生采取容认的态度。正因为如此，危害结果的实际发生是认定间接故意的必要条件。如果没有发生危害结果，就不能认定行为人具有放任危害结果发生的心理态度。

间接故意有以下三种情形：一是为追求某一犯罪目的而放任了另一危害结果的发生，如甲为放火烧乙的房屋而放任将睡在房中的乙烧死；二是为追求某一非犯罪目的而放任某一危害结果发生，如甲为打一野兔而置可能被误伤的、正在附近采摘果实的乙于不顾，并开枪击中乙，致其死亡；三是突发性犯罪中不计后果放任某种严重危害结果的发生，如甲因违法犯罪被乙当场抓获，为挣脱逃跑，甲掏出匕首向乙刺去，致乙心脏被刺破伤重而死。以上三种情况中，行为人对于被害人死亡结果的发生，都是持间接故意的心理态度。

4. 犯罪故意的学理类型

犯罪故意的学理类型，是指刑法理论上对犯罪故意所作的分类。刑法理论从各种不同角度对犯罪故意进行类型性的把握，有助于更为深入地理解犯罪故意，因而犯罪故意的学理类型是对犯罪故意的法定类型的重要补充。

（1）确定故意与不确定故意

在刑法理论上，根据犯意的确定性程度，可以将犯罪故意分为确定故意与不确定故意。确定故意是指行为人对于行为的事实及结果具有明确认识，在此基础上决意实施犯罪的心理状态。不确定故意是指行为人对于构成犯罪的事实没有确定的认识，在此基础上决意实施犯罪的心理状态。不确定故意又可以分为：1）概括故意。概括故意是指行为人虽然明知自己的行为会发生危害结果，但对于这种犯罪结果发生的客体与范围没有确定认识，在此基础上决意实施犯罪的心理状态。例如向人群扔炸弹，对于会炸死人的结果是明知的，但炸死何人以及炸死多少人则是不确定的。在这种情况下行为人决意实施犯罪行为的主观心理状态就是概括故意。2）择一故意。择一故意是指行为人不确知自己的行为会对数个客体中的哪一个客体发生危害结果，但明知必有其中之一会发生这种结果，并且在实施行为时希望这种结果发生的心理状态。例如行为人向数人开枪，明知会打死其中一人，但对于到底打死何人并无确定认识。在这种情况下实施犯罪行为，对于打死这个人的心理状态就是择一故意。3）未必故意。未必故意是指行为人明知自己的行为可能造成危害结果，但对这种结果持一种放任的心理态度。

（2）偶然故意与预谋故意

在刑法理论上，根据犯罪故意形成时间的长短，把犯罪故意分为偶然故意和预谋故意。偶然故意是指行为人非经预谋而出于临时起意实施犯罪的主观心理状态。预谋故意是指行为人经过深思熟虑和反复思考以后着手实施犯罪的心理状态。

（3）危险故意与实害故意

在刑法理论上，根据法益侵害的后果状态，可以把犯罪故意分为危险故意和实害故意。危险故意是指行为人明知自己的行为会对某种法益发生危害结果的危险，并且希望或者放任这种危险发生的心理状态。因此，危险故意是行为故意，是危险犯所具有的犯罪故意。实害故意是指行为人明知自己的行为会对某种法益发生实际侵害的结果，并且希望或者放任这种结果发生的心理状态。因此，实害故意是结果故意，是实害犯所具有的犯罪故意。

（二）犯罪过失

1. 犯罪过失的概念

根据我国《刑法》第15条第1款的规定，犯罪过失是指行为人应当预见自己的行为可能发生危害社会的结果，因为疏忽大意而没有预见，或者已经预见而轻信能够避免，以致发生这种结果的主观心理态度。这种由犯罪过失而承担的刑事责任，就是过失责任。相对于犯罪故意，犯罪过失的主观恶性要小得多。犯罪过失这一主观心理态度具有以下两个特点：一是实际认识与认识能力相分离，即行为人有能力、有条件认识到自己的行为在当时的条件下可能发生危害社会的结果，但行为人事实上没有认识到，或者虽然认识到，但错误地认为可以避免这种危害结果发生；二是主观愿望与实际结果相分离，即行为人主观上并不希望危害社会的结果发生，但由于其错误认识而导致偏离其主观愿望的危害结果发生。

2. 犯罪过失的特征

犯罪过失具有两个特征：一是认识特征，二是意志特征。现分述如下。

（1）认识特征

认识是一切心理活动的基础，过失也不例外。在我国刑法中，过失可以分为疏忽大意的过失和过于自信的过失，这两种过失的认识特征是有所不同的。

疏忽大意的过失是一种无认识的过失，因而其认识特征是一种无认识状态。正是在这一点上，疏忽大意的过失不同于故意：故意是以明知为前提的，正所谓明知故犯，因此，犯罪故意具有一定的认识因素。而疏忽大意的过失是以缺乏认识为前提的，正所谓不意误犯，因此，疏忽大意的过失没有一定的认识因素，而这种无认识的状态恰恰是疏忽大意的过失的认识特征。疏忽大意的无认识状态，只是一种表象。透过这一表象，我们还应当进一步追问是否应当预见。因此，注意义务和注意能力就成为确定疏忽大意的过失的认识特征的关键。注意义务是指行为人作为时应当注意有无侵害某种法益，不作为时应当注意有无违反某种特定的法律义务的责任。在疏忽大意的过失中，注意义务是指结果预见义务，即对于构成要件结果所具有的预见义务。结果预见义务是一种客观的注意义务，这种义务是社会生活中存在的，因而是社会生活中的一般注意义务。注意能力是指对于应当注意事项主观上注意的可能性。在疏忽大意的过失中，注意能力是指结果预见能力或者认识能力，即对于构成要件结果所具有的预见能力。注意义务履行是以注意能力为前提的，如果仅有注意义务，行为人缺乏注意能力，则仍然不构成疏忽大意的过失。在注意能力的问题上，主要存在一个认定标准问题。对此，在刑法理论上存在以下三说：1）主观说，亦称个人标准说，以行为人本人的注意能力为确定是否违反注意义务的过失标准。根据本人的注意能力对于一定的构成事实能够认识，应当认识而未认识，产生了违法后果。依此确定违反注意义务，称主观标准。2）客观说，以社会一般人或平均人的注意能力为标准，确定某具体人的违反注意义务的过失责任。具体人就是一定的行为者个人，一般人或平均人的标准意味着社会上一般认为是相应的社会相当性的客观标准。3）折中说，认为把具有相应情况的某些人的注意能力加以抽象化，作为一种类型标准，而这一类型标准是根据社会相当性形成的。根据这样的某些类型标准，再依广泛意义的社会相当性来加以抽象而形成一种一般的普通的类型标准，依这个标准确定注意能力，推导出违反注意义务的过失责任。客观说的主要理由是法律的一般性，即法律是一般规范，它是针对社会一般人的。而主观说的主要理由是刑事责任的个别性，即刑事责任的承担者是具体的人，应以该人的注意能力为标准，否则就有客观归罪之嫌。我认为，这里涉及一个法律上对人的推定问题。在一般情况下，立法的对象是一般人，而不可能是个别人，因而法律仅仅将人设定为一个抽象的理性人。在刑法中，经历了一个从刑事古典学派的理性人到刑事实证学派的经验人的转变过程。尽管在刑法中，作为犯罪主体的人仍然要求是具有刑事责任能力的理性人，但在刑事责任的追究中，个别化的呼声越来越高，以具体人为标准的主观说似乎更合理。因此，我赞同主观说。

过于自信的过失是一种有认识的过失，尽管在理论上对于这种认识状态尚有争论，刑法明文规定只有在已经预见法益侵害结果发生的可能性的情况下才构成过于自信的过失。关于过于自信的过失的认识特征，首先是对过于自信的过失之有认识的判断，在刑法理论上通常是承认的，其内容是对构成要件结果发生可能性的认识。这种认识是或然性的认识、不确定的认识、未必的认识，但这种事实上的认识是客观存在的，对此否认也是没有必要且没有根据的。正是这种认识的存在，将过于自信的过失与疏忽大意的过失区分开来。

（2）意志特征

如果说故意的意志是一种积极意志，那么，过失的意志就是一种消极意志。这种意志特征在于：它不是对构成要件结果的希望或者放任，在无认识的疏忽大意的过失中，它是没有履行结果预见义务；在有认识的过于自信的过失中，它是没有履行结果回避义务。

疏忽大意的过失作为一种无认识的过失，其认识特征是在具有预见能力的情况下没有履行预见义务。之所以没有履行预见义务，从意志上分析就是因为没有发挥主观认识能力。这种没有履行结果预见义务的状态，就是疏忽。

过于自信的过失作为一种有认识的过失，其认识特征表现为对构成要件结果发生的抽象可能性的认识。尽管这是一种抽象可能性，但在一定条件下仍然会转化为现实可能性，然后再转化为现实性。但行为人却轻率地以为这种可能性不会转化为现实性，因而在意志上表现为对于结果回避义务的违反。这种结果回避义务违反的状态，就是轻率。

3. 犯罪过失的法定类型

根据我国《刑法》第15条第1款的规定，犯罪过失可以分为以下两种类型。

（1）疏忽大意的过失

疏忽大意的过失，是指行为人应当预见自己的行为可能发生危害社会的结果，因为疏忽大意而没有预见，以致发生这种结果的心理态度。疏忽大意的过失具有以下两个特征：1）行为人没有预见其行为可能发生危害社会的结果。疏忽大意的过失是一种无认识的过失，这种无认识的表现就是行为人在行为当时没有预见其行为可能发生危害社会的结果。对危害结果的未认识状态，是构成疏忽大意的过失的前提。2）行为人应当预见自己的行为可能发生危害社会的结果。所谓应当预见是指行为人在行为时有能力而且有义务预见以避免危害结果的发生。正是由于行为人对其义务的漠不关心以致造成危害社会的结果，才使得构成犯罪过失并因此承担刑事责任。如果行为人并不具有预见危害结果发生的义务，或在当时的情况下不可能预见危害结果的发生，那么不管造成什么样的危害结果，都不能认为其具有过失而追究其刑事责任。

（2）过于自信的过失

过于自信的过失，是指行为人已经预见到自己的行为可能发生危害社会的结果，但轻信能够避免，以致发生这种结果的心理态度。过于自信的过失具有以下两个特征：1）行为人已经预见到自己的行为可能发生危害社会的结果。过于自信的过失属于有认识的过失，行为人对于可能发生危害结果有所预见，是构成这种过失的认识因素。2）行为人轻信能够避免危害结果的发生。所谓轻信，是指行为人过高估计了避免危害结果发生的自身条件或客观有利因素。因此，在主观意志上，过于自信的过失的行为人不仅不希望危害结果的发生，而且危害结果的发生是违背其主观意愿的。这也正是过于自信的过失的意志特征。

4. 犯罪过失的学理类型

犯罪过失的学理类型是指刑法理论上对犯罪过失所作的分类，它对于我们全面地理解犯罪过失具有重要意义，是犯罪过失法定类型的必要补充。

(1) 普通过失与业务过失

在刑法理论上，根据犯罪过失违反规范的内容，可以将犯罪过失分为普通过失与业务过失。普通过失是指日常生活中的过失，即行为人在从事业务以外的活动中，应当预见自己的行为可能发生危害结果，因为疏忽大意而没有预见或者已经预见而轻信可以避免的心理状态。普通过失发生在日常生活中，其所违反的是日常生活的一般性义务规范。业务过失是指业务人员从事具有发生一定法益侵害结果危险的业务时，应当预见自己的行为可能发生危害结果，因为疏忽大意而没有预见或者已经预见而轻信可以避免的心理状态。业务过失发生在业务活动中，其所违反的是业务活动的义务规范。

(2) 事实过失与法律过失

在刑法理论上，根据行为人预见的内容，可以将犯罪过失分为事实过失与法律过失。事实过失是指行为人应当预见到行为可能发生构成要件犯罪事实，由于主观上的疏忽而没有预见，或者已经预见但轻信能够避免的心理状态。法律过失是指行为人应当预见到自己行为的违法性，由于违反注意义务而没有预见，导致发生法益侵害结果的心理状态。

(3) 监督过失与管理过失

监督过失是指监督者对于被监督者的过失行为没有尽到其监督义务时所构成的过失。在监督过失的情况下，被监督者实施了过失行为，造成法益侵害结果，但监督者没有尽到监督职责。因此，不仅被监督者的行为与法益侵害结果之间具有因果关系，被监督者应当承担过失犯罪的刑事责任，而且监督者的行为与被监督者的过失行为以及造成的法益侵害结果之间也存在因果关系，监督者也应当承担过失犯罪的刑事责任。管理过失是指管理者对被管理事项没有尽到其管理职责时所构成的过失。管理过失主要是一种管理不善的过失，在这种情况下，即使行为人的行为与法益侵害结果的发生没有直接的因果关系，行为人也应当承担犯罪过失的刑事责任。管理者在具有命令从业人员完善物资设备、人事制度的义务的时候，也存在对该从业人员的行为进行监督的问题。因此，管理过失与监督过失存在一定的重合。相对于一般过失而言，监督过失和管理过失都是一种间接过失，对于追究某些领导者的职务过失犯罪的刑事责任具有重要意义。

(三) 意外事件

意外事件是指行为虽然在客观上造成了损害结果，但是不是出于故意或者过失，而是由于不能预见的原因所引起的情形。我国《刑法》第16条明确规定，行为在客观上虽然造成了损害结果，但是不是出于故意或者过失，而是由于不能预见的原因所引起的，不是犯罪。之所以意外事件不是犯罪，是因为在意外事件的情况下，行为人不仅对于危害结果的发生没有认识，而且根据当时的情况也不可能认识，因而主观上不具备罪责的构成要素，不负刑事责任。我国刑法关于意外事件不是犯罪的规定，是对客观归罪的否定。

(四) 主观的附随情状

主观的附随情状是犯罪的动机与目的。动机和目的是人的主观心理内容，它在任何行为中都是存在的。关于犯罪的动机和目的，尽管在刑法理论上存在争论，但通常认为只存在于直接故意犯罪之中。因为动机和目的对于定罪量刑具有一定的影响，所以有必要加以研究。

1. 犯罪的动机

犯罪动机是指激起和推动犯罪人实施犯罪行为的心理动因。犯罪动机的刑法意义在于：它是测定犯罪人的主观恶性的心理指数。犯罪动机之所以能够测定犯罪人的主观恶性，主要是因为它与直接故意中的意志因素密切相连。直接故意犯罪是受犯罪意志支配的，犯罪意志是直接故意的主观恶性的决定因素，而犯罪意志又是在犯罪动机的作用下产生的，并且犯罪动机的强度决定着犯罪意志力的强度，从而影响量刑。

2. 犯罪的目的

犯罪目的是指犯罪人实施犯罪行为希望达到的结果。犯罪目的对于行为的性质具有决定性的意义，是区分罪与非罪的重要标志之一。在直接故意的心理内容中，都存在犯罪目的，这一目的为直接故意所包容。值得注意的是，在刑法上还有一种不为直接故意所包容的犯罪目的，由此构成的犯罪在理论上称为目的犯。目的犯是指以具有一定的目的为其特别构成要件的犯罪。目的犯之目的，通常超越构成要件的客观要素范围，所以也称为超越的内心倾向。在这一点上，目的犯通常与上述规定目的的直接故意有别。直接故意本身有一定的目的，这一目的是在构成要件之内的，即使法律不加规定，也不影响这种目的的存在。但目的犯之目的却并非如此，它是由法律专门规定的。例如，我国《刑法》第 152 条第 1 款规定："以牟利或者传播为目的，走私淫秽的影片、录像带、录音带、图片、书刊或者其他淫秽物品的，处三年以上十年以下有期徒刑"，这里的"牟利或者传播"目的，就是走私淫秽物品罪构成的主观要素，因此，走私淫秽物品罪是目的犯。此外，在某些情况下，刑法虽然并未规定一定的目的，但规定了目的的实现行为，这种情形也应视为法定的目的犯。例如受贿罪，为他人谋取利益就是受贿罪之主观目的的实现行为，因此，受贿罪是目的犯。如果把刑法明文规定在故意之外的目的作为构成要件的情形称为显形的目的犯，那么，刑法规定以目的实现行为作为构成要件的情形，就可以称为隐形的目的犯。除法定目的犯以外，还存在非法定的目的犯，即刑法未明文规定某种特定目的，但若无这一目的，仍然不能构成犯罪的情形。因此，在目的犯的情况下，犯罪目的的认定对于定罪具有重要意义。

（五）罪体认识错误

罪体认识错误，是指行为人对罪体构成要素的错误认识。罪体认识错误关系到对行为人刑事责任的追究问题，因而需要加以研究。

罪体认识错误是主观上的认识与客观上的事实不相符合。关于符合的判断问题，刑法理论上存在以下三种学说：(1) 具体符合说，认为行为人所认识或者预见的构成事实与实际发生的事实完全一致时，才构成故意。如果行为人所认识或者预见的构成事实与实际发生的事实不符，则属于事实错误，从而阻却故意。这种观点要求主观认识与客观事实完全一致，显然不妥。例如欲偷手表而得金项链，所知与所为不完全相同，按照具体符合说是认识错误，行为人没有盗窃金项链的故意。又如，欲杀张三而杀死李四，按照具体符合说也是认识错误，应以故意杀人未遂与过失致人死亡论处。(2) 抽象符合说，认为行为人所认识或者预见的构成事实与实际发生的构成事实存在抽象的一致时，不论是否存在具体差别和罪质轻重，均认为行为人对于所认识或者预见的事实具有故意，不存在认识错误。抽象符合说放弃与客观事实的具体符合，代之以抽象符合。但该说对于行为人主观认识的要求失之过宽，例如故意盗窃财物而意外地窃得枪支，按照抽象符合说，可以成立盗窃枪支罪。如此，则几乎否定了事实错误的存在，同样不妥。(3) 法定符合说，认为行为人认识或者预见的构成事实与实际发生的构成事实在法定构成要件（特别构成要件）的范围内一致时，行为人对于所认识或者预见的构成事实成立故意。法定符合说将故意的认识内容限定在构成要件之内，具有一定的合理性。凡同属一个构成要件的，例如盗窃，即使误以金项链为手表，也不发生认识错误的问题，应以盗窃论处。凡不同属一个构成要件的，例如欲盗窃财物而窃得枪支，属于认识错误，不能认为具有盗窃枪支的故意。因此，我赞同法定符合说，应以此来判断罪体认识错误是否阻却故意。

在刑法理论上，罪体认识错误可以分为：

1. 客体错误

客体错误是指对行为客体的认识错误，例如欲杀张三而杀死李四，或者欲偷手表而偷得金项链。客体错误是否阻却故意，应视其错误是同一构成要件的错误还是不同构成要件的错误：如果是同一构成要件的错误，不阻却故意；如果是不同构成要件的错误，则阻却故意。至于打击错误，如果超出构成要件范围的，亦应阻却故意，否则，不阻却故意。

2. 手段错误

手段错误是指行为人在故意犯罪时，实际采用的犯罪手段与其预想的手段在性质或者作用上不相符合，从而未能发生预期的犯罪结果，构成犯罪未遂。刑法理论上称之为手段不能犯的未遂。在手段错误中有一种迷信犯的特殊情形，即由于行为人极端迷信、愚昧无知，所采取的手段在任何情况下都不可能造成实际的危害结果。刑法理论一般认为，对于迷信犯不应以犯罪论处。

3. 打击错误

打击错误，又称为打击偏差或者方法错误，是指行为人意欲侵害某一客体，由于失误导致对另一客体的侵害，例如，欲杀张三，误将李四杀死。在这种情况下，并非将李四误认为是张三而将其杀死，而是由于打击偏差，造成了对与本欲侵害客体不相符的另一客体的侵害结果。关于打击错误是否属于刑法上的认识错误的问题，在刑法理论上存在争论。我认为，打击错误仍然是一种错误，只不过这种错误并非在行为之前发生，而是在行为过程中发生。至于打击错误是否属于因果关系错误，我的结论是否定的。因为因果关系错误是对因果关系发展情况的认识与实际的因果进程不相符合。但在打击偏差的情况下，只是行为发生偏差，致使本欲发生在此一客体上的侵害结果转移到彼一客体上，没有发生对因果关系本身的认识错误。在打击偏差的情况下，对本欲侵害的客体构成犯罪未遂，对非欲侵害的客体在主观上具有过失的情况下构成过失犯罪，但由于是同一行为，因而属于想象竞合犯，应从一重罪处断。当然，如果主观上没有过失，属于意外事件，则只应以对本欲侵害客体的犯罪未遂论处。

4. 因果关系错误

因果关系错误是指行为人对于自己的行为与结果之间因果关系发展情况的认识与实际的因果进程不相符合。因果关系错误，在通常情况下并不影响故意成立。例如，行为人误认为自己的行为已经发生了预期的侵害结果，为达到另一目的又实施了另一行为，事实上行为人所预期的结果是另一行为所造成的。对于这种因果关系错误如何处理，涉及客观上是一行为还是两行为、主观上是概括故意还是分别有一个故意和一个过失等诸多法理问题。我认为，在上述情况下，虽然客观上存在事先行为与事后行为之分，但两个行为是密切相联系的，事后行为是事前行为的延续，且主观上具有概括故意，因而视为一个故意行为较妥。例如，甲出于杀乙的意图勒其脖颈，使乙陷于假死状态。甲误认为乙已经死去，为湮灭罪证而将乙投入水中，实际上乙是溺死的。在这种情况下，没有必要视为故意杀人未遂和过失致人死亡两个罪，可以径直以一个故意杀人罪论处。这种情形，可以说是因果关系的延后实现。此外，因果关系错误还会发生因果关系的提前实现的情形。例如，甲出于泄愤的目的欲将一个属于国家珍贵文物的宋瓷瓶抱到屋外砸毁，当从桌上抱到门口，在刚要迈出门槛的时候不小心绊倒，将瓷瓶摔碎。这一行为是定故意损毁文物罪还是过失损毁文物罪？因为甲预先具有损毁文物的故意，尽管是出于过失而将瓷瓶摔碎，但这是一种因果关系的认识错误，所以对甲仍然应以故意损毁文物罪论处。

三、罪责排除事由

（一）罪责排除事由概述

1. 罪责排除事由的概念

罪责排除事由是指虽然具备故意或者过失等罪责构成要素，但由于不具有可归责性，因而在罪责的认定过程中予以排除的情形。由此可见，罪责排除事由具有以下 3 个特征。

（1）以具备罪责构成要素为前提

罪责排除事由是以具备罪责构成要素为前提的，只有在具备了故意或过失以及动机、目的等主观心理事实的基础上，在对行为人进行归责的时候，才存在罪责排除事由。如果根本不具备罪责构成要素，则在罪责构成要素的认定过程中就可以否定罪责要件的存在，根本没有必要进行归责判断。例如，意外事件和不可抗力是不存在故意或者过失的情形，在罪责构成要素的认定过程中就予以排除，而不是罪责排除事由。

（2）以具有不可归责性为本质

如果说罪责构成要素属于心理事实的范围，是一个事实判断的问题，那么，罪责排除事由是对心理事实进行规范评价的结果，属于价值判断。罪责排除事由的本质是不可归责，因而它是建立在规范责任论的理论基础之上的。按照心理责任论，某一构成要件行为只要是在故意或者过失的心理支配下实施的，行为人就应当承担责任。而规范责任论将故意或者过失视为归责的基础，而将责任能力、违法性认识和期待可能性作为归责要素，如果不存在可归责性，则即使存在故意或者过失等心理事实，仍然不具备罪责要件。

（3）以罪责的消极要件为形式

罪责排除事由是以罪责的消极要件的形式存在的。责任能力、违法性认识和期待可能性，作为一种归责要素，本来是可以成为正面认定的积极要件的，但基于司法便利的考虑，故意或者过失等罪责构成要素是在罪责认定过程中需要确认的心理事实。在一般情况下，只要具备这些心理事实，就可以推定为是可归责的。只是作为例外，存在责任无能力、违法性认识错误或者期待不可能的情形，才应当排除罪责。因此，罪责构成要素是任何一个犯罪都必须具备的主观心理事实，而罪责排除事由只是在个别犯罪中才存在。基于一般与例外的思路，将罪责排除事由作为罪责的消极要件设置较为科学。

2. 罪责排除事由的根据

主观上的归责是在具有罪责构成要素的基础上，对行为人是否具有可责难性的考察：如果具有可责难性，则应当承担罪责；如果不具有可责难性，则不应当承担罪责。罪责是否排除，也就是可归责性的根据，在于行为人是否具有意志自由，因此，意志自由是罪责排除事由的根据。在意志自由问题上，刑事古典学派与刑事实证学派曾经是互相对立的：前者主张意志自由论，后者主张行为决定论。19 世纪后半叶以后，出现了刑事古典学派与刑事实证学派在意志自由问题上从对立逐渐走向调和的趋势。现在，在刑法理论上相对的意志自由论或者柔和的行为决定论占主导地位。在主观归责问题上，一定程度的意志自由的存在是必不可少的前提。罪责排除事由之所以排除罪责，原因就在于这些事由本身与意志自由之间存在某种相关性。例如精神病状况下，行为人丧失了辨认和控制自己行为的能力，实际上就是丧失了意志自由，因而不负刑事责任。又如，在违法性认识错误或者期待不可能的情况下，之所以排除罪责，主要就是因为行为人不具有意志自由，缺乏非难可能性。因此，只有从意志自由出发，才能为罪责排除事由提供法理上的根据。

3. 罪责排除事由的分类

在刑法理论上，罪责排除事由包括责任无能力、违法性认识错误和期待不可能等情形。其中，责任无能力可以说是法定的罪责排除事由，因为在刑法中有明文规定。关于违法性认识错误，在某些国家的刑法中明确规定不知法不免责的情况下，违法性认识错误作为罪责排除事由是存在法律障碍的。某些国家的刑法中明确规定不可避免的禁止错误可以排除罪责，因而尽管免责事由不限于不可避免的禁止错误，但这种罪责排除事由是有法律根据的。我国刑法在关于犯罪故意或者犯罪过失的规定中，都包含了对行为的危害社会性质的认识或者认识可能性，没有这种认识的则不构成犯罪，因此，在我国刑法中将违法性认识错误作为罪责排除事由是具有法律根据的。关于期待不可能性，在各国刑法中均没有规定，因此，期待不可能性是一种超法规的罪责排除事由。

（二）罪责排除事由Ⅰ：责任无能力

1. 责任无能力的概念

责任无能力是指欠缺辨认能力与控制能力。如果有辨认能力与控制能力，则有责任能力；反之，则没有责任能力。辨认能力，是指对于事物性质的判别能力，即行为人是否存在认识能力。控制能力，是指对于自己行为的支配能力，即行为人是否存在意志能力。关于辨认能力与控制能力的关系，辨认能力是前提，只有正确地对事物的性质尤其是事物的法律性质作出判断，才能有效地控制自己的行为，使之合乎法律规定。因此，在辨认能力与控制能力同时丧失的情况下，当然是无责任能力。那么，在有辨认能力而无控制能力或者有控制能力而无辨认能力的情形下，如何判断责任能力？有辨认能力而无控制能力，是指行为人能够认识到一定行为之不可为，而难以控制，从而为之。在这种情况下，行为人应被视为无责任能力。有控制能力而无辨认能力，是指行为人没有认识到一定行为之不可为，而在控制能力的支配下为之。在这种情况下，行为人同样应被视为无责任能力。可见，对于刑事责任能力的成立来说，辨认能力与控制能力缺一不可。在我国刑法中欠缺责任能力主要包括未成年和精神病两种情况，当然，在未成年与精神病中，不仅涉及欠缺责任能力问题，而且涉及责任能力减弱的问题。此外，我国刑法还规定了醉酒与生理功能丧失和刑事责任的关系，在此一并加以讨论。

2. 未成年

根据我国刑法的规定，未成年是欠缺责任能力的法定事由。未成年主要涉及刑事责任年龄。一个人的责任能力并非与生俱来，只有达到一定的年龄才能获得。这一年龄，就是刑事责任年龄。刑事责任年龄是承担刑事责任的根据之一，尤其是未成年人的年龄直接关系到罪与非罪。因此，在审理未成年人刑事案件的时候，应当查明被告人实施被指控犯罪时的年龄。一般情况下，根据户籍记载可以确定一个人的年龄。但在某些情况下，缺乏证明年龄的户籍资料。为此，应当根据相关的证据认定一个人的年龄。2006 年 1 月 11 日最高人民法院发布的《关于审理未成年人刑事案件具体应用法律若干问题的解释》第 4 条规定：对于没有充分证据证明被告人实施被指控的犯罪时已经达到法定刑事责任年龄且确实无法查明的，应当推定其没有达到相应法定刑事责任年龄。相关证据足以证明被告人实施被指控的犯罪时已经达到法定刑事责任年龄，但是无法准确查明被告人具体出生日期的，应当认定其达到相应的法定刑事责任年龄。在司法实践中，对于刑事责任年龄的认定应当照此办理。在确认一个人的刑事责任年龄的基础上，根据刑法规定确定其应否承担以及如何承担刑事责任。

我国刑法对刑事责任年龄采用三分法，即将刑事责任年龄分为以下三个阶段。

（1）完全不负刑事责任年龄阶段

根据我国刑法的规定，不满 14 周岁是无责任能力年龄阶段。因此，不满 14 周岁的人不管实施何种法益侵害行为，都不负刑事责任。

（2）相对负刑事责任年龄阶段

根据我国《刑法》第 17 条第 2 款的规定，“已满十四周岁不满十六周岁的人，犯故意杀人、故意伤害致人重伤或者死亡、强奸、抢劫、贩卖毒品、放火、爆炸、投毒罪的，应当负刑事责任”。这里的投毒罪经《刑法修正案（三）》修正后，增加了投放放射性、传染病病原体等物质的内容，因而罪名也相应地被司法解释修改为投放危险物质罪。因此，已满14周岁不满16周岁是相对负刑事责任年龄阶段。

上述8个罪名中的故意杀人罪是否包括绑架罪中杀害被绑架人的行为？这种杀害被绑架人的行为是一种故意杀人行为，但这种故意杀人行为包含在绑架罪中。按照罪名理解，已满14周岁不满16周岁的人实施这种行为的，不能按照故意杀人罪承担刑事责任。对于这个问题，2002年7月24日全国人大常委会法制工作委员会《关于已满十四周岁不满十六周岁的人承担刑事责任范围问题的答复意见》规定如下：“对于刑法第十七条中规定的‘犯故意杀人、故意伤害致人重伤或者死亡’，是指只要故意实施了杀人、伤害行为并且造成了致人重伤、死亡后果的，都应负刑事责任。而不是指只有犯故意杀人罪、故意伤害罪的，才负刑事责任，绑架撕票的，不负刑事责任。对司法实践中出现的已满十四周岁不满十六周岁的人绑架人质后杀害被绑架人，拐卖妇女、儿童而故意造成被拐卖妇女、儿童重伤或死亡的行为，依据刑法是应当追究其刑事责任的。”根据前引意见的规定，《刑法》第17条第2款规定的是8种行为而非8个罪名，由此确定已满14周岁不满16周岁的人应负刑事责任的范围。这不能不说是一种扩大解释，在一定程度上扩大了已满14周岁不满16周岁的人应负刑事责任的范围。

关于如何确定罪名的问题。已满14周岁不满16周岁的人实施《刑法》第17条第2款规定以外的犯罪行为，如何确定罪名也是一个存在争议的问题。例如，已满14周岁不满16周岁的人实施绑架杀人行为，按照法律规定应当追究刑事责任，那么，是以故意杀人罪追究刑事责任，还是以绑架罪追究刑事责任？对于这个问题，前引意见第5条明确规定：“已满十四周岁不满十六周岁的人实施刑法第十七条第二款规定以外的行为，如果同时触犯了刑法第十七条第二款规定的，应当依照刑法第十七条第二款的规定确定罪名，定罪处罚。”

（3）完全负刑事责任年龄阶段

根据我国《刑法》第17条第1款的规定，“已满十六周岁的人犯罪，应当负刑事责任”。因此，已满16周岁是完全负刑事责任年龄阶段。

我国刑法除对刑事责任年龄作了规定以外，还对负刑事责任的未成年人的处罚原则和不负刑事责任的未成年人的处置原则作了规定。我国《刑法》第17条第3款规定：“已满十四周岁不满十八周岁的人犯罪，应当从轻或者减轻处罚。”这是未成年人犯罪从轻或者减轻处罚的法定情节，表明我国刑法对未成年人犯罪从宽处罚的刑事政策精神。我国《刑法》第17条第4款规定：“因不满十六周岁不予刑事处罚的，责令他的家长或者监护人加以管教；在必要的时候，也可以由政府收容教养。”这里的收容教养是对不负刑事责任的未成年人的一种保安处分措施。

3. 精神病

根据我国刑法的规定，精神病也是欠缺责任能力的法定事由。因为一个人的责任能力并非一旦获得即终身拥有，而是会在某种条件下丧失或者减弱，精神病就是责任能力丧失或者减轻的事由。这里的“精神病”，是指由于精神障碍而导致的精神异常状态。我国刑法对精神病人的责任能力采用三分法，即将精神病人的责任能力分为以下三种情形。

（1）完全不负刑事责任的精神病人

我国《刑法》第18条第1款规定：“精神病人在不能辨认或者不能控制自己行为的时候造成危害结果，经法定程序鉴定确认的，不负刑事责任，但是应当责令他的家属或者监护人严加看管和医疗；在必要的时候，由政府强制医疗”。根据这一规定，不负刑事责任的条件是精神病人丧失辨认或者控制能力造成危害结果。在这种情况下，行为人属于无责任能力。

在刑法理论上，责任能力的标准有生物学标准和心理学标准之分。生物学标准是指以是否具有刑法规定的精神障碍作为判定行为人是否具有刑事责任能力的标准。心理学标准是指以是否达到刑法所规定的心理状态或心理状态导致的结果作为判定行为人是否具有刑事责任能力的标准。依据上述两种不同的标准，在责任能力判断上得出的结果不完全相同。一般来说，生物学标准的判断较为宽泛，只要行为人具有精神障碍，即判定为欠缺责任能力者。而精神障碍本身是十分复杂的，难以成为责任能力判断的唯一标准。尤其是责任能力的根据是行为人的辨认能力和控制能力，因此，责任能力的判断也应该统一于对行为人的辨认能力和控制能力的判断。心理学标准又称为法学标准，对心理状态的判断自然不能完全离开生物学根据。当今世界各国多兼采生物学标准和心理学标准，称为混合标准，即行为人不仅必须患有刑法所规定的精神障碍，而且其精神障碍必须引起法定的心理状态或心理结果，方可被判定为无刑事责任能力或限制刑事责任能力。根据这种混合标准，首先判明行为人是否存在某种法定的精神障碍，然后进一步判明行为人是否由于这种精神障碍而丧失了辨认能力和控制能力。至于行为时是否处于丧失辨认能力或者控制能力的状态，应当经法定程序通过司法精神病的鉴定加以确认。

丧失责任能力的精神病人，由于缺乏对自己行为的辨认能力或者控制能力，其行为是在缺乏意志自由的条件下实施的，即使造成一定的危害结果，也不应承担刑事责任。但这并不意味着对其放任不管，我国刑法规定了精神病人的家属或者监护人对精神病人的看管和医疗责任。同时，刑法还规定了在必要的时候，政府可以对精神病人强制治疗。这种对精神病人的强制治疗，是我国刑法对不负刑事责任的精神病人的一种保安处分措施。

（2）限制刑事责任的精神病人

限制刑事责任的精神病人，又称减轻刑事责任或者部分刑事责任的精神病人，是指部分丧失辨认能力或者控制能力的精神病人。我国《刑法》第 18 条第 3 款规定："尚未完全丧失辨认或者控制自己行为能力的精神病人犯罪的，应当负刑事责任，但是可以从轻或者减轻处罚。"这种尚未完全丧失辨认或者控制自己行为能力的精神病人，就是限制刑事责任的精神病人。这些人的特点是精神病理机制的作用使辨认或者控制自己行为的能力有所减弱而未完全丧失，因此仍应承担刑事责任，但根据刑法规定可以从轻或者减轻处罚。因此，在我国刑法中，限制刑事责任能力的精神病人虽然不是罪责排除事由，却是罪责减轻事由。

（3）完全负刑事责任的精神病人

完全负刑事责任的精神病人是指虽然患有精神病，但行为时处于精神正常状态，或者精神障碍轻微，并未影响辨认或者控制自己行为的能力，因而属于完全负刑事责任的精神病人。我国《刑法》第 18 条第 2 款规定："间歇性的精神病人在精神正常的时候犯罪，应当负刑事责任。"

4. 生理醉酒

醉酒可以分为病理性醉酒与生理性醉酒两种情形。其中，病理性醉酒属于精神病的范畴，应当适用有关精神病人刑事责任的规定。生理性醉酒，又称普通醉酒，是指急性酒精中毒，即因饮酒过量而导致精神过度兴奋甚至神志不清的状态。我国《刑法》第 18 条第 4 款规定："醉酒的人犯罪，应当负刑事责任。"由此可见，在我国刑法中，生理性醉酒并非罪责排除事由。生理性醉酒之所以不能免责，原因并非醉酒人的辨认或者控制能力没有受影响。实际上，在某些醉酒的情况下，由于精神过度兴奋而使辨认或者控制能力有所减弱；如果因为醉酒而神志不清，则可能使辨认或者控制能力完全丧失。那么，在这种情况下醉酒人为什么仍应负刑事责任呢？我认为，在此可用原因上的自由行为理论来加以解释。原因上的自由行为，是指行为时虽没有责任能力，但使之陷入这种无责任能力状况的原因行为是自由的，是在完全责任能力状态下之所为，因此，行为人仍应负刑事责任。在醉酒的情况下，行为人由于酒精中毒而使其责任能力有所减弱甚至完全丧失，但醉酒状态是在行为人意志自由的情况下导致的，具有原因行为的自由性。在这种情况下，刑法规定醉酒的人仍应负刑事责任，我认为是具有正当根据的。

5. 生理功能丧失

生理功能丧失是指听能丧失（聋）、语能丧失（哑）和视能丧失（盲）等情形。生理功能与责任能力具有一定的联系，生理功能丧失虽然不会导致责任能力的完全丧失，但却可能使责任能力有所减弱。我国《刑法》第19条规定："又聋又哑的人或者盲人犯罪，可以从轻、减轻或者免除处罚。"根据我国刑法的这一规定，生理功能丧失虽然不是罪责排除事由，却是罪责减轻事由。

（三）罪责排除事由Ⅱ：违法性认识错误

1. 违法性认识错误的概念

违法性认识错误，也称为禁止错误，是指对于行为是否具有违法性所产生的错误认识。因此，违法性认识错误，是在认识罪体构成要素的基础上，对其行为的违法性缺乏认识的情形。违法性认识错误是否阻却责任，取决于在刑法理论上违法性认识是否属于归责要素：如果在刑法理论上不承认违法性认识是归责要素，违法性认识错误当然也就对归责不会产生影响；如果在刑法理论上承认违法性认识是归责要素，违法性认识错误才会对归责产生影响。在大陆法系国家的刑法理论中，一般并不从正面论及违法性认识是否是归责要素，而是主张当存在一种不可避免的禁止错误的情形时，是否可以免除责任的问题。我认为，对于违法性发生错误认识，意味着缺乏违法性认识，在这种情况下，尽管行为人具有罪责构成要素，但同样不具有可归责性，因此，违法性认识错误是罪责排除事由。

2. 违法性认识错误排除罪责的根据

刑事责任的承担是否应当具备违法性认识这个问题与违法性认识错误是否可以成为罪责排除事由是紧密相关的，因而也是揭示违法性认识错误排除罪责的根据之关键。对于这个问题，在刑法理论上存在违法性认识不要说与违法性认识必要说的争论。

违法性认识不要说认为，在主观上归责的时候，只要行为人认识到构成事实即为已足，不需要有违法性认识或者违法性认识可能性，因此，违法性认识并非责任要素。这种观点是建立在古罗马法中"不知法律不免责"这一格言的基础之上的，对大陆法系国家的刑法曾经产生了深远影响。违法性认识不要说具有明确的国家权威主义立场，要求公民知法，并且把不知法视为法漠视甚至法敌视的态度。随着罪刑法定主义和责任主义的兴起，刑法越来越强化人权保障功能，因而违法性认识不要说逐渐丧失了存在的正当性，通过修改刑法或者判例摆脱"不知法律不免责"这一原则的影响。违法性认识必要说则认为，违法性认识是归责要素。在违法性认识必要说中，又存在以下诸说：（1）严格故意说。该说认为行为人单纯认识犯罪事实，尚不足以对其进行严格意义上的道义非难，必须在行为人明确地认识到自己所为是为法律所不允许而仍然为之时，才能对其进行道义非难，因此，违法性认识是故意的构成要素。（2）自然犯与法定犯区分说。该说认为自然犯不要求违法性认识，而法定犯则必须具有违法性认识。（3）限制故意说。该说认为应以违法性认识的可能性作为故意的构成要素。换言之，行为人虽然欠缺违法性认识，但是根据其对于犯罪事实的认识程度、经历、一贯表现、受教育程度、性格、人格等情况综合判断，足以认定其具备违法性认识可能性的，就可以判断其具有犯罪故意。（4）责任说。该说认为违法性认识可能性是一种规范性要素，因而属于归责要素而不是故意的内容。

对于故意的成立来说，具有对构成事实的认识就足矣，没有违法性认识并不影响故意的成立。虽然存在故意，但如果缺乏违法性认识，则不具有主观上的可归责性。显然，在大陆法系递进式的犯罪论体系中，存在构成要件该当的故意与责任的故意之间的区分的情况下，在违法性认识问题上的故意与责任区分说是可以成立的，将违法性认识视为独立的归责要素成为大陆法系刑法理论的通说。

在我国刑法理论中，传统刑法教科书是否认违法性认识作为主观要素的，从而恪守“不知法律不免责”的原则。但在我国刑法关于犯罪故意的规定中，包含了对行为的危害社会性认识的内容，这实际上是违法性认识的另一种表述。由于我国耦合式的犯罪构成理论没有将故意与责任加以区分，而是将责任要素归入故意之中讨论，因而违法性认识应当是犯罪故意的构成要素。从这个意义上说，我国刑法是承认违法性认识作为刑事责任的主观根据的。当然，在大陆法系国家刑法中，虽然没有正面规定违法性认识的缺乏可以免责，但一般都对违法性认识错误也就是法律认识错误作了规定。例如《德国刑法典》第17条规定：“（法律上的认识错误）行为人行为时没有认识其违法性，如该错误认识不可避免，则对其行为不负责任。如该错误认识可以避免，则对其行为依第49条第1款减轻其刑罚。”该规定虽然没有从正面确定违法性认识是归责要素，但将不可避免的违法性认识错误作为免责事由，将可以避免的违法性认识错误作为减责事由。这应当被认为在一定程度上确认了违法性认识的归责功能。又如，《法国刑法典》第122—3条规定：“能证明自己系由于其无力避免的对法律的某种误解，以为可以合法完成其行为的人，不负刑事责任。”这一规定确认了不可避免的违法性认识错误可以阻却责任。正是基于以上规定，大陆法系刑法理论通常都将违法性认识错误作为责任阻却事由。

违法性认识错误之所以排除罪责，是因为故意或者过失等心理事实本身不具有可归责性，归责必须建立在行为人对其行为的违法性具有认识或者认识可能性的基础之上。违法性认识表明行为人是在明知其行为违法的情况下实施其行为的，因而主观上具有法敌对性，这也正是对行为人的心理事实进行归责的根据。在对其行为的违法性发生了错误认识的情况下，当然就缺乏违法性认识，因而可以排除罪责。

3. 违法性认识错误的判断

违法性认识错误的判断是要解决是否存在对违法性错误认识的问题。在讨论这个问题的时候，首先应当将违法性认识与事实性认识加以区分。事实性认识是对于罪体要素的认识，违法性认识则是对于罪体要素在刑法上的评价的认识。例如，在故意杀人罪中，杀的客体是人还是兽的认识，属于事实性认识；对于杀人行为是否触犯刑律的认识，属于违法性认识。又如，在传播淫秽物品犯罪中，对传播的客体是否为淫秽物品（例如淫书）的认识，属于事实性认识；是否认识到淫秽物品（例如淫书）为刑法所禁止，属于违法性认识。由此可见，在自然犯中，罪体构成要素是赤裸的事实。在这种情况下，事实性认识与违法性认识容易区分。但在法定犯中，罪体构成要素包含某种规范评价因素，包括法律评价、文化评价、伦理评价等，并非赤裸的事实，因而事实性认识与违法性认识容易混淆。尤其是在我国刑法中，罪体构成要素中包含大量违法要素，因而某一犯罪具有行政违法与刑事违法的双重违法构造。例如根据我国《刑法》第133条规定，交通肇事罪是指违反交通运输管理法规，因而发生重大事故，致人重伤、死亡或者使公私财产遭受重大损失的行为。在此，违反交通运输管理法规是事实性认识还是违法性认识？由于在交通肇事罪中，刑法并未对交通肇事行为本身加以描述，违反交通运输管理法规是用来定义交通肇事行为的，因而对于是否违反交通运输管理法规的认识，就是对交通肇事行为的认识，这一认识属于事实性认识。又如，《刑法》第284条规定的非法使用窃听、窃照专用器材罪是指非法使用窃听、窃照专用器材，造成严重后果的行为。在此，刑法既规定了使用窃听、窃照专用器材的行为，又规定了这种行为是非法的，这里的“非法”是指违反国家规定使用窃听、窃照器材，包括无权使用的人使用和有权使用的人违反规定使用。对使用窃听、窃照专用器材的认识当然属于事实性认识。那么，对于使用窃听、窃照专用器材的非法性的认识，是事实性认识还是违法性认识？在此，关键是确定这里的“非法”在本罪中到底是违法性要素还是罪体构成要素。我认为，这里的“非法”是本罪的罪体构成要素，因而对于非法使用窃听、窃照专用器材的认识，仍然属于事实性认识而非违法性认识。

在正确地区分事实性认识与违法性认识的基础上，还要进一步对违法性认识的判断标准加以界定。违法性认识的判断标准，主要涉及对违法性的理解。关于这个问题在刑法理论上主要存在以下三种观点：（1）违反前法律规范的认识说。该说认为只要行为人具有违反前法律规范的意识，就可以认定为具有违法性认识。（2）法律不允许的认识说。该说认为违法性认识是指行为人认识到不为法律所允许，或者是违反了法秩序。（3）刑事违法性认识说。该说认为违法性认识是指行为人认识到行为违反刑法并应受到刑罚惩罚。以上三种观点的分歧在于违法性认识的法到底是指何种意义上的法。违反前法律规范的认识说认为，违反的不是法而是前法律规范意识，也就是违反社会伦理。这种观点实际上否定了对法的认识，显然不可取。法律不允许的认识说中的法律，是指实定法规。在法定犯的情况下，违反实定法规是罪体构成要素，对其认识属于事实性认识而非违法性认识。只有在刑事违法性认识说中，认识的客体是刑法，因而是可取的。

在判断违法性认识错误的时候，应当注意违法性认识错误的两种情形：一是法律的不知，二是适用的错误。法律的不知是指对于某一行为是否为刑法所禁止的认识错误，因此，不知法其实是禁止错误的表现形式。适用的错误是指认识到某一行为为刑法所禁止，但对于该行为的某一具体要素在刑法上的意义缺乏认识。例如，认识到妨害信用卡管理的行为是刑法所规定的犯罪行为，但误以为借记卡不是信用卡而实施该妨害管理行为。但根据2004年12月29日全国人大常委会《关于〈中华人民共和国刑法〉有关信用卡规定的解释》，刑法规定的“信用卡”，是指由商业银行或者其他金融机构发行的具有消费支付、信用贷款、转账结算、存取现金等全部功能或者部分功能的电子支付卡。根据这一规定，我国刑法中的信用卡不仅包括具有信用贷款功能的狭义上的信用卡，而且包括不具有信用贷款功能但具有消费支付、转账结算、存取现金功能的借记卡。因此，行为人虽然认识到妨害信用卡管理行为是为刑法所禁止的，但并没有认识到借记卡属于刑法中的信用卡，因而也属于违法性认识错误。

在判断违法性认识错误的时候，还应当注意违法性的认识程度问题。在刑法理论上，根据违法性认识程度，将违法性认识分为两种情形：一是违法性认识，二是违法性认识可能性。狭义上的违法性认识说认为，只有对违法性有认识才能归责，违法性认识可能性仍然是缺乏违法性认识，因而不能归责。违法性认识可能性说则认为，只要具有认识到违法性的可能性，就应当认为具有违法性认识。这两种观点对违法性认识含义的理解有所不同，因而也影响对违法性认识错误的判断。当然，也有一种折中的观点，认为对于故意和有认识的过失，应当要求狭义上的违法性认识，但对于无认识的过失，则应要求违法性认识可能性。关于这个问题，在大陆法系国家一般都以不可避免的违法性认识错误作为责任阻却事由。因此，在判断违法性认识错误的时候，不仅要看是否对违法性发生了错误认识，而且要看这种错误认识是否可以避免。如果虽然发生了违法性认识错误，但这种认识错误并非不可避免，也就是说具有违法性认识可能性的，仍然不能阻却责任。由此可见，在大陆法系国家的刑法中一般采违法性认识可能性说。关于违法性认识可能性是否存在，要根据行为人的年龄、职业、学历、经历以及案件具体情节作出综合判断。

（四）罪责排除事由Ⅲ：期待不可能

1. 期待不可能的概念

期待不可能是指不具有期待可能性。因此，期待是否可能，实际上是一个期待可能性是否存在的判断问题，只有通过期待可能性才能明确期待不可能的概念。

期待可能性，是指在行为当时的具体情况下，能够期待行为人作出合法行为的可能性。法并不强制行为人作出绝对不可能的事，只有当一个人具有期待可能性时，才有可能对行为人作出谴责。如果不具有这种期待可能性，那么也就不存在谴责可能性。在这个意义上说，期待可能性是一种归责要素。期待可能性是就一个人的意志而言的，意志是人选择自己行为的能力，这种选择只有在期待可能性的情况下才能体现行为人的违法意志。在一般情况下具有责任能力的人，在具有违法性认识的基础上，实施某一行为，通常就存在期待可能性。但在某些特殊情况下，期待可能性的判断仍然是必要的。例如，有配偶而与他人结婚，构成刑法上的重婚罪，但因自然灾害而流落外地，为生活所迫与他人重婚者，行为人明知本人有配偶，具有事实性认识，明知重婚违法，具有违法性认识，而仍然与他人结婚，具有心理性意志，但由于是为生活所迫，缺乏期待可能性，因而没有违法性意志。对此，不能以重婚罪论处。

2. 期待不可能排除罪责的根据

期待不可能之所以成为罪责排除事由，是与期待可能性成为主观上的归责要素密切相关的。关于这个问题，在刑法理论上存在一个从心理责任论到规范责任论的转变。心理责任论把责任理解为行为人的心理关系，根据心理关系的不同，把罪责形式分为故意与过失。由此可见，心理责任论关注的是心理事实，将故意与过失视为归责要素。心理责任论虽然相对于追究无罪过责任的客观归罪来说具有进步意义，但把责任建立在故意与过失的心理事实基础之上，仍然存在缺陷。在这种情况下，规范责任论应运而生，取代心理责任论而成为责任的通说。规范责任论认为，责任并不是故意与过失的心理事实本身，而是从规范的角度对心理事实加以非难的可能性。责任非难的根据是行为人违反了不该作出违法行为决意的法律规范的要求。在具体情况下，可以期待行为人实施合法的行为，这就是所谓期待可能性。从规范责任论的观点来看，期待可能性就是决定责任界限的要素，也就是责任的规范要素。如果没有期待可能性，也就是说，在某种具体情况下，不能期待行为人实施合法的行为，则不能从主观上对行为人加以归责。

期待不可能之所以排除罪责，是因为在这种缺乏期待可能性的情况下，对行为人归责是不合理的。因此，从心理责任论到规范责任论的演进，体现了刑事责任的进一步合理化。刑事责任应当建立在行为人的意志自由基础之上，只有在某种法益侵害结果是在行为人自愿选择或者能够避免而不避免的情况下，才能对行为人进行归责。如果某种法益侵害结果是在行为人无法选择的情况下不以其意志为转移而客观发生的，则对行为人归责显然是强人所难。正是在这个意义上，是否存在期待可能性成为行为人是否具有意志自由的标志。因此，在期待不可能的情况下排除罪责，表明刑事责任是建立在意志自由基础之上的，意志自由就是期待不可能排除罪责的根据。

3. 期待不可能的判断

期待不可能的判断，就是依据一定的征表判断期待可能性是否存在。期待可能性通过一定的征表反映出来，因此，期待可能性的征表对于期待是否可能的判断具有重要意义。

期待可能性的征表如何界定，在刑法理论上存在争议。狭义说认为期待可能性的征表是指行为时的外部事件，广义说则认为期待可能性的征表既包括外部事件也包括内部事件。这里所谓外部事件，是指行为时的客观事实；所谓内部事件是指行为人的主观事实，例如责任能力等。我认为，责任能力不能成为期待可能性的征表。责任能力是归责的前提，期待可能性的判断是在责任能力的基础上进行的，因此，期待可能性的征表只能是指行为时的客观事实。例如，行为人在行将饿死的情况下偷吃他人食物，行将饿死这样一种客观状态就是期待可能性的征表。由于存在这种客观事实，认定行为人的盗窃系在期待不可能的情况下实施的，因而不具有主观上的可归责性。

期待可能性的判断必须根据一定的标准，唯有如此，才能避免期待可能性被滥用。在期待可能性判断标准问题上，存在以下三种观点：一是行为人标准说。该说认为以行为人本人的能力为标准，在该具体的行为人情况之下，能够决定期待其实施合法行为是否可能。二是平均人标准说。该说认为通常人处于行为当时的行为人的地位，该通常人是否具有实施合法行为的可能性。三是国家标准说。该说认为行为的期待可能性的有无，不是以被期待的方面，而是以期待方面的国家或法律秩序为标准，应当根据国家或法律秩序的期待内容及期待程度来确定。在上述三说中，我赞同行为人标准说。国家标准说没有考虑到被判断的具体情状，具有明显的国家主义立场，无益于对期待可能性的正确判断。而平均人标准说虽然将视角从判断者转换成被判断者，但平均人是一个类型化的概念，作为判断标准在掌握上有一定难度；而且它同样没有顾及行为人的个人特征。只有行为人标准说站在被判断者的立场上，设身处地考虑其作出意志选择的可能性，使归责更合乎情理。

在期待不可能的判断中，还存在一个如何处理期待可能性的认识错误问题。期待可能性的认识错误，是指对期待可能性征表的错误认识。期待可能性征表，通常是指客观的异常情态。行为人对这种客观的异常情态是否具有认识，以及这种认识是否和实际情况相符合，存在一个期待可能性的认识错误问题。不仅期待可能性的这种征表客观存在，而且要求行为人认识到这种征表，只有这种行为人才具有期待可能性。如果行为人主观上没有认识到这种征表，则不具有期待可能性，因而不能对行为人归责。在刑法理论上，期待可能性的认识错误可以分为积极错误和消极错误。积极错误是指客观上不存在期待可能性征表，主观上误认为存在这种征表；消极错误是指客观上存在期待可能性征表，主观上却误认为不存在这种征表。在积极错误的情况下，由于行为人主观上认为存在期待可能性的征表，即使客观上不存在，也应当阻却责任。在消极错误的情况下，尽管客观上存在期待可能性的征表，但行为人主观上对此并无认识，因而不能阻却责任。

第9章 罪　　量

一、罪量概述

（一）罪量的概念

罪量是在具备犯罪构成本体要件的前提下，表明行为的法益侵害程度的数量要件。罪量具有以下特征。

1. 法定性

罪量是由刑法明文规定的，因而具有法定性。刑法对于罪量的规定包括两个方面：一是刑法总则关于犯罪概念中的但书规定：情节显著轻微、危害不大的不以犯罪论处。这一规定被认为是犯罪概念中的数量因素。二是刑法分则关于具体犯罪的规定中，有关数额较大、情节严重的规定。这些规定对于认定犯罪具有重要意义。这里应当指出，在刑法分则中没有规定罪量要素的犯罪，并不表示只要行为一经实施就一概构成犯罪，因为刑法总则关于情节显著轻微、危害不大的，不以犯罪论处的规定同样适用于这些犯罪，司法解释对这些犯罪同样规定了罪量要素。

2. 复合性

罪量既不同于罪体具有客观性，也不同于罪责具有主观性，就其内容而言是既有主观要素又有客观要素，因此是主、客观的统一，具有复合性。当然，在罪量要件中客观要素所占比重较大，例如犯罪的数额就属于客观要素。但在罪量要件中仍然包含一些主观要素，例如情节严重或者情节恶劣中的情节，就包括反映行为人主观恶性的情节。

3. 程度性

罪量不同于罪体与罪责这两个犯罪构成本体要件，它反映的是行为的法益侵害程度。如果说，罪体与罪责是犯罪构成的质的要件，那么，罪量就是犯罪成立的量的要件。因此，罪量具有程度性特征。

（二）罪量的内容

罪量的内容是指罪量要素的表现形式。我国刑法规定了以下各种罪量要素。

1. 数额

数额是我国刑法规定的最为常见的罪量要素。在以数额较大作为罪量要素的情况下，没有达到数额较大的标准就不构成犯罪。

2. 情节

情节是我国刑法规定的最为常见的罪量要素，在以情节严重或者情节恶劣作为罪量要素的情况下，没有这一情节就不构成犯罪。

（三）罪量的性质

在大陆法系和英美法系的刑法中，犯罪是不存在数量要素的，一行为只要被刑法规定为犯罪，无论情节轻重，都应以犯罪论处。至于是否作为犯罪处理，主要通过诉讼程序加以解决。

当然，在大陆法系刑法理论中，从刑法谦抑主义出发，提出了可罚的违法性的概念。这里的"可罚的违法性"，是指行为虽然具有违法性，但违法性极其轻微，仍然不具有刑法上的可罚性。由此可见，可罚的违法性概念的提出，表明大陆法系刑法理论也开始关注犯罪的数量特征。

我国刑法中的犯罪概念，是从苏俄引进的，同时也就引进了犯罪概念中的数量因素。在我国刑法中，刑法总则的犯罪概念中有但书规定，刑法分则中除部分犯罪没有罪量要素的规定以外，其他犯罪都有罪量要素的规定，这些罪量要素对于正确地认定犯罪具有重要意义。在我国刑法理论上，对于这些犯罪的数量要素的性质还存在不同认识，主要有以下两种观点：一是构成要件说。该说认为犯罪的数量要素是犯罪成立的条件，如果不具备犯罪的数量要素，不能构成犯罪。因此，犯罪的数量要素属于犯罪构成要件。二是处罚条件说。该说认为犯罪的数量要素是客观处罚条件。在大陆法系刑法理论中，客观处罚条件是指那些与犯罪成立无关，但却能决定行为是否应受刑罚处罚的外部条件。客观处罚条件的特点在于：它本身不是犯罪的构成条件，缺乏客观处罚条件，犯罪仍可成立，只是不生刑罚之效果而已。就此而言，客观处罚条件是刑罚发动的事由。在上述两种观点中，我赞同构成要件说。处罚条件说将犯罪成立与应受处罚两者相分离，认为在不具备客观处罚条件的情况下，犯罪是可以成立的，但不应受到刑罚处罚；只有在具备客观处罚条件的情况下，行为才应当受到刑罚处罚，即发生刑罚之效果。这种观点与我国刑法关于犯罪概念的规定显然是不相符合的，因为根据我国《刑法》第 13 条的规定，应当受刑罚处罚是犯罪的重要特征之一。这就意味着，应受惩罚性本身是犯罪成立的条件，如果缺乏应受惩罚性，就不构成犯罪。因此，在我国刑法中，不能承认构成要件之外的客观处罚条件。

将犯罪的数量要素作为犯罪构成条件，还会存在一个值得研究的问题，就是它到底属于罪体还是罪责，也就是系客观要件还是主观要件，抑或是独立于罪体与罪责的第三个犯罪构成要件。在我国传统的刑法理论中，对于这个问题并无共识，一般将犯罪数额等客观性的罪量要素归入犯罪的客观要件，犯罪情节由于主要是客观性的要素也被视为犯罪的客观要件，因而未将罪量当作一个独立的犯罪构成要件。个别学者考虑到犯罪情节中既有客观要素又有主观要素，将其视为犯罪成立的一个综合性要件，既独立于犯罪的客观要件，又独立于犯罪的主观要件。

我个人赞同将犯罪的数量因素看作是一个与罪体、罪责相并列的罪量要件。罪量要素之所以不能归入罪体，除了在罪量要素中不单纯是客观性要素，而且包括主观性要素以外，还有一个重要的理由：罪体要素是行为人认识的对象，因而对于判断犯罪故意或者犯罪过失具有重要意义。如果将罪量要素当作罪体要素，如果行为人对此没有认识就不能成立犯罪故意而属于犯罪过失，将导致罪责形式的判断产生混乱。例如我国《刑法》第 397 条规定的滥用职权罪与玩忽职守罪在构成要件中，都包含致使公共财产、国家和人民利益遭受重大损失这一构成要素。对于玩忽职守罪来说，这一构成要素当然属于其犯罪结果，因为玩忽职守罪是过失犯罪，过失犯罪都是结果犯，没有这一犯罪结果，犯罪就不能成立。但在滥用职权罪的情况下，如果将这一构成要素看作是犯罪结果，在行为人对这一犯罪结果有认识的情况下应当构成故意犯罪；对这一犯罪结果没有认识，但如果是应当认识而没有认识的，就应当构成过失犯罪。因此，我国刑法理论上，个别学者认为滥用职权罪是复合罪过，既可以由故意构成，又可以由过失构成。我不赞同复合罪过的观点，某种犯罪要么是故意犯罪，要么是过失犯罪，不可能既是故意犯罪又是过失犯罪。之所以主张滥用职权罪是复合罪过的观点，究其原委就是将致使公共财产、国家和人民利益遭受重大损失这一构成要素简单地看作是其犯罪结果。我认为，这一构成要素对于滥用职权罪来说，并非犯罪结果而是独立的罪量要素。没有出现这一构成要素，仍然属于滥用职权行为，只是刑法不予处罚而已。只有具备了这一构成要素，刑法才加以处罚。因此，这一构成要素是表明滥用职权行为的法益侵害程度的数量因素。由于这一构成要素不属于罪体，因而不需要行为人主观上对其具有认识，与确定行为的故意或者过失没有关系，而应当根据行为的故意来确定其罪过形式。正因为如此，滥用职权罪的罪责形式是故意而非过失。

二、数额

（一）数额的概念

数额是犯罪的数量。在我国刑法中，以一定的数额作为犯罪构成要件的，称为数额犯。例如，《刑法》第173条中规定："变造货币，数额较大的，处三年以下有期徒刑或者拘役，并处或者单处一万元以上十万元以下罚金"。这里的"数额较大"，就是变造货币罪的成立条件。如果数额达不到较大的程度，就不认为是犯罪。

（二）数额的类型

在财产犯罪和经济犯罪中，数额在通常情况下表现为一定财产的价值，因而具有可计量性。当然，刑法关于数额的规定是有所不同的。从我国刑法的观念来看，数额具有以下类型。

1. 违法所得数额

违法所得数额是指通过犯罪而实际得到的非法利益的数量。财产犯罪和经济犯罪，从行为人的主观上来说，都是为了牟取非法利益，而犯罪所得数额的大小反映了这一目的的实现程度，因而对于定罪具有重要意义。我国刑法规定为数额较大，这里的"数额"就是违法所得数额。例如《刑法》第267条中规定："抢夺公私财物，数额较大的……处三年以下有期徒刑、拘役或者管制，并处或者单处罚金"。此外，违法所得数额在某些情况下不是货币数额，而是违法所得财物本身的数量。例如，《刑法》第345条第1款中规定："盗伐森林或者其他林木，数量较大的，处三年以下有期徒刑、拘役或者管制，并处或者单处罚金"。根据2000年11月22日最高人民法院发布的《关于审理破坏森林资源刑事案件具体应用法律若干问题的解释》第4条的规定，盗伐林木的数量较大，以2立方米至5立方米或者幼树100株至200株为起点。无论上述规定存在何种表现形式上的差别，其共同之处都是违法所得数额，因而都能够在一定程度上反映行为人非法占有财物之主观目的的实现程度和行为的法益侵害程度。

2. 违法经营数额

违法经营数额是指经营型经济犯罪中存在的货币和物品的数量。经济犯罪的经营数额表明经济犯罪的规模，它对于确定行为的法益侵害程度具有一定的影响，因而对于定罪具有重要意义。应当说，经营型经济犯罪也必然具有违法所得数额，但立法者之所以不以违法所得数额而以违法经营数额作为犯罪成立条件，主要是考虑到在经营型经济犯罪中，由于经营活动所处的环节不同，违法所得数额往往难以确定。尤其是在经营亏损的情况下，营利目的未能实现，不利于司法机关对经济犯罪加以定罪。例如，我国《刑法》第140条中规定："生产者、销售者在产品中掺杂、掺假，以假充真，以次充好或者以不合格产品冒充合格产品，销售金额五万元以上不满二十万元的，处二年以下有期徒刑或者拘役，并处或者单处销售金额百分之五十以上二倍以下罚金"。这里的"销售金额"，根据2001年4月9日最高人民法院、最高人民检察院《关于办理生产、销售伪劣商品刑事案件具体应用法律若干问题的解释》第2条第1款的规定，是指生产者、销售者出售伪劣产品后所得和应得的全部违法收入。这里的"所得和应得的全部违法收入"，实际上是指伪劣产品的货值，因而是一种经营数额。

3. 特定数额

我国刑法除了规定犯罪所得数额和犯罪经营数额以外，还规定了某些特定数额，例如《刑法》第158条规定的虚报注册资本的数额，第159条规定的虚假出资、抽逃出资的数额，第160条规定的欺诈发行股票、债券的数额，第342条规定的非法占用农用地的数量，第348条规定的非法持有毒品的数量等。

（三）数额的意义

数额作为犯罪构成的罪量要素，对于犯罪成立具有重要意义，尤其是在财产犯罪和经济犯罪中。犯罪所得数额和犯罪经营数额反映了行为的法益侵害程度，刑法以犯罪数额的大小作为区分罪与非罪的标准。

三、情节

（一）情节的概念

情节是指犯罪的情状。我国刑法中的犯罪情节，可以分为定罪情节和量刑情节，而定罪情节又可以分为基本情节与加重或者减轻情节：前者是区分罪与非罪的情节，后者是区分轻罪与重罪的情节。这里的“情节”是指基本情节，也就是作为罪量要素的情节。这种情节是指刑法明文规定的、表明行为的法益侵害程度而为犯罪成立所必需的一系列主观与客观的情状。在我国刑法中，以一定的情节作为构成犯罪要件的，称为情节犯。而情节犯又可以分为纯正的情节犯与不纯正的情节犯：前者是指刑法规定以情节严重或者情节恶劣作为犯罪构成要件的情形；后者是指刑法规定以一定的条件（例如造成严重后果等）作为犯罪构成要件的情形。

（二）情节的类型

情节和数额有所不同，它是以综合的形式反映行为的法益侵害程度。从我国刑法的规定来看，情节具有以下类型。

1. 情节严重

以情节严重作为犯罪成立的条件，是我国刑法中最为常见的一种情形。例如，《刑法》第216条规定：“假冒他人专利，情节严重的，处三年以下有期徒刑或者拘役，并处或者单处罚金。”参照2010年5月7日最高人民检察院、公安部《关于公安机关管辖的刑事案件立案追诉标准的规定（二）》，这里的“假冒他人专利，情节严重”，是指具有下列情形之一：（1）非法经营数额在20万元以上或者违法所得数额在10万元以上的；（2）给专利权人造成直接经济损失在50万元以上的；（3）假冒两项以上他人专利，非法经营数额在10万元以上或者违法所得数额在5万元以上的；（4）其他情节严重的情形。在上述4种情形中，既有违法所得数额、经济损失数额，又有其他情节，只要具备其中之一，就可以构成假冒专利罪。因此，情节的内涵较之数额更为宽泛。

2. 情节恶劣

在我国刑法中，除以情节严重作为犯罪成立条件的情形以外，还有以情节恶劣为犯罪成立条件的情形。例如，《刑法》第260条第1款规定：“虐待家庭成员，情节恶劣的，处二年以下有期徒刑、拘役或者管制。”这里的“情节恶劣”与情节严重的含义大体相同，只是情节恶劣更强调伦理道德上的否定评价。

3. 特定情节

在我国刑法中，除情节严重和情节恶劣这样的概括性规定以外，在某些情况下，还规定了表明行为的法益侵害程度的特定情节。这些情节的特点是：它们不属于罪体的范畴，因而不需要行为人对其有主观认识；它们不决定行为的质，但决定行为的量，因而其功能类似于情节，是立法者从刑事政策出发，对于某一行为构成犯罪的范围的一种限制。例如，我国《刑法》第129条规定：“依法配备公务用枪的人员，丢失枪支不及时报告，造成严重后果的，处三年以下有期徒刑或者拘役。”这一规定中的“造成严重后果”，并非本罪的犯罪结果，而是本罪构成的罪量要素。没有造成严重后果的丢失枪支不及时报告行为，根据刑法规定不构成犯罪。因此，它具有限制犯罪成立的功能，属于本罪的数量界限，也是罪与非罪的界限。

（三）情节的意义

情节作为犯罪构成的罪量要素，对于犯罪成立具有重要意义。值得注意的是，在1979年刑法中，规定的大多是纯正的情节犯，情节严重或者情节恶劣等盖然性的规定给司法人员留下了自由裁量的广阔空间。在1997年刑法修订中，除保留了纯正的情节犯以外，还增设了大量的不纯正的情节犯。不纯正的情节犯不像纯正情节犯那样概括，而是对构成犯罪的罪量要素作了较为明确的规定。当然，这些现象也在刑法理论上引起了某些争议，例如这些构成要素在犯罪构成中的归属以及这些犯罪的罪责形式的确定等。对此，应当从刑法理论上加以解决。在司法实践中，应当根据罪刑法定原则，严格认定各种情节，正确区分罪与非罪的界限。

第 10 章　未完成罪

一、未完成罪概述

（一）未完成罪的概念

我国刑法分则对具体犯罪的规定是以既遂为标本的，但是，在现实生活中并非一切犯罪都能达到既遂：有的可能在为犯罪做准备的阶段就被迫停止；有的可能在着手实行犯罪的阶段被迫停止；还有的可能由于犯罪分子自动中止犯罪，使之在犯罪的预备阶段或者实行阶段停止下来。这样，就在犯罪过程中，出现了犯罪的预备、未遂和中止等各种不同的停止状态。相对于犯罪既遂而言，这些犯罪可以称为未完成罪，即犯罪的未完成形态。因此，未完成罪是指在犯罪过程中，由于主观与客观原因，停顿在不同犯罪阶段的各种未完成的犯罪形态。

未完成罪发生在犯罪过程中一定的犯罪阶段，因此，只有具有时间上的演进性的犯罪才存在未完成形态。未完成罪发生在犯罪过程中，这里的“犯罪过程”，是指犯罪发生与发展，直至完成的时间进程。更确切地说，犯罪过程是指故意犯罪发生、发展和完成所经过的程度、阶段的总和与整体。犯罪过程可以分为若干个犯罪阶段，因此，犯罪阶段是犯罪发展过程的一些时间段落。在刑法理论上，一般将犯罪阶段划分为预备阶段与实行阶段这两个大的阶段。犯罪的预备阶段，是指着手实行犯罪以前为犯罪准备的阶段。犯罪的实行阶段，是指犯罪的实施阶段。除此以外，在犯罪的预备阶段之后，还存在一个预备后阶段：在某些情况下，犯罪预备行为已经完成，但并未继而着手实行犯罪，距离实行犯罪还有一个时间上的间隔，这一时间上的间隔，就是犯罪的预备后阶段。例如，故意杀人，在完成杀人的预备行为以后，尾随被害人或者守候被害人以便伺机作案。因此，预备后阶段是处于犯罪预备和犯罪实行之间的一个阶段。与犯罪的预备后阶段相对应的是犯罪的实行后阶段：在某些情况下，犯罪实行行为已经完成，但犯罪结果并未随之而发生，距离犯罪结果发生还有一个时间上的间隔，这一时间上的间隔，就是犯罪的实行后阶段。例如投毒杀人，在投毒完毕后，被害人误食毒物，继而毒性发作致其死亡前，还存在一个时间上的间隙。因此，实行后阶段是处于犯罪实行与犯罪结果发生之间的一个阶段。总之，未完成罪存在于犯罪过程中一定的犯罪阶段。

未完成罪是犯罪的一种特殊形态，相对于犯罪的完成形态而言，它是犯罪的未完成形态。犯罪的完成形态是指犯罪既遂，而犯罪的未完成形态包括犯罪预备、犯罪未遂和犯罪中止。犯罪既遂作为犯罪的完成形态，是犯罪的典型形态。在一般情况下，刑法分则关于具体犯罪的规定，都是以犯罪既遂为标本的。当然，在个别情况下，刑法分则将事实上的犯罪未遂，甚至犯罪预备，设置为法律上的犯罪既遂。例如危险犯，尚未造成严重后果，但具有造成严重后果的具体危险，实际上是实害犯罪的未遂犯。但刑法分则对其规定了独立的法定刑，实际上是将其设置为法律上的犯罪既遂。此外，阴谋犯，只要实施阴谋策划行为即构成犯罪，刑法对其规定了独立的法定刑，是将犯罪预备设置为犯罪既遂。因此，未完成罪的犯罪未完成性，应以法律规定为准。法律上的未完成与事实上的未完成，在一般情况下是等同的，在个别情况下则不等同。

犯罪未完成，是由于各种原因而造成的，这种原因对于正确地区分各种犯罪未完成形态具有重要意义。一般来说，犯罪未完成的原因可以分为主观与客观这两个方面。基于主观原因而未完成犯罪，是指之所以未完成犯罪，是犯罪人主观选择的结果，由此成立的犯罪未完成形态是犯罪中止，因此，犯罪中止具有犯罪人的自愿性。基于客观原因而未完成犯罪，是指之所以未完成犯罪，是犯罪人意志以外的原因所决定的，由此成立的犯罪未完成形态是犯罪预备和犯罪未遂，因此，犯罪预备和犯罪未遂具有犯罪人的不得已性。在认定各种犯罪的未完成形态的时候，应当注意犯罪未完成的原因，以便正确地区分犯罪预备、犯罪未遂和犯罪中止。

（二）未完成罪的构成

未完成罪作为一种犯罪，具有一定的犯罪构成。但是，相对于既遂犯罪的构成条件而言，未完成罪所具有的是修正的犯罪构成。这里所谓修正的犯罪构成，是指以犯罪完成形态的构成为基础进行修正所形成的犯罪构成。对于犯罪完成形态的构成，刑法分则中作了明文规定，只要符合刑法分则某一条文之规定，即可直接依照该条文规定，作为犯罪既遂追究其刑事责任。而犯罪的预备、未遂和中止，是犯罪的特殊形态，这种特殊性表现在它要以刑法分则相应的犯罪构成为基础，由刑法总则的有关规定加以补充，从而确定上述犯罪未完成形态的构成，由此形成对其定罪量刑的根据。

（三）未完成罪的范围

未完成罪作为一种特殊的犯罪形态，具有其特定的存在范围。下面，从罪体、罪责和罪量三个方面，对未完成罪的范围加以论述。

1. 未完成罪与罪体

根据立法对犯罪构成罪体要素要求的不同，在刑法理论上可以将犯罪分为阴谋犯、行为犯、结果犯。下面对于这三种犯罪中是否存在犯罪的未完成形态加以分析。

(1) 未完成罪与阴谋犯

阴谋犯是指以阴谋实施某种犯罪作为构成要件的犯罪。而这里的阴谋行为，实际上是为进一步实施犯罪而进行的预备行为。阴谋犯是把犯罪预备在法律上设置为既遂。在阴谋犯的情况下，行为人只要进行了阴谋策划就构成既遂，而不存在未遂。当然，阴谋犯不能排除中止的形态。

(2) 未完成罪与行为犯

行为犯是指以刑法规定的一定行为作为构成要件的犯罪。只要实施了一定的构成要件行为，不论结果是否发生，都构成犯罪。从行为犯的性质上划分，行为犯可以分为纯正的行为犯与不纯正的行为犯。纯正的行为犯之行为是不及物行为，因而不可能发生一定的结果。不纯正的行为犯之行为是及物行为，可能发生一定的结果，只是法律不以这种结果为罪体要素。因此，不纯正的行为犯在构成特征上是一种截短的犯罪构成。从刑法对行为犯规定的类型上看，行为犯又可以进一步区分为举动犯、程度犯与危险犯，这些犯罪形态的共同特征是都不以结果为其罪体要素，但在行为要素的要求程度或者表现形式上有所不同。(1) 举动犯，是指行为人只要着手实施构成要件行为就构成犯罪既遂的情形，因而它不存在犯罪的未完成形态。(2) 程度犯，是指行为人在着手实施构成要件行为以后，虽然不要求发生某种结果，但要求将行为实施到一定程度，才构成犯罪既遂的情形。因此，在程度犯的情况下，已经着手实行犯罪，但行为没有实施到一定程度，仍有可能成立犯罪的未完成形态。(3) 危险犯，是指行为人的行为只要造成一定的法益侵害危险，就构成犯罪既遂的情形。危险犯又可以分为抽象危险犯与具体危险犯。抽象危险犯之危险，是一种立法推定的危险，因而只要着手实施行为即构成犯罪既遂，没有成立犯罪未完成形态的余地。具体危险犯之危险，是一种司法认定的危险。具体危险犯的成立，要求发生一定的危险状态。如果实施了一定的行为，危险状态尚未造成，则仍然存在犯罪的未完成形态。具体危险犯是与实害犯相对而言的。例如我国刑法中的放火罪，分为具体危险犯与实害犯。具体危险犯实际上是实害犯的未遂犯，被立法者设置为既遂。

（3）未完成罪与结果犯

结果犯，是指以一定的犯罪结果作为构成要件的犯罪，是一种典型的犯罪完成形态。结果犯可以分为单纯结果犯与实害犯，这些犯罪形态的共同特征是都以结果发生为其罪体要素，不同之处在于：单纯结果犯在法定的结果没有发生的情况下，存在未完成形态。而在实害犯的情况下，如果危害结果没有发生，则构成危险犯，不存在未完成形态。

2. 未完成罪与罪责

在刑法理论上，从罪责的意义上可以将犯罪分为故意犯与过失犯。下面对于在这两种犯罪中是否存在犯罪的未完成形态加以分析。

（1）未完成罪与故意犯

我国刑法中的犯罪故意可以分为直接故意与间接故意。未完成罪存在于直接故意犯罪中，这是没有疑问的。那么，在间接故意犯罪中是否存在未完成形态呢？对此，在刑法理论上存在争议。通说认为间接故意犯罪不存在未完成形态，间接故意犯罪由其犯罪的性质所决定，其行为的犯罪性应当根据一定的犯罪结果加以确认。当这种犯罪结果未发生时，其行为即无犯罪性，因而不存在犯罪的未完成形态。

（2）未完成罪与过失犯

关于过失犯是否存在犯罪的未完成形态，同样也存在争议。通说认为过失犯不存在未完成形态，因为过失犯是结果犯，如果结果未发生，则其行为的犯罪性难以证明，因而无所谓未完成形态。

3. 未完成罪与罪量

在刑法理论上，从罪量的意义上可以将犯罪分为数额犯与情节犯。下面对于这两种犯罪中是否存在犯罪的未完成形态加以分析。

（1）未完成罪与数额犯

关于达到法定的数额标准才构成犯罪的数额犯是否存在犯罪的未完成形态，以往在刑法理论上是存在争论的。因为没有达到法定的数额标准，即使行为既遂也不能构成犯罪，未遂当然更不能构成犯罪。但考虑到某些数额犯虽然行为未完成，但情节严重的，也应追究刑事责任，有关司法解释确认了数额犯也具有犯罪的未完成形态。对此，司法解释有以下规定：1）生产、销售伪劣产品罪的未遂。2001 年 4 月 10 日最高人民法院、最高人民检察院《关于办理生产、销售伪劣商品刑事案件具体应用法律若干问题的解释》第 2 条第 2 款规定："伪劣产品尚未销售，货值金额达到刑法第一百四十条规定的销售金额三倍以上的，以生产、销售伪劣产品罪（未遂）定罪处罚。"根据《刑法》第 140 条的规定，生产、销售伪劣产品，销售金额达到 5 万元以上的，构成本罪。因而生产、销售伪劣产品罪是数额犯，法定数额为 5 万元，未达到这一数额标准的不构成本罪。根据司法解释的规定，伪劣产品虽未销售，但货值数额达到 15 万元以上的，应以本罪的未遂论处。2）盗窃罪的未遂。2013 年 4 月 2 日最高人民法院、最高人民检察院《关于办理盗窃刑事案件适用法律若干问题的解释》第 12 条规定："盗窃未遂，具有下列情形之一的，应当依法追究刑事责任：（一）以数额巨大的财物为盗窃目标的；（二）以珍贵文物为盗窃目标的；（三）其他情节严重的情形。"因此，根据这一司法解释，盗窃未遂并非一概追究刑事责任，只有情节严重的才追究刑事责任。3）诈骗罪的未遂。2011 年 3 月 1 日最高人民法院、最高人民检察院《关于办理诈骗刑事案件具体应用法律若干问题的解释》第5条规定："诈骗未遂，以数额巨大的财物为诈骗目标的，或者具有其他严重情节的，应当定罪处罚。"根据这一规定，诈骗未遂也以情节严重为追究刑事责任的前提条件。4）保险诈骗罪的未遂。1998年11月27日最高人民法院研究室《关于保险诈骗未遂能否按犯罪处理问题的答复》规定："行为人已经着手实施保险诈骗行为，但由于其意志以外的原因未能获得保险赔偿的，是诈骗未遂，情节严重的，应依法追究刑事责任"。依据这一规定，保险诈骗未遂，情节严重的，也应当追究刑事责任。

（2）未完成罪与情节犯

关于情节严重或者情节恶劣才构成犯罪的情节犯是否存在犯罪的未完成形态，刑法理论上也是存在争议的。否定的观点认为，行为之预备、未遂和中止，表明情节尚未达到严重程度，因而情节犯无未完成形态可言。肯定的观点则认为，某些情节犯，虽然行为未完成，但综合考察达到情节严重的程度，同样构成犯罪，因而不能否认在一定情况下，情节犯也具有未完成形态。我认为，情节犯虽然在一般情况下不存在未完成形态，但不能排除未完成形态的存在。因为行为是否完成，只是考察情节是否严重的一个指标，如果其他情节严重，即使行为未完成，也可能构成犯罪。

二、犯罪预备

（一）犯罪预备的概念

我国《刑法》第22条第1款规定："为了犯罪，准备工具、制造条件的，是犯罪预备。"我认为，这是犯罪预备行为的概念。作为犯罪未完成形态的犯罪预备，是指已经实施犯罪的预备行为，由于行为人意志以外的原因而未能着手实行犯罪的情形。根据这一概念，犯罪预备具有以下三个特征。

1. 已经实施犯罪的预备行为

已经实施犯罪的预备行为，是指行为人在萌发犯意以后，已经开始实施为犯罪准备工具、制造条件的行为。

犯罪预备发生在犯意表示以后，因而与犯意表示有所区别。犯意表示是在实施犯罪活动以前，把自己的犯罪意图通过口头或者书面的形式流露出来。犯意表示虽然在客观上也表现为一定的行为，但这一行为仅仅是其犯罪意图的表露，例如扬言杀人等，还不属于为犯罪制造条件的行为。犯意表示不可能对社会造成实际危害，也不具有对社会的现实危险性，因而不是刑法处罚的客体。而犯罪预备已经开始为实行犯罪进行具体的准备，对社会存在现实危险，因而我国刑法明文规定处罚犯罪预备。

犯罪预备是以为犯罪准备工具、制造条件为内容的，因此，对于犯罪预备的内容可以从主观与客观两个方面加以把握：（1）从主观上说，犯罪预备具有主观目的性。行为人进行犯罪预备的主观目的，是便于完成犯罪。这里的"便于完成犯罪"，又可以分为两种情形：第一种情形是不经预备就不可能实行犯罪。例如伪造货币，事先必须准备纸张、油墨、颜料和印刷工具等，否则，无法着手伪造。在这种情况下，犯罪预备是实行犯罪的必经阶段。第二种情形是不经预备也可以实行犯罪，但经过预备犯罪意图实现的可能性更大。例如杀人，无须专门准备，拳打脚踢都能致人死亡。但如果准备了杀人工具，杀人意图更便于实现。（2）从客观上说，犯罪预备具有客观行为性。这里的"行为"，是指准备工具、制造条件的犯罪预备行为。这里的"准备工具"，是指准备实行犯罪所使用的一切物品。由于犯罪工具是多种多样的，因而准备工具的行为也有各种各样的表现形式。"制造条件"，是指准备工具以外的其他犯罪预备行为，包括：1）准备犯罪手段；2）拟订犯罪计划；3）为实行犯罪进行事先调查；4）清除实行犯罪的障碍；5）勾引他人参加犯罪。以上列举的各种犯罪预备行为，其实质都是为实行犯罪制造条件。

2. 未能着手实行犯罪

未能着手实行犯罪，是指虽然已经实施了犯罪预备行为，但未能开始实行犯罪。在刑法理论上，犯罪的预备行为是实行前的行为，是一种非实行行为。根据未能着手实行犯罪这一特征，可以把犯罪预备的时间限于实行犯罪以前，从而把犯罪的预备与犯罪的实行加以区分。

3. 未能着手实行犯罪是由于犯罪分子意志以外的原因

在犯罪预备的情况下，行为人未能着手实行犯罪而使得犯罪的预备行为停顿下来。之所以未能实行犯罪，是由于行为人意志以外的原因。在这个意义上，犯罪预备可以称为预备阶段的未遂。

（二）犯罪预备的类型

犯罪预备具有各种表现形式，因而可以区分为以下犯罪预备的类型。

1. 准备工具的预备与制造条件的预备

我国刑法将犯罪预备行为区分为准备工具与制造条件两种情形，因而对犯罪预备可以作上述区分。当然，上述区分是相对的。实际上，犯罪预备的本质是为实行犯罪创造便利条件。由于在刑法中明确地将准备工具与制造条件并列，因而两者仍然有所不同。准备工具是犯罪预备常见的一种形式，此外的犯罪预备行为均可归结为制造条件。

2. 有形预备与无形预备

在刑法理论上，根据犯罪预备行为的表现形式，可以将犯罪预备分为有形预备与无形预备。有形预备是指预备行为具有外在情状，例如购买凶器等。无形预备是指预备行为没有外在情状，例如考察犯罪现场等。上述两种犯罪预备形式有所不同，在司法认定中应予注意。

（三）犯罪预备的处罚

我国《刑法》第22条第2款规定："对于预备犯，可以比照既遂犯从轻、减轻处罚或者免除处罚。"这就是犯罪预备的处罚原则。在对犯罪预备处罚的时候，应当对犯罪预备的程度和性质等有关情节进行全面分析，以决定对预备犯是从轻、减轻还是免除处罚。所谓犯罪预备的程度，是指为犯罪制造条件的充足程度。例如，甲、乙两人同是意图杀人，甲把所需的犯罪工具和其他条件均已准备妥当，只等下手，而乙只准备了一把匕首，其他必要的准备活动还未及进行就被发现。准备程度不同，危险性大小也就有所不同，这对量刑不能没有影响。所谓犯罪预备的性质，是指为犯罪准备工具的类型。例如，甲、乙两人同是意图杀人，甲准备的是一颗手榴弹，乙准备的是一把小折刀。显然，甲准备的犯罪工具杀伤力大，还可能危及公共安全，更具危险性，这在量刑时也应加以考虑。总之，对于犯罪预备应当按照量刑的一般原则，综合全部案情予以裁量。

三、犯罪未遂

（一）犯罪未遂的概念

《刑法》第23条第1款规定："已经着手实行犯罪，由于犯罪分子意志以外的原因而未得逞的，是犯罪未遂。"根据这一规定，犯罪未遂具有以下三个特征。

1. 已经着手实行犯罪

这一特征是犯罪未遂与犯罪预备相区分的主要标志，它表明犯罪已进入实行阶段。所谓实行行为的着手，是指犯罪分子已经开始实施刑法分则所规定的某一犯罪构成行为。在这种情况下，着手是实行行为的起点。我们应该从主观和客观相统一的意义上去把握着手：主观上，行为人实行犯罪的意志已经通过客观的实行行为开始充分表现出来；客观上，行为人已经开始直接实施具体犯罪构成客观方面的行为。着手的主观和客观这两个基本特征的统一，反映了着手行为的社会危害性程度，为认定着手实行犯罪提供了一般标准。

在司法实践中，由于犯罪实行行为的性质不同，其着手实施犯罪的表现形态也有所不同。根据刑法理论并结合司法实践，可以概括出着手实行犯罪的以下共同特征：(1) 着手实行犯罪的行为已经同客体发生了接触，或者说已经逼近了客体。例如，杀人犯已经举刀对准了被害人，这表明其杀人行为已经开始，已经指向客体，并危及客体的安全。(2) 着手实行犯罪的行为是可以直接造成犯罪结果的行为。例如，举枪瞄准被害者，这个行为只要再稍微进一步，死亡结果就会发生，所以，举枪瞄准是杀人行为的着手，它是可以引起犯罪结果的行为。(3) 着手实行犯罪的行为是刑法分则所规定的罪体要素的行为。因此，要在理解分则条文的基础上，把握每个实行行为的着手。尤其是刑法分则规定以某种犯罪方法作为罪体要素时，实施了法定的方法行为，就是实行犯罪之着手。例如，根据我国《刑法》第 263 条的规定，抢劫罪的罪体要素是以暴力、胁迫等方法抢劫公私财物的行为。因此，只要是使用了暴力或发出了威胁，就意味着已经着手实行抢劫行为。

2. 犯罪未得逞

这一特征是犯罪未遂同犯罪既遂相区分的主要标志。犯罪是否得逞，应该以什么为标准？我认为，应该以是否具备刑法分则所规定的犯罪构成的全部要件为标准，只有这样，才能把握统一的判断犯罪未得逞的法律标准。根据这种观点，结合刑法分则的有关条文，可以把犯罪未得逞概括为以下两种情况。

(1) 结果犯的未得逞

结果犯应以法定的犯罪结果是否发生作为犯罪是否得逞的标志。例如，故意杀人罪，刑法分则规定以死亡发生作为其完成的标志，行为人实施了杀人行为而未造成死亡结果的，就是杀人未遂。当然，犯罪未得逞并不是说犯罪行为没有造成任何损害结果，而只是说没有造成法律所规定的作为该犯罪构成要件的犯罪结果。例如，在故意杀人罪中，未能把人杀死，就是杀人未得逞，但可能造成了伤害被害人的结果。这时，仍应以杀人未遂论处。

(2) 行为犯的未得逞

行为犯的未得逞应根据各种不同类型分别认定。举动犯，不存在未完成形态，当然也就不存在未得逞的判断问题。程度犯，应以犯罪行为是否实行到一定程度作为犯罪是否得逞的标志。例如，强奸罪中的强奸妇女行为，以强奸行为实施到插入阴道作为既遂标准，即采插入说。如果虽然已经着手实施强奸行为，但尚未达到插入程度的，就是强奸妇女未得逞；强奸罪中的奸淫幼女行为，则以奸淫行为实施到接触阴道作为既遂标准，即采接触说。如果虽然已经实施奸淫行为，但尚未达到接触程度的，就是奸淫幼女未得逞。至于危险犯，应以是否造成某种危险状态作为犯罪是否得逞的标志。例如，我国《刑法》第 116 条规定的破坏交通工具罪，只要破坏行为足以使交通工具发生倾覆、毁坏危险，尚未造成严重后果，就是犯罪既遂。但如果刚动手破坏就被当场抓住，尚未造成上述危险，就应该认为是犯罪没有得逞，是破坏交通工具罪的未遂。因此，对于这样的犯罪，在认定其是否得逞时，应注意查明其犯罪行为是否已造成某种危害结果的危险状态。

3. 犯罪未得逞是由于犯罪分子意志以外的原因

这一特征是犯罪未遂与犯罪中止相区别的主要标志。所谓犯罪分子意志以外的原因，是指违背犯罪分子本意的原因。我认为，犯罪分子意志以外的原因，应该具备质和量两个方面的特征：从质上来说，只有那些违背犯罪分子本意的原因才能成为犯罪分子意志以外的原因。从量上来说，那些违背犯罪分子本意的原因必须达到足以阻碍犯罪分子继续实行犯罪的程度。因此，有些犯罪分子遇到一些轻微的阻碍因素，例如在抢劫罪中遇到熟人，在强奸罪中由于被害人哀求等，犯罪分子就中止了犯罪，应该认为是自动中止而不能认为是犯罪未遂。在司法实践中，所谓犯罪分子意志以外的原因，可以分为本人原因与他人原因两种情形。现分述如下。

（1）本人原因

这里的“本人原因”包括因能力、力量、身体状况、常识、技巧等缺乏或不佳，无法完成犯罪，或者由于犯罪分子主观认识上的错误，而使犯罪未能得逞，例如误以为被害人在室内而枪击，实际上被害人并不在；误以白糖为毒药而用来杀人；误以为其犯罪行为已造成犯罪结果而停止了犯罪活动，实际上犯罪结果并未发生；等等。

（2）他人原因

这里的“他人原因”主要有：1）被害人的发现、逃避、反抗等；2）第三者的出现、制止、抓获等；3）自然力的破坏，例如放火时因刮大风而无法点着目的物；4）物质障碍，例如所带工具撬不开门、撬不开保险柜；5）时间、地点、场合对完成犯罪的不利影响；等等。

（二）犯罪未遂的种类

划分犯罪未遂的种类，可以使我们从分类中进一步认识犯罪未遂的性质，了解犯罪未遂状态的多样性。对犯罪未遂可以按照不同的标准进行划分。

1. 实行终了的未遂与未实行终了的未遂

以犯罪行为实行终了与否为标准，可以把犯罪未遂分为实行终了的未遂与未实行终了的未遂两种情形。现分述如下。

（1）实行终了的未遂

实行终了的未遂，是指犯罪分子已将他认为实现犯罪意图所必要的全部行为实行终了，但由于犯罪分子意志以外的原因而未得逞。例如，甲为了毒死妻子，在妻子的饭里投放了毒药。但妻子在吃饭时发现有异味，将饭倒掉，幸免于死。在这种情况下，甲构成的是实行终了的杀人未遂。

（2）未实行终了的未遂

未实行终了的未遂，是指犯罪分子还未将他认为实现犯罪意图所必要的全部行为都实行终了，因而未发生犯罪分子预期的犯罪结果。例如，杀人犯甲正举刀要杀人，被他人将手腕抓住，致使其杀人未遂。在这种情况下，甲构成的是未实行终了的杀人未遂。

这种分类表现出犯罪行为实行程度上的差别，因而在一定程度上反映了行为的法益侵害程度。一般来说，实行终了的未遂的法益侵害程度大于未实行终了的未遂的法益侵害程度，因此，在对犯罪未遂量刑时，可以其为情节适当地加以考虑。

2. 能犯未遂与不能犯未遂

以犯罪行为实际上能否达到既遂状态为标准，可以把犯罪未遂分为能犯未遂与不能犯未遂两种情形。现分述如下。

（1）能犯未遂

能犯未遂，是指犯罪分子有实际可能实现犯罪，达到犯罪既遂，但由于犯罪分子意志以外的原因，未能得逞。例如，以刀杀人，将人砍伤后被行人抓住。如果不被抓住，完全有可能把人杀死。

（2）不能犯未遂

不能犯未遂，是指犯罪分子因事实认识错误，其行为不能完成犯罪，不可能达到既遂。其中又可以分为两种情况：一是工具不能犯的未遂，即犯罪分子使用了依其客观性质不能产生犯罪分子所追求的犯罪结果的工具，以致犯罪未得逞。例如，把白糖当作砒霜投毒杀人在任何情况下都绝不可能发生死亡结果。二是客体不能犯的未遂，即犯罪分子行为所指向的客体当时并不存在，或因具有某种属性而不能达到犯罪既遂。例如，误以兽为人而开枪射击，不可能达到杀人既遂。在上述不能犯未遂的情况下，根本不可能把人杀死，为什么还要以其为犯罪未遂追究刑事责任呢？我认为，在不能犯未遂的情况下，行为人主观上具有明显的犯罪故意并且已经外化为犯罪行为，仅仅因为方法不当或者目标错误而未能发生法定的犯罪结果。所以，不能犯未遂同时具备了主观罪过与客观行为这两个犯罪构成中最基本的因素，这就决定了不能犯未遂具有一定的法益侵害性，而这正是不能犯未遂承担刑事责任的根据。

这种分类表现出导致未遂的犯罪分子意志以外的原因的差别，因而也在一定程度上反映了行为的法益侵害程度。在大多数场合，不能犯未遂非但不会产生犯罪结果，也不会造成任何实际危害，因此，在一般情况下，能犯未遂的法益侵害程度大于不能犯未遂的。对此，在对犯罪未遂量刑时，应该加以考虑。

（三）犯罪未遂的处罚

我国《刑法》第 23 条第 2 款规定："对于未遂犯，可以比照既遂犯从轻或者减轻处罚。"这就是犯罪未遂的处罚原则。在对犯罪未遂处罚的时候，首先要确定是否从轻、减轻处罚。一般来说，在犯罪未遂的情况下，如果综合全部案情看，其法益侵害性并不比既遂轻，未遂情节在全部情节中居于无足轻重的地位，不影响或基本不影响行为的危害程度的，就可以决定不对未遂犯从轻、减轻处罚。当然，即使不对未遂犯从轻、减轻处罚，也应在判决书中引用刑法总则第 23 条关于未遂的条文。那种不对未遂犯从轻、减轻处罚，就不认定其为未遂的做法，是错误的。经过把未遂情节置于全案情节中考察，如果决定对未遂犯比照既遂犯从轻或者减轻处罚，那就要进一步解决是从轻还是减轻及其量刑幅度的选择问题。我认为，在对未遂犯处罚时，要注意以下两个因素。

从客观上说，要看犯罪的性质以及未遂行为距离犯罪完成的远近程度。例如，同样是未遂，杀人未遂与盗窃未遂就有很大差别：对于杀人未遂，一般不宜减轻处罚；而对于盗窃未遂，在实践中除盗窃金库等特定场所的财物和数额巨大或特别巨大的特定财物以外，一般不予判刑。此外，未遂行为距离犯罪完成远近程度的不同，不仅反映了行为的不同危害程度，而且表现出犯罪意图实现的不同程度，所以，在对犯罪未遂处罚时要予以考虑。

从主观上说，要看犯罪意志的坚决程度。犯罪未遂都是犯罪意志被抑制，但未遂行为所表现出来的行为人犯罪意志的坚决程度有所不同：犯罪意志坚决顽强的，其主观恶性大；犯罪意志一般、比较脆弱的，其主观恶性相对较小。对此，在对犯罪未遂处罚时也应予以考虑。

四、犯罪中止

（一）犯罪中止的概念

《刑法》第 24 条第 1 款规定："在犯罪过程中，自动放弃犯罪或者自动有效地防止犯罪结果发生的，是犯罪中止。"从这一规定中可以看出，犯罪中止的成立必须具备以下三个条件。

1. 犯罪中止的时间条件

犯罪中止的时间条件是指犯罪中止必须发生在犯罪过程中，因此，犯罪中止是一种犯罪的未完成形态。犯罪中止的时间条件，对于认定犯罪中止有着重要的意义。根据犯罪中止的时间条件，以下两种情形不能被视为犯罪中止：(1) 犯罪既遂以后自动返还原物。例如，盗窃犯已经把财物偷回家，但又后悔，把原物给被害人送回去。(2) 犯罪未遂后主动抢救被害人。例如，杀人犯砍了被害人一刀，未砍死，邻居阻止了其继续行凶。这时，杀人犯有后悔之意，主动协同邻居将被害人护送到医院抢救，使其得救。以上两种行为形式类似于犯罪中止，但由于它不具备犯罪中止的时间条件，因而不得被视为犯罪中止。对于这种事后的悔改表现，在量刑时可以作为酌定从轻情节予以考虑。

这里还有一个问题值得研究：放弃重复侵害，是否属于自动中止？所谓放弃重复侵害，就是放弃可以重复实施的侵害行为。例如，甲要杀死乙，向乙开了一枪，没有打着，虽然枪里还有子弹，本来可以再连续开枪，但这时他后悔了，不想再打，于是停止了射击。关于这种情况是否视为犯罪中止的问题，存在两种观点：第一种观点认为，这是杀人未遂，而不能认为是杀人中止，因为他第一枪已经构成杀人未遂，至于他放弃重复侵害，只能说他没有再次实施犯罪。第二种观点认为，上述情况应认为是犯罪中止，因为在放弃重复侵害的场合，从主、客观相统一并结合犯罪实行行为的要求看，犯罪行为并未实行终了，他完全有可能以连续的动作进一步发展为犯罪既遂。在这种情况下，他自动放弃了重复侵害行为，应视为犯罪中止。两种观点的根本分歧就在于：打了一枪以后，行为是否已经终了？我认为，在这种情况下，行为尚未终了，还存在中止犯罪的时间条件。因为在停止重复侵害的场合，从主观上说，犯罪分子存在进一步实行犯罪的条件，因此，存在中止犯罪的可能性。而且，那种认为停止重复侵害是未遂的观点过于机械。如果孤立地看第一枪，似乎是未遂。但犯罪分子开枪杀人，不会指望一枪奏效，只要有子弹，一枪不行，就打两枪，直到打死才肯罢休。这几次射击的动作是紧密联系的，形成一个统一的杀人行为。如果不是这样联系起来看问题，而是孤立地看，一枪未打死就是一个未遂，如果 10 颗子弹有 9 颗都没打着，岂不等于 9 个杀人未遂？并且，将停止重复侵害视为犯罪中止，有利于鼓励犯罪分子悬崖勒马，停止犯罪活动。因此，放弃重复侵害行为，只要在当时的情况下完全有可能连续侵害而致被害人死亡，但行为人主动停止下来了，不想继续实行犯罪行为，就应当认为是犯罪中止。

2. 犯罪中止的主观条件

犯罪中止的主观条件是指犯罪分子在自认为有可能将犯罪进行到底的情况下，出于本人意愿而自动地中止了犯罪。关于犯罪中止的主观条件，在理解的时候应该明确以下两点。

（1）中止犯自认为有可能将犯罪进行到底

在犯罪中止的主观条件中，中止犯罪的意愿是在行为人自认为犯罪能够继续进行下去的前提下产生的。这里的犯罪能否进行下去，应以行为人的主观认识为依据加以判断：如果行为人自认为犯罪还能继续进行下去，即使客观上其犯罪行为不可能进行到底，而他主观上认为是可能进行到底的，并主动把犯罪行为停止下来了，也应该认为是犯罪中止。例如，一天甲带刀要去杀乙，走到半路又打消了杀人的念头。实际上这天乙出差到外地去了，即使甲去了也杀不成。但甲并不知道乙不在家，因而自动放弃了杀人行为，应该认为是犯罪中止。

（2）停止犯罪必须是出于犯罪分子本人的意愿

如果犯罪分子在犯罪过程中遇到了自认为无法克服的困难，不可能把犯罪继续进行下去，而不得不停止犯罪，应视为未遂，而不是自动中止。例如，犯罪分子正在盗窃，忽然听到门外有响声，以为来了人，急忙跳窗逃跑了，未能偷走财物。实际上并没有来人，是大风吹动了门。看起来是他自己停止了盗窃，实际上是他自感当时不能继续作案而被迫中断盗窃。因此，其停止犯罪的行为缺乏自动性，不能视为犯罪中止，而应以未遂论处。至于慑于刑罚的威慑，担心迟早会被揭发而停止了犯罪，即使还算不上真诚悔悟，也应视为自动中止。

3. 犯罪中止的客观条件

犯罪中止的客观条件是指在犯罪完成以前自动放弃犯罪或者有效地防止犯罪结果的发生。

这里包括以下两种情形。

（1）自动放弃犯罪

在犯罪未实行终了的情况下，自动放弃犯罪行为。由于犯罪行为尚未实行终了，这时一般只要消极地不再把犯罪行为继续实行下去，就可避免犯罪结果发生，从而也就可以成立犯罪中止。

（2）有效地防止犯罪结果发生

在犯罪实行终了而犯罪结果尚未发生的情况下，由于距离犯罪结果发生还有一段时间，这时如果要中止犯罪，就不能只是消极地停止，还需积极地采取措施，以阻止犯罪结果的发生。例如，甲在乙的饭里投了毒药，如果甲要中止杀人，就要采取积极措施不让乙把饭吃下去。如果乙已经吃下去，甲就要积极抢救，以防止乙死亡，并且，只有有效地阻止了死亡结果的发生，才能视为犯罪中止。

从以上犯罪中止成立的 3 个条件可以看出，犯罪中止也是主观和客观的统一：主观上自动放弃了犯罪意图，客观上放弃了犯罪或者有效地防止了犯罪结果的发生。这正是对中止犯应当免除或者减轻处罚的根据。

（二）犯罪中止的种类

犯罪中止具有各种表现形式，对犯罪中止的种类进行研究，有助于在司法实践中对犯罪中止正确地进行定罪量刑。

1. 预备阶段的中止和实行阶段的中止

（1）预备阶段的中止

预备阶段的中止是指在犯罪的预备过程中，自动地中止预备活动。例如，行为人准备凶器要去杀人，后内心悔悟了，打消了杀人的意念，中断了杀人的预备活动，因而未着手实行杀人行为。

（2）实行阶段的中止

实行阶段的中止是指在犯罪的实行过程中，自动地中止了实行行为。例如，行为人在杀人过程中已经将被害人砍伤，见被害人痛苦呻吟的惨状，产生了怜悯之心，中止了杀人行为。

从上述分类可以看出，预备阶段的中止与实行阶段的中止其法益侵害性显然有所不同，这在量刑时应加以考虑。

2. 消极中止和积极中止

（1）消极中止

消极中止是指在犯罪未实行终了的情况下，停止继续实施犯罪行为。这是犯罪中止的典型形式。在这种情况下，需要强调的是中止犯罪的彻底性，即必须是彻底地打消了继续或再次侵犯同一客体的意图，而不是暂时停止，伺机再次侵犯。

（2）积极中止

积极中止是指在犯罪行为已经实行终了而犯罪结果尚未发生的情况下，有效地防止犯罪结果的发生。这是犯罪中止的特殊形式。在这种情况下，需要强调的是防止犯罪结果发生的有效性。如果犯罪分子虽然采取了积极的行动，但并未有效地防止犯罪结果的发生，犯罪分子仍然要负犯罪既遂的刑事责任，不能视为犯罪中止。

从上述分类可以看出，消极中止与积极中止在中止的表现形态上有所不同，对此在认定时应加以注意。

（三）犯罪中止的处罚

我国《刑法》第 24 条第 2 款规定："对于中止犯，没有造成损害的，应当免除处罚；造成损害的，应当减轻处罚。”这就是犯罪中止的处罚原则。在对犯罪中止处罚的时候，根据犯罪中止是否造成损害，可以分为以下两种情形：一是没有造成损害的，根据刑法规定应当免除处罚。这里的“没有造成损害”，是指没有造成对侵害客体的任何损害结果。例如投毒杀人，投毒以后、在被害人吃下毒药以前自动中止犯罪，对被害人没有造成任何损害，对此应当免除处罚。二是已经造成损害的，根据刑法规定应当减轻处罚。例如用刀杀人，在将被害人砍成重伤以后自动中止犯罪。虽然没有发生死亡结果，但已经造成被害人重伤的结果，对此应当减轻处罚。

第 11 章　共同犯罪

一、共同犯罪概述

我国《刑法》第 25 条第 1 款规定："共同犯罪是指二人以上共同故意犯罪。"这是我国刑法中关于共同犯罪的法定概念。在理解这一共同犯罪概念的时候，涉及刑法中的共犯理论。以下，从 3 个方面对共同犯罪加以分析。

（一）行为共同与犯罪共同

共同犯罪是相对于单独犯罪而言的，因此，犯罪的共同性是共同犯罪的首要特征。这里的共同犯罪，当然是指二人以上的犯罪。但是，犯罪的共同性并非简单地指犯罪主体在二人以上，而且涉及共同性的性质。

关于犯罪的共同性，在刑法理论上存在犯罪共同说与行为共同说之争。犯罪共同说认为，犯罪的本质是侵害法益，共同犯罪是二人以上共同对同一法益实施犯罪的侵害，因此共同犯罪的共同性是犯罪的共同性。共同犯罪关系是二人以上共犯一罪的关系。是否构成共同犯罪，应以客观的犯罪事实为考察基础：在客观上预先确定构成要件上的特定犯罪，由行为人单独完成该犯罪事实的，是单独正犯；由数人协力加功完成该犯罪事实的，是共同犯罪。行为共同说认为，二人以上通过共同行为以实现各自企图的犯罪，就是共同犯罪。共同犯罪的行为不能与法律规定的构成要件混为一谈，二人以上的行为人是否构成共同犯罪，应以自然行为本身是否共同而论。行为共同说从主观主义的立场出发，认为犯罪是行为人恶性的表现，所以不仅数人共犯一罪为共同犯罪，凡二人以上有共同行为而实施其犯罪的，皆系共同犯罪。行为共同说认为：共同犯罪关系是共同表现恶性的关系，而不是数人共犯一罪的关系，所以，共同犯罪不仅限于一个犯罪事实，凡在共同行为人之共同目的范围内的均可成立。因此，不同的构成要件之间，亦可成立共同犯罪。

上述犯罪共同说与行为共同说之争，关系到犯罪与行为的界定。基于"无行为则无犯罪"的命题，行为与犯罪是不存在对立关系的。然而，犯罪共同说之所谓犯罪，是规范意义上的犯罪，指充足犯罪构成要件的行为；而行为共同说之所谓行为，是事实意义上的行为，是一种"裸"的行为。在这个意义上说，犯罪共同说与行为共同说之间的区分是十分明显的：犯罪共同说从犯罪的共同性出发，以数人的行为构成犯罪作为共同犯罪成立的前提。而且，这里的"犯罪"还必须是同一构成的犯罪，在不同构成之间无所谓共同犯罪。而行为共同说从行为的共同性出发，以具有数人的共同行为作为共同犯罪成立的基础。至于数人的行为是否构成犯罪以及是否构成同一犯罪，则在所不问。因此，行为共同说确定的共同犯罪范围大于犯罪共同说确定的范围。我认为，共同犯罪之共同性，是法律规定的构成要件之共同而非事实上行为之共同。在这个意义上，犯罪共同说具有其合理性。因此，在二人以上共同实施犯罪行为的情况下，如果其中一人因不具有刑事责任能力而不构成犯罪，另外一人单独构成犯罪，则不成立共同犯罪。同理，二人基于不同的犯意而共同实施犯罪，分别构成不同的犯罪，两者之间也不成立共同犯罪。当然，如果两个犯罪之间存在竞合关系（法条竞合和想象竞合）的，在竞合范围内成立共同犯罪，尽管两者之间最终成立不同罪名。例如，甲以勒索财物为目的，乙以索要债务为目的，共同扣押丙。甲成立绑架罪，乙成立非法拘禁罪，但在非法拘禁罪的范围内，甲、乙二人成立共同犯罪。此外，二人基于相同的犯意共同实施犯罪，其中一人在实行中超出犯意构成其他犯罪，在相同犯意内可以成立共同犯罪。例如，甲、乙二人共谋伤害丙，乙在伤害过程中临时起意杀害丙，乙应定故意杀人罪。但甲、乙二人在故意伤害罪中成立共同犯罪，只不过甲一人定故意伤害罪而已。上述情况，在刑法理论上称为部分犯罪共同说。

（二）共同故意与共同过失

共同犯罪从逻辑上说，可以分为共同故意犯罪和共同过失犯罪。但大多数国家刑法都将共同犯罪界定为共同故意犯罪，我国刑法亦如此，我国《刑法》第25条第2款规定："二人以上共同过失犯罪，不以共同犯罪论处；应当负刑事责任的，按照他们所犯的罪分别处罚。"共同过失犯罪之所以不以共同犯罪论处，是因为在共同过失犯罪的情况下，各主体之间没有犯意联系，虽然共同造成了某一犯罪结果，仍应对行为人分别定罪。这就是共同过失犯罪的分别定罪原则。根据共同过失犯罪的分别定罪原则，行为人只对本人的过失行为承担刑事责任，对他人的过失行为所造成的犯罪结果不承担刑事责任。而在共同故意犯罪的情况下，各共同犯罪人在共同犯罪故意的支配下，使各犯罪人之间的主观意志融合为一体，并将各犯罪人的行为引向共同客体，合力通谋，相互作用，共同造成犯罪结果，因而在法律上发生连带的刑事责任，应当实行共同定罪原则。根据共同故意犯罪的共同定罪原则，各共同犯罪人对共同犯罪故意内无论是本人的行为还是他人的行为造成的犯罪结果都要承担刑事责任。这就是部分行为而全体责任的原则。正因为共同过失犯罪具有犯罪的单独性，应当按照其所犯罪行分别处罚，所以不以共同犯罪论处是正确的。既然共同过失犯罪不成立共同犯罪，一方故意犯罪与一方过失犯罪，两者之间亦不成立共同犯罪。

（三）正犯与共犯

共同犯罪是二人以上共犯一罪。那么，共同犯罪之犯罪与单独犯罪之犯罪是否相同呢？这里涉及正犯与共犯的概念。单独犯罪之犯罪是刑法分则所规定的犯罪，属于刑法理论上所称之正犯。而共同犯罪之犯罪，除正犯以外，还包括共犯。这里的"共犯"包括组织犯、教唆犯与帮助犯。因此，共同犯罪不仅包括共同正犯，而且包括共犯。显然，共同犯罪之犯罪的范围大于单独犯罪之犯罪的范围。在这个意义上说，刑法总则关于共犯的规定，是刑罚扩张事由，它将本来只适用于正犯的刑法分则规定扩张适用于共犯，从而为共犯的定罪提供了法律根据。

共犯与正犯的关系是理解共犯的关键。关于这个问题，在刑法理论上存在共犯的从属性和独立性之争。共犯从属性与共犯独立性之争主要解决的是共犯的犯罪性问题，即共犯的犯罪性来自正犯还是来自本身。

共犯从属性说认为：共犯对于正犯具有从属性，共犯的成立及可罚性，以存在一定的实行行为为必要前提。因此，只有在正犯已构成犯罪并具有可罚性的情况下，共犯才从属于正犯而成立并具有可罚性。关于共犯在何种程度上从属于正犯，存在从属性程度说，通常采德国刑法学家麦耶关于从属性程度的公式。据此，从属性程度可以分为以下四种：一是最小限度从属形式，认为共犯的成立，只要正犯具备构成要件的该当性就够了，即使缺乏违法性及有责性，也无碍于共犯的成立。二是限制从属形式，认为只有正犯具备构成要件的该当性和违法性，共犯才能成立，即使正犯缺乏有责性也不受影响。三是极端从属形式，认为正犯必须具备构成要件的该当性、违法性与有责性，共犯始能成立。四是最极端从属形式，认为正犯除具备构成要件该当性、违法性与有责性外，并以正犯本身的特性为条件，正犯的刑罚加重或者减轻事由之效力亦及于共犯。共犯从属性说以正犯的行为为中心，使共犯依附于正犯而成立，这就严格地限制了共犯的构成条件，在一定程度上正确地揭示了正犯与共犯的关系。但共犯从属性说是建立在客观主义基础之上的，无视行为人的主观犯意，割裂了主观与客观的联系，简单地以行为的分工作为区分正犯与共犯的标准。从属性程度的提出，在一定程度上弥补了共犯从属性说的不足，可以认为是对共犯从属性说的一种变相修正。在前述4种从属性程度中，最极端从属形式偏重于正犯的可罚性，而将共犯本身应斟酌的情况一概抹杀，未免过当。而大多数国家都采极端从属形式或者限制从属形式。由此可见，从属性程度大有步步缩小的趋势。尽管如此，由共犯从属性说的客观主义立场所决定，其理论的内在矛盾是难以克服的，因而终究不能正确地揭示正犯与共犯的关系。

共犯独立性说认为，犯罪乃行为人恶习性的表现，共犯的教唆行为或帮助行为，系行为人表现其固有的反社会的危险性，并对结果具有原因力，即为独立实现自己的犯罪，并非从属于正犯的犯罪，应依据本人的行为而受处罚。换言之，其教唆和帮助不过是利用他人的行为，以实现自己的决意的方法而已，无异于实行行为。因此，在二人以上参与共同犯罪的场合，不应认为存在从属于他人犯罪的情形。教唆与帮助行为本身应被认为独立构成犯罪，均可独立予以处罚。共犯独立性说将共犯的可罚性建立在本人行为的基础之上，尤其是对教唆犯的主观恶性予以充分的关注，在一定程度上克服了共犯从属性说的缺陷。但共犯独立性说是建立在主观主义基础之上的，它断然否定共犯对正犯的从属性，因而无助于正确地揭示正犯与共犯的关系。至于共犯独立犯说，将共犯视同正犯，使之直接适用刑法分则条文，这就导致共犯的取消。

共犯的从属性与独立性之争的焦点问题在于：共犯与正犯在实体上是否具有同一性？一般地说，我们还是要承认共犯与正犯的区别。例如，杀人与教唆杀人或者帮助杀人，在观念上是有区别的。共犯从属性说的立论基础就是这种区别，对此应予肯定。而共犯独立性说否定正犯与共犯之间的这种区别，将正犯与共犯在实体性质上相等同，其偏颇之处显而易见。

我认为，共犯对于正犯来说具有一定的从属性，即共犯的犯罪性来自正犯。这种从属，是法律性质上的从属。尽管应当承认共犯在一定程度上的从属性，但不能由此否定共犯的相对独立性。这种独立性表明，虽然共犯行为的犯罪性来自正犯，但其评价根据仍然是共犯行为本身，换言之，共犯行为是刑法的独立评价对象。教唆行为、帮助行为经由刑法总则规定，是充足教唆犯与帮助犯的构成要件的行为，只不过它必须与一定的正犯行为相结合才能构成完整的共犯形态。在法律有特别规定的情况下，没有正犯行为，只能构成共犯的未完成形态，例如教唆未遂等。上述共犯的从属性与独立性相统一的观点，确认了共犯的二重性，更能完整地阐明正犯与共犯的关系，可采为通说。

二、共同犯罪的形式

（一）任意的共同犯罪与必要的共同犯罪

任意的共同犯罪是指刑法分则规定一个人单独实施的犯罪由二人以上共同实施所构成的共同犯罪。例如，刑法分则关于故意杀人罪的规定，一般情况下是由一人实施而构成的。在二人实施故意杀人行为构成共同犯罪的情况下，就属于任意的共同犯罪。任意的共同犯罪，在共同实施犯罪的时候，既可能是共同实行，也可能是一人实行、一人教唆、一人帮助。换言之，任意的共同犯罪包括共同正犯与共犯。任意的共同犯罪是由刑法总则加以规定的，因此称为总则性共同犯罪。

必要的共同犯罪包括刑法分则规定只能由二人以上构成的犯罪。这种犯罪不可能由一人单独构成，而是以二人以上共同实行为必要。必要的共同犯罪是由刑法分则加以规定的，因此称为分则性共同犯罪。必要的共同犯罪又可以分为以下两种：(1) 众合犯。这里的“众合犯”，又称为聚合犯或者共行犯，是指3人以上共同故意实施某一犯罪而构成的共同犯罪。例如我国刑法中的聚众持械劫狱罪，是指聚集3人以上，有组织、有计划地持械劫夺依法关押的在押人员。刑法分则对首要分子和积极参加者，已经明文规定了法定刑。(2) 对合犯。这里的“对合犯”，又称为对行犯，是指互为行为客体而构成的共同犯罪。例如我国刑法中的非法买卖枪支罪，这里的“非法买卖”，是指违反法律规定私自购买或者出售，因而购买者与出售者构成同一之罪，适用相同的法定刑。由于刑法分则已经对必要的共同犯罪作了明文规定，对其可径直根据刑法分则定罪处罚，而不必援引刑法总则关于共同犯罪的规定。

（二）简单的共同犯罪与复杂的共同犯罪

简单的共同犯罪是指在各共同犯罪人之间没有行为上的分工，即各共同犯罪人都共同直接地实行了某一具体的犯罪构成要件行为而构成的共同犯罪。由于简单的共同犯罪各共同犯罪人的行为都是实行行为，因而如此构成的共同犯罪，也称为共同正犯。

复杂的共同犯罪是指各共同犯罪人在共同犯罪中有不同的分工，即各共同犯罪人分别实行、组织、教唆和帮助而构成的共同犯罪。在复杂的共同犯罪中，存在正犯与共犯之分。正犯与共犯在共同犯罪中所处的地位和所起的作用不同。对此，刑法总则专门规定了对主犯、从犯和胁从犯的处罚原则。

（三）一般的共同犯罪和特殊的共同犯罪

一般的共同犯罪是指在共同犯罪的结合程度上比较松散，没有一定的组织形式的共同犯罪。一般的共同犯罪由于在各共同犯罪人之间没有组织，只是为实施某一犯罪而临时纠合在一起，因而是一种犯罪性质较轻的共同犯罪。

特殊的共同犯罪是指各共同犯罪人之间存在组织形式的共同犯罪。这种共同犯罪就是集团犯罪，它是通过建立犯罪集团有组织地进行犯罪。特殊的共同犯罪具有一定的组织形式，在犯罪集团内部存在较为严密的组织结构，具有犯罪计划，甚至以犯罪为常业，因而是一种性质较重的共同犯罪。我国《刑法》第26条第2款规定：“三人以上为共同实施犯罪而组成的较为固定的犯罪组织，是犯罪集团。”由此可见，犯罪集团具有以下特征：(1) 犯罪主体的众多性。一般的共同犯罪由2人以上即可构成，而犯罪集团则由3人以上才能成立。(2) 犯罪活动的目的性。犯罪集团是为实施犯罪活动而建立起来的，同时也只有实施了犯罪活动以后，才能认定其为犯罪集团。(3) 犯罪结合的固定性。犯罪集团的建立是为了在较长时间内多次实施犯罪，而不是为了实施一次犯罪而临时纠合的，因此，犯罪集团的基本成员是固定的，尤其是存在较为明显的首要分子。(4) 犯罪形式的组织性。犯罪集团是一种犯罪组织，因而集团犯罪形式具有组织性的特点，这种组织性表现为在犯罪集团首要分子的领导下，有预谋、有计划地实施犯罪活动。

三、共同犯罪的定罪

共同犯罪是客观上的共同犯罪行为与主观上的共同犯罪故意的统一，也就是罪体与罪责的统一。共同犯罪行为是共同犯罪定罪的客观根据，共同犯罪故意是共同犯罪定罪的主观根据。

（一）共同犯罪的罪体

共同犯罪行为是指二人以上在共同犯罪故意的支配下，共同实施的具有内在联系的犯罪行为。共同犯罪行为是共同犯罪构成的罪体要素，是共同犯罪人承担刑事责任的客观基础。

共同犯罪行为不是单独犯罪行为的简单相加，而是二人以上的犯罪行为在共同犯罪故意基础上的有机结合。只有充分地认识了二人以上的犯罪行为之间的客观联结，才能科学地揭示共同犯罪行为的内部结构。什么是共同犯罪行为的客观联结？我认为，所谓共同犯罪行为的客观联结并不是泛泛地指一切共同犯罪行为之间的联系，而是指某些特定的共同犯罪行为之间的联系。共同犯罪行为可以分为正犯行为和共犯行为。正犯行为是一种实行行为，这种正犯行为是由刑法分则明文规定的，其犯罪性是显而易见的。共犯行为是一种非实行行为，这种共犯行为只有与一定的正犯行为有机地结合起来，才能表明其犯罪性，成为共同犯罪行为。那么，这些行为与实行行为是如何结合的呢？这就是我们所要研究的问题。共同犯罪行为的客观联结是指共犯行为与正犯行为之间的联系方式。具体地说，是指组织行为与正犯行为、教唆行为与正犯行为以及帮助行为与正犯行为的客观联结。根据上述共同犯罪行为的客观联结的界说，我认为共犯行为与正犯行为之间具有以下三种关系：(1) 组织行为与正犯行为之间具有制约关系。组织行为是指组织犯的组织、策划、指挥行为，而组织行为与正犯行为之间的制约关系，就是指组织犯通过对犯罪集团的组织、策划、指挥，对犯罪集团的成员起着支配和控制作用。组织行为与正犯行为的这种制约关系，揭示了组织犯在共同犯罪中所起的主要作用以及组织行为与犯罪结果之间的关系。组织犯虽然可能没有直接实行犯罪，但是，正犯的实行行为是在其组织、策划、指挥下实施的，实行犯罪的方法、工具和侵害对象都受组织犯的制约。因此，组织犯应对在其制约下的正犯行为所造成的一切犯罪结果承担刑事责任。(2) 教唆行为与正犯行为之间具有诱发关系。所谓诱发关系，是指产生与被产生的关系。教唆行为是唆使他人实行犯罪的行为，以制造犯意为其特征，没有教唆犯的唆使，被教唆的人就不会产生犯意，从而实施某种犯罪行为。被教唆的人的正犯行为是教唆行为的结果，教唆行为对正犯行为具有起始作用，因此，教唆行为与正犯行为之间存在诱发关系。教唆行为与正犯行为之间的这种诱发关系，揭示了教唆行为的社会危害性在于通过实行行为以达到其犯罪目的，其教唆行为与被教唆的人所造成的犯罪结果之间具有因果关系。(3) 帮助行为与正犯行为之间具有协同关系。帮助行为是在实行犯决意实施犯罪行为以后，从精神上或者物质上帮助正犯的行为。因此，帮助行为和正犯行为的关系不同于组织行为，不具有对正犯行为的制约性，因为正犯的犯罪行为是在本人的意志支配下实施的，不受帮助犯的调配和指挥。帮助行为和正犯行为的关系也不同于教唆行为和正犯行为的关系，对正犯行为没有原因力，因为正犯的犯意是自己萌发的，并不是在帮助犯的作用下产生的。帮助行为对于实行行为来说，只是具有一种协同作用。帮助犯通过本人的帮助行为，使实行行为易于完成。这就表明帮助犯在共同犯罪中不起主要作用，只起辅助作用。以上共犯行为与正犯行为之间的 3 种关系，对于我们理解共同犯罪行为十分重要。它清楚地告诉我们，组织行为、教唆行为与帮助行为这些不是刑法分则所规定的犯罪构成要件的行为为什么具有社会危害性并且具有犯罪性，这也正是这些共犯行为能够依法修正成为构成要件的行为并且应受刑罚惩罚的客观基础。

在对共同犯罪行为的一般特征及正犯行为与共犯行为之间关系的正确揭示的基础上，以下对各种共同犯罪行为进行具体论述。

1. 正犯行为

正犯行为是刑法分则规定的具体犯罪构成要件的行为。正犯行为在共同犯罪中起着决定性的作用，共犯的犯罪意图都是通过实行行为来实现的。因此，正犯行为不仅决定了共同犯罪的社会危害性程度，而且在一定程度上决定了共犯的刑事责任。所以可以说，没有正犯行为就没有共同犯罪行为。由于正犯行为在刑法分则条文中都有明确规定，在此不加赘述。

2. 组织行为

组织行为是指组织犯在犯罪集团中的组织、策划、指挥行为。一般说，组织行为具有不同于正犯行为的特点，它不是由刑法分则加以规定的，而是由刑法总则规定的。如果某种组织行为已由刑法分则作了规定，那就不仅是组织犯的组织行为，而是其本身就是正犯行为。刑法分则中规定的组织行为，具有以下两种情形：(1) 犯罪的组织行为被规定为正犯行为。在刑法分则中，某些犯罪的组织行为被作为正犯行为加以规定，不再按照共同犯罪处理，而是成为一个独立的罪名。在刑法分则中，这种犯罪的组织行为被规定为正犯行为而成为一个独立的罪名又有两种情形：一是犯罪集团的组织行为被规定为一个独立罪名。例如，《刑法》第 294 条规定的组织、领导、参加黑社会性质组织罪中，包含组织行为。这种组织行为本来是黑社会性质的组织所实施的犯罪的共犯行为，但《刑法》直接把这种组织行为规定为犯罪，并规定“犯前三款罪又有其他犯罪行为的，依照数罪并罚的规定处罚”。二是一般犯罪的组织行为被规定为一个独立罪名。例如，《刑法》第 318 条规定的组织他人偷越国（边）境罪中包含组织行为，该组织行为本来是偷越国（边）境罪的共犯行为，但《刑法》直接把这种组织行为规定为一种与偷越国（边）境罪相对应的犯罪。(2) 非犯罪的组织行为被规定为正犯行为。在刑法分则中，某些被组织的行为不是犯罪，但这种组织行为具有较大的社会危害性，因而规定为犯罪。例如，《刑法》第 358 条规定的组织卖淫罪中包含组织行为，这是一种以组织为特征的犯罪实行行为，被组织的行为不是犯罪，因而区别于犯罪的组织行为。除了上述情形以外，在聚众犯罪中也存在组织行为：根据我国《刑法》第 97 条的规定，在聚众犯罪中存在着首要分子，这些首要分子在聚众犯罪中起组织、策划、指挥作用。但由于我国刑法分则对聚众犯罪都有明文规定，因而聚众犯罪中首要分子的组织、策划、指挥行为也不是非实行行为的组织行为，而是属于正犯行为。由此可见，只有在集团犯罪中起组织、指挥、策划作用的行为，才是组织行为。组织行为在集团犯罪活动中，处于十分重要的地位：正是首要分子的组织行为，才使犯罪集团中各成员的行为协调一致，从而使犯罪目的更加容易得逞。因此，组织行为是共同犯罪行为中法益侵害程度最为严重的行为之一。

3. 教唆行为

教唆行为是指引起他人实行犯罪意图的行为，是教唆犯承担刑事责任的客观基础。在司法实践中，教唆方法主要有以下这些：(1) 劝说方法，即利用言语对他人进行开导、说服，使之接受教唆的犯罪意图。(2) 请求方法，即说明理由，要求他人接受其犯罪意图。(3) 挑拨方法，即通过搬弄是非的方法挑逗起他人的犯罪意图。(4) 刺激方法，即采取激将的方法使他人产生犯罪意图。尤其是有些人性情急躁，犯罪分子往往利用其性格上的弱点，采取激将法，使这些人走上犯罪道路。(5) 利诱方法，即通过利益引诱的手段，使他人产生犯罪意图。(6) 怂恿方法，即鼓励、煽动他人去实行犯罪。必须指出，怂恿和纵容是根本不同的，纵容是对他人的犯罪行为不加制止而任其发展，它对犯罪所持的是一种消极态度。如果对制止犯罪具有特定义务，行为人能制止而不加制止，纵容其发展，那么就构成不作为犯罪。更为重要的是，在纵容的情况下，他人的犯罪意图是自发地产生的，而不是行为人唆使的结果。因此，即使纵容者的行为构成犯罪，他与被纵容者之间也不存在共同犯罪关系。而在怂恿的情况下，行为人是以积极的行为去鼓动他人犯罪，这是一种作为，他与被教唆者之间存在共同犯罪关系。(7) 嘱托方法，即嘱咐、托付他人去实行犯罪，这种情况一般发生在尊亲属与卑亲属之间。(8) 胁迫方法，即使用暴力或者其他手段进行威逼，迫使他人接受犯罪意图。教唆犯使用胁迫的方法教唆他人犯罪具有以下三种情况：一是以言词强迫犯罪，即犯罪分子借助自己的地位、权力、凶器及过去行为的威慑性，以书面、口头或他人转达的方法，恐吓他人，迫使其实施某一犯罪行为。二是以直接的人身侵害行为和财产侵害行为强迫犯罪。这种方式必须以实施暴力侵害为前提（一般是轻伤他人）。三是借助特殊的条件强迫犯罪。有些自然的环境，或者特殊的地点、场合，一旦犯罪分子利用了这些条件的因素，向他人施加压力，就能使他人被迫接受犯罪的意图。当然，如果这种胁迫超过一定的限度，胁迫者就不是教唆犯，而是成为间接正犯。胁迫方法是一种使他人在意志受到一定程度的压抑和束缚的情况下不得不接受犯罪意图的教唆行为。在这种情况下，被胁迫者虽不愿意（不愿意的程度以胁迫程度为转移）实施犯罪，但慑于胁迫者的淫威，或者为了苟全本人的生命、健康和财物，消极地实行了犯罪。在这种情况下，被胁迫者由于没有完全丧失意志自由，因而应负刑事责任，所以，胁迫者和被胁迫者形成共同犯罪关系，胁迫者是教唆犯，其所采取的教唆方法是胁迫。(9) 诱骗方法，即利用他人不了解实际情况，通过花言巧语的欺骗和诱惑，致使他人误信谎言，受了蒙蔽而参加犯罪活动。(10) 授意方法，即将犯罪意图传授给他人，并为他人实行犯罪出谋划策。这种情况往往发生在共谋犯罪之中。以上我对教唆行为的 10 种方法进行了一些阐述。应该指出，教唆行为除上述 10 种方法以外，还有其他方法，我们在这里讨论的是一些在司法实践中常见的教唆方法。并且，这些教唆方法之间往往有着密切的联系，没有截然可分的界限。例如，挑拨方法和刺激方法，都是采取挑逗的形式，两者只存在程度上的差别。况且，教唆犯在实施教唆行为的时候，往往是为了使他人接受犯罪意图而不择手段、想方设法，同时并用各种教唆方法，一种方法不能奏效就采用其他方法。在此之所以对 10 种教唆方法分而论之，是为了使我们对教唆行为有一个更为明确、直观的认识，绝不意味着在一个教唆犯罪的案件中只能采取其中一种教唆方法。

教唆行为具有不同于正犯行为的特点，它不是由刑法分则加以规定的，而是由刑法总则规定的。如果某种教唆行为，已由刑法分则作了规定，那就不再是教唆犯的教唆行为，而是其本身就是正犯行为。刑法分则中规定的教唆行为，具有以下两种情形：(1) 犯罪的教唆行为被规定为正犯行为。在刑法分则中，某些犯罪的教唆行为被作为实行行为加以规定，不再按照共同犯罪处理，而是成为一个独立的罪名。例如，《刑法》第 373 条规定的煽动军人逃离部队罪，军人逃离部队是我国《刑法》规定的一种犯罪行为，煽动军人逃离部队，就是教唆军人逃离部队。但刑法不是把这种教唆行为当作军人逃离部队罪的共犯处理，而是规定为一个独立的罪名。(2) 非犯罪的教唆行为被规定为正犯行为。在刑法分则中，某些教唆的行为不是犯罪，但由于这种教唆行为具有较大的法益侵害性，因而规定为犯罪。例如，《刑法》第 353 条规定的教唆他人吸毒罪：在我国刑法中，吸食、注射毒品行为本身未被规定为犯罪，但其教唆行为被作为犯罪加以规定。

4. 帮助行为

帮助行为是指在共同犯罪中起辅助作用的犯罪行为。所谓辅助，一般是相对于正犯行为而言的，是为正犯顺利地实行犯罪创造条件的行为。在司法实践中，帮助行为的表现方式也是各种各样的，但在刑法理论上可以将其归纳为以下几种形式：(1) 从帮助行为的性质来分，可以分为狭义的帮助行为与隐匿行为。狭义的帮助行为是指利用提供犯罪工具、指示犯罪目标或清除犯罪障碍等方法帮助他人实行犯罪。这些帮助行为是在犯罪完成以前实施的，是对实行犯罪的帮助，因此称为狭义的帮助行为。例如，甲要去杀乙，但得知乙家有一条狗很厉害，生人不能接近。因丙与乙家的狗比较熟悉，甲就去找丙，让丙帮助把乙家的狗毒死。丙答应了甲的要求，去把乙家的狗毒死，使甲顺利地将乙杀死。在本案中，丙的行为是为甲实施杀人行为排除障碍。隐匿行为是指事先通谋，事后隐匿罪犯、罪证或者湮灭罪证的行为。这些行为主要表现在事后为实行犯隐匿罪证等。这时犯罪结果已经发生，不能说是对实行犯罪的帮助，因此，从严格意义上来说，不属于帮助行为。但因为行为人事先与正犯通谋，答应犯罪以后为其提供各种条件逃避法律制裁，这就对正犯起到了坚定犯罪决意的作用，所以，从广义上来说，事先通谋的隐匿行为属于帮助行为。(2) 从帮助行为的方式来分，可以分为物质性的帮助行为与精神性的帮助行为。物质性的帮助行为是指物质上与体力上的帮助，这种帮助是有形的，因此又可以称为有形的帮助，由此构成的共同犯罪，在刑法理论上称为有形共犯。物质性的帮助在司法实践中常见的是提供犯罪工具。例如，甲、乙都与丙有仇，甲意图杀丙，但苦于找不到合适的凶器，想到乙也恨丙，就找乙帮忙，乙就拿出自己私藏的一把匕首供甲使用，甲利用乙提供的这把匕首将丙杀死。在本案中，乙对甲的犯罪进行了物质性的帮助。精神性的帮助行为是指精神上与心理上的帮助，这种帮助是无形的，因此又可以称为无形的帮助，由此构成的共同犯罪，在刑法理论上称为无形共犯。精神性的帮助在司法实践中常见的是为实行犯出主意、想办法、撑腰打气、站脚助威等。例如，甲、乙共谋杀丙，在甲提出杀人的主张以后，乙十分赞同，并为甲杀丙提建议，甲依计而行，终于将丙杀死。在本案中，杀人是甲提出的，人也是甲杀的，甲是实行犯，应负主要责任。但甲提出杀人之初，还只是有一个简单的犯意，是乙提供的精神帮助，一方面坚定了甲杀人的决意，另一方面使杀人的犯意具体化、明确化，乙的精神帮助是完成犯罪的必不可少的条件之一。因此，我们对精神性的帮助行为应予以高度重视。(3）从帮助行为的时间来分，可以分为事前帮助行为、事中帮助行为与事后帮助行为。事前帮助行为主要是指事前为实行犯实施犯罪创造便利条件的行为。例如，甲为乙盗窃丙家去察看犯罪地点、指点犯罪活动路线等，就属于事前帮助行为，由此构成的共同犯罪，在刑法理论上称为事前共犯。事中帮助行为主要是指在实施犯罪活动的过程中进行帮助。在大多数情况下，如果亲临犯罪现场进行帮助，就属于正犯。但在某些情况下则存在事中帮助。例如，甲把一少女骗到家中欲行强奸，其妻子乙见后不但不加制止，反而按住少女的身体，使甲的强奸得以顺利进行。在本案中，乙就实施了事中帮助行为，由此构成的共同犯罪，在刑法理论上称为事中共犯。事后帮助行为主要是事后的隐匿行为，但它以事前通谋为前提，否则就不构成帮助犯。例如，甲在乙盗窃前答应为其销赃，乙盗窃后将赃物交由甲出售，然后共同挥霍。在本案中，甲实施了事后帮助行为，由此构成的共同犯罪，在刑法理论上称为事后共犯。

帮助行为具有不同于实行行为的特点，它不是由刑法分则加以规定的，而是由刑法总则规定的。如果某种帮助行为已由刑法分则作了规定，那就不仅是帮助犯的帮助行为，而是其本身就是实行行为。刑法分则中规定的帮助行为，具有以下两种情形：(1）犯罪的帮助行为被规定为正犯行为。在刑法分则中，某些犯罪的帮助行为被作为正犯行为加以规定，不再按照共同犯罪处理，而是成为一个独立的罪名。例如，《刑法》第 358 条第 4 款规定的协助组织卖淫罪，这里的“协助”行为是组织他人卖淫罪的帮助行为，本来应以组织他人卖淫罪共犯论处，但刑法分则将其规定为一个独立的犯罪。(2）非犯罪的帮助行为被规定为正犯行为。在刑法分则中，某些被帮助的行为不是犯罪，但这种帮助行为具有较大的法益侵害性，因而被规定为犯罪。例如，《刑法》第 307 条第 2 款规定的帮助毁灭、伪造证据罪，这里的“帮助当事人毁灭、伪造证据”是指与当事人共谋，或者受当事人指使为当事人毁灭证据、伪造证据提供帮助的行为，如为贪污犯罪的嫌疑人伪造单据或销毁单据等。在此，当事人本身毁灭、伪造证据是一种不可罚之事后行为，但帮助当事人毁灭、伪造证据的，则作为一种犯罪行为加以规定。

（二）共同犯罪的罪责

共同犯罪故意是二人以上在对共同犯罪行为具有同一认识的基础上，对其所会造成的危害社会的结果的希望或者放任的心理状态。共同犯罪故意是共同犯罪构成的罪责要素，是共同犯罪人承担刑事责任的主观基础。

共同犯罪故意是犯罪故意的一种特殊形态，具备犯罪故意的共性，例如故意的认识因素与意志因素。但共同犯罪故意又具有不同于单独犯罪故意的特点，揭示共同犯罪故意的基本特征对于认定共同犯罪具有重要意义。共同犯罪故意的认识因素是指共同犯罪人对本人行为性质的认识以及对他人行为性质的认识，这就是共同犯罪故意的双重认识。显然，共同犯罪故意的认识因素不同于单独犯罪故意的认识因素：在单独犯罪的情况下，犯罪故意的认识因素是单纯的对本人行为性质的认识，即明知自己的行为会发生危害社会的结果。而在共同犯罪的情况下，犯罪故意的认识因素是双重的，即对本人行为性质的认识与对他人行为性质的认识的有机统一。共同犯罪故意的意志因素是指共同犯罪人在认识本人的行为和他人的行为的基础上，对于本人的行为和他人的行为会造成的危害社会的结果的希望或者放任的心理态度，这就是共同故意的双重意志。显然，共同犯罪故意的意志因素不同于单独犯罪故意的意志因素：在单独犯罪的情况下，犯罪故意的意志因素是单纯的对本人的行为会造成的危害社会的结果的希望或者放任的心理态度。在共同犯罪的情况下，犯罪故意的意志因素则是双重的，即对本人的行为会造成的危害社会结果的希望或者放任的心理态度与对他人的行为会造成的危害社会结果的希望或者放任的心理态度的有机统一。例如，教唆犯的意志因素，一方面是对本人的教唆行为会造成他人实施犯罪的希望或者放任的心理态度，另一方面是对被教唆的人的行为会造成危害社会的结果的希望或者放任的心理态度。在这里，教唆犯所具有的就是双重意志。

在对共同犯罪故意的一般特征及正犯故意与共犯故意之间关系的揭示的基础上，在此对各种共同犯罪故意进行具体论述。

1. 正犯故意

正犯故意是指共同犯罪中的正犯明知自己是在和他人共同进行犯罪活动，明知自己的行为和他人的行为会造成危害社会的结果，希望或者放任这种结果发生的主观心理状态。共同犯罪中的正犯故意和单独犯罪的犯罪故意是有所不同的：在单独犯罪的情况下，行为人在客观上所实施的是刑法分则所规定的犯罪构成要件行为。因此，其主观上所具有的也是一种实行故意。但由于单独犯罪是独自一人实行犯罪行为，主观上不存在与其他犯罪人的心理联系，因而故意的内容是单一的。而在共同犯罪的情况下，正犯故意的内容除对自己的行为会造成危害社会的结果持希望或者放任的态度外，还包括与其他共同犯罪人的主观联系。又如，甲、乙、丙 3 人共同杀丁，3 个人互相配合、协调动作，将丁杀死，这是共同实行犯。在这种情况下，甲、乙、丙 3 人主观上都具有实行故意，并且每个人都知道自己不是一个人单独实行犯罪，而是和他人共同实行犯罪。正因为行为人主观上具有这种犯罪联系，才使各正犯的行为联结成为一个整体，在法律责任上发生合一的共犯关系。

2. 组织故意

组织故意是指明知自己的行为是组织、策划、指挥犯罪集团进行共同犯罪活动，并且明知组织行为会造成危害社会的结果而希望或者放任这种结果发生的心理状态。

3. 教唆故意

教唆故意是指唆使他人犯罪的故意。教唆的故意，具有双重的心理状态：在认识因素中，教唆犯不仅认识到自己的教唆行为会使被教唆的人产生犯罪的意图并去实施犯罪行为，而且认识到被教唆的人的犯罪行为将会造成危害社会的结果。在意志因素中，教唆犯不仅希望或者放任其教唆行为引起被教唆的人的犯罪意图和犯罪行为，而且希望或者放任被教唆的人的犯罪行为发生某种危害社会的结果。教唆故意是教唆犯的主观恶性的直接体现，也是教唆犯承担刑事责任的主观基础。

4. 帮助故意

帮助故意是指明知自己是在帮助他人实行犯罪，希望或者放任其帮助行为为他人实行犯罪创造便利条件，并希望或者放任实行行为造成一定的危害社会的结果。由此可见，帮助犯具有双重的心理状态。帮助犯在认识因素中具有双重的认识：一方面，必须认识到实行犯所实行的是犯罪行为和这种犯罪行为将要造成一定的危害结果；另一方面，必须认识到自己所实行的是帮助他人实施犯罪的行为，即以自己的帮助行为，为实行犯实施和完成犯罪创造便利条件。帮助犯在意志因素中具有双重的意志：一方面，希望或者放任自己的行为能为他人实行犯罪提供便利；另一方面，希望或者放任通过自己的帮助，使实行犯能够造成一定的危害结果。帮助故意是帮助犯的主观恶性的直接体现，也是帮助犯承担刑事责任的主观基础。在帮助故意中，明知他人将要实施犯罪是认识因素的重要内容，只有明知他人将要实施的犯罪行为，才能意识到自己所要实施的是帮助他人犯罪的行为。如果行为人在不明真相的情况下，无意中帮助了他人的犯罪行为，就不能认为其具有帮助故意。例如，甲为杀乙向丙借一把刀，而丙并不知道甲将此刀用于杀乙，丙就不能构成帮助犯；反之，如果丙明知甲借刀是要去杀乙，那么，丙就具有帮助故意，应以共同犯罪论处。所以，这里的关键问题在于丙是否知道甲借刀是为了去杀乙。虽然行为人明知他人将要实施的是犯罪行为，但明知不等于确知，对于他人具体所犯之罪以及犯罪的时间、地点等内容并不要求确切了解。也就是说，帮助犯明知他人欲行犯罪，而积极予以帮助，无论他人所犯何罪，行为人均应构成帮助犯，并以其所帮助之罪论处。

四、共同犯罪的处罚

（一）共同犯罪人的分类

共同犯罪人的分类是指依照一定的标准，对共同犯罪人进行适当的分类，以便确定各个共同犯罪人的刑事责任。根据我国《刑法》的规定，共同犯罪是指二人以上共同故意犯罪。而各个共同犯罪人在共同犯罪中的地位、作用和分工是有所不同的。为了规定各个共同犯罪人的刑事责任，必须依据一定的标准，对共同犯罪人进行科学的分类，在此基础上确定共同犯罪人的处罚原则。因此，共同犯罪人的分类是共同犯罪处罚的前提。

关于共同犯罪人的分类，古今中外存在不同的立法例。对这些立法例的比较研究，可以为我们理解我国刑法中的共同犯罪人的分类提供历史背景与理论基础。

1. 分工分类法

分工分类法是指以犯罪分子在共同犯罪中的分工为标准对共同犯罪人分类的立法例。世界上大多数国家对共同犯罪人的分类，都是分工分类法。这种分类法始于 1810 年《法国刑法典》。《法国刑法典》把共同犯罪人分为正犯与从犯两类，从犯又包括教唆犯与帮助犯，并对从犯处以与正犯相同之刑。这种分类虽然过于简单化，而且对正犯与从犯采取所谓责任平等主义，使这种共同犯罪人的分类的意义大为逊色，但它毕竟开启了以共同犯罪的分工作为共同犯罪人分类标准的先河，具有一定的历史意义。1871 年《德国刑法典》在继承《法国刑法典》关于共同犯罪人分类的立法例的基础上，又有所发展和完善。1871 年《德国刑法典》仍然坚持以犯罪分子在共同犯罪中的分工作为共同犯罪人的分类标准，并把共同犯罪人分为以下三类：一是正犯，二是教唆犯，三是从犯。这就是所谓三分法。1871 年《德国刑法典》不仅在共同犯罪人的分类上实行三分法，较之《法国刑法典》的二分法有所进步，而且对共同犯罪人实行区别对待，对从犯的处罚采得减主义，较之《法国刑法典》的平等主义有所前进。由于 1871 年《德国刑法典》具有如上的优点，其共同犯罪人的三分法至今为大多数国家刑法所沿用。苏联、东欧国家刑法关于共同犯罪人的分类，基本上是以《德国刑法典》为蓝本的，例如 1919 年《苏俄刑法指导原则》将共同犯罪人分为三类：一是实行犯，二是教唆犯，三是帮助犯。1922 年《苏俄刑法典》仍对共同犯罪人实行三分法。但 1952 年《阿尔巴尼亚刑法典》在上述实行犯、教唆犯、帮助犯的基础上，明确地增加了组织犯这一类。1958 年《苏联和各加盟共和国刑事立法纲要》也增加了组织犯，这就形成了共同犯罪人分类的四分法，即实行犯、组织犯、教唆犯和帮助犯。1960 年《苏俄刑法典》和其他各加盟共和国刑法典都接受了这种分类。现行《俄罗斯联邦刑法典》第33条第1款规定，俄罗斯刑法中的共同犯罪人除实行犯外，还有组织犯、教唆犯和帮助犯。

2. 作用分类法

作用分类法是指以犯罪分子在共同犯罪中的作用为标准对共同犯罪人分类的立法例。中国古代刑法向来把共同犯罪人分为首犯与从犯两类。这种以犯罪分子在共同犯罪中的作用为标准对共同犯罪人的分类法发轫于《唐律》,《唐律》确立了首犯与从犯的二分法以后，明、清各代的律例相沿不改。由于我国封建刑法强调主观犯意在共同犯罪中的意义，因而规定造意为首，也就是说，在共同犯罪中的作用问题上，更注重犯意发起。

在刑法理论上，一般把分工分类法与作用分类法相提并论。但在对这两种立法例进行比较以前，我们不能忽视一个重要的前提，这就是两种立法例是建立在两种截然不同的共同犯罪观念的基础之上的。大陆法系各国刑法中的共同犯罪，从广义上来说，包括共同正犯与共犯两类。共同正犯在刑法分则中有明文规定，大陆法系国家刑法关于共同犯罪的立法的重点就不能不放在共犯的定罪上。也就是说，刑法总则关于共同犯罪的规定，主要是为了解决共犯的定罪问题。而我国封建刑法中的共同犯罪，实际上只是指共同正犯。因为共同正犯的各种犯罪已在各篇明文加以规定，而教唆犯划入教令犯；对某些严重犯罪的帮助犯也在各篇加以规定。这样，大陆法系刑法的教唆犯和帮助犯这两个范畴，在我国封建刑法中，都已经通过立法而转化为正犯。所以，在我国封建刑法中不存在共同犯罪的定罪问题，这个问题已经因各篇的具体规定得以解决。正因为如此，我国封建刑法对共同犯罪的一般规定，采作用分类法是合乎逻辑的。由上分析可知，我国封建刑法对共同犯罪人的作用分类法，重点是要解决共同犯罪的量刑问题，这无疑是正确的。

分工分类法，是以直观的共同犯罪人的分工作为分类标准的。就此而言，分工分类法似乎是一种形式分类法。然而，这种分类法却涉及一个实质问题——共同犯罪的定罪问题。刑法分则规定的是犯罪的实行行为，实施这种行为的人是正犯，对正犯可以直接按刑法分则处罚。而对于教唆行为与帮助行为刑法分则没有规定，是由刑法总则加以规定，使犯罪构成得以补充而具备。分工分类法重点是解决共犯的定罪问题，但同时也解决了共犯的量刑问题。例如，1871年《德国刑法典》规定教唆犯之刑依被教唆的人之刑而决定。1907年颁布、1908年实施的《日本刑法》规定教唆犯按照关于正犯的规定处断。这就是说，教唆犯之刑参照正犯决定，而正犯之刑在刑法分则中都有明文规定。由此解决了教唆犯的量刑问题。又如，1871年《德国刑法典》规定从犯采得减主义，由此解决了从犯的量刑问题。一般说来，分工分类法对从犯的定罪量刑问题的解决是比较圆满的，但对正犯的量刑问题则解决得不够圆满。因为在共同实行的情况下，正犯在共同犯罪中的作用是有所不同的。教唆犯在共同犯罪中的作用也存在这种差别，而刑法总则关于共同犯罪的规定却未能加以区别。这是一大缺陷。当然，1952年《阿尔巴尼亚刑法典》和1960年《苏俄刑法典》规定："法院在处刑时，应当考虑每一个共犯参加犯罪的程度和性质。"这些规定有助于解决共同犯罪的量刑问题。当然，由分工分类法的特点所决定，它不可能十分圆满地解决共同犯罪的量刑问题。

作用分类法，从严格意义上说，是指我国《唐律》创立的共同犯罪人的分类法。它虽然圆满地解决了共同正犯的量刑问题，但它是在把教唆犯与帮助犯排斥于共同犯罪的范畴之外的基础上确立的，这就使它带有不可避免的狭隘性。正因为如此，作用分类法在当代世界上通行的共同犯罪的概念即共同犯罪人不仅指正犯而且包括共犯的基础上，不可能单独地成为共同犯罪人的分类法。例如，将主犯定义为在共同犯罪中起主要作用的犯罪分子，将从犯定义为在共同犯罪中起次要作用的犯罪分子，这里的主犯与从犯只能是存在于共同正犯中的主犯与从犯，因为这里的犯罪是以刑法分则的规定为前提的，而刑法分则只有对正犯的规定。因而，作用分类法的局限性是显而易见的。

以上对分工分类法与作用分类法的优劣分别作了考察，可以看出：分工分类法虽然对共同犯罪的量刑问题的解决不够圆满，但这种缺陷可以通过其他方法，例如规定处罚共同犯罪的一般原则等，得到一定程度的弥补，因此不失为一种较为科学的共同犯罪人分类法。如果不是这样认识，就难以理解世界上绝大多数国家采分工分类法的原因之所在。作用分类法较为理想地解决了共同犯罪的量刑问题，但这只限于共同正犯的量刑，这就使这种分类法具有明显的局限性。

我国刑法对共同犯罪人的分类，是以惩办与宽大相结合的刑事政策为根据的。这一刑事政策的核心思想是对犯罪分子要区别对待，在这一刑事政策的指导下，我国刑法对共同犯罪人的分类，就不能不把重点放在区别共同犯罪人的社会危害性大小上。这样，刑法确立以作用分类为主、以分工分类为辅的共同犯罪人的分类法也就理所当然。因此，我国刑法对共同犯罪人的分类法虽然在一定程度上受历史传统的影响，但主要还是受惩办与宽大相结合的刑事政策的制约。

（二）主犯

1. 主犯的概念

我国《刑法》第 26 条第 1 款规定："组织、领导犯罪集团进行犯罪活动的或者在共同犯罪中起主要作用的，是主犯。"这就是我国刑法关于主犯的法定概念。根据这一规定，我国刑法中的主犯包括以下两种人。

（1）集团犯罪中的主犯

集团犯罪中的主犯是指在集团犯罪中起组织、策划、指挥作用的犯罪分子，也就是组织犯。组织犯的犯罪活动包括建立犯罪集团、领导犯罪集团、制订犯罪活动计划、组织实施犯罪计划、策划于幕后、指挥于现场等。这些活动说明组织犯在共同犯罪中起主要作用，因而是主犯。

（2）其他共同犯罪中的主犯

其他共同犯罪中的主犯包括聚众犯罪中的主犯和起主要作用的正犯。聚众犯罪中的主犯是指在聚众犯罪中起组织、策划、指挥作用的犯罪分子。这些犯罪人在聚众犯罪中起主要作用，因而是主犯。起主要作用的正犯既可能存在于集团犯罪中，也可能存在于聚众犯罪中，但大都存在于一般共同犯罪之中。

2. 主犯的认定

我国《刑法》分别在第 26 条与第 97 条两个条文中规定了主犯与首要分子，两者的联系极为密切。那么，如何理解主犯与首要分子的关系呢？我认为，聚众犯罪可以分为两种：第一种是属于共同犯罪的聚众犯罪，第二种是不属于共同犯罪的聚众犯罪。需要说明的是，第二种观点仅从字面上理解"聚众"是不对的，而且，即使从字面上来说，聚众的含义也不止一种，而是两种：第一种含义是聚集 3 人以上进行共同犯罪，例如聚众劫狱。在这种情况下，根据《刑法》的规定，参与者都构成犯罪，这种聚众犯罪中的首要分子当然是主犯。第二种含义是聚集 3 人以上进行犯罪，例如聚众扰乱社会秩序。在这种情况下，根据《刑法》的规定，参与者并非都构成犯罪，只有首要分子才构成犯罪。刑法对以上两种聚众及其首要分子的规定是有所不同的：规定第一种聚众犯罪的首要分子的意义在于对构成犯罪的人进行区别对待，惩办首恶，划分重罪与轻罪的界限；规定第二种聚众犯罪的首要分子的意义则在于缩小打击面，将绝大部分被裹胁而参与聚众的人排除在刑法惩办的范围以外，只对聚众者予以论罪，以便划分罪与非罪的界限。显然，上述两种聚众的含义是有本质区别的，不可一视同仁。

3. 主犯的处罚

《刑法》第 26 条第 3 款规定："对组织、领导犯罪集团的首要分子，按照集团所犯的全部罪行处罚。"第 4 款规定："对于第三款规定以外的主犯，应当按照其所参与的或者组织、指挥的全部犯罪处罚。"这就是我国对于主犯按照参与或者组织、指挥的全部犯罪处罚的原则。

（三）从犯

1. 从犯的概念

我国《刑法》第 27 条第 1 款规定："在共同犯罪中起次要或者辅助作用的，是从犯。"这就是我国刑法关于从犯的法定概念。根据我国刑法的这一规定，从犯可以分为以下两种情况。

(1) 在共同犯罪中起次要作用的犯罪分子

在共同犯罪中起次要作用的犯罪分子，就是指起次要作用的正犯。所谓起次要作用的正犯是相对于起主要作用的正犯而言的，是指虽然直接参加了实施犯罪构成客观要件的行为，但衡量其所起的作用仍属于次要的犯罪分子。在共同犯罪中起次要作用，通常是指直接参加了实施犯罪行为，但在整个犯罪活动中起次要作用。比如，在犯罪集团中，听命于首要分子，参与了某些犯罪活动；或者在一般共同犯罪中，参与实施了一部分犯罪活动。一般地说，起次要作用的正犯具体罪行危害较小、情节较轻，没有直接造成严重后果。

(2) 在共同犯罪中起辅助作用的犯罪分子

在共同犯罪中起辅助作用的犯罪分子，就是指帮助犯。所谓帮助犯是相对于正犯而言的，是指没有直接参加犯罪的实行，但为正犯的犯罪创造便利条件的犯罪分子。在共同犯罪中起辅助作用，一般是指为实施共同犯罪提供方便、创造有利条件、排除障碍等，例如，提供犯罪工具，窥探被害人行踪，指点犯罪地点和路线，提出犯罪时间和方法的建议，事前应允帮助窝藏其他共同犯罪人以及窝赃、销赃等。

2. 从犯的认定

我国刑法规定的从犯的次要作用与辅助作用虽然是从不同的角度对从犯在共同犯罪中的作用所作的分类，但两者之间有着内在的联系。也就是说，在共同犯罪中起辅助作用也就意味着在共同犯罪中起次要作用，反之则不然。由此可以得出结论，帮助犯都属于从犯。

3. 从犯的处罚

我国《刑法》第 27 条第 2 款规定："对于从犯，应当从轻、减轻处罚或者免除处罚。"刑法之所以如此规定，是因为从犯与主犯相比，无论是主观恶性还是客观危害都要小一些。

（四）胁从犯

1. 胁从犯的概念

根据我国《刑法》第 28 条的规定，被胁迫参加犯罪的人是胁从犯。胁从犯是共同犯罪人的种类之一，只存在于共同犯罪之中，它具有共同犯罪人的共性。但胁从犯又是我国刑法中共同犯罪人的独特种类，它具有不同于其他共同犯罪人的个性。在确立胁从犯的概念时，我们首先要揭示胁从犯的这种个性，以便把它和其他共同犯罪人正确地加以区别。胁从犯具有以下两个特征。

(1) 被胁迫参加犯罪

胁从犯是被胁迫参加犯罪的，这是胁从犯不同于其他共同犯罪人的特征之一，也是构成胁从犯必须具备的前提。在共同犯罪人中，主犯与从犯，虽然在共同犯罪中所起的作用有所不同。但从主观上来说，都是自觉自愿地参加犯罪的，犯意虽然是由其中的某一个人发起的，但通过互相之间的通谋，犯意互相交流，从而取得了犯罪故意的一致性。至于教唆犯，他本人虽然不参与犯罪的实行，但他是犯意的发起者。因此，这些共同犯罪人在共同犯罪中都居于主动的地位。而胁从犯则有所不同。从主观上说，胁从犯不仅本来没有犯罪意图，而且在受到胁迫的时候，他也不完全愿意犯罪，或者说，他去实施犯罪在一定程度上是违反本人意愿的，仅仅为了避免对本人的不利；胁从犯的犯罪故意是别人强加于他的，是共同犯罪中主要成员的故意的延伸或派生物。因此，胁从犯在共同犯罪中居于被动的地位，其参加犯罪具有一定的不得已性。

（2）在共同犯罪中所起的作用较小

胁从犯不仅是被胁迫参加犯罪的，而且在共同犯罪中所起的作用较小。也就是说，胁从犯在共同犯罪的活动中，处于从属的地位；其所起的作用在一般情况下，比从犯还要小，在个别情况下，也可能等于从犯。必须指出，我们说胁从犯所起的作用比较小，这是从他的行为的社会危害性程度上来说的。至于从分工上来看，胁从犯的共同犯罪行为既可能是实行行为，也可能是帮助行为。

2. 胁从犯的认定

只有同时具备胁从犯的上述两个特征，才能认定为胁从犯。如果仅具备其中的一个特征，就不得以胁从犯论处。一个犯罪分子，虽然在共同犯罪中起的作用很小，但是他不是被胁迫参加犯罪，而是自觉自愿地参加犯罪的，当然不能以胁从犯论处。对于这一点恐怕不会发生疑问。但一个犯罪分子，虽然是被胁迫参加犯罪的，但是在共同犯罪中却起主要作用。例如，甲持枪威胁乙，要乙将一座铁路大桥炸毁，乙为保住自己的性命，不顾大桥上一辆列车正在行驶，将大桥炸毁，造成火车颠覆。在本案中，乙实施犯罪系胁迫所为，但他在共同犯罪中起的作用却很大。那么，对乙能否以胁从犯论处呢？我认为，虽然被胁迫参加犯罪，但是在共同犯罪中起主要作用的，不能以胁从犯论处。因为我国刑法对共同犯罪人的分类是以犯罪分子在共同犯罪中所起的作用为主要标准的，主犯、从犯、胁从犯，其在共同犯罪中的作用呈现出一种递减的趋势。对胁从犯之所以应当减轻或者免除处罚，不仅仅在于他是被胁迫参加犯罪的，更重要的是他在共同犯罪中的作用比较小。唯有如此，才能把他纳入作用分类。如果胁从犯在共同犯罪中的作用不是较小，而是较大，甚至等同于主犯，对这样的人仍予以减轻或者免除处罚，显然有悖于我国刑法关于共同犯罪人的分类的立法精神。

那么，胁从犯之所谓被胁迫应当如何理解呢？我认为，这里的“被胁迫”是指由于各种原因而在精神上受到一定程度的威逼或者强制。在这种情况下，行为人没有完全丧失意志自由，因此仍应对其犯罪行为承担刑事责任。例如，甲要抢劫枪支弹药库，用刀逼问看守乙，乙在逼迫下说出了枪支弹药的存放地点，并用钥匙打开枪支弹药库，使甲的犯罪行为得以完成。在本案中，乙就是被胁迫参加犯罪的胁从犯。这种胁从犯是受共同犯罪中的主犯的威逼、恐吓而被迫参加犯罪活动的，主观上并非完全出于自愿。但在别人的胁迫下，他们又参加了犯罪活动，并且其行为与犯罪结果之间存在因果关系，这就使他们的行为与主犯发生了一定的联系，成为共同犯罪的参与者之一。

我国刑法理论表明，行为人的主观罪过包括认识因素和意志因素。在故意犯罪的情况下，认识因素是指行为人必须明知自己的行为会造成危害社会的结果，意志因素则是指对这种危害社会的结果抱着希望或者放任的心理态度。而在被胁迫参加犯罪的情况下，行为人虽然对犯罪结果具有认识，但其意志却受到他人的抑制，具有犯罪的不完全自愿性。

3. 胁从犯的处罚

我国《刑法》第28条规定，对胁从犯应当按照他的犯罪情节，减轻或者免除处罚。那么，如何对胁从犯进行处罚呢？我认为，被胁迫的程度与其意志自由的程度是成反比例的，当然，也与其行为的社会危害程度成反比例。被胁迫程度轻，说明他参加犯罪的自觉自愿程度大一些；相应地，其行为的社会危害性程度也要严重一些。反之，被胁迫的程度重，说明他参加犯罪的自觉自愿程度小一些；相应地，其行为的社会危害性程度也要轻一些。那么，被胁迫的程度又是由什么决定的呢？我认为是由胁迫的手段决定的。胁迫手段，可以分为三类：第一类是重度胁迫，指以杀害相威胁。这里的杀害对象既可以是被胁迫者本人，也可以是被胁迫者的亲属。在这种情况下，被胁迫者如果不参与犯罪，就会当场被杀死，有时胁迫者甚至先杀死一个人，以此来胁迫其他人参与犯罪。这种胁迫程度比较严重，如果被胁迫者违心地屈从于胁迫者的淫威而实施了犯罪，则可宽恕性大，一般可以免除处罚。在英美刑法中，以死亡为威胁，构成胁迫，而胁迫是重要的辩护理由。在我国刑法中，因被杀害的胁迫而参加犯罪虽然不能阻却刑事责任，但在通常的情况下予以免除处罚是合适的。第二类是中度胁迫，指以伤害相威胁，包括以重伤与轻伤相威胁。在这种情况下，应结合其在共同犯罪中的作用，以确定对其是减轻处罚还是免除处罚。第三类是轻度胁迫，指以损害财产或揭发隐私等相威胁。在这种情况下，被胁迫人参加了犯罪，在共同犯罪中作用较小，仍然可以构成胁从犯，但一般来说，不宜免除处罚，而应该减轻处罚。

胁从犯在共同犯罪中的作用，于对胁从犯的处罚具有决定性的意义。在考察胁从犯在共同犯罪中的作用的时候，首先要看胁从犯实施的是帮助行为还是正犯行为，一般来说，帮助行为的危害小一些，正犯行为的危害大一些。其次，还要看胁从犯实施的行为对于犯罪结果的作用力的大小。总之，在考察胁从犯在共同犯罪中所起的作用的时候，应当综合全部案件进行认真分析。

（五）教唆犯

1. 教唆犯的概念

根据我国《刑法》第 29 条的规定，教唆他人犯罪的，是教唆犯。教唆犯是我国刑法关于共同犯罪人的分类中较为特殊的一种类型。我国刑法对共同犯罪人的分类基本上是以犯罪分子在共同犯罪中所起的作用为标准的，但教唆犯却是以犯罪分子在共同犯罪中的分工为标准对共同犯罪人进行分类的结果。这主要是因为教唆犯的定罪量刑，具有一些不同于其他共同犯罪人的特点。教唆犯罪是一种特殊的犯罪形式。在共同犯罪中，教唆犯处于一种十分独特的犯罪地位。对教唆犯的特征的认识，有助于揭示教唆犯的社会危害性。我认为，教唆犯具有以下两个特征。

(1) 犯意的制造者

教唆犯是犯意的制造者。犯意的产生，在大多数情况下，都是犯罪分子的反社会意识的量的积累导致质变的结果，有其直接的内在必然性。但在少数情况下，一个人尽管可能存在犯罪的思想基础——反社会意识，但反社会意识的量还没有积累到发生质变，外化为犯罪行为的程度，也就是说，犯罪的思想基础还没有直接转化为犯罪的动因，但在他人的教唆下，行为人却走上了犯罪的道路。因此，教唆就成为一个人的反社会性意识迅速膨胀的催化剂。教唆犯就是这种以对他人灌输犯罪意图、制造犯意为己任的共同犯罪人。教唆犯之于社会，犹如病菌的携带者，向他人尤其是那些意志薄弱者传播犯罪毒素，使社会受到犯罪的感染。因此，在某种意义上可以说，教唆犯是犯罪之病源。明确教唆犯的这一特征，使我们更加深刻地认识到教唆犯在共同犯罪中所起的恶劣作用及所处的独特地位。

(2) 通过他人实现犯罪意图

教唆犯制造犯罪意图激发起他人的犯罪决意，其目的是假他人之手实现本人的犯罪意图。因此，教唆犯本人并不亲自实行刑法分则所规定的具体犯罪行为，而只是唆使他人去实行，这就决定了教唆犯在共同犯罪中扮演的是幕后策划者的角色。

2. 教唆犯的认定

教唆犯的上述两个特征是同时并存的，这两个特征互相结合，才能揭示教唆犯在共同犯罪中的独特地位，并把教唆犯与其他共同犯罪人加以区别。教唆犯是犯意的制造者这一特征，使教唆犯与帮助犯得以区别：帮助犯虽然也不直接参加犯罪的实行，在共同犯罪中只是起辅助作用，但帮助犯却不是犯意的制造者，他是在实行犯已经产生了犯意的基础上，予以物质的或者精神的支持，即使是精神支持，也只限于为实行犯撑腰打气，巩固与坚定其已经产生的犯意，加速其犯意外化为犯罪行为而已。这与将犯意灌输给没有犯罪意图的人，从而使他人产生犯意，进而实行犯罪的教唆犯显然是有所不同的。教唆犯本人不直接实行犯罪这一特征，则使教唆犯与实行犯尤其是共同实行犯中的造意犯加以区别。共同实行犯中的造意犯是指首先倡议，继而与他人共同实行犯罪的人。这种人也是犯意的制造者，其他实行犯就是在他的唆使下产生犯罪意图的，从这个意义上说，他与教唆犯是有相同之处的，但他在制造他人犯意以后还与他人共同实行犯罪，这是他与教唆犯的相异之处。总之，教唆犯的上述两个特征是教唆犯的质的规定性之所在，据此可以把教唆犯和其他共同犯罪人加以区别。

3. 教唆犯的处罚

根据我国《刑法》第 29 条的规定，教唆犯的处罚可以分为以下三种情形。

（1）教唆犯处罚的一般原则

根据我国《刑法》第 29 条第 1 款的规定，教唆他人犯罪的，应当按照他在共同犯罪中所起的作用处罚。这是我国刑法中的教唆犯处罚的一般原则。那么，什么是教唆犯在共同犯罪中所起的作用呢？我认为，对这个问题的理解应以我国刑法中量刑的一般原则为根据。在分析教唆犯在共同犯罪中所起的作用，对教唆犯决定刑罚的时候，应当考虑教唆犯的事实、性质、情节和对社会的危害程度。

1）教唆犯的犯罪事实

教唆犯的犯罪事实，主要是指教唆犯所采取的教唆方法。因为教唆犯的特点是本人并不直接参与犯罪的实行，而是唆使他人去实行犯罪，所以，教唆犯在共同犯罪中所起的作用，不可能是在犯罪的实行中所起的作用。教唆犯的犯罪事实，也只能是教唆犯罪的事实，也就是其所采取的教唆方法。教唆方法比较恶劣，对被教唆的人影响力大的，应视为起主要作用，以主犯论处；教唆方法比较缓和，对被教唆的人影响力不大，且综合其他犯罪情节，在共同犯罪中不起主要作用的，应以从犯论处。前述教唆行为的 10 种方法可以分为比较恶劣与比较缓和两大类，其中，利诱、嘱托、胁迫、诱骗、刺激等方法属于比较恶劣的教唆方法：在利诱的情况下，教唆犯对被教唆的人诱之以利，使之走上犯罪道路，性质较为恶劣；在嘱托的情况下，教唆犯与被教唆的人之间往往存在亲属或者其他关系，教唆犯利用这种关系进行教唆，带有精神强制的性质，被教唆的人不易抵制，因此也比较恶劣；在胁迫的情况下，教唆犯使用暴力或以暴力相威胁，使被胁迫的人不得不屈从于其淫威而接受教唆，情节比较恶劣；在诱骗的情况下，教唆犯虚构事实、制造谎言，使被教唆的人上当受骗，被教唆的人对犯罪事实虽然有一定的认识，本人应负一定的刑事责任，但教唆犯应承担主要的刑事责任；在刺激的情况下，教唆犯利用被教唆者的性格、脾气上的某些特点，精心策划，以刺激的方式促使他人犯罪，因此性质也比较恶劣。在教唆方法中，劝说、请求、挑拨、怂恿、授意属于比较缓和的教唆方法：在劝说的情况下，教唆犯是以开导、说服的形式进行教唆的，被教唆的人是否接受教唆，具有相当大的选择自由，因此，教唆犯对被教唆的人影响较小；在请求的情况下，教唆犯陈述理由，要求他人实施犯罪，是否接受教唆的决定权也在被教唆的人手中，因此，教唆犯对被教唆的人影响较小；在挑拨的情况下，教唆犯利用某些矛盾并且激化这种矛盾，使被教唆的人走上犯罪道路，其性质较之劝说、请求稍重一些，但比胁迫、诱骗轻一些，比较而言，还是属于比较缓和的教唆方法；在怂恿的情况下，教唆犯是鼓励、放纵他人去犯罪，这往往是以被教唆的人有一定的犯罪动机或者犯罪意识为前提的，因此，被教唆的人犯罪应由本人负主要责任；在授意的情况下，教唆犯与被教唆的人往往具有某种特殊关系，虽然犯罪是教唆犯挑起的，但双方一拍即合，因此它还不属于恶劣的教唆方法。

2）教唆犯的犯罪性质

教唆犯的犯罪性质，是指教唆他人所犯之罪的性质。教唆他人所犯罪的性质不同，影响对教唆犯的量刑。

3）教唆犯的犯罪情节

关于教唆犯的犯罪情节，可以从三方面进行考察：一是教唆的次数。有些教唆犯只是教唆一次；有些教唆犯则一次不成，再次教唆，直至成功为止，表明教唆犯的主观恶性较深。二是教唆的内容。有些教唆犯教唆的内容比较简单，只是触发他人的犯意；有些教唆犯教唆的内容比较详细、具体，甚至对犯罪的一些细节以及如何逃避法律制裁也作了揭示。在后一种情况下，说明教唆犯参与程度大一些，在对其量刑上也要重一些。三是教唆对象的情况。有的被教唆的人在被教唆以前没有任何犯罪意图，也根本没有犯罪的思想基础，但在教唆犯的拉拢、腐蚀下，思想发生了变化，终于在教唆犯的唆使下走上了犯罪道路，在这种情况下，教唆犯的犯罪情节较重，应该认为其在共同犯罪中起主要作用。也有的被教唆的人在教唆以前虽然没有实施某一具体犯罪的意图，但有一定的犯罪思想基础，在这种情况下，一经教唆犯指明，被教唆的人就产生犯意并去实行犯罪，显然，教唆犯的犯罪情节较轻，应该认为其在共同犯罪中起次要作用。总之，在对教唆犯量刑的时候，要把教唆犯的各种犯罪情节加以综合考察。

4）教唆犯对社会的危害程度

教唆犯对社会的危害程度，应该结合被教唆的人进行考察，因为被教唆的人既是教唆犯的犯罪对象，又是教唆犯达到犯罪目的的犯罪手段。从前者来说，对犯罪对象所造成的危害程度，应该成为判断教唆犯对社会的危害程度的标尺之一。从后者来说，通过犯罪手段实现犯罪目的的程度，也应该成为判断教唆犯对社会的危害程度的标尺。所谓教唆犯对犯罪对象造成的危害程度，是指教唆犯对被教唆的人影响的持续性的大小。在有些情况下，被教唆的人完成被教唆的罪以后，没有再犯罪；在另外一些情况下，被教唆的人在教唆犯的教唆下实施了犯罪，一发而不可收，在犯罪的道路上越走越远，虽然此后的犯罪并不是教唆犯教唆的直接结果，但对于这种间接的危害结果，教唆犯不能说没有任何责任。显而易见，在上述两种情况下，教唆犯对社会的危害程度是有大小之别的。所谓教唆犯通过犯罪手段实现犯罪目的的程度，是指被教唆的人的犯罪情况，对于教唆犯的量刑也具有重要的影响。根据对上述影响量刑的各种因素的综合考察，我们可以正确地评价教唆犯在共同犯罪中的作用，以便对教唆犯量刑。应该指出，在大多数情况下，教唆犯在共同犯罪中是起主要作用的，应作为主犯从重处罚；在少数情况下，教唆犯在共同犯罪中是起次要作用的，应以从犯论处，比照主犯从轻或者减轻处罚。

最后必须指出，教唆犯在共同犯罪中所起的作用是与其他共同犯罪人相比较而言的，在通常情况下，是与被教唆的人即正犯所起的作用相对而言的。因此，不应脱离其他共同犯罪人而对教唆犯的作用进行孤立的考察。在某些情况下，教唆犯与被教唆的人在共同犯罪中所起的作用是难分轩轾的，可以都以主犯论处，处以大致相同的刑罚。

（2）教唆不满 18 周岁的人犯罪的处罚

我国《刑法》第 29 条第 1 款还规定，教唆不满 18 周岁的人犯罪的，应当从重处罚。这是刑法对教唆犯从重处罚的规定。因此，在对教唆犯量刑时应予以足够的重视。刑法之所以这样规定，主要是为了更好地保护青少年，防止坏人唆使和利用青少年实施犯罪活动。因为不满18周岁的人正处于社会化的过程中，并且在生理与心理的发展上出现不平衡性，所以，从认识上说，不满18周岁的人思想不够成熟，社会经验不足，辨别是非的能力弱；从意志上说，不满18周岁的人具有情绪体验的勃发性，他们往往容易丧失理智，为细微的刺激所左右，在意志上表现出抑制不足的特点。教唆犯往往利用不满18周岁的人的这种心理上的弱点，唆使其犯罪。在司法实践中，被教唆的人绝大多数是青少年，而其中不满18周岁的人占有一定比例。因此，我国刑法规定对于教唆不满18周岁的人犯罪的教唆犯予以从重处罚是完全必要的。那么，如何理解对于教唆不满18周岁的人犯罪的从重处罚呢？我认为：在对教唆犯处罚的时候，首先要根据教唆犯在共同犯罪中所起的作用，区分为主犯或从犯。在此基础上，再看被教唆的人是否满18周岁。如果被教唆的人不满18周岁，且教唆犯在共同犯罪中起主要作用，这就发生了两个从重处罚的竞合问题；如果被教唆的人不满18周岁，但教唆犯在共同犯罪中仅起次要作用，就应先考虑对教唆犯是从轻还是减轻，在此基础上考虑其从重情节，予以相应的处罚。

(3) 教唆未遂的处罚

我国《刑法》第29条第2款规定："如果被教唆的人没有犯被教唆的罪，对于教唆犯，可以从轻或者减轻处罚。"这种被教唆的人没有犯被教唆的罪的情形，在刑法理论上称为教唆未遂。在教唆未遂的情况下，由于教唆他人犯罪的意图未能实现，相对于教唆既遂而言，危害较小，因而刑法规定可以从轻或者减轻处罚。

第12章　单位犯罪

一、单位犯罪概述

（一）单位犯罪的概念

单位犯罪是指公司、企业、事业单位、机关、团体为单位谋取非法利益或者以单位名义，经单位集体研究决定或者由负责人员决定，故意或者过失实施的犯罪。

（二）单位犯罪的性质

法人不能成为犯罪主体，本来是刑法学中的定论。“社团不能犯罪”乃是古罗马法所奉行的一个原则。罗马法关于法人的本质采拟制说，将法人比拟为自然人，从而获得了自然人的某些法律上的能力。在罗马法中，法人有权利能力而无行为能力。法人的权利能力是指在完成其目的事业的范围内具有享受权利、负担义务的能力。由于法人无行为能力，因而必然得出结论：法人不能犯罪。这种法人拟制说，体现出罗马法中自然人本位的观念，实际上并没有从法律上真正承认法人的独立地位。当然，我们也应当客观地看到，法人拟制说毕竟赋予法人以权利能力，从而为法人参与社会经济活动提供了法律根据，这也为此后的法人的发展奠定了基础。在相当长的时间里，法人拟制说成为一种禁锢，为法人犯罪化设置了理论上的障碍。

随着近代资本主义的发展，个人主义社会向法人社会演变。在法人社会，法人团体取代个人日益成为社会的基础。在这种情况下，团体主义的法律思想开始流行，法人作为个人之间的联合体，成为联结个人与国家的中介。在经济生活甚至社会生活中，国家面临的不再仅仅是以个体为单位的自然人，而是大量的法人。随着法人社会的到来，法人拟制说所确认的法人性质不能适应社会需要，因而法人拟制说衰落，法人实在说崛起。依据法人实在说，法人与个人一样，属于现实的社会实体，法人机构及其代表人以法人名义实施的行为应视同法人的直接行为。这样，法人不仅具有权利能力，而且具有行为能力，由此直接引导出法人可以成为犯罪主体的结论。法人实在说为追究法人的刑事责任提供了理论根据，因而被刑法理论界广泛认同。其中，日本学者板仓宏的企业组织体责任说，进一步将法人与法人成员加以区分，确定了追究法人组织刑事责任的根据。板仓宏认为：法人是超越于各个法人成员而实际存在于社会的企业组织体。它不仅具有通过法人机关形成的组织体意思，而且组织体任何成员的行为，只要有业务相关性，只要是作为组织体活动的一环来进行的，都应当是企业组织体的行为即法人行为。因此，不应当把它们视为分散的个人行为，更不应把它们与组织体的行为加以割裂，而应当把它们整体性地作为法人统一体的行为来把握，这样才能清楚地看到法人的责任。法人自身是承受刑事责任非难的主体，是刑法上可罚的违法行为的主体。只有如此确立法人的犯罪能力和法人犯罪的主体性，才有实际意义。随着理论的发展，法人犯罪逐渐立法化。英美法系国家通过判例和对制定法的解释，确认了法人犯罪的处罚原则。大陆法系国家则开始在附属刑法中设置法人犯罪的处罚规定。1994年生效的《法国刑法典》在总则中明确规定了法人犯罪，使之成为世界上第一部以个人与法人作为双重刑事责任主体的刑法典。

在刑法中确立法人犯罪的情况下，关于法人犯罪的性质仍然是刑法理论上值得研究的问题。关于这个问题，在刑法理论上存在以下四种学说：（1）同一理论，认为法人刑事责任的基础，是一定自然人的行为，实际上就是法人的行为。法人刑事责任的范围，限制在那些法人代表人范围内，包括法人的董事会成员和高级职员。法人代表的行为就是法人的行为，这些人为法人而实施犯罪，法人的刑事责任的法律后果也就理所当然地要落到法人头上。因此，同一理论强调，只有那些法人代表人的行为才能给法人带来刑事责任。（2）归罪理论，这一理论的实质是替代责任，其渊源是 17 世纪产生的“仆人有过，主人负责”这一民事侵权行为的原则。归罪理论被引入刑法领域，最初只是在严格责任犯罪的场合才准许把行为归属于法人，后来才允许将雇员的特定犯意归属于法人。（3）认可和容许理论，认为法人对犯罪行为的反应是法人承担刑事责任的基础。这种反应分为认可与容许两种方式：认可，通常是指对代理人的行为的事后同意。容许，是指明知雇员的活动性质类型并默许其继续进行，但并未明确同意。这种理论认为，法人最高管理机构对雇员的犯罪行为作出这种认可或者容许表示，就应当对这一犯罪行为承担刑事责任。（4）证实理论，认为被视为体现某一机构的人格的某些职务较高人员的意志和行为，就是法人的意志和行为，因此，法人的刑事责任不是替代责任，即不是代替承担由它的成员行为所引起的责任，而是把法人视为直接违反了法定义务，亲自在实施犯罪。某人实施的特定行为是应被视为法人的行为，还是应被视为法人成员的个人行为，要在法庭审理中根据证据加以认定。上述这些学说都对法人犯罪的性质及刑事责任根据作了论证。我认为，在论及法人犯罪性质的时候，首先应当明确法人犯罪与个人犯罪的区分。于个人犯罪，犯罪主体是自然人，自然人具有刑事责任能力，因而应对本人所实施的犯罪行为承担刑事责任。但法人不同于个人，法人是一个组织体，它通过法人组织中的自然人实施某种行为。这种行为虽然是由自然人实施的，之所以能够被视为法人行为，主要是因为它符合法人意志，因而这种行为的法律后果也应当由法人承担。我认为，法人犯罪具有双重机制：表层是法人代表人的犯罪行为，当这一犯罪行为是由法人作出的决策或者获得法人认可时，就触及了深层的法人的犯罪行为。正是在这个意义上，法人代表人的行为具有双层属性：既作为个人犯罪的行为，又作为法人犯罪的行为。

（三）单位犯罪的类型

我国刑法分则对单位犯罪作了具体规定，根据我国刑法的规定，单位犯罪可以分为以下两种类型。

1. 纯正的单位犯罪

纯正的单位犯罪是指只能由单位构成而不能由个人构成的犯罪。例如，我国《刑法》第 327 条规定：“违反文物保护法规，国有博物馆、图书馆等单位将国家保护的文物藏品出售或者私自送给非国有单位或者个人的，对单位判处罚金，并对其直接负责的主管人员和其他直接责任人员，处三年以下有期徒刑或者拘役。”这是关于非法出售、私赠文物藏品罪的规定，这一犯罪只能由特定的单位构成而不能由个人构成。除此以外，还有单位受贿罪与单位行贿罪，这些犯罪从罪名上就可以看出是纯正的单位犯罪。受贿罪与行贿罪无论个人还是单位都可以构成，但我国刑法考虑到单位受贿与单位行贿的特殊性，设置为独立的罪名，从而成为纯正的单位犯罪。在纯正的单位犯罪中，立法者为其设置了独立的犯罪构成，因而更加便利司法机关认定。

2. 不纯正的单位犯罪

不纯正的单位犯罪是指既可以由单位构成又可以由个人构成的犯罪。绝大多数单位犯罪都是不纯正的单位犯罪。不纯正的单位犯罪，有些是在本条之后规定，并对单位中的直接负责的主管人员和其他直接责任人员处以与个人相同之刑。例如《刑法》第 187 条第 1 款是关于个人犯吸收客户资金不入账罪的规定，第 2 款则规定：“单位犯前款罪的，对单位判处罚金，并对其直接负责的主管人员和其他直接责任人员，依照前款的规定处罚。”另有一种情况，也是在本条之后规定不纯正的单位犯罪，但对单位中的直接负责的主管人员和其他直接责任人员处以较个人为轻之刑。例如《刑法》第 191 条第 1 款是关于个人犯洗钱罪的规定，对于个人犯洗钱罪的，《刑法》规定处 5 年以下有期徒刑或者拘役，并处或者单处洗钱数额 5%以上 20%以下罚金；情节严重的，处 5 年以上 10 年以下有期徒刑，并处洗钱数额 5%以上 20%以下罚金。该条第 2 款则规定：“单位犯前款罪的，对单位判处罚金，并对其直接负责的主管人员和其他直接责任人员，处五年以下有期徒刑或者拘役；情节严重的，处五年以上十年以下有期徒刑。”还有一种情况是在本条规定不纯正的单位犯罪以外，在本节之末设专条规定本节的单位犯罪。例如《刑法》第 220 条规定：“单位犯本节第二百一十三条至第二百一十九条规定之罪的，对单位判处罚金，并对其直接负责的主管人员和其他直接责任人员，依照本节各该条的规定处罚。”在不纯正的单位犯罪中，由于单位与个人共用一个犯罪构成，因而在司法认定中应当加以注意。

二、单位犯罪的定罪

单位犯罪之区别于个人犯罪，不仅仅是一个主体的问题，而且是在整个犯罪构成上，都具有不同于个人犯罪的特征，因而单位犯罪是一种特殊的犯罪形态。对单位犯罪的定罪，主要应当从罪体和罪责两个方面加以认定。

（一）单位犯罪的罪体

1. 主体

单位犯罪的主体是单位，这里的“单位”包括公司、企业、事业单位、机关、团体。在我国刑法中，之所以没有采用“法人犯罪”一词而代之以单位犯罪，主要原因在于法人犯罪这一概念范围较窄，使用“单位犯罪”一词可以概括更多的虽非法人但亦由一定组织体所实施的犯罪。

（1）单位犯罪主体的种类

根据我国《刑法》第 30 条之规定，单位犯罪的主体包括下述 5 种单位。

1）公司

公司是指依法定程序设立，以营利为目的的法人组织。它包括股份有限公司和有限责任公司。有限责任公司是指全体股东以各自的出资额为限对公司债务负清偿责任的公司。股份有限公司是指由一定人数的股东发起设立的，全部资本划分为股份，股东以其认购的股份承担财产责任的公司。公司是市场经济中经济活动的重要主体，具有其特殊的经济利益。因此，公司是常见的单位犯罪的主体。

2）企业

企业是指依法成立并具备一定的组织形式，以营利为目的独立从事商品生产经营活动和商业服务的经济组织。企业具有以下特征：A. 从企业存在的社会性质来看，企业是独立从事商品生产经营活动和商业服务的经济组织。B. 从企业生存和发展的目的来看，企业是营利性的经济组织。所谓营利性是指主体通过自己的活动追求超额利润，它是企业最重要的特征之一。C. 从企业存在的法律条件来看，企业必须依法成立且要具备一定的法律形式。这是企业的法律特征。在我国目前的经济活动中，企业作为经济活动的主体发挥着重要作用，因而企业也往往成为单位犯罪的主体。

3）事业单位

事业单位是指依照法律或者行政命令成立、从事各种社会职能活动的组织。事业单位可以分为3种：A. 国家事业单位。这种事业单位依靠国家预算从事活动，领导人有权独立处理经费，能够直接参加与自己业务和权益有关的民事活动，并享有民事权利和承担经济责任。因此，在理论上，这种国家事业单位称为国家事业法人。B. 集体事业单位。这种事业单位可以分为两种：一是由劳动群众集体筹资、独立经营、自负盈亏的事业单位；二是由集体企业预算出资，能够独立处理经费，不自负盈亏的事业单位。在理论上，这种集体事业单位又称为集体事业法人。C. 私营事业单位。这种事业单位是由私人投资设立，以从事一定的社会活动为目的的机构。随着我国社会的转型，已经出现或者正在出现各种私营事业单位，例如私营的医疗机构、教育机构等。上述各种事业单位属于法人的范畴，可以成为单位犯罪的主体。

4）机关

机关作为单位犯罪的主体有广义和狭义之分。广义地理解，这里的机关包括国家行政机关、立法机关、司法机关、军队、政党等有关机关。狭义地理解，这里的机关主要是指行政机关，一般是地方国家行政机关。根据我国刑法规定，机关可以成为单位犯罪的主体。

5）团体

团体，又称为社会团体，是指各种群众团体组织，例如人民群众团体（工会、共青团、妇联等）、社会公益团体、学术研究团体、文化艺术团体、宗教团体等。这些团体的共同特点是：A. 在符合我国宪法精神的原则下，为达到一定的目的，由公民或法人自愿结合而成。B. 由参加成员出资或由国家资助设立财产和活动基金，这些基金属于社会团体自己所有（除依法规定的特别基金外），并以此担负其债务责任。C. 各成员参加本组织事务的管理工作。D. 均须制定章程，并经国家主管部门审核批准予以登记后才能进行活动。社会团体因为拥有自己的独立的财产，并且在完成自己任务的过程中，能够享有财产方面的权利能力，所以它们都是法人。因此，团体也可以作为单位犯罪的主体。

（2）单位犯罪主体的认定

1）单位犯罪主体是否区分所有制性质的问题

在单位犯罪的主体中，除机关、团体以外，公司、企业、事业单位都存在一个所有制问题，即有公有制与私有制之分。在这个问题上，我赞同肯定说，因为私有制的公司、企业、事业单位在我国有一个发展过程。1987年刑事立法刚开始确认单位犯罪的时候，私营企业尚处于萌芽阶段，更遑论私有制的公司和事业单位。在这种情况下，私营企业犯罪的情况也极为罕见。因此，《海关法》规定单位可以成为走私罪的主体，但由于对直接责任人员和直接负责的主管人员的处刑远低于对自然人犯罪的处刑，因而法律将单位限定为全民所有制、集体所有制的企业，而不包括私营企业。并且，1988年全国人大常委会《关于惩治走私罪的补充规定》第5条第3款还曾明确规定："企业事业单位、机关、团体走私，违法所得归私人所有的，或者以企业事业单位、机关、团体的名义进行走私，共同分取违法所得的，依照本规定对个人犯走私罪的规定处罚。"此后，随着私有制公司、企业、事业单位的蓬勃发展，其单位犯罪的情形也日益增多。并且法律规定对单位犯罪中的直接负责的主管人员和直接责任人员处以与个人犯罪相同之刑，再将私有制的公司、企业、事业单位排除在单位犯罪主体之外就没有意义了。因此，从单位犯罪立法演变的过程来看，私有制的公司、企业、事业单位逐渐被纳入单位犯罪主体的范围。1999年6月18日最高人民法院审判委员会第1069次会议通过了《关于审理单位犯罪案件具体应用法律有关问题的解释》，其第1条明确指出："刑法第三十条规定的公司、企业、事业单位，既包括国有、集体所有的公司、企业、事业单位，也包括依法设立的合资经营、合作经营企业和具有法人资格的独资、私营等公司、企业、事业单位。”根据这一规定，私营公司、企业、事业单位只要是具有法人资格的，就可以成为单位犯罪的主体。当然，前引司法解释第 2 条还规定：“个人为进行违法犯罪活动而设立的公司、企业、事业单位实施犯罪的，或者公司、企业、事业单位设立后，以实施犯罪为主要活动的，不以单位犯罪论处。”这是一个排除性规定，由于这些公司、企业、事业单位为实施犯罪而设立或者以实施犯罪为主要活动，因而对其不再以单位犯罪论处。

2）单位的附属机构能否成为单位犯罪的主体问题

作为单位犯罪主体的单位，在一般情况下都是一个独立的实体。例如，一个国家机关或者一个企业，因其实施了犯罪行为而构成单位犯罪。那么，单位的附属机构能否成为单位犯罪的主体呢？这里所谓单位的附属机构包括单位的分支机构和内设机构。我认为，企业法人的分支机构是独立的单位，其成为单位犯罪的主体没有疑问。但单位的内设机构能否成为单位犯罪的主体，尚可研究。在一般情况下，单位的内设机构不是独立地进行活动，而是以单位名义进行活动，因而其行为应当被视为所在单位的行为。但在当前的社会生活中，单位的内设机构也有独立对外活动的。在这种情况下，如果不将其视为单位犯罪的主体，无论是将其作为所在单位的犯罪还是个人犯罪，都有不妥之处。在这种情况下，我主张单位的内设机构可以成为单位犯罪的主体。对此，2001 年 1 月 21 日《全国法院审理金融犯罪案件工作座谈会纪要》明确规定：“以单位的分支机构或者内设机构、部门的名义实施犯罪，违法所得亦归分支机构或者内设机构、部门所有的，应认定为单位犯罪。”根据这一规定，以单位的分支机构、内设机构、部门的名义实施犯罪，但违法所得归个人所有的，应以个人犯罪论处。

3）犯罪单位发生变更的情况下如何追究刑事责任的问题

在单位犯罪后，犯罪单位发生变更的情况下如何追究刑事责任，是在单位犯罪主体的认定中需要解决的问题。这里的“犯罪单位发生变更”，存在以下两种情况：犯罪单位被撤销、注销、吊销营业执照或者宣告破产。对此，最高人民检察院于 2002 年 7 月 9 日颁布《关于涉嫌犯罪单位被撤销、注销、吊销营业执照或者宣告破产的应如何进行追诉问题的批复》，根据这一批复，涉嫌犯罪单位发生上述变更的，应当根据刑法关于单位犯罪的相关规定，对实施犯罪行为的该单位直接负责的主管人员和其他直接责任人员追究刑事责任，对该单位不再追诉。犯罪单位发生分立、合并或者其他资产重组等情况的，在司法实践中一般认为，该单位虽主体发生变更，因其实质上并未消灭，其权利、义务由变更后的单位承受，故对其实施的犯罪仍具备刑事责任能力，仍应追究该单位的刑事责任。

4）外国单位在我国领域内犯罪如何适用法律的问题

随着对外开放的深入与市场经济的发展，越来越多的外国机构在我国领域内设立公司、企业、事业单位。对于这些外国单位在我国领域内犯罪的，到底应当如何适用法律呢？对此，2003 年 10 月 15 日最高人民法院研究室《关于外国公司、企业、事业单位在我国领域内犯罪如何适用法律问题的答复》指出，符合我国法人资格条件的外国公司、企业、事业单位，在我国领域内实施危害社会的行为，依照我国《刑法》构成犯罪的，应当依照我国《刑法》关于单位犯罪的规定追究刑事责任。根据这一规定，外国单位作为单位犯罪主体，必须符合我国法人资格条件。由此可见，没有法人资格的外国单位不能成为我国刑法中的单位犯罪的主体。前引司法解释还规定，个人为在我国领域内进行违法犯罪活动而设立的外国公司、企业、事业单位实施犯罪的，或者外国公司、企业、事业单位设立后在我国领域内以实施违法犯罪为主要活动的，不以单位犯罪论处。

2. 行为

我国刑法对单位犯罪确立了法定原则，即只有法律规定为单位犯罪的才能负刑事责任。我国刑法分则对于哪些犯罪可以由单位构成都作了明文规定，司法机关应当依法予以认定。这里存在一个值得研究的问题：某些犯罪并未被刑法规定为单位犯罪，但在现实生活中存在因为谋取非法利益，经单位决策机构集体研究或由负责人员决定实施这些犯罪的现象，例如单位实施贷款诈骗罪、盗窃罪等。在这种情况下，由于刑法未规定单位可以构成这些犯罪，当然不能追究单位的刑事责任，但是否可以追究单位中直接负责的主管人员和其他直接责任人员的刑事责任呢？对于这个问题，2014 年 4 月 24 日全国人大常委会通过的《关于〈中华人民共和国刑法〉第三十条的解释》，对于单位犯罪的立法完善具有重大意义。我国刑法主要针对一些涉及经济领域的犯罪，如偷税、走私等规定了单位犯罪，对于一些传统的侵犯人身财产权利的犯罪，如杀人、盗窃、非法拘禁等，则没有规定单位犯罪。在司法实践中，存在一些企事业单位窃水窃电、为商业竞争而雇凶杀人、为追讨债款而非法拘禁等情形，由于刑法没有规定其为单位犯罪，只能追究单位的民事、行政责任，同时这种情况也很难对单位人员追究刑事责任，因为他不是为了个人利益而犯罪，比如单位负责人集体决定雇凶杀死竞争者，也往往只能追究直接行凶者的责任。为此，前引立法解释明确规定："公司、企业、事业单位、机关、团体等单位实施刑法规定的危害社会的行为，刑法分则和其他法律未规定追究单位的刑事责任的，对组织、策划、实施该危害社会行为的人依法追究刑事责任"。

单位犯罪在客观上必须是经单位决策机构决定或者由负责人员决定实施犯罪。单位犯罪，其犯罪行为本身是由刑法分则规定的，应根据刑法分则条文的规定予以认定。单位犯罪的特点在于：在单位故意犯罪的情况下，这种犯罪行为是经单位集体决定或者负责人员决定实施的；在单位过失犯罪的情况下，这种犯罪行为是单位直接责任人员的职务行为。由此可见，单位犯罪在客观上具有以下两种情况。

（1）经单位集体决定实施

这里的"单位集体决定"，是指经过单位决策机构决定。在一般情况下，单位决策机构是指单位有权作出决定的机构，例如公司的董事会，董事会是公司的常设机构，负责经营活动，因而有权对公司的各项事务作出决定。在企业、事业单位、机关、团体，决策机构一般是指有关单位的行政组织集体。单位集体决定，是单位故意犯罪常见的方式。在通常情况下，集体决定实施某一行为，可以将这一行为视为单位行为。

（2）经负责人员决定实施

这里的"负责人员决定"，是指根据法律或者单位章程的规定，有权代表单位行为的个人决定，例如公司的董事长或者总经理、企业的厂长或者经理以及事业单位、机关、团体的行政负责人员作出决定。必须指出，负责人员个人决定实施的犯罪行为，之所以能够归于单位犯罪行为，就是因为这种行为是以单位名义实施的，并且是为单位谋取非法利益。如果单位负责人员个人决定实施某一犯罪行为，但并非为单位谋取非法利益，而是为个人谋取非法利益，就不能认为是单位犯罪，而应视为单位负责人员的个人犯罪。

（二）单位犯罪的罪责

1. 责任能力

个人构成犯罪，须有责任能力，单位亦如此。关于单位的责任能力问题，在刑法理论中存在争论。我认为，单位虽然是通过其代表人作出决策或者决定的，但这种决策或者决定是以单位名义作出并且是为单位谋取非法利益。在这种情况下，单位代表人的决策或者决定应视为单位的意志，因而单位应对侵害法益的行为或者结果承担刑事责任。在这个意义上说，单位的责任能力应予确认。单位的责任能力不同于个人的责任能力在于：个人的责任能力是自然人本身的认识能力或者辨认能力的体现；在单位犯罪的情况下，单位的责任能力则是通过单位中的自然人体现出来的，是一种特殊的责任能力。

2. 罪责形式

关于单位犯罪的罪责形式，在刑法总则中没有明文规定，因此在刑法理论上存在争议。单位犯罪可以由故意构成，这是没有疑问的，关键在于单位犯罪是否可由过失构成。对此存在否定说。从刑法分则关于单位犯罪的具体规定来看，虽然大多数是故意的单位犯罪，但也不可否认存在少数过失的单位犯罪。

（1）单位犯罪的故意

单位犯罪的故意具有不同于个人犯罪故意的特征，主要表现为在单位犯罪中，这种犯罪意志是单位的整体意志。正是这种单位的犯罪意志，为故意的单位犯罪主体承担刑事责任提供了主观根据。

故意的单位犯罪大多数是经济犯罪，因而往往具有为本单位谋取非法利益的动机。对于这些犯罪来说，是否为本单位谋取非法利益，是单位犯罪罪与非罪区分的标志：如果单位虽然实施了某一违法行为，但并未为本单位谋取非法利益，就不构成单位犯罪。同时，为本单位谋取非法利益还是单位犯罪与个人犯罪相区分的标志：如果单位内部人员假借单位名义实施犯罪为个人谋取私利，那就不是单位犯罪而只能是单位内部人员的个人犯罪。还有个别故意的单位犯罪，虽然不具有为单位谋取非法利益的动机，但往往也是以单位名义实施的。例如《刑法》第396条第1款私分国有资产罪，刑法规定为单位犯罪，这种犯罪不是为单位谋取利益，而恰恰是损害单位利益。但这种犯罪之所以规定为单位犯罪，就在于它是以单位名义实施的，因而刑法规定为单位犯罪。

（2）单位犯罪的过失

过失行为一般来说具有个人性，个人行为往往是职务行为。在一般情况下，我国刑法规定的过失的单位犯罪都只处罚单位中的直接责任人员，而不处罚单位。例如《刑法》第137条规定的工程重大安全事故罪，该罪的主体是建设单位、设计单位、施工单位、工程监理单位，但刑法并未规定处罚上述单位，而只是处罚单位的直接责任人员。当然，我国刑法中规定的过失的单位犯罪，也有实行双罚制的。例如《刑法》第229条第3款规定了出具证明文件重大失实罪，本罪之自然人犯罪的主体是指承担资产评估、验资、验证、会计、审计、法律服务等职责的中介组织中的人员，这些中介组织中的人员严重不负责任，出具的证明文件有重大失实，造成严重后果的，根据《刑法》第231条的规定，单位也构成犯罪，并对其判处罚金。在这种情况下，单位之所以构成犯罪是因为中介组织对其人员的职务行为具有监督职责，没有履行这种职责的，应构成犯罪。

三、单位犯罪的处罚

（一）单位犯罪的处罚根据

关于单位犯罪的处罚，在刑法理论上存在单罚制与双罚制之分。单罚制，又称为代罚制或者转嫁制，是指在单位犯罪中只处罚单位中的个人或者只处罚单位本身。总之，在单位与个人之间只处罚其中之一。双罚制，又称为两罚制，是指在单位犯罪中，既处罚单位又处罚单位中的个人。应该说，单罚制与两罚制相比较，两罚制更为科学。这是因为，单位是一个具有整体性和组织性的主体，因而它应当对其意志支配下的犯罪活动承担刑事责任，而不能将这个责任推卸或转嫁给他人。因此，作为刑事责任必然后果的刑罚，也就应当加诸单位本身。同时，单位毕竟是个人的组合体，个人是单位存在的基础，因而，既然我们把作为自然人的直接负责的主管人员和直接责任人员的行为认定为单位的整体行为，把他们的决定、决策视为单位意志的表现，并且这些人也是有权代表单位作出各种决定和决策并具体地实施犯罪行为的，那么，他们就应该对由自己决定实施的单位的犯罪行为承担刑事责任，而不能将这种刑事责任全部推脱或转嫁到单位身上，因此，也就应当对单位犯罪的直接负责的主管人员和直接责任人员进行处罚。这实际上还是由个人承担的单位的刑事责任，处罚的主体还是一个，即单位，只不过刑事责任的承担者有别罢了。由此可见，两罚制不是对两个主体，而是对一个主体即单位的整体处罚，是对同一刑事责任根据单位成员在犯罪中所处的地位和作用而作的不同分担，是对单位的犯罪行为的综合性的全面处罚。因此，对单位犯罪实行两罚制，既处罚单位又处罚单位中的直接负责的主管人员和直接责任人员，能够反映对单位犯罪全面的刑法的否定评价，有利于遏制单位犯罪。当然，在某些情况下，犯罪虽然是以单位形式实施的，但实际上社会危害性主要反映在个人的行为上，因而没有必要对单位进行处罚，只需处罚单位中的直接负责的主管人员和直接责任人员。在这种情况下，实行只处罚个人的单罚制也是必要的。根据以上情况，《刑法》第31条就对单位犯罪的处罚作出以下规定："单位犯罪的，对单位判处罚金，并对其直接负责的主管人员和其他直接责任人员判处刑罚。本法分则和其他法律另有规定的，依照规定。"由此可见，我国刑法对单位犯罪实行以两罚制为主、以单罚制为辅的处罚原则。

（二）单位犯罪的处罚原则

1. 单位犯罪的两罚制

刑法对单位犯罪在绝大部分情况下采取两罚制。在两罚制中，对单位是判处罚金，判处罚金采取无限额罚金制，即对罚金的数额未作规定。

在两罚制中，对直接负责的主管人员和直接责任人员是判处刑罚。这里的"刑罚"包括自由刑与罚金，主要是自由刑。对个人判处自由刑的，又有以下两种情况：（1）在绝大多数情况下，判处与个人犯罪相同的刑罚。例如《刑法》第220条规定："单位犯本节第二百一十三条至第二百一十九条规定之罪（侵犯知识产权罪——引者注）的，对单位判处罚金，并对其直接负责的主管人员和其他直接责任人员，依照本节各该条的规定处罚。"这里所谓依照本节各该条的规定处罚，就是指依照对个人犯罪的规定处罚。（2）在少数情况下，判处低于个人犯罪的刑罚。例如个人犯受贿罪的，最重可以判处死刑，但《刑法》第387条规定："国家机关、国有公司、企业、事业单位、人民团体，索取、非法收受他人财物，为他人谋取利益，情节严重的，对单位判处罚金，并对其直接负责的主管人员和其他直接责任人员，处五年以下有期徒刑或者拘役。"由此可见，在单位犯受贿罪的情况下，对直接负责的主管人员和其他直接责任人员判处的刑罚远轻于个人犯受贿罪的刑罚。

2. 单位犯罪的单罚制

刑法在某些情况下规定了单位犯罪的单罚制，即只处罚自然人而不处罚单位。例如《刑法》第396条规定："国家机关、国有公司、企业、事业单位、人民团体，违反国家规定，以单位名义将国有资产集体私分给个人，数额较大的，对其直接负责的主管人员和其他直接责任人员，处三年以下有期徒刑或者拘役，并处或者单处罚金；数额巨大的，处三年以上七年以下有期徒刑，并处罚金。"这里刑法规定的犯罪主体是国家机关、国有公司、企业、事业单位、人民团体，但只处罚直接负责的主管人员和其他直接责任人员，而不处罚单位。

（三）单位犯罪的处罚适用

依我国刑法关于单位犯罪的规定，在多数情况下，直接负责的主管人员和其他直接责任人员都要被追究刑事责任；在少数情况下，只追究直接责任人员的刑事责任。那么，如何认定单位中的直接负责的主管人员和其他直接责任人员呢？对此，2001年1月21日《全国法院审理金融犯罪案件工作座谈会纪要》明确规定："直接负责的主管人员，是在单位实施的犯罪中起决定、批准、授意、纵容、指挥等作用的人员，一般是单位的主管负责人，包括法定代表人。其他直接责任人员，是在单位犯罪中具体实施犯罪并起较大作用的人员，既可以是单位的经营管理人员，也可以是单位的职工，包括聘任、雇佣的人员。应当注意的是，在单位犯罪中，对于受单位领导指派或奉命而参与实施了一定犯罪行为的人员，一般不宜作为直接责任人员追究刑事责任。”这一规定对于司法机关在审理单位犯罪案件中正确地认定直接负责的主管人员和其他直接责任人员，具有重要指导意义。

在对单位犯罪的处罚中，还存在一个直接负责的主管人员和其他直接责任人员是否区分主犯、从犯的问题。在一个单位犯罪案件中，如果同时存在直接负责的主管人员和其他直接责任人员的，在一般情况下前者比后者的作用大，前者可以认定为主犯，后者可以认定为从犯。但直接负责的主管人员和其他直接责任人员不是当然的主犯与从犯关系。有时不同职责的人对单位犯罪负有不同的责任，如果一定要区分主犯与从犯，会十分勉强。对这种情况，2000 年 9 月 30 日最高人民法院《关于审理单位犯罪案件对其直接负责的主管人员和其他直接责任人员是否区分主犯、从犯问题的批复》规定：“在审理单位故意犯罪案件时，对其直接负责的主管人员和其他直接责任人员，可不区分主犯、从犯，按照其在单位犯罪中所起的作用判处刑罚。”根据这一规定，对于主从关系不明显的，可以不予区分。当然，如果主从关系明显的，仍应区分。

第13章　竞　合　论

一、竞合论概述

（一）竞合论的概念

刑法中的竞合论，又称为罪数论，是指在一人之行为构成数个犯罪的情况下如何适用法条的理论。我国传统刑法教科书中，包括本书第一版，是以一罪与数罪的区分作为罪数论的中心问题。因此，在讨论罪数区分标准的基础上，主要讨论的是形似数罪实为一罪的情形，包括单纯的一罪（继续犯、接续犯、徐行犯）、法定的一罪（转化犯、惯犯、结果加重犯、结合犯）、处断的一罪（想象竞合犯、连续犯、牵连犯、吸收犯）。在这些概念中，有些概念是以同种数罪并罚为前提的（连续犯），有些概念所描述的现象在我国刑法中并不存在（结合犯），有些概念对于罪数认定并无实际意义（转化犯），因而大多数概念从规范刑法学的视角来看，都是没有必要存在的，而且显得烦琐，有理论脱离法律之嫌。为此，从本书第二版开始，删繁就简，将单、复数罪一章改为竞合论，以竞合为中心线索讨论对于罪数认定具有实际价值的法条竞合、想象竞合和实质竞合。

（二）行为单、复数的界分

竞合论中一人之行为构成数个犯罪，包括一个行为触犯数个罪名和数个行为触犯同一罪名或者数个罪名这两种情形。因此，区分一行为与数行为就成为刑法竞合论的逻辑起点。在刑法理论上，一行为又称为行为单数；数行为又称为行为复数。行为单、复数虽然对于犯罪单、复数的区分具有重要意义，但它并不能直接等同于犯罪单、复数。

行为单、复数的界分，始于对行为的理解。关于行为，存在自然行为说与构成要件行为说之区别。自然行为说以物理的观点对待行为，将行为看作是人的身体举止，未将法的规范考虑在内，因而是一种“裸”的行为论。根据这种行为理论区分行为单、复数，甚至无法将行为与动作加以正确界分，从而将数动作理解为数行为。例如，砍6刀将人杀死，从自然行为说会得出6个杀人行为的结论。而构成要件行为说，则在自然行为说的基础上，引入法的规范评价：凡实现一个构成要件所必要的行为，就是一行为。因此，砍6刀将人杀死，虽然存在6个杀人动作，但只实现一个故意杀人的构成要件，因而是一行为而非数行为。显然，在认定行为单、复数的时候，应采用构成要件行为说。从构成要件行为说出发，下述情形均为一行为。

1. 持续行为

持续行为是指犯罪行为在一定时间内处于继续状态。例如，非法拘禁罪，从非法地把他人拘禁起来的时候开始，一直到恢复他人的人身自由的时候为止，这一非法拘禁行为处于持续不断的状态。在刑法理论上，持续行为构成的犯罪称为继续犯。持续行为是行为在时间上的持续，并不改变一行为的事实。因此，持续行为是一行为。

2. 接续行为

接续行为是指犯罪行为是以性质相同的数个举动连续地完成的情形。例如，某人入室盗窃，在甲房间窃得一台彩电，又在乙房间窃得一台电脑，还在丙房间窃得一台冰箱。在刑法理论上，接续行为构成的犯罪称为接续犯。接续行为虽然由数个举动构成，但这些举动之间具有接续性，因而只是一行为。

3. 徐行行为

徐行行为是指本来可以即时达到预期目的的犯罪，行为人有意采取徐缓方式陆续完成的情形。例如，甲为毁坏乙的房屋，今天揿其一瓦，明天拆其一砖，天长日久，日积月累，使乙的房屋倒塌，从而达到毁坏他人房屋的目的。在刑法理论上，徐行行为构成的犯罪称为徐行犯。徐行行为虽然由数个举动构成，但这些举动之间具有徐行性，因而只是一行为。

4. 复合行为

复合行为是指犯罪行为是由两个以上自然意义上的行为构成的情形。例如，抢劫罪是指使用暴力、胁迫或者其他方法，夺取他人财物的行为，其中，使用暴力、胁迫或者其他方法是手段行为；夺取他人财物是目的行为。在刑法理论上，复合行为构成的犯罪称为复行为犯。复合行为区别于单一行为，但这里的“单一”与“复合”都是根据自然行为说标准界定的，依构成要件行为说观察，复合行为是在同一构成要件之内的复合，因此仍然是一行为。

（三）竞合论的意义

竞合论是数罪并罚的前提。在各种竞合形态中，法条竞合是一种法律规定的特殊形态；犯罪竞合，包括想象竞合和实质竞合，则是一种犯罪的特殊形态。这些竞合形式涉及行为单、复数与法条单、复数，在定罪与量刑上都存在特殊性，因而在刑法理论上应当加以专门研究。

二、法条竞合

（一）法条竞合的概念

法条竞合，是指同一行为因法条的错综规定，出现数个法条所规定的构成要件，在其内容上具有逻辑上的从属或者交叉关系的情形。刑法中的法条竞合关乎定罪问题，受到刑法理论的高度重视。法条竞合的产生，具有刑法价值与立法技术上的深刻原因。在某种意义上说，法条竞合是一种立法方式，具有其存在的正当性。在定罪的时候，法条竞合所要解决的是在一个犯罪行为该当数个法条的情况下，适用哪个法条的问题。

法条竞合具有以下特征。

1. 实施一个犯罪行为

一个犯罪行为是构成法条竞合的必要前提。所谓一个犯罪行为，是指行为人在一定犯意的支配下，一次实施该当某种犯罪构成要件的行为。

2. 符合数法条所规定的犯罪构成要件

在法条竞合的情况下，行为人实施的一个犯罪行为符合数法条所规定的犯罪构成要件，因而形成竞合现象。法条竞合在法律上表现为重叠规定，因此，法条竞合是一种法律现象，区别于作为犯罪现象的犯罪竞合。

3. 犯罪构成要件之间存在逻辑上的从属或者交叉关系

在法条竞合的情况下，犯罪构成要件之间存在逻辑上的从属或者交叉关系。这是法条竞合的逻辑本质。法条竞合现象是法律规定错综复杂的结果，它与法律规定具有密切联系。刑法规定的每一犯罪都反映该种犯罪的本质特征。但是，犯罪现象是复杂的，罪与罪之间都有着不同程度的联系，从而使刑法规定的犯罪构成要件之间产生逻辑上的从属或者交叉关系。

（二）法条竞合的种类

法条竞合的种类是根据互相竞合的两个法条之间的逻辑关系，对法条竞合所作的理论分类。对法条竞合可以作以下分类。

1. 从属关系的法条竞合

从属关系是指两个事项之间具有一种隶属性，其中一个事项是另一个事项的一部分。从属关系是大量存在的，它是事物之间普遍联系的一种表现。在刑法中，同样存在罪名概念之间的从属关系，由此形成法条竞合。所谓从属关系的法条竞合是指在两个罪名概念中，其中一个罪名概念隶属于另一个罪名概念。由于罪名概念之间的这种从属关系的表现不同，从属关系的法条竞合又可以分为以下两种情形。

（1）独立竞合（见图一）

独立竞合是指一个罪名概念的外延是另一个罪名概念的外延的一部分而形成的法条竞合。在独立竞合的情况下，两个法条之间具有一般法与特别法的从属关系，因此，两个法条所规定的犯罪构成要件同样存在这种从属关系。在上述具有从属关系的两个法条中，一般法规定的是属罪名，特别法规定的是种罪名。种罪名由于法律的特殊规定而独立成罪，因而从属罪名中分离出来，两者之间存在排斥关系。显然，如果没有种罪名，则其犯罪行为应当涵括在属罪名之中。因此，当犯罪人实施特别法规定的犯罪行为时，从逻辑上说，其行为同时也符合一般法规定的犯罪构成，从而形成法条竞合。例如，我国《刑法》第 266 条的诈骗罪，是一般法的规定；而第 192 条的集资诈骗罪、第 193 条的贷款诈骗罪、第 194 条的金融凭证诈骗罪、第 195 条的信用证诈骗罪、第 196 条的信用卡诈骗罪、第 197 条的有价证券诈骗罪、第 198 条的保险诈骗罪、第 204 条的骗取出口退税罪、第 224 条的合同诈骗罪，则是特别法的规定。在上述情况下，存在一般法与特别法之间的法条竞合关系。

（2）包容竞合（见图二）

包容竞合是指一个罪名概念的内容是另一个罪名概念的内容的一部分而形成的法条竞合。在包容竞合的情况下，两个法条之间具有整体法与部分法的从属关系。其中，整体法规定的是包容罪名，部分法规定的是被包容罪名。在包容竞合的两个罪名概念中，被包容罪名由于法律规定将其涵括在包容罪名中，因而在特定条件下丧失独立存在的意义，两者之间存在吸收关系。当行为人实施某一犯罪行为，完全符合整体法规定的犯罪构成时，该行为的一部分也必然同时符合部分法规定的犯罪构成，从而形成法条竞合。例如，我国《刑法》第 232 条规定了故意杀人罪，而《刑法》第 239 条又规定杀害被绑架人的应定绑架罪，处死刑，并处没收财产，因此，《刑法》第 239 条关于绑架罪的规定是整体法，《刑法》第 232 条关于故意杀人罪的规定是部分法。在上述情况下，存在整体法与部分法之间的法条竞合关系。

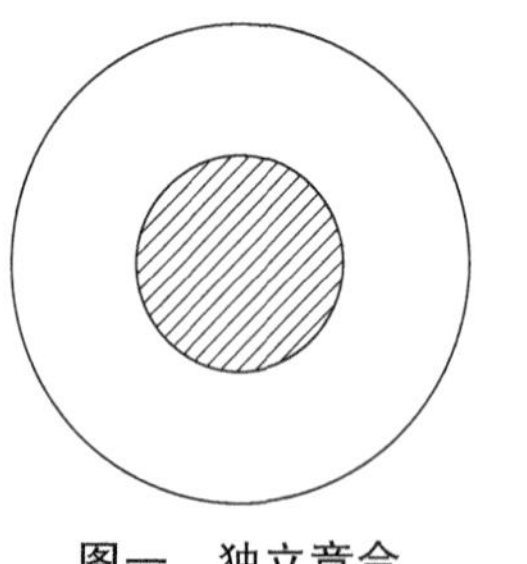

图一　独立竞合

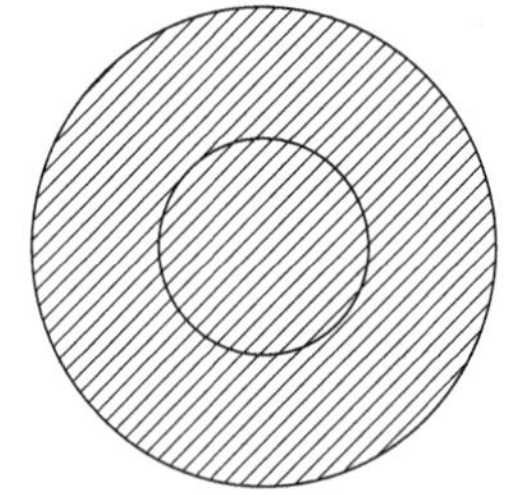

图二　包容竞合

2. 交叉关系的法条竞合

交叉关系是指两个事项之间具有重合性，其中一个事项的内容与另一个事项的内容各有一部分相交。在现实生活中，事物之间的交叉关系也是俯拾皆是的，它反映了客观事物之间千丝万缕的复杂联系。在刑法中，因罪名概念之间存在交叉关系而形成法条竞合。因此，所谓交叉关系的法条竞合是指在两个罪名概念中，其内容各有一部分相交的情形。由于刑法中的罪名概念之间的这种交叉关系的表现不同，交叉关系的法条竞合可以分为以下两种情形。

（1）交互竞合（见图三）

交互竞合是指两个罪名概念之间各有一部分外延互相重合。每个罪名都是独立的，因而绝大多数犯罪的构成要件是互不相同的。但由于犯罪的复杂性和出于立法技术上的考虑，有时两个罪名概念之间会发生部分重合，这就是所谓交互竞合。在交互竞合的情况下，在逻辑上是一种相互的包含关系，法条规定之间存在择一关系。例如，我国《刑法》第 266 条规定了诈骗罪，第 279 条规定了招摇撞骗罪。从客体上说，诈骗罪的客体是财物，而招摇撞骗罪的客体是名誉、地位、职位等，也包括财物，因而立法并没有将财物排除在招摇撞骗罪的客体之外。从犯罪方法上说，诈骗罪在犯罪方法上并无限制，招摇撞骗罪则限于采用冒充国家机关工作人员的方法。因此，从两个法条的内容分析，冒充国家机关工作人员诈骗财物的行为既符合诈骗罪的规定，又符合招摇撞骗罪的规定，两者之间存在交互竞合。

（2）偏一竞合（见图四）

偏一竞合是指两个罪名概念的内容交叉重合，但实际竞合的内容已经超出所重合范围的情形。偏一竞合也是一种交叉关系的竞合，但它不同于交互竞合，因为其内容已经超出重合范围。在偏一竞合的情况下，法条规定之间存在补充关系。例如，我国《刑法》第 240 条规定了拐卖儿童罪，第 262 条规定了拐骗儿童罪。其中，拐卖儿童罪是基本法的规定，而拐骗儿童罪是补充法的规定，两者之间存在基本法与补充法之间的法条竞合关系。

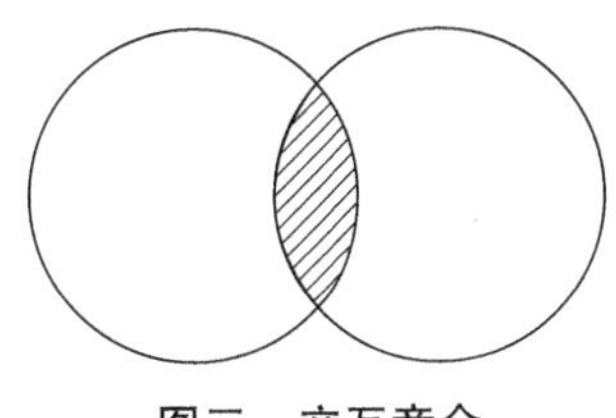

图三 交互竞合

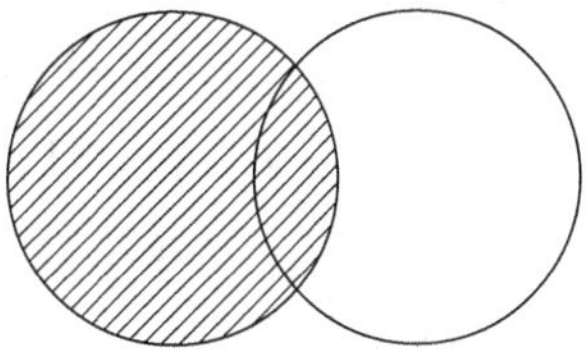

图四 偏一竞合

（三）法条竞合的适用原则

对法条竞合进行研究的目的，是在合理解释的基础上，科学地提出法条竞合的适用原则。法条竞合作为一种法律竞合，在发生竞合的数法条中，只有一法条可适用，其他法条应予排除。从法条竞合的现象看，一行为涉及两个以上法条，这就存在一个如何适用法条，也就是如何定罪的问题。法条竞合适用法律的根据是禁止重复评价，即在互相竞合的数法条中，选择优位法适用。法条竞合具有以下适用原则。

1. 独立竞合的适用原则：特别法优于一般法

独立竞合的两个法条之间存在特殊关系，即特别法与一般法的竞合。在这种情况下，特别法是优位法，应根据特别法优于一般法的原则适用特别法，排斥一般法。例如，《刑法》第 266 条关于诈骗罪的条款中，就有“本法另有规定的，依照规定”的内容。《刑法》的这一规定表明在诈骗罪与其他特殊诈骗罪发生法条竞合的情况下，应以其他特殊诈骗罪论处。当然，在《刑法》有明文规定的情况，应当适用重法优于轻法的原则。例如，我国《刑法》第 149 条第 2 款规定：“生产、销售本节第一百四十一条至第一百四十八条所列产品，构成各该条规定的犯罪，同时又构成本节第一百四十条规定之罪的，依照处罚较重的规定定罪处罚。”这就是我国刑法在一般法与特别法竞合的情况下，重法优于轻法原则的特别规定。有此特别规定的，不适用特别法优于一般法原则，而应适用重法优于轻法原则。

2. 包容竞合的适用原则：整体法优于部分法

包容竞合的两个法条之间存在吸收关系，即整体法与部分法的竞合。在这种情况下，整体法是优位法，应根据整体法优于部分法的原则适用整体法，排斥部分法。例如，我国《刑法》第233条关于过失致人死亡罪的条文中，就有“本法另有规定的，依照规定”的内容，而在《刑法》第133条规定的交通肇事罪的构成要件中包括过失致人死亡的内容。在这种情况下，交通肇事罪的规定是整体法，过失致人死亡罪的规定是部分法，应按照整体法优于部分法的原则，以交通肇事罪论处。

3. 交互竞合的适用原则：重法优于轻法

交互竞合的两个法条之间存在择一关系。在这种情况下，重法是优位法，应根据重法优于轻法的原则适用重法，排斥轻法。至于何为重法、何为轻法，应根据案件的具体情况确定。

4. 偏一竞合的适用原则：基本法优于补充法

偏一竞合的两个法条之间存在补充关系，即基本法与补充法的竞合。在这种情况下，基本法是优位法，应根据基本法优于补充法的原则适用基本法，排斥补充法。例如，在拐卖儿童罪与拐骗儿童罪发生竞合的情况下，拐骗儿童罪体现了对儿童的补充保护。在行为符合拐骗儿童罪的情况下，应以拐骗儿童罪论处；如果行为已经超出拐骗儿童罪的范围，符合拐卖儿童罪的构成要件的，则应按照基本法优于补充法的原则，以拐卖儿童罪论处。

三、想象竞合

（一）想象竞合的概念

想象竞合，又称为想象竞合犯或想象的数罪，是指一个犯罪行为触犯数个罪名的情形。例如，甲意图杀害乙，向乙开了一枪，结果打死一人、打伤一人。甲的这一杀人行为触犯了故意杀人罪和故意伤害罪两个罪名，是想象竞合犯的适例。

想象竞合具有以下特征。

1. 实施一个犯罪行为

所谓一个犯罪行为，指基于一个犯意所实施的行为。想象竞合犯的一行为并不限于故意的犯罪行为，即使是过失的犯罪行为，也不影响想象竞合犯的成立。

2. 触犯了数个罪名

所谓触犯数个罪名，就是一个行为在形式上或外观上同时构成刑法规定的数个犯罪。

3. 数个罪名之间不存在逻辑上的从属或者交叉关系

数个罪名之间不存在逻辑上的复合或者交叉关系，这是想象竞合与法条竞合的区别。例如，盗窃数额较大的通信设施的行为，同时触犯破坏公用电信设施罪和盗窃罪，而且这两种犯罪之间不存在逻辑上的从属或者交叉关系。破坏与盗窃是两种完全不同的表现形式：破坏意在毁灭某种物质或者设施的价值；而盗窃则意在非法占有，使所有权发生非法转移。这两种犯罪在法条上没有任何瓜葛，而是由于犯罪人实施的一个行为，同时触犯了这两个罪名，从而使两者发生关联。

（二）想象竞合的种类

想象竞合根据一行为所触犯的数罪名是同种罪名还是异种罪名，可以分为以下两种类型。

1. 同种类的想象竞合

同种类的想象竞合，是指一行为所触犯的是同种罪名。例如，一枪同时打死两人。在这种情况下，行为人实施的一个犯罪行为造成了两人死亡的结果。在同种数罪并罚的情况下，就出现了是否将同种类的想象竞合视为同种数罪，因而关系到是否并罚的问题。由于我国刑法对同种罪名不并罚，因而同种类的想象竞合并无法律上的意义。

2. 异种类的想象竞合

异种类的想象竞合，是指一行为所触犯的是异种罪名。例如，一枪打死一人又打伤一人。在这种情况下，行为人实施一个犯罪行为分别触犯了故意杀人罪和故意伤害罪，这就出现了是否实行并罚的问题。我国刑法中的想象竞合，主要是指这种异种类的想象竞合。

（三）想象竞合的处理

想象竞合因为一行为而触犯数罪名，在外观上来看，造成两个犯罪结果，具有数罪的特征。但想象竞合只有一行为，若对其论以数罪，势必违反禁止重复评价的原则，因此，在刑法理论上对想象竞合实行从一重罪处断的原则。

四、实质竞合

（一）实质竞合的概念

实质竞合，又称为实质数罪，是指数个犯罪行为触犯数个罪名的情形。

实质竞合具有以下三个特征。

1. 实施数个犯罪行为

实施数个犯罪行为是实质竞合与法条竞合和想象竞合的根本区分。只有实施数个犯罪行为才构成实质竞合，才能对所有数罪进行实质评价。至于数个犯罪行为的性质在所不论，既可能是作为犯罪，也可能是不作为犯罪；既可能是故意犯罪，也可能是过失犯罪。

2. 数个犯罪行为发生在刑罚执行完毕或者赦免以前

在司法实践中，一人实施数个犯罪行为的情形是常见的，并非所有一人实施数个犯罪行为都是实质竞合。根据我国刑法规定，只有在刑罚执行完毕或者赦免以前的数个犯罪行为，包括审判前的数罪、刑罚执行期间发现的数罪和刑罚执行期间所犯的新罪，保外就医、缓刑和假释考验期间所犯新罪。除此以外再犯罪的，在符合累犯条件的情况下应以累犯论处，不属于实质竞合。

3. 数个犯罪行为应予并罚

实质数罪是以并罚为其法律后果的，因而不同于一般的数罪。一般的数罪可以分为并罚的数罪与不并罚的数罪。但实质数罪只包括并罚的数罪，而不包括不并罚的数罪。

（二）实质竞合的认定

实质竞合是以并罚为其法律后果的。因此，虽然是数个犯罪行为但不予并罚的情形就不构成实质竞合。

1. 同种数罪

同种数罪是指行为人实施数个犯罪行为数次触犯同种罪名的情形。同种数罪是异种数罪的对应。异种数罪是指行为人实施数个犯罪行为，数次触犯异种罪名的情形。异种数罪是实行并罚的，因而属于实质竞合。而同种数罪是否属于实质竞合，应根据各国刑法规定而确定：如果刑法规定同种数罪实行并罚的，则同种数罪就是实质竞合；如果刑法规定同种数罪不实行并罚的，则同种数罪就不是实质数罪。在我国刑法中，同种数罪是不并罚的，因而同种数罪在我国刑法中不是实质竞合。

2. 牵连犯

(1) 牵连犯的概念

牵连犯是指以实施某一犯罪为目的，而其犯罪的方法行为或者结果行为又触犯了其他罪名的情况。例如，为了诈骗而伪造公文，该诈骗行为构成了诈骗罪，其方法行为则构成了伪造公文罪，是牵连犯。又如，盗窃一支手枪后把它私藏起来，该盗枪行为构成了盗窃枪支罪，其结果行为又构成了私藏枪支罪。

（2）牵连犯的特征

牵连犯具有以下三个特征。

1）牵连犯必须具有两个以上的犯罪行为，这是构成牵连犯的前提条件。行为人只有实施了数个犯罪行为才有可能构成牵连犯。如果只实施了一个犯罪行为，无法形成犯罪行为之间的牵连关系。例如，某犯罪分子拎包盗窃，把一个军人的手提包给拎走了，打开一看，手提包里有一支手枪。在这种情况下，虽然涉及盗窃罪与盗窃枪支罪两个罪名，但由于行为人主观上没有盗窃枪支的故意，因而不构成盗窃枪支罪。而且，在上述情况中，由于只有一个犯罪行为，不存在牵连的可能。

2）牵连犯的数个犯罪行为之间必须具有牵连关系。所谓牵连关系，是指行为人实施的数个犯罪行为之间具有手段与目的或者原因与结果的关系。也就是说，行为人的数个犯罪行为分别表现为目的行为或原因行为、手段行为或结果行为，并互相依存，形成一个有机的整体。

3）牵连犯的数个行为必须触犯不同的罪名，这是牵连犯的法律特征。牵连犯具有两个以上的危害行为，是事实上的关系；牵连犯触犯两个以上的罪名，是法律上的关系。如果行为人的行为只触犯一个罪名，那就不是牵连犯。例如，犯罪分子盗窃以后销赃的，是否成立盗窃罪与掩饰、隐瞒犯罪所得、犯罪所得收益罪的牵连犯呢？我的回答是否定的。根据我国《刑法》第 312 条的规定，明知是犯罪所得及其产生的收益而代为销售的行为构成掩饰、隐瞒犯罪所得、犯罪所得收益罪。代为销售这一行为特征就排除了盗窃犯本人销售赃物构成掩饰、隐瞒犯罪所得、犯罪所得收益罪的可能性。对于盗窃犯来说，盗窃后的销赃行为只是一种不可罚之事后行为，这种行为并不构成掩饰、隐瞒犯罪所得、犯罪所得收益罪，因而不能成立牵连犯。

（3）牵连犯的性质

牵连犯是否属于实质竞合，也应根据各国刑法规定而确定：如果刑法规定牵连犯实行并罚的，则牵连犯属于实质竞合；如果刑法规定牵连犯不实行并罚的，则牵连犯不属于实质竞合。我国刑法关于牵连犯是否实行并罚的规定较为特殊，对于牵连犯既有实行数罪并罚的规定，又有从一重罪处断的规定。例如，根据《刑法》第 198 条第 2 款的规定，投保人、被保险人故意造成财产损失的保险事故，骗取保险金；投保人、受益人故意造成被保险人死亡、伤残或者疾病，骗取保险金，同时构成其他犯罪的，依照数罪并罚的规定处罚。在这种情况下，行为人实施故意杀人等手段制造保险事故诈骗保险金的，是手段行为与目的行为的牵连。对此，刑法明文规定实行数罪并罚。而《刑法》第 399 条第 4 款规定，司法工作人员贪赃枉法，其行为又构成受贿罪的，依照处罚较重的规定定罪处罚。在这种情况下，行为人收受贿赂以后为他人谋取利益的行为又触犯了徇私枉法等罪名，是原因行为与结果行为之间的牵连。对此，刑法明文规定从一重罪处断。在上述两种刑法有明文规定的情况下，应当按照刑法规定分别实行数罪并罚或者从一重罪处断。在刑法没有明文规定的情况下，则仍应按照刑法理论，对于牵连犯从一重罪处断。根据上述情形，刑法规定实行并罚的牵连犯是实质竞合；刑法规定不实行并罚以及刑法没有规定的牵连犯则不属于实质竞合。

3. 吸收犯

吸收犯是指一个犯罪行为为另一个犯罪行为所吸收，而失去独立存在的意义，仅以吸收的行为论罪，对被吸收的行为不再予以论罪的情形。吸收犯存在两个犯罪行为，但这两个犯罪行为之间存在吸收关系。这里的“吸收关系”，存在以下三种情形。

（1）重行为吸收轻行为

这里的“重”“轻”是根据行为的性质确定的，主要是指行为的法益侵害程度。例如，一个人先非法制造枪支，后又将其所制造的枪支予以私藏，就应以非法制造枪支行为论罪，而将私藏枪支的行为予以吸收。

（2）主行为吸收从行为

这里的“主”“从”是根据行为的作用区分的，在共同犯罪中起辅助或次要作用的是从行为，其余的是主行为。例如，甲先教唆乙去杀人，后又提供杀人工具。在这种情况下，一个犯罪人兼有教唆犯和帮助犯双重身份，在刑法理论上称为共犯的竞合。在此，教唆是主行为，帮助是从行为，应以教唆行为吸收帮助行为。

（3）实行行为吸收非实行行为

这里的“实行行为”与“非实行行为”是根据刑法规定划分的：实行行为是由刑法分则加以规定的行为，而非实行行为是由刑法总则加以规定的行为。例如，行为人先帮助他人杀人，后又一起参与实施杀人。在这种情况下，杀人的实行行为吸收杀人的帮助行为。吸收犯虽具有两个犯罪行为，但并不实行并罚，因而不属于实质竞合。

（三）实质竞合的处理

实质竞合，也就是实质数罪，而实质数罪可以分为同种数罪与异种数罪。根据我国刑法规定，只对异种数罪实行数罪并罚，对同种数罪并不实行并罚。

第 14 章　刑罚概说

一、刑罚的概念

刑罚是国家创制的、对犯罪分子适用的特殊制裁方法，是对犯罪分子某种利益的剥夺，并且表现出国家对犯罪分子及其行为的否定评价。对于刑罚的本质，可以从以下 3 个方面加以理解。

（一）刑罚权

刑罚是国家创制并且以国家的名义适用与执行的，因此，在理解刑罚概念的时候，首先就涉及刑罚权问题，也就是从刑罚与国家的关系上来探讨刑罚的本质。

刑罚权是国家基于独立主权对犯罪人实行刑事制裁的权力。刑罚权是国家权力的外在表现形式之一，它是一种国家权力。因此，刑罚权的存在是以国家权力为前提的，两者密切相关。在这个意义上说，刑罚权属于公刑权，以区别于私刑权。

刑罚权不是抽象与空洞的，它必然通过一定的方式表现出来，而且在刑事法律活动的不同阶段，具有不同的表现，这就是刑罚权的种类。下面分别加以论述。

1. 制刑权

刑罚权作为一种国家权力，首先表现为制刑权即刑罚的创制权。从广义上来说，制刑权的内容包括：（1）废，即废止某一种刑罚制度的权力。（2）改，即修改某一种刑罚制度的权力。（3）立，即确立某一种刑罚制度的权力。对刑罚制度的废、改、立，就是制刑权的全部内容。制刑权是刑罚权的重要表现形式之一，它是由国家权力机关直接以国家名义行使的，因而具有十分重要的意义。

2. 求刑权

刑罚创制以后，还要适用于一定之人。这就发生了由谁通过何种方式请求对犯罪人适用刑罚的问题。这种请求对犯罪人予以刑罚处罚的权力，便是求刑权，也就是起诉权。在古代社会，求刑权往往授予被害人。随着国家权力的扩张，求刑权被收归国家所有，并被授予检察机关行使，表现为公诉的形式，因而成为国家权力的重要组成部分。但在少数情况下，求刑权仍由个人（一般是被害人）行使，以自诉的形式出现。显然，自诉案件中的求刑权是个人权利，而不属于国家刑罚权的范畴。

3. 量刑权

在提起刑事诉讼以后，就发生了一个刑罚裁量的问题。根据求刑权而决定是否科刑以及科处何种刑罚的权力，就是量刑权。量刑权包括是否科刑与科处何种刑罚两个方面的内容。是否科刑，是指在确定被告人的行为是否构成犯罪的基础上，决定其应否受刑罚处罚。科处何种刑罚，则是指在确定对犯罪人应当科刑的基础上，确定刑罚的具体种类和分量。

4. 行刑权

量刑权只是解决了刑罚的裁量问题。判决书所确定的刑罚还有待于付诸实施，这就发生了一个刑罚执行的问题。行刑权，就是对犯罪人执行刑罚的权力。行刑权是量刑权的自然延伸，但它又不是量刑权的消极依附物，而是有其积极的内容，因而应当引起高度的重视。

（二）刑罚的内在属性

刑罚是对犯罪分子某种利益的剥夺，并且表现出国家对犯罪分子及其行为的否定评价。因此，我国刑罚的内在属性是惩罚和教育。在某种意义上可以说，我国刑罚是惩罚与教育的辩证统一。通过揭示刑罚的内在属性，可以科学地界定刑罚的内涵。

1. 刑罚的惩罚性

刑罚与惩罚具有紧密、不可分离的联系，这是一个众所周知的常识。在这个意义上说，惩罚是刑罚的题中应有之义，没有惩罚，也就没有刑罚。刑罚的惩罚性，主要是通过对犯罪人的某种利益或者权利的剥夺而实现的。各种刑罚方法剥夺的利益或者权利的内容是有所不同的，正是根据这种剥夺的利益和权利的不同，刑罚可以分为生命刑、自由刑、财产刑和资格刑。生命刑以剥夺犯罪人的生命为内容，其惩罚性是不言而喻的。自由刑以剥夺犯罪人的人身自由为内容，使犯罪人遭受铁窗之苦，以示惩罚。财产刑包括没收财产和罚金，前者是对犯罪分子个人所有的财产的一部或全部的剥夺，后者是强制犯罪分子向国家缴纳一定的金钱，无论是前者还是后者，都使犯罪分子的财产遭受损失，从而体现出刑罚的惩罚性。资格刑以剥夺犯罪人的一定的政治权利或者其他权利为内容，使犯罪人参加国家政治活动或者管理活动的权利化为乌有，借此表达刑罚惩罚的意蕴。毫无疑义，揭示刑罚的内在属性，首推惩罚性。要使刑罚发挥惩治犯罪的作用，就要通过刑罚给犯罪分子造成一定的痛苦，剥夺其一定的权利与利益。这种痛苦和一定权利与利益的剥夺恰恰是刑罚赖以存在的基础。如果没有惩罚这一属性，刑罚就失去了其特性而不成其为刑罚。应该指出，惩罚虽然是刑罚的内在属性，是一切刑罚都具有的共性，但在刑罚进化的不同历史时期，刑罚惩罚性的具体表现形态是有所不同的。从残酷到轻缓，就是刑罚进化的一般规律。

2. 刑罚的教育性

刑罚不仅是对犯罪人的一定权利和利益的剥夺，还表明国家对犯罪分子及其行为的否定评价，并且从道义上谴责犯罪分子，这对于犯罪人以及其他人都寓有教育的意蕴。因此，教育也是刑罚的内在属性之一。教育作为刑罚的属性，在历史演变过程中，在各个时期的刑罚中所占的比重及表现方式是有所不同的。在我国的蒙昧时代和西方的复仇时代，刑罚的惩罚性居于核心地位，刑罚的教育性是微乎其微的。在西方的威吓时代，刑罚的教育性主要表现为用残酷的刑罚进行恫吓。当然，与此同时，我国和西方历史上主张发挥刑罚的感化作用的思想家也不乏其人。显然，与恫吓相比，感化与我们现在所说的教育，距离更为接近。及至近代西方教育刑兴起，更是将教育视为刑罚的本质特征。应该说，教育因素在刑罚属性中地位的加强，正是刑罚进化的必然结果。我国的刑罚特别重视刑罚的教育性，通过对犯罪的谴责，使犯罪分子认罪服法，在思想上受到深刻的教育。因此，如果没有教育这一因素，刑罚同样不成其为刑罚。而且可以肯定，随着社会进步、文化发展，刑罚的教育性这一属性将在我国刑罚中越来越占重要地位。

3. 刑罚是惩罚与教育的辩证统一

在我国刑罚中，惩罚与教育这两个属性是有机地结合在一起的，互相不可分离。首先，惩罚不能离开教育，没有教育内容的单纯的惩罚不是我国刑法中的刑罚。其次，教育也不能离开惩罚，刑罚的教育性必然要以惩罚为前提，没有惩罚内容的单纯的教育也不成其为刑罚。在这个意义上，作为刑罚内在属性的惩罚性与教育性，是互为条件、互为前提的，两者不能互相分离而独立存在。刑罚的惩罚与教育的统一就是我国刑法一再强调的惩罚与教育相结合的原则，我们应当从惩罚与教育相结合的意义上，科学地揭示刑罚的内在属性。

（三）刑罚的外在特征

刑罚的内在属性，必然通过一定的形式表现为外在特征。根据刑罚的外在特征，我们可以界定刑罚的外延，把它与其他法律强制方法相区别。我认为，刑罚同其他法律强制方法相比较，具有以下三个特征。

1. 强制程度的严厉性

刑罚是最严厉的一种强制方法，这在它所剥夺的权利与利益上得到充分体现。刑罚可以剥夺犯罪人的权利、财产、人身自由乃至生命，可以说是生杀予夺在此一举，其强制程度的严厉性昭然可见。而其他任何强制方法，都不可能达到这样严厉的程度。

2. 适用对象的特定性

刑罚只能对其行为触犯刑律、构成犯罪的人适用，无罪的人绝对不受刑事追究。可以说，将刑罚的适用对象限于犯罪人是刑罚正当性的基本前提，也是刑罚与其他法律强制方法的根本区别之一。

3. 法律程序的专门性

刑罚只能由人民法院代表国家依照专门的法律程序适用。为了使刑罚适用公正、合理，我国专门颁布了《刑事诉讼法》。人民法院追究犯罪分子的刑事责任，对犯罪分子适用刑罚必须按照《刑事诉讼法》所规定的管辖权限、诉讼程序进行，否则就是非法的；至于其他法律强制方法，则按照其他的程序适用，两者有着根本区别。

二、刑罚的功能

刑罚的功能，是指国家创制、适用与执行刑罚所可能产生的积极的社会作用。如果说，刑罚的内在属性是惩罚与教育，是从静态上揭示刑罚的本质特征，那么，刑罚的功能应当是刑罚的内在属性在其运动过程中的外在表现，是刑罚内在属性的外化，是从动态上考察刑罚这一法律制度。刑罚的功能与国家刑事法律活动是密不可分的，它只能表现在国家创制、适用与执行刑罚的过程中。因此，只有结合刑事法律活动的过程，才能科学地揭示刑罚的功能。刑罚的功能还表现为刑罚的社会作用。它不仅发生在犯罪人身上，而且发生在受害人、社会上的不稳定分子以及其他社会成员身上，我们不能因为刑罚仅适用于犯罪分子而否定刑罚对犯罪分子以外的人也会发生社会影响。刑罚的功能不仅是一种社会作用，而且是一种可能产生的积极的社会作用。所谓可能产生，是指刑罚的功能还只是蕴含在刑罚之中的一种客观的现实可能性，它的发挥与实现还有待于刑事法律活动的完成。所谓积极，是指刑罚的功能有消极与积极之分，消极的作用也是客观存在的，因而是不可否认的。在此，只是在积极意义上探讨刑罚的功能。

（一）剥夺功能

刑罚的剥夺功能是针对犯罪人而言的，对犯罪人的权利与利益予以剥夺，是刑罚的首要功能，也是刑罚最直观的外在表现。同时，刑罚的剥夺功能还对刑罚的其他功能具有制约作用，是刑罚其他功能发挥的重要前提，离开了刑罚剥夺功能，刑罚的其他功能也就无从谈起。

对犯罪分子的权利与利益的剥夺，是犯罪人实施犯罪行为的法律后果。刑罚具有弃恶扬善、制止犯罪、伸张社会正义的特殊作用，而剥夺功能便是刑罚这种作用的直接体现。正是基于这样一种考虑，对犯罪分子剥夺的权利与利益应当尽可能地和犯罪分子的犯罪行为所侵犯的权利与利益相适应。刑罚中的剥夺功能，在剥夺的权利与利益上尽可能地类似于犯罪所侵害的客体。这是现代各国刑罚种类设置的一条不可忽视的原则。例如，对于谋杀等十分严重的犯罪规定死刑，剥夺犯罪人的生命；对于经济犯罪与财产犯罪，除规定自由刑，甚至个别规定死刑以外，大多还规定财产刑，剥夺犯罪人的财产。凡此种种，无不是奠基于报应的剥夺功能的表现。

剥夺功能不仅是报应的体现，而且是预防犯罪的具体措施。在这个意义上，剥夺功能应当是指对于犯罪人再犯能力的剥夺。例如，龙勃罗梭根据天生犯罪人论认为，人类社会中既然存在这些特殊的犯罪人的类型，就必然会给社会带来危险状态。因此，龙勃罗梭主张依据这些犯罪人的特殊的、明显的生理烙印，不等到他们犯下某种罪行，就采取断然的社会保护措施，用人工选择的方法，来消灭人类中的坏分子，即对先天犯罪人处以死刑、终身隔离、流放荒岛、消除生殖机能等刑罚。此后，李斯特提出教育刑论，主张要根据犯罪人的具体情况，进行教育改造，使其尽快复归社会，从而达到保卫社会的目的。

对于剥夺功能中的报应与预防，可以作不同的理解，在刑法理论上，也确实有些学者把这两种剥夺功能截然对立起来，在现实生活中也不可否认两者存在客观差别。但是，我认为，剥夺功能中的报应与预防还是可以统一的，事实上，各国刑法也无不力求其统一。例如，对于将财产作为工具进行经济犯罪的犯罪分子适用财产刑，一方面是基于报应，因其侵犯他人财产而剥夺其财产；另一方面是基于预防，因其有可能利用财产再次犯罪而剥夺其财产。又如，对于利用政治权利进行犯罪的犯罪分子适用剥夺政治权利，一方面是基于报应，因其侵犯他人政治权利而剥夺其政治权利；另一方面是基于预防，因其有可能利用政治权利再次犯罪而剥夺其政治权利。

（二）矫正功能

同剥夺功能一样，矫正也是针对犯罪人的刑罚功能，并且是最主要的功能之一。如果说，刑罚的剥夺功能具有十分悠久的历史，甚至可以说是刑罚与生俱来的功能，那么，刑罚的矫正功能则是近代才提出来的，它的提出，是人类对刑罚现象的认识的又一次升华。刑罚的剥夺功能主要表现在量刑过程中，行刑是剥夺功能具体实现的过程，而刑罚的矫正功能则主要发生在行刑阶段。

对犯罪分子的矫正不仅是必要的与有益的，而且是完全可能的。这里涉及对犯罪分子矫正的可能性问题。矫正的可能性是由人的思想的可塑性所决定的。世界是一个运动、变化的过程，立足于现实世界的人，是各种社会关系的主体，也在这种不断的运动、变化中调整自己的行为。人不仅是自然的产物，更重要的是社会的产物。人的思想既不是天生的，也不是头脑里固有的，而是来自社会实践。人的意识，包括犯罪分子的思想意识，是自然界和社会客观存在的事物在其头脑中的反映。正是在这个意义上而言，人是可以改造的。我国刑罚制度体现了对犯罪分子进行矫正这样一种思想。例如，我国刑法中的无期徒刑和有期徒刑，是将犯罪分子关押在监狱或者其他场所进行劳动改造；我国刑法还规定了“死缓”制度，对判处“死缓”的罪犯，强制实行劳动改造。

（三）感化功能

感化功能是针对犯罪分子而言的，它主要体现了刑罚的教育性。刑罚的感化功能是指通过区别对待、宽大处理等一系列政策与制度，使刑罚对犯罪分子产生心理上的感受和影响。

我国刑罚的感化功能，是宽严相济刑事政策的直接体现。根据宽严相济的刑事政策，在处理刑事案件的时候，应当分清不同情况，实行区别对待：该宽则宽、该严则严，宽严有度、宽严有据。这一刑事政策在我国刑法中得到具体体现：我国刑法规定了自首、缓刑、减刑、假释、“死缓”等刑罚制度以及一系列从轻、减轻或者免除处罚的量刑情节，这些制度与从宽处理的情节，都体现了国家对犯罪分子宽大处理的政策精神，可以消除犯罪人的抵触情绪，使其自觉地接受加于自己身上的刑罚，从而对犯罪分子起到攻心作用。许多犯罪分子在受到法律的宽大处理以后，都对政府感恩不尽，决心改恶从善、脱胎换骨、重新做人，这就是刑罚通过宽大处理而感化罪犯的最好说明。对犯罪分子的刑罚感化，不仅体现在量刑过程中，而且体现在行刑过程中。行刑既不单纯是对犯罪分子的权利与利益的剥夺，也不仅仅是对犯罪分子的改造，而且是通过各种措施，感化犯罪人。只有这样，才能收到良好的效果。我国刑罚之所以强调感化功能，还立足于这样一种基本思想：犯罪分子也是人。尽管有些犯罪分子在长期的恶劣环境中，丧失了人之为人的理智与感情，形成变态的心理，有些甚至变成丧心病狂的亡命之徒，但这些犯罪分子仍然是人，对外界的刺激不会无动于衷，也还会有人的感情需求。在这种情况下，在根据其所犯罪行予以严肃的法律制裁的同时，应动之以情、晓之以理，打动心灵、启迪理智。因此，刑罚的感化功能是使犯罪分子成为新人的有效方式。

（四）威慑功能

刑罚的威慑功能历来受人们重视，在有些时代，甚至被夸张到不恰当的程度。例如，中国历史上的法家代表人物韩非就主张以重刑进行威慑，所谓“重一奸之罪而止境内之邪”。在西方历史上的威吓时代，也无不迷信重刑的威吓作用。及至近代，费尔巴哈更是以心理强制说著称于世，而心理强制说的核心就是用法律进行威吓。我认为费尔巴哈过分夸大刑罚的威慑功能固然是不妥的，但根本否认刑罚具有威慑作用，同样是令人难以信服的。实际上，刑罚的威慑作用是客观存在的，我们应当予以充分重视。

刑罚的威慑功能，有个别威慑与一般威慑之分。

个别威慑是指刑罚对犯罪分子产生的威吓、慑止作用。个别威慑又可以分为行刑前威慑与行刑后威慑。行刑前威慑是指犯罪分子在受到刑罚惩罚前，基于对刑罚的畏惧而采取放弃犯罪或者争取宽大处理的行为。犯罪分子是具有正常理智的人，是在意志自由的情况下实施犯罪的，除个别激情型或义愤型犯罪具有突发性，往往缺乏对本人行为后果的预见以外，在大多数情况下，犯罪分子都是了解法律规定，对自己行为的法律后果有所预见，基于本身的愿望而选择犯罪的。因此，犯罪分子虽然没有亲身感受过刑罚的惩罚，但刑罚的存在无疑是对犯罪分子的强大阻止，对犯罪分子具有威慑作用。行刑后威慑是指刑罚的实际执行使犯罪分子因畏惧再次受刑而不敢再犯罪。犯罪分子往往具有侥幸心理，行刑前威慑虽然具有一定的作用，但犯罪分子会因心存侥幸而不顾刑罚的威慑以身试法。为此，通过对犯罪分子适用刑罚，使之亲身体验受刑之苦，认识到犯罪必须以受惩罚为代价，任何侥幸都是枉然，从而产生犯罪与刑罚之间具有必然联系的确信。这样，犯罪分子就会消除犯罪动机，抑制犯罪意念，使再犯心理不外化为再犯行为。

一般威慑是指刑罚对潜在犯罪人发生的威吓、慑止作用。一般威慑又可以分为立法威慑与司法威慑。立法威慑是指国家以立法的形式将罪刑关系确定下来，通过刑法规定犯罪是应受刑罚惩罚的行为，并具体列举各种犯罪应当受到的刑罚处罚。这就为全社会提供一份罪刑“价目表”，使知法欲犯者望而止步、悬崖勒马。司法威慑是指法院对犯罪分子适用刑罚，行刑机关对已决罪犯执行刑罚，使意欲犯罪者因目击他人受刑之苦而从中得到警戒。应当指出，立法威慑和司法威慑是互相联系、不可分割的，不能片面地强调立法威慑而忽视司法威慑，实际上，没有立法威慑，就不可能有后来的司法威慑；而没有司法威慑，立法威慑也不可能产生应有的效果。在这个意义上说，费尔巴哈和菲兰吉利的观点都是片面的。费尔巴哈主张立法威慑，否认司法威慑，认为要使人们确信犯罪与刑罚之间的联系具有必然性，必须借助立法活动，因为：适用刑罚的司法活动只表明某一种犯罪与刑罚具有必然的联系，然而，人们的视野有限，不可能同时目睹各种犯罪都受到刑罚惩罚，无法确信所有犯罪都会受到刑罚惩罚，无法确信所有犯罪都会招致受刑之苦，因而难收威慑效果。而唯有立法威慑，才能收一般威慑之效果。菲兰吉利则主张司法威慑，否认立法威慑，认为立法威慑只是纸上谈兵式追求刑罚的威慑作用，唯有司法威慑，通过行刑才能收到真实的威慑效果。

个别威慑与一般威慑是辩证统一的，将两者割裂开来或者对立起来的观点都是错误的。如果只考虑个别威慑而不考虑一般威慑的需要，个案的处理效果会对社会产生不良的影响。同理，如果脱离个别威慑，过分强调一般威慑，甚至为追求一般威慑的效果不惜加重对犯罪人的刑罚，这当然是不公正的。

（五）鉴别功能

刑罚的鉴别功能，是刑罚的教育性的直接体现。鉴别的实质就是教育，通过刑罚的创制、适用及执行，帮助犯罪分子以及其他社会成员划清罪与非罪的界限，从而提高法制观念。刑罚的鉴别功能是对刑罚的威慑功能的必要补充，因为刑罚的威慑功能存在一个十分重要的缺陷，就是只对知法已犯者或知法欲犯者产生影响，而对于不知法已犯者或不知法欲犯者毫无影响。为此，就需要通过刑罚的鉴别功能发挥明辨是非的作用。因此，鉴别功能也具有十分重要的意义。

鉴别是刑罚对社会上的其他人所产生的认清某一行为的性质的作用。首先，刑罚功能对于不知法而欲犯者具有鉴别功能。在司法实践中，经常发生这样的情形：有些人已经产生实施某一行为的意念，但并不知道这一行为是犯罪。在这种情况下，如果在其实施这一犯罪行为之前，通过一定的方式告知其行为是犯罪的，就会使之不付诸实施。而对实施同样或者类似行为的犯罪人适用刑罚，就是最佳方式。其次，刑罚对于自发守法者也具有这种鉴别功能，以促使其向自觉守法者转化。自发守法者尽管没有产生犯罪的意念，是一个合格的守法公民，但他这种守法不是建立在对法律内容的了解与对守法价值的认识基础之上的，而是较为被动地、消极地守法。通过对犯罪分子适用刑罚，可以帮助这些人了解法律内容、认识守法价值，因而具有鉴别功能。

（六）补偿功能

犯罪作为一种危害社会的行为，一般都存在被害人。被害人因受到犯罪的侵害而在物质上受到了不同程度的损失，因而要通过对犯罪分子适用刑罚，一方面满足被害人的报应心理，另一方面使被害人获得一定的经济补偿。因此，刑罚对被害人具有补偿功能。对于被害人遭受经济损失的，我国刑法对犯罪分子除依法给予刑事处分外，并应根据情况判其赔偿被害人经济损失。为了实现刑罚的补偿功能，我国《刑事诉讼法》第101条专门对刑事附带民事诉讼作了规定。所有这些规定，都是使被害人的物质损失得到补偿的法律保障。

（七）安抚功能

刑罚的安抚功能是刑罚的重要功能之一。犯罪行为对社会造成侵害，破坏了社会秩序，引起被害人的激愤与其他人的义愤。在这种情况下，通过对犯罪分子适用刑罚，可以平息民愤，满足社会公正的复仇要求。因此，安抚功能首先是对被害人的功能，满足被害人要求惩罚犯罪分子的强烈愿望，抚慰其受到的精神创伤，并使其尽快从犯罪所造成的痛苦中解脱出来。其次，安抚功能也是对社会上其他成员的功能，对犯罪分子处以刑罚体现了社会的正义要求，恢复被犯罪行为破坏了的心理秩序。

（八）鼓励功能

刑罚只能对犯罪分子适用，但其影响却涉及整个社会，对社会全体成员都发生作用。我们不赞成那种把社会全体成员作为刑罚威慑对象的观点，但并不能由此否认刑罚对守法公民也有影响。如果说，刑罚之于犯罪分子主要表现为剥夺、之于潜在犯罪人主要表现为威慑，这都是一种否定的功能，那么，刑罚之于守法公民，则主要表现为鼓励，这是一种肯定的功能，其结果在于强化公民的守法意识。

应当指出，刑罚的上述功能是客观存在的，无论人们是否认识到这些功能，它都不以人的意志为转移。但是，刑罚的这些功能虽然是客观存在的，它的付诸实施却有赖于刑事法律活动，在一定的意义上取决于人如何去发挥它。历史上的立法者与司法者，有的追求刑罚的剥夺功能，有的追求刑罚的威慑功能，因而各个历史时期刑罚功能的实际效果存在巨大差异。这就存在一个主观选择的问题，这个问题已经超出了刑罚功能的范畴，而涉及刑罚目的问题，即根据一定的预定目标发挥刑罚的功能。

三、刑罚的目的

刑罚目的是刑法理论中一个极为重要的问题，它对于刑罚的创制与适用，都有着直接的指导意义。

（一）刑罚的报应目的

报应是指对某一事物的报答或者反应。在刑法理论中，作为刑罚目的，报应是指将刑罚视为对犯罪的一种回报、补偿的观点学说。报应是一种十分古老的观念，作为一种理论形态，它经历了从神意报应到道义报应，再到法律报应这样一个演进过程。尽管在各种报应刑论之间存在理论上的差异，但贯彻始终是报应的基本精神，即根据已然之罪确定刑罚及其惩罚程度，追求罪刑之间的对等性。因此，报应理论被称为一种回溯性的惩罚理论。

1. 道义报应

道义报应是指根据犯罪人的主观恶性程度实行报应。根据道义报应的观点，对犯罪人发动刑罚，应以其道德罪过为基础，使刑罚与道德充分保持一致。道义报应的本质是将刑罚奠基于主观恶性，予以否定的伦理评价。道义报应揭示了刑罚的伦理意义，因而是刑罚的题中应有之义。

2. 法律报应

法律报应是指根据犯罪的客观危害程度实行报应。根据法律报应的观点，对犯罪人发动刑罚，应以其客观上对社会造成的危害为基础。法律报应将刑法与道德加以区分，认为犯罪的本质并不是一种恶，尤其不能把罪过视为犯罪的本质而满足于对犯罪的否定的道德评价，而是强调犯罪是在客观上对法秩序的破坏，刑罚是对犯罪的否定。

3. 道义报应与法律报应

道义报应以道德罪过作为报应的根据，而法律报应以法律规定的客观危害作为报应的基础，两者存在明显的差别。但道义报应与法律报应都是对已然的犯罪的一种报应，是对已然的犯罪人予以否定的伦理的与法律的评价，使刑罚兼具伦理上之必要性与逻辑上之必要性，从而体现社会伦理与法律的尊严，因而道义报应与法律报应具有内在同一性。

（二）刑罚的预防目的

预防是指对某一事物的预先防范。在刑法理论中，作为刑罚目的，预防是指通过对犯罪人适用刑罚，实现防止犯罪发生的社会功利效果。预防同样是一种古老的观念，作为一种理论形态，存在个别预防论与一般预防论之分。预防观念经历了从威吓到矫正的演进过程。尽管各种预防刑论之间存在理论上的差异，但预防刑论的内在逻辑是一致的，即根据未然之罪确定刑罚及其惩罚程度。因此，预防理论被称为一种前瞻性理论。

1. 个别预防

个别预防，又称特殊预防，是指通过对犯罪人适用一定的刑罚，使之永久或在一定期间内丧失再犯能力。个别预防最初是通过对犯罪人的肉体折磨而实现的，例如亡者刖足、盗者截手、淫者去势等，使犯罪人丧失犯罪能力。随着人类文明的发展、人道主义的勃兴，这种残酷的刑罚受到猛烈抨击，以矫正为主要内容的近代个别预防论得以产生。矫正论注重消除犯罪人的人身危险性，通过生理与心理的矫治方法，使犯罪人复归社会。

2. 一般预防

一般预防，是指通过对犯罪人适用一定的刑罚，对社会上的其他人，主要是指那些潜在的犯罪人，产生的阻止其犯罪的作用。一般预防的核心是威吓，威吓是借助于刑罚性对社会成员产生的一种威慑、阻吓效应。古代社会刑罚威吓是建立在恐怖之上的，并以人的肉体为祭品，这是一种感性的威吓。以恐怖为特征的刑罚威吓是专制社会的特征，当各种专制社会需要以恐怖来维持的时候，刑罚就成为制造恐怖的工具。以肉体威吓为特征的专制社会刑罚的一般预防目的，在 18 世纪经由启蒙运动的努力，导致以心理威吓为特征的市民社会刑罚的一般预防理念的建立。其中，费尔巴哈的心理强制说最为著名。费尔巴哈提出了用法律进行威吓这句名言，认为为了防止犯罪，只有抑制行为人的感性的冲动，即科处作为恶性害的刑罚，并使人们预先知道因犯罪而受刑的痛苦大于因犯罪所能得到的快乐，才能抑制其心理萌发犯罪的意念。在费尔巴哈的心理强制说之后，又发展出追求多元的一般预防作用的多元遏制论和以忠诚为内容的积极的一般预防论。

3. 个别预防与一般预防

个别预防与一般预防在刑罚预防的对象上有所不同：个别预防是以已然的犯罪人为作用对象的，目的在于防止社会上的其他成员犯罪。尽管在预防对象上存在差别，但无论是个别预防还是一般预防，其共同目的都在于预防犯罪，由此决定了两者本质上的共同性。不仅如此，个别预防与一般预防还具有功能上的互补性。例如，刑罚威慑功能中，个别威慑与一般威慑是辩证统一的，将两者割裂开来或者对立起来的观点都是错误的。如果只考虑个别威慑而不考虑一般威慑，个案的处理效果会对社会产生不良的影响；同样，如果脱离个别威慑，过分强调一般威慑，甚至为追求一般威慑的效果不惜加重对犯罪人的刑罚，这是有悖于公正的。

（三）刑罚目的二元论

在刑罚目的问题上，长期以来存在报应主义与预防主义之争：前者主张以报应为目的，后者主张以预防为目的。两者均具有一定的合理性，又具有难以克服的片面性。在这种情况下，人们开始思考这样一个问题：报应与预防是否一定势不两立、难以相容？对此思考的结果便是一体论的崛起。一体论的基本立论在于：报应与功利都是刑罚赖以存在的根据，因此，刑罚既回顾已然的犯罪，也前瞻未然的犯罪。对于已然的犯罪，刑罚以报应为目的；对于未然的犯罪，刑罚以预防为目的。在预防未然的犯罪上，刑罚的目的既包括防止犯罪人再犯的个别预防，也包括阻止社会上其他人初犯的一般预防。一体论的提出，在一定程度超越了报应刑与预防刑之争，试图将报应与预防兼容在刑罚目的之中。我认为，一体论的思想是可取的，在此基础上，可以提出刑罚目的二元论的命题。

首先，报应与预防是否截然对立，即两者是否存在统一的基础？我认为，报应与预防虽然在蕴意上有所不同，但从根本上仍然存在相通之处：报应主义强调刑罚的正当性，反对为追求刑罚的功利目的而违反刑罚正义性。但在不违反刑罚正义性的情况下，可以兼容预防的思想。同样，预防主义强调刑罚的功利性，反对为追求刑罚的报应目的而不顾刑罚的功利性。这种刑罚的报应目的在不违反刑罚功利性的情况下，同样可以兼容报应的思想。可以说，没有脱离预防思想的绝对报应，也没有脱离报应思想的绝对预防。从更深层次上说，报应与预防的关系是正义与功利的关系：报应体现了刑罚的正义性，正义要求某一事物的存在要有其内在的正当根据；表现在刑罚上，就是刑罚必须建立在罪有应得的基础上。报应是决定着刑罚正当性的目的，是刑法保障机能的体现。预防体现了刑罚的功利性，功利是以最大多数人的最大幸福为目的，为实现这一目的，可以付出一定的代价而不失其正当性；表现在刑罚上，就是刑罚必须以预防犯罪为根据。因此，预防是决定着刑罚效益性的目的，是刑法保护机能的反映。我们追求的，应当是公正的功利。

其次，报应与预防的统一，还存在一个如何统一的问题，即是以报应为主还是以预防为主。一般认为，报应与预防在刑罚目的的体系中并非并列的关系，报应是对刑罚的前提性的限制，而预防是对刑罚的价值性的追求。前者可以表述为“因为”，后者可以表述为“为了”。我认为，“因为”与“为了”都是人的行动的内在根据。在刑罚中，因为一个人犯罪才惩罚他，表明刑罚的这种报应是正当的；为了本人和其他人不再犯罪而加以惩罚，表明刑罚的这种预防是合理的。当然，就报应与预防两者而言，我认为应当以报应为主、预防为辅，即以报应限制预防，在报应限度内的预防才不仅是功利的而且是正义的，超出报应限度的预防尽管具有功利性但缺乏正义性。

最后，报应与预防的统一，并且以报应为主、预防为辅，指的是在刑罚总体上报应为主要目的、预防为附属目的，从而保持刑罚的公正性与功利性。但这并不意味着在刑事活动的各个阶段，报应与预防没有轻重之分。我认为，在刑事活动中，应当同时兼顾报应和预防这两个目的，但在刑事活动的不同阶段，两者又有所侧重：第一，刑罚创制阶段，实际上是刑事立法的过程。在这一阶段，立法者考虑的是需要用多重的刑罚来遏制犯罪的发生，因此，一般预防的目的显然处于主导地位，但对一般预防的追求又不能超过报应的限度。并且，在对不同犯罪规定轻、重有别的刑罚的时候，又应当兼顾刑罚的报应目的，使两者统一起来。第二，刑罚裁量阶段，司法者应当根据行为人所犯罪行的大小来决定刑罚的轻重，因而是以报应为主。在法定刑幅度内，可以兼顾一般预防和个别预防，使两者得以统一。第三，刑罚的执行阶段，主要是指行刑过程。在这一阶段，行刑者应当根据犯罪人的人身危险性以及犯罪情节，采取有效的改造措施，消除其再犯可能。因此，个别预防成为行刑活动的主要目的。但这一目的的实现同样受到报应与一般预防的限制，例如减刑与假释都受到原判刑期的限制，以免过分追求个别预防的效果而有损报应与一般预防。

第 15 章 刑罚体系

一、刑罚体系概述

(一) 刑罚体系的概念

刑罚体系是指按照一定的标准对各种刑罚方法进行排列而形成的刑罚序列。在我国刑法中，刑罚可以分为主刑和附加刑。5 种主刑和 4 种附加刑，按照轻重程度依次排列，形成我国刑法中的刑罚体系。

1. 刑罚体系的构成要素

刑罚体系的构成要素是各种刑罚方法。在刑法理论上，刑罚方法也称为刑罚种类，简称为刑种。我国刑法中的刑种包括以下 9 种：管制、拘役、有期徒刑、无期徒刑、死刑；罚金、剥夺政治权利、没收财产、驱逐出境。

2. 刑罚体系的组合结构

刑罚体系中的各种刑种，并不是任意组合的，而是具有内在的逻辑结构。根据我国刑法的规定，刑罚可以分为主刑与附加刑。主刑是对犯罪适用的主要刑罚方法，它只能独立适用，不能附加适用，因此，一个犯罪只能适用一种主刑，不能适用两种以上主刑。在我国刑法中，管制、拘役、有期徒刑、无期徒刑和死刑均是主刑。附加刑，又称为从刑，是补充主刑适用的刑罚方法。附加刑既可以附加适用，又可以独立适用。在附加适用时，一个犯罪可以同时适用两个以上的附加刑。在我国刑法中，罚金、剥夺政治权利、没收财产、驱逐出境均是附加刑。

3. 刑罚体系的排列顺序

对于刑罚体系中的各个刑种，立法者按照一定的标准进行排列，因而形成一定的顺序。我国刑法中的刑罚体系，是按照各个刑种的严厉程度由轻到重地对主刑和附加刑依次排列的，反映了我国刑罚体系的内在逻辑关系。

(二) 刑罚体系的特点

刑罚体系是刑罚的具体表现形式，也是衡量一个国家刑罚设置科学性的主要标志。我国的刑罚体系是在总结惩治犯罪的司法实践经验的基础上逐渐形成的，反映了我国与犯罪作斗争的实际需要。我国的刑罚体系具有以下特点。

1. 体系的完整性

我国的刑罚体系是由主刑与附加刑构成的一个有机整体，主刑起主导作用，附加刑起补充作用，两者功能互补，从而构筑成一个完整的刑罚体系。

2. 结构的严谨性

我国的刑罚体系中各种刑罚方法由轻到重排列，主次分明，轻重衔接，具有结构上的严谨性。在各种刑罚方法中，管制、拘役、有期徒刑和无期徒刑是自由刑。在自由刑中，管制是限制自由刑，拘役、有期徒刑和无期徒刑是剥夺自由刑；无期徒刑是终身自由刑，管制、拘役和有期徒刑是有期自由刑。死刑是生命刑，罚金和没收财产是财产刑，剥夺政治权利和驱逐出境是资格刑。自由刑、生命刑、财产刑和资格刑形成我国刑罚体系的合理结构。

3. 内容的合理性

我国的刑罚体系是以自由刑为中心的，自由刑在整个刑罚体系中占据着重要的地位，是刑罚体系的中心。自由刑种类较多，具有一定的幅度，可以适应对轻重有别的各种犯罪的惩治需要。而且，像管制这样的限制自由刑，其执行方法具有开放性，对罪行较轻的犯罪分子适用可以收到较好的矫正效果。当然，死刑在我国的刑罚体系中还占有较大的比重，因而表明我国刑罚体系具有重刑化的倾向，有必要向轻刑化方向发展。

二、主刑

（一）管制

1. 管制的概念

管制是指对犯罪分子不实行关押，交由公安机关管束和人民群众监督，限制其一定自由的刑罚方法。管制具有以下特征。

（1）不予关押。对犯罪分子不予关押，不剥夺其人身自由。被判处管制的犯罪分子在服刑期间，不羁押在监狱、看守所等执行场所中，仍留在原工作单位或居住地，也不离开自己的家庭，不中断与社会的正常交往。对罪犯不予关押，是管制刑与其他刑罚方法的重要区别。

（2）限制自由。被判处管制刑的罪犯须在公安机关管束和群众监督下进行劳动改造，其自由受到一定限制。限制罪犯自由主要表现在限制罪犯的政治自由与担任领导职务、外出经商、迁居等自由。

（3）自主劳动。被判处管制的罪犯可以自谋生计，在劳动中与普通公民同工同酬。

2. 管制的期限

管制作为一种限制人身自由的刑罚，期限为 3 个月以上 2 年以下；数罪并罚时最高不能超过 3 年。这一期限既反映了管制作为轻刑的特点，又不失作为刑罚的必要惩罚作用。管制刑期的上限虽然比拘役长，但由于管制只是限制人身自由，而拘役是剥夺人身自由，从性质上讲，管制仍轻于拘役。

管制的刑期，从判决执行之日起计算；判决执行以前先行羁押的，羁押 1 日折抵刑期 2 日。之所以规定羁押 1 日折抵刑期 2 日，是因为判决执行以前先行羁押的属于剥夺自由，而管制只是限制自由。另外，对于经过批准离开所居住的市、县外出的罪犯，被许可外出的期间，应计入执行期，但超过许可的时间不计入执行期；对于未被批准而擅自离开所在地域的罪犯，其外出期间，不得计入执行期。扣除的执行期，由县级公安机关在其法律文书上注明，并加盖公章，通知本人，同时书面通知同级人民检察院和原审判或批准机关。

3. 管制的执行

《刑法》第 38 条［《刑法修正案（八）》第 2 条］第 3 款规定："对判处管制的犯罪分子，依法实行社区矫正。"社区矫正是一种非监禁刑的执行方式，是指将符合法定条件的罪犯置于社区内，由专门的国家机关在相关社会团体、民间组织和社会志愿者的协助下，在判决、裁定或决定的期限内，矫正其犯罪心理和行为恶习，促进其顺利回归社会的非监禁刑的执行活动。目前我国正在试行的社区矫正对象就包括被判处管制的犯罪分子。刑法明确规定对被判处管制的犯罪分子依法实行社区矫正，从而为对其管制依法实行教育、管理和监督提供了法律根据。

根据《刑法》第 39 条的规定，被判处管制的犯罪分子，在执行期间，应当遵守下列规定：（1）遵守法律、行政法规，服从监督；（2）未经执行机关批准，不得行使言论、出版、集会、结社、游行、示威自由的权利；（3）按照执行机关的规定报告自己的活动情况；（4）遵守执行机关关于会客的规定；（5）离开所居住的市、县或者迁居，应当报经执行机关批准。根据上述规定，管制本身不包含剥夺政治权利的内容。如果被管制的犯罪分子需要被剥夺政治权利的，应当把剥夺政治权利作为附加刑判处，其期限与管制的期限相等，同时执行。

被判处管制的犯罪分子，管制期满，执行机关应立即向本人和其所在单位或居住地的群众宣布解除管制，并且发给本人解除通知书；附加剥夺政治权利的，同时宣布恢复政治权利。

（二）拘役

1. 拘役的概念

拘役是指剥夺犯罪人短期人身自由，就近实行强制劳动改造的刑罚方法。拘役具有以下特征。

（1）刑期较短。拘役是一种短期自由刑，其刑期最短不少于 1 个月、最长不超过 6 个月。

（2）短期关押。拘役适用于罪行较轻，不需要判处有期徒刑，但又必须予以短期关押改造的犯罪分子。

（3）就近执行。拘役由公安机关就近执行。所谓就近执行，是指由犯罪分子所在地的县、市或市辖区的公安机关设置的拘役所执行。

2. 拘役的期限

根据《刑法》第 42 条和第 69 条第 1 款的有关规定，拘役的期限为 1 个月以上 6 个月以下；数罪并罚时，最高不得超过 1 年。可见，拘役的上限刑期与有期徒刑的 6 个月的下限刑期相衔接，较好地体现了拘役的特点，使刑罚体系更为连贯和严密。

拘役的刑期从判决之日起计算；判决以前先行羁押的，羁押 1 日折抵刑期 1 日。根据有关规定，凡是由于犯罪嫌疑人、被告人被依法逮捕、刑事拘留而被剥夺人身自由的日期，以及依照海关法规定被扣留而被限制人身自由的日期，都可以折抵刑期；判决前保外就医的日期，也可以折抵拘役刑期。因行政拘留而被限制或剥夺人身自由的日期，如果被行政拘留的行为与被判处刑罚的犯罪行为属于同一行为的，也可以折抵刑期；对于罪犯在被拘留或被逮捕以前被依法执行监视居住的期间，因为并非完全限制其人身自由，所以，不予折抵刑期。

根据最高人民法院 1990 年 9 月 27 日《关于如何确定刑满释放日期的批复》，被判处拘役的犯罪分子的刑满释放日期，应为判决书确定的刑期终止之日。

3. 拘役的执行

被判处拘役的犯罪分子，由公安机关就近执行。从《刑法》的规定看，拘役的执行场所较为灵活，既可以在服刑人员所在地的县、市或市辖区的公安机关设立的拘役所执行，也可以在就近的监狱执行，还可以在看守所内执行；但在监狱或看守所执行的，要实行分管分押，以便把被判处拘役的罪犯与被判处有期徒刑、无期徒刑的罪犯以及未决犯相区别，防止交叉感染或为未决犯通风报信。

被判处拘役的犯罪分子在执行期间享有以下待遇：（1）探亲。每月可以回家 1 天到 2 天，路费自理。路途较远的可以累积使用假期。（2）参加劳动的，可以酌量发给报酬。拘役犯的待遇体现了我国刑罚的人道主义精神，可使犯罪分子能够同家庭和社会保持一定的联系，有利于犯罪分子接受来自家庭和社会方面的教育，也有助于解决家庭生活方面的困难，这对于促进犯罪分子的改造和早日回归社会具有积极的意义。

（三）有期徒刑

1. 有期徒刑的概念

有期徒刑是指剥夺犯罪分子一定期限的人身自由，实行强制劳动改造的刑罚方法。有期徒刑是自由刑的主体，其刑罚幅度变化较大，从较轻犯罪到较重犯罪，都可予以适用。所以，在我国刑罚体系中，有期徒刑居于中心地位。有期徒刑具有以下特征。

(1) 剥夺自由。有期徒刑在一定期限内对罪犯实行关押，剥夺其人身自由，因此，有期徒刑属于剥夺自由的刑罚。由于有期徒刑对犯罪分子人身自由的剥夺具有一定的期限，因而是一种有期限地剥夺犯罪分子人身自由的刑罚。

(2) 适用广泛。有期徒刑具有广泛的适用性。有期徒刑的刑期从 6 个月到 15 年，其跨度很大，具有较大的可分性。它既可作为重刑适用于危害严重的犯罪行为，也可作为中度刑罚适用于危害较大的犯罪行为，还可以作为轻刑适用于危害较小的犯罪行为。因此，有期徒刑在我国刑罚体系中是一种适用范围最广泛的刑罚方法。刑法分则中，凡是规定了法定刑的，都规定了有期徒刑。

(3) 强制劳动，即强制接受教育和劳动改造。被判处有期徒刑的犯罪分子，凡是有劳动能力的，都应当参加劳动，接受教育和改造。这种劳动是强制性的，体现了我国对罪犯实行劳动教育改造的政策。

2. 有期徒刑的刑期

《刑法》第 45 条规定，有期徒刑的期限为 6 个月以上 15 年以下。也就是说，在一般情况下，对犯罪分子所犯的一个罪一次判处的有期徒刑最高不能超过 15 年、最低不能少于 6 个月。但是，存在两种例外情况：第一，根据《刑法》第 50 条的规定，判处死刑缓期执行的，在死刑缓期执行期间，如果确有重大立功表现，2 年期满以后，减为 25 年有期徒刑。第二，根据《刑法》第 69 条的规定，数罪并罚，有期徒刑总和刑期不满 35 年的，最高可达 20 年；总和刑期在 35 年以上的，最高可达 25 年。此外，根据《刑法》第 71 条的规定，犯罪分子在服刑期间又犯新罪，以前罪没有执行完毕的刑罚为基础来确定应当执行的刑罚，已执行的刑期不计算在新决定的刑期内，因而犯罪分子实际执行的刑期可超过 15 年，甚至超过 20 年。

有期徒刑期，刑法规定从判决执行之日起计算；判决执行以前先行羁押的，羁押 1 日折抵刑期 1 日。所谓判决执行之日，是指人民法院签发执行通知书之日。先行羁押，是指同一行为先前被采取剥夺人身自由的刑事措施的情形。由于先行羁押也是剥夺人身自由，因而在计算有期徒刑的刑期时，应当予以折抵。如果被告人只是取保候审，并未被剥夺人身自由，不能视为羁押。

3. 有期徒刑的执行

关于有期徒刑的执行场所和执行方式，我国《刑法》有明确的规定。根据《刑法》第 46 条的规定，被判处有期徒刑的犯罪分子，在监狱或者其他执行场所执行。这里的“其他执行场所”，是指少年犯管教所、拘役所等。凡是有劳动能力的有期徒刑罪犯，都应当参加劳动，接受教育和改造。这就是说，在我国劳动改造是有期徒刑执行的法定方式和内容。犯罪分子通过劳动，一方面可以培养劳动意识、自食其力的观念和习惯，进而消除其身上存在的好逸恶劳、贪图享受、不劳而获的习气；另一方面，罪犯在劳动中也可以学到正常的谋生技能，有利于刑满释放后回归社会。同时，劳动还可以为国家创造财富，减轻国家关押罪犯的负担。

（四）无期徒刑

1. 无期徒刑的概念

无期徒刑是剥夺犯罪分子终身自由并强制劳动改造的刑罚方法。无期徒刑具有以下特征。

(1) 严厉性。在我国刑法中，无期徒刑介于有期徒刑和死刑之间，是仅次于死刑的一种严厉的惩罚方法。它主要适用于那些罪行严重，又不必判处死刑，但需要与社会永久隔离的犯罪分子。

(2) 替代性。在我国目前还大量存在严重犯罪、刑法还保留死刑的情况下，无期徒刑在刑法体系中占有十分重要的地位，是其他刑罚方法所不可替代的。一方面，它是同严重危害国家安全的犯罪以及其他严重刑事犯罪作斗争的有效手段，在惩罚和预防这类犯罪方面起着十分重要的作用；另一方面，它又是限制死刑的适用、贯彻“少杀”方针的有效手段，它的存在在很大程度上可以替代死刑，减少死刑的适用。所以，无期徒刑是我国刑罚体系中的一个重要刑种。

（3）慎重性。这里应当指出，对于未成年人犯罪，应当慎用无期徒刑。根据2006年1月11日最高人民法院《关于审理未成年人刑事案件具体应用法律若干问题的解释》第13条的规定，未成年人犯罪只有罪行极其严重的，才可以适用无期徒刑。对已满14周岁不满16周岁的人犯罪一般不判处无期徒刑。

2. 无期徒刑的执行

根据《刑法》和《监狱法》的有关规定，被判处无期徒刑的犯罪分子，在监狱或者其他场所执行；凡是有劳动能力的，都应当参加劳动，接受教育和改造。

无期徒刑是剥夺罪犯终身自由、实行监禁的一种刑罚，关押没有期限。但是，在实际执行中，并不是断绝犯罪分子的自新之路，将其一直关押到死，而是给予他们悔过自新、重新做人的机会。根据《刑法》有关减刑和假释的规定，被判处无期徒刑的犯罪分子在执行期间，认罪服法，认真遵守监规，接受教育改造，确有悔改或立功表现，可获得减刑，由无期徒刑减为有期徒刑；如果实际执行13年以上，还可以获得假释，但累犯以及故意杀人、爆炸、抢劫、强奸、绑架等暴力犯罪被判处无期徒刑的犯罪分子除外。在司法实践中，大多数被判处无期徒刑的犯罪分子，经过一段时期的改造，依法被减为有期徒刑，有的还得到假释。无期徒刑减为有期徒刑后，刑期从人民法院裁定减刑之日起计算。

（五）死刑

1. 死刑的概念

死刑是指剥夺犯罪分子生命的刑罚方法。因此，在刑法理论上，死刑属于生命刑，是一种最严厉的刑罚方法。我国刑法中的死刑，有狭义与广义之分：狭义上的死刑是指死刑立即执行；广义上的死刑，除死刑立即执行以外，还包括死刑缓期执行，即死缓。死缓是死刑的一种执行方法，因而亦属于死刑的范畴。

我国刑法对死刑采取的是“不可不杀，不可多杀”的死刑政策。“不可不杀”表明我国在现阶段保留死刑的基本立场；而“不可多杀”则表明我国对死刑的一种慎重态度。我国1979年《刑法》规定了28个死刑罪名，此后随着犯罪形势的发展，尤其是“严打”运动的展开，死刑的政策有所松动，及至1997年《刑法》，死刑罪名已经增至68个。在这种情况下，死刑的司法适用也大量增加。为此，我们需要对死刑的刑事政策加以反思，在目前尚不具备废除死刑的情况下，应当对死刑加以严格限制。值得肯定的是，《刑法修正案（八）》取消了以下13个经济性非暴力犯罪的死刑，具体包括：（1）走私文物罪（第151条第2款）；（2）走私贵重金属罪（第151条第2款）；（3）走私珍贵动物、珍贵动物制品罪（第151条第2款）；（4）走私普通货物、物品罪（第153条）；（5）票据诈骗罪（第194条第1款）；（6）金融凭证诈骗罪（第194条第2款）；（7）信用证诈骗罪（第195条）；（8）虚开增值税专用发票、用于骗取出口退税、抵扣税款发票罪（第205条）；（9）伪造、出售伪造的增值税专用发票罪（第206条）；（10）盗窃罪（第264条）；（11）传授犯罪方法罪（第295条）；（12）盗掘古文化遗址、古墓葬罪（第328条第1款）；（13）盗掘古人类化石、古脊椎动物化石罪（第328条第2款）。《刑法修正案（九）》又进一步废除了以下9个罪名的死刑：走私武器、弹药罪（第151条）、走私假币罪（第151条）、走私核材料罪（第151条）、伪造货币罪（第170条）、集资诈骗罪

（第199条）、组织卖淫罪（第358条）、强迫卖淫罪（第358条）、阻碍执行军事职务罪（第426条）、战时造谣惑众罪（第433条）。上述罪名中死刑的取消，体现了我国死刑立法改革的实质性进展。

2. 死刑的适用条件

《刑法》第48条第1款规定："死刑只适用于罪行极其严重的犯罪分子。"根据这一规定，死刑的适用条件是罪行极其严重。这里的"罪行极其严重"，是指犯罪的客观危害性极其严重和犯罪的主观恶性极其严重，也就是所谓的罪大恶极。应当指出，罪行极其严重是刑法总则的一般规定。在刑法分则中对适用死刑的条件往往加以具体规定，例如，情节特别严重、情节特别恶劣、造成严重后果、危害特别严重等。在适用死刑的时候，应当同样遵守上述刑法总则与刑法分则关于死刑适用的条件。

3. 死刑的适用限制

《刑法》第49条规定："犯罪的时候不满十八周岁的人和审判的时候怀孕的妇女，不适用死刑。审判的时候已满七十五周岁的人，不适用死刑，但以特别残忍手段致人死亡的除外。"根据该条的规定，以下罪犯不适用死刑。

（1）犯罪的时候不满18周岁的人

这里的"犯罪的时候"，是指实施犯罪行为的时候，而不是指审判的时候。如果行为人在实施犯罪行为的那一天不满18周岁，而审判的时候已满18周岁，亦适用该条的规定。在年龄计算上，《刑法》中的"18周岁"，是指实足年龄，一律按公历的年、月、日计算，即从18周岁生日的第二天起，才认为已满18周岁。对不满18周岁的人之所以不适用死刑，是由死刑的特点和不满18周岁的人的年龄特点决定的。死刑是一种最严厉的刑罚，它关系到犯罪人的生死存亡，这一特点就决定了死刑只适用于那些罪大恶极的犯罪分子。不满18周岁的人由于未成年，还处在生理与心理的发育过程中，认识能力和控制能力没有完全成熟，这一特点表明行为人未达到罪大恶极、不堪改造的程度，因而不适用死刑。

（2）审判的时候怀孕的妇女

这里的"审判的时候"是指从羁押到执行的整个诉讼过程，而不是仅指法院审理阶段。因此，对于在刑事诉讼的各个阶段上怀孕的妇女，都不适用死刑。这主要是从保护胎儿和实行人道主义的高度考虑的。怀孕的胎儿是无辜的，不能因为孕妇有罪而株连胎儿。根据1991年3月18日最高人民法院研究室《关于如何理解"审判的时候怀孕的妇女不适用死刑"问题的电话答复》的规定，在羁押期间已是孕妇的被告人，无论其怀孕是否属于违反国家计划生育政策，也不论其是否自然流产或者经人工流产以及流产后移送起诉或者审判期间的长短，仍应视同审判时怀孕的妇女，同样不适用死刑。此外，1998年8月4日《最高人民法院关于对怀孕妇女在羁押期间自然流产审判时是否可以适用死刑问题的批复》再次明文规定，怀孕妇女因涉嫌犯罪在羁押期间自然流产后，又因同一事实被起诉、交付审判的，应当视为"审判的时候怀孕的妇女"，依法不适用死刑。

（3）审判的时候已满75周岁的人

审判的时候已满75周岁的人，属于老年人，其体力、智力和精力都因年事已高而衰弱，因而《刑法》规定对其不再适用死刑。但《刑法》又作了例外规定，即以特别残忍手段致人死亡的，仍然可以适用死刑。这里的"以特别残忍手段致人死亡"，是指以肢解、残酷折磨、毁人容貌等特别残忍的手段致被害人死亡。

对上述3种人不适用死刑，是指既不能判处死刑立即执行，也不能判处死刑缓期2年执行。

4. 死刑的核准权

《刑法》第 48 条第 2 款规定："死刑除依法由最高人民法院判决的以外，都应当报请最高人民法院核准。"这是我国刑法对死刑核准权的规定，表明我国刑法对死刑的适用的慎重态度。最高人民法院统一行使死刑核准权，对于坚持"少杀、慎杀"的死刑政策具有重要意义。

5. 死刑的缓期执行

(1) 死缓的概念

《刑法》第 48 条第 1 款规定："对于应当判处死刑的犯罪分子，如果不是必须立即执行的，可以判处死刑同时宣告缓期二年执行。"这就是我国刑法中的死刑缓期执行制度，简称死缓，是死刑制度的重要组成部分。死缓不是一个刑种，而是一个适用死刑的刑罚制度。死缓没有适用的独立性，所以刑罚体系中没有规定死缓。死缓只有在对罪犯判处死刑的前提下，才有适用的可能性。可见，死刑是死缓的前提条件。凡是可以判处死刑的罪犯都可以适用死缓，而对于没有规定死刑的犯罪，都不能适用死缓。

(2) 死缓的适用条件

根据《刑法》第 48 条第 1 款的规定，适用死缓必须同时具备两个条件：1) 罪该处死。这是适用死缓的前提条件，它表明死刑缓期执行的对象与死刑立即执行的对象均是罪行极其严重的犯罪分子。如果罪行不应当判处死刑，就不存在适用死缓的问题。对于罪行极其严重的判断，前文中已经论述。应该指出，死缓是死刑的一种执行方法，它属于死刑的范畴。正是在"罪该处死"这一死缓适用条件上，显示了死刑缓期执行与死刑立即执行在性质上的同一性。因此，对于死缓的适用条件，也应当从客观上的危害极其严重与主观上的恶性极其严重这两个方面加以把握。2) 不是必须立即执行。这是区分死刑缓期执行与死刑立即执行的原则界限，也是死缓适用的本质条件。应该说，这是不是必须立即执行时一个授权性规定，立法机关并没有规定死刑缓期执行的具体条件，而是授权审判机关根据具体案情裁量确定是否适用死缓。我国有关司法解释对某些个罪的死缓适用作过具体规定，这对于我们正确地理解死缓的适用条件具有参考价值。例如，1999 年 10 月 27 日最高人民法院《全国法院维护农村稳定刑事审判工作座谈会纪要》规定："对于被害人一方有明显过错或对矛盾激化负有直接责任，或者被告人有法定从轻处罚情节的，一般不应判处死刑立即执行。"显然，在罪行极其严重的情况下，如果被害人一方有明显过错或对矛盾激化负有直接责任，或者被告人有法定从轻处罚情节的，应适用死刑缓期执行。

死刑立即执行与死刑缓期执行虽然只是死刑执行方法上的区别，但一生一死相差悬殊。从制度设计上看，我国刑法中的死缓制度是以"少杀"政策为导向的，意在通过死缓适用来减少死刑立即执行的适用，从而达到限制死刑的目的。因此，死刑立即执行与死刑缓期执行的区别标准具有十分鲜明的刑事政策的色彩。在司法实践中，如何正确区分死刑立即执行与死刑缓期执行，始终是一个十分疑难的问题。如果不能正确地从刑事政策上加以把握，就会有损于死刑适用的法律效果与社会效果。以下，通过 3 个死刑案件对死缓的适用条件加以说明。

王志才故意杀人案

〔最高人民法院指导案例第 4 号〕被告人王志才因婚恋问题，于 2008 年 10 月 9 日中午在宿舍内用一把单刃尖刀，朝被害人赵某某的颈部、胸腹部、背部连续捅刺，致其失血性休克死亡。山东省潍坊市中级人民法院于 2009 年 10 月 14 日以 (2009) 潍刑一初字第 35 号刑事判决，认定被告人王志才犯故意杀人罪，判处死刑，剥夺政治权利终身。宣判后，王志才提起上诉。山东省高级人民法院于 2010 年 6 月 18 日以 (2010) 鲁刑四终字第 2 号刑事裁定，驳回上诉，维持原判，并依法报请最高人民法院核准。最高人民法院根据复核确认的事实，以 (2010) 刑三复22651920号刑事裁定，不核准被告人王志才死刑，发回山东省高级人民法院重新审判。山东省高级人民法院经依法重新审理，于2011年5月3日作出（2010）鲁刑四终字第2—1号刑事判决，以故意杀人罪改判被告人王志才死刑，缓期2年执行，剥夺政治权利终身；同时决定对其限制减刑。山东省高级人民法院重审判决的裁判理由指出："被告人王志才的行为已构成故意杀人罪，罪行极其严重，论罪应当判处死刑。鉴于本案系因婚恋纠纷引发，王志才求婚不成，恼怒并起意杀人，归案后坦白悔罪，积极赔偿被害方经济损失，且平时表现较好，故对其判处死刑，可不立即执行。同时考虑到王志才故意杀人手段特别残忍，被害人亲属不予谅解，要求依法从严惩处，为有效化解社会矛盾，依照《中华人民共和国刑法》第五十条第二款等规定，判处被告人王志才死刑，缓期二年执行，同时决定对其限制减刑。"最高人民法院在发布指导案例时，将本案的裁判要点归纳为："因恋爱、婚姻矛盾激化引发的故意杀人案件，被告人犯罪手段残忍，论罪应当判处死刑，但被告人具有坦白悔罪、积极赔偿等从轻处罚情节，同时被害人亲属要求严惩的，人民法院根据案件性质、犯罪情节、危害后果和被告人的主观恶性及人身危险性，可以依法判处被告人死刑，缓期二年执行，同时决定限制减刑，以有效化解社会矛盾，促进社会和谐。"

以上裁判要点，为司法机关正确地适用死缓提供了具体规则。本案中被告人虽然罪该处死，但由于其杀人犯罪是由婚恋纠纷引发，且被告人具有坦白悔罪、积极赔偿等从轻处罚情节，即使被害人亲属要求严惩，也不应判处死刑立即执行，而是应当适用死缓。在本案死刑立即执行与死刑缓期执行的裁量中，以下两个因素具有决定性作用：第一，犯罪起因：本罪系由婚恋纠纷引发的故意杀人犯罪。第二，坦白悔罪、积极赔偿等从轻处罚情节。根据以上两个因素，对被告人王志才判处死缓，并适用限制减刑，我认为是完全正确的。

李飞故意杀人案

〔最高人民法院指导案例第12号〕被告人李飞因犯盗窃罪被判处有期徒刑2年，刑满释放后经人介绍，李飞与被害人徐某某建立恋爱关系，后二人因经常吵架而分手。李飞因怀疑其被单位停止工作与徐某某有关，2008年9月12日23时许，李飞破门进入徐某某的卧室，持铁锤多次击打徐某某的头部，击打徐某某表妹王某某头部、双手数下。稍后，李飞又持铁锤先后再次击打徐某某、王某某的头部，致徐某某当场死亡、王某某轻伤。李飞母亲梁某某发觉李飞行踪后及时报告公安机关，并于次日晚协助公安机关将李飞抓获。在本案审理期间，李飞的母亲梁某某代为赔偿被害人亲属4万元。黑龙江省哈尔滨市中级人民法院于2009年4月30日以（2009）哈刑二初字第51号刑事判决，认定被告人李飞犯故意杀人罪，判处死刑，剥夺政治权利终身。宣判后，李飞提起上诉。黑龙江省高级人民法院于2009年10月29日以（2009）黑刑三终字第70号刑事裁定，驳回上诉，维持原判，并依法报请最高人民法院核准。最高人民法院根据复核确认的事实和被告人母亲协助抓捕被告人的情况，以（2010）刑五复66820039号刑事裁定，不核准被告人李飞死刑，发回黑龙江省高级人民法院重新审判。黑龙江省高级人民法院经依法重新审理，于2011年5月3日作出（2011）黑刑三终字第63号刑事判决，以故意杀人罪改判被告人李飞死刑，缓期2年执行，剥夺政治权利终身；同时决定对其限制减刑。黑龙江省高级人民法院重新判决的裁判理由指出："被告人李飞的行为已构成故意杀人罪，罪行极其严重，论罪应当判处死刑。本案系因民间矛盾引发的犯罪；案发后李飞的母亲梁某某在得知李飞杀人后的行踪时，主动、及时到公安机关反映情况，并积极配合公安机关将李飞抓获归案；李飞在公安机关对其进行抓捕时，顺从归案，没有反抗行为，并在归案后始终如实供述自己的犯罪事实，认罪态度好；在本案审理期间，李飞的母亲代为赔偿被害方经济损失；李飞虽系累犯，但此前所犯盗窃罪的情节较轻。综合考虑上述情节，可以对李飞酌情从宽处罚，对其可不判处死刑立即执行。同时，鉴于其故意杀人手段残忍，又系累犯，且被害人亲属不予谅解，故依法判处被告人李飞死刑，缓期二年执行，同时决定对其限制减刑。”最高人民法院在发布指导案例时，将本案的裁判要点归纳为：“对于因民间矛盾引发的故意杀人案件，被告人犯罪手段残忍，且系累犯，论罪应当判处死刑，但被告人亲属主动协助公安机关将其抓捕归案，并积极赔偿的，人民法院根据案件具体情节，从尽量化解社会矛盾角度考虑，可以依法判处被告人死刑，缓期二年执行，同时决定限制减刑。”

李飞故意杀人案与上述王志才故意杀人案存在性质上的相同之处，都是因婚恋纠纷引发的故意杀人犯罪。但李飞故意杀人案从死刑立即执行改判为死刑缓期执行，更为强调的是被告人亲属主动协助公安机关将其抓捕归案，并代为赔偿被害方经济损失这一从宽情节。因此，本案对于死刑立即执行与死刑缓期执行的区别具有重要指导意义。

李昌奎故意杀人案

被告人李昌奎与被害人王家飞存在感情纠纷。2009 年 5 月 14 日，李昌奎之兄李昌国与王家飞之母陈礼金因琐事发生打架。李昌奎得知此事后便于 2009 年 5 月 16 日 13 时许赶到家，在途经王庭金家门口时，遇见被害人王家飞及其弟王家红（3 岁）。李昌奎与王家飞发生争吵，进而抓打，在抓打过程中李昌奎将王家飞掐晕后抱到王庭金家厨房门口实施强奸。后又将被害人王家飞抱到王庭金家堂屋，王家飞醒来后跑向堂屋，李昌奎便提起一把锄头打击王家飞头部致王家飞当场倒地，并将王家飞拖入王庭金家堂屋左面的第一间房内，又提起王家红的手脚将其头猛撞门框。后又在王庭金家里找来一根绳子勒住已经昏迷的王家红和王家飞的脖子，并逃离现场。经法医鉴定王家飞、王家红均系颅脑损伤伴机械性窒息死亡。对于本案，云南省昭通市中级人民法院以故意杀人罪判处李昌奎死刑立即执行，剥夺政治权利终身；以强奸罪，判处被告人李昌奎有期徒刑 5 年，决定执行死刑立即执行，剥夺政治权利终身。被告人李昌奎赔偿附带民事诉讼原告人经济损失共计人民币 3 万元。一审宣判后，被告人李昌奎不服，提起上诉。云南省高级人民法院经审理认为：上诉人李昌奎目无国法，将王家飞掐致昏迷后对其实施奸淫，而后又将王家飞、王家红姐弟杀害的行为，分别构成强奸罪、故意杀人罪，应依法严惩。被告人李昌奎在犯罪后到公安机关投案，并如实供述其犯罪事实，属自首；在归案后认罪、悔罪态度好，并赔偿了被害人家属部分经济损失，故上诉人李昌奎及其辩护人所提被告人具有自首情节，认罪、悔罪态度好，积极赔偿被害人家属的上诉理由和辩护意见属实，本院予以采纳。鉴于此，对李昌奎应当判处死刑，但可以不立即执行，改判死刑缓期 2 年执行，剥夺政治权利终身。李昌奎故意杀人案被改判死缓判决在媒体上披露以后，引起社会公众和舆论的广泛质疑。后云南省高级人民法院提起再审，再审判决认为：被告人李昌奎因求婚不成及家人的其他琐事纠纷产生报复他人之念，强奸、杀害王家飞后，又残忍杀害王家飞年仅 3 岁的弟弟王家红，其行为已分别构成了强奸罪、故意杀人罪，且犯罪手段特别残忍，情节特别恶劣，后果特别严重，社会危害极大，虽有自首情节，但不足以对其从轻处罚。原二审死缓判决量刑不当，故改判死刑立即执行。本案在报请最高人民法院核准以后，对李昌奎执行了死刑。

李昌奎故意杀人案二审改判死缓之所以引发社会公众质疑，主要表现为基于自首等法定从轻情节以及民间纠纷产生犯罪这一犯罪起因对死缓适用的把握不当。司法解释只是提出对于民间纠纷引发的故意杀人案，在一般情况下，应当慎重适用死刑立即执行。换言之，民间纠纷引发犯罪这一因素在死刑立即执行与死刑缓期执行之间的区分中并没有绝对的影响性。即使是自首等法定从轻处罚情节，在死缓适用的裁量中的作用也不是决定性的。如果所犯罪行极其严重，则仍然应当判处死刑立即执行。在李昌奎故意杀人案中，虽然系民间纠纷所引发，但杀死

2 人，尤其是杀害无辜的 3 岁幼儿王家红，并且对昏迷中的王家飞实施强奸，李昌奎所犯罪行达到了令人发指的程度。在这种情况下，即便存在从轻情节，也应判处死刑立即执行。由此可见，在死刑立即执行与死刑缓期执行的个案裁量上，应当综合考虑客观危害与主观恶性等各种因素，尤其是要对罪行极其严重的程度作出准确判断。只有这样，司法机关才能正确地适用死缓。

（3）死缓期满的处理

对被判处死缓的犯罪分子，在死缓期满后，根据《刑法》第 50 条的规定，有三种处理办法：1）在死刑缓期执行期间如果没有故意犯罪，2 年期满以后，减为无期徒刑。这里所说的“故意犯罪”是指我国刑法规定的主观上在故意的罪过心理支配下所实施的犯罪行为。但对于故意犯罪的性质、种类、轻重等法律未作规定。2）在死刑缓期执行期间如果确有重大立功表现，2 年期满以后，减为 25 年有期徒刑。这里的“重大立功表现”是指在接受教育改造过程中，检举、揭发其他罪犯的罪行，从而破获重大案件，或者钻研技术，有发明创造。立功必须达到重大的程度，才可以减为 25 年有期徒刑。3）在死刑缓期执行期间，如果故意犯罪，情节恶劣的，报请最高人民法院核准后执行死刑；对于故意犯罪未执行死刑的，死刑缓期执行的期间重新计算，并报最高人民法院备案。

（4）死缓期间的计算

根据《刑法》第 51 条的规定，死刑缓期执行期间，从判决确定之日起计算；死刑缓期执行减为有期徒刑的刑期，从死刑缓期执行期满之日起计算。这里的“从判决确定之日起计算”，根据 2002 年 11 月 4 日最高人民法院《关于死刑缓期执行的期间如何确定问题的批复》，是指从判决或者裁定核准死刑缓期 2 年执行的法律文书宣告或送达之日起计算。

（5）死缓限制减刑的规定

根据《刑法》第 50 条第 2 款的规定，对于被判处死刑缓期执行的累犯以及因故意杀人、强奸、抢劫、绑架、放火、爆炸、投放危险物质或者有组织的暴力性犯罪被判处死刑缓期执行的犯罪分子，人民法院根据犯罪情节等情况可以同时决定对其限制减刑。上述 9 类被判处死缓的犯罪分子由于其犯罪性质特别严重，如果被判处死缓以后减刑致其执行期限过短，难以起到惩戒作用，不利于社会稳定；同时，与死刑立即执行之间的差距过大，妨碍了死缓在司法实践中的适用，不利于有效控制和减少死刑。因此，刑法规定了死缓限制减刑制度，严格限制对法律规定的 9 类判处死缓的罪行严重的罪犯的减刑，延长其实际服刑期。这里应当指出，死缓限制减刑，并非一律不得减刑，而是对减刑以后的实际服刑期加以限制。根据《刑法》第 78 条第 2 款第 3 项的规定，人民法院依照《刑法》第 50 条第 2 款规定限制减刑的死刑缓期执行的犯罪分子，缓期执行期满后依法减为无期徒刑的，不能少于 25 年；缓期执行期满后依法减为 25 年有期徒刑的，不能少于 20 年。相对于不适用死缓限制减刑规定的情况而言，根据《刑法》第 78 条第 2 款第 1 项的规定，判处有期徒刑的，减刑以后实际执行的刑期不能少于原判刑期的 1/2，而死缓改判有期徒刑的刑期是 25 年，其 1/2 是 12.5 年，而适用死缓限制减刑规定的，有期徒刑实际执行的刑期不能少于 20 年，实际多执行 7.5 年有期徒刑。根据《刑法》第 78 条第 2 款第 2 项的规定，判处无期徒刑的，减刑以后实际执行的刑期不能少于 13 年，而适用死缓限制减刑规定的，实际执行刑期不能少于 25 年，实际多执行 12 年有期徒刑。此外，2012 年 1 月 17 日最高人民法院《关于办理减刑、假释案件具体应用法律若干问题的规定》对死缓减刑和被限制减刑的死缓减刑问题作了专门规定。该规定第 9 条对死缓减刑作了以下规定：死刑缓期执行罪犯减为无期徒刑后，确有悔改表现，或者有立功表现的，服刑 2 年以后可以减为 25 年有期徒刑；有重大立功表现的，服刑 2 年以后可以减为 23 年有期徒刑。死刑缓期执行罪犯经过一次或几次减刑后，其实际执行的刑期不能少于 15 年，死刑缓期执行期间不包括在内。死刑缓期执行罪犯在缓期执行期间抗拒改造，尚未构成犯罪的，此后减刑时可以适当从严。该规定第 10 条对被限制减刑的死缓罪犯的减刑作了以下规定：被限制减刑的死刑缓期执行罪犯，缓期执行期满后依法被减为无期徒刑的，或者因有重大立功表现被减为 25 年有期徒刑的，应当比照未被限制减刑的死刑缓期执行罪犯在减刑的起始时间、间隔时间和减刑幅度上从严掌握。

三、附加刑

（一）罚金

1. 罚金的概念

罚金是指强制犯罪人向国家缴纳一定数额金钱的刑罚方法。罚金作为一种财产刑，是以剥夺犯罪人的金钱为内容的，这是罚金与其他刑罚方法显著区别之所在。

2. 罚金的裁量原则

《刑法》第 52 条规定："判处罚金，应当根据犯罪情节决定罚金数额。"根据该条规定，罚金数额应当与犯罪情节相适应。也就是说，犯罪情节严重的，罚金数额应当多些；犯罪情节较轻的，罚金数额应当少些。这是罪刑均衡原则在罚金裁量上的具体体现。在裁量罚金数额时应否考虑犯罪人缴纳罚金的能力，《刑法》没有明确规定，但 2000 年 12 月 13 日最高人民法院《关于适用财产刑若干问题的规定》第 2 条规定："人民法院应当根据犯罪情节，如违法所得数额、造成损失的大小等，并综合考虑犯罪分子缴纳罚金的能力，依法判处罚金。"由此可见，在司法实践中，从有利于判决执行的角度出发，在裁量罚金的时候应当考虑犯罪分子缴纳罚金的能力。

3. 罚金的适用方式

根据我国《刑法》规定，罚金有以下四种适用方式。

（1）单科式

《刑法》规定的单科罚金主要适用于单位犯罪。例如，《刑法》第 387 条规定的单位受贿罪和第 393 条规定的单位行贿罪，对单位判处罚金。在这种情况下，罚金只能单独适用。

（2）选科式

在罚金单独适用的情况下，刑法规定罚金与其他刑种并列，可供选择适用。例如，根据《刑法》第 275 条的规定，犯故意毁坏财物罪的，处 3 年以下有期徒刑、拘役或者罚金。在这种情况下，罚金作为一种选择的法定刑，只能单独适用，不能附加适用。

（3）并科式

在罚金附加适用的情况下，明确规定判处自由刑时，必须同时并处罚金。例如，《刑法》第 326 条规定的倒卖文物罪，处 5 年以下有期徒刑或者拘役，并处罚金；情节特别严重的，处 5 年以上 10 年以下有期徒刑，并处罚金。在这里，罚金只能附加适用，不能单独适用。

（4）复合式

复合式是指罚金的单处与并处同时规定在一个法条之内，以供选择适用。例如，《刑法》第 216 条规定，假冒他人专利，情节严重的，处 3 年以下有期徒刑或者拘役，并处或者单处罚金。在这种情况下，罚金既可以附加适用，也可以单独适用，究竟是并处还是单处，根据犯罪分子所犯罪行的情节轻重确定。前引司法解释第 4 条对单处罚金的适用条件作了具体规定："犯罪情节较轻，适用单处罚金不致再危害社会并具有下列情形之一的，可以依法单处罚金：（一）偶犯或者初犯；（二）自首或者有立功表现的；（三）犯罪时不满十八周岁的；（四）犯罪预备、中止或者未遂的；（五）被胁迫参加犯罪的；（六）全部退赃并有悔罪表现的；（七）其他可以依法单处罚金的情形。”

4. 罚金的数额

我国刑法总则规定了裁量罚金数额的一般原则，即根据犯罪情节决定罚金数额，但对于罚金的具体数额未作规定。刑法分则中对罚金数额的规定主要有以下五种情形。

（1）无限额罚金制

无限额罚金制是指刑法分则仅规定选处、单处或者并处罚金，不规定罚金的具体数额限度，而是由人民法院依据刑法总则确定的原则——根据犯罪情节，自由裁量罚金的具体数额。在无限额罚金的情况下，根据《关于适用财产刑若干问题的规定》第2条的规定，罚金的最低数额不能少于1 000元；对未成年人犯罪应当从轻或者减轻判处罚金的，罚金的最低数额不能少于500元。

（2）限额罚金制

限额罚金制是指刑法分则规定了罚金数额的下限和上限，人民法院只需要在规定的数额幅度内裁量罚金。例如，《刑法》第170条规定，伪造货币的，处3年以上10年以下有期徒刑，并处罚金。类似规定在刑法分则中为数不少，主要集中在“破坏社会主义市场经济秩序罪”一章中。

（3）比例罚金制

比例罚金制是指以犯罪金额的百分比决定罚金的数额。例如，根据《刑法》第158条的规定，对虚报注册资本罪，处3年以下有期徒刑或者拘役，并处或者单处虚报注册资本金额1%以上5%以下罚金。

（4）倍数罚金制

倍数罚金制是指以犯罪金额的倍数决定罚金的数额。例如，《刑法》第202条规定：以暴力、威胁方法拒不缴纳税款的，处3年以下有期徒刑或者拘役，并处拒缴税款1倍以上5倍以下的罚金。根据这一规定，罚金数额取决于犯罪数额，犯罪数额越大，罚金数额也越高；反之，则不然。

（5）倍比罚金制

倍比罚金制是指同时以犯罪金额的比例和倍数决定罚金的数额。例如，根据《刑法》第145条的规定，犯生产、销售不符合标准的医用器材罪，处3年以下有期徒刑或者拘役，并处销售金额50%以上2倍以下罚金。

5. 罚金的缴纳

根据《刑法》第53条的规定，罚金的缴纳分为五种情况。

（1）限期一次缴纳

限期一次缴纳主要适用于罚金数额不多或者数额虽然较多但缴纳并不困难的情况。在这种情况下，罪犯在指定的期限内将罚金一次缴纳完毕。关于这里的“指定的期限”，根据前引司法解释第5条的规定，是指从判决发生法律效力第二日起，最长不超过3个月。

（2）限期分期缴纳

限期分期缴纳主要适用于罚金数额较多，罪犯无力一次缴纳的情况。限期分期缴纳使罚金缴纳时间有一定的伸缩余地，在金额支付上可化整为零，有利于罚金刑的执行。

（3）强制缴纳

判决缴纳罚金，指定的期限届满，罪犯有缴纳能力而拒不缴纳的，人民法院可强制其缴纳。强制措施包括查封、扣押、冻结等。

(4) 随时追缴

对于不能全部缴纳罚金的，人民法院在任何时候发现被执行人有可以执行的财产的，应当随时追缴。

(5) 延期缴纳、减少或者免除缴纳

由于遭遇不能抗拒的灾祸缴纳确实有困难的，经人民法院裁定，可以延期缴纳、酌情减少罚金数额或者免除罚金。这里的“由于遭遇不能抗拒的灾祸缴纳确实有困难的”，根据前引司法解释第 6 条的规定，主要是指因遭受火灾、水灾、地震等灾祸而丧失财产；罪犯因重病、伤残等而丧失劳动能力，或者需要罪犯抚养的近亲属患有重病，需支付巨额医药费等，确实没有财产可供执行的情形。该司法解释还规定，具有上述延期缴纳或者减免缴纳事由的，由罪犯本人、亲属或者犯罪单位向负责执行的人民法院提出书面申请，并提供相应的证明材料。人民法院审查以后，根据实际情况，裁定延期缴纳的期限以及减少或者免除应当缴纳的罚金数额。

(二) 剥夺政治权利

1. 剥夺政治权利的概念

剥夺政治权利是指剥夺犯罪人参加国家管理活动和政治活动权利的刑罚方法。剥夺政治权利是一种资格刑，它以剥夺犯罪人的一定资格为内容。我国刑法中的剥夺政治权利，是以剥夺政治权利这种资格为内容的，具有明显的政治性。这里应当指出，对于未成年人犯罪的，应当慎用剥夺政治权利。2006 年 1 月 11 日最高人民法院《关于审理未成年人刑事案件具体应用法律若干问题的解释》第 14 条规定：除刑法规定“应当”附加剥夺政治权利外，对未成年罪犯一般不判处附加剥夺政治权利。如果对未成年罪犯判处附加剥夺政治权利的，应当依法从轻判处。前引司法解释还规定，对实施被指控犯罪时未成年、审判时已成年的罪犯判处附加剥夺政治权利，适用前述规定。

2. 剥夺政治权利的内容

根据《刑法》第 54 条的规定，剥夺政治权利是指剥夺犯罪分子下列 4 项权利：(1) 选举权和被选举权；(2) 言论、出版、集会、结社、游行、示威自由的权利；(3) 担任国家机关职务的权利；(4) 担任国有公司、企业、事业单位和人民团体领导职务的权利。

3. 剥夺政治权利的适用方式

从《刑法》规定看，剥夺政治权利既可以附加适用，也可以独立适用。现分述如下。

(1) 剥夺政治权利的附加适用

根据《刑法》第 56 条和第 57 条的规定，附加适用剥夺政治权利的对象主要是以下 3 种犯罪分子：1) 危害国家安全的犯罪分子；2) 故意杀人、强奸、放火、爆炸、投毒、抢劫等严重破坏社会秩序的犯罪分子；3) 被判处死刑和无期徒刑的犯罪分子，对该类犯罪分子应当剥夺政治权利终身。根据 1998 年 1 月 13 日最高人民法院《关于对故意伤害、盗窃等严重破坏社会秩序的犯罪分子能否附加剥夺政治权利问题的批复》的规定，对于故意伤害、盗窃等其他严重破坏社会秩序的犯罪，犯罪分子主观恶性较深、犯罪情节恶劣、罪行严重的，也可以依法附加剥夺政治权利。

(2) 剥夺政治权利的独立适用

独立适用剥夺政治权利，是作为一种不剥夺罪犯人身自由的轻刑，适用于罪行较轻、不需要判处主刑的罪犯。独立适用剥夺政治权利对象的条文均规定在刑法分则当中，共有 17 个条文，主要包括某些滥用公民自由、民主权利和渎职的罪犯。

4. 剥夺政治权利的期限

剥夺政治权利的期限，除独立适用的以外，依所附加的主刑不同而有所不同。根据《刑法》第55条至第58条的规定，剥夺政治权利的期限有定期与终身之分，包括以下四种情况。

（1）判处管制附加剥夺政治权利的期限，与管制的期限相等，同时执行，即3个月以上2年以下。

（2）判处拘役、有期徒刑附加或者单处剥夺政治权利的期限，为1年以上5年以下。

（3）判处死刑、无期徒刑附加剥夺政治权利的，应当剥夺政治权利终身。

（4）剥夺政治权利期限的变更：死刑缓期执行减为有期徒刑或者无期徒刑减为有期徒刑的，附加剥夺政治权利的期限改为3年以上10年以下。

5. 剥夺政治权利刑期的计算

根据刑法和其他有关法律的规定，剥夺政治权利刑期的计算有以下四种情况。

（1）独立适用剥夺政治权利刑期的计算：独立适用剥夺政治权利的，其刑期从判决确定之日起计算并执行。

（2）判处管制附加剥夺政治权利刑期的计算：判处管制附加剥夺政治权利的，剥夺政治权利的期限与管制的期限相等，同时起算，同时执行。管制期满解除管制，政治权利也同时恢复。

（3）判处有期徒刑、拘役附加剥夺政治权利刑期的计算：判处有期徒刑、拘役附加剥夺政治权利的，剥夺政治权利的刑期从有期徒刑、拘役执行完毕之日或者从假释之日起计算，但是，剥夺政治权利的效力当然适用于主刑执行期间。也就是说，主刑的执行期间虽然不计入剥夺政治权利的刑期，但犯罪分子不享有政治权利。如果被判处有期徒刑、拘役而未附加剥夺政治权利，犯罪分子在服主刑期间享有政治权利，应准予其行使选举权，但其他政治权利的行使受到限制。

（4）判处死刑（包括死缓）、无期徒刑附加剥夺政治权利刑期的计算：判处死刑（包括死缓）、无期徒刑附加剥夺政治权利终身的，刑期从判决发生法律效力之日起计算。

6. 剥夺政治权利的执行

《刑事诉讼法》第270条规定：剥夺政治权利由公安机关执行。被剥夺政治权利的犯罪分子，在执行期间，应当遵守法律、行政法规和国务院公安部门有关监督管理的规定，服从监督；不得行使《刑法》第54条规定的各项权利。执行期满，应由执行机关通知本人，并向有关群众公开宣布恢复政治权利。被剥夺政治权利的人在恢复政治权利后，重新享有法律赋予公民的政治权利。但因剥夺政治权利带来的某些消极后果并不因恢复政治权利而消灭，例如不得担任司法人员的职务，等等。我国实施社区矫正制度，被单独判处剥夺政治权利的犯罪分子属于社区矫正的服刑人员，按照社区矫正的规定进行管教。

（三）没收财产

1. 没收财产的概念

没收财产是将犯罪分子个人所有财产的一部或者全部强制无偿地收归国有的刑罚方法。没收财产也是一种财产刑，但它不同于罚金，是适用于罪行严重的犯罪分子的刑罚方法。

2. 没收财产的范围

根据《刑法》第59条的规定，没收财产的范围应当从以下三个方面加以确定。

（1）没收财产的一部或者全部

没收财产是没收犯罪分子个人所有财产的一部或者全部。所谓犯罪分子个人所有财产，是指属于犯罪分子本人实际所有的财产及与他人共有财产中依法应得的份额。应当严格区分犯罪分子个人所有财产与其家属或者他人财产的界限，只有依法确定为犯罪分子个人所有的财产，才能予以没收。至于没收财产是一部还是全部，应考虑以下几个因素：对犯罪分子所处主刑的轻重、其家庭的经济状况和其人身危险性大小。

（2）保留犯罪分子家属必需的生活费用

没收全部财产的，应当为犯罪分子个人及其扶养的家属保留必需的生活费用，以维持犯罪分子个人和其扶养的家属的生活。

（3）不得没收犯罪分子家属所有或者应有的财产

在判处没收财产的时候，不得没收属于犯罪分子家属所有或者应有的财产。所谓家属所有财产，是指纯属家属个人所有的财产，如家属自己穿用的衣物、个人劳动所得财产。所谓家属应有财产，是指家庭共同所有的财产中应当属于家属的那一份财产。对于犯罪分子与他人共有的财产中属于他人所有的部分，也不得没收。

3. 没收财产的方式

（1）选科式

刑法分则对某种犯罪或者某种犯罪的特定情节规定了并处罚金或者没收财产，也就是说既可以适用没收财产，也可以适用其他刑罚，由法官酌情选择适用。例如，《刑法》第267条第1款中规定抢夺公私财物，数额特别巨大或者有其他特别严重情节的，处10年以上有期徒刑或者无期徒刑，并处罚金或者没收财产。在这里，没收财产与罚金可以选其一而判处，如果选择了没收财产，则只能附加适用，不能单独适用。

（2）并科式

此即在对犯罪人科处生命刑或自由刑的同时判处没收财产。我国刑法分则对没收财产在多数情况下作了并科式规定，这种方式又可根据是否必须科处没收财产分为两种情况：一是必并制，指在判处其他刑罚的同时必须同时并处没收财产。例如，《刑法》第240条规定，对犯拐卖妇女、儿童罪，情节特别严重的，处死刑，并处没收财产。二是得并制，指在判处其他刑罚的同时可以并处没收财产。例如，《刑法》第271条规定，犯职务侵占罪，数额巨大的，处5年以上有期徒刑，可以并处没收财产。在这里，可以适用也可以不适用没收财产。

4. 没收财产的执行

根据《刑事诉讼法》第272条的规定，没收财产的判决，无论附加适用还是独立适用，都由人民法院执行；在必要的时候，可以会同公安机关执行。

关于需要以没收的财产偿还债务的问题，《刑法》第60条规定："没收财产以前犯罪分子所负的正当债务，需要以没收的财产偿还的，经债权人请求，应当偿还。"根据这一规定，只有同时具备以下3个条件，才能以没收的财产偿还债务：（1）必须是没收财产以前犯罪分子所欠债务，包括所欠国家、集体和个人的债务。（2）必须是合法的债务。非法债务，例如赌债、高利贷超出合法利息部分的债务，不在此列。对此，2000年12月13日最高人民法院《关于适用财产刑若干问题的规定》第7条明确规定：《刑法》第60条规定的"没收财产以前犯罪分子所负的正当债务"，是指犯罪分子在判决生效前所负他人的合法债务。（3）必须经债权人提出请求。偿还犯罪分子所负债务，仅限于没收财产的范围内，并按我国民事诉讼法规定的清偿顺序偿还。

（四）驱逐出境

1. 驱逐出境的概念

驱逐出境是强迫犯罪的外国人离开中国国（边）境的刑罚方法，是一种只适用于在中国犯罪的外国人的特殊刑罚方法。它不适用于中国人，不具有适用的普遍性。因此，我国《刑法》第34条没有将它列入具有普遍意义的附加刑种类之中，而是在《刑法》第35条中专条作了规定。所谓外国人，是指依照《中华人民共和国国籍法》不具有中国国籍的人，包括具有外国国籍的人和无国籍的人。犯罪的行为或结果有一项发生在中华人民共和国领域内的，就是在中国领域内的犯罪。我国是一个主权国家，在我国境内工作、居住、旅行或从事其他活动的外国人，必须遵守中国的法律。外国人在我国境内犯罪，除依照《刑法》第11条的规定享有外交特权和豁免权的外国人的刑事责任通过外交途径解决外，一律适用我国刑法。对外国人适用驱逐出境，可防止其继续危害我国的国家和人民利益，也是对国家主权的维护。

2. 驱逐出境的性质

驱逐出境属于资格刑，它是对外国人在中国居留资格的剥夺。因为外国人在中国境内的居留资格是为中国法律所确认的。依照中国法律在中国投资或者同中国的企业、事业单位进行经济、科学技术、文化合作及其他需要长期居留的外国人，经中国政府主管机关批准，可以获得长期居留或者永久居留资格。对于不遵守中国法律的外国人，中国政府主管机关可以缩短其在中国停留的期限或者取消其在中国的居留资格。外国人在中国犯罪，法院判处驱逐出境，正是对外国人在中国居留资格的剥夺。

3. 驱逐出境的方式

《刑法》第35条规定，对于犯罪的外国人，可以独立适用或者附加适用驱逐出境。根据这一规定，驱逐出境具有两种适用方式：一是独立适用。对于那些犯罪情节比较轻的外国人，没有必要判处主刑的，可以单独判处驱逐出境。二是附加适用。对于那些犯罪性质比较严重、被判处主刑的外国人，可在判处主刑的同时附加判处驱逐出境。

在我国，驱逐出境的适用方式比较灵活。刑法的规定是可以适用，而不是应当适用。也就是说，对犯罪的外国人不一定要适用驱逐出境，不仅要根据案情，考虑犯罪的事实、性质、情节等因素，而且要根据我国与所在国的关系以及国际斗争的需要来决定。

（五）禁止令

1. 禁止令的概念

禁止令是对于判处管制、宣告缓刑的犯罪分子，根据犯罪情况，同时禁止犯罪分子在管制执行期间或者缓刑考验期限内从事特定活动，进入特定区域、场所，接触特定的人的刑罚方法。

禁止令是一种资格刑，其内容是剥夺犯罪分子在一定期限内从事特定活动、进入特定区域、场所，接触特定的人的权利，是依附于管制和缓刑而存在的一种附属性的刑罚方法。

2. 禁止令的裁量原则

2011年4月28日最高人民法院、最高人民检察院、公安部、司法部《关于对判处管制、宣告缓刑的犯罪分子适用禁止令有关问题的规定（试行）》第2条对禁止令的裁量原则作了以下规定："人民法院宣告禁止令，应当根据犯罪分子的犯罪原因、犯罪性质、犯罪手段、犯罪后的悔罪表现、个人一贯表现等情况，充分考虑与犯罪分子所犯罪行的关联程度，有针对性地决定禁止其在管制执行期间、缓刑考验期限内'从事特定活动，进入特定区域、场所，接触特定的人'的一项或者几项内容。"根据《刑法》第38条第2款、第72条第2款的规定，对判处管制和宣告缓刑的犯罪分子可以同时宣告适用禁止令。因此，在我国刑法中，禁止令是裁量适用而非绝对适用。前引规定是关于禁止令的裁量原则的规定，在裁量适用禁止令的时候，主要应当考量犯罪原因、犯罪性质、犯罪手段、犯罪后的悔罪表现、个人一贯表现等情况，同时还应当考虑与犯罪分子所犯罪行的关联程度。犯罪原因等因素主要决定是否适用禁止令，而关联程度则主要决定如何适用禁止令。

董某某、宋某某抢劫案

〔最高人民法院指导案例第14号〕被告人董某某、宋某某（时年17周岁）迷恋网络游戏，平时经常结伴到网吧上网，时常彻夜不归。2010年7月27日11时许，因在网吧上网的网费用完，二被告人即伙同王某（作案时未达到刑事责任年龄）到河南省平顶山市某社区健身器材处，持刀对被害人张某某和王某某实施抢劫，抢走张某某5元现金及手机一部。后将所抢的手机卖掉，所得赃款用于上网。对于本案，河南省平顶山市新华区人民法院于 2011 年 5 月 10 日作出（2011）新刑未初字第 29 号刑事判决，认定被告人董某某、宋某某犯抢劫罪，分别判处有期徒刑 2 年 6 个月，缓刑 3 年，并处罚金人民币 1 000 元；同时禁止董某某和宋某某在 36 个月内进入网吧、游戏机房等场所。本案的裁判要点指出："对判处管制或者宣告缓刑的未成年被告人，可以根据其犯罪的具体情况以及禁止事项与所犯罪行的关联程度，对其适用'禁止令'。对于未成年人因上网诱发犯罪的，可以禁止其在一定期限内进入网吧等特定场所。"本案的裁判理由指出："考虑到被告人主要是因上网吧需要网费而诱发了抢劫犯罪；二被告人长期迷恋网络游戏，网吧等场所与其犯罪有密切联系；如果将被告人与引发其犯罪的场所相隔离，有利于家长和社区在缓刑期间对其进行有效管教，预防再次犯罪；被告人犯罪时不满十八周岁，平时自我控制能力较差，对其适用禁止令的期限确定为与缓刑考验期相同的三年，有利于其改过自新。因此，依法判决禁止二被告人在缓刑考验期内进入网吧等特定场所。"本案的裁判要点及理由，对于正确理解禁止令的裁量原则具有重要指导意义。

3. 禁止令的内容

根据我国刑法的规定，禁止令是指在一定期限内禁止从事特定活动，进入特定区域、场所，接触特定的人。因此，禁止令的内容包括以下三项。

（1）禁止从事特定活动

根据前引规定第 3 条的规定，禁止从事特定活动，是指禁止从事以下一项或者几项活动：1）个人为进行违法犯罪活动而设立公司、企业、事业单位或者在设立公司、企业、事业单位后以实施犯罪为主要活动的，禁止设立公司、企业、事业单位；2）实施证券犯罪、贷款犯罪、票据犯罪、信用卡犯罪等金融犯罪的，禁止从事证券交易、申领贷款、使用票据或者申领、使用信用卡等金融活动；3）利用从事特定生产经营活动实施犯罪的，禁止从事相关生产经营活动；4）附带民事赔偿义务未履行完毕，违法所得未追缴、退赔到位，或者罚金尚未足额缴纳的，禁止从事高消费活动；5）其他确有必要禁止从事的活动。

（2）禁止进入区域、场所

根据前引规定第 4 条的规定，禁止进入特定区域、场所，是指禁止进入以下一类或者几类区域、场所：1）禁止进入夜总会、酒吧、迪厅、网吧等娱乐场所；2）未经执行机关批准，禁止进入举办大型群众性活动的场所；3）禁止进入中小学校区、幼儿园园区及周边地区，确因本人就学、居住等原因，经执行机关批准的除外；4）其他确有必要禁止进入的区域、场所。

（3）禁止接触特定的人

根据前引规定第 5 条的规定，禁止接触特定的人，是指禁止接触以下一类或者几类人员：1）未经对方同意，禁止接触被害人及其法定代理人、近亲属；2）未经对方同意，禁止接触证人及其法定代理人、近亲属；3）未经对方同意，禁止接触控告人、批评人、举报人及其法定代理人、近亲属；4）禁止接触同案犯；5）禁止接触其他可能遭受其侵害、滋扰的人或者可能诱发其再次危害社会的人。

4. 禁止令的期限

我国《刑法》对禁止令的期限未作规定，前引规定第 6 条对禁止令的期限作了以下规定："禁止令的期限，既可以与管制执行、缓刑考验的期限相同，也可以短于管制执行、缓刑考验的期限，但判处管制的，禁止令的期限不得少于三个月，宣告缓刑的，禁止令的期限不得少于二个月。判处管制的犯罪分子在判决执行以前先行羁押以致管制执行的期限少于三个月的，禁止令的期限不受前款规定的最短期限的限制。禁止令的执行期限，从管制、缓刑执行之日起计算。"以上规定为禁止令的期限的确定提供了法律根据。

5. 禁止令的执行

前引规定第 9 条规定了禁止令的执行主体是司法行政机关指导管理的社区矫正机构。其第 10 条规定人民检察院对社区矫正机构执行禁止令的活动实行监督。此外，该规定第 13 条还规定，被宣告禁止令的犯罪分子被依法减刑时，禁止令的期限可以相应缩短，由人民法院在减刑裁定中确定新的禁止令期限。

6. 违反禁止令的处理

前引规定对于违反禁止令如何处理问题，分以下两种情况作了规定。

（1）判处管制违反禁止令的处理

根据该规定第 11 条的规定，判处管制的犯罪分子违反禁止令，由负责执行禁止令的社区矫正机构所在地的公安机关依照《中华人民共和国治安管理处罚法》第 60 条的规定处罚，即处 5 日以上 10 日以下拘留，并处 200 元以上 500 元以下罚款。

（2）宣告缓刑违反禁止令的处理

根据前引规定，宣告缓刑违反禁止令的，根据情节是否严重分别处理：该规定第 11 条规定，被宣告缓刑的犯罪分子违反禁止令尚不属情节严重的，由负责执行禁止令的社区矫正机构所在地的公安机关依照《中华人民共和国治安管理处罚法》第 60 条的规定处罚。该规定第 12 条规定：被宣告缓刑的犯罪分子违反禁止令，情节严重的，应当撤销缓刑，执行原判刑罚。违反禁止令，具有下列情形之一的，应当认定为“情节严重”：1）3 次以上违反禁止令的；2）因违反禁止令被治安管理处罚后，再次违反禁止令的；3）违反禁止令，发生较为严重危害后果的；4）其他情节严重的情形。

（六）禁止从事相关职业

1. 禁止从事相关职业的概念

禁止从事相关职业是因利用职业实施犯罪，或者实施违背职业要求的特定义务的犯罪而被判处刑罚的，人民法院根据犯罪情况和预防再犯罪的需要，禁止其在一定期限内从事相关职业的刑罚方法。

2. 禁止从事相关职业的期限

根据《刑法》第 37 条之一的规定，禁止从事相关职业的期限为 3 年至 5 年。

3. 违反规定的处理

根据《刑法》第 37 条之一的规定，被禁止从事相关职业的人违反人民法院作出的决定的，由公安机关依法给予处罚；情节严重的，依照拒不执行判决、裁定罪定罪处罚。

四、非刑处置

（一）非刑处置

非刑处置，是指人民法院根据案件的不同情况，对犯罪分子直接适用或建议主管部门适用的刑罚以外的其他处理方法的总称。

非刑处置虽然由刑法明文规定，但就其性质而言不是刑种，不具有刑罚的性质、作用和后果，而是刑罚的必要补充或替代措施，是强制犯罪分子实际承担其刑事责任的具体表现方式，也具有惩罚、教育、改造罪犯的功能，体现了国家对犯罪行为和犯罪人的否定性评价与谴责。它对于伸张正义，维护受害者的合法权益，教育罪犯，预防和减少犯罪，衔接、协调各种不同性质的处理方法，都具有重要的意义。

（二）非刑处置的特征

我国《刑法》第 36 条和第 37 条对非刑处置作了规定。从这些规定来看，非刑处置具有以下四个特征。

1. 非刑处置的决定权归人民法院

虽然有些非刑处置如行政处罚和行政处分由有关行政机关执行，但执行的依据是人民法院的判决。否则，这种行政处罚和行政处分，就是一种纯粹的行政处罚和行政处分，而不是非刑罚方法中的行政处罚和行政处分。

2. 非刑处置的适用对象是犯罪分子

非刑处置只适用于犯罪分子，而不适用于其他违法分子。在这一点上，非刑处置与刑罚相同，它是以犯罪为前提的，只能对构成犯罪的人适用。

3. 非刑处置具有非刑罚性

从法律性质上来说，非刑处置不是刑罚，也不具有刑罚的本质属性。

4. 非刑处置具有强制性

非刑处置虽然不是刑罚，但它规定在刑法当中，与刑罚方法密切相连、相辅相成，仍具有法律上的强制性。

（三）非刑处置的种类

1. 教育性的非刑处置

（1）训诫

训诫是指人民法院对于犯罪情节轻微、免予刑事处罚的犯罪人，以口头的方式对其当庭公开谴责和训教，责令其改正，不再重犯的教育方法。

（2）具结悔过

具结悔过是指人民法院对于犯罪情节轻微、免予刑事处罚的犯罪人，责令其采用书面方式保证悔过，以后不再重新犯罪的教育方法。犯罪分子应当写悔罪书，分析其犯罪的原因，认识犯罪行为的社会危害性，作出悔改的书面保证。

（3）赔礼道歉

赔礼道歉是指人民法院责令犯罪情节轻微、免予刑事处罚的犯罪人公开向被害人当面承认罪行，表示歉意，请求谅解的教育方法。这种非刑处置，具有教育罪犯和安抚被害人的双重功能。

2. 民事性的非刑处置

（1）赔偿经济损失

赔偿经济损失是指人民法院在依法对犯罪分子判处刑罚的同时，根据犯罪分子给被害人造成的经济损失的情况，判处向被害人支付一定数额金钱的处理方法。《刑法》第 36 条规定，由于犯罪行为而使被害人遭受经济损失的，对犯罪分子除依法给予刑事处罚外，并应根据情况判处赔偿经济损失；承担民事赔偿责任的犯罪分子，同时被判处罚金，其财产不足以全部支付的，或者被判处没收财产的，应当先承担对被害人的民事赔偿责任。

（2）赔偿损失

赔偿损失是指人民法院对于犯罪情节轻微、免予刑事处罚的犯罪人，责令其向被害人支付一定数额的金钱的处理方法。根据《刑法》第 37 条的规定，赔偿损失与上述赔偿经济损失是不同的。前者适用于免予刑事处罚的犯罪人，后者则适用于被判处刑罚的犯罪人。

3. 行政性的非刑处置

（1）行政处罚

行政处罚是指人民法院根据案件的情况，向犯罪情节轻微、免予刑事处罚的犯罪人所在单位提出司法建议，由主管部门给予犯罪人以行政处罚的方法。

（2）行政处分

行政处分是指人民法院根据案件的情况，向犯罪情节轻微、免予刑事处罚的犯罪人所在单位提出司法建议，由主管部门给予犯罪人以行政处分的方法。

第 16 章　量刑概说

一、量刑概述

（一）量刑的概念

量刑，又称刑罚裁量，是指根据刑法规定，在认定犯罪的基础上，关于对犯罪人是否判处刑罚、判处何种刑罚以及判处多重刑罚的确定与裁量。量刑具有以下特征。

1. 量刑的主体是人民法院

量刑权是国家刑罚权的重要内容之一，也是人民法院的刑事审判权的题中应有之义，当然应由人民法院行使，其他任何机关、团体或者个人都没有量刑权。因此，量刑的主体是人民法院。

2. 量刑的客体是犯罪人

量刑是在构成犯罪的基础上，进一步解决是否判处刑罚、判处何种刑罚以及判处多重的刑罚的问题。因此，只有行为已经构成犯罪的人才是量刑的客体。

3. 量刑的性质是刑事司法活动

量刑是人民法院根据犯罪事实、犯罪性质、情节和对社会的危害程度，并参照犯罪人的个人情况，根据刑法的有关规定，对犯罪人裁量确定刑罚的活动。因此，量刑的性质是刑事司法活动。

（二）量刑的内容

量刑是人民法院的刑罚裁量活动，因此，量刑是以具有一定的自由裁量权为前提的。我国刑法对于具体犯罪一般都规定了相对确定的法定刑，从而为人民法院根据案件的具体情况正确地裁量刑罚留下了法律空间。因此，量刑主要包括以下内容。

1. 决定是否判处刑罚

犯罪以后，根据有罪必罚的原则，一般都须判处刑罚。但在我国刑法中存在免予刑事处罚的制度，根据《刑法》第 37 条的规定，对于犯罪情节轻微不需要判处刑罚的，可以免予刑事处罚。而且，我国刑法中还有免除处罚的规定，对于具有某种情节的犯罪人应当或者可以免除刑罚处罚。因此，决定是否判处刑罚是量刑的重要内容之一。

2. 决定判处何种刑罚

为适应刑罚个别化的需要，刑法对某一犯罪一般都规定了数个刑种以供选择。因此，在决定对犯罪人判处刑罚以后，还要解决刑种的选择问题，以决定对犯罪人判处何种刑罚。

3. 决定判处多重的刑罚

在选择刑种以后，除死刑和无期徒刑等刑种没有一定的刑度以外，其他刑种，包括管制、拘役和有期徒刑等，都有一定的刑度，因而需要根据犯罪事实及情节，裁量确定应当判处的刑罚。

（三）量刑的意义

1. 量刑对于实现刑罚报应的意义

刑罚报应体现了刑罚的公正性，量刑应当以犯罪事实及情节为根据，对犯罪行为作出恰当的法律评价，从而使裁量的刑罚成为一种公正的刑罚。量刑以刑罚正义为指导，它对于实现刑罚报应具有重大意义。

2. 量刑对于实现刑罚预防的意义

刑罚预防体现了刑罚的有效性，量刑应当以犯罪人的个人情况为参考，对犯罪人作出恰当的法律评价，从而使裁量的刑罚成为一种有效的刑罚。量刑以刑罚效益为指导，它对于实现刑罚预防具有重大意义。

3. 量刑对于报应与预防的双重意义

刑罚目的的二元论决定了在量刑活动中，报应与预防应当兼顾。只有这样，才能把刑罚报应与刑罚预防有机地统一起来，使刑罚正义与刑罚效益兼而得之。在量刑活动中，只求正义不求效益，或者只求效益不求正义都是片面而不可取的，量刑应当实现刑罚报应与刑罚预防的双重使命。

二、量刑原则

量刑原则是指人民法院在法定刑的范围内，决定对犯罪分子是否适用刑罚或者处罚轻重的指导思想和准则。我国刑法对量刑原则作了专门规定，于第 61 条规定：“对于犯罪分子决定刑罚的时候，应当根据犯罪的事实、犯罪的性质、情节和对于社会的危害程度，依照本法的有关规定判处。”根据这一规定，量刑原则可以概括为：以犯罪事实为根据，以刑事法律为准绳。这一量刑原则，是由相辅相成、不可分割的两部分内容组成的，包括量刑的两项基本准则，是我国“以事实为根据，以法律为准绳”这一司法原则在量刑上的具体化。

（一）以犯罪事实为根据

犯罪事实是量刑的客观根据，没有犯罪事实就无法确定犯罪，量刑就失去了前提。犯罪事实有广义与狭义之分，这里的犯罪事实是广义的犯罪事实。广义的犯罪事实是指客观存在的与犯罪有关的各种事实情况的总和，它既包括犯罪构成的基本事实，也包括犯罪性质、情节和社会危害程度。因此，作为量刑根据的犯罪事实包括以下四项内容。

1. 犯罪的事实

这里的犯罪事实是指狭义的犯罪事实，即犯罪构成要件的各项基本事实情况。这里的“基本事实”，在一般情况下是通过罪体与罪责反映的犯罪情况。在以数额较大、情节严重或者其他表明行为侵害法益程度为要件的犯罪中，基本事实还包括罪量要素。罪量要素不仅对于定罪具有重要意义，而且也是量刑的基础。犯罪的事实是量刑的首要根据，也是正确认定犯罪性质、分析犯罪情节和衡量犯罪社会危害程度的前提。

2. 犯罪的性质

犯罪的性质是指犯罪行为的法律性质，即某一法益侵害行为经由法律规定并通过审判机关确认的犯罪属性。任何犯罪在法律上都有其质的规定性，不同性质的犯罪，其法益侵害程度不同，处罚的轻重也有所区别。正确地认定犯罪性质，不仅是定罪的重要内容，也是正确量刑的前提；定性不准，量刑必然不当。因此，在量刑时应当在查清犯罪事实的基础上，根据刑法分则的有关规定，正确地认定犯罪性质。

3. 犯罪情节

刑法上的犯罪情节有两种：第一种是定罪情节，即影响犯罪性质的情节，它是情节犯构成犯罪的要素。第二种是量刑情节，是指构成犯罪基本事实以外的其他影响和说明犯罪的法益侵害程度的各种事实情况，例如犯罪的动机、手段、环境和条件，以及犯罪人的一贯表现、犯罪后的态度、直接或间接的损害后果，等等。这些事实情况虽然不影响定罪，但它决定着量刑。这里的“犯罪情节”就是指量刑情节。犯罪情节不同，犯罪行为的法益侵害程度和犯罪人的人身危险性程度也有所不同，因而量刑时所处的刑罚也必然不同。刑法正是根据不同的犯罪情节，对同一犯罪规定了不同的量刑幅度。因此，量刑时在确定犯罪性质的基础上，必须全面掌握犯罪情节，根据不同的情节，决定在哪个量刑幅度以内或者以下裁量应处刑罚或者免除刑罚。

4. 对社会的危害程度

对社会的危害程度是指犯罪行为对社会造成或者可能造成损害结果的程度。对社会的危害程度大小是区分罪与非罪、罪轻与罪重，以及由此而决定的对犯罪分子是否适用刑罚及如何适用刑罚的重要根据。危害程度，是由犯罪的一系列主观因素和客观因素综合而成的，包括犯罪的事实、犯罪的性质、情节以及犯罪人的主观恶性程度等。因此，正确地判断犯罪行为的法益侵害程度，必须将犯罪的各种因素全面、综合地加以考虑，防止片面地强调其中某一方面的因素。只有这样，才能避免出现量刑上畸轻畸重的现象。

上述作为量刑根据的4项内容，是一个有机的整体，它们既相互区别又相互联系，在量刑时应当客观而全面地加以考察。刑法将这4项内容规定为量刑根据的构成要素，是对量刑活动经验的科学总结。

（二）以刑事法律为准绳

量刑必须以刑事法律为准绳，是指人民法院在认定犯罪事实的基础上，必须按照刑法及其司法解释的有关规定就对犯罪分子是否判刑以及判什么刑、判刑轻重作出裁断。依法量刑，是法制原则的必然要求，也是罪刑法定这一刑法基本原则在量刑中的体现。量刑以刑事法律为准绳，主要是遵守以下《刑法》及其司法解释的有关规定。

1. 依据刑法总则规定量刑

刑法总则中作出关于刑罚原则、制度、方法及其适用条件的一般规定，例如，对预备犯、未遂犯、中止犯、未成年犯罪人，共同犯罪中的主犯、从犯、教唆犯、胁从犯的处罚原则；有关自首、立功、累犯、缓刑、数罪并罚等制度；有关从重、从轻、减轻以及免除刑罚处罚的规定。

2. 依据刑法分则规定量刑

刑法分则中针对各种具体犯罪的法定刑及其量刑幅度作出具体规定，在量刑时不得超越法定的刑种和量刑幅度，而应当在法定刑范围内裁量刑罚。

3. 依据司法解释的有关规定

在量刑的时候，不仅应当依据《刑法》的有关规定，而且应当依据司法解释的有关规定。司法解释对量刑的原则、情节等都作了具体规定，对于正确地裁量刑罚具有重要的指导意义。例如，2006年1月11日最高人民法院《关于审理未成年人刑事案件具体应用法律若干问题的解释》第11条，对未成年罪犯的量刑作了以下规定：对未成年罪犯适用刑罚，应当充分考虑是否有利于未成年罪犯的教育和矫正。对未成年罪犯量刑应当依照《刑法》第61条的规定，并充分考虑未成年人实施犯罪行为的动机和目的、犯罪时的年龄、是否初次犯罪、犯罪后的悔罪表现、个人成长经历和一贯表现等因素。在对未成年罪犯量刑时应当严格遵守这一规定。

三、量刑情节

（一）量刑情节的概念

量刑情节是指刑法明文规定或者司法机关酌情确定的定罪事实以外的，体现犯罪严重程度，据以决定对犯罪人是否处刑以及处刑轻重的各种事实情况。量刑情节具有以下特征。

1. 量刑情节的内容

量刑情节是与犯罪有关的各种事实情况，量刑情节是对量刑发生一定影响的要素，这些要素应当是与犯罪有关的各种事实情况。这也是以事实为根据的量刑原则的直接体现。当然，这里的“与犯罪有关的各种事实情况”，既可以是罪中情节，也可以是罪前情节和罪后情节。罪中情节在犯罪进程中表现出来的影响是量刑的事实要素，它在量刑过程中起着直接的决定作用。而罪前情节与罪后情节，也能在一定程度上影响量刑。例如，犯罪后的态度，是坦白交待还是拒不认罪，对量刑也具有重要影响。

2. 量刑情节的功能

量刑情节对于决定是否处刑以及处刑轻重具有重要影响。是否处刑以及处刑轻重，是量刑的主要内容，量刑情节对此具有决定作用。因此，量刑情节不同于定罪情节。定罪情节作为一种罪量要素，是决定犯罪成立的事实根据，它所要解决的是罪之有无的问题。而量刑情节是在行为构成犯罪的基础上，解决罪之轻重的问题。因此，应当把量刑情节与定罪情节加以区分，尤其应当禁止重复评价，已经用于定罪的犯罪构成事实要素不能作为量刑情节再次使用。

3. 量刑情节的根据

量刑情节是由刑法明文规定或者司法机关酌情确定的，量刑情节反映了犯罪的严重性程度，因而对量刑具有影响。而量刑情节又可以分为法定情节与酌定情节，其中，法定情节是由刑法规定的，酌定情节是在刑法中并无明文规定，但司法机关根据审判经验酌情确定的。

（二）法定的量刑情节

法定的量刑情节是指刑法明文规定在量刑时应当予以考虑的各种事实要素。法定的量刑情节在刑法总则与分则中都有明文规定。刑法总则规定的量刑情节是对各种犯罪共同适用的情节，刑法分则规定的量刑情节是对特定犯罪适用的量刑情节。为了便于掌握和运用法定量刑情节，我将其作如下分类排列。

1. 应当从重处罚的情节

（1）教唆不满18周岁的人犯罪的（《刑法》第29条）；（2）累犯（《刑法》第65条）；（3）策动、胁迫、勾引、收买国家机关工作人员、武装部队人员、人民警察、民兵进行武装叛乱或者武装暴乱的（《刑法》第104条）；（4）与境外机构、组织、个人相勾结，实施《刑法》第103条、第104条、第105条规定的犯罪的（《刑法》第106条）；（5）掌握国家秘密的国家工作人员叛逃境外或者在境外叛逃的（《刑法》第109条）；（6）武装掩护走私的（《刑法》第157条）；（7）伪造货币并出售或者运输伪造的货币的（《刑法》第171条）；（8）奸淫不满14周岁的幼女的（《刑法》第236条）；（9）猥亵儿童的（《刑法》第237条）；（10）国家机关工作人员非法拘禁他人或者以其他方法非法剥夺他人人身自由的（《刑法》第238条）；（11）国家机关工作人员犯诬告陷害罪的（《刑法》第243条）；（12）司法工作人员滥用职权非法搜查他人身体、住宅，或者非法侵入他人住宅的（《刑法》第245条）；（13）司法工作人员对犯罪嫌疑人、被告人实行刑讯逼供或者使用暴力逼取证人证言致人伤残、死亡的（《刑法》第247条）；（14）监狱、拘留所、看守所等监管机构的监管人员对被监管人进行殴打或者体罚虐待致人伤残、死亡的（《刑法》第248条）；（15）监管人员指使被监管人殴打或者体罚虐待其他被监管人致人伤残、死亡的（《刑法》第 248 条）；（16）邮政工作人员私自开拆或者隐匿、毁弃邮件、电报而窃取财物的（《刑法》第 253 条）；（17）冒充人民警察招摇撞骗的（《刑法》第 279 条）；（18）引诱未成年人参加聚众淫乱活动的（《刑法》第 301 条）；（19）司法工作人员以暴力、威胁、贿买等方法阻止证人作证或者指使他人作伪证的（《刑法》第 307 条）；（20）司法工作人员帮助当事人毁灭、伪造证据情节严重的（《刑法》第 307 条）；（21）盗伐、滥伐国家级自然保护区内的森林或者其他林木的（《刑法》第 345 条）；（22）利用、教唆未成年人走私、贩卖、运输、制造毒品，或者向未成年人出售毒品的（《刑法》第 347 条）；（23）缉毒人员或者其他国家机关工作人员掩护、包庇走私、贩卖、运输、制造毒品的犯罪分子的（《刑法》第 349 条）；（24）引诱、教唆、欺骗或者强迫未成年人吸食、注射毒品的（《刑法》第 353 条）；（25）因走私、贩卖、运输、制造、非法持有毒品罪被判过刑又犯本节（指第六章第七节）规定之罪的（《刑法》第 356 条）；（26）旅馆业、饮食服务业、文化娱乐业、出租汽车业等单位的主要负责人利用本单位的条件，组织、强迫、引诱、容留、介绍他人卖淫的（《刑法》第 361 条）；（27）制作、复制淫秽的电影、录像等音像制品组织播放的，或者向不满 18 岁的未成年人传播淫秽物品的（《刑法》第 364 条）；（28）战时破坏武器装备、军事设施、军事通信的（《刑法》第 369 条）；（29）挪用用于救灾、抢险、防汛、优抚、扶贫、移民、救济款物归个人使用的（《刑法》第 384 条）；（30）索贿的（《刑法》第 386 条）。

2. 可以从轻或减轻处罚的情节

（1）已满 75 周岁的人故意犯罪的（《刑法》第 17 条之一）；（2）尚未完全丧失辨认或者控制自己行为能力的精神病人犯罪的（《刑法》第 18 条）；（3）未遂犯（《刑法》第 23 条）；（4）被教唆的人没有犯被教唆的罪的教唆犯（《刑法》第 29 条）；（5）自首（《刑法》第 67 条）；（6）立功（《刑法》第 68 条）。

3. 可以从轻处罚的情节

坦白（《刑法》第 67 条）。

4. 可以减轻处罚的情节

避免特别严重后果发生的坦白（《刑法》第 67 条）。

5. 应当从轻或减轻处罚的情节

（1）已满 14 周岁不满 18 周岁的人犯罪的（《刑法》第 17 条）；（2）已满 75 周岁的人过失犯罪的（《刑法》第 17 条之一）。

6. 应当减轻处罚的情节

造成损害的中止犯（《刑法》第 24 条）。

7. 可以从轻、减轻或者免除处罚的情节

（1）又聋又哑的人或者盲人犯罪的（《刑法》第 19 条）；（2）预备犯（《刑法》第 22 条）。

8. 应当从轻、减轻处罚或者免除处罚的情节

从犯（《刑法》第 27 条）。

9. 可以减轻或免除处罚的情节

（1）在外国犯罪已经受过刑罚处罚的（《刑法》第 10 条）；（2）有重大立功表现的（《刑法》第 68 条）；（3）行贿人在被追诉前主动交待行贿行为，且犯罪较轻的，对侦破重大案件起关键作用的，或者有重大立功表现的（《刑法》第 390 条第 2 款）；（4）介绍贿赂人在被追诉前主动交待介绍贿赂行为的（《刑法》第 392 条第 2 款）。

10. 应当减轻或免除处罚的情节

（1）防卫过当（《刑法》第 20 条）；（2）避险过当（《刑法》第 21 条）；（3）胁从犯（《刑

法》第 28 条)。

11. 可以免除处罚的情节

(1) 犯罪情节轻微不需要判处刑罚的(《刑法》第 37 条);(2) 犯罪较轻的自首犯(《刑法》第 67 条);(3) 非法种植罂粟或者其他毒品原植物,在收获前自动铲除的(《刑法》第 351 条)。

12. 应当免除处罚的情节

没有造成损害的中止犯(《刑法》第 24 条)。

(三) 酌定的量刑情节

酌定情节,是指人民法院从审判经验中总结出来,在刑罚裁量时应当灵活掌握、酌情适用的情节。酌定情节虽然不是法律所规定的,但是根据立法精神和有关刑事政策,从审判实践经验中总结出来的,因而对于刑罚的裁量也具有重要意义。

酌定情节主要表现在以下七个方面。

1. 犯罪的动机

犯罪动机反映了犯罪人的主观恶性。一般说来,故意犯罪的动机都是不良的,但也有程度上的差异,例如,奸情杀人比义愤杀人的动机更为恶劣,因而对量刑具有一定的影响。

2. 犯罪的手段

犯罪手段反映了犯罪行为的客观危害程度。在定罪过程中,犯罪手段一般不起作用,但它对量刑却有影响。犯罪分子采用残忍或极为狡诈、隐蔽的手段和方法实施犯罪,比使用一般的犯罪手段实施犯罪所产生的危害更大,因而应当予以较重的处罚。

3. 犯罪的时间、地点

犯罪总是发生在一定的时空之中的,除个别以犯罪时间、地点作为选择要件的犯罪以外,犯罪的时间、地点不影响定罪,但在量刑中应当予以考虑。例如,在光天化日的公共场所实施寻衅滋事行为与在夜间或僻静的地点实施寻衅滋事行为相比,其法益侵害程度是不同的,因而在量刑上应有所区别。

4. 犯罪结果

犯罪结果是犯罪对客体所造成的损害结果,它直接反映了法益侵害程度。因此,犯罪结果严重与否,对量刑具有重要意义。例如,强奸多人比强奸一人严重,等等。

5. 犯罪客体

犯罪客体不同,行为的法益侵害程度也不同,因而量刑的轻重应有所差异。例如,侵害病人、残疾人、未成年人、老人、怀孕妇女等弱者比侵害一般人严重,侵犯救济款物比侵犯一般财产严重等。

6. 犯罪前的表现

犯罪前的表现是指犯罪人在犯罪以前的一贯表现,这种犯罪人的一贯表现是反映犯罪人的人身危险性的情节,对量刑也有一定影响。如果犯罪人一贯遵纪守法,表现较好,偶尔失足犯罪,应予宽大处理;反之,如果犯罪人一贯表现不好,存在前科劣迹,应受较重的刑罚处罚。

7. 犯罪后的态度

犯罪后的态度,是拒不交待,甚至逃避法律制裁,还是主动坦白,积极退赃,挽回经济损失,都反映了犯罪人的人身危险性程度,因而在量刑时应当予以区别对待。

(四) 量刑情节的适用原则

量刑情节应当依法适用,因此,必须正确理解并且科学地掌握法律规定的量刑情节的适用原则。

1. 量刑情节之从重与从轻的适用原则

我国《刑法》第62条规定："犯罪分子具有本法规定的从重处罚、从轻处罚情节的，应当在法定刑的限度以内判处刑罚。"这是从重处罚与从轻处罚的量刑情节的适用原则。根据这一规定，从重处罚是指在法定刑幅度内选择比没有这个情节的类似犯罪相对重一些的刑种或刑期；从轻处罚是指在法定刑幅度内选择比没有这个情节的类似犯罪相对轻一些的刑种或刑期。

2. 量刑情节之减轻的适用原则

减轻处罚有一般减轻与特殊减轻之分。我国《刑法》第63条［《刑法修正案（八）》第5条］第1款规定："犯罪分子具有本法规定的减轻处罚情节的，应当在法定刑以下判处刑罚；本法规定有数个量刑幅度的，应当在法定量刑幅度的下一个量刑幅度内判处刑罚。"这是对一般减轻的规定，由此可见，一般减轻是指依法判处低于法定最低刑的刑罚。《刑法》第63条第2款规定："犯罪分子虽然不具有本法规定的减轻处罚情节，但是根据案件的特殊情况，经最高人民法院核准，也可以在法定刑以下判处刑罚。"这是对特殊减轻的规定，由此可见，特殊减轻是指酌情判处低于法定最低刑的刑罚。

这里的"案件的特殊情况"，主要是指案件涉及政治、外交等情况，但也不排除少数判处法定最低刑仍然过重的情况。对于有特殊情况的案件，即使犯罪分子不具有刑法规定的减轻处罚情节，经最高人民法院核准，也可以在法定刑以下判处刑罚。在理解"减轻处罚"的时候，存在以下两个问题应予明确：第一，如何理解法定最低刑？我认为，这里的"法定最低刑"在只有一个罪刑单位的条文中，是指本条的最低刑；而在具有两个或者两个以上罪刑单位的条文中，是指犯罪适用的罪刑单位的最低刑，例如，入户抢劫而另有减轻处罚情节的，因入户抢劫适用的法定刑是10年以上有期徒刑、无期徒刑或者死刑，并处罚金或者没收财产，所以，其法定最低刑是10年有期徒刑，具有减轻处罚情节的，应判处低于10年有期徒刑的刑罚。第二，"减轻处罚"可以减轻到什么程度？我认为，"减轻处罚"既可以是刑期的减轻，也可以是刑种的变更，即由较重的刑种变更为较轻的刑种，但一般不能变更为免除处罚。应当指出，这里的"刑期的减轻"，应当是减轻一格，并非可以无限制地减轻。

（五）量刑情节的具体适用

量刑过程，在很大程度上就是各种量刑情节的具体适用过程。因此，量刑情节的具体适用具有重要意义。

1. 量刑情节竞合情况下的适用

同一犯罪案件，往往存在两个以上的量刑情节，这就是所谓量刑情节的竞合。量刑情节的竞合有同向竞合与逆向竞合之分。同向竞合是指同时具有两个以上的从轻或者从重情节；逆向竞合是指同时具有一个从轻情节和一个从重情节。在同向竞合的情况下，量刑情节的适用较易解决，两个从轻情节，可以予以较大幅度的从轻。按照我国刑法规定，两个从轻情节不能升格为一个减轻情节。在逆向竞合的情况下，量刑情节的适用则较为复杂。在这种情况下，不能简单地采用抵消法。抵消法是指一案件如果有两个以上量刑情节，其中有的对量刑起从宽作用（包括从轻作用、减轻作用和免除作用——下同），有的对量刑起从严作用（包括从重作用和加重作用——下同），在确定犯罪分子的刑事责任时将这两种情节相互抵消，既不从轻，也不从重，也就是把这两种量刑情节从量刑的因素中撇开。我认为，这种抵消法是不妥的。实际上，在具体案件中，每个量刑情节的内涵都不是等量的，因而不能简单地予以抵消。正确的方法应当是，首先根据基本犯罪事实与犯罪性质确定一个基本刑，然后利用情节对量刑进行裁判上的平衡，这种平衡的过程可以称为刑罚的修正。刑罚的修正过程是适用量刑情节对量刑进行优化的过程，刑罚的修正过程表现为量刑情节的变量值在一定的幅度内沿水平方向按照一定规律趋轻或趋重浮动的态势。在只有一个量刑情节的情况下，只要进行一次修正即可；在具有两个逆向情节的情况下，则需要进行二次修正。一般情况下，先考虑从重情节，根据从重情节对基本刑进行趋重修正，然后再考虑从轻情节，根据从轻情节对经过第一次修正确定的刑罚进行趋轻修正。

2. 多功能情节的适用

我国刑法规定的从宽处罚的情节，一般都是多功能情节，一个量刑情节，具有从轻或者减轻处罚两个功能，甚至具有从轻、减轻或者免除处罚三种功能。在这种多功能情节的场合，应当如何适用？我认为，在这种情况下，首先要考虑犯罪的性质。如果犯罪性质较轻，可以考虑适用减轻或者免除处罚，而不是从轻处罚；如果犯罪性质较重，则可以考虑从轻处罚。其次，还要分析量刑情节本身的轻重。例如，同是杀人未遂，一是虽未将人杀死，却致人重伤；二是虽未将人杀死，却致人轻伤；三是不仅未将人杀死，而且被害人安然无恙。对于这样三种情况的杀人未遂显然应当区别对待而不是一视同仁。最后还要注意一个问题，就是法条对从轻、减轻、免除处罚的排列顺序，对于多功能情节的适用具有指导意义。例如，我国《刑法》第 22 条第 2 款规定对预备犯是比照既遂犯从轻、减轻处罚或者免除处罚，而我国《刑法》第 24 条第 2 款规定对中止犯是免除处罚或者减轻处罚。显然，对预备犯应当按照从轻、减轻、免除的顺序考虑，对于中止犯，则首先应当考虑免除处罚，其次才是考虑减轻处罚。

3. 可以型情节与应当型情节并存情况下的适用

我国刑法规定的量刑情节，既有可以型的，又有应当型的，两者显然有别。从法律逻辑学来说，由应当和可以构成的行为规范，称为规范模态判断。应当型规范是义务性规范，而可以型规范是许可性或授权性规范。因此，“可以”和“应当”的逻辑含义是不一样的。一般来说，法律规定可以做的，也可以不做；法律规定应当做的，就必须做。那么，在可以从轻与应当从重、应当从轻与可以从重等情节并存的情况下，应当如何对犯罪人量刑呢？我认为，在这种情况下，首先要考虑应当型情节，然后考虑可以型情节。

第17章　量刑制度

一、累犯

（一）累犯的概念

累犯是指因犯罪受过一定的刑罚处罚，在刑罚执行完毕或者赦免以后，在法定期限内又犯一定之罪的情形。累犯具有以下特征。

1. 累犯是一种再犯罪的事实

累犯在客观上表现为再次犯罪，具有再犯罪的事实。犯罪人如果没有再次犯罪，就无累犯可言。因此，再犯罪是累犯构成的事实前提。累犯虽然是再次犯罪，在一般情况下，它和再犯还是有所不同的。再犯，又称为重新犯罪，有广义与狭义之分。广义上的再犯包括累犯，累犯是再犯中最严重者。狭义上的再犯是指累犯以外的其他重新犯罪的人。累犯作为一种再犯罪的情形，它与前科具有一定的联系。前科是指曾被法院认定有罪并被判处刑罚的情形。凡是曾被法院依法定罪并被判处刑罚的人，均是有前科的人。因此，累犯以犯罪人有前科为前提。当然，累犯必定是有前科的人，有前科的人却未必都是累犯，应当加以注意。

2. 累犯是一种犯罪人的类型

刑法上的累犯，经历了一个从注重犯罪特征到注重犯罪人特征的转变。最初刑法上的累犯概念，注重的是犯罪行为的特征，以刑事古典学派的客观主义作为其理论基础。此后，随着刑事实证学派的兴起，开始了从犯罪行为向犯罪人的转变，由此出现了以犯罪人的人身危险性为重点的累犯概念。现代刑法上的累犯，更多的是强调犯罪人的人身特征，将累犯视为人身危险性较大的一种犯罪人类型。应当指出，虽然都是犯罪人类型，累犯与惯犯是有所不同的。在犯罪学上，累犯与惯犯往往被相提并论，容易混同。但在刑法学上，两者具有明显区分。惯犯是在审判之前的一个相当长的时间内反复多次地实施某一犯罪，这些反复实施的犯罪是未经处理的。因此，惯犯往往被作为一种犯罪类型，在罪数理论中讨论。累犯并非像惯犯那样，是审判前同一犯罪之关系，而是前后两个犯罪之关系。累犯一般都是作为量刑制度加以规定的，是一种特殊的犯罪人类型。

3. 累犯是一种从重处罚的刑罚制度

累犯和一般犯罪人有所不同，它是犯罪人已经被判处刑罚后的再次犯罪，表明犯罪人具有较为严重的人身危险性。各国刑法都对累犯予以从重处罚，因此累犯是一种从重处罚的刑罚制度。

（二）普通累犯

根据我国《刑法》第65条［《刑法修正案（八）》第6条］的规定，普通累犯是指已满18周岁的人因故意犯罪被判处有期徒刑以上刑罚的犯罪分子，在刑罚执行完毕或者赦免以后，在5年以内再犯应当判处有期徒刑以上刑罚的故意犯罪的情形。由此可见，构成普通累犯必须符合以下条件。

1. 刑度条件

刑度条件是指对构成普通累犯的前后两罪在刑度上的要求。根据我国刑法规定，前罪所判处的刑罚和后罪应当判处的刑罚均是有期徒刑以上。

我国刑法把累犯视为一种性质较为严重的犯罪人类型，并作为一个从重处罚的情节。因而，在刑度上对累犯前后两罪所处刑罚的轻重作了限定，要求所处的刑罚和应处的刑罚均须是有期徒刑以上。根据这一规定，如果前后两罪所判的刑罚均低于有期徒刑；或者在前后两罪中，有一罪的刑罚低于有期徒刑，例如前罪被判处管制或者拘役而后罪应当判处有期徒刑以上刑罚，或者前罪被判处有期徒刑以上刑罚、后罪被判处管制或者拘役，均不构成累犯。我国刑法之所以把普通累犯的刑度限制在有期徒刑以上刑罚，主要是因为在我国刑罚体系的主刑中，管制是限制自由刑，对犯罪分子不予关押；而拘役虽是剥夺自由刑，但关押时间较短，是短期自由刑。上述两个刑种均适用于较轻的犯罪，对犯较轻之罪的人以累犯论处，使累犯的范围过于扩张，不利于贯彻区别对待的刑事政策。而有期徒刑是我国刑法中适用最为广泛的一个刑种，凡是犯应处有期徒刑以上刑罚之罪的犯罪分子，其行为的社会危害性和自身的人身危险性都已经达到了一定的严重程度，按照累犯处理较为合适。

那么，如何理解我国《刑法》第 65 条规定的“被判处有期徒刑以上刑罚”和“应当判处有期徒刑以上刑罚”呢？我认为，这里的“被判处有期徒刑以上刑罚”是指前罪已经被判处的刑罚，这种刑罚是宣告刑，即人民法院根据犯罪的综合情况，最后确定其宣告刑为有期徒刑以上刑罚。还应当指出，这里的“有期徒刑以上刑罚”也包括无期徒刑和死缓。虽然从逻辑上来说，无期徒刑和死缓不存在刑罚执行完毕的问题，但是，我国刑法规定了减刑制度和假释制度，只要被判处无期徒刑或者死缓的犯罪分子在服刑期间，确有悔改或者立功表现，符合法律规定的减刑或者假释条件，就可以获得减刑或者假释，从而得以回归社会。这些犯罪分子在回归社会以后，如果旧病复发，重新再犯应当被判处有期徒刑以上刑罚之罪，就有可能构成累犯。这里的“应当判处有期徒刑以上刑罚之罪”，是指根据犯罪的法益侵害程度以及其他各种量刑情节，某一犯罪实际有可能被判处有期徒刑以上刑罚，而不是指某一法定刑中包括有期徒刑。因为我国刑法分则规定的各种犯罪的法定刑都包含有期徒刑，所以对后罪在刑度上理解为后罪的法定刑包括有期徒刑以上刑罚，势必导致累犯范围的扩张。

2. 前提条件

前提条件是指对前罪的刑罚执行完毕的要求。我国《刑法》明文规定，普通累犯以前罪的刑罚执行完毕或者赦免以后作为构成的前提条件。

那么，如何理解“刑罚执行完毕和赦免以后”呢？关于刑罚是否执行完毕，关键在于如何理解这里的“刑罚”。换言之，这里的“刑罚”是仅指主刑还是也包括附加刑？例如，某一犯罪人因犯罪而被判处有期徒刑，并附加剥夺政治权利。在有期徒刑执行完毕而剥夺政治权利尚未执行完毕的时候又犯应当判处有期徒刑以上刑罚之罪的，是否属于刑罚执行完结呢？我认为，刑罚执行完毕只能是指主刑执行完毕而不包括附加刑执行完毕，即对这里的“刑罚”应当作限制解释，仅限于主刑，不包括附加刑。关于“赦免以后”，这里的“赦免”仅指特赦，而不包括大赦。显然，赦免有特赦与大赦之分，但我国《宪法》只规定了特赦，未规定大赦。因此，累犯的前提条件之“赦免以后”，应当理解为“特赦以后”。犯罪分子如果在刑罚执行完毕以前又犯罪的，根据我国《刑法》第 71 条的规定，应当实行数罪并罚而不能构成累犯。在认定是否具备累犯的前提条件的时候，还有以下三个问题值得研究。

(1) 前罪受外国刑罚处罚的人再犯罪的，是否具备累犯的前提条件

我国《刑法》第 10 条规定：“凡在中华人民共和国领域外犯罪，依照本法应当负刑事责任

的，虽然经过外国审判，仍然可以依照本法追究，但是在外国已经受过刑罚处罚的，可以免除或者减轻处罚。”根据这一规定，在我国领域外犯罪的，实际上有两种情况：一是依照本法应当负刑事责任的，二是依照本法不应负刑事责任的。对于前者，可以将前罪刑罚执行完毕视为具备累犯的条件，在法定时间内再犯应当判处有期徒刑以上刑罚之罪的，应视为累犯；对于后者，尽管在我国领域外犯罪并已经刑罚执行完毕，但由于这种行为在我国刑法中并未被规定为犯罪，即依照我国刑法不负刑事责任，而我国对外国法院的刑事判决原则上是不予承认的，因此，即使此后虽在我国再犯应当判处有期徒刑以上刑罚之罪的，也不构成累犯。

（2）缓刑以后又犯罪的，是否具备累犯的前提条件

根据我国《刑法》第 72 条之规定，对于被判处拘役、3 年以下有期徒刑的犯罪分子，根据犯罪情节和悔罪表现，适用缓刑确实不致危害社会的，可以宣告缓刑。缓刑以后又犯罪的，有两种情况：一是在缓刑考验期间又犯新罪。对于此种情形，我国《刑法》第 77 条明确规定应当撤销缓刑，对新犯的罪作出判决，把前罪和后罪所判处的刑罚，依照《刑法》第 69 条的规定，决定执行的刑罚。因此，在这种情况下，根本就谈不上累犯的问题。二是在缓刑考验期满以后法定期限内又犯应当判处有期徒刑以上刑罚之罪的。此种情形是否构成累犯？我认为，缓刑是附条件地不执行原判刑罚的制度，如果满足法定条件，则原判刑罚不再执行，但犯罪依然存在。这是一种刑之执行犹豫主义，不同于罪之宣告犹豫主义。于后者，一旦满足法定条件，不仅原判刑罚不再执行，而且犯罪也不成立。严格来说，缓刑之考验不是刑罚执行，而是缓刑之执行。缓刑之执行虽然也属于刑罚的具体运用，但与刑罚执行不同。累犯以前罪之刑罚执行完毕为条件，缓刑符合法定条件的原判刑罚不再执行，两相比较，缓刑考验期满后犯新罪不能构成累犯的结论昭然若揭：既然缓刑考验期满后原判刑罚不再执行，当然也就不存在刑罚执行完毕的问题，更无构成累犯的前提条件。

（3）假释以后又犯罪的，是否具备累犯的前提条件

关于假释以后又犯罪的是否能构成累犯，可以分为两种情况：一是假释考验期满以后的犯罪人再犯罪的，是否可以构成累犯？我们的回答是肯定的，因为根据我国《刑法》第 85 条的规定，假释考验期满，就认为原判刑罚已经执行完毕。因而，在这种情况下，完全具备累犯的前提条件。如果犯罪分子在法定时间内又犯罪的，应以累犯论处。二是假释考验期内再犯新罪，是否可以构成累犯？对于这个问题，我国刑法学界存在两种观点。多年来流行的看法认为，无论被判处无期徒刑还是有期徒刑而被假释的罪犯，如果在假释考验期内再犯新罪而被撤销假释的，不能构成累犯，而应按照数罪并罚的原则处理。因为假释是附条件提前释放，在假释犯被撤销假释后，原判的刑罚仍须继续执行，而不是已执行完毕。

3. 时间条件

普通累犯的时间条件是指前后两罪的法定时间距离。前后两罪法定时间距离直接关系到普通累犯的范围。根据我国《刑法》的规定，普通累犯的法定时间距离是 5 年，即后罪发生在前罪的刑罚执行完毕或者赦免以后 5 年以内。凡是超过 5 年的，就不构成累犯。

4. 排除条件

根据我国《刑法》第 65 条第 1 款规定，过失犯罪和不满 18 周岁的人犯罪，不构成累犯。因此，过失犯罪和不满 18 周岁的人犯罪，是普通累犯的排除条件。

（1）过失犯罪不构成累犯

过失犯罪与故意犯罪相比，在主观恶性与人身危害性上都要更轻一些。我国《刑法》明确规定过失犯罪不构成累犯，这意味着累犯的主观罪责形式只能是故意犯罪。这一规定体现了我国宽严相济的刑事政策，体现了对故意犯罪与过失犯罪的区别对待，因而具有合理性。应当指

出，我国《刑法》规定过失犯罪不能构成累犯，不仅是指前后两个都是过失犯罪不能构成累犯，而且包括前罪与后罪只有一个犯罪是过失的情形。

(2) 不满 18 周岁的人犯罪不构成累犯

我国《刑法》第 17 条第 1 款、第 2 款规定已满 14 周岁不满 16 周岁的人对法律规定的 8 种犯罪行为承担刑事责任，已满 16 周岁的人对所有犯罪都承担刑事责任。因此，从事实上来看，不满 18 周岁的人在 5 年之内实施前后两个均应判处有期徒刑以上刑罚的故意犯罪，是完全可能的。但考虑到不满 18 周岁的人身心发育尚未成熟，为体现对犯罪的未成年人以教育挽救为主的方针，《刑法》规定，不满 18 周岁的人犯罪不构成累犯。

这里还存在一个问题：不满 18 周岁的人犯罪不构成累犯，那么是否构成我国《刑法》第 356 条规定的毒品犯罪的再犯？对此存在不同意见：第一种意见认为毒品犯罪的再犯是累犯之外的一种再犯制度，不满 18 周岁的人犯罪不构成累犯，但可以构成毒品犯罪的再犯。第二种意见认为，毒品再犯实际上是一种刑法分则规定的特殊累犯，它属于累犯的范畴，因此，不满 18 周岁的人犯罪不构成累犯，不仅是指不构成刑法总则规定的累犯，也包括不构成刑法分则规定的毒品犯罪的再犯。对于上述两种意见，我赞成第二种意见。毒品犯罪的再犯的构成要件与特殊累犯相同，而且法律效果也与累犯相同，都是应当从重处罚。在这种情况下，应当把毒品犯罪的再犯看作是特殊累犯的一种情形。因此，不满 18 周岁的人犯罪不构成累犯之规定的效力及于毒品犯罪的再犯。

(三) 特殊累犯

我国《刑法》第 66 条［《刑法修正案（八）》第 7 条］规定："危害国家安全犯罪、恐怖活动犯罪、黑社会性质的组织犯罪的犯罪分子，在刑罚执行完毕或者赦免以后，在任何时候再犯上述任一类罪的，都以累犯论处。"根据这一规定，我国刑法中的特殊累犯是指危害国家安全犯罪、恐怖活动犯罪、黑社会性质的组织犯罪的犯罪分子，在刑罚执行完毕或者赦免以后，在任何时候再犯上述任一类罪的情形。由此可见，构成特殊累犯必须符合以下条件。

1. 罪质条件

根据我国刑法的规定，特殊累犯的罪质是指危害国家安全犯罪、恐怖活动犯罪、黑社会性质的组织犯罪。上述犯罪是我国刑法中最为严重的犯罪，是刑法打击的重点，因而对其累犯构成作了特殊规定，体现了从严惩治的刑事政策。

2. 前提条件

我国刑法的特殊累犯的前提条件是前罪的刑罚已经执行完毕或者赦免以后，这一点与普通累犯的相同。

3. 时间条件

根据我国刑法的规定，特殊累犯的前后两罪没有时间上的限制，在任何时候再犯前罪的，都构成累犯。这是特殊累犯与普通累犯的重要区别之所在。

应当指出，在各国刑法中，普通累犯通常都是异种累犯，特殊累犯则通常是同种累犯，即前后犯同一之罪而构成的累犯，它是相对于异种累犯而言的。我国 1997 年《刑法》规定的危害国家安全犯罪的累犯，在广义上可以说是同种累犯。但《刑法修正案（八）》对我国特殊累犯的规定作了修改，在所犯的前罪中除危害国家安全犯罪之外，又增加了恐怖活动犯罪、黑社会性质的组织犯罪，并且规定在任何时候再犯上述任一类罪的，都构成特殊累犯。自此，我国刑法中的特殊累犯不再是同种累犯。

(四) 累犯的处罚

根据我国《刑法》第 65 条第 1 款［《刑法修正案（八）》第 6 条］规定，对累犯应当从重处罚。累犯的从重处罚是指在犯相同罪行的情况下，累犯的处罚应当重于初犯。

二、自首

（一）自首的概念

自首是指犯罪以后自动投案，如实供述自己的罪行，或者被采取强制措施的犯罪嫌疑人、被告人和正在服刑的罪犯，如实供述司法机关还未掌握的本人其他罪行的情形。自首具有以下特征。

1. 自首是一种犯罪后的表现

自首发生在犯罪以后，在通常情况下是行为人的一种悔罪表现。犯罪人在犯罪以后对于犯罪的态度，对犯罪人的处罚具有重要意义。有些犯罪人在犯罪以后不思悔改、逃避制裁，甚至重新犯罪；有些犯罪人在犯罪以后能够主动坦白交待自己的罪行；还有些犯罪人甚至投案自首。由此可见，自首是犯罪后行为人的悔改表现之一。这种悔改并非只停留在口头上，而是还要付诸实际行动，这就是投案自首。因此，自首是行为人的一种行为，在通常情况下是投案行为。如果犯罪以后行为人虽然内心悔罪，但并未投案，仍然不能构成自首。

2. 自首是一种犯罪人的类型

自首的犯罪人，在刑法理论上往往称为自首犯，是与累犯相对应的一种犯罪人的类型。自首犯是犯罪人中人身危险性较小的一类犯罪人。根据我国《刑法》的规定，对于自首犯，可以从宽处罚。

3. 自首是一种从宽处罚的刑罚制度

我国刑罚具有预防犯罪的目的，对于犯罪分子实行惩办与宽大相结合的政策。除对极少数罪行极其严重的犯罪分子必须判处死刑立即执行的以外，对于绝大多数犯罪分子都是实行惩罚与教育改造相结合，使其改恶从善，化消极因素为积极因素。对于愿意悔改自首的犯罪分子，根据其犯罪事实和具体情况，依照国家的法律和政策可以从宽处罚。所以，我们应当把自首理解为体现我国刑罚目的的一种刑罚制度。

（二）一般自首

根据我国《刑法》第 67 条第 1 款的规定，一般自首是指犯罪以后自动投案，如实供述自己的罪行的情形。由此可见，构成一般自首必须符合以下条件。

1. 自动投案

根据 1998 年 5 月 9 日最高人民法院《关于处理自首和立功具体应用法律若干问题的解释》第 1 条第 1 项的规定，自动投案，是指犯罪事实或者犯罪嫌疑人未被司法机关发觉，或者虽被发觉，但犯罪嫌疑人尚未受到讯问、未被采取强制措施时，主动、直接向公安机关、人民检察院或者人民法院投案。

自动投案是归案的方式之一。犯罪分子在犯罪以后，除极个别的以外，大部分终究会受到法律的追究。因此，或迟或早，终究是会归案的。归案的方式是多种多样的：有的是被公安、司法机关捕获归案；有的是被人民群众扭送归案；有的则是犯罪分子自动投案。因此，相对于前两种被动归案方式而言，自动投案是表明犯罪分子人身危险性有所减轻的一种归案方式。

（1）投案时间

自动投案的时间是犯罪以后、归案之前。在犯罪以前，当然不存在自动投案的问题。这里的“犯罪”，包括犯罪的预备、未遂、中止和既遂，因此，在犯罪预备、犯罪未遂、犯罪中止和犯罪既遂以后自动投案的，都可以成立自首。这里还应当指出，行为人实行正当防卫致使正在进行的不法侵害人伤害或者死亡的，依法不负刑事责任，但行为人误认为本人的行为构成了犯罪，因而向司法机关投案的，不应视为自首，因为这并非犯罪以后投案。犯罪以后、归案之前投案，包括两种情形：犯罪被发觉前投案和犯罪被发觉后投案。犯罪被发觉以前的自动投案，是指犯罪分子作案以后，犯罪事实和犯罪分子尚未被公安、司法机关发觉而自动投案。犯罪被发觉以前，犯罪分子自动地向公安、司法机关投案，使刑事案件不侦自破，对于公安、司法机关是十分有利的。犯罪被发觉以后的自动投案，是指犯罪事实已被公安、司法机关发觉但犯罪人尚未被发觉而自动投案，或者犯罪事实被发觉之后，公安、司法机关在侦查过程中，根据某些线索怀疑某人可能是犯罪人，但尚未对其采取强制措施而自动投案。犯罪被发觉以后，犯罪分子自动地向公安、司法机关投案，使刑事案件及时破获，因而也是值得肯定的。此外，2003 年 8 月 27 日最高人民法院研究室《关于如何理解犯罪嫌疑人自动投案的有关问题的答复》指出：对于犯罪嫌疑人实施犯罪后潜逃至异地，其罪行尚未被异地司法机关发觉，仅因形迹可疑，被异地司法机关留置盘问、教育后，主动交待自己的罪行的，应当视为自动投案。

（2）投案对象

投案对象是指有关机关。这里的“机关”在一般情况下是公安、司法机关，即负有侦查、起诉、审判职能的公安机关、人民检察院和人民法院及其派出单位，如公安派出所、人民法庭等。那么，向其他有关机关投案，例如向犯罪人所在单位、城乡基层组织等投案，是否可以视为自首呢？我的回答是肯定的。我认为，对于投案对象——机关，应当作宽泛的理解，不应加以限制。因为自首的本质是主动将自己交付给公安、司法机关追诉。向公安、司法机关以外的其他机关投案，最终也必将被移送到公安、司法机关，符合自首特征，应以自首论处。

（3）投案方式

投案方式是指何人以何种形式向公安、司法机关投案的问题。应当指出，法律上对于投案的方式并无限制。根据前引司法解释第 1 条第 1 项的规定：犯罪嫌疑人向其所在单位、城乡基层组织或者其他有关负责人员投案的；犯罪嫌疑人因病、伤或者为了减轻犯罪后果，委托他人先代为投案，或者先以信电投案的；罪行尚未被司法机关发觉，仅因形迹可疑被有关组织或者司法机关盘问、教育后，主动交待自己的罪行的；犯罪后逃跑，在被通缉、追捕过程中，主动投案的；经查实确已准备去投案，或者正在投案途中，被公安机关捕获的，应当视为自动投案。第 1 项还规定，并非出于犯罪嫌疑人主动，而是经亲友规劝、陪同投案的；公安机关通知犯罪嫌疑人的亲友，或者亲友主动报案后，将犯罪嫌疑人送去投案的，也应当视为自动投案。

（4）投案意愿

投案意愿是指犯罪人的投案是否基于本人意志，这是自动投案与被动归案的根本区别。投案应当具有自动性，这里的“自动性”意味着投案是犯罪人基于自己的意志自由而选择的结果。正是这种自动性，使投案与其他被迫归案的形式区分开来。当场扭送，是被迫归案的形式之一。当场扭送是指在犯罪现场，被在场的群众送到公安、司法机关。在这种当场扭送的情况下，犯罪分子并非自愿地向公安、司法机关投案，而是群众扭送的结果，不能视为自首。

2. 如实供述

根据前引司法解释第 1 条第 2 项的规定，如实供述自己的罪行，是指犯罪嫌疑人自动投案后，如实交待自己的主要犯罪事实。

（1）一般犯罪的如实供述

一般犯罪的如实供述，是指如实供述主要犯罪事实。这里的“如实”，是指犯罪人对自己的犯罪事实的供述与客观存在的犯罪事实相一致。当然，这里的“一致”不是绝对的等同或者同一，而只能是近似或者相似。由于主、客观条件的限制，犯罪人在供述自己罪行的时候不可能所有细节都相同，只要其所供述的罪行与客观存在的基本犯罪事实相一致，就可以视为如实供述。在认定供述是否如实的时候，应当注意把如实供述与合理辩解加以区分。尽管犯罪以后自首可以依法得到宽大处理，但毕竟还是要受到刑罚处罚的，因而犯罪分子总是希望最大限度地得到从宽处罚，乃至于逃避制裁。在这种情况下，自我辩解是犯罪分子的本能，也是他的一项诉讼权利，我们不能因为犯罪分子进行了自我辩解而否定其供述的如实性。但这里的“辩解”与如实供述自己的罪行还是存在区别的：如实供述自己的罪行是指将本人所犯罪行客观地予以陈述，而自我辩解则是在客观地陈述自己的罪行的基础上对承担责任的轻重、大小作出解释。只要如实供述，即便为自己开脱罪责而辩解也不能否认其自首的成立。2004 年 3 月 26 日最高人民法院《关于被告人对行为性质的辩解是否影响自首成立问题的批复》明确指出：“被告人对行为性质的辩解不影响自首的成立。”这里所谓对行为性质的辩解，是指将有罪辩解为无罪。这里的“主要犯罪事实”，是指犯罪事实中的主要内容。如果犯罪分子能够供述全部犯罪事实，当然反映了犯罪分子悔罪态度好，应以自首论处。但如果犯罪分子只是供述了主要犯罪事实，只要足以使司法机关查明犯罪真相就可以成立自首。这里的“只供述主要犯罪事实”，情况是复杂的，概而言之，可能有以下两种情况：一是有意隐瞒。犯罪分子由于种种顾虑交待不彻底，隐瞒了某些犯罪细节，例如杀人犯自动投案后交待了杀人的犯罪事实，但却隐瞒了杀人凶器，等等。在这种情况下，仍应视为自首。二是无意疏漏。考虑到犯罪分子由于作案时间、地点、环境的特殊或者因生理、心理上的原因，例如记忆能力、表达能力、惊慌、恐惧等，往往不能对犯罪事实作出全面、准确的供述，在这种情况下，只要交待了主要的犯罪事实，就应当认为具备了如实供述自己的罪行的条件，以自首论处。

（2）数罪的如实供述

在犯有数罪的情况下，如何认定自首中的“如实供述自己的罪行”呢？对此，最高人民法院《关于处理自首和立功具体应用法律若干问题的解释》第 1 条第 2 项规定：“犯有数罪的犯罪嫌疑人仅如实供述所犯数罪中部分犯罪的，只对如实供述部分犯罪的行为，认定为自首。”由此可见，对于犯有数罪而如实供述自己的罪行的，既不能因未供述全部所犯数罪而对供述部分犯罪者不认定为自首，也不能因仅供述所犯数罪中的部分犯罪而对未供述的犯罪也认定为自首，而是要实事求是地将所供述部分犯罪认定为自首，对于未供述部分则不认定为自首。

（3）共同犯罪的如实供述

在共同犯罪的情况下，如何认定自首中的“如实供述自己的罪行”呢？对此，最高人民法院《关于处理自首和立功具体应用法律若干问题的解释》第 1 条第 2 项规定：“共同犯罪案件中的犯罪嫌疑人，除如实供述自己的罪行，还应当供述所知的同案犯，主犯则应当供述所知其他同案犯的共同犯罪事实，才能认定为自首。”根据司法解释的这一规定，共同犯罪人的如实供述可以分为两种情形：一是从犯的如实供述，包括如实供述自己的罪行和供述所知的同案犯。这里的“供述所知的同案犯”，是指指认同案犯。二是主犯的如实供述，包括如实供述自己的罪行和供述所知其他同案犯的共同犯罪事实。这里的“供述所知其他同案犯的共同犯罪事实”，是指不仅要指认所知的同案犯，而且应当供述所知的这些同案犯的共同犯罪事实。

（4）如实供述后翻供的处理

在司法实践中，往往存在翻供的情形。这里的“翻供”，是指推翻原先的供述。在自首如实供述自己的罪行以后，也可能翻供。对此，最高人民法院《关于处理自首和立功具体应用法律若干问题的解释》第 1 条第 2 项规定：“犯罪嫌疑人自动投案并如实供述自己的罪行后又翻供的，不能认定为自首，但在一审判决前又能如实供述的，应当认定为自首。”因此，如实供述后翻供的，已经丧失了如实供述的条件，不能认定为自首。但如果在一审判决前，也就是法院判决确定前又能如实供述的，应当认定为自首。

（三）特殊自首

根据我国《刑法》第 67 条第 2 款的规定，特殊自首是指被采取强制措施的犯罪嫌疑人、被告人和正在服刑的罪犯，如实供述司法机关还未掌握的本人其他罪行的情形。因此，特殊自首的特殊性，表现在以下两个方面。

1. 适用对象的特殊性

特殊自首的适用对象并非一般的犯罪分子，而是已被采取强制措施的犯罪嫌疑人、被告人和正在服刑的罪犯。这里的"已被采取强制措施的犯罪嫌疑人、被告人"，是指在刑事诉讼过程中，已被司法机关依法限制或者剥夺人身自由的犯罪嫌疑人、被告人；"正在服刑的罪犯"，是指已经人民法院判决，正在被执行刑罚的罪犯。已被采取强制措施的犯罪嫌疑人、被告人和正在服刑的罪犯，之所以是特殊自首的适用对象，主要是由于这些人员已经丧失了人身自由，不存在自动投案的客观条件，因而与一般自首有所不同。

2. 适用条件的特殊性

特殊自首的适用条件是如实供述司法机关尚未掌握的本人其他罪行。这里的"本人其他罪行"，是否包括同种罪行？在刑法理论上存在两种不同的观点：第一种观点认为，无论是否是同种罪行，只要如实供述，都应以特殊自首论。第二种观点认为，只有供述不同种罪行，才能以自首论；供述同种罪行的，只应视为坦白。司法解释采用的是上述第二种观点，前引司法解释第 2 条规定："根据刑法第六十七条第二款的规定，被采取强制措施的犯罪嫌疑人、被告人和已宣判的罪犯，如实供述司法机关尚未掌握的罪行，与司法机关已掌握的或者判决确定的罪行属不同种罪行的，以自首论"。最高人民法院《关于处理自首和立功具体应用法律若干问题的解释》第 4 条规定："被采取强制措施的犯罪嫌疑人、被告人和已宣判的罪犯，如实供述司法机关尚未掌握的罪行，与司法机关已掌握的或者判决确定的罪行属同种罪行的，可以酌情从轻处罚；如实供述的同种罪行较重的，一般应当从轻处罚。"对于这种供述同种罪行的，该司法解释没有明确是否以自首论处，但规定了从轻处罚。

（四）单位自首的认定

我国刑法对于单位是否可以构成自首未作规定，但有关司法解释对单位走私犯罪案件自首的认定问题作了规定。例如 2002 年 7 月 8 日最高人民法院、最高人民检察院、海关总署《关于办理走私刑事案件适用法律若干问题的意见》第 21 条规定："在办理单位走私犯罪案件中，对单位集体决定自首的，或者单位直接负责的主管人员自首的，应当认定单位自首。认定单位自首后，如实交待主要犯罪事实的单位负责的其他主管人员和其他直接责任人员，可视为自首，但对拒不交待主要犯罪事实或逃避法律追究的人员，不以自首论。"我认为，这一规定可以参照适用于单位走私犯罪以外的其他单位犯罪案件。在认定单位自首以后，对于单位的直接负责的主管人员和其他直接责任人员，应当根据其是否如实交待主要犯罪事实来认定是否构成个人自首：如果如实交待主要犯罪事实的，可认定为个人自首；如果拒不交待主要犯罪事实或逃避法律追究的，不能认定为个人自首。在认定为个人自首的情况下，这些人员并无自动投案的情节，因而也应当认为是一种特殊自首。

（五）自首的处理

我国《刑法》第 67 条第 1 款规定：对于自首的犯罪分子，可以从轻或者减轻处罚。其中，犯罪较轻的，可以免除处罚。

对于自首的犯罪分子，可以从轻或者减轻处罚，这是我国刑法对自首处罚的一般规定。应当注意，我国刑法对自首采取的是相对从宽原则而非绝对从宽原则。绝对从宽原则是指应当从宽，而相对从宽原则是指可以从宽。根据我国《刑法》的规定，对于自首的犯罪分子，在一般情况下都要予以从轻或者减轻处罚。但在个别情况下，犯罪分子罪大恶极，虽然具有自首情节，但将自首情节放到整个犯罪情节中考察不足以成为对犯罪分子从轻处罚的根据的，就可以不对其从轻处罚。

根据我国《刑法》的规定，犯罪较轻而自首的犯罪分子，可以免除处罚。关于“犯罪较轻”，《刑法》没有规定法定标准。我国刑法理论通说认为，应被判处3年以下有期徒刑的犯罪可以视为较轻之罪，否则就是较重之罪。

三、坦白

（一）坦白的概念

坦白是指犯罪嫌疑人如实供述自己罪行的情形。

坦白从宽是我国长期以来在司法实践中实行的一项政策，但坦白从宽政策没有法律化，即坦白不是一个法定的从轻处罚情节，因而未能充分发挥坦白从宽政策的法律效果。《刑法修正案（八）》明确地把坦白规定为一种法定的从轻处罚情节，对于在司法实践中正确地贯彻坦白从宽政策具有重要意义。

坦白具有以下特征。

1. 坦白是一种犯罪后的表现

坦白和自首一样，都发生在犯罪以后，是犯罪以后的表现。相对于犯罪后拒不交待自己的罪行，坦白是一种犯罪以后较好的表现，它表明犯罪嫌疑人对自己的罪行有了一定的认识，愿意配合司法机关将罪行查清。当然，坦白与认罪还是存在一定区别的。在大多数情况下，坦白往往意味着认罪。在这个意义上说，坦白是认罪的表现之一。但在某些情况下，犯罪嫌疑人能够如实供述自己的罪行，但主观上并没有认罪；也有的犯罪嫌疑人对自己的行为的性质进行了某种辩解。无论这种辩解在法律上能否成立，也不管犯罪分子是否认罪，只要如实供述自己的罪行，就应当成立坦白。

2. 坦白是一种法定的量刑情节

人民法院在进行刑罚裁量的时候，不仅应当根据所犯罪行，而且应当考虑犯罪后的表现。因此，犯罪后的表现是一种量刑情节。我国刑法中的量刑情节有酌定情节和法定情节之分，虽然酌定情节对量刑也有一定的作用，但法定情节是人民法院在量刑时必须考虑的情节。在《刑法修正案（八）》颁布之前，坦白只是一种酌定的量刑情节。在《刑法修正案（八）》颁布以后，坦白就成为一种法定的量刑情节，对于量刑具有重要作用。

3. 坦白是一种从宽处罚的刑罚制度

坦白从宽政策在刑法中确认以后，就转化为一种从宽处理的刑罚制度。我国的刑罚制度是根据刑罚目的设置的，是实现刑罚目的的重要途径。犯罪嫌疑人只要能够如实供述自己的罪行，就可以在法律上获得从宽处罚。坦白这一刑罚制度的创制，对于实现刑罚目的、完善我国的刑罚制度具有重要意义。

（二）坦白的认定

1. 坦白与辩解的区分

坦白是对罪行的如实供述，这里的“罪行”是指基本的犯罪事实。如果犯罪嫌疑人对罪行作了如实供述，但同时又对其罪行作了某种辩解，这种辩解不影响坦白的成立。这里的“辩解”可以分为两种情形：一是在认罪的基础上，对罪轻所作的辩解。这里的“辩解”不影响定罪，因而不影响坦白的成立。对此并无疑问。二是在对其行为作了如实供述的基础上，对行为的性质所作的辩解。这种辩解可能影响定罪，对其是否影响坦白的成立，可能会存在争议。例如犯罪嫌疑人供述了将他人杀死的事实，但同时又辩称是正当防卫杀人，不负刑事责任。经审查，杀人事实存在，但并不符合正当防卫的要件，犯罪嫌疑人对其杀人行为应负刑事责任。对于这种情形，我认为不影响坦白的成立。因此，坦白是指在客观上如实供述了其所犯罪行。至于对所犯罪行的辩解，如果这种辩解依法能够成立，是行为人的合法权利。即使这种辩解依法不能成立，也只是对法律的认识问题，至多是一个认罪态度问题。如果犯罪嫌疑人能够如实供述罪行，即使认罪态度不好，也不影响坦白成立，只是在裁量从轻处罚的时候，将认罪态度好坏作为情节加以考虑。

2. 坦白与自首的区分

自首可以分为一般自首和特殊自首。一般自首是指犯罪以后自动投案，如实供述自己的罪行的情形。由此可见，一般自首是自动投案＋坦白。也就是说，一般自首包含了坦白，坦白是一般自首的应有之义。因此，坦白与一般自首的区分，就在于是否存在自动投案这一要件。犯罪嫌疑人在自动投案以后坦白的，是一般自首；如果犯罪嫌疑人没有自动投案而主动如实交待罪行的，是坦白。

坦白不仅不同于一般自首，也不同于特殊自首。根据我国刑法的规定，特殊自首是指被采取了强制措施的犯罪嫌疑人、被告人和正在服刑的罪犯，如实供述司法机关还未掌握的本人其他罪行的情形。特殊自首强调的是上述人员如实供述的罪行：一是司法机关还未掌握，二是其他罪行。因此，上述人员如实供述的罪行，如果司法机关已经掌握，或者是同种罪行，则不构成特殊自首。对于这种情形，1998 年最高人民法院《关于处理自首和立功具体应用法律若干问题的解释》第 4 条规定："被采取强制措施的犯罪嫌疑人、被告人和已宣判的罪犯，如实供述司法机关尚未掌握的罪行，与司法机关已掌握的或者判决确定的罪行属同种罪行的，可以酌情从轻处罚；如实供述的同种罪行较重的，一般应当从轻处罚。"根据《刑法修正案（八）》的规定，上述情形属于坦白，是法定从轻处罚情节。

3. 坦白后的翻供

坦白是一种对罪行的如实供述，翻供则是推翻先前所作的有罪供述。在刑事诉讼中，翻供现象时有发生，其具体情况也是极为复杂的，不可一概而论。但在坦白后翻供的，则使如实供述不复存在，因而不成立坦白。当然，如果在一审判决前又能如实供述的，仍然可以构成坦白。

（三）坦白的处理

《刑法》第 67 条第 3 款［《刑法修正案（八）》第 8 条］规定："犯罪嫌疑人虽不具有前两款规定的自首情节，但是如实供述自己罪行的，可以从轻处罚；因其如实供述自己罪行，避免特别严重后果发生的，可以减轻处罚。"据此，坦白可以分为以下两种情形处理：一是对一般坦白可以从轻处罚；二是对于因其坦白，避免特别严重后果发生的，可以减轻处罚。这里的"避免特别严重后果发生"，是指由于犯罪嫌疑人的供述，有关方面能够采取措施避免特别严重后果发生。以上规定，体现了对坦白的犯罪嫌疑人宽大处理的政策精神，是宽严相济刑事政策在立法中的体现。

四、立功

（一）立功的概念

立功是指犯罪人揭发他人犯罪行为，查证属实，或者提供重要线索，从而得以侦破其他案件的情形。

（二）立功的条件

根据我国《刑法》第 68 条的规定，犯罪分子有揭发他人犯罪行为，查证属实的，或者提供重要线索，从而得以侦破其他案件的，是立功。因此，构成立功必须符合以下条件。

1. 立功的时间

立功的时间是指立功表现发生的时间。立功发生在刑事诉讼过程中，犯罪人揭发、检举他人的犯罪行为，是在其归案以后、判决宣告以前。立功的时间是量刑阶段的立功与行刑阶段的立功的主要区别。行刑阶段的立功，是指刑罚执行过程中的立功表现，具有立功表现的，可以获得减刑。而作为量刑制度的立功，是一种发生在量刑阶段的立功，是判决宣告前检举、揭发他人犯罪行为的情形。

2. 立功的表现

根据我国《刑法》第 68 条的规定，立功表现为以下两种情形：(1) 揭发他人的犯罪行为。犯罪人之间往往互相了解各自的犯罪行为，犯罪人在归案以后，不仅交待自己的罪行，而且揭发、检举他人的犯罪行为，因此是一种立功表现。(2) 提供重要线索，指犯罪人提供未被司法机关掌握的各种犯罪线索，例如证明犯罪行为的重要事实或有关证人等。除上述《刑法》列举的两种立功表现以外，下述情形也应视为立功：(1) 协助公安、司法机关缉捕其他罪犯。犯罪人协助公安、司法机关缉捕在逃的罪犯，可以节省司法成本。因此，这种行为应视为立功表现。应当指出，犯罪人协助司法机关缉捕的其他罪犯，既可以是与其无关的，也可以是其同案犯。只要确实协助司法机关捕获罪犯，就应视为立功表现。(2) 犯罪人在羁押期间，遇有其他在押犯自杀、脱逃或者其他严重破坏监规的行为，及时向看守人员报告。(3) 遇有自然灾害、意外事故时奋不顾身地加以排除；等等。

3. 立功的效果

立功不仅是一种表现，而且必须要有某种实际效果。立功表现形式不同，其立功效果亦有所不同。揭发他人犯罪行为的立功表现，须经查证属实才能成立。“查证属实”是指经过公安、司法机关查证以后，证明犯罪人揭发的犯罪行为确实存在。如果经过查证，犯罪人揭发的情况不是犯罪事实或者无法证明，则不属于立功。提供重要线索的立功表现，须使犯罪案件得以侦破。“使犯罪案件得以侦破”是指公安、司法机关根据犯罪人提供的重要线索，查清了犯罪事实，破获了犯罪案件。其他立功表现，同样应当具有这种立功效果。

（三）立功的处理

根据我国刑法的规定，对于具有立功表现的犯罪人，可以分别按照以下两种情形处理。

1. 犯罪人有一般立功表现的，可以从轻或者减轻处罚

这里的“一般立功表现”，根据最高人民法院《关于处理自首和立功具体应用法律若干问题的解释》第 5 条的规定，是指犯罪分子到案后有检举、揭发他人犯罪行为，包括共同犯罪案件中的犯罪分子揭发同案犯共同犯罪以外的其他犯罪，经查证属实；提供侦破其他案件的重要线索，经查证属实；阻止他人犯罪活动；协助司法机关抓捕其他犯罪嫌疑人（包括同案犯）；具有其他有利于国家和社会的突出表现的，应当认定为有立功表现。

2. 犯罪人有重大立功表现的，可以减轻或者免除处罚

这里的“重大立功表现”，根据前引司法解释第 7 条的规定，是指犯罪分子有检举、揭发他人重大犯罪行为，经查证属实；提供侦破其他重大案件的重要线索，经查证属实；阻止他人重大犯罪活动；协助司法机关抓捕其他重大犯罪嫌疑人（包括同案犯）；对国家和社会有其他重大贡献等表现的。这里的“重大犯罪”“重大案件”“重大犯罪嫌疑人”的标准，一般是指犯罪嫌疑人、被告人可能被判处无期徒刑以上刑罚或者案件在本省、自治区、直辖市或者全国范

围内有较大影响等情形。

五、数罪并罚

（一）数罪并罚的概念

数罪并罚是对一人所犯数罪进行合并处罚的制度。我国刑法中的数罪并罚，是指人民法院对于犯罪人在法定期限内所犯数罪分别定罪量刑后，依照法律所规定的并罚原则决定所应当执行的刑罚的情形。数罪并罚具有以下特征。

1. 一人犯有数罪

一人犯有数罪，是数罪并罚的事实前提。只有数罪存在，才有并罚可言；如果没有数罪，就没有必要并罚。因此，一人犯有数罪是数罪并罚的前提。关于这里的“数罪”，法律没有特别规定。因此，如何区分一罪与数罪问题，完全通过刑法理论加以解决。

在理解数罪并罚概念中“一人犯有数罪”的时候，还有一个问题值得研究，就是这里的“数罪”是否包括同种数罪。在刑法理论上，关于就异种数罪在一般情况下应当实行数罪并罚是没有疑问的，但于同种数罪是否应并罚就存在疑问。我国刑法学界对于判决宣告以后、刑罚执行完毕以前发现的同种漏罪和又犯的同种新罪实行并罚，并无分歧意见，而且有充足的法律根据；但关于对判决宣告以前一人所犯的同种数罪是否并罚则存在各种不同的观点，通说认为同种数罪不应并罚，我国司法实践中对同种数罪也不予并罚。

2. 所犯数罪发生在法定期限之内

行为人所犯数罪，必须发生在法定的时间界限之内。根据我国《刑法》的规定，并非任何时候所犯的数罪都需数罪并罚，而是限于以下 3 种情况下的数罪适用数罪并罚，即（1）判决宣告以前一人犯数罪；（2）刑罚执行过程中发现被判刑的犯罪分子在判决宣告以前还有其他罪没有判决；（3）判决宣告以后、刑罚执行完毕以前，被判刑的犯罪分子又犯新罪。

3. 在对数罪分别定罪量刑的基础上，依照法定的并罚原则、范围与方法，决定执行的刑罚

数罪并罚不是对数罪所判刑罚的简单相加，而是对犯罪分子所犯数罪，依照刑法分则的相关规定，一个罪一个罪地确定其罪名、量定刑罚，然后根据数罪并罚所应遵循的法定原则，决定执行的刑罚。在审判实践中，对于数罪中有一罪或者数罪应当判处无期徒刑或死刑（含“死缓”）的案件，同样应当对各罪分别量刑，然后决定执行其中最高的刑罚。对于附加刑也应当分别量刑，这样才能看出附加刑是针对何罪适用的。只有数罪中有判处附加刑的，才能在决定执行的刑罚中有附加刑。

（二）数罪并罚的原则

数罪并罚的原则是对一个人所犯数罪实行并罚所依据的准则。数罪并罚的原则不同，其实行并罚的结果也就不同。更为重要的是，在不同数罪并罚的原则背后，蕴含着各个国家不同的刑事政策。

1. 并科原则

并科原则是将一人所犯数罪所判处的刑罚绝对相加，合并执行。并科原则是报应刑思想的产物，机械地实行“一罪一罚，数罪数罚”，表面上公正，实际上有刑罚过苛之弊。尤其是对于无期徒刑、死刑等刑罚方法来说，不存在合并执行的可能性。即使对于有期限的自由刑来说，绝对并科，导致刑期远远超过人的自然生命，因而变得毫无意义。当然，并科原则中所包含的“犯数罪者要重于犯一罪者”的观念还是具有合理性的，应当予以吸收。

2. 吸收原则

吸收原则是对一人所犯数罪分别定罪量刑以后，采取重刑吸收轻刑的方法，只执行重刑，轻刑不再执行。我认为，在理解吸收原则的时候，要把罪的吸收与刑的吸收加以区分。罪的吸收，又称为重罪吸收轻罪，是指以法定刑为准确定数罪中的重罪与轻罪，然后仅对数罪中法定刑最重的一罪判处刑罚，对法定刑较轻的其他数罪不予判刑。简言之，它只是按照数罪中最重之罪的法定刑判处刑罚，即通常所说的从一重罪处断。刑的吸收，又称为重刑吸收轻刑，是指首先对数罪分别定罪量刑，而以宣告刑为准确定数罪中各罪所被判处刑罚的轻重，选择其中最重的刑罚作为应当执行的刑罚，其余较轻的刑罚被吸收，不再执行。在以上两种吸收中，罪之吸收是牵连犯、吸收犯等犯罪形态中采用的定罪方法，通常涉及一罪与数罪的区分。由于采取重罪吸收轻罪的吸收原则，因而只定一罪，不以数罪论处。因此，罪的吸收，并不是数罪并罚的原则。作为数罪并罚原则的只能是刑的吸收，即在对所犯数罪分别定罪判刑的基础上，重刑吸收轻刑。即使由于简便，在实行刑之吸收原则的情况下，仅以重罪处刑，轻罪不再处刑，也与重罪吸收轻罪不同：重罪吸收轻罪是定罪原则，是罪之吸收。由于轻罪被吸收，因而只成立一罪。由于轻罪被吸收，轻罪之刑当然也被吸收。重刑吸收轻刑是量刑原则，确切地说，是数罪并罚原则。刑之吸收的前提是存在数罪，刑虽然被吸收了，其罪依然存在。因此，尽管重罪吸收轻罪与重刑吸收轻刑极易混淆，但还是应当严格地区分两者，尤其是不能把罪之吸收视为数罪并罚的吸收原则的内容。吸收原则作为数罪并罚的原则，在一人犯数罪的情况下，只执行最重之刑，因而使数罪混同于一罪，有悖于罪刑均衡的原则。因此，现在单纯采用吸收原则的国家已经极为罕见。

3. 限制加重原则

限制加重原则是指以一人所犯数罪中应当判处或者已经判处的最重刑罚为基础，再在一定限度之内对其予以加重作为执行的刑罚。限制加重的方法有两种：一是依数罪中最重犯罪的法定刑加重处罚，即以法定刑为准确定数罪中的最重犯罪，再就法定刑最重刑罚加重处罚并作为执行的刑罚。二是依数罪中被判决宣告的最重刑罚加重处罚，即在对数罪分别定罪量刑的基础上，以宣告刑为准确定其中最重的刑罚，再就宣告的最高刑罚加重处罚作为执行的刑罚。此类限制加重的通常做法是，在数刑中最高刑期以上、总和刑期以下，决定执行的刑罚；同时规定应执行的刑罚不能超过的最高限度。限制加重原则兼采并科原则与吸收原则的优点，既不似并科原则那样过苛，又不似吸收原则那样过纵，可以说是一种公正、适当的数罪并罚原则。当然，这种方法也有其缺陷，就是只能适用有一定期限或者数量的刑罚，于其他刑罚无法适用。

4. 综合原则

综合原则兼采上述并科原则、吸收原则和限制加重原则。在各国立法中，往往是以其中一种原则为主，以其他原则为辅。综合原则由于吸收了各原则的长处，所以具有适应性强的特点，为各国刑法所广泛采用。

（三）我国刑法中的数罪并罚原则

我国刑法中的数罪并罚采取了综合原则。我国《刑法》第69条第1款规定：“判决宣告以前一人犯数罪的，除判处死刑和无期徒刑的以外，应当在总和刑期以下、数刑中最高刑期以上，酌情决定执行的刑期，但是管制最高不能超过三年，拘役最高不能超过一年，有期徒刑总和刑期不满三十五年的，最高不能超过二十年，总和刑期在三十五年以上的，最高不能超过二十五年。”根据这一规定，我国刑法中的数罪并罚原则内容包括以下几个方面。

1. 限制加重原则

限制加重是我国刑法中数罪并罚的基本原则。根据我国《刑法》的规定，当判决宣告的数个主刑为有期徒刑、拘役、管制的时候，采取限制加重原则合并处罚。具体限制加重方法如下：（1）判决宣告的数个主刑均为有期徒刑的，应当在总和刑期以下，数罪中最高刑期以上，酌情决定执行的刑期，但是有期徒刑总和刑期不满 35 年的，最高不能超过 20 年，总和刑期在 35 年以上的，最高不能超过 25 年。（2）判决宣告的数个主刑均为拘役的，应当在总和刑期以下，数刑中最高刑期以上，酌情决定执行的刑期，但是最高不能超过 1 年。（3）判决宣告的数个主刑均为管制的，应当在总和刑期以下，数刑中最高刑期以上，酌情决定执行的刑期，但是最高不能超过 3 年。上述限制加重原则中的“限制”，表现在两个方面：一是总和刑期的限制，在酌情决定执行的刑期的时候，不得超过数罪的总和刑期。二是数罪并罚的法定最高限度的限制，即有期徒刑总和刑期不满 35 年的，最高不能超过 20 年；总和刑期在 35 年以上的，最高不能超过 25 年；拘役不得超过 1 年；管制不得超过 3 年。当总和刑期超过上述期限的时候，数罪并罚应当受其限制。

2. 吸收原则

我国《刑法》第 69 条第 1 款关于限制加重原则的规定，明确地将死刑、无期徒刑排除在外。但对于判决宣告中有数个死刑、无期徒刑或者最重刑为死刑、无期徒刑的，应当按照什么原则实行并罚并未作出明文规定。我国刑法学界一般认为，在这种情况下应采取吸收原则。在我国刑法中，适用吸收原则的有以下两种情形：（1）判决宣告的数个主刑中有数个死刑或者最重刑为死刑的，采用吸收原则，仅执行一个死刑，而不得决定执行两个以上的死刑或者其他主刑。（2）判决宣告的数个主刑中有数个无期徒刑或者最重刑为无期徒刑的，采用吸收原则，仅执行一个无期徒刑，而不得决定执行两个以上的无期徒刑或者其他主刑。

3. 并科原则

我国《刑法》第 69 条第 2 款规定，数罪中有判处附加刑的，附加刑仍须执行，其中，附加刑种类相同的，合并执行，种类不同的，分别执行。这表明，对于主刑和附加刑，我国刑法采用并科原则。我国刑法中的附加刑，有附加适用与单独适用两种情形。这里的“数罪中有判处附加刑的”，是指单独适用附加刑的情形。由于这种附加刑与主刑可以并存，因而主刑的适用并不排斥单独适用的附加刑的执行。因此，我国刑法规定，对于数罪中有判处附加刑的，实行主刑与附加刑的并科。根据我国《刑法》第 69 条第 2 款的规定，因犯数罪而被同时判处主刑和附加刑的，无论判决决定执行的主刑种类如何，都应适用并科原则，将所宣告的一个或数个附加刑作为执行的刑罚。我国刑法除了规定对主刑与附加刑并科以外，还于第 69 条第 2 款规定附加刑本身也采取并科原则，其中，附加刑种类相同的，合并执行；附加刑种类不同的，分别执行。这里的“合并执行”，是指各种类相同的数个附加刑，期限或者数额相加后一并执行；“分别执行”，则是指种类不同的数个附加刑，同时执行。因此，无论是种类相同还是种类不同，我国刑法规定对附加刑采取并科原则。当然，如果种类不同的数个附加刑无法并科的，例如没收财产与罚金，则择其一执行，即采取吸收原则。

（四）数罪并罚的适用

数罪并罚原则，只是解决在对数罪实行并罚的时候应当遵循什么准则进行并罚的问题。至于在司法实践中，如何根据数罪并罚原则对各种不同类型的数罪实行并罚，则是一个数罪并罚的适用问题。对于这个问题，我国《刑法》第 69 条、第 70 条和第 71 条分别作了规定。

1. 普通数罪的并罚

普通数罪是指判决宣告以前发现的数罪，对这种数罪的并罚，是数罪并罚的典型形态，我国数罪并罚的原则，就是根据这种情况规定的。由于我们已经对数罪并罚原则作了详尽的论述，因而对于判决宣告以前发现数罪的合并处罚，可以按照我国《刑法》第 69 条之规定直接适用。

值得注意的是，对于异种自由刑之间如何进行并罚，原刑法并没有加以规定。对此，《刑法修正案（九）》第4条增加了《刑法》第69条第2款，明确规定：“数罪中有判处有期徒刑和拘役的，执行有期徒刑。数罪中有判处有期徒刑和管制，或者拘役和管制的，有期徒刑、拘役执行完毕后，管制仍须执行。”根据这一规定，数罪被判处有期徒刑和拘役的，采取吸收原则，只执行有期徒刑，拘役不再执行。数罪被判处有期徒刑和管制，或者拘役和管制的，采取并科原则，两种刑罚都必须执行。

2. 发现漏罪的并罚

我国《刑法》第70条规定：“判决宣告以后，刑罚执行完毕以前，发现被判刑的犯罪分子在判决宣告以前还有其他罪没有判决的，应当对新发现的罪作出判决，把前后两个判决所判处的刑罚，依照本法第六十九条的规定，决定执行的刑罚。已经执行的刑期，应当计算在新判决决定的刑期以内。”根据这一规定，发现漏罪的并罚具有以下特征：(1) 发现漏罪并罚的时间。发现漏罪并罚的时间是判决宣告以后，刑罚执行完毕以前，这也正是发现漏罪的并罚与普通数罪的并罚的根本区别之所在。(2) 发现漏罪并罚的前提。发现漏罪并罚的前提是发现被判刑的犯罪分子在判决宣告以前还有其他罪没有判决。这里的“其他罪”，就是我们通常所说的漏罪。这一漏罪既可以是异种之罪，也可以是同种之罪。(3) 发现漏罪并罚的方法。发现漏罪的并罚方法是“对新发现的罪作出判决，把前后两个判决所判处的刑罚，依照本法第六十九条的规定，决定执行的刑罚。已经执行的刑期，应当计算在新判决决定的刑期以内”。这种数罪并罚的方法，俗称为“先并后减”。根据“先并后减”的方法，在发现漏罪的情况下实行并罚、计算刑期的时候，应当将已经执行的刑期，计算在新判决决定的刑期之内。也就是说，前一判决已经执行的刑期，应当从前后两个判决所判处的刑罚合并而决定执行的刑期中扣除。例如，甲犯抢劫罪被判处有期徒刑10年，在刑罚执行5年以后，发现他在判决宣告以前还犯有强奸罪没有处理。这时应当对新发现的强奸罪作出判决，如果判处有期徒刑8年，则应在8年以上18年以下决定执行的刑期。假设决定执行的刑期为15年，应将已经执行的5年计算在15年之内。也就是说，甲只需再执行10年刑期就期满。

在发现漏罪进行并罚的时候，还应当注意以下问题：(1) 缓刑期间发现漏罪的并罚。我国《刑法》第77条规定：被宣告缓刑的犯罪分子，在缓刑考验期限内发现判决宣告以前还有其他罪没有判决的，应当撤销缓刑，对新发现的罪作出判决，把前罪和后罪所判处的刑罚，依照本法第69条的规定，决定执行的刑罚。如果必须判处实刑的，应当撤销对前罪所宣告的缓刑。已经执行的缓刑考验期，不予折抵刑期。但是，判决执行以前先行羁押的日期应当予以折抵刑期；如果仍符合缓刑条件的，仍可宣告缓刑，已经执行的缓刑考验期，应当计算在新决定的缓刑考验期内。(2) 假释期间发现漏罪的并罚。我国《刑法》第86条第2款规定：在假释考验期限内，发现被假释的犯罪分子在判决宣告以前还有其他罪没有判决的，应当撤销假释，依照本法第70条的规定实行数罪并罚。

3. 再犯新罪的并罚

我国《刑法》第71条规定：“判决宣告以后，刑罚执行完毕以前，被判刑的犯罪分子又犯罪的，应当对新犯的罪作出判决，把前罪没有执行的刑罚和后罪所判处的刑罚，依照本法第六十九条的规定，决定执行的刑罚。”根据这一规定，再犯新罪的并罚具有以下特征：(1) 再犯新罪并罚的时间。再犯新罪并罚的时间是判决宣告以后、刑罚执行完毕以前，这一点与发现漏罪的并罚是相同的，在此不赘述。(2) 再犯新罪并罚的前提。再犯新罪并罚的前提是被判刑的犯罪分子又犯罪。这里的“新罪”，既包括异种罪又包括同种罪，尤其需要注意的是，对于再犯同种罪的也应实行数罪并罚。这里的“新罪”是在判决发生法律效力以后、刑罚执行完毕以前所犯的，这对于适用《刑法》第 71 条来说十分重要。如果新罪是在前罪判决宣告以前所犯，就应当视为漏罪，而非再犯新罪。如果新罪是在刑罚执行完毕以后所犯，则也不再实行数罪并罚，而应按照累犯或者再犯处理。(3) 再犯新罪并罚的方法。再犯新罪并罚的方法是“对新犯的罪作出判决，把前罪没有执行的刑罚和后罪所判处的刑罚，依照本法第六十九条的规定，决定执行的刑罚”。这一并罚方法，俗称为“先减后并”。根据“先减后并”的方法，在再犯新罪的情况下实行并罚、计算刑期的时候，应当从前罪判决决定执行刑罚中减去已经执行的刑罚，然后将前罪未执行的刑罚与后罪所判处的刑罚并罚，决定执行的刑罚。例如，甲犯抢劫罪被判处有期徒刑 15 年，在服刑 5 年后，又犯了强奸罪，被判处有期徒刑 8 年。甲抢劫罪没有执行完毕的刑罚 10 年，同强奸罪所判的刑罚 8 年合并，总和刑期是 18 年，并罚时应在 18 年以下 10 年以上决定应执行的刑期。假定决定执行 12 年，由于前罪刑罚已执行 5 年不计算在新判决决定的刑期内，因而该罪犯实际上是执行有期徒刑 17 年。

再犯新罪并罚的“先减后并”方法与发现漏罪并罚的“先并后减”方法相比较，在一定条件下，可能给予犯罪分子更为严厉的处罚。这主要表现在以下三个方面：(1) 在新罪所判处的刑期比前罪尚未执行的刑期长的条件下，决定执行刑罚的最低期限，“先减后并”比“先并后减”的方法决定执行刑罚的最低期限有所提高。例如，某犯罪分子前罪被判处有期徒刑 10 年，执行 8 年以后又犯新罪，被判处有期徒刑 6 年。如果按照“先减后并”的方法并罚，应当在 6 年以上 8 年以下决定执行的刑罚，加上已执行的刑期 8 年，实际执行的刑期最低是 14 年、最高为 16 年；而如果采用“先并后减”的方法并罚，应当在 10 年以上 16 年以下决定执行的刑罚，实际执行的刑期最低为 10 年、最高为 16 年。前者实际执行的最低刑期比后者高 4 年，从而导致实际执行的刑期也随之相应提高。但是，在新罪所判处的刑期比前罪尚未执行的刑期短或者与其相等的条件下，按“先减后并”方法并罚的最低实际执行刑期，并不比按“先并后减”方法决定的最低实际执行刑期长。(2) 在前罪与新罪都被判处较长刑期的情况下，确切地说是在前罪与新罪被判处的有期自由刑的总和刑期超过数罪并罚法定最高刑期的限制时，采用“先减后并”的方法，犯罪分子实际执行的刑罚可能超过数罪并罚法定最高刑期的限制。例如，某犯罪分子前罪被判处有期徒刑 14 年，执行 10 年以后又犯新罪，被判处有期徒刑 10 年。若采用“先减后并”方法并罚，应当在 10 年以上 14 年以下决定执行的刑罚，加上已执行的刑期 10 年，实际执行的刑期最低是 20 年、最高为 24 年。如按照“先并后减”方法并罚，则实际执行的刑期不可能也不允许超过 20 年。(3) 犯罪分子在刑罚执行期间所犯新罪的时间距离前罪所判刑罚执行完毕的期限越近，或者犯罪分子再犯新罪时前罪所判刑罚的残余刑期越少，数罪并罚时决定执行刑罚的最低期限以及实际执行的刑期的最低限度就越高。例如，某犯罪分子前罪被判处有期徒刑 7 年，假设其在刑罚分别执行 2 年、3 年、6 年后又犯新罪，新罪被判处有期徒刑 5 年。若依照“先减后并”方法并罚，其实际执行的刑期的最低限度分别为 7 年、8 年、11 年，最高限度为 12 年。如果适用“先并后减”方法并罚，则其实际执行的最低刑期都是 7 年、最高刑期为 12 年。由上可见，“先减后并”与“先并后减”这两种并罚方法，在一定条件下，并罚的结果是前者重于后者。对再犯新罪的并罚之所以采取更为严厉的“先减后并”的并罚方法，主要是由于犯罪分子在服刑期间不思悔改，再犯新罪，其人身危险性较大。

在再犯新罪进行并罚的情形下，还应当注意以下两个问题：(1) 缓刑期间再犯新罪的并罚。我国《刑法》第 77 条规定：被宣告缓刑的犯罪分子，在缓刑考验期限内犯新罪的，应当撤销缓刑，对新犯的罪作出判决，把前罪和后罪所判处的刑罚，依照本法第 69 条的规定，决定执行的刑罚。(2) 假释期间再犯新罪的并罚。我国《刑法》第 86 条第 1 款规定：被假释的犯罪分子，在假释考验期限内犯新罪，应当撤销假释，依照本法第 71 条的规定实行数罪并罚。

第18章　行刑概说

一、行刑概述

（一）行刑的概念

行刑，又称刑罚执行，是指依法将生效的刑事裁判对犯罪分子确定的刑罚付诸实施。行刑作为一种刑罚执行活动，具有以下特征。

1. 行刑的主体是有行刑权的司法机关

我国有行刑权的机关，是指依法被授权执行刑罚的机关。根据我国有关法律的规定，行刑的主体包括以下3个机关：一是监狱。监狱是我国主要的行刑机关，根据《监狱法》的规定，监狱负责对有期徒刑、无期徒刑和死刑缓期2年执行的执行。二是公安机关。公安机关负责管制、拘役、1年以下或余刑在1年以下不便送往监狱执行的有期徒刑、剥夺政治权利的执行。此外，公安机关还负责缓刑和假释的考察。三是人民法院。人民法院负责罚金、没收财产以及死刑立即执行的执行。对于没收财产，人民法院在必要时也可会同公安机关执行；对于死刑立即执行，人民法院在没有条件执行时，也可以交付公安机关执行。

2. 行刑的客体是人民法院生效的刑事裁判

行刑是一种刑罚执行活动，它所执行的是人民法院生效的刑事裁判，包括裁定和判决所确定的刑罚。因此，人民法院生效的刑事裁判是行刑的客体。根据《刑事诉讼法》第259条和有关法律的规定，生效的刑事判决的裁定是指：一是已过法定期限没有上诉、抗诉的判决和裁定；二是终审的判决和裁定，包括中级以上人民法院第二审案件、最高人民法院第一审案件的判决和裁定；三是最高人民法院核准的死刑的判决、高级人民法院核准的死刑缓期2年执行的判决。

3. 行刑的性质是司法行政活动

行刑是刑事法律活动的主要内容之一，只有通过刑罚执行，量刑阶段裁量的刑罚才有可能付诸实施。行刑是一种司法行政活动，因而行刑权属于行政权的范畴而不具有司法权的性质，这也是行刑活动与定罪量刑审判活动的根本区别之所在。

（二）行刑的内容

行刑有广义与狭义之分。广义上的行刑是指所有刑罚的执行，包括监禁刑的执行与非监禁刑的执行，以及死刑的执行；而狭义上的行刑是指监禁刑的执行。在此，我是在广义上使用行刑一词。因此，行刑是指行刑机关将刑事判决所确定的刑罚付诸实施的活动。行刑包含以下内容。

1. 刑罚实现

行刑之要义在于将刑罚付诸实施，因而行刑是以刑罚实现为内容的。因此，应当把行刑与刑事判决的执行加以区分。刑事判决的结果有以下三种：（1）判决无罪。被告人的行为不构成犯罪，谈不上对其处以一定的刑罚，因而也就没有刑罚执行可言。（2）判决有罪，但免予刑事处分。被告人的行为虽然构成犯罪，但根据法律规定免除处罚或者由于犯罪情节轻微而不需要判处刑罚，因此也不存在刑罚执行问题。(3) 判决有罪并处以一定的刑罚。由于被告人的行为构成犯罪并且被判处刑罚，因而就发生了刑罚执行问题。刑事判决的执行，是指对上述 3 种判决的执行，其中只有第三种刑事判决的执行才是刑罚执行。由此可见，刑罚执行并非所有刑事审判活动的必然结果，而只是判决有罪并且处以一定刑罚的刑事审判活动的结果。

2. 罪犯矫正

在行刑活动中，占主导地位的是自由刑的执行，而自由刑的执行并非简单地对服刑人员实行关押，而是以矫正罪犯为使命，这也正是现代行刑制度与以往行刑制度在性质上的根本区别。应该说，行刑性质的这种嬗变，是与刑罚理念的更新有关的。基于报应刑的观念，行刑意味着单纯的惩罚的现实化，并无教育的内容；而在预防刑观念的影响下，行刑注重发挥刑罚的矫正功能，从而具有积极作用。由此可见，矫正罪犯是现代行刑的重要内容。在我国刑法中，罪犯矫正可以分为监禁性矫正与非监禁性矫正。这里的“非监禁性矫正”，主要是指社区矫正。社区矫正是指将符合社区矫正条件的罪犯置于社区内，由专门的国家机关在相关社区团体和民间组织以及社会志愿者的协助下，矫正其犯罪心理和行为恶习，促进其顺利回归社会的非监禁刑罚执行活动。社区矫正为非监禁性的罪犯矫正提供了制度保障，是我国行刑内容的发展与完善。

3. 刑罚变更

行刑是刑罚适用活动的重要组成部分，它与量刑具有衔接性。在量刑阶段确定的刑罚可能在行刑阶段发生变更，因此，刑罚变更是行刑的内容之一。所谓刑罚变更，主要是指在行刑过程中，随着服刑人员的人身危险性的消减，相应地减缩刑期或者变更刑种。我国刑法规定了减刑制度与假释制度，二者都涉及刑罚的变更，属于行刑的范畴。

（三）行刑的意义

拉丁法谚云：“执行乃法律之终局及果实”（Eocutioestfinisetfructuslegis）。一语道出刑罚执行的重要性。确实如此，就以刑事判决所确定的刑罚为前提而言，行刑对于定罪量刑的刑事司法活动具有一定的从属性，并且是其自然延伸。但行刑绝不仅仅是消极地执行刑罚，而具有其积极的内容，它关系到刑事司法活动最终目的的实现。离开了刑罚执行活动，刑事判决只是一纸空文。因此，行刑活动具有重要意义。

1. 行刑对于实现刑罚报应的意义

罪有应得是报应的基本蕴含。只有通过行刑活动将刑事判决所确定的刑罚现实化，真正使刑罚成为每个犯罪人不可避免的法律后果，罪有应得的报应目的才能实现。

2. 行刑对于实现刑罚预防的意义

行刑通过对犯罪人执行各种刑罚，消除其人身危险性，实现刑罚的一般预防与个别预防的目的。这就是行刑对于实现刑罚预防的意义。行刑虽然是以刑事判决所确定的刑罚为执行内容的，但它又具有相对的独立性：在刑罚执行过程中，可以根据犯罪人之悔改和立功表现，对刑事判决所确定的刑罚依法加以调整，从而增强刑罚的有效性。

3. 行刑对于报应与预防的双重意义

行刑具有报应与预防的双重目的，因而它对于报应与预防具有双重意义。行刑活动是以报应为基础的，通过惩罚实现刑罚报应。但在行刑活动中，更应突出刑罚的预防性，尤其是个别预防。因此，我们更应强调行刑对于实现个别预防目的的意义。尽管报应与预防有主次之分，但行刑活动同时受两者的制约，实现刑罚报应与刑罚预防的双重使命。

二、行刑原则

行刑原则，是指在刑罚执行过程中必须遵循的基本准则。行刑原则是从刑法基本原则中派生出来的，并且受一定刑事政策的制约。行刑是受一定的刑法理念指导的，在行刑问题上同样反映了报应主义与预防主义的对立。报应主义将监狱视为实现报应的场所，因此对犯罪人实行消极的关押，由此导致监狱行刑的失败。可见，单纯地强调惩罚的报应主义行刑思想是难以奏效的。预防主义，尤其是以刑事实证学派为代表的个别预防主义，主张对监狱制度进行改革，通过对犯罪人矫正消除其人身危险性，把行刑视为实现社会防卫目的的重要手段。但是，脱离了报应性，过分地强调行刑的矫正性，也是不妥当的。因此，我认为，在行刑过程中，应当把报应与预防结合起来，坚持惩罚与矫正相统一的原则。

（一）惩罚

刑罚执行过程首先体现了对犯罪人的惩罚。行刑既然是刑罚的付诸实施，当然包含惩罚的意蕴。刑罚执行就是要将这种惩罚落实到犯罪人身上，使之切实感受到犯罪后所得到的法律的否定评价。刑罚方法不同，惩罚的内容与严厉程度也就有所差别：生命刑的内容表现为剥夺生命，是一种最严厉的刑罚。剥夺自由刑，由监狱把犯罪人监管起来，剥夺其人身自由，也是一种较为严厉的刑罚。限制自由刑，主要是通过限制犯罪人的人身自由使其受到惩罚，是一种较为轻缓的刑罚。财产刑和资格刑，通过剥夺犯罪人的一定财产或者资格，使其受到惩罚。以上无论何种刑罚的执行所带来的惩罚，都会加诸犯罪人一定的刑罚痛苦，都表现为对犯罪人的一定权益的剥夺。在这个意义上，行刑就是惩罚的现实化。

（二）矫正

刑罚执行过程不仅是一个对犯罪人的刑罚惩罚过程，而且是一个对犯罪人矫正的过程。矫正是现代行刑制度的应有之义，它以行刑个别化为基础。行刑个别化，又称处遇个别化，是指在对犯罪人进行分类的基础上，实行教育改造，包括采取各种处遇措施。犯罪人分类，是按照一定的标准，将服刑的犯罪人分成若干种类，实行分别关押、分类处遇。基于犯罪人的分类，实行处遇的类型化，即根据不同类型的犯罪人特征，采取不同的处遇措施，由此促进犯罪人的矫正。矫正体现了预防的要求，犯罪人并不只是犯罪行为的实施者，而且是犯罪人格的承载者，犯罪行为只不过是犯罪人格的外化。因此，单纯的惩罚并不能改变犯罪人格，只有采取各种有效的矫正措施，才能消除犯罪人的人身危险性，从而实现刑罚预防。

（三）惩罚与矫正的统一

在刑罚执行过程中，惩罚体现了对犯罪的报应，矫正则体现了对犯罪的预防。在此，惩罚与矫正是结合在一起的。首先，惩罚对于矫正具有一定的制约性。这主要体现在：惩罚是矫正的前提与限度。犯罪人只有在实施了犯罪并受到刑罚惩罚的情况下，才存在需要矫正的问题。因此，矫正依附于惩罚而存在，不能离开惩罚这个前提。同时，惩罚构成矫正的限制条件，矫正贯穿在惩罚过程中，不能脱离惩罚而存在。例如，一般刑罚惩罚都有一定的期限，矫正只能在这一期限内进行。即使犯罪人表现恶劣，只要没有再犯新罪，就不能加刑，并且刑期届满应当依法释放。犯罪人在服刑期间表现出色，可以依法减刑或者假释，但减刑和假释都受到原判刑期的限制。从上述情况可知，司法机关是在对犯罪人惩罚的基础之上和范围之内实行矫正的。其次，矫正使惩罚成为一种积极有效的行刑活动而不是消极的报应。报应是对犯罪的机械反应，因此把行刑视为对犯罪人的单纯的监禁。矫正理念被引入行刑活动，赋予刑罚执行以积极的内容，就是通过各种措施矫正犯罪人，因而使行刑制度发生了革命性转变。现代监狱行刑从康复模式到重新回归模式，到后来新古典主义的惩罚模式抬头，可谓历经曲折。尽管如此，矫正的思想已经渗透到整个行刑活动中，问题只是如何正确地协调惩罚与矫正的关系而已。

三、行刑的变通

刑罚执行由于某些特殊事由，存在一个行刑变通的问题。行刑的变通是行刑的例外情况，归根到底是为了保障刑罚的有效执行，因而对于行刑具有重要意义。

（一）刑期的折抵

刑期的折抵是以判决前羁押为前提的。为了保证审判的正常进行，往往需要对犯罪嫌疑人采取拘留、逮捕等强制措施，因而在判决宣告前就已经被剥夺了人身自由。在这种情况下，判处死刑的，当然不存在刑期折抵问题；判处终身自由刑后再减刑的，同样也不存在刑期折抵问题；只有在判处自由刑的情况下，才存在刑期折抵问题。这些审判前羁押的时间如果不予折抵，无异于加重其刑罚。因此，对于刑期的折抵各国刑法一般都有规定。我国刑法中刑期折抵的原则是：犯罪人被判处有期徒刑或者拘役的，判决执行以前先行羁押的日期按照羁押1日折抵刑期1日的方法予以折抵；犯罪人被判处管制的，判决执行以前先行羁押的日期按照羁押1日折抵刑期2日的方法予以折抵。

（二）刑罚的易科

刑罚的易科，又称为换刑处分，指判决宣告的刑罚因特殊事由不能执行或不宜执行，而选择其他刑罚为执行的代替。刑罚的易科可以分为以下两种情形。

1. 罚金刑易科

罚金刑易科，是指在罚金不能缴纳的情况下，将罚金刑折抵成自由刑予以执行。罚金刑易科自由刑，包括易科为剥夺自由刑与易科为限制自由刑两种情形。罚金刑易科是通过剥夺自由刑或者限制自由刑的执行抵消罚金刑，从而达到刑罚执行的目的。罚金刑与自由刑相比，一般认为罚金刑轻而自由刑重，罚金刑易科是轻刑转换为重刑，因此，罚金刑易科的正当性在刑法理论上存在争论。我认为，罚金刑的减免制只能适用于因无法抗拒的灾祸造成的罚金执行不能的情况，罚金的追缴制则只能适用于目前没有经济负担能力造成的罚金执行不能的情况，而对于具有经济负担能力而故意抗拒缴纳罚金的犯罪人，采用罚金刑易科具有其合理性。当然，罚金刑易科应当受到严格限制，只有这样，才能使罚金刑易科兼具公正性与有效性。应当指出，我国刑法中没有关于罚金易科的规定，只有罚金减免和罚金追缴的规定。

2. 自由刑易科

自由刑易科，是指在犯罪人不宜执行短期自由刑的情况下，将短期自由刑折抵罚金刑予以执行。由此可见，自由刑易科是为限制与代替短期自由刑而设的。因为短期自由刑对犯罪人难收改恶从善的效果，反而可能因恶习感染而重新犯罪，所以，对偶犯或初犯判处的短期自由刑代之以罚金刑。自由刑易科，一般都有严格的条件限制，这种条件有两种：（1）法定条件，即自由刑易科仅适用于法定最高刑为3年以下的自由刑。（2）裁量条件，即法官根据犯罪人的身体、职业和家庭等具体情况，认为执行自由刑有显著困难或障碍者，得以罚金刑代替适用之。自由刑易科有赎刑之弊，因此在刑法法理上往往受到非难。我认为，自由刑易科为罚金刑，主要目的是限制短期自由刑的适用，只要严格掌握自由刑易科的条件，尤其是裁量适用时充分注重犯罪人的个人情况，是能够实现刑罚的公正性和有效性的，因而具有其存在的合理性。

（三）监外执行

监外执行是自由刑的一种变通执行方法，指对于判处剥夺自由刑的犯罪人，由于某种法定事由的存在，不适宜于在监内执行，经有关机关批准，可以暂予监外执行。监外执行有严格的限制，一般限于有严重疾病需保外就医的人和怀孕或正在哺乳的妇女。监外执行具有暂时性，当不适宜于监内执行的法定事由消失时，如果刑罚未执行完毕，仍应收监执行剩余的刑期。监外执行是自由刑的一种特殊执行方法，因此当收监执行时，监外执行的期限应从刑期中减去。监外执行将具备法定事由的犯罪人放在监狱外执行，是为了更好地实现行刑目的，同时也体现刑罚人道主义精神，因而具有积极意义。根据我国有关部门关于社区矫正的规定，被暂予监外执行的犯罪分子是社区矫正的对象，因此，通过社区矫正可以有效地避免监外执行的人员脱离监管。

第 19 章　行刑制度

一、缓刑

（一）缓刑的概念

缓刑是一种附条件地不执行原判刑罚的制度。缓刑具有以下特征。

1. 缓刑以被告人有罪为前提

缓刑是以被告人构成犯罪为前提的，一般是在对被告人定罪以后才存在适用缓刑的问题。在对被告人定罪以前的起诉阶段，有些国家的刑事诉讼法规定了起诉犹豫制度，即所谓缓予起诉。缓予起诉是刑事诉讼活动中的一种程序性处分措施，并非对犯罪嫌疑人行为的实体性处分，因而其不涉及对行为的定罪问题。

2. 缓刑以被告人已经确定刑罚为基础

缓刑是一种刑罚执行的犹豫制度，因而也是以对被告人已经确定刑罚为基础。换言之，缓刑与刑之裁量无关，而与刑之执行相关。缓刑有两种情况：一是刑罚宣告犹豫制，二是刑罚执行犹豫制。前者是定罪以后附条件地不宣告刑罚；后者是定罪量刑以后附条件地不执行刑罚。世界各国大多采刑罚执行犹豫制，我国亦不例外。我国刑法中的缓刑是在刑罚裁量之后，解决如何执行的问题，因此，它是一种行刑制度而非量刑制度。

3. 缓刑以附条件地不执行原判刑罚为内容

附条件地不执行是缓刑的本质特征，也是它与实际执行刑罚的区分。实际执行可以分为监内执行与监外执行。缓刑与监内执行的区分是十分明显的，但与监外执行则容易混淆。我认为，监外执行也是一种执行，只是在执行场所上的变通而已，但缓刑是附条件地不执行，因此它根本不同于监外执行。

（二）一般缓刑

1. 一般缓刑的概念

根据我国《刑法》第 72 条第 1 款的规定，一般缓刑是指对于被判处拘役、3 年以下有期徒刑的犯罪分子，根据其犯罪情节和悔罪表现，认为暂缓执行原判刑罚，确实不致再危害社会的，规定一定的考验期，暂缓其刑罚的执行，如果被判刑的犯罪分子在考验期内没有再犯新罪或者被发现判决宣告前还有其他罪没有判决，也没有违反法律、行政法规或者国务院有关部门关于缓刑的监督管理规定，情节严重的行为的，缓刑考验期满，原判刑罚就不再执行的制度。

2. 一般缓刑的条件

（1）对象条件

一般缓刑的对象必须是被判处拘役或 3 年以下有期徒刑的刑罚的犯罪分子。缓刑的附条件不执行原判刑罚的特点，决定了缓刑的适用对象只能是罪行较轻和人身危险性小而被判较轻刑罚的犯罪分子。这里的“3 年以下有期徒刑”是指宣告刑而不是法定刑。犯罪分子所犯之罪的法定刑虽然是 3 年以上有期徒刑，但其具有减轻处罚的情节，宣告刑是 3 年以下有期徒刑的，可以适用缓刑。被判处3年以下有期徒刑的罪犯，其罪行较轻，社会危害性较小；相反，被判处3年以上有期徒刑的犯罪分子，一般地说罪行较重，无论是社会危害性（主观恶性和客观危害的统一）还是人身危险性（再犯可能）都比较大。因此，缓刑的适用对象被判的刑罚上限规定为3年有期徒刑是比较合适的。至于罪行相对较轻的被判管制的犯罪分子，由管制刑是对犯罪人不予关押、仅限制其一定自由的特征所决定，无适用缓刑之必要。根据审判实践经验，缓刑一般适用于交通肇事、重大责任事故、重婚、虐待、伤害、妨害公务、销赃等较为轻微的犯罪。对于强奸、抢劫等严重刑事犯罪，一般不宜适用缓刑。

（2）实质条件

根据我国《刑法》第72条第1款的规定，适用缓刑的实质条件是：1）犯罪情节较轻；2）有悔罪表现；3）没有再犯罪的危险；4）宣告缓刑对所居住社区没有重大不良影响。这里的“犯罪情节轻重”，可以从犯罪动机是否卑鄙、手段是否恶劣、危害后果是否严重等方面加以考察，也就是说，从主观恶性和客观危害两个方面统一评价罪行的法益侵害程度。这里的“悔罪表现”，可以从犯罪后是否真诚认罪悔过、是否如实供述自己的罪行、是否积极退赃、是否检举/揭发同伙的罪行方面加以考察，也就是说，从犯罪人的罪后各种表现衡量其人身危险程度。这里的“再犯罪的危险”，应该综合上述两个方面的因素，判断犯罪人是否具有再次侵害被害人，或者再次犯罪的现实可能性。这里的“宣告缓刑对所居住社区没有重大不良影响”，是指对犯罪人适用缓刑不会给其所居住社区的安全、秩序和稳定带来重大不良影响。根据我国刑法的规定，对于一般的犯罪人，具有上述适用缓刑的实质条件的，可以宣告缓刑；但对于不满18周岁的人、怀孕的妇女和已满75周岁的人，具有上述适用缓刑的实质条件的，应当宣告缓刑。这一规定体现了宽严相济的刑事政策，对于正确适用缓刑具有重要意义。

（3）禁止条件

我国《刑法》第74条的规定，对于累犯和犯罪集团的首要分子，不适用缓刑。这是缓刑的禁止条件。对累犯之所以不适用缓刑，主要是因为累犯的人身危险性较大，适用缓刑难以防止其再犯。因此，对于累犯，即使其所判处的刑罚为拘役或者3年以下有期徒刑，也不能适用缓刑。犯罪集团的首要分子在犯罪集团中起组织、领导作用，主观恶性大，对社会危害严重，因而根据刑法规定，对其不适用缓刑。

3. 一般缓刑的考验

缓刑是附条件地不执行原判刑罚，因此需要在缓刑期间对缓刑犯进行考察。如果没有缓刑的考察，缓刑就会名不副实。因此，缓刑的考验是缓刑制度的重要内容。根据我国有关部门关于社区矫正的规定，被判处缓刑的犯罪分子是社区矫正的对象。因此，通过社区矫正使缓刑的考验得到落实，于缓刑的正确适用具有重大意义。

（1）缓刑考验期

缓刑考验期，是指对被宣告缓刑的犯罪分子进行考察的一定期间。缓刑考验期，是缓刑制度的重要组成部分。设立考验期的目的，在于考察被宣告缓刑的犯罪分子是否接受改造、弃旧图新，以使缓刑制度发挥积极的效用。法院在宣告缓刑的同时，应当确定适当的考验期。确定缓刑考验期长短的基本原则应当是既能鼓励缓刑犯改造的积极性，又能满足对其教育和考察的需要。

《刑法》第73条第1款、第2款规定：“拘役的缓刑考验期限为原判刑期以上一年以下，但是不能少于二个月。有期徒刑的缓刑考验期限为原判刑期以上五年以下，但是不能少于一年。”由此可见，我国刑法中的缓刑考验期具有以下三个特点：1）缓刑考验期的长短与所判刑期的轻重成正比：凡所判刑期较轻的，缓刑考验期较短；凡所判刑期较重的，缓刑考验期较长。2）缓刑考验期有一定的最高限与最低限。一般来说，以原判刑期为考验期的起点，但原判刑期轻于缓刑考验期的最低限的，则以最低限为起点。3）在缓刑考验期的确定上，给法官的自由裁量留下了充分的余地，以便法官根据犯罪情节和犯罪分子的个人情况，在法律规定的范围内确定适当的考验期。

《刑法》第73条第3款规定："缓刑考验期限，从判决确定之日起计算。"所谓判决确定之日，是指判决发生法律效力之日。根据我国《刑事诉讼法》的规定，从接到第一审人民法院判决书的第二日起10日内，被告人没有提起上诉，人民检察院没有提出抗诉的，该判决即从第十一日起发生法律效力。对于已提起上诉或抗诉的案件，如果第二审法院维持原判，则应从第二审法院的判决或裁定确定之日起计算。判决前先行羁押的日期，不予折抵缓刑考验期，因为羁押期与缓刑考验期的性质不同。

（2）缓刑考验的主体

《刑法》第76条［《刑法修正案（八）》第13条］规定：对宣告缓刑的犯罪分子，在缓刑考验期限内，依法实行社区矫正。因此，社区矫正机构是缓刑考验的主体。根据最高人民法院、最高人民检察院、公安部、司法部《关于开展社区矫正试点工作的通知》，被宣告缓刑的犯罪分子属于社区矫正的对象。社区矫正机构在相关社会团体和民间组织以及社会志愿者的协助下，对宣告缓刑的犯罪分子矫正其犯罪心理和行为恶习，促进其顺利回归社会。

（3）缓刑考察的内容

缓刑考察的内容，是考察被宣告缓刑的犯罪分子，在缓刑考验期限内，是否具有《刑法》第77条规定的情形，即是否再犯新罪或者被发现漏罪，以及是否违反法律、行政法规或国务院有关部门关于缓刑的监督管理规定，且情节严重。所谓考察，是指对被宣告缓刑的犯罪分子进行观察、教育，帮助他改过自新。对缓刑犯的考察不同于管制，对他们的活动自由，不应作不适当的规定。

根据《刑法》第75条的规定，被宣告缓刑的犯罪分子应当遵守下列规定：1）遵守法律、行政法规，服从监督；2）按照考察机关的规定报告自己的活动情况；3）遵守考察机关关于会客的规定；4）离开所居住的市、县或者迁居，应当报经考察机关批准。

最后应当指出：对于被判处拘役、有期徒刑宣告缓刑的犯罪分子，第一审宣判后，如当时仍在关押，第一审法院可以先作出变更强制措施的决定，改为监视居住或者取保候审，并通知有关公安机关。待判决发生法律效力后，再依法由公安机关负责考察。而且，缓刑只是相对于主刑而言的，其效力并不及于附加刑。因此，《刑法》第72条第3款规定，被宣告缓刑的犯罪分子，如果被判处附加刑，附加刑仍须执行。

4. 缓刑的撤销

缓刑是附条件不执行原判刑罚的一种刑罚制度，缓刑犯在缓刑考验期限内必须遵守一定的条件，否则，就要宣告撤销缓刑，执行原判刑罚。缓刑应否撤销是个严肃的问题，直接关系到缓刑犯是否被执行原判刑罚。

《刑法》第77条规定：被宣告缓刑的犯罪分子，在缓刑考验期限内犯新罪或者发现判决宣告以前还有其他罪没有判决的，应当撤销缓刑，对新犯的罪或者新发现的罪作出判决，把前罪和后罪所判处的刑罚，依照本法第69条的规定，决定执行的刑罚。被宣告缓刑的犯罪分子，在缓刑考验期限内，违反法律、行政法规或者国务院有关部门关于缓刑的监督管理规定，或者违反人民法院判决中的禁止令，情节严重的，应当撤销缓刑，执行原判刑罚。由此可见，我国刑法中缓刑的撤销事由包括以下四种情形：（1）再犯新罪。这里的"新罪"，是相对于已判之罪而言的，它既包括故意犯罪，也包括过失犯罪；既包括同种之罪，也包括异种之罪。只要缓刑犯在缓刑考验期间再犯新罪，就应当依法撤销缓刑，对新罪和原判之罪实行数罪并罚。关于发现新罪的时间，《刑法》未作规定。如果在缓刑考验期内发现新罪，当然应当撤销缓刑，对新罪与已判决之罪实行数罪并罚。如果在缓刑考验期满以后才发现新罪，是否应当撤销缓刑实行数罪并罚呢？被宣告缓刑的犯罪分子不执行原判刑罚，是以罪犯在缓刑考验期限内不再犯新罪为条件的，如果罪犯在缓刑考验期限内又犯新罪，即便该犯罪是在考验期满后才被发现，只要尚未超过追诉时效期限的，就应当撤销缓刑。（2）发现漏罪。发现判决宣告以前还有其他罪没有判决，说明犯罪分子隐瞒了部分罪行，没有认罪服法和真诚悔罪，应当依法撤销缓刑，对漏罪和原判之罪实行数罪并罚。（3）严重违法。被宣告缓刑的犯罪分子，在缓刑考验期内，违反法律、行政法规或者国务院有关部门关于缓刑的监督管理规定，情节严重的，也应当依法撤销缓刑，收监执行原判刑罚。（4）违反禁止令。违反禁止令情节严重的，表明犯罪分子已经不符合缓刑适用条件，因而应该撤销缓刑。

（三）战时缓刑

1. 战时缓刑的概念

根据《刑法》第449条的规定，战时缓刑是指在战时，对被判处3年以下有期徒刑没有现实危险宣告缓刑的犯罪军人，允许其戴罪立功，确有立功表现时，可以撤销原判刑罚，不以犯罪论处的制度。

2. 战时缓刑的条件

（1）时间条件

战时缓刑适用的时间必须是在战时。在和平时期或非战时条件下，不能适用战时缓刑。这里的“战时”，根据《刑法》第451条的规定，是指国家宣布进入战争状态、部队受领作战任务或者遭敌突然袭击时；此外，部队执行戒严任务或者处置突发性暴力事件时，以战时论。

（2）对象条件

战时缓刑适用的对象只能是被判处3年以下有期徒刑的犯罪军人。这里的“军人”，根据《刑法》第450条的规定，是指中国人民解放军的现役军官、文职干部、士兵及具有军籍的学员和中国人民武装警察部队的现役警官、文职干部、士兵及具有军籍的学员以及执行军事任务的预备役人员和其他人员。不是犯罪的军人，或者虽是犯罪的军人，但被判处的刑罚为3年以上有期徒刑，均不能适用战时缓刑。至于战时缓刑是否适用于被判处拘役的犯罪军人，从立法精神来看应认为是可以的。此外，关于构成累犯的犯罪军人能否适用战时缓刑，法律未作明确规定。但是，根据《刑法》第74条关于“对于累犯……不适用缓刑”的立法精神，应当认为构成累犯的犯罪军人不能适用战时缓刑。

（3）实质条件

战时缓刑适用的实质条件是，在战争条件下宣告缓刑没有现实危险。这是战时缓刑最重要的适用条件。也就是说，被判处3年以下有期徒刑的犯罪军人，若被判断确认为适用缓刑具有现实危险，也不能宣告缓刑。因为战时缓刑的适用，是将犯罪军人继续留在部队，并在战时状态下执行军事任务，若宣告缓刑具有现实的危险，则会在战时状态下严重危害国家的军事利益，其后果不堪设想。至于如何确定是否有现实危险，应根据犯罪军人所犯罪行的性质、情节、危害程度以及犯罪军人的悔罪表现和一贯表现，作出综合评价之后加以确认。

3. 战时缓刑的法律后果

被宣告战时缓刑的犯罪军人，在缓刑期间确有立功表现的，可以撤销原判刑罚，不以犯罪论处。这就是战时缓刑的法律后果，也是战时缓刑与一般缓刑的根本区别之所在。于一般缓刑，如果缓刑考验期间不具备缓刑撤销条件，则原判刑罚不再执行，而原判所认定的犯罪仍然存在。而在战时缓刑的情况下，如果确有立功表现，则不仅原判刑罚不再执行，而且不以犯罪论处，即原判认定的犯罪不复存在。由此可见，战时缓刑的法律后果更为宽大，以作为对戴罪立功的犯罪军人的一种奖励。

二、减刑

（一）减刑的概念

根据我国《刑法》第 78 条第 1 款的规定，减刑是指对于被判处管制、拘役、有期徒刑和无期徒刑的犯罪分子，在刑罚执行期间，由于确有悔改或者立功表现，因而将其原判刑罚予以适当减轻的制度。减刑具有以下特征。

1. 减刑以判处并执行了一定刑罚为前提

犯罪人被判处一定的刑罚，将刑罚付诸执行，即开始了行刑过程。减刑是一种刑罚变更制度，只有在原判刑罚执行了一定期限以后，才存在刑罚变更的可能性。

2. 减刑以犯罪人的悔罪表现为根据

刑罚执行期间，并非所有犯罪人都能享受减刑的待遇。减刑是以犯罪人在行刑期间的悔罪表现为根据的，这体现了教育刑的理念。根据报应刑主义，刑罚是对犯罪的报应，任何刑罚都必须得到不折不扣的执行，无论犯罪人在行刑期间表现如何，都不允许减刑。换言之，减刑的思想与报应刑主义是格格不入的。而根据教育刑的思想，行刑过程是对犯罪人进行教育改造的过程，根据犯罪人在行刑期间人身危险性的消长情况，可以予以减刑，作为对犯罪人的悔改表现的一种肯定与鼓励。因此，减刑制度体现了一定的刑事政策理念。

3. 减刑具有一定的限度

减刑只是对原判刑罚的一种调整，而不是对原判刑罚的否定。因此，减刑须有一定的限度，以维护原判刑罚的稳定性。减刑的限度表明了报应因素对减刑活动的制约性，因而有利于实现惩罚与改造相统一的行刑原则。

（二）减刑的条件

1. 对象条件

减刑只适用于被判处管制、拘役、有期徒刑、无期徒刑的犯罪分子。这说明减刑的适用对象，只有刑罚种类的限制，而没有刑期长短和犯罪性质的限制。只要是被判处上述 4 种刑罚之一的犯罪分子，无论其犯罪行为是故意犯罪还是过失犯罪，是重罪还是轻罪，是危害国家安全罪还是其他刑事犯罪，如果具备了法定的减刑条件，都可以减刑。

2. 实质条件

减刑的实质条件是指犯罪人在刑罚执行过程中确有悔改或立功表现。将有悔改或立功表现作为减刑的实质条件，体现了刑法设立减刑制度的宗旨，即通过肯定犯罪人已有的改造成绩，激励其继续努力改造，逐步减少乃至消除犯罪人的人身危险性，使其不再危害社会。犯罪人的人身危险性是否减少乃至消除，重要的标志是其在刑罚执行期间是否确有悔改或立功表现。因此，我国刑法将其作为减刑实质条件的原因。根据我国刑法规定，减刑可以分为可以减刑与应当减刑两种情况，前者是相对减刑，后者是绝对减刑。现分述如下。

（1）相对减刑的实质条件

相对减刑的实质条件是指在刑罚执行期间，认真遵守监规，接受教育改造，确有悔改表现的，或者有立功表现。因此，相对减刑具有两种实质条件：一是悔改表现。根据 2012 年 1 月 17 日最高人民法院《关于办理减刑、假释案件具体应用法律若干问题的规定》（以下简称《规定》）第 2 条第 1 款的规定，“确有悔改表现”是指同时具备以下四个方面情形：认罪悔罪；认真遵守法律法规及监规，接受教育改造；积极参加思想、文化、职业技术教育；积极参加劳动，努力完成劳动任务。二是立功表现。这里的“立功表现”，根据前引规定第 3 条的规定，是指具有下列情形之一：1）阻止他人实施犯罪活动的；2）检举、揭发监狱内外犯罪活动，或者提供重要的破案线索，经查证属实的；3）协助司法机关抓捕其他犯罪嫌疑人（包括同案犯）的；4）在生产、科研中进行技术革新，成绩突出的；5）在抢险救灾或者排除重大事故中表现突出的；6）对国家和社会有其他贡献的。应当指出，悔改和立功通常是相通的。确有悔改的犯罪人往往通过改造，认识到自己以前的犯罪行为给社会造成的危害，并且发自内心感到愧疚，总想将功补过。但是，犯罪人的情况是千差万别的，立功具有一定的机遇性，因此立功与悔改也并不一致。换言之，悔改的犯罪人未必有立功表现，有立功表现的犯罪人也未必就一定悔改。在现实生活中，某些犯罪人对自己所犯罪行的认识未必达到悔罪的程度，但基于其尚未泯灭的良知，在关键时刻往往会出人意料地挺身而出，为保护公共利益或他人利益舍生忘死。对此，亦应根据我国刑法规定予以裁量减刑。因此，对于相对减刑来说，悔改和立功并不要求同时具备，具备其中之一就可以减刑。

（2）绝对减刑的实质条件

绝对减刑的实质条件是指在刑罚执行期间，犯罪人具有重大立功表现。根据《刑法》第 78 条第 1 款的规定，重大立功表现主要是指：1）阻止他人重大犯罪活动的，即犯罪人在服刑期间，发现他人正在进行重大犯罪活动而予以制止。2）检举监狱内外重大犯罪活动，经查证属实的，即犯罪人在服刑期间，发现他人在监狱内正在进行重大犯罪活动而予以告发，或者获知他人在监狱外有重大犯罪活动的线索而予以揭发。3）有发明创造或者重大技术革新的，即犯罪人学有专长，在服刑期间认真钻研科学技术，有发明创造或者重要技术革新。4）在日常生产、生活中舍己救人的，即犯罪人在他人的人身遭受严重危险的情况下，奋不顾身，抢救他人。5）在抗御自然灾害或者排除重大事故中，有突出表现的，即在抗御自然灾害或者排除重大事故的紧要关头，犯罪人积极投入救灾抢险，表现突出。6）对国家和社会有其他重大贡献的。这是一个兜底规定，以容纳前 5 项所未能包括之事项。只有与前 5 项情形相当者，才能视为对国家和社会有其他重大贡献而应当减刑。值得注意的是，前引规定第 4 条第 3 项把协助司法机关抓捕其他重大犯罪嫌疑人（包括同案犯）的，也规定为重大立功表现。

3. 限度条件

减刑必须要有一定的限度，这主要是基于以下考虑：（1）维护原判的稳定性和权威性。减刑是在肯定和承认原判刑罚的正确性和有效性的前提下，在行刑过程中根据犯罪人的悔改或者立功表现而对刑罚所作的一种变更。因此，减刑不同于改判，它要维持原判的稳定性和权威性，否则，有损于法律适用的统一性和完整性。（2）报应因素。原判刑罚是根据犯罪事实及犯罪情节裁量的结果，体现了刑罚的报应性。只有刑罚执行一定的期限，这种刑罚的报应性才能得以实现。因此，减刑的限度表明报应性对行刑活动的制约。（3）威慑因素。刑罚的一般预防与个别预防的双重目的具有统一性，但在不同的刑事法律阶段有所侧重。在行刑阶段，应当重点考虑个别预防，注意根据犯罪人的人身危险性的消减而及时地调整刑罚。与此同时，又不能完全忽视一般预防，如果减刑没有限度，势必降低刑罚的威慑力，减弱一般预防的效果。综上所述，对减刑设置一定的限度条件是完全必要的。根据我国《刑法》第 78 条第 2 款［《刑法修正案（八）》第 15 条］的规定，减刑以后实际执行的刑期，判处管制、拘役、有期徒刑的，不能少于原判刑期的 1/2；判处无期徒刑的，不能少于 13 年。从这一规定可以看出，减刑的形式有两种：一是刑种的变更，如将无期徒刑减为有期徒刑；二是刑期的变更，如有期徒刑本身刑期的缩短。除无期徒刑的限度是实际执行 13 年以外，其他刑罚的限度采用的是比例制，即实际执行的刑期，不能少于原判刑期的1/2。此外，第78条第2款第3项还对限制减刑的死刑缓期执行的犯罪分子的实际执行的期限作了规定，即缓刑执行期满后依法减为无期徒刑的，不能少于25年，缓期执行期满后依法减为25年有期徒刑的，不能少于20年。减刑限度的比例制，使原判刑期与实际执行的刑期成正比例关系，体现了刑罚的公正性。

（三）减刑的适用

1. 减刑的幅度

减刑虽有总量限制，但每次减刑还应当控制在一个合理的幅度内，避免一次减刑幅度过大。减刑的幅度应当根据不同的刑种和刑期加以确定。

根据前引规定第5条的规定，有期徒刑罪犯在刑罚执行期间，符合减刑条件的，减刑幅度为：确有悔改表现，或者有立功表现的，一次减刑一般不超过1年有期徒刑；确有悔改表现并有立功表现，或者有重大立功表现的，一次减刑一般不超过2年有期徒刑。

根据前引规定第7条的规定，无期徒刑罪犯在刑罚执行期间，确有悔改表现，或者有立功表现的，服刑2年以后，可以减刑，减刑幅度为：确有悔改表现，或者有立功表现的，一般可以减为20年以上22年以下有期徒刑；有重大立功表现的，可以减为15年以上20年以下有期徒刑。

2. 减刑的起始

减刑是以犯罪人确有悔改或者立功表现为前提的。要考察犯罪人是否确有悔改或者立功表现，必须经过一定的服刑期限。同时，犯罪人的悔改或者立功也有一个提高思想认识表现在具体行动上的过程。因此，不可能服刑以后马上减刑，而应当有一个减刑的起始时间。减刑的起始时间应当根据不同的刑种和刑期加以确定。

根据前引规定第6条的规定，有期徒刑罪犯的减刑起始时间为：被判处5年以上有期徒刑的罪犯，一般在执行1年6个月以上方可减刑；被判处不满5年有期徒刑的罪犯，可以比照上述规定，适当缩短起始时间。确有重大立功表现的，可以不受上述减刑起始时间的限制。

根据前引规定第14条的规定，被判处10年以上有期徒刑、无期徒刑的罪犯在刑罚执行期间又犯罪，被判处有期徒刑以下刑罚的，自新罪判决确定之日起2年内一般不予减刑；新罪被判处无期徒刑的，自新罪判决确定之日起3年内一般不予减刑。

3. 减刑的间隔

减刑的间隔是指同一犯罪人前后两次减刑的时间距离。同一犯罪人前后两次减刑之间应有一定的间隔，以便考察犯罪人在前次减刑后是否又有悔改或者立功表现。根据前引规定第6条的规定，被判处5年以上有期徒刑的罪犯，两次减刑之间一般应当间隔1年以上；被判处不满5年有期徒刑的罪犯，可以比照上述规定，适当缩短间隔时间；确有重大立功表现的，可以不受上述减刑间隔时间的限制。判处管制和拘役的罪犯，由于本身刑期较短，一般来说不存在二次减刑的问题，因而也就无所谓减刑的间隔。

（四）减刑的程序

减刑的程序是为了保证减刑的合法性与严肃性，确保减刑的效果。根据我国《刑法》第79条的规定，减刑案件由中级以上人民法院管辖。减刑的程序大体上按照以下方法进行操作。

1. 对犯罪人的考察

对犯罪人的考察是适用减刑的基础工作，是减刑的第一道程序。犯罪人只有在服刑期间确有悔改或者立功表现才能予以减刑，而要认定犯罪人是否确有悔改或者立功表现，就必须对其在服刑期间的表现加以认真考察，从而为减刑创造条件。

2. 提出减刑建议书

监狱以及其他刑罚执行机关通过对犯罪人服刑期间的表现进行考察后，如果认为犯罪人在服刑期间确有悔改或者立功表现，符合减刑的条件，就可以依法向法院提出减刑建议书。监狱提请减刑的程序应当依照司法部2003年4月2日颁布、2014年10月11日修订的《监狱提请减刑假释工作程序规定》执行。

3. 依法裁量减刑

依法裁量减刑，是指法院依照法律规定和犯罪人在服刑期间的悔罪或者立功表现，对一定之罪犯适用减刑。由于减刑是审判权之行使，应当将其与对一个人的判决的重要性相提并论，因此，在减刑裁量中，应当严格掌握减刑条件。

三、假释

（一）假释的概念

根据我国《刑法》第81条第1款的规定，假释是指对被判处有期徒刑、无期徒刑的犯罪分子，在执行一定刑期以后，因认真遵守监规，接受教育改造，确有悔改表现，没有再犯罪的危险的，因而附条件地将其提前释放的制度。假释具有以下特征。

1. 假释以执行一定期限的刑罚为前提

假释是特定条件下的提前释放，因此，它必然以执行一定期限的刑罚为前提。只有在执行了一定期限的刑罚以后，才能对犯罪人在服刑期间的表现作出评价，从而决定是否予以假释。

2. 假释以犯罪人在服刑期间的悔改为根据

在一般情况下，犯罪人被判处刑罚以后，其所判处的刑罚应当完全执行，只有在刑满之时才能释放出狱。但如果犯罪人在服刑期间有悔罪表现，表明犯罪人的人身危险性已经消除。在这种情况下，继续执行剩余的刑罚已经没有必要。为此，就产生了假释的问题。由此可见，假释是对犯罪人的一种奖励措施。应该说，假释制度的起源与发展，是和刑法观念的嬗变具有密切关系的。19世纪以前，刑事古典学派的理论在刑事立法与刑事司法领域中占有统治地位。刑事古典学派中的报应主义认为，对犯罪人科以刑罚是一种报应，科刑的程度应当以犯罪事实的轻重为标准，追求严格的罪与刑之间的等价性与均衡性。因此，作为报应的刑罚，就如同债务一样，必须如数偿还即刑罚必须全部执行，这不仅是对犯罪人报应的要求，也是对社会上的一般人进行威吓的需要。及至19世纪以降，刑事实证学派崛起，提出了教育刑的思想，认为刑罚的目的不在于报应，也不在于威吓，而在于教育改造、矫正犯罪人。在这种情况下，如果在刑满之前犯罪人表现良好，表明其已经得到矫正，理应提前释放出狱。因此，教育刑的思想为假释制度提供了理论基础。在这个意义上说，假释制度是教育刑思想的产物。

3. 假释以犯罪人在考验期的表现为条件

假释的提前释放是附有一定条件的，即在假释考验期限内未发生撤销假释的法定事由。因此，假释虽然是释放的一种情形，但与一般情况下的刑满释放是完全不同的。从形式上看，假释与刑满释放都是解除监禁，恢复犯罪人的人身自由，但在性质上存在区别：刑满释放是因为刑罚执行完毕而释放，是一种无条件的释放，不存在再执行的问题；而假释是有条件地提前释放，还存在收监执行残余刑罚的可能性。

（二）假释的条件

1. 对象条件

假释只适用于被判处有期徒刑或无期徒刑的犯罪分子，对累犯以及因故意杀人、强奸、抢劫、绑架、放火、爆炸、投放危险物质或者有组织的暴力性犯罪被判处10年以上有期徒刑、无期徒刑的犯罪分子，不得假释。假释是对犯罪分子有条件地提前释放，同时，国家并不排除对其继续执行尚未执行的那部分刑罚的可能性。这一特点决定了假释不适用于被判处其他刑罚的犯罪分子：(1) 于死刑立即执行，因其特殊性质，不存在假释的问题。(2) 于死刑缓期2年执行也不能直接适用假释，只有在死缓减为无期徒刑或有期徒刑之后，具备了假释条件的才可以适用假释。(3) 拘役的刑期短，适用假释没有实际意义；如果被判处拘役的罪犯确有悔改表现，可以宣告缓刑或者减刑。(4) 被判处管制的犯罪分子，因不在监内执行，仅限制部分自由，没有必要适用假释。也就是说，其他种类的刑罚，或因性质或因执行方式或因刑期较短而不能或不必适用假释。

2. 实质条件

犯罪分子认真遵守监规，接受教育改造，确有悔改表现，假释后不致再危害社会，这是适用假释的实质条件。这里的“确有悔改表现”，根据前引规定第2条第1款规定，是指同时具备以下4个方面情形：认罪悔罪；认真遵守法律法规及监规，接受教育改造；积极参加思想、文化、职业技术教育；积极参加劳动，努力完成劳动任务。同时，该规定第2条第2款、第3款还规定：对罪犯在刑罚执行期间提出申诉的，要依法保护其申诉权利，对罪犯申诉不应不加分析地认为是不认罪悔罪。罪犯积极执行财产刑和履行附带民事赔偿义务的，可视为有认罪悔罪表现。根据前引规定第15条的规定，办理假释案件，判断“没有再犯罪的危险”，除符合《刑法》第81条规定的情形外，还应根据犯罪的具体情节、原判刑罚情况，在刑罚执行中的一贯表现，罪犯的年龄、身体状况、性格特征，假释后生活来源以及监管条件等因素综合考虑。此外，《刑法》第81条第3款还规定，对犯罪分子决定假释时，应当考虑其假释后对所居住社区的影响。一般来说，被假释的犯罪分子都要回到原来所居住的社区生活，会对原来的社区造成一定的影响。如果犯罪分子假释后对所居住社区影响不好，则不宜适用假释。

3. 时间条件

假释只适用于已经执行一部分刑罚的犯罪分子。被判处有期徒刑或者无期徒刑的罪犯，还必须执行一部分刑罚，才能适用假释。这是因为，只有执行一定期间的刑罚，才能比较准确地判断犯罪分子是否认真遵守监规、接受教育改造、确有悔改表现，不致再危害社会，以保证假释的效果；也才能保持人民法院判决的稳定性和法律的严肃性。根据《刑法》第81条及有关司法解释的规定，被判处无期徒刑的犯罪分子，实际执行13年以上，才可以适用假释。对于无期徒刑减为有期徒刑的罪犯，仍应按原判无期徒刑实际执行13年以上，才可以适用假释。对于判处有期徒刑的罪犯适用假释，执行原判刑期1/2以上的起始时间，应从羁押之日起计算。为使假释适用具有一定的灵活性，我国《刑法》第81条第1款还规定：“如果有特殊情况，经最高人民法院核准，可以不受上述执行刑期的限制。”根据前引规定第17条的规定，这里的“特殊情况”，是指与国家、社会利益有重要关系的情况。

(三) 假释的程序

根据《刑法》第82条、第79条的规定，关于对犯罪分子的假释，由执行机关向中级以上人民法院提出假释建议书。人民法院应当组成合议庭进行审理，对于符合法定假释条件的，裁定予以假释。非经法定程序不得假释。

对有期徒刑犯的假释，应当由罪犯所在的刑罚执行机构提出假释建议书，提请当地中级人民法院依法裁定。对无期徒刑犯的假释（包括原判死刑缓期执行已经减为无期徒刑的罪犯），应当由罪犯所在的刑罚执行机构提出假释建议书，报请本省、自治区、直辖市的司法厅（局）审查同意后，提请当地高级人民法院依法裁定。

人民法院根据刑罚执行机构提交的假释建议书，经合议庭审理，如犯罪分子确有悔改表现，并不致再危害社会，依法作出假释裁定。

（四）假释的考验

假释是将正在服刑改造的犯罪分子附条件地予以提前释放，这种提前释放并不意味着刑罚已经执行完毕。为此，刑法规定了假释的考验期限。在此期限内，应当由公安机关对假释犯进行考察。因此，假释的考验是假释制度的重要内容。根据我国有关部门关于社区矫正的规定，被适用假释的犯罪分子是社区矫正的对象。因此，通过社区矫正使假释的考验得以落实，这对于假释的正确适用具有重大意义。

1. 假释犯的监督机关

根据《刑法》第 85 条的规定，对假释的犯罪分子，在假释考验期限内，依法实行社区矫正。因此，假释的监督机关是社区矫正机构。

2. 假释犯的考验期限

犯罪分子的假释考验期限因原判刑罚及执行的不同而有所不同。根据《刑法》第 83 条的规定，被判处有期徒刑的犯罪分子，其假释的考验期限为原判刑罚没有执行完毕的刑期，即在宣告假释时原判刑罚的剩余时期。例如，对于被判处 15 年有期徒刑的犯罪分子，在原判刑罚执行 10 年之后，由于确有悔改表现，不致再危害社会而决定对其适用假释，其假释的考验期限，就是原判 15 年有期徒刑尚未执行完毕的 5 年刑期。可见，《刑法》对有期徒刑的假释考验期限只是作了一个原则性的规定。原判刑罚为有期徒刑的犯罪分子被宣告假释时，其假释的考验期限的长短因其剩余刑期的长短而各不相同。同时，《刑法》对无期徒刑的假释考验期限则作了明确而具体的规定：被判处无期徒刑的犯罪分子，其假释的考验期限为 10 年。也就是说，原判刑罚为无期徒刑的犯罪分子被宣告假释时，其假释考验期限是固定的，即 10 年。

根据《刑法》第 83 条第 2 款的规定，假释考验期限，从假释之日起计算。这对于被判处有期徒刑和无期徒刑的犯罪分子来说，将产生不同的法律后果。被判处有期徒刑的犯罪分子的假释考验期是相对确定的，考验期的长短随假释之日的确定而确定。犯罪分子获得假释的时间早，其假释的考验期相对长一些；获得假释的时间晚，则其假释的考验期相对短一些。但无论考验期长还是短，都是以其原判刑期的结束为结束。被判处无期徒刑的罪犯的刑期在一定意义上说是不确定的，但是，考验期限是确定的，因此，犯罪分子获得假释的时间早，其假释的考验期起算就早；获得假释的时间晚，则其假释的考验期起算就晚。显然，无期徒刑犯获得假释的时间越早越有利，越晚越不利。

3. 假释犯应当遵守的规定

根据《刑法》第 84 条的规定，被宣告假释的犯罪分子，应当遵守下列规定：（1）遵守法律、行政法规，服从监督；（2）按照监督机关的规定报告自己的活动情况；（3）遵守监督机关关于会客的规定；（4）离开所居住的市、县或者迁居，应当报经监督机关批准。

4. 假释的考察内容

根据《刑法》第 85 条的规定，对被假释的犯罪分子的考察，主要是考察其在假释考验期限内是否具有《刑法》第 86 条规定的情形，即是否再犯新罪或者发现漏罪，以及是否违反法律、行政法规或者国务院有关部门关于假释的监督管理规定。如果没有《刑法》第 86 条规定的情形，假释考验期满，就认为原判刑罚已经执行完毕，并公开予以宣告；如果有《刑法》第 86 条规定的情形，则撤销假释，依照数罪并罚的规定实行数罪并罚，或者收监执行未执行完毕的刑罚。

（五）假释的撤销

假释是附条件地提前释放的一种刑罚制度。假释犯在假释考验期限内必须遵守一定的条件，否则，就要撤销假释，收监执行。根据我国《刑法》第 86 条规定，被假释的犯罪分子，在假释考验期限内再犯新罪或者发现其在判决宣告以前还有其他罪没有判决的，应当撤销假释，分别依照《刑法》第 71 条、第 70 条的规定实行数罪并罚。被假释的犯罪分子，在假释考验期限内，有违反法律、行政法规或者国务院有关部门关于假释的监督管理规定的行为，尚未构成新的犯罪的，应当依照法定程序撤销假释，收监执行未执行完毕的刑罚。据此，我国《刑法》中假释的撤销事由有以下三种情形：（1）再犯新罪，并且对新罪没有任何限制。应当指出，再犯新罪表明假释犯不致再危害社会的条件已经消失，犯罪分子还具有一定的人身危险性，因而应当撤销假释。（2）发现漏罪。在假释考验期间发现假释犯的漏罪，并且这种漏罪是犯罪分子有意隐瞒的，足以说明其并无悔改表现，也很难认为不致再危害社会，当然应当撤销假释。（3）违法行为。这里的“违法行为”是指违反法律、行政法规或者国务院有关部门关于假释的监督管理规定，情节严重的行为。对此，应当依照法定程序撤销假释，收监执行未执行完毕的刑罚。

第 20 章　刑罚消灭

一、刑罚消灭概述

（一）刑罚消灭的概念

刑罚消灭是指由于法定的或者事实的原因，国家对犯罪人的刑罚权归于消灭。刑罚消灭具有以下几个特征。

1. 刑罚消灭的前提

“无犯罪则无刑罚”，是刑法上的通识。在一般情况下，有犯罪必然有刑罚，但在某些特殊情况下未必尽然。刑罚消灭就是各种有犯罪而无刑罚的特殊情形之一，因此，只有在行为构成犯罪的情况下，才有刑罚消灭可言。在这个意义上，行为构成犯罪乃是刑罚消灭的必要前提。

2. 刑罚消灭的内容

刑罚消灭实际上是刑罚权的消灭，因此，刑罚权的消灭是刑罚消灭的内容。刑罚权消灭包括刑罚请求权消灭和刑罚执行权消灭。刑罚请求权的消灭使得事实上发生的犯罪不再被追究刑事责任，因而定罪权和量刑权同时消灭，后者只是前者的后果，并且也就不存在刑罚执行的问题。刑罚执行权的消灭使得已经判处的刑罚不再实际执行，也是刑罚消灭的重要内容。

3. 刑罚消灭的根据

刑罚消灭是刑罚权归于消灭的一种结果，这种结果是由一定事由引起的，没有这种事由的存在，就不发生刑罚消灭的问题。因此，一定的事由是刑罚消灭的根据。刑罚消灭事由可以分为两种情形：一是法定事由，即法律明文规定的刑罚消灭的原因，如时效、赦免等；二是事实事由，即客观上使刑罚自然消灭的原因，如犯罪人死亡、刑罚执行完毕等。

（二）刑罚消灭的事由

刑罚消灭的事由是指使刑罚权归于消灭的各种具体原因。从罪刑关系上考察，刑罚消灭事由可以分为以下情形。

1. 刑罚请求权消灭的事由

刑罚请求权消灭的事由包括以下几种：（1）被告人死亡。被告人在被起诉前死亡，起诉对象不复存在，刑罚请求权归于消灭。（2）追诉时效完成。（3）自诉之罪，有权告诉的人不予告诉。（4）犯罪后、起诉前，法律已废止其刑。（5）大赦。

2. 刑罚裁量权消灭的事由

刑罚裁量权消灭的事由包括以下五种：（1）被告人死亡。被告人在被起诉后、判决确定前死亡的，刑罚裁量的对象不复存在，刑罚裁量权归于消灭。（2）自诉之罪，自诉人撤回告诉。（3）起诉后、判决确定前，法律已废止其刑。（4）大赦。（5）前科消灭。

3. 刑罚执行权消灭的事由

刑罚执行权消灭的事由包括以下几种：（1）大赦。（2）特赦。（3）在犯罪人被判处刑罚的判决确定后、刑罚尚未执行或未执行完毕前，法律已废止其刑。（4）免除刑罚。（5）行刑时效完成。(6)缓刑期满。(7)减刑。(8)假释期满。(9)刑罚执行完毕。(10)犯罪人死亡。(11)减、免刑罚执行。(12)复权。

4. 刑罚后遗效果消灭的事由

刑罚后遗效果，是指刑罚执行终了或者免除后遗留下来的效果。这种效果源于刑罚处罚，但不因为刑罚执行完毕或免除而结束，仍然继续影响受过刑罚的人，它在某些以一定资格为必要的情形下，往往成为资格欠缺的事由。例如，被判过刑的人，在其刑罚执行完毕后，仍不能担任国家公务员。刑罚后遗效果消灭的事由有以下四种：(1)大赦。(2)前科消灭。(3)复权。(4)战时犯罪军人宣告缓刑后确有立功表现。例如，《刑法》第449条规定，在战时，对于被判处3年以下有期徒刑没有现实危险宣告缓刑的犯罪军人，允许其戴罪立功，确有立功表现时，可以撤销原判刑罚，不以犯罪论处。这里的“撤销原判刑罚，不以犯罪论处”，不仅是原判刑罚不再执行，而且视为没有犯罪记录或者没有前科。这就是犯罪宣告在将来丧失效力后，不再认为是犯罪，从而也就不存在刑罚的后遗效果问题。

二、时效

(一) 时效概述

1. 时效的概念

刑法上的时效，是指刑事法律规定的国家对犯罪人行使刑事追诉权和刑罚执行权的有效期限的制度。在有效期内，如果国家不行使刑事追诉权和刑罚执行权，则超过期限刑事追诉权和刑罚执行权即归于消灭，对犯罪人就不能再追诉或者执行刑罚。时效完成是刑罚消灭的重要制度之一。

时效制度的根据和意义在于：(1)一个人犯罪后，经过一定期限虽未被追诉或未被执行刑罚，但没有再犯新罪，据此可推断其已悔改，不致再危害社会。在这种情况下，失去追诉或行刑的意义。(2)在犯罪人经过一定期限未犯新罪的情况下，再追究其刑事责任，既起不到特殊预防的作用，也起不到一般预防的作用。(3)犯罪案件发生后，经过一定期限没有审理和追诉，时过境迁，证据失散，侦查、起诉、审判难以顺利进行。而设立时效制度，既符合刑罚经济原则，又有利于司法机关集中精力审理现行案件。(4)犯罪后经过一定时间，因犯罪破坏的某一社会秩序以及失衡的公众心理已经得到恢复，如再行追究旧案，重提积怨，容易引发不安定因素，不利于社会稳定。总之，实行时效制度，既符合我国适用刑罚的目的，又有利于司法机关开展工作和稳定社会秩序。但是，为了防止少数犯罪分子利用时效制度逃避法律制裁，刑法在规定时效时，同时规定了时效中断、延长等制度。

2. 时效的种类

时效分为两种：追诉时效和行刑时效。追诉时效，是指我国刑法规定的对犯罪分子追究刑事责任的有效期限的制度。超过法定追诉期限，司法机关或有告诉权的人不得再对犯罪人进行追诉，已经追诉的，应撤销案件或不起诉，或终止审判。追诉时效完成，是刑罚请求权消灭的重要事由之一。行刑时效，是指刑事法律规定的，对被判刑人执行刑罚有效期限的制度。犯罪人被科处刑罚后，只有在行刑时效期内，刑罚执行机关才有权对犯罪人执行所判处的刑罚。行刑时效期内所判处的刑罚未执行，超过行刑时效期，便不能再对犯罪人执行所判处的刑罚。行刑时效完成，是刑罚执行权消灭的一项重要事由。我国刑法总则只规定了追诉时效，对行刑时效未作规定。

(二) 追诉时效

1. 追诉时效的期限

我国《刑法》根据罪刑均衡原则，以犯罪的法定最高刑为标准，规定了4个档次的追诉时效。根据《刑法》第87条的规定，犯罪经过下列期限不再追诉：（1）法定最高刑为不满5年有期徒刑的，经过5年。（2）法定最高刑为5年以上不满10年有期徒刑的，经过10年。（3）法定最高刑为10年以上有期徒刑的，经过15年。（4）法定最高刑为无期徒刑、死刑的，经过20年。如果20年以后认为必须追诉的，须报请最高人民检察院核准。

根据上述规定，在确定具体犯罪的追诉时效的期限时，应当根据犯罪的性质、情节，分别适用刑法分则规定的相应条款或量刑幅度，按其法定最高刑计算追诉时效期限：（1）在一个条文中只规定一个量刑幅度的，应以该条文的法定最高刑确定追诉时效期限。（2）在一个条文中规定有两个以上不同的量刑幅度的，应按于其罪行应当适用的条款的法定最高刑确定其追诉时效期限。（3）所犯罪行的刑罚分别规定在不同的条款的，应按于其罪行应当适用的条款的法定最高刑确定其追诉时效的期限。

2. 追诉时效的计算

根据我国《刑法》第89条的规定，追诉时效的计算分为两种情况。

（1）即成犯追诉期限的计算

即成犯，即行为实施完毕结果随之发生，即成犯追诉期限是从犯罪之日起计算。所谓犯罪之日，是指犯罪成立之日。这里的“犯罪成立之日”，在一般情形下是犯罪行为实施之日；在某些情形下也可能是犯罪结果发生之日。例如，2003年11月13日《全国法院审理经济犯罪案件工作座谈会纪要》在论及玩忽职守罪的追诉时效时指出：“玩忽职守行为造成的重大损失当时没有发生，而是玩忽职守行为之后一定时间发生的，应从危害结果发生之日起计算玩忽职守罪的追诉期限。”这一规定可适用于犯罪行为与犯罪结果不在同时发生的其他犯罪。由于刑法对不同种类和形态的犯罪所规定的构成要件不同，因而其犯罪成立之日的计算标准亦相应不同：1）于行为犯，应从犯罪行为实施之日起计算。2）于结果犯，应从犯罪结果发生之日起计算；结果加重犯，应从加重结果发生之日起计算。3）于预备犯，应从预备犯罪之日起计算。4）于中止犯，应当分别情况予以确定：如果是在着手实行犯罪后中止犯罪，应从犯罪行为施行之日起计算；如果在预备阶段中止犯罪，则应从犯罪中止成立之日起计算。5）于未遂犯，应从犯罪未遂成立之日起计算。6）于共同犯罪，从整体共同犯罪行为得以实施之日起计算。7）于犯罪行为发生在我国境外，而犯罪结果发生在我国境内的犯罪，也应从犯罪结果发生之日起计算。

（2）连续犯和继续犯追诉期限的计算

根据《刑法》第89条的规定，犯罪行为有连续或者继续状态的，从犯罪行为终了之日起计算。由此可见，连续犯和继续犯的追诉期限从犯罪行为终了之日起计算。由于连续犯和继续犯的具体特征不同，各自的犯罪行为终了之日也不同：连续犯以连续实施数个相同行为为目的，每一个行为都可单独构成犯罪。所以，连续犯的犯罪行为终了之日，就是指最后一个犯罪行为成立之日。继续犯，是指一个犯罪行为在一定时间内处于持续状态。因此，继续犯的犯罪行为终了之日就是持续状态结束之日。值得注意的是，对于某些犯罪构成要件较为复杂的犯罪，我国司法解释规定了在不同情况下追诉时效起算的不同标准。例如，2003年9月22日最高人民法院《关于挪用公款犯罪如何计算追诉期限问题的批复》规定：挪用公款归个人使用，进行非法活动的，或者挪用公款数额较大、进行营利活动的，犯罪的追诉期限从挪用行为实施完毕之日起计算；挪用公款数额较大、超过3个月未还的，犯罪的追诉期限从挪用公款罪成立之日起计算。挪用公款行为有连续状态的，犯罪的追诉期限应当从最后一次挪用行为实施完毕之日或者犯罪成立之日起计算。

3. 追诉时效的中断

追诉时效中断，是指在追诉时效进行期间，因发生法律规定的事由，使已经经过的时效期间归于失效，追诉期限从法律规定事由发生之日起重新开始计算的制度。追诉时效中断制度是为了防止犯罪人利用时效制度逃避罪责，继续犯罪而设立的，对于限制追诉时效制度的消极效果具有重要意义。

我国《刑法》第 89 条第 2 款规定："在追诉期限以内又犯罪的，前罪追诉的期限从犯后罪之日起计算。"这一规定表明，我国追诉时效中断是以犯罪人在追诉期限内又犯罪为条件的，且不论新罪的性质和刑罚的轻重。根据《刑法》的这一规定，追诉时效中断后时效起算的时间为犯后罪之日。所谓犯后罪之日，即后罪成立之日。

4. 追诉时效延长

追诉时效延长，是指在追诉时效进行期间，由于发生了法律规定的事由，致使追诉期限无限伸延的制度。根据《刑法》第 88 条的规定，我国追诉时效延长分为两种情况：（1）在人民检察院、公安机关、国家安全机关立案侦查或者在人民法院受理案件以后，逃避侦查或者审判的，不受追诉期限的限制。（2）被害人在追诉期限内提出控告，人民法院、人民检察院、公安机关应当立案而不予立案的，不受追诉期限的限制。

三、赦免

（一）赦免概述

1. 赦免的概念

赦免，是指国家以政令的形式，免除或者减轻犯罪人的罪责或者刑罚的一种制度。赦免制度通常由宪法加以规定，一般不在刑法中规定。赦免的具体时间和对象由国家元首或最高国家权力机关以政令的形式颁布，在我国由最高人民法院执行。所以，赦免制度不是一项刑罚制度。但是，由于赦免的对象是犯罪人，其结果免除或减轻罪与刑，导致追诉权和行刑权归于消灭，而且赦免命令又由司法机关执行，所以，各国都把它纳入刑罚消灭理论加以研究。

2. 赦免的种类

在刑法理论上，根据赦免的具体表现形式的不同，通常把赦免分为大赦和特赦两种：大赦是指有权的国家机关，以政令的形式，对于某一时期的某一类或几类罪行的不特定的犯罪人免予追诉或免除其刑罚执行的制度；特赦是指有权的国家机关，以政令的形式，对已受刑罚宣告的特定犯罪人免除其全部或部分刑罚的制度。特赦与大赦的主要区别在于：（1）特赦的对象是特定的；而大赦的对象是不特定的。（2）特赦仅赦刑而不赦罪；大赦既赦刑又赦罪。（3）特赦后再犯罪则有可能构成累犯；而大赦后再犯罪没有累犯问题。（4）特赦往往公布被赦人的名单；大赦一般不公布被赦人的名单。我国《宪法》只规定了特赦，对大赦未作规定。因此，我国《刑法》中所说的赦免，应当是指特赦。

（二）特赦

根据我国现行《宪法》第 67 条第 18 项和第 80 条的规定，特赦经全国人大常委会决定，由国家主席发布特赦令。自 1949 年 10 月 1 日中华人民共和国成立以来，我国历史上曾经实行了 8 次特赦。第一次是 1959 年在中华人民共和国成立 10 周年庆典前夕，对在押的确已改恶从善的蒋介石集团和伪满洲国战争罪犯、反革命犯和普通刑事犯实行特赦。第二次、第三次特赦分别于 1960 年、1961 年实行，都是对蒋介石集团和伪满洲国罪犯确有改恶从善表现的进行特赦。第四次、第五次、第六次分别于 1963 年、1964 年、1966 年实行。与前两次相比，只是在特赦对象上增加了伪蒙疆自治政府的战争罪犯。其他内容完全相同。第七次是 1975 年，对全部在押战争罪犯实行特赦，给予公民权。从我国已实行的上述 7 次特赦中，可以看出我国特赦制度有以下 5 个特点：（1）特赦对象，除第一次包括反革命罪犯和普通刑事罪犯外，都是战争罪犯。(2) 特赦的范围，仅限于全国各地某类罪犯中的一部分人，而不是对某类罪犯全部实行特赦，更不是对个人实行。(3) 特赦的条件，是罪犯经过服刑改造，确已改恶从善的。对尚未宣告刑罚或者刑罚虽已宣告但尚未开始执行的罪犯，不赦免。(4) 特赦的效力，只及于刑罚，不及于罪行。(5) 特赦的程序，一般由党中央或国务院提出建议，经全国人大常委会审议决定，由国家主席发布特赦令，并授权最高人民法院和高级人民法院执行。

值得注意的是，2015 年 8 月 29 日第十二届全国人大常委会第十六次会议通过了《关于特赦部分服刑罪犯的决定》，指出："为纪念中国人民抗日战争暨世界反法西斯战争胜利 70 周年，体现依法治国理念和人道主义精神，根据宪法，决定对依据 2015 年 1 月 1 日前人民法院作出的生效判决正在服刑，释放后不具有现实社会危险性的下列罪犯实行特赦：一、参加过中国人民抗日战争、中国人民解放战争的；二、中华人民共和国成立以后，参加过保卫国家主权、安全和领土完整对外作战的，但犯贪污受贿犯罪，故意杀人、强奸、抢劫、绑架、放火、爆炸、投放危险物质或者有组织的暴力性犯罪，黑社会性质的组织犯罪，危害国家安全犯罪，恐怖活动犯罪的，有组织犯罪的主犯以及累犯除外；三、年满七十五周岁、身体严重残疾且生活不能自理的；四、犯罪的时候不满十八周岁，被判处三年以下有期徒刑或者剩余刑期在一年以下的，但犯故意杀人、强奸等严重暴力性犯罪，恐怖活动犯罪，贩卖毒品犯罪的除外。对本决定施行之日符合上述条件的服刑罪犯，经人民法院依法作出裁定后，予以释放。"这是我国改革开放以来，第一次实行特赦，也是中华人民共和国成立以来的第八次特赦。虽然这次特赦的对象有限，但它是特赦制度的践行，为此后实行特赦甚至大赦积累了经验，因而具有重大意义。

下篇

刑法各论

第 1 章　危害公共安全罪

一、放火罪

（一）概念

放火罪是指故意纵火焚烧公私财物，危害公共安全的行为。

（二）构成

1. 罪体

行为　放火罪的行为是纵火。这里的“纵火”，是指使用各种引火物，点燃财物，制造火灾，危害公共安全。

客体　放火罪的客体是财产与人身，包括工厂、矿场、油田、港口、仓库、住宅、森林、农场、谷场、牧场、重要管道、公共建筑或者其他公私财产。焚烧上述财物，可能危及不特定多数人的健康和生命。应当指出，这里的“财物”，一般是指他人财物。但焚烧本人财物而危害公共安全的，同样也可以构成放火罪。

2. 罪责

放火罪的罪责形式是故意。这里的“故意”，是指明知放火行为会危及不特定多数人的健康、生命或者重大财产安全，希望或者放任这种结果发生的主观心理状态。

（三）处罚

根据《刑法》第 114 条［《刑法修正案（三）》第 1 条］之规定，犯本罪，尚未造成严重后果的，处 3 年以上 10 年以下有期徒刑。《刑法》第 115 条第 1 款［《刑法修正案（三）》第 2 条］规定，犯本罪，致人重伤、死亡或者使公私财产遭受重大损失的，处 10 年以上有期徒刑、无期徒刑或者死刑。

危险犯　犯放火罪而尚未造成严重后果的，是本罪的危险犯。这里的“尚未造成严重后果”，是指放火行为尚未造成他人重伤、死亡或者公私财产重大损失。构成本罪的危险犯，必须足以造成这种后果即具有造成这种后果的危险。如果没有这种危险，则不构成本罪。

实害犯　犯放火罪而致人重伤、死亡或者使公私财产遭受重大损失的，是本罪的实害犯。这里的“致人重伤、死亡”，既包括故意致人重伤、死亡，又包括过失致人重伤、死亡。在故意的情况下，放火罪与故意伤害罪、故意杀人罪之间存在整体法与部分法的法条竞合关系。在过失的情况下，放火罪与过失致人重伤罪、过失致人死亡罪之间存在整体法与部分法的法条竞合关系。

二、失火罪

（一）概念

失火罪是指过失引起火灾，致人重伤、死亡或者使公私财产遭受重大损失，危害公共安全的行为。

（二）构成

1. 罪体

行为 失火罪的行为是过失引起火灾。失火一般发生在日常生活中，例如吸烟入睡引起火灾，生活用火不慎引起火灾等。

客体 失火罪的客体是财物与人身。失火一般是引燃财物，会造成公私财产的损失，同时也会危及人身的安全，造成他人伤亡后果。

结果 失火罪的结果是致人重伤、死亡或者使公私财产遭受重大损失。

2. 罪责

失火罪的罪责形式是过失。这里的过失，是指应当预见自己的行为可能引发火灾，造成他人伤亡或者公私财产重大损失的结果，因为疏忽大意而没有预见，或者已经预见而轻信能够避免，以致发生这种结果的主观心理状态。

（三）处罚

根据《刑法》第115条第2款之规定，犯本罪的，处3年以上7年以下有期徒刑；情节较轻的，处3年以下有期徒刑或者拘役。

减轻处罚事由 犯失火罪而情节较轻的，是本罪的减轻处罚事由。这里的“情节较轻”，是指失火行为造成的后果不是特别严重，或者有其他较轻情节等。

三、以危险方法危害公共安全罪

（一）概念

以危险方法危害公共安全罪是指使用放火、决水、爆炸、投放危险物质以外的其他方法，造成不特定多数人的伤亡或者公私财产重大损失，危害公共安全的行为。

（二）构成

1. 罪体

行为 以危险方法危害公共安全罪的行为是放火、决水、爆炸、投放危险物质以外的其他危害公共安全的行为，这些行为与放火、决水、爆炸、投放危险物质在危险性质上具有相当性，一旦实施足以危害公共安全。例如，驾车撞人、私架电网等。相对于放火、决水、爆炸、投放危险物质等特定手段的危害公共安全罪来说，以危险方法危害公共安全罪是一个兜底的罪名。根据2003年5月14日最高人民法院、最高人民检察院《关于办理妨害预防、控制突发传染病疫情等灾害的刑事案件具体应用法律若干问题的解释》第1条的规定，故意传播突发传染病病原体，危害公共安全的，属于以危险方法危害公共安全行为，应以本罪论处。

客体 以危险方法危害公共安全罪的客体是人身与财产。

2. 罪责

以危险方法危害公共安全罪的罪责形式是故意。这里的“故意”，是指明知实施危险方法会危害公共安全，造成他人的人身伤亡或者公私财产重大损失的后果，并且希望或者放任这种结果发生的主观心理状态。

（三）处罚

根据《刑法》第114条［《刑法修正案（三）》第1条］之规定，犯本罪，尚未造成严重后果的，处3年以上10年以下有期徒刑。《刑法》第115条第1款［《刑法修正案（三）》第2条］规定，犯本罪，致人重伤、死亡或者使公私财产遭受重大损失的，处10年以上有期徒刑、无期徒刑或者死刑。

危险犯 犯以危险方法危害公共安全罪而尚未造成严重后果的，是本罪的危险犯。这里的

“尚未造成严重后果”，是指以危险方法危害公共安全行为尚未造成他人重伤、死亡或者公私财产重大损失。构成本罪的危险犯，必须足以造成这种后果，即具有造成这种后果的危险。如果没有这种危险，则不构成本罪。

实害犯　犯以危险方法危害公共安全罪而致人重伤、死亡或者使公私财产遭受重大损失的，是本罪的实害犯。这里的“致人重伤、死亡”，既包括故意情形，又包括过失情形。在故意的情况下，以危险方法危害公共安全罪与故意伤害罪、故意杀人罪之间存在整体法与部分法的法条竞合关系。在过失的情况下，以危险方法危害公共安全罪与过失致人重伤罪、过失致人死亡罪之间存在整体法与部分法的法条竞合关系。

四、破坏交通工具罪

（一）概念

破坏交通工具罪是指故意破坏火车、汽车、电车、船只、航空器，危害公共安全的行为。

（二）构成

1. 罪体

行为　破坏交通工具罪的行为是破坏火车、汽车、电车、船只、航空器。这里的“破坏”，是指以拆卸、碰撞、在燃料中掺杂质等各种手段和方法破坏交通工具。

客体　破坏交通工具罪的客体是交通工具，即火车、汽车、电车、船只、航空器。

2. 罪责

破坏交通工具罪的罪责形式是故意。这里的“故意”，是指明知是破坏交通工具的行为而有意实施的主观心理状态。

（三）处罚

根据《刑法》第 116 条之规定，犯本罪，尚未造成严重后果的，处 3 年以上 10 年以下有期徒刑。《刑法》第 119 条第 1 款规定，犯本罪，造成严重后果的，处 10 年以上有期徒刑、无期徒刑或者死刑。

危险犯　犯破坏交通工具罪而尚未造成严重后果的，是本罪的危险犯。这里的“尚未造成严重后果”，是指尚未造成交通工具倾覆、毁坏的结果。构成本罪的危险犯，必须足以造成这种后果，即具有造成这种后果的危险。如果没有这种危险，则不构成本罪。

实害犯　犯破坏交通工具罪而造成严重后果的，是本罪的实害犯。这里的“造成严重后果”，是指造成交通工具倾覆、毁坏的结果。这里的“倾覆”，是指火车出轨、颠覆，汽车、电车翻车、损毁，船只翻沉，航空器坠毁等。毁坏，是指使上述交通工具受到严重破坏或者完全报废，以致不能行驶或者安全行驶。交通工具倾覆、毁坏必然致人重伤、死亡或者使公私财产遭受重大损失。

五、破坏广播电视设施、公用电信设施罪

（一）概念

破坏广播电视设施、公用电信设施罪是指破坏广播电视设施、公用电信设施，危害公共安全的行为。

（二）构成

1. 罪体

行为　破坏广播电视设施、公用电信设施罪的行为是破坏广播电视设施、公用电信设施。破坏方法是多种多样的，例如，拆卸或者毁坏广播电视设施、公用电信设施的重要部件，砸毁

机器设备，偷割电线、电缆等。根据 2004 年 12 月 30 日最高人民法院《关于审理破坏公用电信设施刑事案件具体应用法律若干问题的解释》第 1 条的规定，破坏公用电信设施的手段还包括：截断通信线路、损毁通信设备或者删除、修改、增加电信网计算机信息系统中存储、处理或者传输的数据和应用程序等。当行为人采用毁坏或者盗窃方法破坏广播电视设施、公用电信设施的时候，一行为既触犯本罪名，又触犯故意毁坏财物罪、破坏生产经营罪、盗窃罪等罪名，属于想象竞合犯，应从一重罪处断。

客体 破坏广播电视设施、公用电信设施罪的客体是正在使用中的广播电视设施、公用电信设施。这里的“广播设施”，是指发射无线电广播信号的发射台站，接收、中转电波的机器设备等；“电视设施”，是指传播新闻信息的电视发射台、转播台等；“公用电信设施”，是指用于社会公用事业的通信设备和其他公用通信设备。

2. 罪责

破坏广播电视设施、公用电信设施罪的罪责形式是故意。这里的故意，是指明知是破坏广播电视设施、公用电信设施行为而有意实施的主观心理状态。

3. 罪量

关于破坏广播电视设施、公用电信设施罪的罪量要素，刑法未作规定。但前引司法解释第 1 条规定，故意破坏正在使用的公用电信设施，具有下述情形之一的，属于危害公共安全：(1) 造成火警、匪警、医疗急救、交通事故报警、救灾、抢险、防汛等通信中断或者严重障碍，并因此贻误救助、救治、救灾、抢险等，致使人员死亡 1 人、重伤 3 人以上或者造成财产损失 30 万元以上的；(2) 造成 2 000 以上不满 1 万用户通信中断 1 小时以上，或者 1 万以上用户通信中断不满 1 小时的；(3) 在一个本地网范围内，网间通信全阻、关口局至某一局向全部中断或者网间某一业务全部中断不满 2 小时或者直接影响范围不满 5 万（用户×小时）的；(4) 造成网间通信严重障碍，一日内累计 2 小时以上不满 12 小时的；(5) 其他危害公共安全的情形。

（三）认定

1. 以故意毁坏财物罪认定的情形

前引司法解释第 3 条第 1 款规定，故意破坏正在使用的公用电信设施尚未危害公共安全，或者故意毁坏尚未投入使用的公用电信设施，造成财物损失，构成犯罪的，依照《刑法》第 275 条的规定，以故意毁坏财物罪定罪处罚。

2. 想象竞合

前引司法解释第 3 条第 2 款规定，盗窃公用电信设施同时构成盗窃罪和破坏公用电信设施罪的，依照处罚较重的规定定罪处罚。

3. 共犯

前引司法解释第 4 条规定，指使、组织、教唆他人实施破坏公用电信设施的故意犯罪行为的，按照共犯定罪处罚。

（四）处罚

根据《刑法》第 124 条第 1 款之规定，犯本罪的，处 3 年以上 7 年以下有期徒刑；造成严重后果的，处 7 年以上有期徒刑。

加重处罚事由 破坏广播电视设施、公用电信设施而造成严重后果的，是本罪的加重处罚事由。这里的“造成严重后果”，是指破坏广播电视设施、公用电信设施致使讯号或者通信中断，不能及时排除险情或者疏导群众，导致社会秩序紊乱、人员伤亡或者使公私财产遭受重大损失。根据前引司法解释第 2 条的规定，具有下列情形之一的，属于破坏公用电信设施罪的严重后果：（1）造成火警、匪警、医疗急救、交通事故报警、救灾、抢险、防汛等通信中断或者严重障碍，并因此贻误救助、救治、救灾、抢险等，致使人员死亡2人以上、重伤6人以上或者造成财产损失60万元以上的；（2）造成1万以上用户通信中断1小时以上的；（3）在一个本地网范围内，网间通信全阻、关口局至某一局向全部中断或网间某一业务全部中断2小时以上或者直接影响范围5万（用户×小时）以上的；（4）造成网间通信严重障碍，一日内累计12小时以上的；（5）造成其他严重后果的。

六、非法制造、买卖、运输、邮寄、储存枪支、弹药、爆炸物罪

（一）概念

非法制造、买卖、运输、邮寄、储存枪支、弹药、爆炸物罪是指违反国家关于枪支、弹药、爆炸物的管理规定，制造、买卖、运输、邮寄、储存枪支、弹药、爆炸物，危害公共安全的行为。

（二）构成

1. 罪体

行为　非法制造、买卖、运输、邮寄、储存枪支、弹药、爆炸物罪的行为是违反国家关于枪支、弹药、爆炸物的管理规定，制造、买卖、运输、邮寄、储存枪支、弹药、爆炸物。这里的“制造”，是指私自制作、加工、修理、改装枪支、弹药、爆炸物；“买卖”，是指私自购买或者出售枪支、弹药、爆炸物；“运输”，是指将枪支、弹药、爆炸物从此地运往彼地；“邮寄”，是指通过邮局将枪支、弹药、爆炸物寄往目的地；“储存”，是指明知是他人非法制造、买卖、运输、邮寄的枪支、弹药、爆炸物而为其存放。

客体　非法制造、买卖、运输、邮寄、储存枪支、弹药、爆炸物罪的客体是枪支、弹药、爆炸物。这里的“枪支”，根据《枪支管理法》的规定，是指以火药或者压缩气体等为动力，利用管状器具发射金属弹丸或者其他物质，足以致人伤亡或者丧失知觉的各种枪支，包括军用枪支、民用枪支、公务枪支、射击运动枪支等；“弹药”，是指各种军用枪支、民用枪支使用的子弹以及炸弹、手榴弹等；“爆炸物”，是指各种炸药、雷管等。

2. 罪责

非法制造、买卖、运输、邮寄、储存枪支、弹药、爆炸物罪的罪责形式是故意。这里的“故意”，是指明知是非法制造、买卖、运输、邮寄、储存枪支、弹药、爆炸物行为而有意实施的主观心理状态。

3. 罪量

关于非法制造、买卖、运输、邮寄、储存枪支、弹药、爆炸物罪的罪量要素，刑法未作规定。根据2001年5月15日颁布、2009年11月16日修正的最高人民法院《关于审理非法制造、买卖、运输枪支、弹药、爆炸物等刑事案件具体应用法律若干问题的解释》第1条第1款之规定，个人或者单位非法制造、买卖、运输、邮寄、储存枪支、弹药、爆炸物，具有下列情形之一的，应当定罪处罚：（1）非法制造、买卖、运输、邮寄、储存军用枪支1支以上的；（2）非法制造、买卖、运输、邮寄、储存以火药为动力发射枪弹的非军用枪支1支以上或者以压缩气体等为动力的其他非军用枪支2支以上的；（3）非法制造、买卖、运输、邮寄、储存军用子弹10发以上、气枪铅弹500发以上或者其他非军用子弹100发以上的；（4）非法制造、买卖、运输、邮寄、储存手榴弹1枚以上的；（5）非法制造、买卖、运输、邮寄、储存爆炸装置的；（6）非法制造、买卖、运输、邮寄、储存炸药、发射药、黑火药1千克以上或者烟火药3千克以上、雷管30枚以上或者导火索、导爆索30米以上的；（7）具有生产爆炸物品资格的

单位不按照规定的品种制造，或者具有销售、使用爆炸物品资格的单位超过限额买卖炸药、发射药、黑火药 10 千克以上或者烟火药 30 千克以上、雷管 300 枚以上或者导火索、导爆索 300 米以上的；（8）多次非法制造、买卖、运输、邮寄、储存弹药、爆炸物的；（9）虽未达到上述最低数量标准，但具有造成严重后果等其他恶劣情节的。

（三）认定

根据前引司法解释第 1 条第 2 款之规定，介绍买卖枪支、弹药、爆炸物的，以买卖枪支、弹药、爆炸物罪的共犯论处。这里的“介绍”，是指本人虽非卖方或者买方，但在买卖双方之间牵线搭桥，使枪支、弹药、爆炸物的买卖得以成交。

（四）处罚

《刑法》第 125 条第 1 款规定，犯本罪的，处 3 年以上 10 年以下有期徒刑；情节严重的，处 10 年以上有期徒刑、无期徒刑或者死刑。第 3 款规定，单位犯本罪的，对单位判处罚金，并对其直接负责的主管人员和其他直接责任人员，依照第 1 款的规定处罚。

加重处罚事由　非法制造、买卖、运输、邮寄、储存枪支、弹药、爆炸物而情节严重的，是本罪的加重处罚事由。这里的“情节严重”，根据前引司法解释第 2 条的规定，是指具有下列情形之一的：（1）非法制造、买卖、运输、邮寄、储存枪支、弹药、爆炸物的数量达到该解释第 1 条第 1、2、3、6、7 项规定的最低数量标准 5 倍以上的；（2）非法制造、买卖、运输、邮寄、储存手榴弹 3 枚以上的；（3）非法制造、买卖、运输、邮寄、储存爆炸装置，危害严重的；（4）达到该解释第 1 条规定的最低数量标准，并具有造成严重后果等其他恶劣情节的。前引司法解释第 7 条还规定，非法制造、买卖、运输、邮寄、储存成套枪支散件的，以相应数量的枪支计；非成套枪支散件以每 30 散件为一成套枪支散件计。

从轻或者免除处罚事由　根据前引司法解释第 9 条的规定，因筑路、建房、打井、整修宅基地和土地等正常生产、生活需要，以及因从事合法的生产经营活动而非法制造、买卖、运输、邮寄、储存爆炸物，数量达到该解释第 1 条规定标准，没有造成严重社会危害，并确有悔改表现的，可依法从轻处罚；情节轻微的，可以免除处罚。

七、交通肇事罪

（一）概念

交通肇事罪是指违反交通运输管理法规，因而发生重大事故，致人重伤、死亡或者使公私财产遭受重大损失的行为。

（二）构成

1. 罪体

主体　交通肇事罪的主体，包括从事交通运输的人员和非交通运输人员。此外，根据 2000 年 11 月 15 日最高人民法院《关于审理交通肇事刑事案件具体应用法律若干问题的解释》第 7 条之规定，单位主管人员、机动车辆所有人或者机动车辆承包人指使、强令他人违章驾驶造成重大交通事故的，也可以成为本罪的主体。

行为　交通肇事罪的行为是违反交通运输管理法规，因而发生重大事故。这里的“交通运输”，是指公路、航运和城市机动车辆的交通运输；“违反交通运输管理法规”，是指违反国家有关交通运输管理的法律规定和国家有关主管部门制定的有关交通运输安全的规章；“重大事故”，是指撞车、沉船、翻车、人员伤亡或者公私财产损失。在违反规章制度与重大事故之间存在因果关系。

客体　交通肇事罪的客体是人身和财产。

结果 交通肇事罪的结果是致人重伤、死亡或者使公私财产遭受重大损失。由于交通肇事罪包含过失致人重伤、过失致人死亡的内容，因而在本罪与过失致人重伤罪、过失致人死亡罪之间存在整体法与部分法的法条竞合关系。

关于交通肇事罪的结果，根据前引司法解释第2条的规定，交通肇事罪的致人重伤、死亡或者使公私财产遭受重大损失是指具有下列情形之一：(1) 死亡1人或者重伤3人以上，负事故全部或者主要责任的；(2) 死亡3人以上，负事故同等责任的；(3) 造成公共财产或者他人财产直接损失，负事故全部或者主要责任，无能力赔偿数额在30万元以上的。交通肇事致1人以上重伤，负事故全部或者主要责任，并具有下列情形之一的，以交通肇事罪定罪处罚：(1) 酒后、吸食毒品后驾驶机动车辆的；(2) 无驾驶资格驾驶机动车辆的；(3) 明知是安全装置不全或者安全机件失灵的机动车辆而驾驶的；(4) 明知是无牌证或者已报废的机动车辆而驾驶的；(5) 严重超载的；(6) 为逃避法律追究逃离事故现场的。

2. 罪责

交通肇事罪的罪责形式是过失。这里的“过失”，是指应当预见到违反规章制度的行为可能发生重大事故，致人重伤、死亡或者使公私财产遭受重大损失的结果，因为疏忽大意而没有预见，或者已经预见而轻信能够避免，以致发生这种结果的主观心理状态。

（三）认定

前引司法解释第6条规定：“行为人在交通肇事后为逃避法律追究，将被害人带离事故现场后隐藏或者遗弃，致使被害人无法得到救助而死亡或者严重残疾的，应当分别依照刑法第二百三十二条、第二百三十四条第二款的规定，以故意杀人罪或者故意伤害罪定罪处罚。”根据这一规定，交通肇事罪转化为故意杀人罪、故意伤害罪必须具备以下三个条件：(1) 主观目的是逃避法律追究。但对被害人的死亡或者重伤结果，行为人是具有犯罪故意的，即希望或者放任这种结果发生。(2) 客观行为是将被害人带离事故现场后隐藏或者遗弃。这里的“隐藏”，是指藏匿在杂草丛中等不易被人发现的处所；“遗弃”，是指丢弃在偏僻之处。由于上述两种行为而使被害人无法获得救助。(3) 客观上存在致人死亡或者严重残疾的结果。在具备上述3个条件的情况下，对行为人应以故意杀人罪、故意伤害罪定罪处罚。

（四）处罚

根据《刑法》第133条之规定，犯本罪的，处3年以下有期徒刑或者拘役；交通运输肇事后逃逸或者有其他特别恶劣情节的，处3年以上7年以下有期徒刑；因逃逸致人死亡的，处7年以上有期徒刑。

加重处罚事由 交通运输肇事后逃逸或者有其他特别恶劣情节的，是本罪的加重处罚事由。这里的“交通运输肇事后逃逸”，是指行为人具有前引司法解释第2条第1款和第2款第1～5项规定的情形之一，在发生交通事故后，为逃避法律追究而逃跑的行为；“其他特别恶劣情节”，根据前引司法解释第4条的规定，是指具有下列情形之一：(1) 死亡2人以上或者重伤5人以上，负事故全部或者主要责任的；(2) 死亡6人以上，负事故同等责任的；(3) 造成公共财产或者他人财产直接损失，负事故全部或者主要责任，无能力赔偿数额在60万元以上的。

特别加重处罚事由 交通肇事后因逃逸致人死亡的，是本罪的特别加重处罚事由。根据前引司法解释第5条第1款之规定，这里的“因逃逸致人死亡”，是指行为人在交通肇事后为逃避法律追究而逃跑，致使被害人因得不到救助而死亡的情形。在我国刑法学界，对于逃逸致人死亡，行为人主观上是过失，还是也包括故意，至少是间接故意，存在争议。我认为，逃逸致人死亡是交通肇事罪的加重处罚事由，无须考虑对于致人死亡是过失还是故意，只要客观上由于行为人的逃逸行为而造成了他人死亡的结果，就应加重其刑。前引司法解释第5条第2款还规定："交通肇事后，单位主管人员、机动车辆所有人、承包人或者乘车人指使肇事人逃逸，致使被害人因得不到救助而死亡的，以交通肇事罪的共犯论处。"如何理解这里的"以交通肇事罪的共犯论处"，是刑法理论上的一个难题。交通肇事罪是过失犯罪，按照我国刑法规定，过失犯罪不存在共同犯罪的问题。前引司法解释的制定者认为："不可否认，司机肇事引发交通事故是过失的，对肇事行为不存在按照共犯处罚的问题。但是，鉴于《刑法》第一百三十三条将这种故意实施的行为规定为交通肇事罪加重处罚的情节，而且在肇事后逃逸的问题上，肇事人主观上是故意的，其他人指使其逃逸，具有共同的故意，而且逃逸行为与被害人死亡具有因果关系，符合共犯的构成条件。"① 在刑法理论上，交通肇事后逃逸的共犯能否等同于交通肇事的共犯，仍然是一个值得研究的问题。

八、危险驾驶罪

（一）概念

危险驾驶罪是指在道路上驾驶机动车追逐竞驶，情节恶劣；或者醉酒驾驶机动车；或者从事校车业务或者旅客运输，严重超过额定乘员载客，或者严重超过规定时速行驶；或者违反危险化学品安全管理规定运输危险化学品，危及公共安全的行为。

（二）构成

1. 罪体

行为 危险驾驶罪的行为具有以下四种情形。

（1）追逐竞驶

追逐竞驶，也就是通常所说的飙车，是指以同行的其他车辆为竞争目标，追逐行驶。追逐竞驶既可以是单一车辆以计时形式进行行驶，也可以是若干车辆在同时行进中互相追赶。

（2）醉酒驾驶

醉酒驾驶是指在醉酒状态中驾驶机动车。这里的"醉酒"是指车辆驾驶人员血液中的酒精含量大于或者等于80mg/100ml。

（3）超额驾驶或超速行驶

超额驾驶或超速行驶是指从事校车业务或者旅客运输，严重超过额定乘员载客，或者严重超过规定时速行驶。

（4）违规运输危险化学品

违规运输危险化学品是指违反危险化学品安全管理规定运输危险化学品，危及公共安全。

犯罪地点 危险驾驶罪的犯罪地点是在道路上。根据《道路交通安全法》第119条的规定，这里的"道路"是指公路、城市道路和虽在单位管辖范围但允许社会机动车通行的地方，包括广场、公共停车场等用于公众通行的场所。因此，在上述以外的地方实施危险驾驶行为的，不构成本罪。

2. 罪责

危险驾驶罪的罪责形式是故意。这里的"故意"，是指明知是危险驾驶行为而有意实施的主观心理状态。

3. 罪量

根据刑法规定，追逐竞驶，情节恶劣的才构成犯罪；醉酒驾驶，则没有情节上的要求，一

① 最高人民法院研究室：《2000—2001年司法解释及其理解与适用》，167页，北京，法律出版社，2002。

经查获，即构成本罪。追逐竞驶的情节恶劣，应从追逐竞驶的危害程度以及造成的危害后果等方面进行认定，例如，追逐竞驶是否超过限定时速以及超过限定时速的幅度、追逐竞驶的车辆数量、追逐竞驶是否在繁忙的道路上等。

（三）认定

1. 本罪与交通肇事罪的区分

本罪与交通肇事罪是两个不同的犯罪：本罪是行为犯，交通肇事罪是结果犯；本罪为故意犯，交通肇事罪是过失犯。在通常情况下，犯本罪未必一定造成交通肇事后果，但在某些情况下，犯本罪也可能造成交通肇事后果，在这种情况下，发生了本罪与交通肇事罪的竞合。《刑法》第 133 条之一第 3 款规定："有前两款行为，同时构成其他犯罪的，依照处罚较重的规定定罪处罚。"本罪与交通肇事罪相比，交通肇事罪处罚较重。因此，在本罪与交通肇事罪竞合的情况下，应当依照《刑法》第 133 条的规定，以交通肇事罪定罪处罚，而行为人醉酒驾驶或者追逐竞驶的行为，应当作为量刑情节予以考虑。

2. 本罪与以危险方法危害公共安全罪的区分

本罪与以危险方法危害公共安全罪的关系较为复杂。根据我国刑法的规定，以危险方法危害公共安全罪可以分为两种情形：一是《刑法》第 114 条规定的是以危险方法危害公共安全罪的危险犯，二是《刑法》第 115 条规定的是以危险方法危害公共安全罪的实害犯。就本罪与以危险方法危害公共安全罪的关系而言，危险驾驶并不属于以危险方法危害公共安全罪的危险方法，否则，在刑法设立危险驾驶罪之前，对危险驾驶行为就可以按照以危险方法危害公共安全罪论处。但是，如果行为人危险驾驶故意冲撞他人，例如在醉酒状态下驾车故意冲撞他人，尤其是对人群进行冲撞，那么即使没有造成重伤、死亡的重大后果，也应当认定为以危险方法危害公共安全罪的危险犯；如果造成重伤、死亡的重大后果，则应当认定为以危险方法危害公共安全罪的实害犯。

此外，2009 年最高人民法院《关于醉酒驾车犯罪法律适用问题的意见》规定："行为人明知酒后驾车违法、醉酒驾车会危害公共安全，却无视法律醉酒驾车，特别是在肇事后继续驾车冲撞，造成重大伤亡，说明行为人主观上对持续发生的危害结果持放任态度，具有危害公共安全的故意。对此类醉酒驾车造成重大伤亡的，应依法以以危险方法危害公共安全罪定罪。"上述情形，是指行为人酒后驾车，甚至醉酒驾车，发生交通事故以后，连续冲撞造成重大伤亡。因此，这是从危险驾驶、交通肇事转化为以危险方法危害公共安全罪。应当注意，《刑法》第 115 条规定的以危险方法危害公共安全罪最高可判处死刑，属于严重犯罪，入罪时必须严格把握，对于被认定为以危险方法危害公共安全罪的行为人，应当适当量刑，罚当其罪。我认为，在入罪的时候，主要应当把握的是发生交通事故以后，连续冲撞造成重大伤亡。这一连续冲撞才是以危险方法危害公共安全罪的行为，也是认定以危险方法危害公共安全罪的关键。

3. 追逐竞驶与醉酒驾驶的竞合

追逐竞驶与醉酒驾驶是危险驾驶罪的两种行为。如果行为人在醉酒状态下进行追逐竞驶，则同时具备追逐竞驶与醉酒驾驶这两种行为，对此不能实行数罪并罚，而是以一罪论，从重处罚。

（四）处罚

根据《刑法》第 133 条之一［《刑法修正案（八）》第 22 条］第 1 款之规定，犯本罪的，处拘役，并处罚金。

九、重大责任事故罪

（一）概念

重大责任事故罪是指在生产、作业中违反有关安全管理的规定，因而发生重大伤亡事故或者造成其他严重后果的行为。

（二）构成

1. 罪体

主体 重大责任事故罪的主体是生产、作业人员。根据2015年12月14日最高人民法院、最高人民检察院《关于办理危害生产安全刑事案件适用法律若干问题的解释》第1条的规定，本罪的主体包括对生产、作业负有组织、指挥或者管理职责的负责人、管理人员、实际控制人、投资人等人员，以及直接从事生产、作业的人员。

行为 重大责任事故罪的行为是违反有关安全管理规定。这里的“安全管理规定”主要是指以下3种情形：(1) 国家颁布的各种有关安全生产的法律、法规等规范性文件。(2) 企业、事业单位及其上级管理机关制定的反映安全生产客观规律的各种规章制度，包括工艺技术、生产操作、技术监督、劳动保护、安全管理等方面的规程、规则、章程、条例、办法和制度。(3) 虽无明文规定，但反映生产、科研、设计、施工的安全操作客观规律和要求，在生产实践中为职工所公认的行之有效的操作习惯和惯例等。

客体 重大责任事故罪的客体是人身和财产。

结果 重大责任事故罪的结果是发生重大伤亡事故或者造成其他严重后果。这里的“发生重大伤亡事故或者造成其他严重后果”，根据前引司法解释第6条第1款的规定，是指具有下列情形之一：(1) 造成死亡1人以上，或者重伤3人以上的；(2) 造成直接经济损失100万元以上的；(3) 其他造成严重后果或者重大安全事故的情形。

2. 罪责

重大责任事故罪的罪责形式是过失。这里的过失，是指应当预见到自己的行为可能发生重大伤亡事故或者造成其他严重后果，因为疏忽大意而没有预见，或者已经预见而轻信能够避免，以致发生这种结果的主观心理状态。

（三）处罚

根据《刑法》第134条［《刑法修正案（六）》第1条］第1款之规定，犯本罪的，处3年以下有期徒刑或者拘役；情节特别恶劣的，处3年以上7年以下有期徒刑。

加重处罚事由 犯重大责任事故罪而情节特别恶劣的，是本罪的加重处罚事由。这里的“情节特别恶劣”，根据前引司法解释第7条第1款的规定，是指具有下列情形之一：(1) 造成死亡3人以上或者重伤10人以上，负事故主要责任的；(2) 造成直接经济损失500万元以上，负事故主要责任的；(3) 其他造成特别严重后果、情节特别恶劣或者后果特别严重的情形。

十、强令违章冒险作业罪

（一）概念

强令违章冒险作业罪是指强令他人违章冒险作业，因而发生重大伤亡事故或者造成其他严重后果的行为。

（二）构成

1. 罪体

主体 关于强令违章冒险作业罪的主体，《刑法修正案（六）》并无特别规定。但参照2015

年 12 月 14 日最高人民法院、最高人民检察院《关于办理危害生产安全刑事案件适用法律若干问题的解释》第 2 条的规定，本罪的主体包括对生产、作业负有组织、指挥或者管理职责的负责人、管理人员、实际控制人、投资人等人员。

行为　强令违章冒险作业罪的行为是强令他人违章冒险作业。根据前引司法解释第 5 条的规定，明知存在事故隐患、继续作业存在危险，仍然违反有关安全管理的规定，实施下列行为之一的，应当认定为强令他人违章冒险作业：(1) 利用组织、指挥、管理职权，强制他人违章作业的；(2) 采取威逼、胁迫、恐吓等手段，强制他人违章作业的；(3) 故意掩盖事故隐患，组织他人违章作业的；(4) 其他强令他人违章作业的行为。

客体　强令违章冒险作业罪的客体是人身和财产。

结果　强令违章冒险作业罪的结果是发生重大伤亡事故或者造成其他严重后果。根据前引司法解释第 6 条的规定，发生生产安全事故，具有下列情形之一的，应当认定为重大伤亡事故或者其他严重后果：(1) 造成死亡 1 人以上，或者重伤 3 人以上的；(2) 造成直接经济损失 100 万元以上的；(3) 其他造成严重后果或者重大安全事故的情形。

2. 罪责

强令违章冒险作业罪的罪责形式是过失。这里的“过失”，是指应当预见到自己的行为可能发生重大伤亡事故或者造成其他严重后果，因为疏忽大意而没有预见，或者已经预见而轻信能够避免，以致发生这种结果的主观心理状态。尤其应当指出，强令违章冒险作业行为本身是故意，但对于发生重大伤亡事故或者造成其他严重后果，则是出于过失心理。由于对发生事故的危险已经有所预见，本罪大多是出于过于自信的过失。

（三）处罚

根据《刑法》第 134 条［《刑法修正案（六）》第 1 条］第 2 款的规定，犯本罪的，处 5 年以下有期徒刑或者拘役；情节特别恶劣的，处 5 年以上有期徒刑。

加重处罚事由　犯强令违章冒险作业罪而情节特别恶劣的，是本罪的加重处罚事由。这里的“情节特别恶劣”，根据前引司法解释第 7 条第 2 款的规定，是指具有下列情形之一：(1) 造成死亡 3 人以上或者重伤 10 人以上，负事故重要责任的；(2) 造成直接经济损失 500 万元以上，负事故重要责任的；(3) 其他造成特别严重后果、情节特别恶劣或者后果特别严重的情形。

第2章　破坏社会主义市场经济秩序罪

一、生产、销售伪劣产品罪

（一）概念

生产、销售伪劣产品罪是指生产者、销售者故意在产品中掺杂、掺假，以假充真，以次充好或者以不合格产品冒充合格产品，销售金额在5万元以上的行为。

（二）构成

1. 罪体

行为　生产、销售伪劣产品罪的行为是在产品中掺杂、掺假，以次充好或者以不合格产品冒充合格产品。因此，生产、销售伪劣产品行为具有以下四种表现形式：（1）掺杂、掺假，是指在产品中掺入杂质或者异物，致使产品质量不符合国家法律、法规或者产品明示质量标准规定的质量要求，降低、失去应有使用性能的行为。（2）以假充真，是指以不具有某种使用性能的产品冒充具有该种使用性能的产品的行为。（3）以次充好，是指以低等级、低档次产品冒充高等级、高档次产品，或者以残次、废旧零配件组合、拼装后冒充正品或者新产品的行为。（4）以不合格产品冒充合格产品，是指不符合《产品质量法》第26条第2款规定的质量要求的产品。

客体　生产、销售伪劣产品罪的客体是伪劣产品。这里的“伪劣产品”，是指违反国家关于产品质量的法律规定，质量低劣或者失去使用价值的产品。根据《产品质量法》的规定，伪劣产品主要包括：（1）不符合保障人体健康，人身、财产安全的国家标准、行业标准的产品；（2）掺杂、掺假，以假充真，以次充好的产品；（3）不合格的产品；（4）失效、变质的产品。

2. 罪责

生产、销售伪劣产品罪的罪责形式是故意。这里的故意，是指明知是伪劣产品而予以生产、销售的主观心理状态。

3. 罪量

生产、销售伪劣产品罪的罪量要素是销售金额5万元以上。这里的“销售金额”，是指生产者、销售者出售伪劣产品后所得和应得的全部违法收入。2001年4月9日最高人民法院、最高人民检察院《关于办理生产、销售伪劣商品刑事案件具体应用法律若干问题的解释》规定：多次实施生产、销售伪劣产品行为，未经处理的，伪劣产品的销售金额累计计算。

（三）认定

1. 生产、销售特殊伪劣产品按本罪论处的情形

某些生产、销售特殊伪劣产品的犯罪将对人体健康造成严重危害规定为犯罪的构成要件，因此，对于生产、销售特殊伪劣产品但又不构成这些特定犯罪的，如果销售金额在5万元以上，应以生产、销售伪劣产品罪论处。对此，《刑法》第149条第1款规定：“生产、销售本节第一百四十一条至第一百四十八条所列产品，不构成各该条规定的犯罪，但是销售金额在五万

元以上的，依照本节第一百四十条的规定定罪处罚。”

2. 生产、销售伪劣产品罪的法条竞合

生产、销售伪劣产品罪与生产、销售特殊伪劣产品犯罪之间是一般犯罪与特殊犯罪的关系，两者之间存在着普通法与特别法的法条竞合关系，在一般情况下，应按照特别法优于普通法的原则以特殊犯罪论处，但在普通法处刑重而特殊法处刑轻的情况下，应按照重法优于轻法的原则以普通犯罪论处。对此，《刑法》第 149 条第 2 款规定：“生产、销售本节第一百四十一条至第一百四十八条所列产品，构成各该条规定的犯罪，同时又构成本节第一百四十条规定之罪的，依照处罚较重的规定定罪处罚。”

3. 生产、销售伪劣产品罪的未遂

前引司法解释第 2 条第 2 款规定：“伪劣产品尚未销售，货值金额达到刑法第一百四十条规定的销售金额三倍以上的，以生产、销售伪劣产品罪（未遂）定罪处罚。”由此可见，销售金额是指犯罪既遂以后非法获得的销售数额，包括生产、销售伪劣产品的成本和利润。但生产、销售伪劣产品罪以销售金额作为罪量要素，并非意味着本罪没有犯罪未遂。根据前引司法解释的规定，尚未销售的伪劣产品货值金额达到《刑法》第 140 条规定的销售金额 3 倍以上的，应以本罪的未遂定罪处罚。这里的“货值金额”应如何计算？根据前引司法解释的规定，应以违法生产、销售的伪劣产品的标价计算；没有标价的，按照同类合格产品的市场中间价格计算。货值金额难以确定的，按照国家计划委员会、最高人民法院、最高人民检察院、公安部 1997 年 4 月 22 日联合发布的《扣押、追缴、没收物品估价管理办法》的规定，委托指定的估价机构确定。

4. 生产、销售伪劣产品罪的共犯

前引司法解释第 9 条规定：“知道或者应当知道他人实施生产、销售伪劣商品犯罪，而为其提供贷款、资金、账号、发票、证明、许可证件，或者提供生产、经营场所或者运输、仓储、保管、邮寄等便利条件，或者提供制假生产技术的，以生产、销售伪劣商品犯罪的共犯论处。”这里的“共犯”，主要是生产、销售伪劣产品罪的帮助犯。根据这一规定，帮助犯主观上对于他人实施生产、销售伪劣商品犯罪，是知道或者应当知道的；客观上为他人生产、销售伪劣商品提供了各种便利条件。

5. 生产、销售伪劣产品罪的想象竞合犯与牵连犯

前引司法解释第 10 条规定：“实施生产、销售伪劣商品犯罪，同时构成侵犯知识产权、非法经营等其他犯罪的，依照处罚较重的规定定罪处罚。”这是关于生产、销售伪劣产品罪与其他犯罪的想象竞合犯与牵连犯的规定。例如，生产、销售伪劣卷烟，卷烟是专卖物品，因此，一行为同时触犯生产、销售伪劣产品罪和非法经营罪，是想象竞合犯。又如，生产、销售假冒他人注册商标的伪劣产品，存在两个行为，一是生产、销售伪劣产品行为，二是假冒他人注册商标行为，两个犯罪行为之间存在牵连关系，是牵连犯。

（四）处罚

根据《刑法》第 140 条之规定，犯本罪，销售金额 5 万元以上不满 20 万元的，处 2 年以下有期徒刑或者拘役，并处或者单处销售金额 50%以上 2 倍以下罚金；销售金额 20 万元以上不满 50 万元的，处 2 年以上 7 年以下有期徒刑，并处销售金额 50%以上 2 倍以下罚金；销售金额 50 万元以上不满 200 万元的，处 7 年以上有期徒刑，并处销售金额 50%以上 2 倍以下罚金；销售金额 200 万元以上的，处 15 年有期徒刑或者无期徒刑，并处销售金额 50%以上 2 倍以下罚金或者没收财产。《刑法》第 150 条规定，单位犯本罪的，对单位判处罚金，并对其直接负责的主管人员和其他直接责任人员，依照个人犯罪的规定处罚。

从重处罚事由 前引司法解释第12条规定："国家机关工作人员参与生产、销售伪劣商品犯罪的，从重处罚。"这是生产、销售伪劣产品罪的从重处罚事由。

数罪并罚 前引司法解释第11条规定："实施刑法第一百四十条至第一百四十八条规定的犯罪，又以暴力、威胁方法抗拒查处，构成其他犯罪的，依照数罪并罚的规定处罚。"因此，以暴力、威胁方法抗拒查处生产、销售伪劣产品的，应构成数罪，即生产、销售伪劣产品罪和妨害公务罪。

二、走私普通货物、物品罪

（一）概念

走私普通货物、物品罪是指违反海关法规，逃避海关监管，运输、携带、邮寄普通货物、物品进出国（边）境，偷逃应缴关税税额较大的行为。

（二）构成

1. 罪体

行为 走私普通货物、物品罪的行为是非法运输、携带、邮寄普通货物、物品进出国（边）境，偷逃应缴关税。

除一般的走私普通货物、物品行为以外，我国《刑法》第154条和第155条还规定了以下两种特殊的走私普通货物、物品的行为。

（1）变相走私行为

根据《刑法》第154条的规定，下列走私行为，根据《刑法》第三章第二节规定构成犯罪的，依照《刑法》第153条的规定定罪处罚：1）未经海关许可并且未补缴应缴税额，擅自将批准进口的来料加工、来件装配、补偿贸易的原材料、零件、制成品、设备等保税货物，在境内销售牟利的。这里的"保税货物"，是指经海关批准，未办理纳税手续进境，在境内储存、加工、装配后应予复运出境的货物。保税货物包括通过加工贸易、补偿贸易等方式进口的货物，以及在保税仓库、保税工厂、保税区或者免税商店内等储存、加工、寄售的货物。根据2000年最高人民检察院《关于擅自销售进料加工保税货物的行为法律适用问题的解释》之规定，经海关批准进口的进料加工的货物也属于保税货物。这里的"销售牟利"，根据2002年最高人民法院、最高人民检察院、海关总署《办理走私刑事案件适用法律若干问题的意见》（以下简称《走私案件意见》）第13条的规定，是指行为人主观上为了牟取非法利益而擅自销售海关监管的保税货物、特定减免税货物。实际获利与否或者获利多少并不影响其定罪。2）未经海关许可并且未补缴应缴税额，擅自将特定减税、免税进口的货物、物品，在境内销售牟利的。上述两种走私行为是特殊的走私行为，其不同于一般走私行为的特征在于：一般走私行为是从境外走私到境内，而上述两种特殊走私行为则是走私物品在走私前已经在境内。但它们与一般走私行为具有相同之处，这就是偷逃应缴税额。这里的"应缴税额"，是指进出口货物、物品应当缴纳的进出口关税和进口环节海关代征税的税额。同条第2款还规定，走私货物、物品所偷逃的应缴税额，应当以走私行为案发时适用的税则、税率、汇率和海关审定的完税价格计算，并以海关出具的证明为准。除上述刑法规定以外，《走私案件意见》还规定下列两种情形也应依照《刑法》第153条定罪处罚：1）利用购买的加工贸易登记手册、特定减免税批文等涉税单证进口货物。这里的"加工贸易登记手册、特定减免税批文等涉税单证"，是指海关根据国家法律、法规以及有关政策性规定，给予特定企业用于保税货物经营管理和减免税优惠待遇的凭证。根据《走私案件意见》第9条的规定，利用购买的加工贸易登记手册、特定减免税批文等涉税单证进口货物，实质是将一般贸易货物伪报为加工贸易保税货物或者特定减免税货物进口，以达到偷逃应缴税款的目的，应当适用《刑法》第 153 条以走私普通货物、物品罪定罪处罚。2）在加工贸易活动中骗取海关核销。根据《走私案件意见》第 10 条的规定，在加工贸易经营活动中，以假出口、假结转或者利用虚假单证等方式骗取海关核销，致使保税货物、物品脱离海关监管，造成国家税款流失，情节严重的，依照《刑法》第 153 条的规定，以走私普通货物、物品罪追究刑事责任。

（2）间接走私行为

间接走私行为是指《刑法》第 155 条［《刑法修正案（四）》第 3 条］第 1 项和第 2 项规定的两种走私行为，即 1）直接向走私人非法收购国家禁止进口物品，或者直接向走私人非法收购走私进口的其他货物、物品，数额较大的；2）在内海、领海、界河、界湖运输、收购、贩卖国家禁止出口物品，或者运输、收购、贩卖国家限制进出口货物、物品，数额较大，没有合法证明的。应当指出，间接走私并非独立罪名，而应根据走私客体的种类分别以《刑法》分则第三章第二节规定的走私罪论处。

客体　走私普通货物、物品罪的客体是普通货物、物品。这里的“普通货物、物品”，是指《刑法》第 151 条、第 152 条、第 347 条规定以外的货物、物品。例如，走私国家禁止出口的黄金，《刑法》第 151 条第 2 款已经规定为走私贵重金属罪，因而国家禁止出口的黄金不属于普通货物、物品。而走私国家允许进口的黄金，《刑法》第 151 条第 2 款并未规定为犯罪，走私该类物品且偷逃关税，符合走私普通货物、物品罪的特征，因此，国家允许进口的黄金，属于普通货物、物品。此外，根据《走私案件意见》第 8 条的规定，已被国家明令禁止进出口的货物、物品，例如旧汽车、切割车、侵犯知识产权的货物、来自疫区的动植物及其产品等，也可以成为本罪的客体。

2. 罪责

走私普通货物、物品罪的罪责形式是故意。这里的故意，是指明知是走私普通货物、物品的行为而有意实施的主观心理状态。走私主观故意中的明知，是指行为人知道或者应当知道所从事的行为是走私行为。具有以下情形之一的，可以认定为明知，但有证据证明确属被蒙骗的除外：（1）逃避海关监管，运输、携带、邮寄国家禁止进出境的货物、物品的；（2）用特制的设备或者运输工具走私货物、物品的；（3）未经海关同意，在非设关的码头、海（河）岸、陆路边境等地点，运输（驳载）、收购或者贩卖非法进出境货物、物品的；（4）提供虚假的合同、发票、证明等商业单证委托他人办理通关手续的；（5）以明显低于货物正常进（出）口的应缴税额委托他人代理进（出）口业务的；（6）曾因同一种走私行为受过刑事处罚或者行政处罚的；（7）其他有证据证明的情形。这里还存在一个对走私的特定对象是否需要明知的问题。对此，《走私案件意见》第 6 条规定，走私犯罪嫌疑人主观上具有走私犯罪故意，但其走私的具体对象不明确的，不影响走私犯罪的构成，应当根据实际的走私对象定罪处罚。但是，确有证据证明行为人因受蒙骗而对走私对象发生认识错误的，可以从轻处罚。根据这一司法解释，走私故意中的明知，并不要求对特定对象的明知，而应依实际走私的内容定罪。从刑法理论上来说，发生对象认识错误的，在不同罪名之间，应依行为人之所知定罪。

3. 罪量

走私普通货物、物品罪的罪量要素是走私普通货物、物品偷逃应缴税额在 5 万元以上。不满上述数额的，应以一般海关违法行为论处。

（三）认定

1. 走私普通货物、物品时隐匿违禁货物、物品行为的处理

在司法实践中，往往存在着在走私普通货物、物品过程中，隐匿《刑法》第 151 条、第

152 条、第 347 条、第 350 条规定的各种违禁货物、物品的情形。在这种情况下，构成犯罪的，以实际走私的货物、物品定罪处罚；构成数罪的，实行数罪并罚。

2. 走私经许可进口的国家限制进口的可用作原料的废物行为的处理

经许可进口国家限制进口的可用作原料的废物时，偷逃应缴税额，构成犯罪的，应当依照《刑法》第 153 条规定，按走私普通货物罪定罪处罚；既未经许可，又偷逃应缴税款，同时构成走私废物罪和走私普通货物罪的，应当按照刑法处罚较重的规定定罪处罚。虽经许可，但超过许可数量进口国家限制进口的可用作原料的废物，超过部分以未经许可论。

3. 走私罪的共犯

《刑法》第 156 条规定："与走私罪犯通谋，为其提供贷款、资金、账号、发票、证明，或者为其提供运输、保管、邮寄或者其他方便的，以走私罪的共犯论处。"在上述情况下，为走私罪犯提供方便的，是走私罪的帮助犯，系从犯。这里的"通谋"，是指犯罪行为人之间事先或者事中形成的共同的走私故意。下列情形可以认定为通谋：(1) 对明知他人从事走私活动而同意为其提供贷款、资金、账号、发票、证明、海关单证，提供运输、保管、邮寄或者其他方便的；(2) 多次为同一走私犯罪分子的走私行为提供前项帮助的。

（四）处罚

根据《刑法》第 153 条第 1 款［《刑法修正案（八）》第 27 条］之规定，犯本罪的，根据情节轻重，分别依照下列规定处罚：(1) 走私货物、物品偷逃应缴税额较大或者 1 年内曾因走私被给予 2 次行政处罚后又走私的，处 3 年以下有期徒刑或者拘役，并处偷逃应缴税额 1 倍以上 5 倍以下罚金。(2) 走私货物、物品偷逃应缴税额巨大或者有其他严重情节的，处 3 年以上 10 年以下有期徒刑，并处偷逃应缴税额 1 倍以上 5 倍以下罚金。(3) 走私货物、物品偷逃应缴税额特别巨大或者有其他特别严重情节的，处 10 年以上有期徒刑或者无期徒刑，并处偷逃应缴税额 1 倍以上 5 倍以下罚金或者没收财产。《刑法》第 153 条第 2 款规定，单位犯本罪的，对单位判处罚金，并对其直接负责的主管人员和其他直接责任人员，处 3 年以下有期徒刑或者拘役；情节严重的，处 3 年以上 10 年以下有期徒刑；情节特别严重的，处 10 年以上有期徒刑。《刑法》第 153 条第 3 款规定，对多次走私未经处理的，按照累计走私货物、物品的偷逃应缴税额处罚。这里的"多次走私未经处理"，是指多次走私未经行政处罚处理。

从重处罚事由 犯走私普通货物、物品罪而武装掩护走私的，依照《刑法》第 151 条第 1 款、第 4 款的规定从重处罚，即以本罪定罪，但援引《刑法》第 151 条第 1 款、第 4 款的法定刑从重处罚。

数罪并罚 《刑法》第 157 条第 2 款规定："以暴力、威胁方法抗拒缉私的，以走私罪和本法第二百七十七条规定的阻碍国家机关工作人员依法执行职务罪，依照数罪并罚的规定处罚。"根据这一规定，对于走私罪与妨害公务罪构成的牵连犯，应实行数罪并罚。

三、非法经营同类营业罪

（一）概念

非法经营同类营业罪是指国有公司、企业的董事、经理利用职务便利，自己经营或者为他人经营与其所任职公司、企业同类的营业，获取非法利益，数额巨大的行为。

（二）构成

1. 罪体

主体 非法经营同类营业罪的主体是国有公司、企业的董事、经理。

行为 非法经营同类营业罪的行为是利用职务便利，自己经营或者为他人经营与其所任职公司、企业同类的营业，获取非法经济利益。这里的“自己经营”，是指自己出资进行经营，包括独自经营和参股经营；“为他人经营”，是指自己并不出资，而是受雇或者受委托在他人出资时任职为其进行经营。这里的“同类营业”，是指生产、销售同一商品或者具有其他同一性质的营业。

2. 罪责

非法经营同类营业罪的罪责形式是故意。这里的故意，是指明知是非法经营同类营业的行为而有意实施的主观心理状态。

3. 罪量

非法经营同类营业罪的罪量要素是数额巨大。参照 2010 年最高人民检察院、公安部《关于公安机关管辖的刑事案件立案追诉标准的规定（二）》[以下简称《立案追诉标准（二）》] 第 12 条，这里的“数额巨大”是指获取非法利益，数额在 10 万元以上。

（三）处罚

根据《刑法》第 165 条之规定，犯本罪的，处 3 年以下有期徒刑或者拘役，并处或者单处罚金；数额特别巨大的，处 3 年以上 7 年以下有期徒刑，并处罚金。

加重处罚事由 犯非法经营同类营业罪且数额特别巨大的，是本罪的加重处罚事由。

四、为亲友非法牟利罪

（一）概念

为亲友非法牟利罪是指国有公司、企业、事业单位的工作人员，利用职务便利，为亲友非法牟利，使国家利益遭受重大损失的行为。

（二）构成

1. 罪体

主体 为亲友非法牟利罪的主体是国有公司、企业、事业单位的工作人员。

行为 为亲友非法牟利罪的行为是利用职务便利，具有下列情形之一的：(1) 将本单位的盈利业务交由自己的亲友进行经营。(2) 以明显高于市场的价格向自己的亲友经营管理的单位采购商品或者以明显低于市场的价格向自己的亲友经营管理的单位销售商品。(3) 向自己的亲友经营管理的单位采购不合格商品。

客体 为亲友非法牟利罪的客体是亲友。这里的“亲友”，从文字上解释是指亲朋好友。

2. 罪责

为亲友非法牟利罪的罪责形式是故意。这里的故意，是指明知是利用职务便利为亲友非法牟利的行为而有意实施的主观心理状态。

3. 罪量

为亲友非法牟利罪的罪量要素是使国家利益遭受重大损失。这里的“使国家利益遭受重大损失”，参照《立案追诉标准（二）》第 13 条的规定，是指具有下列情形之一：(1) 造成国家直接经济损失数额在 10 万元以上的；(2) 使其亲友非法获利数额在 20 万元以上的；(3) 造成有关单位破产，停业、停产 6 个月以上，或者被吊销许可证和营业执照、责令关闭、撤销、解散的；(4) 其他致使国家利益遭受重大损失的情形。

（三）处罚

根据《刑法》第 166 条之规定，犯本罪的，处 3 年以下有期徒刑或者拘役，并处或者单处罚金；致使国家利益遭受特别重大损失的，处 3 年以上 7 年以下有期徒刑，并处罚金。

加重处罚事由 犯为亲友非法牟利罪而致使国家利益遭受特别重大损失的，是本罪的加重处罚事由。

五、骗取贷款、票据承兑、金融票证罪

（一）概念

骗取贷款、票据承兑、金融票证罪是指以欺骗手段取得银行或者其他金融机构贷款、票据承兑、信用证、保函等，给银行或者其他金融机构造成重大损失或者有其他严重情节的行为。

（二）构成

1. 罪体

行为 骗取贷款、票据承兑、金融票证罪的行为是以欺骗手段取得银行或者其他金融机构贷款、票据承兑、信用证、保函等。这里的欺骗手段是指在申请贷款、票据承兑、信用证、保函等的时候，故意虚假陈述，欺骗银行或者其他金融机构。

客体 骗取贷款、票据承兑、金融票证罪的客体是贷款、票据、信用证、保函等。

结果 骗取贷款、票据承兑、金融票证罪的结果是给银行或者其他金融机构造成重大损失或者有其他严重情节。

2. 罪责

骗取贷款、票据承兑、金融票证罪的罪责形式是故意。这里的故意，是指明知是骗取贷款、票据承兑、金融票证的行为而有意实施的主观心理状态。

（三）处罚

《刑法》第 175 条之一［《刑法修正案（六）》第 10 条］第 1 款规定，犯本罪的，处 3 年以下有期徒刑或者拘役，并处或者单处罚金；给银行或者其他金融机构造成特别重大损失或者有其他特别严重情节的，处 3 年以上 7 年以下有期徒刑，并处罚金。第 2 款规定，单位犯前款罪的，对单位判处罚金，并对其直接负责的主管人员和其他直接责任人员，依照前款的规定处罚。

加重处罚事由 骗取贷款、票据承兑、金融票证而给银行或者其他金融机构造成特别重大损失或者有其他特别严重情节，是本罪的加重处罚事由。

六、非法吸收公众存款罪

（一）概念

非法吸收公众存款罪是指违反金融管理法规，非法吸收公众存款或者变相吸收公众存款，扰乱金融秩序的行为。

（二）构成

1. 罪体

行为 非法吸收公众存款罪的行为是非法吸收公众存款或者变相吸收公众存款。这里的“非法吸收公众存款”，是指未经中国人民银行批准，向社会不特定对象吸收资金，出具凭证，承诺在一定期限内还本付息的活动；“变相吸收公众存款”，是指未经中国人民银行批准，不以吸收存款的名义向社会不特定对象吸收资金，但承诺履行的义务与吸收公众存款的性质相同的活动，例如，以投资、集资入股等名义吸收公众资金，但并不按正常投资的形式分配利润、股息，而是以一定的利息进行支付。2010 年 12 月 13 日最高人民法院《关于审理非法集资刑事案件具体应用法律若干问题的解释》（以下简称《非法集资案件解释》）第 1 条规定，违反国家金融管理法律规定，向社会公众（包括单位和个人）吸收资金的行为，同时具备下列四个条件的，除刑法另有规定的以外，应当认定为《刑法》第 176 条规定的“非法吸收公众存款或者变相吸收公众存款”：(1) 未经有关部门依法批准或者借用合法经营的形式吸收资金；(2) 通过媒体、推介会、传单、手机短信等途径向社会公开宣传；(3) 承诺在一定期限内以货币、实

物、股权等方式还本付息或者给付回报；(4) 向社会公众即社会不特定对象吸收资金。未向社会公开宣传，在亲友或者单位内部针对特定对象吸收资金的，不属于非法吸收或者变相吸收公众存款。对于上述非法吸收公众存款或者变相吸收公众存款的行为，2014年3月25日最高人民法院、最高人民检察院、公安部颁布的《关于办理非法集资刑事案件适用法律若干问题的意见》(以下简称《非法集资案件意见》) 进行了补充规定。例如，关于向社会公开宣传的认定，《非法集资案件意见》补充了明知吸收资金的信息向社会公众扩散而予以放任的情形。关于社会公众的认定，《非法集资案件意见》补充规定：下列情形不属于《非法集资案件解释》第1条第2款规定的“针对特定对象吸收资金”的行为，应当认定为向社会公众吸收资金：(1) 在向亲友或者单位内部人员吸收资金的过程中，明知亲友或者单位内部人员向不同的人员吸收资金而予以放任的；(2) 以吸收资金为目的，将社会人员吸收为单位内部人员，并向其吸收资金的。

客体　非法吸收公众存款罪的客体是公众存款。这里的“公众存款”，是指不特定的存款人存入银行或者其他金融机构以获取利息的资金。

2. 罪责

非法吸收公众存款罪的罪责形式是故意。这里的故意，是指明知是非法吸收公众存款的行为而有意实施的主观心理状态。

3. 罪量

非法吸收公众存款罪的罪量要素是扰乱金融秩序。这里的“扰乱金融秩序”，参照《立案追诉标准（二）》第28条的规定，是指具有下列情形之一：(1) 个人非法吸收或者变相吸收公众存款数额在20万元以上的，单位非法吸收或者变相吸收公众存款数额在100万元以上的；(2) 个人非法吸收或者变相吸收公众存款30户以上的，单位非法吸收或者变相吸收公众存款150户以上的；(3) 个人非法吸收或者变相吸收公众存款给存款人造成直接经济损失数额在10万元以上的，单位非法吸收或者变相吸收公众存款给存款人造成直接经济损失数额在50万元以上的；(4) 造成恶劣社会影响的；(5) 其他扰乱金融秩序情节严重的情形。

（三）认定

在现实生活中，非法吸收公众存款或者变相吸收公众存款的表现形式是多种多样的。根据《非法集资案件解释》第2条的规定，实施下列行为之一，符合该解释第1条第1款规定的条件的，应当依照《刑法》第176条的规定，以非法吸收公众存款罪定罪处罚：(1) 不具有房产销售的真实内容或者不以房产销售为主要目的，以返本销售、售后包租、约定回购、销售房产份额等方式非法吸收资金的；(2) 以转让林权并代为管护等方式非法吸收资金的；(3) 以代种植（养殖）、租种植（养殖）、联合种植（养殖）等方式非法吸收资金的；(4) 不具有销售商品、提供服务的真实内容或者不以销售商品、提供服务为主要目的，以商品回购、寄存代售等方式非法吸收资金的；(5) 不具有发行股票、债券的真实内容，以虚假转让股权、发售虚构债券等方式非法吸收资金的；(6) 不具有募集基金的真实内容，以假借境外基金、发售虚构基金等方式非法吸收资金的；(7) 不具有销售保险的真实内容，以假冒保险公司、伪造保险单据等方式非法吸收资金的；(8) 以投资入股的方式非法吸收资金的；(9) 以委托理财的方式非法吸收资金的；(10) 利用民间“会”“社”等组织非法吸收资金的；(11) 其他非法吸收资金的行为。

（四）处罚

《刑法》第176条第1款规定，犯本罪的，处3年以下有期徒刑或者拘役，并处或者单处2万元以上20万元以下罚金；数额巨大或者有其他严重情节的，处3年以上10年以下有期徒刑，并处 5 万元以上 50 万元以下罚金。第 2 款规定，单位犯本罪的，对单位判处罚金，并对其直接负责的主管人员和其他直接责任人员，依照个人犯罪的规定处罚。

加重处罚事由 犯非法吸收公众存款罪而数额巨大或者有其他严重情节的，是本罪的加重处罚事由。根据《非法集资案件解释》第 3 条第 2 款的规定，具有下列情形之一的，属于《刑法》第 176 条规定的数额巨大或者有其他严重情节：（1）个人非法吸收或者变相吸收公众存款，数额在 100 万元以上的，单位非法吸收或者变相吸收公众存款，数额在 500 万元以上的。（2）个人非法吸收或者变相吸收公众存款对象为 100 人以上的，单位非法吸收或者变相吸收公众存款对象为 500 人以上的。（3）个人非法吸收或者变相吸收公众存款，给存款人造成直接经济损失数额在 50 万元以上的；单位非法吸收或者变相吸收公众存款，给存款人造成直接经济损失数额在 250 万元以上的。（4）造成特别恶劣社会影响或者其他特别严重后果的。

七、内幕交易、泄露内幕信息罪

（一）概念

内幕交易、泄露内幕信息罪是指证券、期货交易内幕信息的知情人员或者非法获取证券、期货交易内幕信息的人员，在涉及证券的发行，证券、期货交易或者其他对证券、期货交易价格有重大影响的信息尚未公开前，买入或者卖出该证券，或者从事与该内幕信息有关的期货交易，或者泄露该信息，或者明示、暗示他人从事上述交易活动，情节严重的行为。

（二）构成

1. 罪体

主体 内幕交易、泄露内幕信息罪的主体是证券、期货交易内幕信息的知情人员或者非法获取证券、期货交易内幕信息的人员。这里的“内幕信息的知情人”，是指对证券、期货交易内幕信息知情的人。内幕信息的知情人员的范围，依照法律、行政法规的规定确定。根据《证券法》第 74 条的规定，证券交易内幕信息的知情人包括：（1）发行人的董事、监事、高级管理人员；（2）持有公司 5%以上股份的股东及其董事、监事、高级管理人员，公司的实际控制人及其董事、监事、高级管理人员；（3）发行人控股的公司及其董事、监事、高级管理人员；（4）由于所任公司职务可以获取公司有关内幕信息的人员；（5）证券监督管理机构工作人员以及由于法定职责对证券的发行、交易进行管理的其他人员；（6）保荐人、承销的证券公司、证券交易所、证券登记结算机构、证券服务机构的有关人员；（7）国务院证券监督管理机构规定的其他人。根据《期货交易管理条例》第 81 条第 12 项的规定，内幕信息的知情人员，是指由于其管理地位、监督地位或者职业地位，或者作为雇员、专业顾问履行职务，能够接触或者获得内幕信息的人员，包括：期货交易所的管理人员以及其他由于任职可获取内幕信息的从业人员，国务院期货监督管理机构和其他有关部门的工作人员以及国务院期货监督管理机构规定的其他人员。根据 2012 年 3 月 29 日最高人民法院、最高人民检察院《关于办理内幕交易、泄露内幕信息刑事案件具体应用法律若干问题的解释》第 2 条的规定，具有下列行为的人员应当认定为“非法获取证券、期货交易内幕信息的人员”：（1）利用窃取、骗取、套取、窃听、利诱、刺探或者私下交易等手段获取内幕信息的；（2）内幕信息知情人员的近亲属或者其他与内幕信息知情人员关系密切的人员，在内幕信息敏感期内，从事或者明示、暗示他人从事，或者泄露内幕信息导致他人从事与该内幕信息有关的证券、期货交易，相关交易行为明显异常，且无正当理由或者正当信息来源的；（3）在内幕信息敏感期内，与内幕信息知情人员联络、接触，从事或者明示、暗示他人从事，或者泄露内幕信息导致他人从事与该内幕信息有关的证券、期货交易，相关交易行为明显异常，且无正当理由或者正当信息来源的。

此外，前引司法解释第 3 条还规定，本解释第 2 条第 2 项、第 3 项规定的“相关交易行为明显异常”，要综合以下情形，从时间吻合程度、交易背离程度和利益关联程度等方面予以认定：(1) 开户、销户、激活资金账户或者指定交易（托管）、撤销指定交易（转托管）的时间与该内幕信息形成、变化、公开时间基本一致；(2) 资金变化与该内幕信息形成、变化、公开时间基本一致；(3) 买入或者卖出与内幕信息有关的证券、期货合约时间与内幕信息的形成、变化和公开时间基本一致；(4) 买入或者卖出与内幕信息有关的证券、期货合约时间与获悉内幕信息的时间基本一致；(5) 买入或者卖出证券、期货合约行为明显与平时交易习惯不同；(6) 买入或者卖出证券、期货合约行为，或者集中持有证券、期货合约行为与该证券、期货公开信息反映的基本面明显背离；(7) 账户交易资金进出与该内幕信息知情人员或者非法获取人员有关联或者利害关系；(8) 其他交易行为明显异常情形。

行为 内幕交易、泄露内幕信息罪的行为分为以下几种情形：(1) 内幕交易。这里的“内幕交易”，是指在涉及证券的发行，证券、期货交易或者其他对证券、期货交易价格有重大影响的信息公开前，买入或者卖出该证券，或者从事与该内幕信息有关的期货交易。(2) 泄露内幕信息。这里的“泄露内幕信息”，是指以明示或者暗示的方式将内幕信息透露、提供给没有关系的第三人。(3) 明示、暗示他人从事上述交易活动，是指采取公开或者隐瞒的方法，建议他人从事上述交易活动。这是《刑法修正案（七）》第 2 条补充的行为。前引司法解释第 4 条还对不属于从事与内幕信息有关的证券、期货交易的行为作了规定。根据前引司法解释第 4 条的规定，具有下列情形之一的，不属于《刑法》第 180 条第 1 款规定的从事与内幕信息有关的证券、期货交易：(1) 持有或者通过协议、其他安排与他人共同持有上市公司 5%以上股份的自然人、法人或者其他组织收购该上市公司股份；(2) 按照事先订立的书面合同、指令、计划从事相关证券、期货交易；(3) 依据已被他人披露的信息而交易；(4) 交易具有其他正当理由或者正当信息来源。

客体 内幕交易、泄露内幕信息罪的客体是内幕信息。这里的“内幕信息”，是指为内幕人员所知悉、尚未公开的可能影响证券、期货市场价格的重大信息。内幕信息的范围，依照法律、行政法规的规定确定。

2. 罪责

内幕交易、泄露内幕信息罪的罪责形式是故意。这里的故意，是指明知是内幕交易行为而有意实施或者明知是内幕信息而有意泄露的主观心理状态。

3. 罪量

内幕交易、泄露内幕信息罪的罪量要素是情节严重。这里的“情节严重”，参照前引司法解释第 6 条的规定，是指具有下列情形之一：(1) 证券交易成交额在 50 万元以上的；(2) 期货交易占用保证金数额在 30 万元以上的；(3) 获利或者避免损失数额在 15 万元以上的；(4) 3 次以上的；(5) 具有其他严重情节的。

（三）处罚

《刑法》第 180 条第 1 款规定，犯本罪的，处 5 年以下有期徒刑或者拘役，并处或者单处违法所得 1 倍以上 5 倍以下罚金；情节特别严重的，处 5 年以上 10 年以下有期徒刑，并处违法所得 1 倍以上 5 倍以下罚金。第 2 款规定，单位犯本罪的，对单位判处罚金，并对其直接负责的主管人员和其他直接责任人员，依照前款的规定处罚。

加重处罚事由 犯内幕交易、泄露内幕信息罪而情节特别严重的，是本罪的加重处罚事由。这里的“情节特别严重”，根据前引司法解释第 7 条的规定，是指具有下列情形之一：(1) 证券交易成交额在 250 万元以上的；(2) 期货交易占用保证金数额在 150 万元以上的；

(3) 获利或者避免损失数额在 75 万元以上的；(4) 具有其他特别严重情节的。

八、操纵证券、期货市场罪

（一）概念

操纵证券、期货市场罪是指违反法律规定，采取各种方法，操纵证券、期货市场，情节严重的行为。

（二）构成

1. 罪体

行为　操纵证券、期货市场罪的行为是违反法律规定，采取各种方法，操纵证券、期货交易市场。根据刑法规定，操纵证券、期货交易市场行为有以下 4 种情形：(1) 单独或者合谋，集中资金优势、持股或者持仓优势或者利用信息优势或者连续买卖，操纵证券、期货交易价格或者证券、期货交易量的。(2) 与他人串通，以事先约定的时间、价格和方式相互进行证券、期货交易，影响证券、期货交易价格或者证券、期货交易量的。(3) 在自己实际控制的账户之间进行证券交易，或者以自己为交易对象，自买自卖期货合约，影响证券、期货交易价格或者证券、期货交易量的。(4) 以其他方法操纵证券、期货市场的。

客体　操纵证券、期货市场罪的客体是证券、期货交易价格、交易量。

2. 罪责

操纵证券、期货市场罪的罪责形式是故意。这里的故意，是指明知是操纵证券、期货市场的行为而有意实施的主观心理状态。

3. 罪量

操纵证券、期货市场罪的罪量要素是情节严重。这里的“情节严重”，参照《立案追诉标准（二）》第 39 条的规定，是指涉嫌下列情形之一：(1) 单独或者合谋，持有或者实际控制证券的流通股份数达到该证券的实际流通股份总量 30%以上，且在该证券连续 20 个交易日内联合或者连续买卖股份数累计达到该证券同期总成交量 30%以上的；(2) 单独或者合谋，持有或者实际控制期货合约的数量超过期货交易所业务规则限定的持仓量 50%以上，且在该期货合约连续 20 个交易日内联合或者连续买卖期货合约数累计达到该期货合约同期总成交量 30%以上的；(3) 与他人串通，以事先约定的时间、价格和方式相互进行证券或者期货合约交易，且在该证券或者期货合约连续 20 个交易日内成交量累计达到该证券或者期货合约同期总成交量 20%以上的；(4) 在自己实际控制的账户之间进行证券交易，或者以自己为交易对象，自买自卖期货合约，且在该证券或者期货合约连续 20 个交易日内成交量累计达到该证券或者期货合约同期总成交量 20%以上的；(5) 单独或者合谋，当日连续申报买入或者卖出同一证券、期货合约并在成交前撤回申报，撤回申报量占当日该种证券总申报量或者该种期货合约总申报量 50%以上的；(6) 上市公司及其董事、监事、高级管理人员、实际控制人、控股股东或者其他关联人单独或者合谋，利用信息优势，操纵该公司证券交易价格或者证券交易量的；(7) 证券公司、证券投资咨询机构、专业中介机构或者从业人员，违背有关从业禁止的规定，买卖或者持有相关证券，通过对证券或者其发行人、上市公司公开作出评价、预测或者投资建议，在该证券的交易中谋取利益，情节严重的；(8) 其他情节严重的情形。

（三）处罚

《刑法》第 182 条［《刑法修正案（六）》第 11 条］第 1 款规定，犯本罪的，处 5 年以下有期徒刑或者拘役，并处或者单处罚金；情节特别严重的，处 5 年以上 10 年以下有期徒刑，并处罚金。第 2 款规定，单位犯本罪的，对单位判处罚金，并对其直接负责的主管人员和其他直接责任人员，依照前款的规定处罚。

九、洗钱罪

（一）概念

洗钱罪是指明知是毒品犯罪、黑社会性质的组织犯罪、恐怖活动犯罪、走私犯罪、贪污贿赂犯罪、破坏金融管理秩序犯罪、金融诈骗犯罪的违法所得及其产生的收益，而掩盖、隐瞒其来源和性质的行为。

（二）构成

1. 罪体

行为　洗钱罪的行为是以各种方法，掩饰、隐瞒毒品犯罪、黑社会性质的组织犯罪、恐怖活动犯罪、走私犯罪、贪污贿赂犯罪、破坏金融管理秩序犯罪、金融诈骗犯罪的所得及其产生收益的来源和性质。根据刑法规定，洗钱行为具有下列表现形式。

(1) 提供资金账户。这里的“提供资金账户”，是指为犯罪分子提供银行账户，为其转移犯罪所得及其产生的收益提供方便。

(2) 协助将财产转换为现金或者金融票据、有价证券。这里的“协助将财产转换为现金或者金融票据、有价证券”，是指协助犯罪分子将犯罪所得财产或者财产的实物收益通过交易变为现金或者汇票、支票等金融票据、有价证券，从而掩饰了原财产的真实产权关系。

(3) 通过转账等其他结算方式协助资金转移。这里的“通过转账等其他结算方式协助资金转移”，是指以此种方式将犯罪分子的违法所得及其产生的收益非法转往异地，或者以票据形式取得现金，使这笔财产的真实来源进一步被掩盖、隐瞒。

(4) 协助将资金汇往境外。这里的“协助将资金汇往境外”，是指以投资、购物、旅游、存款等各种名义，以汇兑、结算等方式，将犯罪分子的违法所得及其产生的收益转移到境外，使查清此笔资金的真实来源更加困难。

(5) 以其他方法掩饰、隐瞒犯罪的违法所得及其产生的收益的性质和来源。这里的“其他方法”，是指将犯罪分子的违法所得及其产生的收益，以投资、购置不动产、放贷等各种方式用于合法的经营、使用，再从中获取收益或者转让、出售，从而隐瞒其违法所得的真实来源和性质。

客体　洗钱罪的客体是毒品犯罪、黑社会性质的组织犯罪、恐怖活动犯罪、走私犯罪、贪污贿赂犯罪、破坏金融管理秩序犯罪、金融诈骗犯罪的所得及其产生的收益。毒品犯罪、黑社会性质的组织犯罪、恐怖活动犯罪、走私犯罪、贪污贿赂犯罪、破坏金融管理秩序犯罪、金融诈骗犯罪是洗钱罪的上游犯罪。这里的“所得”，是指犯罪分子进行上述犯罪活动所获得的非法收入；“产生的收益”，是指犯罪分子将以上犯罪所得收入用于合法或者非法投资、经营、储蓄、放贷等所获取的经济利益。

2. 罪责

洗钱罪的罪责形式是故意。这里的故意，是指明知是毒品犯罪、黑社会性质的组织犯罪、恐怖活动犯罪、走私犯罪、贪污贿赂犯罪、破坏金融管理秩序犯罪、金融诈骗犯罪的所得及其产生的收益而掩盖、隐瞒其来源和性质的主观心理状态。

（三）处罚

《刑法》第 191 条第 1 款规定，犯本罪的，没收实施以上犯罪的所得及其产生的收益，处 5 年以下有期徒刑或者拘役，并处或者单处洗钱数额 5%以上 20%以下罚金；情节严重的，处 5 年以上 10 年以下有期徒刑，并处洗钱数额 5%以上 20%以下罚金。第 2 款规定，单位犯本罪的，对单位判处罚金，并对其直接负责的主管人员和其他直接责任人员处5年以下有期徒刑或者拘役；情节严重的，处5年以上10年以下有期徒刑。

加重处罚事由 犯洗钱罪而情节严重的，是本罪的加重处罚事由。这里的"情节严重"，是指洗钱数额特别巨大、洗钱行为造成严重后果等。

十、集资诈骗罪

（一）概念

集资诈骗罪是指以非法占有为目的，使用诈骗方法非法集资，数额较大的行为。

（二）构成

1. 罪体

行为 集资诈骗罪的行为是使用诈骗方法非法集资。这里的"使用诈骗方法非法集资"，是指虚构集资用途，以虚假的证明文件和高回报率为诱饵，骗取集资款。

客体 集资诈骗罪的客体是非法集资款。非法集资，是指法人、其他组织或者个人，未经有权机关批准，向社会公众募集资金。这种通过非法方法向社会公众募集的资金，就是非法集资款。

2. 罪责

集资诈骗罪的罪责形式是故意，并且具有非法占有的目的。这里的故意，是指明知是诈骗集资款的行为而有意实施的主观心理状态。

目的犯 集资诈骗罪以非法占有为目的，因而是法定的目的犯。《非法集资案件解释》第4条第2款对集资诈骗罪的非法占有目的的认定，作了以下规定：使用诈骗方法非法集资，具有下列情形之一的，可以认定为"以非法占有为目的"：（1）集资后不用于生产经营活动或者用于生产经营活动与筹集资金规模明显不成比例，致使集资款不能返还的；（2）肆意挥霍集资款，致使集资款不能返还的；（3）携带集资款逃匿的；（4）将集资款用于违法犯罪活动的；（5）抽逃、转移资金、隐匿财产，逃避返还资金的；（6）隐匿、销毁账目，或者搞假破产、假倒闭，逃避返还资金的；（7）拒不交待资金去向，逃避返还资金的；（8）其他可以认定非法占有目的的情形。此外，前引司法解释第4条第3款还规定，集资诈骗罪中的非法占有目的，应当区分情形进行具体认定。行为人部分非法集资行为具有非法占有目的的，对该部分非法集资行为所涉集资款以集资诈骗罪定罪处罚；非法集资共同犯罪中部分行为人具有非法占有目的，其他行为人没有非法占有集资款的共同故意和行为的，对具有非法占有目的的行为人以集资诈骗罪定罪处罚。

3. 罪量

集资诈骗罪的罪量要素是数额较大。这里的"数额较大"，根据前引司法解释第5条的规定，是指个人进行集资诈骗，数额在10万元以上；单位进行集资诈骗，数额在50万元以上。

（三）处罚

根据《刑法》第192条之规定，犯本罪的，处5年以下有期徒刑或者拘役，并处2万元以上20万元以下罚金；数额巨大或者有其他严重情节，处5年以上10年以下有期徒刑，并处5万元以上50万元以下罚金；数额特别巨大或者有其他特别严重情节的，处10年以上有期徒刑或者无期徒刑，并处5万元以上50万元以下罚金或者没收财产。《刑法》第200条规定，单位犯本罪的，对单位判处罚金，并且对其直接负责的主管人员和其他直接责任人员，处5年以下有期徒刑或者拘役，可以并处罚金；数额巨大或者有其他严重情节的，处5年以上10年以下有期徒刑，并处罚金；数额特别巨大或者有其他特别严重情节的，处10年以上有期徒刑或者无期徒刑，并处罚金。

加重处罚事由　犯集资诈骗罪而数额巨大或者有其他严重情节的，是本罪的加重处罚事由。这里的“数额巨大”，根据前引司法解释第 5 条第 1 款的规定，是指个人集资诈骗 30 万元以上，单位集资诈骗 150 万元以上。

特别加重处罚事由　犯集资诈骗罪而数额特别巨大或者有其他特别严重情节的，是本罪的特别加重处罚事由。这里的“数额特别巨大”，根据前引司法解释第 5 条第 2 款的规定，是指个人集资诈骗数额在 100 万元以上，单位集资诈骗数额在 500 万元以上。

集资诈骗数额计算　根据前引司法解释第 5 条第 3 款的规定，集资诈骗的数额以行为人实际骗取的数额计算，案发前已归还的数额应予扣除。行为人为实施集资诈骗活动而支付的广告费、中介费、手续费、回扣，或者用于行贿、赠与等费用，不予扣除。行为人为实施集资诈骗活动而支付的利息，除本金未归还可予折抵本金以外，应当计入诈骗数额。

十一、贷款诈骗罪

（一）概念

贷款诈骗罪是指以非法占有为目的，采用虚构事实或者隐瞒真相的方法，骗取银行或者其他金融机构的贷款，数额较大的行为。

（二）构成

1. 罪体

行为　贷款诈骗罪的行为是采用虚构事实或者隐瞒真相的方法，骗取银行或者其他金融机构的贷款。刑法列举了五种贷款诈骗的表现方式：(1) 编造引进资金、项目等虚假理由；(2) 使用虚假的经济合同；(3) 使用虚假的证明文件；(4) 使用虚假的产权证明作担保或者超出抵押物价值重复担保；(5) 以其他方法诈骗贷款。

客体　贷款诈骗罪的客体是银行或者其他金融机构的贷款。

2. 罪责

贷款诈骗罪的罪责形式是故意，并且具有非法占有的目的。这里的故意，是指明知是贷款诈骗行为而有意实施的主观心理状态。

目的犯　贷款诈骗罪以非法占有为目的，因而是法定的目的犯。这里的“非法占有目的”，根据 2001 年 1 月 21 日最高人民法院《全国法院审理金融犯罪案件工作座谈会纪要》（以下简称《金融犯罪案件座谈会纪要》）的规定，是指具有下列情形之一：(1) 明知没有归还能力而大量骗取资金的；(2) 非法获取资金后逃跑的；(3) 肆意挥霍骗取资金的；(4) 使用骗取的资金进行违法犯罪活动的；(5) 抽逃、转移资金、隐匿资产，以逃避返还资金的；(6) 隐匿、销毁账目，或者搞假破产、假倒闭，以逃避返还资金的；(7) 其他非法占有资金、拒不返还的行为。

3. 罪量

贷款诈骗罪的罪量要素是数额较大。这里的“数额较大”，参照《立案追诉标准（二）》的规定，是指数额在 2 万元以上。

（三）认定

1. 单位贷款诈骗的处理

关于贷款诈骗罪，刑法并未规定单位犯罪，那么，单位实施的贷款诈骗行为应如何处理呢？对此，我国刑法学界存在以下两种观点：第一种观点认为，既然刑法没有规定单位可以成为贷款诈骗罪的主体，根据罪刑法定原则，既不能追究单位的刑事责任，也不能追究单位的直接负责的主管人员和其他直接责任人员的刑事责任。第二种观点认为，由于刑法没有规定单位可以成为贷款诈骗罪的主体，就不能追究单位的刑事责任，但并不妨碍对于单位的直接负责的主管人员和其他直接责任人员按照个人犯罪追究刑事责任。对此，《金融犯罪案件座谈会纪要》规定：对于单位实施的贷款诈骗行为，不能以贷款诈骗罪定罪处罚，也不能以贷款诈骗罪追究直接负责的主管人员和其他直接责任人员的刑事责任。但是，在司法实践中，对于单位十分明显地以非法占有为目的，利用签订、履行借款合同诈骗银行或者其他金融机构贷款，符合《刑法》第224条规定的合同诈骗罪构成要件的，应当以合同诈骗罪定罪处罚。在司法实践中，对于单位实施贷款诈骗的，应当依照《金融犯罪案件座谈会纪要》的规定处理。

2. 贷款诈骗罪与骗取贷款罪的界限

贷款诈骗罪是指采用欺骗方法获取贷款并且占为己有，因而侵犯了金融机构对于贷款的财产所有权。而骗取贷款罪则是指以欺骗手段取得银行或者其他金融机构贷款的行为，但行为人在主观上并不具有非法占有的目的。两者的区分主要在于：欺骗是否构成获取贷款的根本性原因，以及是否具有非法占有的目的。

3. 贷款诈骗与贷款纠纷的界限

合法贷款以后没有按规定的用途使用贷款，或者由于某种原因致使不能按时返还贷款，在这种情况下，往往引起贷款纠纷。那么，这种贷款纠纷与贷款诈骗应当如何区分呢？对此，《金融犯罪案件座谈会纪要》指出：对于合法取得贷款后，没有按规定的用途使用贷款，到期没有归还贷款的，不能以贷款诈骗罪定罪处罚；对于确有证据证明行为人不具有非法占有的目的，因不具备贷款的条件而采取了欺骗手段获取贷款，案发时有能力履行还贷的义务，或者案发时不能归还贷款是因为意志以外的原因，如因经营不善、被骗、市场风险等，不应以贷款诈骗罪定罪处罚。

（四）处罚

根据《刑法》第193条之规定，犯本罪的，处5年以下有期徒刑或者拘役，并处2万元以上20万元以下罚金；数额巨大或者有其他严重情节的，处5年以上10年以下有期徒刑，并处5万元以上50万元以下罚金；数额特别巨大或者有其他特别严重情节的，处10年以上有期徒刑或者无期徒刑，并处5万元以上50万元以下罚金或者没收财产。

加重处罚事由 犯贷款诈骗罪而数额巨大或者有其他严重情节的，是本罪的加重处罚事由。这里的“数额巨大”，参照1996年12月16日最高人民法院《关于审理诈骗案件具体应用法律若干问题的解释》第4条的规定，是指数额在5万元以上；其他严重情节，是指具有下列情形之一：(1) 为骗取贷款，向银行或者金融机构的工作人员行贿，数额较大的；(2) 挥霍贷款，或者用贷款进行违法活动，致使贷款到期无法偿还的；(3) 隐匿贷款去向，贷款期限届满后，拒不偿还的；(4) 提供虚假的担保申请贷款，贷款期限届满后，拒不偿还的；(5) 假冒他人名义申请贷款，贷款期限届满后，拒不偿还的。

特别加重处罚事由 犯贷款诈骗罪而数额特别巨大或者有其他特别严重情节的，是本罪的特别加重处罚事由。这里的“数额特别巨大”，参照前引司法解释第4条的规定，是指数额在20万元以上；其他特别严重情节，是指具有下列情形之一：(1) 为骗取贷款，向银行或者金融机构的工作人员行贿，数额巨大的；(2) 携带贷款逃跑的；(3) 使用贷款进行犯罪活动的。

十二、信用卡诈骗罪

（一）概念

信用卡诈骗罪是指采用虚构事实或者隐瞒真相的方法，利用信用卡进行诈骗，数额较大的行为。

（二）构成

1. 罪体

行为　信用卡诈骗罪的行为是采用虚构事实或者隐瞒真相的方法，利用信用卡进行诈骗。因此，信用卡诈骗罪的行为要素是利用信用卡进行诈骗，这也是本罪区别于其他诈骗罪的本质特征。这里的信用卡，根据 2004 年全国人大常委会《关于〈中华人民共和国刑法〉有关信用卡规定的解释》，是指商业银行或者其他金融机构发行的具有消费支付、信用贷款、转账结算、存取现金等全部功能或者部分支付功能的电子支付卡。刑法列举了 4 种信用卡诈骗的表现方式：（1）使用伪造的信用卡，或者使用以虚假的身份证明骗领的信用卡的。（2）使用作废的信用卡的。（3）冒用他人信用卡的。根据 2009 年 12 月 3 日最高人民法院、最高人民检察院颁发的《关于办理妨害信用卡管理刑事案件具体应用法律若干问题的解释》（以下简称《信用卡案件解释》）第 5 条第 2 款的规定，以下应当认定为这里的"冒用他人信用卡"的情形：1）拾得他人信用卡并使用的；2）骗取他人信用卡并使用的；3）窃取、收买、骗取或者以其他非法方式获取他人信用卡信息资料，并通过互联网、通讯终端等使用的；4）其他冒用他人信用卡的情形。（4）恶意透支的。刑法对恶意透支作出了如下界定：恶意透支是指持卡人以非法占有为目的，超过规定限额或者规定期限透支，并且经发卡银行催收后仍不归还的行为。

客体　信用卡诈骗罪的客体是财物。

2. 罪责

信用卡诈骗罪的罪责形式是故意。这里的故意，是指明知是信用卡诈骗行为而有意实施的主观心理状态。

3. 罪量

信用卡诈骗罪的罪量要素是数额较大。这里的"数额较大"，参照《立案追诉标准（二）》第 54 条的规定，是指具有下列情形之一：（1）使用伪造的信用卡，或者使用以虚假的身份证明骗领的信用卡，或者使用作废的信用卡，或者冒用他人信用卡，进行诈骗活动，数额在 5 000 元以上的；（2）恶意透支，数额在 1 万元以上的。《信用卡案件解释》第 6 条第 3 款规定，恶意透支，数额在 1 万元以上不满 10 万元的，应当认定为数额较大。《信用卡案件解释》第 6 条第 4 款规定，恶意透支的数额，是指在第 1 款（指该解释第 6 条第 1 款——引者注）规定的条件下持卡人拒不归还的数额或者尚未归还的数额，不包括复利、滞纳金、手续费等发卡银行收取的费用。

（三）认定

1. 恶意透支与善意透支的区分

恶意透支与善意透支都涉及透支的概念。这里的"透支"，是指在银行设立账户的客户在账户上已无资金或资金不足的情况下，经过银行批准，以超过其账上资金的额度支用款项的行为。因此，透支在实质上是银行给予客户的短期信贷。信用卡也具有这种透支功能，信用卡的透支是指持卡人在其发卡银行信用卡账户资金不足或已无资金的情况下，经过银行批准，仍可以使用信用卡进行消费的情况。因此，信用卡的透支，实质上是银行向持卡人提供消费信贷，即允许持卡人在资金不足的情况下，先进行消费，以后再由持卡人补足资金，并按规定支付一定的利息。凡是这种经银行批准，在规定额度内超支，并在规定期限内归还款项的透支，就属于善意透支；反之，就是恶意透支。根据刑法规定，恶意透支具有以下特征：（1）以非法占有为目的；（2）超过发卡银行允许透支的规定限额；（3）超过发卡银行规定的透支期限；（4）经发卡银行催收后仍不归还。凡是符合上述特征的，就应认定为恶意透支。

2. 盗窃信用卡并使用的定性

《刑法》第196条第3款规定，盗窃信用卡并使用的，依照盗窃罪的规定处罚。信用卡是一种信用支付凭证，盗窃信用卡，就等于取得了一定价值的货币使用权，因此，其行为性质属于盗窃。但信用卡毕竟不能等同于现金，因此，要想实现对信用卡中现金的实际占有，尚需实施使用信用卡的行为。由于使用信用卡是冒名的，因而又具有诈骗性质。但这一信用卡诈骗行为属于不可罚的事后行为，不应另定信用卡诈骗罪。如果本人盗窃信用卡，他人明知是盗窃的信用卡而使用的，对他人应以盗窃罪的共犯论处；如果他人不知是盗窃的信用卡而冒名使用的，对他人则应定信用卡诈骗罪。

3. 骗领信用卡并使用的定性

骗领信用卡是指使用虚假的身份证明领取信用卡，骗取发卡行的信用卡后进行透支消费的行为。在这种情况下存在恶意透支，但这种恶意透支的持卡人是虚假的，即使该信用卡发生了巨额透支，银行也无从查证，更无法挽回经济损失，因而与信用卡诈骗罪中的恶意透支是有所不同的，《刑法修正案（五）》第1条第1款已经将这种使用虚假的身份证明骗领信用卡的行为规定为妨害信用卡管理罪，第2条还将使用以虚假身份证明骗领的信用卡的行为补充规定为信用卡诈骗罪的行为方式之一。因此，这种骗领信用卡并使用的行为，属于妨害信用卡管理罪与信用卡诈骗罪的牵连犯，对此应当从一重处断。

4. 拾得信用卡并使用的定性

根据2008年最高人民检察院《关于拾得他人信用卡并在自动柜员机（ATM机）上使用的行为如何定性问题的批复》的规定，拾得他人信用卡并在自动柜员机（ATM机）上使用的行为，属于《刑法》第196条第1款第3项规定的“冒用他人信用卡”的情形，构成犯罪的，以信用卡诈骗罪追究刑事责任。

（四）处罚

根据《刑法》第196条［《刑法修正案（五）》第2条］第1款之规定，犯本罪的，处5年以下有期徒刑或者拘役，并处2万元以上20万元以下罚金；数额巨大或者有其他严重情节的，处5年以上10年以下有期徒刑，并处5万元以上50万元以下罚金；数额特别巨大或者有其他特别严重情节的，处10年以上有期徒刑或者无期徒刑，并处5万元以上50万元以下罚金或者没收财产。

加重处罚事由 犯信用卡诈骗罪而数额巨大或者有其他严重情节的，是本罪的加重处罚事由。这里的“数额巨大”，参照《信用卡案件解释》第5条第1款的规定，是指诈骗数额在5万元以上不满50万元。根据《信用卡案件解释》第6条第3款的规定，恶意透支数额在10万元以上不满100万元的，应当认定为数额巨大。

特别加重处罚事由 犯信用卡诈骗罪而数额特别巨大或者有其他特别严重情节的，是本罪的特别加重处罚事由。这里的“数额特别巨大”，参照《信用卡案件解释》第5条第1款的规定，是指诈骗数额在50万元以上。根据《信用卡案件解释》第6条第3款的规定，恶意透支，数额在100万元以上的，应当认定为数额特别巨大。

十三、逃税罪

（一）概念

逃税罪是指纳税人和扣缴义务人采取欺骗、隐瞒手段进行虚假纳税申报或者不申报，逃避缴纳税款数额较大并且占应纳税额10%以上的行为。

（二）构成

1. 罪体

主体　逃税罪的主体是纳税人和扣缴义务人。这里的纳税人，是指税收法规定的负有纳税义务的单位和个人；扣缴义务人，是指税收法规定的负有代扣代缴、代收代缴义务的单位和个人；这里的代扣代缴义务人，是指有义务从持有的纳税人收入中扣除其应税款并代为缴纳的单位和个人；代收代缴义务人，是指有义务借助经济往来关系向纳税人收取应纳税款并代为缴纳的单位和个人。

行为　逃税罪的行为是违反税收法规定，采取欺骗、隐瞒手段，逃避缴纳税款。根据2002 年 11 月 5 日最高人民法院《关于审理偷税抗税刑事案件具体应用法律若干问题的解释》（以下简称《偷抗税案件解释》）第 1 条之规定，逃税的行为有以下五种表现方式。

（1）伪造、变造、隐匿、擅自销毁账簿、记账凭证。这里的伪造，是指制作虚假的账簿、记账凭证；变造，是指采取篡改、删除、挖补等手段，对原始账簿、记账凭证进行改造；隐匿，是指故意隐藏账簿、记账凭证；擅自销毁，是指未经税务机关批准毁灭、毁坏账簿、记账凭证。根据《偷抗税案件解释》第 2 条第 1 款的规定，纳税人伪造、变造、隐匿、擅自销毁用于记账的发票等原始凭证的行为，应当认定为伪造、变造、隐匿、擅自销毁记账凭证的行为。

（2）在账簿上多列支出或者不列、少列收入。这里的“多列支出”，是指在账簿上虚列开支，伪造超出实际支出的数额；“不列、少列收入”，是指实际收入应当记入账簿而不记入账簿或者记入账簿的收入少于实际收入。

（3）经税务机关通知申报而拒不申报纳税。这里的“拒不申报”，是指应当申报而不申报。根据《偷抗税案件解释》第 2 条第 2 款的规定，具有下列情形之一，应当认定为“经税务机关通知申报”：1）纳税人、扣缴义务人已经依法办理税务登记或者扣缴税款登记的；2）依法不需要办理税务登记的纳税人，经税务机关依法书面通知其申报的；3）尚未依法办理税务登记、扣缴款登记的纳税人、扣缴义务人，经税务机关依法书面通知其申报的。

（4）进行虚假纳税申报。这里的“虚假的纳税申报”，根据《偷抗税案件解释》第 2 条第 3 款的规定，是指纳税人或者扣缴义务人向税务机关报送虚假的纳税申报表、财务报表、代扣代缴、代收代缴税款报告表或者其他纳税申报资料，如提供虚假申请，编造减税、免税、抵税、先征收后退还税款等虚假资料等。

（5）缴纳税款后，以假报出口或者其他欺骗手段，骗取所缴纳的税款。

扣缴义务人实施上述行为之一，不缴或者少缴已扣、已收税款，数额较大的，依照《刑法》第 201 条第 1 款的规定定罪处罚。扣缴义务人书面承诺代纳税人支付税款的，应当认定扣缴义务人“已扣、已收税款”。

客体　逃税罪的客体是税款。这里的税款，是指根据税法规定，纳税人应当依法缴纳的款项和扣缴义务人已扣、已收的税款。

2. 罪责

逃税罪的罪责形式是故意。这里的故意，是指明知是逃税行为而有意实施的主观心理状态。

3. 罪量

逃税罪的罪量要素，是指逃避缴纳税款数额较大并且占应纳税额 10%以上的。根据公安部《关于如何理解〈刑法〉第二百零一条规定的“应纳税额”问题的批复》，这里的“应纳税额”是指某一法定纳税期限或者税务机关依法核定的纳税期间应纳税额的总和。逃税行为涉及两个以上税种的，只要其中一个税种的逃税数额、比例达到法定标准的，即构成逃税罪，其他税种的逃税数额累计计算。

（三）认定

1. 无证经营者能否成为逃税罪的主体

无证经营者是指未在工商行政管理部门办理营业执照，因而也未进行税务登记而从事经营活动的人。这种无证经营者能否成为逃税罪的主体，关键在于其是否具有纳税义务，是否属于纳税人。在我国司法实践中，一般认为，无证经营者是经营内容合法但形式要件欠缺的经营者，其违法之处在于其经营形式而不是其经营内容。合法的经营内容是纳税义务产生的根据，只要具备了合法的应税行为或者事实，就必须依法缴纳税款。对于经营形式上的欠缺，必须依法承担相应的行政责任，但不能以此规避缴纳税款。因此，无证经营者可以成为逃税罪的主体。当然，无证经营者未进行税务登记本身并不必然构成逃税罪，一般只有在"经税务机关通知申报而拒不申报"的情形下，才能以逃税罪追究刑事责任。

2. 逃税与漏税、欠税、避税的区分

在税收征管中，存在漏税、欠税、避税现象。这里的漏税，是指纳税单位和个人因无意识而发生的漏缴或少缴税款的行为，例如，由于不了解、不熟悉税法规定和财务制度或因工作粗心大意，错用税率、漏报应税项目，不计应税数量、销售金额的经营利润等；欠税，是指纳税单位和个人超过税务机关核定的纳税期限，没有按时缴纳，拖欠税款的行为；避税，是指利用税收的漏洞，规避纳税义务的行为。上述3种行为虽然在客观上都未缴或者少缴税款，但和逃税还是具有本质区别的：其中，漏税是过失未缴纳税款，欠税虽然是故意的但属于拖缴税款而非逃避缴纳税款，而避税在一定意义上说具有逃避缴纳税款的性质，但由于它是利用税法本身的漏洞而非采取刑法所规定的逃税方法逃避缴纳税款，因而都不能与逃税相混淆。

3. 逃税数额的计算

参照《偷抗税案件解释》第3条的规定，逃税数额，是指在确定的纳税期间，不缴或者少缴各税种税款的总额。逃税数额占应纳税额的百分比，是指一个纳税年度中各税种逃税总额与该纳税年度应纳税总额的比例。不按纳税年度确定纳税期的其他纳税人，其逃税数额占应纳税额的百分比，按照行为人最后一次逃税行为发生之日前一年中各税种逃税总额与该年纳税总额的比例确定。纳税义务存续期间不足一个纳税年度的，其逃税数额占应纳税额的百分比，按照各税种逃税总额与实际发生纳税义务期间应当缴纳税款数额的比例确定。逃税行为跨越若干个纳税年度，只要其中一个纳税年度的逃税数额及百分比达到《刑法》第201条第1款规定的标准，即构成逃税罪。各纳税年度的逃税数额应当累计计算，逃税百分比应当按照最高的百分比确定。在司法实践中，逃税数额应当按照上述司法解释的规定计算。

4. 多次逃税未经处理的情形

《刑法》第201条第3款规定："对多次实施前两款行为，未经处理的，按照累计数额计算。"这里的"未经处理"，参照《偷抗税案件解释》第2条第4款的规定，是指纳税人或者扣缴义务人在5年内多次实施逃税行为，但每次逃税数额均未达到《刑法》第201条规定的构成犯罪的数额标准，且未受行政处罚的情形。于这种情形，应对逃税数额予以累计计算。

5. 同一逃税行为受过行政处罚又起诉的处理

《偷抗税案件解释》第2条第5款规定，纳税人、扣缴义务人因同一逃税犯罪行为受到行政处罚，又被移送起诉的，人民法院应当依法受理。依法定罪并判处罚金的，行政罚款折抵罚金。这一规定表明，在一行为构成逃税罪的情况下，已经受到行政处罚并不妨碍对这一行为进行刑事追究。

（四）处罚

根据《刑法》第 201 条［《刑法修正案（七）》第 3 条］第 1 款之规定，犯本罪的，处 3 年以下有期徒刑或者拘役，并处罚金；数额巨大并且占应纳税额 30%以上的，处 3 年以上 7 年以下有期徒刑，并处罚金。《刑法》第 211 条规定，单位犯本罪的，对单位判处罚金，并对其直接负责的主管人员和其他直接责任人员，依照个人犯罪的规定处罚。

加重处罚事由　犯逃税罪而逃税数额巨大并且占应纳税额的 30%以上的，是本罪的加重处罚事由。

排除犯罪事由　《刑法》第 201 条［《刑法修正案（七）》第 3 条］第 4 款规定："有第一款行为，经税务机关依法下达追缴通知后，补缴应纳税款，缴纳滞纳金，已受行政处罚的，不予追究刑事责任；但是，五年内因逃避缴纳税款受过刑事处罚或者被税务机关给予二次以上行政处罚的除外。"这里的"不予追究刑事责任"，是指不构成犯罪。上述规定，体现了对逃税初犯宽大处理的立法精神。《立案追诉标准（二）》第 57 条第 2 款规定：纳税人在公安机关立案后再补缴应纳税款、缴纳滞纳金或者接受行政处罚的，不影响刑事责任的追究。

十四、虚开增值税专用发票、用于骗取出口退税、抵扣税款发票罪

（一）概念

虚开增值税专用发票、用于骗取出口退税、抵扣税款发票罪是指违反增值税专用发票管理规定，为他人虚开、为自己虚开、让他人为自己虚开、介绍他人虚开增值税专用发票或者用于骗取出口退税、抵扣税款发票的行为。

（二）构成

1. 罪体

行为　虚开增值税专用发票、用于骗取出口退税、抵扣税款发票罪的行为是虚开增值税专用发票，用于骗取出口退税、抵扣税款的发票。这里的"虚开"，是指没有实际经营活动而开具发票，或者虽有经营活动，但开具发票的金额超过实际发票的金额，以及虽有经营活动，但让他人为自己代开发票等情形。根据《刑法》第 205 条第 3 款的规定，虚开包括为他人虚开、为自己虚开、让他人为自己虚开、介绍他人虚开。此外，根据最高人民检察院研究室 2004 年《关于税务机关工作人员通过企业以"高开低征"的方法代开增值税专用发票的行为如何适用法律问题的答复》，税务机关及其工作人员将不具备条件的小规模纳税人虚报为一般纳税人，并让其采用"高开低征"的方法为他人代开增值税专用发票的行为，属于虚开增值税专用发票；对于造成国家税款损失，构成犯罪的，应当依照《刑法》第 205 条的规定追究刑事责任。

客体　虚开增值税专用发票，用于骗取出口退税、抵扣税款发票罪的客体是增值税专用发票，出口退税、抵扣税款发票。这里的"增值税专用发票"，是国家税务部门根据增值税征收管理需要设定的、兼计价款及货物或劳务所负担的增值税税额的专用发票。根据 2005 年 12 月 29 日全国人大常委会《关于〈中华人民共和国刑法〉有关出口退税、抵扣税款的其他发票规定的解释》，出口退税、抵扣税款发票是指除增值税专用发票以外的，具有出口退税、抵扣税款功能的收付款凭证或者完税凭证。这一立法解释对发票作出了扩大解释。按照 2010 年《中华人民共和国发票管理办法》第 3 条的规定，发票是指在购销商品、提供或者接受服务以及从事其他经营活动中，开具、收取的收付款凭证。显然，完税凭证不属于发票的范畴。但在司法实践中，存在利用海关代征增值税专用缴款书等完税凭证进行骗税的犯罪活动，故这种完税凭证虽然不属于发票的范畴，但由于其实质上具有与增值税专用发票相同的抵扣税款功能，应视

为可以抵扣税款的发票。因此，立法机关作出上述解释。

2. 罪责

虚开增值税专用发票、用于骗取出口退税、抵扣税款发票罪的罪责形式是故意。这里的故意，是指明知是虚开增值税专用发票、用于骗取出口退税、抵扣税款发票的行为而有意实施的主观心理状态。

目的犯 关于虚开增值税专用发票、用于骗取出口退税、抵扣税款发票罪是否以骗取国家税款为目的，在刑法理论上存在争议。第一种观点认为，刑法并未规定本罪必须以骗取国家税款为目的，且本罪属于行为犯，只要实施了虚开行为即可构成犯罪，因而本罪主观上并不要求以骗取国家税款为目的。第二种观点则认为，虽然刑法没有对以骗取国家税款为目的作出规定，而且在一般情况下虚开行为往往具有骗取国家税款的目的，无须对这一目的专门加以认定，但不能排除在个别情况下仅有虚开行为而无骗取国家税款的目的，对此不应以本罪论处。我同意上述第二种观点，在司法实践中，对于下列虚开增值税专用发票、用于骗取出口退税、抵扣税款发票而不以骗取国家税收为目的的行为，不宜认定为本罪：(1) 为虚增营业款、扩大销售收入或者制造虚假繁荣，相互对开或环开增值税专用发票的行为；(2) 在货物销售过程中，一般纳税人为夸大销售业绩，虚增货物销售环节，虚开进项增值税专用发票和销项增值税专用发票，但依法缴纳增值税，并未造成国家税款损失的行为；(3) 为夸大企业经济实力，通过虚开进项增值税专用发票虚增企业固定资产，但并未利用增值税专用发票抵扣税款，国家税款亦未受到损失的行为。因此，本罪是非法定的目的犯。

3. 罪量

关于虚开增值税专用发票、用于骗取出口退税、抵扣税款发票罪的罪量要素，刑法未作规定。参照《立案追诉标准（二）》第 61 条的规定，虚开的税款数额在 1 万元以上或者致使国家税款被骗数额在 5 000 元以上的，应予立案追诉。

（三）处罚

《刑法》第 205 条第 1 款规定，犯本罪的，处 3 年以下有期徒刑或者拘役，并处 2 万元以上 20 万元以下罚金；虚开的税款数额较大或者有其他严重情节的，处 3 年以上 10 年以下有期徒刑，并处 5 万元以上 50 万元以下罚金；虚开的税款数额巨大或者有其他特别严重情节的，处 10 年以上有期徒刑或者无期徒刑，并处 5 万元以上 50 万元以下罚金或者没收财产。第 2 款规定，单位犯本罪的，对单位判处罚金，并对其直接负责的主管人员和其他直接责任人员，处 3 年以下有期徒刑或者拘役；虚开的税款数额较大或者有其他严重情节的，处 3 年以上 10 年以下有期徒刑；虚开的税款数额巨大或者有其他特别严重情节的，处 10 年以上有期徒刑或者无期徒刑。

加重处罚事由 犯虚开增值税专用发票、用于骗取出口退税、抵扣税款发票罪而数额较大或者有其他严重情节的，是本罪的加重处罚事由。这里的“数额较大”，参照 1996 年最高人民法院《关于适用〈全国人民代表大会常务委员会关于惩治虚开、伪造和非法出售增值税专用发票犯罪的决定〉的若干问题的解释》的规定，是指虚开税款数额 10 万元以上；其他严重情节，是指因虚开增值税专用发票致使国家税款被骗取 5 万元以上。

特别加重处罚事由 犯虚开增值税专用发票、用于骗取出口退税、抵扣税款发票罪而数额巨大或者有其他特别严重情节的，是本罪的特别加重处罚事由。这里的“数额巨大”，参照前引司法解释的规定，是指虚开税款数额 50 万元以上；其他特别严重情节，是指因虚开增值税专用发票致使国家税款被骗取 30 万元以上。

十五、假冒注册商标罪

（一）概念

假冒注册商标罪是指违反商标管理法规，未经注册商标所有人许可，在同一种商品上使用与其注册商标相同的商标，情节严重的行为。

（二）构成

1. 罪体

行为　假冒注册商标罪的行为是违反商标管理法规，未经注册商标所有人许可，在同一种商品上使用与其注册商标相同的商标。假冒注册商标罪在客观上具有以下三个特征：(1) 使用他人已经注册的商标。这里的"使用"，根据 2004 年 12 月 8 日最高人民法院、最高人民检察院颁布的《关于办理侵犯知识产权刑事案件具体应用法律若干问题的解释》第 8 条第 2 款的规定，是指将注册商标或者假冒的注册商标用于商品、商品包装或者容器以及产品说明书、商品交易文书，或者将注册商标或者假冒的注册商标用于广告宣传、展览以及其他商业活动等行为。这里的"他人"，是指向商标局申请商标注册并依法取得商标专用权的单位或者个人。(2) 未经他人许可而使用其注册商标。正因为未经许可，这种对他人注册商标的使用侵犯了他人的注册商标专用权。(3) 在同一种商品上使用与他人注册商标相同的商标。这里的"同一种商品"，是指同一品种或者完全相同的商品。我国颁布的《商品分类（组别）表》对所有商品按照类、组、种三个级次进行了详细分类，同种商品就是指同一种目下所列举的商品。关于如何认定这里的"同一种商品"，2011 年 1 月 10 日最高人民法院、最高人民检察院、公安部《关于办理侵犯知识产权刑事案件适用法律若干问题的意见》(以下简称《知识产权案件意见》) 第 5 条作了明确的规定：名称相同的商品以及名称不同但指同一事物的商品，可以认定为"同一种商品"。"名称"是指国家工商行政管理总局商标局在商标注册工作中对商品使用的名称，通常即《商标注册用商品和服务国际分类》中规定的商品名称。"名称不同但指同一事物的商品"，是指在功能、用途、主要原料、消费对象、销售渠道等方面相同或者基本相同，相关公众一般认为是同一种事物的商品。认定"同一种商品"，应当在权利人注册商标核定使用的商品和行为人实际生产销售的商品之间进行比较。这里的"相同的商标"，根据前引 2004 年司法解释第 8 条第 1 款的规定，是指与被假冒的注册商标完全相同，或者与被假冒的注册商标在视觉上基本无差别、足以对公众产生误导的商标。

客体　假冒注册商标罪的客体是注册商标。这里的商标，是指商品生产者或者经营者在其生产、制造、加工或者服务上采用的，区别商品或者服务来源的，由文字、图形、字母、数字、三维标志、颜色组合和声音等或者上述要素组合构成的，具有显著特征的标志；而注册商标，是指经商标局核准注册的商标。商标一经注册，其商标专用权就受法律保护。

2. 罪责

假冒注册商标罪的罪责形式是故意。这里的故意，是指明知是假冒注册商标的行为而有意实施的主观心理状态。

3. 罪量

假冒注册商标罪的罪量要素是情节严重。这里的情节严重，根据前引 2004 年司法解释第 1 条的规定，是指具有下列情形之一的：(1) 非法经营数额在 5 万元以上或者违法所得数额在 3 万元以上的；(2) 假冒两种以上注册商标，非法经营数额在 3 万元以上或者违法所得数额在 2 万元以上的；(3) 其他情节严重的情形。这里的"非法经营数额"，根据前引 2004 年司法解释第 12 条的规定，是指行为人在实施侵犯知识产权行为过程中，制造、储存、运输、销售侵权产品的价值。已销售的侵权产品的价值，按照实际销售的价格计算。制造、储存、运输和未销售的侵权产品的价值，按照标价或者已经查清的侵权产品的实际销售平均价格计算。侵权产品没有标价或者无法查清其实际销售价格的，按照被侵权产品的市场中间价格计算。前引2004年司法解释第15条规定，单位实施假冒注册商标的行为，按照相应个人犯罪的定罪量刑标准的3倍定罪量刑。

（三）处罚

《刑法》第213条规定，犯本罪的，处3年以下有期徒刑或者拘役，并处或者单处罚金；情节特别严重的，处3年以上7年以下有期徒刑，并处罚金。《刑法》第220条规定，单位犯本罪的，对单位判处罚金，并对其直接负责的主管人员和其他直接责任人员，依照个人犯罪的规定处罚。

加重处罚事由 犯假冒注册商标罪而情节特别严重的，是本罪的加重处罚事由。这里的“情节特别严重”，根据前引2004年司法解释第1条第2款的规定，是指具有下列情形之一：（1）非法经营数额在25万元以上或者违法所得数额在15万元以上的；（2）假冒两种以上注册商标，非法经营数额在15万元以上或者违法所得数额在10万元以上的；（3）其他情节特别严重的情形。

十六、侵犯著作权罪

（一）概念

侵犯著作权罪是指以营利为目的，违反著作权法，侵犯他人著作权，违法所得数额较大或者有其他严重情节的行为。

（二）构成

1. 罪体

行为 侵犯著作权罪的行为是违反著作权法，侵犯他人著作权。刑法列举了以下四种侵犯著作权的表现方式：（1）未经著作权人许可，复制发行其文字作品、音乐、电影、电视、录像作品、计算机软件及其他作品；（2）出版他人享有专有出版权的图书；（3）未经录音录像制作者许可，复制发行其制作的录音录像；（4）制作、出售假冒他人署名的美术作品。上述情形中的“未经著作权人许可”，根据2004年12月8日最高人民法院、最高人民检察院颁布的《关于办理侵犯知识产权刑事案件具体应用法律若干问题的解释》[以下简称《知识产权案件解释（一）》]第11条第2款的规定，是指没有得到著作权人授权或者伪造、涂改著作权人授权许可文件或者超出授权许可范围的情形。《知识产权案件解释（一）》第11条第3款还规定，通过信息网络向公众传播他人文字作品、音乐、电影、电视、录像作品、计算机软件及其他作品的行为，应当视为《刑法》第217条规定的复制发行。这种情形也称为在线盗版。2007年4月5日最高人民法院、最高人民检察院《关于办理侵犯知识产权刑事案件具体应用法律若干问题的解释（二）》[以下简称《知识产权案件解释（二）》]第2条规定：《刑法》第217条侵犯著作权罪中的复制发行，包括复制、发行或者既复制又发行的行为。侵权产品的持有人通过广告、征订等方式推销侵权产品的，属于《刑法》第217条规定的发行。此外，2005年10月13日最高人民法院、最高人民检察院《关于办理侵犯著作权刑事案件中涉及录音录像制品有关问题的批复》规定，未经录音录像制作者许可，通过信息网络传播其制作的录音录像制品的行为，应当视为《刑法》第217条第3项规定的“复制发行”。

客体 侵犯著作权罪的客体是作品。这里的作品，是指以一定形式创作的文学、艺术、自然科学、社会科学、工程技术等作品。这些作品的形式包括：（1）文字作品；（2）口述作品；

(3) 音乐、戏剧、曲艺、舞蹈、杂技艺术作品;(4) 美术、建筑作品;(5) 摄影作品;(6) 电影作品和以类似摄制电影的方法创作的作品;(7) 工程设计图、产品设计图、地图、示意图等图形作品和模型作品;(8) 计算机软件;(9) 法律、行政法规规定的其他作品。作品的作者对作品享有著作权,著作权包括下列人身权、财产权:(1) 发表权,即决定作品是否公之于众的权利;(2) 署名权,即表明作者身份,在作品上署名的权利;(3) 修改权,即修改或者授权他人修改作品的权利;(4) 保护作品完整权,即保护作品不受歪曲、篡改的权利;(5) 复制权,即以印刷、复印、拓印、录音、录像、翻录、翻拍等方式将作品制作一份或者多份的权利;(6) 发行权,即以出售或者赠与方式向公众提供作品的原件或者复制件的权利;(7) 出租权,即有偿许可他人临时使用电影作品和以类似摄制电影的方法创作的作品、计算机软件的权利,计算机软件不是出租的主要标的的除外;(8) 展览权,即公开陈列美术作品、摄影作品的原件或者复制件的权利;(9) 表演权,即公开表演作品,以及用各种手段公开播送作品的表演的权利;(10) 放映权,即通过放映机、幻灯机等技术设备公开再现美术、摄影、电影和以类似摄制电影的方法创作的作品等的权利;(11) 广播权,即以无线方式公开广播或者传播作品,以有线传播或者转播的方式向公众传播广播的作品,以及通过扩音器或者其他传送符号、声音、图像的类似工具向公众传播广播的作品的权利;(12) 信息网络传播权,即以有线或者无线方式向公众提供作品,使公众可以在其个人选定的时间和地点获得作品的权利;(13) 摄制权,即以摄制电影或者以类似摄制电影的方法将作品固定在载体上的权利;(14) 改编权,即改变作品,创作出具有独创性的新作品的权利;(15) 翻译权,即将作品从一种语言文字转换成另一种语言文字的权利;(16) 汇编权,即将作品或者作品的片段通过选择或者编排,汇集成新作品的权利;(17) 应当由著作权人享有的其他权利。

2. 罪责

侵犯著作权罪的罪责形式是故意。这里的故意,是指明知是侵犯著作权的行为而有意实施的主观心理状态。

目的犯　刑法明文规定侵犯著作权罪以营利为目的,因此本罪是法定的目的犯。根据《知识产权案件解释(一)》第 11 条第 1 款的规定,以刊登收费广告等方式直接或者间接收取费用的情形,属于这里的"以营利为目的"。《知识产权案件意见》第 10 条对于侵犯著作权犯罪案件"以营利为目的"的认定问题作了明确规定,根据这一规定,除销售外,具有下列情形之一的,可以认定为"以营利为目的":(1) 以在他人作品中刊登收费广告、捆绑第三方作品等方式直接或者间接收取费用;(2) 通过信息网络传播他人作品,或者利用他人上传的侵权作品,在网站或者网页上提供刊登收费广告服务,直接或者间接收取费用;(3) 以会员制方式通过信息网络传播他人作品,收取会员注册费或者其他费用;(4) 其他利用他人作品牟利的情形。

3. 罪量

侵犯著作权罪的罪量要素是违法所得数额较大或者有其他严重情节。这里的"数额较大",根据《知识产权案件解释(一)》第 5 条第 1 款的规定,是指违法所得数额在 3 万元以上。这里的"其他严重情节",是指具有下列情形之一:(1) 非法经营数额在 5 万元以上的;(2) 未经著作权人许可,复制发行其文字作品、音乐、电影、电视、录像作品、计算机软件及其他作品,复制品数量合计在 1 000 张(份)以上的;(3) 有其他严重情节的情形。《知识产权案件解释(一)》第 15 条规定,单位实施侵犯著作权犯罪行为,以该解释规定的相应个人犯罪的定罪量刑标准的 3 倍定罪量刑。《知识产权案件解释(二)》对上述规定作了修改:根据《知识产权案件解释(二)》第 1 条的规定,复制品数量合计在 500 张(份)以上的,属于《刑法》第 217 条规定的"有其他严重情节"。根据《知识产权案件解释(二)》第 6 条的规定,单位犯本罪的，按照个人犯罪的定罪量刑标准定罪处罚。

（三）认定

非法出版、复制、发行他人作品，侵犯著作权的行为，不仅侵犯了他人的著作权，同时也扰乱了出版市场秩序。1998 年 12 月 17 日最高人民法院《关于审理非法出版物刑事案件具体应用法律若干问题的解释》明确规定，未经国家出版主管部门批准而擅自从事出版物的出版、印刷、复制、发行业务，严重扰乱市场秩序，情节特别严重，构成犯罪的，以非法经营罪论处。因此在司法实践中，对于侵犯著作权犯罪案件，往往以非法经营罪定罪处罚。但《知识产权案件意见》第 12 条明文规定，非法出版、复制、发行他人作品，侵犯著作权构成犯罪的，按照侵犯著作权罪定罪处罚，不认定为非法经营罪等其他犯罪。我认为，这一规定对于惩处侵犯著作权罪具有重要意义。

（四）处罚

《刑法》第 217 条规定，犯本罪的，处 3 年以下有期徒刑或者拘役，并处或者单处罚金；违法所得数额巨大或者有其他特别严重情节的，处 3 年以上 7 年以下有期徒刑，并处罚金。《刑法》第 220 条规定，单位犯本罪的，对单位判处罚金，并对其直接负责的主管人员和其他直接责任人员，依照个人犯罪的规定处罚。

加重处罚事由　犯侵犯著作权罪而违法所得数额巨大或者有其他特别严重情节的，是本罪的加重处罚事由。这里的“违法所得数额巨大”，根据《知识产权案件解释（一）》第 5 条第 2 款的规定，是指违法所得数额在 15 万元以上。这里的“有其他特别严重情节”，是指具有下列情形之一：(1) 非法经营数额在 25 万元以上的；(2) 未经著作权人许可，复制发行其文字作品、音乐、电影、电视、录像作品、计算机软件及其他作品，复制品数量合计在 5 000 张（份）以上的；(3) 有其他特别严重情节的情形。《知识产权案件解释（二）》对上述规定作了修改：根据《知识产权案件解释（二）》第 1 条的规定，复制品数量在 2 500 张（份）以上的，属于《刑法》第 217 条规定的“有其他特别严重情节”。《知识产权案件意见》第 13 条对通过信息网络传播侵权作品行为的定罪处罚标准问题作了明确规定，根据这一规定，以营利为目的，未经著作权人许可，通过信息网络向公众传播他人文字作品、音乐、电影、电视、美术、摄影、录像作品、录音录像制品、计算机软件及其他作品，具有下列情形之一的，属于《刑法》第 217 条规定的“其他严重情节”：(1) 非法经营数额在 5 万元以上的；(2) 传播他人作品的数量合计在 500 件（部）以上的；(3) 传播他人作品的实际被点击数达到 5 万次以上的；(4) 以会员制方式传播他人作品，注册会员达到 1 000 人以上的；(5) 数额或者数量虽未达到第一项至第四项规定标准，但分别达到其中两项以上标准一半以上的；(6) 其他严重情节的情形。实施前款规定的行为，数额或者数量达到前款第一项至第五项规定标准 5 倍以上的，属于《刑法》第 217 条规定的“其他特别严重情节”。

十七、侵犯商业秘密罪

（一）概念

侵犯商业秘密罪是指采取不正当手段，获取、披露、使用或者允许他人使用权利人的商业秘密，给商业秘密权利人造成重大损失的行为。

（二）构成

1. 罪体

行为　侵犯商业秘密罪的行为是采取不正当手段，获取、披露、使用或者允许他人使用权利人的商业秘密。刑法列举了以下三种侵犯商业秘密罪的行为方式。

(1) 以盗窃、利诱、胁迫或者其他不正当手段获取权利人的商业秘密的。这里的盗窃，是指秘密窃取；利诱，是指物质引诱；胁迫，是指精神强制；其他不正当手段，是指上述手段以外的骗取、收买等手段。这种侵犯商业秘密的行为，一般为局外人所为。

(2) 披露、使用或者允许他人使用以前项手段获取的权利人的商业秘密的。这里的披露，是指将其以前项手段非法获取的权利人的商业秘密向他人公开；使用，是指将自己非法获取的商业秘密在生产、经营或者其他场合加以运用；允许他人使用，是指将其非法获取的商业秘密供给他人使用。这种侵犯商业秘密的行为，是前项行为的延续。

(3) 违反约定或者违反权利人有关保守商业秘密的要求，披露、使用或者允许他人使用其所掌握的商业秘密的。这种侵犯商业秘密的行为，系局内人所为。在这种情况下，其获取商业秘密是正当的，但违反规定而予以披露、使用或者允许他人使用，则是非法的，是一种泄露商业秘密的行为。

此外，《刑法》第 219 条第 2 款还规定：明知或者应知前款所列行为，获取、使用或者披露他人的商业秘密的，以侵犯商业秘密论。这是关于间接侵犯商业秘密行为的规定。在这种情况下，商业秘密既非其以不正当手段非法获取，也不是其经权利人同意而正当使用，或者正当掌握而非法予以泄露，而是明知或者应知商业秘密是他人非法获取或者非法泄露，本人仍获取、使用或者披露他人的商业秘密。

客体　侵犯商业秘密罪的客体是权利人的商业秘密。这里的权利人，根据《刑法》第 219 条第 4 款的规定，是指商业秘密的所有人和经商业秘密所有人许可的商业秘密的使用人；商业秘密，根据《刑法》第 219 条第 3 款的规定，是指不为公众所知悉，能为权利人带来经济利益，具有实用性并经权利人采取保密措施的技术信息和经营信息。因此，商业秘密具有以下特征：(1) 秘密性，即不为公众所知悉，也就是该信息不可能从公开渠道获取。(2) 利益性，即能为权利人带来经济利益，也就是权利人通过对该信息的使用能获得现实的或者潜在的经济利益。(3) 实用性，即该信息能够解决生产、经营中的现实问题，可以在生产、经营活动中广泛运用。(4) 保密性，即权利人采取了保密措施。法律并没有明确要求保密的程度，只要权利人对其不为公众所知悉采取了一定的保密措施即应认为具有保密性。(5) 信息性，即商业秘密是一种与生产、经营活动有关的技术信息和经营信息，包括设计、程序、产品配方、制作工艺、制作方法、管理诀窍、客户名单、货源情报、产销策略、招投标中的标底及标书内容等信息。

2. 罪责

侵犯商业秘密罪的罪责形式是故意。这里的故意，是指明知是侵犯商业秘密的行为而有意实施的主观心理状态。

3. 罪量

侵犯商业秘密罪的罪量要素是给商业秘密的权利人造成重大损失。这里的“重大损失”，根据《知识产权案件解释（一）》第 7 条第 1 款的规定，是指给权利人造成损失数额在 50 万元以上的。《知识产权案件解释（一）》第 15 条规定，单位犯本罪的，按照本解释规定的相应个人犯罪的定罪量刑标准的 3 倍定罪量刑。但根据《知识产权案件解释（二）》第 6 条的规定，单位犯本罪的，应当按照个人犯罪的定罪量刑标准定罪处罚。这里的“经济损失数额”，一般是指被害人的实际损失。例如，商业秘密的研制开发成本，侵犯商业秘密犯罪行为致使被害人遭受技术及信息转让方面的损失，商业秘密的利用周期缩短、市场份额的减少，出现损失甚至破产等。被害人的实际损失难以计算的，在我国司法实践中一般参照行为人在侵权期间因侵犯商业秘密所获得的实际非法利润来认定。

(三) 处罚

《刑法》第 219 条规定，犯本罪的，处 3 年以下有期徒刑、拘役，并处或者单处罚金；造成特别严重后果的，处 3 年以上 7 年以下有期徒刑，并处罚金。《刑法》第 220 条规定，单位犯本罪的，对单位判处罚金，并对其直接负责的主管人员和其他直接责任人员，依照个人犯罪的规定处罚。

加重处罚事由 犯侵犯商业秘密罪而造成特别严重后果的，是本罪的加重处罚事由。这里的“特别严重后果”，根据《知识产权案件解释（一）》第 7 条第 2 款的规定，是指给商业秘密的权利人造成损失数额在 250 万元以上。

十八、合同诈骗罪

（一）概念

合同诈骗罪是指以非法占有为目的，在签订、履行合同过程中，骗取对方当事人财物，数额较大的行为。

（二）构成

1. 罪体

行为 合同诈骗罪的行为是在签订、履行合同过程中，骗取对方当事人财物。刑法列举了以下五种合同诈骗行为。

（1）以虚构的单位或者冒用他人名义签订合同。这是签订合同主体的诈骗。在这种情况下，签订合同的主体系虚构的，或者未经他人授权或者同意而以他人名义签订合同。

（2）以伪造、变造、作废的票据或者其他虚假的产权证明作担保。这是合同担保的诈骗。合同担保是为保证合同的履行而设定的一种权利与义务关系，目的在于减少合同风险和保障合同履行。合同担保的诈骗，则可能成为合同诈骗的一种手段。

（3）没有实际履行能力，以先履行小额合同或者部分履行合同的方法，诱骗对方当事人继续签订和履行合同。这是合同履行的诈骗，通过虚构或者夸大合同履行能力而诱使对方当事人签订并且履行合同，从而骗取财物。

（4）收受对方的当事人给付的货物、贷款、预付款或者担保财产后逃匿。这是签订合同的诈骗，即根本不想履行合同，在签订合同收受对方当事人给付的财物以后直接予以非法占有。

（5）以其他方法骗取对方当事人财物。这是对合同诈骗方法的概括性规定，指上述方法以外的其他合同诈骗方法。

客体 合同诈骗罪的客体是财物，一般是指合同约定的货物、货款、预付款或者担保财产等。这里的合同，一般是指书面合同，但在有证据证明确实存在合同关系的情况下，即便是口头合同，只要发生在生产经营领域，侵犯了市场秩序，同样可以构成合同诈骗罪。

2. 罪责

合同诈骗罪的罪责形式是故意。这里的故意，是指明知是合同诈骗的行为而有意实施的主观心理状态。

目的犯 刑法明文规定合同诈骗罪以非法占有为目的，因此本罪是法定的目的犯。如果行为人在签订、履行合同过程中存在一定的欺诈因素，但主观上不具有非法占有目的的，则不构成本罪。

3. 罪量

合同诈骗罪的罪量要素是数额较大。这里的数额较大，参照《立案追诉标准（二）》第 77 条的规定，是指骗取对方当事人财物数额在 2 万元以上。

（三）认定

在认定合同诈骗罪的时候，关键在于正确地区分合同诈骗与合同纠纷之间的界限。一般认为，两者的区分主要在于以下五个方面：(1) 行为人是否采取欺骗手段。采取欺骗手段是构成合同诈骗罪的前提，如果没有采取欺骗手段，由于客观原因未能履行合同的，应属于合同纠纷而非合同诈骗。(2) 行为人是否具有实际履行合同的能力。签订合同的目的在于履行合同，合同诈骗则是通过签订合同骗取财物而根本没有履行合同的能力。因此，是否具有履行合同的能力对于区分合同诈骗与合同纠纷具有一定的意义。(3) 行为人是否具有实际履行合同的行为。在某些情况下，行为人具有履行合同的能力但并不想实际履行合同，没有履行合同的诚意，因而是否具有实际履行合同的行为对于认定合同诈骗罪具有一定的意义。(4) 如何处置合同标的物。行为人通过签订合同取得合同标的物后，如果不是积极履行合同，而是将合同标的物任意挥霍，或者从事非法活动，甚至携款潜逃，则可以认定为合同诈骗。(5) 违约后是否具有承担责任的表现。一般来说，具有履行合同诚意的人，在发现自己违约或者经对方提出自己违约时，往往不会逃避承担责任，并且有一定的承担责任的行为。而合同诈骗的行为人在合同不能履行以后，往往会想方设法逃避承担责任，使对方无法挽回遭受的损失。应当指出，上述 5 个方面应当综合考察，只有这样才能正确地区分合同诈骗与合同纠纷。

(四) 处罚

《刑法》第 224 条规定，犯本罪的，处 3 年以下有期徒刑或者拘役，并处或者单处罚金；数额巨大或者有其他严重情节的，处 3 年以上 10 年以下有期徒刑，并处罚金；数额特别巨大或有其他特别严重情节的，处 10 年以上有期徒刑或者无期徒刑，并处罚金或者没收财产。《刑法》第 231 条规定，单位犯本罪的，对单位判处罚金，并对其直接负责的主管人员和其他直接责任人员，依照个人犯罪的规定处罚。

加重处罚事由　犯合同诈骗罪而数额巨大或者有其他严重情节的，是本罪的加重处罚事由。

特别加重处罚事由　犯合同诈骗罪而数额特别巨大或者有其他特别严重情节的，是本罪的特别加重处罚事由。

十九、非法经营罪

(一) 概念

非法经营罪是指违反国家规定，非法经营，扰乱市场秩序，情节严重的行为。

(二) 构成

1. 罪体

违反国家规定　违反国家规定是非法经营罪的规范要素，也是非法经营罪的前置性要件。我国《刑法》第 96 条对“违反国家规定”的含义作了以下规定：“本法所称违反国家规定，是指违反全国人民代表大会及其常务委员会制定的法律和决定，国务院制定的行政法规、规定的行政措施、发布的决定和命令。”2011 年 4 月 8 日最高人民法院《关于准确理解和适用刑法中“国家规定”的有关问题的通知》第 1 条作了以下解释：国务院规定的行政措施应当由国务院决定，通常以行政法规或者国务院制发文件的形式加以规定。以国务院办公厅名义制发的文件，符合以下条件的，亦应视为刑法中的“国家规定”：(1) 有明确的法律依据或者同相关行政法规不相抵触；(2) 经国务院常务会议讨论通过或者经国务院批准；(3) 在国务院公报上公开发布。根据前引通知的规定，只有同时具备以上 3 个要件，以国务院办公厅名义制发的文件才能认定为国家规定。前引通知第 2 条还对“违反国家规定”认定中的相关问题作了以下规定：“各级人民法院在刑事审判工作中，对有关案件所涉及的‘违反国家规定’的认定，要依照相关法律、行政法规及司法解释的规定准确把握。对于规定不明确的，要按照本通知的要求审慎认定。对于违反地方性法规、部门规章的行为，不得认定为‘违反国家规定’。对被告人的行为是否‘违反国家规定’存在争议的，应当作为法律适用问题，逐级向最高人民法院请示。”这一规定对于认定非法经营罪的违反国家规定，具有重要指导意义。只有在具备“违反国家规定”这一前置性要件的情况下，才能将某一行为认定为非法经营行为。

行为 非法经营罪的行为是违反国家规定，非法经营，扰乱市场秩序。刑法列举了以下4种非法经营行为。

（1）未经许可经营法律、行政法规规定的专营、专卖物品或者其他限制买卖的物品。这里的“未经许可”，是指未经行政许可。根据2003年8月27日《行政许可法》第2条的规定，该法所称的行政许可，是指行政机关根据公民、法人或者其他组织的申请，经依法审查，准予其从事特定活动的行为。这里的“专营、专卖物品”，是指法律、行政法规规定由专门机构经营的物品；“限制买卖的物品”，是指国家在一定时期实行限制性经营的物品。上述物品的具体种类，根据法律、行政法规认定。在有关司法解释中，涉及对以下物品的具体规定：1）非法经营食盐。2002年9月4日最高人民检察院《关于办理非法经营食盐刑事案件具体应用法律若干问题的解释》（以下简称《食盐案件解释》）第1条规定，违反国家有关盐业管理规定，非法生产、储运、销售食盐，扰乱市场秩序，情节严重的，应当依照《刑法》第225条的规定，以非法经营罪追究刑事责任。2）非法经营盐酸克仑特罗等禁止在饲料和动物饮用水中使用的药品。2002年8月16日最高人民法院、最高人民检察院《关于办理非法生产、销售、使用禁止在饲料和动物饮用水中使用的药品等刑事案件具体应用法律若干问题的解释》（以下简称《动物药品案件解释》）第1条规定：未取得药品生产、经营许可证件和批准号，非法生产、销售盐酸克仑特罗等禁止在饲料和动物饮用水中使用的药品，扰乱药品市场秩序，情节严重的，依照《刑法》第225条第1项的规定，以非法经营罪追究刑事责任。3）非法经营烟草制品。2003年12月23日最高人民法院、最高人民检察院、公安部、国家烟草专卖局《关于办理假冒伪劣烟草制品等刑事案件适用法律问题座谈会纪要》（以下简称《烟草制品案件座谈会纪要》）第3条规定，未经烟草专卖行政主管部门许可，无生产许可证、批发许可证、零售许可证，而生产、批发、零售烟草制品的，依照《刑法》第225条的规定定罪处罚。此外，根据2010年3月2日最高人民法院、最高人民检察院《关于办理非法生产、销售烟草专卖品等刑事案件具体应用法律若干问题的解释》（以下简称《烟草专卖品案件解释》）第1条第5款的规定，违反国家烟草专卖管理法律法规，未经烟草专卖行政主管部门许可，无烟草专卖生产企业许可证、烟草专卖批发企业许可证、特种烟草专卖经营企业许可证、烟草专卖零售许可证等许可证明，非法经营烟草专卖品，情节严重的，依照《刑法》第225条的规定，以非法经营罪定罪处罚。

（2）买卖进出口许可证、进出口原产地证明以及其他法律、行政法规规定的经营许可证或者批准文件。这里的“进出口许可证”，是指国家许可对外贸易经营者进出口某种货物和技术的证明；“进出口原产地证明”，是指在国际贸易中，对某一特定产品的原产地进行确认的证明文件；“其他法律、行政法规规定的经营许可证或者批准文件”，是指法律、行政法规规定的所有的经营许可证或者批准文件，例如矿产开发、森林采伐、野生动物狩猎等许可证。

（3）未经国家有关主管部门批准非法经营证券、期货或者保险业务，或者非法从事资金支付结算业务。《刑法修正案》第8条规定：“刑法第二百二十五条增加一项，作为第三项：‘未经国家有关主管部门批准，非法经营证券、期货或者保险业务的；’原第三项改为第四项。”这里的“非法经营证券、期货或者保险业务”，是指未经国家有关主管部门批准而擅自经营证券、期货、保险业务。《刑法修正案（七）》第5条规定：将《刑法》第225条第3项修改为“未经国家有关主管部门批准，非法经营证券、期货、保险业务的，或者非法从事资金支付结算业务的"。这一规定，将非法从事资金支付结算业务补充规定为非法经营行为。这里的"非法从事资金支付结算业务"是指违反国家规定，从事使用票据、信用卡和汇兑、托收承付、委托收款等结算方式，进行货币给付及资金清算业务。

（4）其他严重扰乱市场秩序的非法经营行为。这是一种空白规定，我认为，哪些行为属于这里的"其他严重扰乱市场秩序的非法经营行为"，应以法律或者司法解释的规定为根据加以确认。有关法律和法律解释规定了下列其他严重扰乱市场秩序的非法经营行为。

1）非法买卖外汇。1998 年 12 月 29 日全国人大常委会《关于惩治骗购外汇、逃汇和非法买卖外汇犯罪的决定》（以下简称《外汇犯罪决定》）第 4 条规定：在国家规定的交易场所以外非法买卖外汇，扰乱市场秩序，情节严重的，依照《刑法》第 225 条的规定定罪处罚。这里的"非法买卖外汇"，是指经营外汇，即以营利为目的低价买进外汇，然后将外汇高价卖出的行为。应当指出，非法买卖外汇与非法兑换外汇是两种不同性质的行为：前者是进行外汇交易，是一种外汇的经营行为；而后者是单方卖出或者单方购买外汇，是一种外汇的兑换行为。根据我国刑法规定，只有倒卖外汇行为才构成非法经营罪，而在交易场所以外兑换外汇的行为，虽然双方的行为都是违反外汇管理法的，但不构成非法经营罪。

2）非法经营出版物。这里的出版物，根据 2016 年 5 月 31 日国家新闻出版广电总局、商务部发布的《出版物市场管理规定》第 2 条的规定，是指图书、报纸、期刊、音像制品、电子出版物等。这里的电子出版物，根据 2015 年国家新闻出版广电总局修正的《电子出版物出版管理规定》第 2 条的规定，是指以数字代码方式，将有知识性、思想性内容的信息编辑加工后存储在固定物理形态的磁、光、电等介质上，通过电子阅读、显示、播放设备读取使用的大众传播媒体，包括只读光盘（CD-ROM、DVD-ROM 等）、一次写入光盘（CD-R、DVD-R 等）、可擦写光盘（CD-RW、DVD-RW 等）、软磁盘、硬磁盘、集成电路卡等，以及新闻出版总署认定的其他媒体形态。1998 年 12 月 17 日最高人民法院《关于审理非法出版物刑事案件具体应用法律若干问题的解释》（以下简称《非法出版物案件解释》）规定了两种非法经营出版物的行为：一是第 11 条规定，违反国家规定，出版、印刷、复制、发行该解释第 1 条至第 10 条规定以外的其他严重危害社会秩序和扰乱市场秩序的非法出版物，情节严重的，依照《刑法》第 225 条第 3 项的规定，以非法经营罪定罪处罚。二是第 15 条规定，非法从事出版物的出版、印刷、复制、发行业务，严重扰乱市场秩序，情节特别严重，构成犯罪的，可以依照《刑法》第 225 条第 3 项的规定，以非法经营罪定罪处罚。这里的"《刑法》第 225 条第 3 项"，是指 1997 年《刑法》第 225 条第 3 项。上述第一种情形，是经营出版物内容违法，即经营具有反动性政治内容出版物、侵权复制品、淫秽物品等以外的严重危害社会秩序和扰乱市场秩序的非法出版物；第二种情形，是出版物程序违法，即未经国家出版主管部门批准而擅自从事出版物的出版、印刷、复制、发行业务。

3）非法经营电信业务。2000 年 5 月 12 日最高人民法院《关于审理扰乱电信市场管理秩序案件具体应用法律若干问题的解释》（以下简称《扰乱电信市场秩序案件解释》）第 1 条规定：违反国家规定，采用租用国际专线、私设转接设备或者其他方法，擅自经营国际电信业务或者涉港澳台电信业务进行营利活动，扰乱电信市场管理秩序，情节严重的，依照《刑法》第 225 条第 4 项的规定，以非法经营罪定罪处罚。这里的"《刑法》第 225 条第 4 项"，是指经《刑法修正案》修正后的《刑法》第 225 条第 4 项，也就是 1997 年《刑法》第 225 条第 3 项，下同。这种经营国际电信业务或者涉港澳台电信业务的行为，由于未经国家电信主管部门批准，因而属于非法经营行为。

4）在生产、销售的饲料中添加盐酸克仑特罗等禁止在饲料和动物饮用水中使用的药品，或者销售明知是添加有该类药品的饲料，情节严重的行为。根据《动物药品案件解释》第 2 条的规定，对上述行为依照《刑法》第 225 条第 4 项的规定，以非法经营罪追究刑事责任。

5）非法经营互联网业务。根据 2004 年 7 月 19 日最高人民法院、最高人民检察院、公安部《关于依法开展打击淫秽色情网站专项行动有关工作的通知》，对于违反国家规定，擅自设立互联网上网服务营业场所，或者擅自从事互联网上网服务经营活动，情节严重，构成犯罪的，以非法经营罪追究刑事责任。

6）非法经营彩票的。根据 2005 年 5 月 11 日最高人民法院、最高人民检察院《关于办理赌博刑事案件具体应用法律若干问题的解释》第 6 条的规定，对于未经国家批准擅自发行、销售彩票，构成犯罪的，依照《刑法》第 225 条第 4 项的规定，以非法经营罪定罪处罚。

7）非法经营非上市公司股票。根据 2008 年 1 月 2 日最高人民法院、最高人民检察院、公安部、中国证券监督管理委员会《关于整治非法证券活动有关问题的通知》，对于中介机构非法代理买卖非上市公司股票、涉嫌犯罪的，应当依照《刑法》第 225 条之规定，以非法经营罪追究刑事责任。

8）违反国家规定，使用销售点终端机具（POS 机）等方法，以虚构交易、虚开价格、现金退货等方式向信用卡持卡人直接支付现金。根据前引《信用卡案件解释》第 7 条第 1 款的规定，对上述行为，情节严重的，应当根据《刑法》第 225 条的规定，以非法经营罪定罪处罚。

9）擅自发行基金份额募集资金。根据前引《非法集资案件解释》第 7 条的规定，违反国家规定，未经依法核准擅自发行基金份额募集基金，情节严重的，依照《刑法》第 225 条的规定，以非法经营罪定罪处罚。

10）非法生产、销售非食品原料。根据 2013 年 5 月 2 日最高人民法院、最高人民检察院《关于办理危害食品安全刑事案件适用法律若干问题的解释》（以下简称《食品安全案件解释》）第 11 条第 1 款的规定，以提供给他人生产、销售食品为目的，违反国家规定，生产、销售国家禁止用于食品生产、销售的非食品原料，情节严重的，依照《刑法》第 225 条的规定，以非法经营罪定罪处罚。

11）非法生产、销售农药、兽药，饲料、饲料添加剂，或者饲料原料、饲料添加剂原料。根据《食品安全案件解释》第 11 条第 2 款的规定，违反国家规定，生产、销售国家禁止生产、销售、使用的农药、兽药，饲料、饲料添加剂，或者饲料原料、饲料添加剂原料，情节严重的，依照《刑法》第 225 条的规定，以非法经营罪定罪处罚。

12）非法从事生猪屠宰、销售等经营活动。根据《食品安全案件解释》第 12 条的规定，违反国家规定，私设生猪屠宰厂（场），从事生猪屠宰、销售等经营活动，情节严重的，依照《刑法》第 225 条的规定，以非法经营罪定罪处罚。

13）非法生产赌博机或者其专用软件。2014 年 3 月 26 日最高人民法院、最高人民检察院、公安部《关于办理利用赌博机开设赌场案件适用法律若干问题的意见》（以下简称《意见（一）》）规定，以提供给他人开设赌场为目的，违反国家规定，非法生产、销售具有退币、退分、退钢珠等赌博功能的电子游戏设施设备或者其专用软件，情节严重的，依照《刑法》第 225 条的规定，以非法经营罪定罪处罚。

14）非法生产、销售伪基站设备。根据 2014 年 3 月 14 日最高人民法院、最高人民检察院、公安部、国家安全部《关于依法办理非法生产、销售、使用“伪基站”设备案件的意见》（以下简称《意见（二）》），具有《意见（二）》规定的情形之一的，以非法经营罪处罚。

2. 罪责

非法经营罪的罪责形式是故意。这里的故意，是指明知是非法经营行为而有意实施的主观心理状态。

3. 罪量

非法经营罪的罪量要素是情节严重。这里的“情节严重”，参照《立案追诉标准（二）》及其他司法解释的规定，分别是指下述情形。

（1）非法经营食盐。根据《食盐案件解释》第 2 条的规定，非法经营食盐，具有下列情形之一的，应当依法追究刑事责任：1）非法经营食盐数量在 20 吨以上的；2）曾因非法经营食盐行为受 2 次以上行政处罚又非法经营食盐，数量在 10 吨以上的。

（2）非法经营证券、期货或者保险业务。根据《立案追诉标准（二）》第 79 条第 3 项的规定，未经国家有关主管部门批准，非法经营证券、期货或者保险业务，非法经营数额在 30 万元以上的，应予立案追诉。

（3）非法经营外汇。根据《立案追诉标准（二）》第 79 条第 4 项的规定，非法经营外汇，涉嫌下列情形之一的，应予立案追诉：1）在外汇指定银行和中国外汇交易中心及其分中心以外买卖外汇，数额在 20 万美元以上的，或者违法所得数额在 5 万元以上的；2）公司、企业或者其他单位违反有关外贸代理业务的规定，采用非法手段，或者明知是伪造、变造的凭证、商业单据，为他人向外汇指定银行骗购外汇，数额在 500 万美元以上或者违法所得数额在 50 万元以上的；3）居间介绍骗购外汇，数额在 100 万美元以上或者违法所得数额在 10 万元以上的。

（4）非法经营出版物。根据《立案追诉标准（二）》第 79 条第 5 项的规定，出版、印刷、复制、发行非法出版物，涉嫌下列情形之一的，应予立案追诉：1）个人非法经营数额在 5 万元以上的，单位非法经营数额在 15 万元以上的；2）个人违法所得数额在 2 万元以上的，单位违法所得数额在 5 万元以上的；3）个人非法经营报纸 5 000 份或者期刊 5 000 本或者图书 2 000 册或者音像制品、电子出版物 500 张（盒）以上的，单位非法经营报纸 15 000 份或者期刊 15 000 本或者图书 5 000 册或者音像制品、电子出版物 1 500 张（盒）以上的。根据《立案追诉标准（二）》第 79 条第 6 款的规定，非法从事出版物的出版、印刷、复制、发行业务，严重扰乱市场秩序，具有下列情形之一的，应予立案追诉：1）个人非法经营数额在 15 万元以上的，单位非法经营数额在 50 万元以上的；2）个人违法所得数额在 5 万元以上的，单位违法所得数额在 15 万元以上的；3）个人非法经营报纸 15 000 份或者期刊 15 000 本或者图书 5 000 册或者音像制品、电子出版物 1 500 张（盒）以上的，单位非法经营报纸 5 万份或者期刊 5 万本或者图书 15 000 册或者音像制品、电子出版物 5 000 张（盒）以上的；4）虽未达到上述数额标准，两年内因非法从事出版物的出版、印刷、复制、发行业务受过行政处罚 2 次以上，又非法从事出版物的出版、印刷、复制、发行业务的。

（5）非法经营电信业务。根据《立案追诉标准（二）》第 79 条第 7 款的规定，非法经营电信业务，涉嫌下列情形之一的，应予立案追诉：1）经营去话业务数额在 100 万元以上的；2）经营来话业务造成电信资费损失数额在 100 万元以上的；3）虽未达到上述数额标准，但两年内因非法经营国际电信业务或者涉港澳台电信业务行为受过行政处罚 2 次以上，又非法经营国际电信业务或者涉港澳台电信业务的，或者因非法经营国际电信业务或者涉港澳台电信业务行为造成其他严重后果的。

（6）非法经营烟草制品。根据《烟草专卖品案件解释》第 3 条第 1 款的规定，非法经营烟草专卖品，具有下列情形之一的，应当认定为《刑法》第 225 条规定的“情节严重”：1）非法经营数额在 5 万元以上的，或者违法所得数额在 2 万元以上的；2）非法经营卷烟 20 万支以上的；3）曾因非法经营烟草专卖品 3 年内受过 2 次以上行政处罚，又非法经营烟草专卖品且数额在3万元以上的。

（7）违反国家规定，使用销售点终端机具（POS机）等方法，以虚构交易、虚开价格、现金退货等方式向信用卡持卡人直接支付现金。根据《信用卡案件解释》第7条第2款的规定，实施上述行为，数额在100万元以上的，或者造成金融机构资金20万元以上逾期未还的，或者造成金融机构经济损失10万元以上的，应当认定为情节严重。

（8）非法生产、销售赌博机或者其专用软件。根据前引《意见（一）》第4条第2款的规定，实施上述行为，具有下列情形之一的，属于非法经营罪的“情节严重”：1）个人非法经营数额在5万元以上，或者违法所得数额在1万元以上的；2）单位非法经营数额在50万元以上，或者违法所得数额在10万元以上的；3）虽未达到上述数额标准，但两年内因非法生产、销售赌博机行为受过2次以上行政处罚，又进行同种非法经营行为的；4）其他情节严重的情形。

（9）非法生产、销售伪基站设备。根据前引《意见（二）》的规定，非法生产、销售伪基站设备，具有下列情形之一的，以非法经营罪追究刑事责任：1）个人非法生产、销售“伪基站”设备3套以上，或者非法经营数额5万元以上，或者违法所得数额2万元以上的；2）单位非法生产、销售“伪基站”设备10套以上，或者非法经营数额15万元以上，或者违法所得数额5万元以上的；3）虽未达到上述数额标准，但两年内曾因非法生产、销售“伪基站”设备受过两次以上行政处罚，又非法生产、销售“伪基站”设备的。

（10）其他非法经营活动。参照《立案追诉标准（二）》第79条第8款的规定，从事其他非法经营活动，涉嫌下列情形之一的，应予追诉：1）个人非法经营数额在5万元以上，或者违法所得数额在1万元以上的；2）单位非法经营数额在50万元以上，或者违法所得数额在10万元以上的；3）虽未达到上述数额标准，但两年内因同种非法经营行为受过2次以上行政处罚，又进行同种非法经营行为的；4）其他情节严重的情形。

（三）处罚

《刑法》第225条规定，犯本罪的，处5年以下有期徒刑或者拘役，并处或者单处违法所得1倍以上5倍以下罚金；情节特别严重的，处5年以上有期徒刑，并处违法所得1倍以上5倍以下罚金或者没收财产。《刑法》第231条规定，单位犯本罪的，对单位判处罚金，并对其直接负责的主管人员和其他直接责任人员，依照个人犯罪的规定处罚。

加重处罚事由 犯非法经营罪而情节特别严重的，是本罪的加重处罚事由。这里的“情节特别严重”，是指非法经营数额或违法所得数额特别巨大的，或者造成特别严重后果的，或者造成十分恶劣影响的，或者对国民经济和社会安定造成严重破坏的，等等。有关司法解释对非法经营情节特别严重作了规定。

（1）非法经营出版物。《非法出版物案件解释》第12条第2款规定，具有下列情节之一的，属于个人非法经营出版物行为情节特别严重：1）经营数额在15万元至30万元以上；2）违法所得数额在5万元至10万元以上；3）经营报纸15 000份或者期刊15 000本或者图书5 000册或者音像制品、电子出版物1 500张（盒）以上。第13条第2款规定，具有下列情形之一的，属于单位非法经营出版物行为情节特别严重：1）经营数额在50万元至100万元以上；2）违法所得数额在15万元至30万元以上；3）经营报纸5万份或者期刊5万本或者图书15 000册或者音像制品、电子出版物5 000张（盒）以上。第14条规定，经营数额、违法所得数额或者经营数量接近上述起点标准，并且具有下列情形之一的，可以认定为非法经营出版物行为情节特别严重：1）两年内因出版、印刷、复制、发行非法出版物受过行政处罚两次以上；2）因出版、印刷、复制、发行非法出版物造成恶劣社会影响或者其他严重后果。

（2）非法经营电信业务。《扰乱电信市场秩序案件解释》第 2 条第 2 款规定，具有下列情形之一的，属于非法经营电信业务行为情节特别严重：1）经营去话业务数额在 500 万元以上；2）经营来话业务造成电信资费损失数额在 500 万元以上。第 3 条规定，经营数额或者造成电信资费损失数额接近上述起点标准，并具有下列情形之一的，可以认定为非法经营电信业务行为情节特别严重：1）两年内因非法经营国际电信业务或者涉港澳台电信业务行为受过行政处罚两次以上；2）因非法经营国际电信业务或者涉港澳台电信业务行为造成其他严重后果。

（3）违反国家规定，使用销售点终端机具（POS 机）等方法，以虚构交易、虚开价格、现金退货等方式向信用卡持卡人直接支付现金。根据《信用卡案件解释》第 7 条第 2 款的规定，实施上述行为，数额在 500 万元以上的，或者造成金融机构资金 100 万元以上逾期未还的，或者造成金融机构经济损失 50 万元以上的，应当认定为情节特别严重。

（4）非法经营烟草制品。根据《烟草专卖品案件解释》第 3 条第 2 款的规定，有下列情形之一的，应当认定为《刑法》第 225 条规定的情节特别严重：1）非法经营数额在 25 万元以上，或者违法所得数额在 10 万元以上；2）非法经营卷烟 100 万支以上。

（5）非法生产、销售赌博机或者其专用软件。根据前引《意见（一）》第 4 条第 3 款的规定，具有下列情形之一的，属于非法经营行为"情节特别严重"：1）个人非法经营数额在 25 万元以上，或者违法所得数额在 5 万元以上的；2）单位非法经营数额在 250 万元以上，或者违法所得数额在 50 万元以上的。

二十、强迫交易罪

（一）概念

强迫交易罪是指以暴力、威胁手段强买强卖商品，强迫他人提供服务或者强迫他人接受服务，情节严重的行为。

（二）构成

1. 罪体

行为　强迫交易罪的行为是以暴力、威胁手段强买强卖商品，强迫他人提供服务或者强迫他人接受服务。强迫交易罪是复行为犯：一是手段行为，二是目的行为。手段行为是暴力、威胁，这里的"暴力"，是指身体强制；"威胁"，是指精神强制。目的行为是指强迫交易，这里的"强迫交易"是指下列行为之一。

（1）强买强卖商品，是指在商品交易中违反法律、法规和商品交易规则，不顾交易对方是否同意，以暴力、威胁手段强行买进或者强行卖出。

（2）强迫他人提供或者接受服务。这里的"强迫提供服务"，是指违反公平自愿原则，不顾提供服务方是否同意，以暴力、威胁手段，迫使对方提供服务；"强迫接受服务"，是指违反公平自愿原则，不顾消费者是否同意，以暴力、威胁手段迫使对方接受服务。根据 2014 年 4 月 17 日最高人民检察院《关于强迫借贷行为适用法律问题的批复》的规定，以暴力、胁迫手段强迫他人借贷，属于《刑法》第 226 条第 2 项规定的"强迫他人提供或者接受服务"，情节严重的，以强迫交易罪追究刑事责任。

（3）强迫他人参与或者退出投标、拍卖，是指在投标、拍卖活动中，使用暴力、威胁手段，迫使竞标者、竞拍者参与或者退出投标、拍卖活动。

（4）强迫他人转让或者收购公司、企业的股份、债券或者其他资产，是指在公司、企业的资产转让活动中，使用暴力、威胁手段，迫使他人在不符合市场价值规律和不利于出让人的情况下转让公司、企业的股份、债券或者其他资产。

(5) 强迫他人参与或者退出特定的经营活动，是指使用暴力、威胁手段，在犯罪分子指定的经营活动范围内，在没有选择的情况下，参与或者退出经营活动。

客体 强迫交易罪的客体是商品和服务。

2. 罪责

强迫交易罪的罪责形式是故意，是指明知是强迫交易行为而有意实施的主观心理状态。

3. 罪量

强迫交易罪的罪量要素是情节严重。这里的“情节严重”，是指多次强迫交易；强迫交易数额巨大；以强迫交易手段推销伪劣产品；造成他人人身伤害后果；造成恶劣影响或者其他严重后果；等等。

（三）处罚

《刑法》第226条［《刑法修正案（八）》第36条］规定，犯本罪的，处3年以下有期徒刑或者拘役，并处或者单处罚金；情节特别严重的，处3年以上7年以下有期徒刑，并处罚金。《刑法》第231条规定，单位犯本罪的，对单位判处罚金，并对其直接负责的主管人员和其他直接责任人员，依照个人犯罪的规定处罚。

加重处罚事由 犯强迫交易罪而情节特别严重的，是本罪的加重处罚事由。这里的“情节特别严重”，是指采用的强迫交易手段特别恶劣、非法牟利数额特别巨大、造成特别严重后果或者有其他特别严重情节。

第3章　侵害人身权利罪

一、故意杀人罪

（一）概念

故意杀人罪是指故意地非法剥夺他人生命的行为。

（二）构成

1. 罪体

行为　故意杀人罪的行为是杀人，即非法剥夺他人的生命。刑法对杀人的方法并没有加以限制，因此无论采取何种方法，只要非法剥夺他人生命，均系杀人行为。杀人行为在一般情况下表现为作为，在个别情况下也可以由不作为构成。例如，出于杀人的故意，母亲不给婴儿喂奶致其死亡的，就是由不作为构成的故意杀人罪。

客体　故意杀人罪的客体是人，侵犯的是人的生命权。人的生命始自出生，终于死亡。关于人的出生，一般采用胎儿从母体分离出来能够独立呼吸的标准。在此之前母体腹中的胎儿不是刑法意义上的人，因此伤害或者杀害怀孕的妇女，致使流产或者胎死腹中的情形，只能视为对母体的伤害或者杀害，对胎儿来说则不存在杀人的问题。关于人的死亡，传统的观点是采用心跳停止的标准，即以人的心脏不可逆转地停止跳动（心跳、脉搏和呼吸停止）为死亡的标准。而目前医学界逐渐采用脑死亡的标准，以人脑（包括大脑、小脑、脑干）处于不可逆转的深度昏迷，即全部功能不可恢复地完全消失作为死亡的标准。刑法并未对人的死亡标准作出明文规定，医学上通行的死亡标准即视为刑法上的死亡标准。根据脑死亡的标准，一个人经医学判断为脑死亡，即使仍有心跳和呼吸，也视为已经死亡。因此，撤除维持其心跳和呼吸的医疗器械，使其停止心跳和呼吸，不能视为杀人行为。

结果　故意杀人罪的结果是杀人行为导致他人死亡。如果已经死亡，即为杀人既遂；没有死亡，即为杀人未遂。

2. 罪责

故意杀人罪的罪责形式是故意。这里的故意，是指明知自己的行为是非法剥夺他人生命的行为而有意实施的主观心理状态。故意杀人罪，既可以由直接故意构成，也可以由间接故意构成。直接故意杀人，往往存在杀人动机。杀人动机是多种多样的，常见的有报复杀人、图财杀人、奸情杀人、义愤杀人等。动机不影响故意杀人罪的成立，可在量刑时予以适当考虑。

（三）认定

1. 安乐死

安乐死是否属于罪体排除事由，是一个在故意杀人罪的认定中首先需要研究的问题。安乐死是指病人患有痛苦难以忍受、无法治愈的疾病，并且濒临死亡，为减轻其死亡前的痛苦，基于病人本人或其近亲属的请求或者同意，采取适当方法，使其无痛苦地死亡的行为。由于在安乐死的情况下，病人虽然濒临死亡但毕竟没有死亡，通过安乐死致其死亡。显然，安乐死在本质上是一种故意杀人行为。当然，安乐死杀人与一般杀人在性质上有所不同：安乐死杀人主观上是为减轻病人临死前的痛苦，客观上是经病人本人或其近亲属的请求或者同意，而一般杀人不具有上述特征。安乐死是否构成故意杀人罪，关键在于法律是否允许安乐死，即安乐死是否合法化。目前世界上要求安乐死合法化的呼声越来越高，但只有荷兰真正实现了安乐死的合法化。我国目前对于消极安乐死，即为使病人无痛苦地提早死亡，经病人本人请求或者近亲属同意，采取放弃治疗、撤除维持生命的医疗器械或者其他方法，致其死亡的行为，并不按照故意杀人罪处理；而对于积极安乐死，即为使病人无痛苦地提早死亡，经病人本人请求或者近亲属同意，采取注射针剂、服用药物或者其他方法，致人死亡的行为，一般仍作为故意杀人罪处理，只是考虑到安乐死的可宽恕性，可以在量刑时予以宽大处理。

2. 自杀相关行为

自杀是基于本人意愿而结束生命，因而自杀与杀人在性质上截然不同，杀人是他杀。但在认定故意杀人罪的时候，如何区分故意杀人罪与自杀相关行为的界限，是一个值得研究的问题。

（1）教唆自杀

教唆自杀是指故意采用引诱、怂恿、欺骗等方法，使他人产生自杀意图进而实行自杀的行为。在教唆自杀的情况下，他人本无自杀之心，在教唆人的唆使下产生自杀意图进而实施自杀行为。显然，自杀的教唆者主观上具有使他人死亡的意图，但在客观上他人毕竟是自杀而死。因此，教唆自杀不能直接等同于故意杀人，在刑法没有明文规定的情况下，不宜作为故意杀人罪处理。

（2）帮助自杀

帮助自杀是指在他人已有自杀意图的情况下，帮助他人实现自杀意图的行为。这里的“帮助他人实现自杀意图”，存在以下两种情形：一是为他人自杀提供便利条件，例如提供针剂、药物或者其他自杀工具，而自杀行为是他人本人实行的。在这种情况下，尽管帮助行为与自杀之间具有因果关系，也不能按照故意杀人罪处理。二是基于自杀者的要求，对自杀者实施了杀人行为，使其实现自杀。这是一种受托杀人，尽管对自杀者来说这是一种自杀，但对于帮助者来说这是一种杀人，因而是帮助自杀与杀人的想象竞合。在这种情况下，即使有自杀者的承诺，也不能成为杀人者免责的事由，对此仍应按照故意杀人罪处理。

（3）相约自杀

相约自杀是指两人以上相互约定，自愿共同自杀的行为。如果相约自杀者在自杀中均已死亡，当然不存在刑事责任问题。如果相约自杀者各自自杀，他人已死，其中一人自杀未遂，对自杀未遂者也不能追究刑事责任。如果相约自杀，由一人将他人杀死，本人却因反悔而未自杀或自杀未遂，对自杀未遂者应以故意杀人罪追究刑事责任。

（4）致人自杀

致人自杀是指由于某种原因引起他人自杀的行为，例如，暴力干涉婚姻自由、强奸、虐待或者争吵、轻微殴打等引起被害人自杀。在这种情况下，不应认定为故意杀人罪。如果引起他人自杀的行为构成犯罪的，可以按照有关犯罪处理，并将自杀作为致人死亡的情形在量刑时予以考虑。如果引起他人自杀的行为不构成犯罪的，不应追究刑事责任。

（5）逼迫自杀

逼迫自杀是指利用权势或者经济、亲属关系上的优势，故意迫使他人自杀的行为。这种情况下，自杀并非死者所愿，因此名为自杀实则杀人。这是一种借被害人之手杀被害人的情形，应以故意杀人罪处理。在认定这种逼迫自杀行为的时候，要查明逼迫的程度以及其与自杀之间的因果关系，并且要查明逼迫者主观上的杀人故意。

3. 故意杀人罪与以放火等危险方法危害公共安全犯罪的区分

如前所述，刑法对杀人方法并无限制，因而以放火等方法杀害他人的，同样可以构成故意杀人罪。但由于我国刑法中以放火等危险方法危害公共安全犯罪包含故意杀人的内容，因而就存在两者如何正确区分的问题。我认为，应以放火等方法是否危害公共安全作为区分标准。如果放火等方法不足以危害公共安全，例如，基于杀人故意在偏僻之处焚烧独户房屋致使他人死亡的，应定故意杀人罪，否则，就应定危害公共安全罪。因为在以放火等方法杀人足以危害公共安全的情况下，上述危害公共安全罪与故意杀人罪之间存在整体法与部分法的法条竞合关系，应以整体法规定之罪即危害公共安全罪论处。

（四）处罚

根据《刑法》第232条之规定，犯本罪的，处死刑、无期徒刑或者10年以上有期徒刑；情节较轻的，处3年以上10年以下有期徒刑。

减轻处罚事由 犯故意杀人罪而情节较轻的，是本罪的减轻处罚事由。这里的“情节较轻”，是指防卫过当杀人、义愤杀人、因受被害人长期迫害而杀人等。

二、过失致人死亡罪

（一）概念

过失致人死亡罪是指由于过失而引起他人死亡的行为。

（二）构成

1. 罪体

行为 过失致人死亡罪的行为是致人死亡。这里的“致人死亡”，是指由于过失行为而引起他人死亡。刑法对过失致人死亡的方法并无限制，但如果其方法行为构成其他犯罪的，应以其他犯罪处理。

客体 过失致人死亡罪的客体是人，侵犯的是人的生命权。

结果 过失致人死亡罪的结果是他人死亡。并且，过失行为与他人死亡之间存在因果关系。

2. 罪责

过失致人死亡罪的罪责形式是过失。这里的过失，是指应当预见自己的行为可能发生致人死亡的结果，由于疏忽大意而没有预见，或者已经预见而轻信能够避免，以致发生他人死亡结果的主观心理状态。

（三）认定

1. 过失致人死亡罪与故意杀人罪的区分

过失致人死亡罪与故意杀人罪在客观上都造成了他人死亡的结果，两者的根本区分在于主观心理状态：过失致人死亡罪是由于过失行为致使他人死亡，故意杀人罪是由于故意行为致使他人死亡。过失致人死亡与故意杀人的区分，关键在于对他人死亡结果是希望或者放任还是疏忽大意或者过于自信。

2. 过失致人死亡罪与意外事件的区分

意外事件，在客观上也可能造成他人死亡的结果，但行为人主观上既无故意又无过失，而是由于不能预见的原因所引起的。过失致人死亡罪与意外事件的区分，对于疏忽大意的过失致人死亡的认定具有重要意义。在疏忽大意过失致人死亡的情况下，区分过失致人死亡与意外事件的关键是行为人对于致人死亡的结果是否应当预见：如果应当预见，就是过失致人死亡；如果不应当预见，就是由于不能预见的原因所引起的意外事件。

3. 过失致人死亡与刑法另有规定的致人死亡的区分

《刑法》第 233 条规定："本法另有规定的，依照规定。"这是关于过失致人死亡罪与其他犯罪之间法条竞合的法律适用原则的引导性规定。根据这一规定，其他罪名中包含过失致人死亡内容的，例如，失火罪、过失投放危险物质罪、过失爆炸罪以及交通肇事罪等犯罪中都包含过失致人死亡，过失致人死亡罪是部分法，而上述包含过失致人死亡内容的犯罪是整体法，根据整体法优于部分法的原则，应以上述其他犯罪论处。

（四）处罚

根据《刑法》第 233 条之规定，犯本罪的，处 3 年以上 7 年以下有期徒刑；情节较轻的，处 3 年以下有期徒刑。

减轻处罚事由 犯过失致人死亡罪而情节较轻的，是本罪的减轻处罚事由。这里的"情节较轻"，是指手段不恶劣、被害人有过错、犯罪后积极采取救治措施或者有其他较轻情节的，等等。

三、故意伤害罪

（一）概念

故意伤害罪是指故意非法损害他人身体健康的行为。

（二）构成

1. 罪体

行为 故意伤害罪的行为是非法损害他人身体健康。这里的"损害他人身体健康"，是指损害人体组织的完整或者破坏人体器官的正常功能。刑法对伤害方法并无限制，无论采取何种方法，只要损害他人身体健康，即应认定为伤害行为。

客体 故意伤害罪的客体是他人身体，侵犯的是身体健康权。

结果 故意伤害罪的结果是造成对他人健康的损害。刑法根据伤害后果不同，分为轻伤、重伤与伤害致人死亡三种情形，因此，故意伤害罪的成立要求行为造成轻伤以上结果。根据 2014 年 1 月 1 日起施行的最高人民法院、最高人民检察院、公安部、国家安全部、司法部《人体损伤程度鉴定标准》的规定，轻伤是指使人肢体或者容貌损害，听觉、视觉或者其他器官功能部分障碍或者其他对于人身健康有中度伤害的损伤，包括轻伤一级和轻伤二级。

2. 罪责

故意伤害罪的罪责形式是故意。这里的故意，是指明知自己的伤害行为会造成他人身体健康损害的结果，并且希望或者放任这种结果发生的主观心理状态。应当指出，在故意伤害致人死亡的情况下，行为人对伤害是故意的，但对于死亡是过失的。故意伤害致人死亡在刑法理论上称为结果加重犯。在认定故意伤害致人死亡的时候，不仅要查明行为人对伤害的故意，还应当查明行为人对于死亡结果的过失。在单独犯罪的情况下，行为人基于伤害故意实施了伤害行为但造成他人死亡时，只要这种死亡结果是伤害行为造成的，一般都应认定行为人对于死亡结果主观上具有过失。但在教唆或帮助他人实施故意伤害的情况下，他人造成了伤害致人死亡的结果，只有在查明教唆或者帮助者对于死亡结果主观上具有过失的情况下，才能令其对死亡结果承担刑事责任，否则，死亡结果应当视为实行过限。在共同实行犯中也是如此。二人以上共同进行故意伤害，其中一人致人死亡的，他人只有在对死亡结果存在过失的情况下才负刑事责任。

（三）认定

1. 故意伤害罪与故意杀人罪（未遂）的区分

故意伤害罪与故意杀人罪（未遂）在客观上都造成了他人身体健康损害的结果，两者的区分主要在于故意的内容不同：故意伤害罪具有伤害的故意，故意杀人罪（未遂）则具有杀人的故意，只是由于犯罪分子意志以外的原因未得逞而已。因此，在司法实践中，应当根据主观故意的内容区分上述两种性质不同的犯罪。

2. 故意伤害罪（致人死亡）与故意杀人罪的区分

故意伤害罪（致人死亡）与故意杀人罪在客观上都造成了他人死亡的结果，两者的区分主要在于主观心理状态的不同：在故意伤害致人死亡的情况下，行为人只有伤害故意，致人死亡是过失所致。而在故意杀人的情况下，行为人具有杀人故意，对于他人死亡的结果是希望或者放任其发生的。

3. 故意伤害罪（致人死亡）与过失致人死亡罪的区分

故意伤害罪（致人死亡）与过失致人死亡罪在客观上都造成了他人死亡的结果，并且对于他人死亡的结果主观上都是具有过失的，区分的关键在于：在故意伤害致人死亡的情况下，致人死亡结果是由故意伤害行为所致。而在过失致人死亡的情况下，致人死亡是非伤害行为所致。因此，应当根据致人死亡的行为是否为故意伤害行为来对上述两种性质不同的犯罪加以区分。在司法实践中，经常出现推人一把或者打人一拳，他人倒地，因头部磕在石块或者其他硬物上而导致死亡的情形。在这种情况下，不能因为推人或者打人是故意的，就定为故意伤害罪（致人死亡）。因为推人或者打人虽然是故意的，但并未构成伤害，所以应以过失致人死亡论处。

4. 故意伤害罪与刑法另有规定的故意伤害的区分

《刑法》第234条第2款规定：本法另有规定的，依照规定。我国刑法分则中大量的犯罪都包含了故意伤害的内容，可以分为两种情形：一是以暴力为手段的犯罪，这里的暴力都包括轻伤害，至于是否包括重伤害要根据其法定刑而定。二是以致人重伤为结果的犯罪，在某些情况下包括故意重伤害。在上述情况下，故意伤害罪与其他犯罪之间存在法条竞合关系。故意伤害罪是部分法，其他包含故意伤害内容的犯罪是整体法，应根据整体法优于部分法的原则，以其他犯罪论处。

（四）处罚

根据《刑法》第234条第1款之规定，犯本罪的，处3年以下有期徒刑、拘役或者管制。第2款规定，犯本罪，致人重伤的，处3年以上10年以下有期徒刑；致人死亡或者以特别残忍手段致人重伤造成严重残疾的，处10年以上有期徒刑、无期徒刑或者死刑。

加重处罚事由 犯故意伤害罪而致人重伤的，是本罪的加重处罚事由。这里的重伤，根据《刑法》第95条的规定，是指具有下列情形之一的伤害：（1）使人肢体残废或者毁人容貌的；（2）使人丧失听觉、视觉或者其他器官机能的；（3）其他对于人身健康有重大伤害的。2014年1月1日起施行的最高人民法院、最高人民检察院、公安部、国家安全部、司法部《人体损伤程度鉴定标准》为认定重伤提供了具体标准，根据这一规定，在鉴定重伤时，应依据人体损伤当时的伤情及其损伤的后果或者结果，全面分析，综合评定。

特别加重处罚事由 犯故意伤害罪而致人死亡或者以特别残忍手段致人重伤造成严重残疾的，是本罪的特别加重处罚事由。这里的“特别残忍手段”，是指采取朝人面部泼镪水、用刀划伤面部等方法毁人容貌，挖人眼睛，砍掉双脚等。这里的“严重残疾”，根据1999年10月27日《全国法院维护农村稳定刑事审判工作座谈会纪要》的规定，是指下列情形之一：被害人身体器官大部缺损、器官明显畸形、身体器官有中等功能障碍、造成严重并发症等。残疾程度可以分为一般残疾（十至七级）、严重残疾（六至三级）、特别严重残疾（二至一级），六级以上视为“严重残疾”。在有关司法解释出台前，可统一参照 1996 年国家技术监督局颁布的《职工工伤与职业病致残程度鉴定》确定残疾等级。故意伤害致人重伤造成严重残疾，只有犯罪手段特别残忍，后果特别严重的，才能考虑适用死刑（包括死刑缓期 2 年执行）。

四、过失致人重伤罪

（一）概念

过失致人重伤罪是指过失伤害他人身体，致人重伤的行为。

（二）构成

1. 罪体

行为 过失致人重伤罪的行为是造成他人重伤。

客体 过失致人重伤罪的客体是他人身体，侵犯的是身体健康权。

结果 过失致人重伤罪的结果是重伤。

2. 罪责

过失致人重伤罪的罪责形式是过失。这里的过失，是指应当预见到自己的行为可能造成他重伤的结果，因为疏忽大意而没有预见，或者已经预见而轻信能够避免，以致发生重伤结果的主观心理状态。

（三）处罚

根据《刑法》第 235 条之规定，犯本罪的，处 3 年以下有期徒刑或者拘役。

五、强奸罪①

（一）概念

强奸罪是指使用暴力、胁迫或者其他手段，违背妇女意志，强行与妇女发生性关系，或者奸淫不满 14 周岁的幼女的行为。

（二）构成

1. 罪体

主体 强奸罪的主体是男性，妇女不可能成为强奸罪的正犯，但可以成为强奸罪的共犯，即教唆犯或者帮助犯。

行为 强奸罪的行为有两种情形：一是强奸妇女，二是奸淫幼女。现分述如下。

（1）强奸妇女行为。强奸妇女行为是使用暴力、胁迫或者其他手段，强行与妇女发生性关系。因此，强奸妇女行为可以分为手段行为与目的行为。手段行为是使用暴力、胁迫或者其他方法。这里的暴力，是指对被害妇女采用殴打、捆绑、卡脖子、按倒等危害人身安全和人身自由，使妇女不敢抗拒的手段。胁迫，是指对被害妇女进行威胁、恫吓，达到精神上的强制，使妇女不敢反抗的手段，例如，扬言行凶报复、揭发隐私、加害亲属等，利用迷信进行恐吓、欺骗，利用教养关系、从属关系、职权以及孤立无援的环境条件，进行挟制、迫害等，使妇女忍辱屈从，不敢反抗。其他手段，是指利用暴力、胁迫以外的，使被害妇女不知抗拒或者无法抗

---

① 根据 1997 年 12 月 11 日最高人民法院《关于执行〈中华人民共和国刑法〉确定罪名的规定》，强奸罪与奸淫幼女罪是两个独立罪名。2002 年 3 月 15 日最高人民法院、最高人民检察院《关于执行〈中华人民共和国刑法〉确定罪名的补充规定》取消了奸淫幼女罪罪名，统称强奸罪。

拒的手段，例如，利用妇女患病或者熟睡之机进行奸淫，利用醉酒、药物麻醉、药物刺激等方法对妇女进行奸淫，利用或者假冒治病对妇女进行奸淫等。目的行为是强行与妇女发生性关系。正由于行为人采取了上述强制手段，这种性交是违背妇女意志的，因而构成强奸。

(2) 奸淫幼女行为。奸淫幼女行为是指与不满14周岁的幼女发生性关系。奸淫幼女，刑法并不要求行为人使用暴力、胁迫或者其他手段。因为不满14周岁的幼女身心发育尚不成熟，缺乏辨别和反抗的能力，没有性承诺能力，无论被害幼女是否同意，与之发生性关系即以强奸论。这里的“以强奸论”，是推定为强奸或者准强奸之意。在刑法理论上，亦称为法定强奸。

客体 强奸罪的客体分别是妇女与幼女。强奸妇女的客体是妇女，奸淫幼女的客体是幼女。这里的幼女，是指不满14周岁的幼女。

2. 罪责

强奸罪的罪责形式是故意。这里的故意，是指明知是强奸妇女或者奸淫幼女的行为而有意实施的主观心理状态。关于奸淫幼女行为构成的强奸罪，行为人主观上是否必须明知奸淫对象是不满14周岁的幼女，在刑法理论上存在争论。第一种观点认为，刑法并未规定只有明知是不满14周岁的幼女而与之发生性关系的才构成本罪，因此，本罪主观上不要求明知，只要与不满14周岁的幼女发生性交即构成本罪。个别学者还认为，本罪属于严格责任。第二种观点认为，虽然刑法没有规定以明知为条件，但从法理上说，如果不知是不满14周岁的幼女，就不存在奸淫幼女的故意。因此，本罪的构成要求行为人主观上对不满14周岁幼女的明知。我赞同上述第二种观点，但这里的明知并不能等同于确知，包括已经知道与推定知道，但在确实不知的情况下，不能构成本罪。例如，根据幼女早熟、身材高大等特征以及幼女本人谎报年龄，确实认为其不是幼女，主动要求或在幼女的主动要求下双方自愿发生性关系的，不能认定为强奸罪。对此，2003年1月17日最高人民法院颁布了《关于行为人不明知是不满十四周岁的幼女双方自愿发生性关系是否构成强奸罪问题的批复》(已失效)，该批复明确规定：“行为人明知是不满十四周岁的幼女而与其发生性关系，不论幼女是否自愿，均应依照刑法第二百三十六条第二款的规定，以强奸罪定罪处罚；行为人确实不知对方是不满十四周岁的幼女，双方自愿发生性关系，未造成严重后果，情节显著轻微的，不认为是犯罪。”由此可见，该司法解释确认了奸淫幼女构成强奸罪应以明知对方是不满14周岁的幼女为条件。关于如何认定这里的明知，2013年10月23日最高人民法院、最高人民检察院、公安部、司法部颁布的《关于依法惩治性侵害未成年人犯罪的意见》(以下简称《性侵害未成年人犯罪的意见》)第19条规定：“知道或者应当知道对方是不满十四周岁的幼女，而实施奸淫等性侵害行为的，应当认定行为人‘明知’对方是幼女。对于不满十二周岁的被害人实施奸淫等性侵害行为的，应当认定行为人‘明知’对方是幼女。对于已满十二周岁不满十四周岁的被害人，从其身体发育状况、言谈举止、衣着特征、生活作息规律等观察可能是幼女，而实施奸淫等性侵害行为的，应当认定行为人‘明知’对方是幼女。”这一规定为正确认定不满14周岁的幼女年龄提供了根据，对于正确认定幼女年龄具有重要意义。

(三) 认定

1. 性交的界定

强奸是指强行与妇女发生性关系，这里的性关系就是性交。我国刑法未对性交作出明文规定，但在刑法理论上认为性交是指男女性器官的交合。从其他国家或者地区刑法中的性交概念来看，存在不同理解。例如，日本刑法中的性交，也称奸淫，是指男性阴茎插入女性阴道。①

---

① 参见［日］西田典之：《日本刑法各论》，6版，王昭武、刘明祥译，92页，北京，法律出版社，2013。

可见，日本刑法中的性交与我国刑法中的性交的含义基本相同。但我国台湾地区“刑法典”对性交却作了相当宽泛的规定，其现行“刑法”（2005 年修订）第 10 条第 5 项规定：“称性交者，谓非基于正当目的所为之下列性侵入行为：一、以性器进入他人之性器、肛门或口腔，或使之接合之行为。二、以性器以外之其他身体部位或器物进入他人之性器、肛门，或使之接合之行为。”以上性交定义，除了传统男女性器交合的性交内容以外，还包括同性之间的性交，甚至包括异性之间性器官交合以外的猥亵行为，例如手淫、口交等色情行为。由于我国刑法在强奸罪以外还规定了强制猥亵罪，为使上述两罪相区分，强奸罪中的性交应当限于男女之间性器官的交合。

2. 强奸与通奸的区分

通奸是指有配偶的男女双方之间或者已有配偶的一方与他人之间，自愿发生两性关系的行为。通奸不是犯罪，它与强奸存在本质上的不同，两者不可混为一谈。根据 1984 年 4 月 26 日最高人民法院、最高人民检察院、公安部《关于当前办理强奸案件中具体应用法律的若干问题的解答》（以下简称《强奸案件解答》，已失效）第 3 条第 2 项的规定，在区分强奸与通奸的时候，应当注意以下四点：（1）有的妇女与人通奸，一旦翻脸，关系恶化，或者事情暴露后，怕丢面子，或者为推卸责任、嫁祸于人等情况，把通奸说成强奸的，不能定为强奸罪。在办案中，对于所谓半推半就的问题，要对双方平时的关系如何，性行为是在什么环境和情况下发生的，事情发生后女方的态度怎样，又在什么情况下告发等事实和情节，认真审查清楚，作全面的分析：不是确系违背妇女意志的，一般不宜按强奸罪论处。如果确系违背妇女意志的，以强奸罪惩处。（2）第一次性行为违背妇女的意志，但事后并未告发，后来女方又多次自愿与该男子发生性行为的，一般不宜以强奸罪论处。（3）犯罪分子强奸妇女后，对被害妇女实施精神上的威胁，迫使其继续忍辱屈从的，应以强奸罪论处。（4）男女双方先是通奸，后来女方不愿继续通奸，而男方纠缠不休，并以暴力或以败坏名誉等进行胁迫，强行与女方发生性行为的，以强奸罪论处。

3. 奸淫女精神病患者和女痴呆症患者行为的定性

女精神病患者和女痴呆症患者患有某种精神疾病，存在一定程度的精神障碍，其正常表达能力减弱甚至丧失，因此，这种女精神病患者和女痴呆症患者与正常妇女是有所不同的，她们缺乏性承诺能力，刑法应予特殊保护。《强奸案件解答》（已失效）规定：“明知妇女是精神病患者或者痴呆者（程度严重的）而与其发生性行为的，不管犯罪分子采取什么手段，都应以强奸罪论处。与间歇性精神病患者在未发病期间发生性行为，妇女本人同意的，不构成强奸罪。”根据这一规定，奸淫女精神病患者和女痴呆症患者构成强奸罪的条件是：（1）女精神病患者和女痴呆症患者必须丧失辨认或者控制自己行为的能力，即缺乏性承诺能力。女精神病患者在精神病发作期间丧失辨认或者控制自己行为的能力，对其奸淫的，可构成强奸罪。而如果是患有间歇性精神病的妇女在未发病期间或者尚未完全丧失辨认或控制自己行为能力的精神病妇女以及精神病已基本痊愈的妇女，在女方自愿情况下与之发生性行为的，不能以强奸论处。对于女痴呆患者，则应考虑其智能障碍的严重程度。我国对精神发育不全患者，按照智能障碍的严重程度分为 3 类：一是白痴，为重度智能缺损；二是痴愚，为中度智能缺损；三是愚鲁（鲁钝），为轻度智能缺损。在上述 3 类情形中，前两类人的共同特征是：不能正确表达意志，不能明辨是非，甚至生活不能自理。后一类人则尚有一定的意志能力和生活自理能力。因此，明知妇女是不能正确表达自己意志的痴呆症患者（白痴或者痴愚）而非法与其发生性行为的，不论行为人采取什么手段，被害妇女是否同意，均视为违背妇女意志，应以强奸罪论处。（2）行为人必须明知是丧失辨认或者控制自己行为能力的女精神病患者或者女痴呆症患者。这里的明知，包括已经知道和推定知道。如果行为人确实不知道妇女是青春型精神病患者（俗称“花痴”），将女方的挑逗、追逐等病态反应误认为作风、品质不好，在女方的勾引下与之发生性行为的，一般不宜以强奸罪论处。

4. 强奸罪既遂与未遂的认定标准

关于强奸罪既遂与未遂的认定标准，应区分强奸妇女与奸淫幼女两种情形分别考察。对于强奸妇女，在刑法理论上一般采插入说，以此作为区分强奸妇女罪既遂与未遂的标准。对于奸淫幼女，则采接触说。例如，《强奸案件解答》（已失效）规定：“只要双方生殖器接触，即应视为奸淫既遂。”

5. 婚内强奸行为的定性

婚内强奸行为是否构成强奸罪，这是在刑法理论上存在争论的一个问题。对此，我国刑法学界存在以下两种观点：第一种观点认为，强奸罪的本质特征是违背妇女意志强行发生性关系，无论婚外、婚内。因此，对婚内强奸行为应以强奸罪论处。第二种观点认为，婚内确实存在丈夫违背妻子意志强行发生性关系的情形，但对此不能以强奸罪论处。这种强行与妻子发生性关系的行为尽管违背妻子的意志，但和强奸罪是有本质区分的，因为强奸罪是对妻子以外的妇女的强行奸淫。在上述两种观点中，我赞同后一种观点。在刑法未作修改的情况下，对婚内强奸不能按照强奸罪定罪处罚。在我国司法实践中，一般认为：夫妻既已结婚，即相互承诺共同生活，有同居的义务。只要夫妻正常婚姻关系存续，即足以阻却婚内强奸行为成立犯罪。但是，夫妻同居义务是从自愿结婚行为推定出来的伦理义务，不是法律规定的强制性义务，因此，在婚姻关系非正常存续期间，例如离婚诉讼期间，婚姻关系已进入法定的解除程序，虽然婚姻关系仍然存在，但已不能再推定女方对性行为是一种同意的承诺，也就没有理由从婚姻关系出发否定强奸罪的成立。由此可见，在一般情况下，婚内强奸是不能成立的；只有在婚姻关系非正常存续期间，婚内强奸才构成强奸罪。我认为，在婚姻关系非正常存续期间有条件地承认对婚内强奸以强奸罪论，只能是一种例外，它仍然是以婚内强奸行为不构成强奸罪为前提的。

6. 奸淫幼女构成的强奸罪认定

奸淫幼女构成的强奸罪，是强奸罪的一种特殊类型。《性侵害未成年人犯罪的意见》对奸淫幼女构成强奸罪的以下3种情形作了专门规定，这对于奸淫幼女构成强奸罪的正确认定具有指导意义。(1)《性侵害未成年人犯罪的意见》第20条规定：“以金钱财物等方式引诱幼女与自己发生性关系的；知道或者应当知道幼女被他人强迫卖淫而仍与其发生性关系的，均以强奸罪论处。”这一规定对于正确认定奸淫幼女构成的强奸具有参考价值。(2)《性侵害未成年人犯罪的意见》第21条规定：“对幼女负有特殊职责的人员与幼女发生性关系的，以强奸罪论处。”这一规定对于负有特殊职责的人员奸淫幼女构成强奸罪作了明确规定。(3)《性侵害未成年人犯罪的意见》第27条规定：“满十四周岁不满十六周岁的人偶尔与幼女发生性关系，情节轻微、未造成严重后果的，不认为是犯罪。”这一规定对于未成年人奸淫幼女构成强奸罪作了宽大处理，但限于偶尔与幼女发生性关系、情节轻微、未造成严重后果的场合，对此应当注意正确掌握罪与非罪的法律界限。

（四）处罚

《刑法》第236条第1款规定，犯本罪的，处3年以上10年以下有期徒刑。第2款规定，奸淫不满14周岁的幼女的，以强奸论，从重处罚。第3款规定，强奸妇女、奸淫幼女，有下列情形之一的，处10年以上有期徒刑、无期徒刑或者死刑：(1)强奸妇女、奸淫幼女情节恶劣的；(2)强奸妇女、奸淫幼女多人的；(3)在公共场所当众强奸妇女的；(4)2人以上轮奸的；(5)致使被害人重伤、死亡或者造成其他严重后果的。

从重处罚事由 犯强奸罪而奸淫幼女的，是本罪的从重处罚事由。

加重处罚事由 犯强奸罪而具有下列情形之一，是本罪的加重处罚事由：(1) 强奸妇女、奸淫幼女情节恶劣的。这里的“情节恶劣”，是指强奸手段残酷、强奸一人多次或者强奸孕妇等。(2) 强奸妇女、奸淫幼女多人的。这里的多人，一般指3人以上。(3) 在公共场所当众强奸妇女的。这里的“当众强奸”，是指在车站、码头、公园、电影院、运动场、公路、公共交通工具等公共场所当着不特定多数人的面公然强奸妇女。(4) 2人以上轮奸的。这里的轮奸，是指2名以上男子在同一时间对同一妇女实行强奸。实施轮奸的行为人是强奸罪的共同正犯，行为人都必须具有奸淫的目的，即使其中一人因意志以外的原因未得逞的，其性质仍属轮奸，但对未得逞者应以强奸未遂论处。(5) 致使被害人重伤、死亡或者造成其他严重后果的。这里的“致使被害人重伤、死亡”可以分为两种情形：第一种情形是故意，通常是间接故意造成被害人重伤、死亡。例如，在强奸妇女过程中，因使用暴力而直接导致被害人性器官严重损伤或者造成其他严重伤害，甚至当场死亡或者经治疗无效而死亡。在这种情况下，强奸罪与故意伤害罪或者故意杀人罪之间存在包容竞合，应以强奸罪论处。第二种情形是过失造成被害人重伤、死亡。例如，被害人为逃避强奸而跌入河中溺死或者跌倒造成重伤。在这种情况下，行为人对于重伤或者死亡结果主观上具有过失，客观上强奸行为与被害人重伤、死亡结果之间存在因果关系，因而属于结果加重犯。对此，都应以强奸罪定罪处罚。

六、非法拘禁罪

(一) 概念

非法拘禁罪是指以拘禁或者其他方法非法剥夺他人人身自由的行为。

(二) 构成

1. 罪体

行为 非法拘禁罪的行为是采用扣押或者其他方法，非法剥夺他人人身自由。这里的非法，是相对于司法机关对犯罪嫌疑人或者被告人的合法拘禁而言的。正是这种非法性，表明非法拘禁是一种侵犯公民人身自由的行为。剥夺人身自由，是指使他人处于丧失人身自由的状态。

客体 非法拘禁罪的客体是他人的人身自由。

2. 罪责

非法拘禁罪的罪责形式是故意。这里的故意，是指明知是非法拘禁的行为而有意实施的主观心理状态。

3. 罪量

非法拘禁罪的罪量要素，刑法并未规定。2006年7月26日最高人民检察院《关于渎职侵权犯罪案件立案标准的规定》(以下简称《渎职侵权案件立案标准》) 对于国家机关工作人员利用职权实施的非法拘禁案的立案标准作了规定，参照这一标准，非法拘禁罪的罪量要素是指具有下列情形之一：(1) 非法剥夺他人人身自由24小时以上的；(2) 非法剥夺他人人身自由，并使用械具或者捆绑等恶劣手段，或者实施殴打、侮辱、虐待行为的；(3) 非法拘禁，造成被拘禁人轻伤、重伤、死亡的；(4) 非法拘禁，情节严重，导致被拘禁人自杀、自残造成重伤、死亡，或者精神失常的；(5) 非法拘禁3人次以上的；(6) 司法工作人员对于明知是没有违法犯罪事实的人而非法拘禁的；(7) 其他非法拘禁应予追究刑事责任的情形。

(三) 认定

1. 非法拘禁的转化犯

《刑法》第238条第2款规定：使用暴力致人伤残、死亡的，依照本法第234条、第232条的规定处罚。这是指在非法拘禁的过程中，对被拘禁人故意实施伤害行为与杀害行为的，应转化为故意伤害罪与故意杀人罪予以论处，因而是非法拘禁的转化犯。

2. 为索取债务非法扣押、拘禁他人的行为之定性

为索取债务而非法扣押、拘禁他人的行为与以勒索财物为目的的绑架罪在外观上极为相似：两者都是将他人扣押作为人质，以此相要挟，要求被扣押、拘禁者的亲属或者其他人交付一定数量的财物作为赎金以换回人质。两者的区分在于：前者是以他人欠债为前提的，行为人索要的是他人所欠之债，因而是一种索债型的非法拘禁。在这种情况下，由于是索债，因而并不侵犯他人的财产所有权，但索债的手段侵犯了他人的人身自由权，因而应以非法拘禁罪论处。而绑架勒索，不仅侵犯了他人的人身自由权，而且侵犯了他人的财产所有权。由此可见，索债型的非法拘禁与绑架是两种性质不同的行为。在理解这里的“债务”的时候还需注意，2000年7月13日最高人民法院《关于对为索取法律不予保护的债务非法拘禁他人行为如何定罪问题的解释》规定，行为人为索取高利贷、赌债等法律不予保护的债务，非法扣押、拘禁他人的，依照《刑法》第238条的规定定罪处罚。由此可见，这里的债务既包括合法债务也包括非法债务。在司法实践中，对于为索取债务而非法扣押、拘禁他人，但索要的财物数额超过债务的行为如何定罪，存在异议。我认为，在这种情况下，如果超出债务部分数额不大，且以利息或者损失费的名义索要的，仍应定为非法拘禁罪；但如果超出债务部分数额很大，则应对超出部分论以绑架罪，与非法拘禁罪实行数罪并罚。

（四）处罚

《刑法》第238条第1款规定，犯本罪的，处3年以下有期徒刑、拘役、管制或者剥夺政治权利。具有殴打、侮辱情节的，从重处罚。第2款规定，犯前款罪，致人重伤的，处3年以上10年以下有期徒刑；致人死亡的，处10年以上有期徒刑。第4款规定，国家机关工作人员利用职权犯前3款罪的，依照前款的规定从重处罚。

从重处罚事由 犯非法拘禁罪而具有殴打、侮辱情节或者国家机关工作人员利用职权实施的，是本罪的从重处罚事由。

加重处罚事由 犯非法拘禁罪而致人重伤或者致人死亡的，是本罪的加重处罚事由。这里的“致人重伤或者致人死亡”都是在非法拘禁过程中过失致人重伤或者致人死亡，是非法拘禁罪的结果加重犯。

七、绑架罪

（一）概念

绑架罪是指以勒索财物为目的绑架他人的，或者出于政治性和其他目的绑架他人作为人质，或者以勒索财物为目的偷盗婴幼儿的行为。

（二）构成

1. 罪体

行为 绑架罪的行为是使用暴力、胁迫或者其他方法，将他人劫持，使其失去人身自由。这里的暴力，是指直接对被害人进行捆绑等人身强制或者对被害人进行殴打、伤害等人身攻击；胁迫，是指对被害人及其亲属以实施暴力相威胁或者实行其他精神强制；其他方法，是指暴力、胁迫以外的一切方法，例如，使用药物麻醉、用酒灌醉或者诱惑、欺骗等方法使被害人昏迷或者昏睡。通过上述各种方法，将被害人置于行为人的直接控制之下，使其丧失人身自由。由此可见，绑架行为在客观上与非法拘禁行为具有竞合性。我国刑法除了规定典型的绑架罪以外，还规定，以勒索财物为目的偷盗婴幼儿的，也以绑架罪论处。这种偷盗婴幼儿的行

为，虽然形式上不同于绑架，但由于婴幼儿没有自主意识与反抗能力，因而在性质上等同于绑架。

客体　绑架罪的客体是他人。这里的他人，是指一般人，但在以勒索财物为目的偷盗婴幼儿构成的绑架罪中，客体是婴幼儿。这里的婴幼儿，根据1992年12月24日最高人民法院、最高人民检察院《关于执行〈全国人民代表大会常务委员会关于严惩拐卖、绑架妇女、儿童的犯罪分子的决定〉的若干问题的解答》的规定，是指不满1周岁的婴儿和1周岁以上不满6周岁的幼儿。

2. 罪责

绑架罪的罪责形式是故意。这里的故意，是指明知是绑架行为而有意实施的主观心理状态。

目的犯　绑架罪是法定的目的犯，刑法根据主观目的不同，规定了三种类型的绑架罪：(1) 以勒索财物为目的的绑架，也就是通常所说的掳人勒赎，是指采用暴力、胁迫或者其他方法，强行将他人劫持，以杀害、伤害或者扣押人质相要挟，勒令人质的亲属或者其他相关人员在一定期限内交出一定财物。(2) 出于政治性目的或者其他目的绑架他人作为人质，是指为达到政治性目的或者其他目的，例如，逃避追捕或者要求司法机关释放罪犯等，劫持他人作为人质。在这种情况下，刑法虽然没有明文规定目的，但从上下文来看，这种绑架他人作为人质的行为同样具有一定的目的。这里的目的，是指勒索财物以外的目的，在现实生活中，主要是政治性目的或者其他目的。(3) 以勒索财物为目的偷盗婴幼儿，是指偷盗婴幼儿作为人质，向婴幼儿的父母或者其他亲属勒索财物。

（三）认定

1. 绑架罪的未遂与既遂

绑架罪的认定主要涉及绑架罪的未遂与既遂的区分问题。绑架罪是目的犯，那么，绑架罪是否以这些目的实现作为未遂与既遂的区分标准呢？对此，在刑法理论上存在争论。第一种观点认为：绑架罪是行为犯，只要完成了绑架行为即为既遂。只有在已经着手实行绑架行为，由于犯罪分子意志以外的原因，未能绑架成功的情况下才是未遂。至于完成绑架行为以后，勒索财物的目的或者其他目的是否实现，并不影响绑架罪既遂的成立。第二种观点认为：绑架罪是结果犯，是否获取其所勒索的财物或者是否实现其他目的，是区分未遂与既遂的标准。虽然完成了绑架行为，由于犯罪分子意志以外的原因而未能获取其所勒索的财物的，应以未遂论。在上述两种观点中，我赞同第一种观点，绑架罪是行为犯，只要完成绑架行为即为既遂，而不问是否实现勒索财物的目的或者其他目的。这里的“勒索财物的目的或者其他目的”，对于本罪来说，是一种超过的主观要素。

2. 绑架过程中劫取被害人财物行为的定性

在绑架过程中，犯罪分子往往首先当场劫取被害人的财物，因而又涉及抢劫罪。对此，最高人民法院2001年11月8日《关于对在绑架过程中以暴力、胁迫等手段当场劫取被害人财物行为如何适用法律问题的答复》规定：“行为人在绑架过程中，又以暴力、胁迫等手段当场劫取被害人财物，构成犯罪的，择一重罪处罚。”在司法实践中，对于绑架过程中劫取被害人财物的行为应当依照上述司法解释处理。

（四）处罚

《刑法》第239条规定，犯本罪的，处10年以上有期徒刑或者无期徒刑，并处罚金或者没收财产；情节较轻的，处5年以上10年以下有期徒刑，并处罚金。第2款规定，犯前款罪，杀害被绑架人的，或者故意伤害被绑架人，致人重伤、死亡的，处无期徒刑或者死刑，并处没收财产。第3款规定，以勒索财物为目的偷盗婴幼儿的，依照前两款的规定处罚。《刑法修正案（七）》对绑架罪增设了处5年以上10年以下这一情节较轻的法定刑，使绑架罪的处罚更为合理。

减轻处罚事由 犯绑架罪而情节较轻的，是本罪的减轻处罚事由。这里的“情节较轻”，是指在绑架以后主动恢复被绑架人的人身自由，并且未造成他人人身较大伤害、财产较大损失等情形。

加重处罚事由 犯绑架罪而杀害被绑架人的，或者故意伤害被绑架人，致人重伤、死亡的是本罪的加重处罚事由。这里的“杀害被绑架人”，是指以勒索财物目的或其他目的故意地将被绑架人杀死，也就是通常所说的“撕票”。如果不是以勒索财物目的将被害人杀死，而是基于其他原因杀害他人，然后以绑架被害人为名，向被害人亲属勒索财物的，不构成绑架罪，而应以故意杀人罪和敲诈勒索罪实行数罪并罚。杀害被绑架人，可以分为3种情形：（1）绑架以后，先撕票后勒索财物或提出其他要求；（2）绑架以后由于勒索财物或者其他目的没有实现而撕票；（3）绑架以后，已经实现勒索财物或者其他目的，为杀人灭口而撕票。我认为，上述3种情形都属于杀害被绑架人，只能定绑架罪，不应另定故意杀人罪。在这3种情况下，绑架罪与故意杀人罪之间存在整体法与部分法的法条竞合关系，根据整体法优于部分法的原则，应定绑架罪。至于这里的“杀害被绑架人”，是指杀死还是包括杀人预备与未遂，在刑法理论上存在争论。我认为，由于刑法对这种情况规定的是绝对确定的法定刑——死刑，因而应理解为杀死，即杀人既遂，而不包括杀人预备与未遂。这里的“故意伤害被绑架人，致人重伤、死亡”，是指在绑架过程中或者绑架以后，伤害被绑架人，致其重伤或者死亡。

八、拐卖妇女、儿童罪

（一）概念

拐卖妇女、儿童罪是指以出卖为目的，拐骗、绑架、收买、贩卖、接送或者中转妇女、儿童以及偷盗婴幼儿的行为。

（二）构成

1. 罪体

行为 拐卖妇女、儿童罪的行为是以出卖为目的，拐骗、绑架、收买、贩卖、接送或者中转妇女、儿童以及偷盗婴幼儿。这里的拐骗，是指采用欺骗、利诱等方法，将妇女、儿童置于行为人的支配之下；绑架，是指采用暴力、胁迫或者其他方法，将妇女、儿童置于行为人的支配之下；收买，是指为转手出卖而收买被拐卖、绑架的妇女、儿童；贩卖，是指将他人拐卖、绑架的妇女、儿童出卖；接送或中转，是指以出卖为目的，就被拐卖的妇女、儿童迎来送往、中转接待。根据刑法规定，只要具有上述行为之一即构成本罪；同时具有两种或者两种以上行为的，仍定一罪，不实行数罪并罚；此外，以出卖为目的，偷盗婴幼儿的，也应以本罪论处。

客体 拐卖妇女、儿童罪的客体是妇女、儿童，另外还包括婴幼儿。这里的妇女，根据2000年1月3日最高人民法院《关于审理拐卖妇女案件适用法律有关问题的解释》第1条规定，“既包括具有中国国籍的妇女，也包括具有外国国籍和无国籍的妇女。被拐卖的外国妇女没有身份证明的，不影响对犯罪分子的定罪处罚”。由此可见，被拐卖的妇女，不受国籍限制。这里的“儿童和婴幼儿”，根据1989年7月7日最高人民法院《关于拐卖人口案件中婴儿、幼儿、儿童年龄界限如何划分问题的批复》，包括不满1周岁的婴儿、1周岁以上不满6周岁的幼儿及6周岁以上不满14周岁的儿童。此外，在现实生活中还存在拐卖两性人的案件，两性人是否是本罪的客体呢？在医学上，两性人是指由于胚胎的畸形发育而形成的具有男性和女性两种生殖器官的人。一般来说，明知是年满 14 周岁的两性人而以出卖为目的实施拐骗、绑架、收买、贩卖、接送、中转行为的，不能以拐卖妇女罪定罪处罚。但因对犯罪客体的认识错误，误将两性人视为妇女而予以拐卖的，属于刑法理论上的客体不能犯，应以拐卖妇女罪（未遂）论处。此外，根据 2000 年 3 月 20 日最高人民法院、最高人民检察院、公安部、民政部、司法部、中华全国妇女联合会《关于打击拐卖妇女儿童犯罪有关问题的通知》的规定，以营利为目的，出卖不满 14 周岁子女，情节恶劣的，借收养名义拐卖儿童的，以及出卖捡拾儿童的，均应以拐卖儿童罪追究刑事责任；出卖 14 周岁以上女性亲属或者其他不满 14 周岁亲属的，以拐卖妇女、儿童罪追究刑事责任。由此可见，不满 14 周岁子女、捡拾的儿童以及女性亲属或者其他不满 14 周岁亲属，均可以成为本罪的客体。

2. 罪责

拐卖妇女、儿童罪的罪责形式是故意。这里的故意，是指明知是拐卖妇女、儿童的行为而有意实施的主观心理状态。

目的犯　刑法规定，拐卖妇女、儿童罪必须以出卖为目的，因而本罪是法定的目的犯。前引通知规定："凡是拐卖妇女、儿童的，不论是哪个环节，只要是以出卖为目的，有拐骗、绑架、收买、贩卖、接送、中转、窝藏妇女、儿童的行为之一，不论拐卖人数多少，是否获利，均应以拐卖妇女、儿童罪追究刑事责任。"由此可见，是否获利并不影响本罪成立。而且，只要具有刑法列举行为之一的，无论是否出卖，都构成犯罪既遂。

（三）认定

2010 年 3 月 15 日最高人民法院、最高人民检察院、公安部、司法部颁布了《关于依法惩治拐卖妇女儿童犯罪的意见》，对拐卖妇女、儿童罪的有关认定问题作出以下规定。

1. 强抢儿童、捡拾儿童后予以出卖行为的定性

根据前引意见第 15 条第 1 款的规定，以出卖为目的强抢儿童，或者捡拾儿童后予以出卖的，应当以拐卖儿童罪论处。这里的强抢，包括采用暴力或者非暴力的方法强行劫持儿童，使之脱离家庭而被行为人控制。这里的捡拾，是指将脱离家庭的儿童予以控制。根据前引意见的规定，以出卖为目的强抢儿童的，即构成拐卖儿童罪；而捡拾儿童的，只有将捡拾的儿童予以出卖，才构成拐卖儿童罪。

2. 拐骗儿童罪向拐卖儿童罪的转化

根据前引意见第 15 条第 2 款的规定，以抚养为目的偷盗婴幼儿或者拐骗儿童，之后予以出卖的，以拐卖儿童罪论处。以抚养为目的偷盗婴幼儿或者拐骗儿童的行为，根据我国《刑法》第 262 条的规定，本应构成拐骗儿童罪，但在实施拐骗儿童行为以后，又将偷盗的婴幼儿或者拐骗的儿童予以出卖的，属于从拐骗儿童罪向拐卖儿童罪转化，对此应以拐卖儿童罪论处。

3. 出卖亲生子女行为的定性

根据前引意见第 16 条的规定，以非法获利为目的，出卖亲生子女的，应当以拐卖妇女、儿童罪论处。前引意见第 17 条对于借送养之名出卖亲生子女与民间送养的界限作了以下规定：要严格区分借送养之名出卖亲生子女与民间送养行为的界限，区分的关键在于行为人是否具有非法获利的目的。应当通过审查将子女"送"人的背景和原因、有无收取钱财及收取钱财的多少、对方是否具有抚养目的及有无抚养能力等事实，综合判断行为人是否具有非法获利的目的。具有下列情形之一的，可以认定属于出卖亲生子女，应当以拐卖妇女、儿童罪论处：（1）将生育作为非法获利手段，生育后即出卖子女的；（2）明知对方不具有抚养目的，或者根本不考虑对方是否具有抚养目的，为收取钱财将子女"送"给他人的；（3）为收取明显不属于

“营养费”“感谢费”的巨额钱财将子女“送”给他人的；(4) 其他足以反映行为人具有非法获利目的的“送养”行为的。不是出于非法获利目的，而是迫于生活困难，或者受重男轻女思想影响，私自将没有独立生活能力的子女送给他人抚养，包括收取少量“营养费”“感谢费”的，属于民间送养行为，不能以拐卖妇女、儿童罪论处。对私自送养导致子女身心健康受到严重损害，或者具有其他恶劣情节，符合遗弃罪特征的，可以遗弃罪论处；情节显著轻微危害不大的，可由公安机关依法予以行政处罚。

4. 将妇女拐卖给色情场所行为的定性

前引意见第18条规定：将妇女拐卖给有关场所，致使被拐卖的妇女被迫卖淫或者从事其他色情服务的，以拐卖妇女罪论处。有关场所的经营管理人员事前与拐卖妇女的犯罪人通谋的，对该经营管理人员以拐卖妇女罪的共犯论处；同时构成拐卖妇女罪和组织卖淫罪的，择一重罪论处。

5. 医疗机构、社会福利机构等单位贩卖儿童行为的定性

根据前引意见第19条的规定，医疗机构、社会福利机构等单位的工作人员以非法获利为目的，将所诊疗、护理、抚养的儿童贩卖给他人的，以拐卖儿童罪论处。

6. 拐卖儿童罪的共犯认定

前引意见第21条至第23条对拐卖妇女、儿童罪的共犯作了以下规定。

(1) 明知他人拐卖妇女、儿童，仍然向其提供被拐卖妇女、儿童的健康证明、出生证明或者其他帮助的，以拐卖妇女、儿童罪的共犯论处。明知他人收买被拐卖的妇女、儿童，仍然向其提供被收买妇女、儿童的户籍证明、出生证明或者其他帮助的，以收买被拐卖的妇女、儿童罪的共犯论处，但是，收买人未被追究刑事责任的除外。认定是否“明知”，应当根据证人证言、犯罪嫌疑人、被告人及其同案人供述和辩解，结合提供帮助的人次，以及是否明显违反相关规章制度、工作流程等，予以综合判断。

(2) 明知他人系拐卖儿童的“人贩子”，仍然利用从事诊疗、福利救助等工作的便利或者了解被拐卖方情况的条件，居间介绍的，以拐卖儿童罪的共犯论处。

(3) 对于拐卖妇女、儿童犯罪的共犯，应当根据各被告人在共同犯罪中的分工、地位、作用，参与拐卖的人数、次数，以及分赃数额等，准确区分主从犯。对于组织、领导、指挥拐卖妇女、儿童的某一个或者某几个犯罪环节，或者积极参与实施拐骗、绑架、收买、贩卖、接送、中转妇女、儿童等犯罪行为，起主要作用的，应当认定为主犯。对于仅提供被拐卖妇女、儿童信息或者相关证明文件，或者进行居间介绍，起辅助或者次要作用，没有获利或者获利较少的，一般可认定为从犯。对于各被告人在共同犯罪中的地位、作用区别不明显的，可以不区分主、从犯。

7. 拐卖妇女、儿童罪的罪数认定

前引意见第24条至第27条对拐卖妇女、儿童罪的罪数问题作了以下规定。

(1) 拐卖妇女、儿童，又奸淫被拐卖的妇女、儿童，或者诱骗、强迫被拐卖的妇女、儿童卖淫的，以拐卖妇女、儿童罪处罚。

(2) 拐卖妇女、儿童，又对被拐卖的妇女、儿童实施故意杀害、伤害、猥亵、侮辱等行为，构成其他犯罪的，依照数罪并罚的规定处罚。

(3) 拐卖妇女、儿童或者收买被拐卖的妇女、儿童，又组织、教唆被拐卖、收买的妇女、儿童进行犯罪的，以拐卖妇女、儿童罪或者收买被拐卖的妇女、儿童罪与其所组织、教唆的罪数罪并罚。

(4) 拐卖妇女、儿童或者收买被拐卖的妇女、儿童，又组织、教唆被拐卖、收买的未成年

妇女、儿童进行盗窃、诈骗、抢夺、敲诈勒索等违反治安管理活动的，以拐卖妇女、儿童罪或者收买被拐卖的妇女、儿童罪与组织未成年人进行违反治安管理活动罪数罪并罚。

（四）处罚

《刑法》第240条第1款规定，犯本罪的，处5年以上10年以下有期徒刑，并处罚金；有下列情形之一的，处10年以上有期徒刑或者无期徒刑，并处罚金或者没收财产；情节特别严重的，处死刑，并处没收财产：(1) 拐卖妇女、儿童集团的首要分子；(2) 拐卖妇女、儿童3人以上的；(3) 奸淫被拐卖妇女的；(4) 诱骗、强迫被拐卖妇女卖淫或者将被拐卖的妇女卖给他人迫使其卖淫的；(5) 以出卖为目的，使用暴力、胁迫或者麻醉方法绑架妇女、儿童的；(6) 以出卖为目的，偷盗婴幼儿的；(7) 造成被拐卖的妇女、儿童或者其亲属重伤、死亡或者其他严重后果的；(8) 将妇女、儿童卖往境外的。

加重处罚事由 刑法规定了8种拐卖妇女、儿童罪的加重处罚事由。这8种加重处罚事由，有些是基本行为之加重，例如，拐卖妇女、儿童3人以上的；有些是基本行为加上加重行为，例如，奸淫被拐卖的妇女；有些则是与基本行为无关的其他行为，例如，以出卖为目的，绑架妇女、儿童。现对这8种加重事由分述如下。

(1) 拐卖妇女、儿童集团的首要分子。这种情形只存在于拐卖妇女、儿童的犯罪集团之中，首先应当依法认定拐卖妇女、儿童的犯罪集团。在此基础上，根据行为人在犯罪集团中是否起组织、领导作用，正确地认定拐卖妇女、儿童集团的首要分子。

(2) 拐卖妇女、儿童3人以上。

(3) 奸淫被拐卖的妇女。这里的“奸淫被拐卖的妇女”，是指拐卖妇女的犯罪分子在拐卖过程中，与被拐卖妇女发生性关系。不论对被拐卖妇女是否使用暴力、胁迫手段，也不论被拐卖妇女是否反抗，都视为拐卖妇女罪的加重处罚事由。在使用暴力、胁迫手段强奸被拐卖妇女的情况下，也不另定强奸罪。因此，拐卖妇女罪的加重构成中包含强奸罪的内容，两者之间存在整体法与部分法的法条竞合关系。

(4) 诱骗、强迫被拐卖的妇女卖淫或者将被拐卖的妇女卖给他人迫使其卖淫。这里的“诱骗被拐卖的妇女卖淫”，符合《刑法》第359条引诱卖淫罪的特征；“强迫被拐卖的妇女卖淫”，符合《刑法》第358条强迫卖淫罪的特征。但根据刑法规定，拐卖妇女而有上述行为的，不另定上述两罪，而是将其视为拐卖妇女罪的加重处罚事由。在这种情况下，拐卖妇女罪的加重构成中包含引诱卖淫罪、强迫卖淫罪的内容，两者之间存在整体法与部分法的法条竞合关系。

(5) 以出卖为目的，使用暴力、胁迫或者麻醉方法绑架妇女、儿童。这是一种绑架妇女、儿童的行为，它与拐卖妇女、儿童是有所不同的。在1997年《刑法》修订以前，全国人大常委会《关于严惩拐卖、绑架妇女、儿童的犯罪分子的决定》曾经在拐卖妇女、儿童罪之外单独设立绑架妇女、儿童罪。在1997年《刑法》修订中，将绑架妇女、儿童行为纳入拐卖妇女、儿童罪，作为加重处罚事由，因此，对绑架妇女、儿童行为不再单独定罪。

(6) 以出卖为目的，偷盗婴幼儿。这种情形与绑架罪中以勒索财物为目的偷盗婴幼儿，在客观行为上是相同的，只是主观目的不同而已。

(7) 造成被拐卖的妇女、儿童或者其亲属重伤、死亡或者其他严重后果。这是指由于犯罪分子拐卖妇女、儿童的行为，直接或者间接地造成被拐卖的妇女、儿童或者其亲属重伤、死亡或者其他严重后果。例如，犯罪分子采取拘禁、捆绑、虐待等手段，致使被拐卖妇女、儿童重伤、死亡或者造成其他严重后果；犯罪分子的拐卖行为和拐卖过程中的侮辱、殴打等行为引起被拐卖妇女、儿童或者其亲属自杀、精神失常或者其他严重后果等。

(8) 将妇女、儿童卖往境外。这里的“卖往境外”，既可以是通过正常出境途径卖往境外，也可以通过非法出境途径卖往境外。在通过非法出境途径卖往境外的情况下，这种卖往境外的行为符合运送他人偷越国（边）境界罪的特征，但刑法已经将其规定为拐卖妇女、儿童罪的加重处罚事由，因此不另定运送他人偷越国（边）境罪。在这种情况下，拐卖妇女、儿童罪与运送他人偷越国（边）境罪之间存在整体法与部分法的法条竞合关系。

特别加重处罚事由 犯拐卖妇女、儿童罪而情节特别严重的，是本罪的特别加重处罚事由。这里的“情节特别严重”，是指在8种加重处罚事由中特别严重的情形。

九、侮辱罪

（一）概念

侮辱罪是指以暴力或者其他方法，公然贬低、损害他人人格，破坏他人名誉，情节严重的行为。

（二）构成

1. 罪体

行为 侮辱罪的行为是以暴力或者其他方法公然侮辱他人。侮辱罪是一种公然犯罪，具有公然性。这里的公然，是指在众多人面前实施侮辱行为。侮辱行为具有以下三种形式：(1) 暴力侮辱，即对被害人施以暴力或者以暴力相威胁，使其人格、名誉受到损害。(2) 言语侮辱，即以言语对被害人进行嘲笑、辱骂。(3) 文字侮辱，即以报刊、书信、出版物或者漫画等形式对被害人进行侮辱。例如，1998年最高人民法院《非法出版物案件解释》第6条规定，在出版物中公然侮辱他人，情节严重的，以侮辱罪定罪处罚。这就是一种文字侮辱。

客体 侮辱罪的客体是他人的人格和名誉。这里的他人，必须是特定的人，可以是一人，也可以是数人。如果不是针对特定的人，而是没有特定对象地辱骂，不构成本罪。

2. 罪责

侮辱罪的罪责形式是故意，并且具有损害他人人格、破坏他人名誉的目的。这里的故意，是指明知是侮辱行为而有意实施的主观心理状态。

3. 罪量

侮辱罪的罪量要素是情节严重。这里的“情节严重”，是指侮辱行为的手段恶劣、后果严重，例如，强令被害人当众爬过自己胯下或者做其他严重有损人格的侮辱动作；当众向被害人身上泼粪便；给被害人剃阴阳头、挂破鞋并强行游街示众；多次用极为低级下流的言辞进行羞辱，致使被害人受到严重刺激而精神失常或者自杀；等等。

（三）处罚

《刑法》第246条第1款规定，犯本罪的，处3年以下有期徒刑、拘役、管制或者剥夺政治权利。第2款规定，犯本罪，告诉的才处理，但是严重危害社会秩序和国家利益的除外。

“告诉乃论” 侮辱罪除严重危害社会秩序和国家利益的以外，属于告诉乃论之罪，即告诉才处理。这里的“告诉才处理”，是指被害人直接向人民法院告发的，法院才受理；被害人没有直接向人民法院告发的，法院不受理。根据2009年4月3日公安部《关于严格依法办理侮辱诽谤案件的通知》第2条的规定，“严重危害社会秩序和国家利益”是指具有下列情形之一：(1) 因侮辱、诽谤行为导致群体性事件，严重影响社会秩序的；(2) 因侮辱、诽谤外交使节、来访的外国国家元首、政府首脑等人员，造成恶劣国际影响的；(3) 因侮辱、诽谤行为给国家利益造成严重危害的其他情形。

十、刑讯逼供罪

（一）概念

刑讯逼供罪是指司法工作人员对犯罪嫌疑人或者被告人使用肉刑或者变相肉刑，逼取口供的行为。

（二）构成

1. 罪体

主体 刑讯逼供罪的主体是司法工作人员。

行为 刑讯逼供罪的行为是使用肉刑或者变相肉刑，逼取口供。这里的肉刑，是指进行捆绑、吊打，非法使用刑具等使犯罪嫌疑人或者被告人的身体器官或者肌肤遭受痛苦的摧残手段；变相肉刑，是指长时间罚冻、罚站、罚饿等不直接伤害身体但造成痛苦的折磨手段。

客体 刑讯逼供罪的客体是犯罪嫌疑人或者被告人。

2. 罪责

刑讯逼供罪的罪责形式是故意，并且具有逼取口供的目的。这里的故意，是指明知是刑讯逼供行为而有意实施的主观心理状态。

3. 罪量

刑讯逼供罪的罪量要素，刑法未作规定。参照最高人民检察院《渎职侵权案件立案标准》的规定，刑讯逼供具有下列情形之一的，应予立案：(1) 以殴打、捆绑、违法使用械具等恶劣手段逼取口供的；(2) 以较长时间冻、饿、晒、烤等手段逼取口供，严重损害犯罪嫌疑人、被告人身体健康的；(3) 刑讯逼供造成犯罪嫌疑人、被告人轻伤、重伤、死亡的；(4) 刑讯逼供，情节严重，导致犯罪嫌疑人、被告人自杀、自残造成重伤、死亡，或者精神失常的；(5) 刑讯逼供，造成错案的；(6) 刑讯逼供 3 人次以上的；(7) 纵容、授意、指使、强迫他人刑讯逼供，具有上述情形之一的；(8) 其他刑讯逼供应予追究刑事责任的情形。

（三）处罚

根据《刑法》第 247 条之规定，犯本罪的，处 3 年以下有期徒刑或者拘役。致人伤残、死亡的，依照《刑法》第 234 条、第 232 条的规定定罪，从重处罚。

转化犯 刑讯逼供而致人伤残、死亡的，应以故意伤害罪或者故意杀人罪从重处罚。这是关于刑讯逼供罪的转化犯的规定。

第4章　侵犯财产罪

一、抢劫罪

（一）概念

抢劫罪是指以非法占有为目的，以暴力、胁迫或者其他方法，强行夺取公私财物的行为。

（二）构成

1. 罪体

行为　抢劫罪的行为是以暴力、胁迫或者其他方法，强行夺取公私财物。抢劫罪是复行为犯，其行为中包括手段行为与目的行为。

（1）手段行为。抢劫罪的手段行为是使用暴力、胁迫或者其他方法。这里的暴力，是指对被害人身体实施袭击或者其他强暴手段，例如，殴打、伤害、捆绑、禁闭等足以危及被害人身体健康或者生命安全，致使被害人不能抗拒的方法；胁迫，是指以立即实施暴力相威胁，实行精神强制，使被害人产生恐惧而不敢反抗的方法；其他方法，是指除上述暴力、胁迫以外，对被害人采取用酒灌醉、用药物麻醉等手段，使被害人不知反抗或者丧失反抗能力的方法。

（2）目的行为。抢劫罪的目的行为是强行夺取公私财物。这里的“强行夺取”，既包括从被害人手中夺取，也包括被害人被迫交出。

客体　抢劫罪的客体是人身和财物，因此，抢劫罪具有双重客体。应当指出，作为抢劫罪客体的财物，既包括一般财物，也包括特定财物。2005年6月8日最高人民法院《关于审理抢劫、抢夺刑事案件适用法律若干问题的意见》第7条关于抢劫特定财物规定：以毒品、假币、淫秽物品等违禁品为对象，实施抢劫的，以抢劫罪定罪；抢劫的违禁品数量作为量刑情节予以考虑。抢劫违禁品后又以违禁品实施其他犯罪的，应以抢劫罪与具体实施的其他犯罪实行数罪并罚。抢劫赌资、犯罪所得的赃款赃物的，以抢劫罪定罪，但行为人仅以其所输赌资或所赢赌债为抢劫对象，一般不以抢劫罪定罪处罚。构成其他犯罪的，依照刑法的相关规定处罚。为个人使用，以暴力、胁迫等手段取得家庭成员或近亲属财产的，一般不以抢劫罪定罪处罚，构成其他犯罪的，依照刑法的相关规定处理；教唆或者伙同他人采取暴力、胁迫等手段劫取家庭成员或近亲属财产的，可以抢劫罪定罪处罚。

2. 罪责

抢劫罪的罪责形式是故意，并且具有非法占有公私财物的目的。这里的故意，是指明知是抢劫行为而有意实施的主观心理状态。

（三）认定

1. 关于抢劫犯罪数额的计算

前引意见第6条规定：抢劫信用卡后使用、消费的，其实际使用、消费的数额为抢劫数额；抢劫信用卡后未实际使用、消费的，不计数额，根据情节轻重量刑。所抢信用卡数额巨大，但未实际使用、消费或者实际使用、消费的数额未达到巨大标准的，不适用“抢劫数额巨大”的法定刑。为抢劫其他财物，劫取机动车辆当作犯罪工具或者逃跑工具使用的，被劫取机动车辆的价值计入抢劫数额；为实施抢劫以外的其他犯罪劫取机动车辆的，以抢劫罪和实施的其他犯罪实行数罪并罚。

2. 关于抢劫罪与相似犯罪的界限

前引意见第 9 条对抢劫罪与相似犯罪的界限问题作了以下规定：(1) 冒充正在执行公务的人民警察、联防人员，以抓卖淫嫖娼、赌博等违法行为为名非法占有财物的行为定性。行为人冒充正在执行公务的人民警察“抓赌”“抓嫖”，没收赌资或者罚款的行为，构成犯罪的，以招摇撞骗罪从重处罚；在实施上述行为中使用暴力或者暴力威胁的，以抢劫罪定罪处罚。行为人冒充治安联防队员“抓赌”“抓嫖”、没收赌资或者罚款的行为，构成犯罪的，以敲诈勒索罪定罪处罚；在实施上述行为中使用暴力或者暴力威胁的，以抢劫罪定罪处罚。(2) 以暴力、胁迫手段索取超出正常交易价钱、费用的钱财的行为定性。从事正常商品买卖、交易或者劳动服务的人，以暴力、胁迫手段迫使他人交出与合理价钱、费用相差不大的钱物，情节严重的，以强迫交易罪定罪处罚；以非法占有为目的，以买卖、交易、服务为幌子采用暴力、胁迫手段迫使他人交出与合理价钱、费用相差悬殊的钱物的，以抢劫罪定罪处刑。在具体认定时，既要考虑超出合理价钱、费用的绝对数额，还要考虑超出合理价钱、费用的比例，加以综合判断。(3) 抢劫罪与绑架罪的界限。绑架罪是侵害他人人身自由权利的犯罪，其与抢劫罪的区别在于：第一，主观方面不尽相同。抢劫罪中，行为人一般出于非法占有他人财物的故意实施抢劫行为；绑架罪中，行为人既可能为勒索他人财物而实施绑架行为，也可能出于其他非经济目的实施绑架行为。第二，行为手段不尽相同。抢劫罪表现为行为人劫取财物一般应在同一时间、同一地点，具有“当场性”；绑架罪表现为行为人以杀害、伤害等方式向被绑架人的亲属或其他人或单位发出威胁，索取赎金或提出其他非法要求，劫取财物一般不具有“当场性”。绑架过程中又当场劫取被害人随身携带财物的，同时触犯绑架罪和抢劫罪两罪名，应择一重罪定罪处罚。(4) 抢劫罪与寻衅滋事罪的界限。寻衅滋事罪是严重扰乱社会秩序的犯罪，行为人实施寻衅滋事的行为时，客观上也可能表现为强拿硬要公私财物。这种强拿硬要的行为与抢劫罪的区别在于：于前者行为人主观上还具有逞强好胜和通过强拿硬要来填补其精神空虚等目的，于后者行为人一般只具有非法占有他人财物的目的；于前者行为人客观上一般不以严重侵犯他人人身权利的方法强拿硬要财物，于后者行为人则以暴力、胁迫等方式作为劫取他人财物的手段。司法实践中，对于未成年人使用或威胁使用轻微暴力强抢少量财物的行为，一般不宜以抢劫罪定罪处罚。其行为符合寻衅滋事罪特征的，可以寻衅滋事罪定罪处罚。(5) 抢劫罪与故意伤害罪的界限。行为人为索取债务，使用暴力、暴力威胁等手段的，一般不以抢劫罪定罪处罚，构成故意伤害等其他犯罪的，依照《刑法》第 234 条等规定处罚。(6) 抢劫罪与抢夺罪的界限。前引意见第 11 条还对驾驶机动车、非机动车夺取他人财物行为的定性问题专门作了规定，主要涉及抢劫罪与抢夺罪的区分。根据该意见的规定，对于驾驶机动车、非机动车（以下简称“驾驶车辆”）夺取他人财物的，一般以抢夺罪从重处罚，但具有下列情形之一，应当以抢劫罪定罪处罚：1) 驾驶车辆，逼挤、撞击或强行逼倒他人以排除他人反抗，乘机夺取财物的；2) 驾驶车辆强抢财物时，因被害人不放手而采取强拉硬拽方法劫取财物的；3) 行为人明知其驾驶车辆强行夺取他人财物的手段会造成他人伤亡的后果，仍然强行夺取并放任造成财物持有人轻伤以上后果的。

3. 抢劫罪的既遂、未遂的认定

前引意见第 10 条规定，抢劫罪侵犯的是复杂客体，既侵犯财产权利又侵犯人身权利，具备劫取财物或者造成他人轻伤以上后果两者之一的，均属抢劫既遂；既未劫取财物，又未造成他人人身伤害后果的，属抢劫未遂。据此，《刑法》第 263 条规定的 8 种处罚情节中除“抢劫致人重伤、死亡的”这一结果加重情节之外，其余 7 种处罚情节同样存在既遂、未遂问题，其中属抢劫未遂的，应当根据刑法关于加重情节的法定刑规定，结合未遂犯的处理原则量刑。

4. 关于抢劫罪数的认定

前引意见第 8 条规定，行为人实施伤害、强奸等犯罪行为，在被害人未失去知觉时，利用被害人不能反抗、不敢反抗的处境，临时起意劫取他人财物的，应以此前所实施的具体犯罪与抢劫罪实行数罪并罚；在被害人失去知觉或者没有发觉的情形下，以及实施故意杀人犯罪行为之后，临时起意拿走他人财物的，应以此前所实施的具体犯罪与盗窃罪实行数罪并罚。

5. 以杀人为手段的抢劫行为的定性

在司法实践中，经常存在以杀人为手段的抢劫。对此如何定性，在刑法理论上存在争论。第一种观点认为，以杀人为手段的抢劫行为应分别以故意杀人罪和抢劫罪论处，实行数罪并罚。第二种观点认为，以杀人为手段的抢劫行为，只能定抢劫罪，故意杀人行为包含在抢劫罪中，不能另定故意杀人罪。对于这个问题，2001 年 5 月 23 日最高人民法院《关于抢劫过程中故意杀人案件如何定罪问题的批复》规定：“行为人为劫取财物而预谋故意杀人，或者在劫取财物过程中，为制服被害人反抗而故意杀人的，以抢劫罪定罪处罚。”因此，对于以杀人为手段的抢劫行为应定抢劫罪。此外，该批复还规定：“行为人实施抢劫后，为灭口而故意杀人的，以抢劫罪和故意杀人罪定罪，实行数罪并罚。”在这种情况下，故意杀人行为不是抢劫的手段，而是出于灭口的动机，因而应当实行数罪并罚。

6. 转化型抢劫的认定

《刑法》第 269 条规定：犯盗窃、诈骗、抢夺罪，为窝藏赃物、抗拒抓捕或者毁灭罪证而当场使用暴力或者以暴力相威胁的，依照本法第 263 条的规定定罪处罚。这是刑法关于转化型抢劫的规定。根据刑法的规定，构成转化抢劫，需要具备以下要件：(1) 犯盗窃、诈骗、抢夺罪，是转化型抢劫的前提条件。这里的“盗窃、诈骗、抢夺罪”是指具有盗窃、诈骗、抢夺 3 种行为，并非一定要达到数额较大。根据前引意见第 5 条规定，行为人实施盗窃、诈骗、抢夺行为，未达到“数额较大”，为窝藏赃物、抗拒抓捕或者毁灭罪证当场使用暴力或者以暴力相威胁，情节较轻、危害不大的，一般不以犯罪论处；但具有下列情节之一的，可依照《刑法》第 269 条的规定，以抢劫罪定罪处罚：1) 盗窃、诈骗、抢夺接近“数额较大”标准的；2) 入户或在公共交通工具上盗窃、诈骗、抢夺后在户外或交通工具外实施上述行为的；3) 使用暴力致人轻微伤以上后果的；4) 使用凶器或以凶器相威胁的；5) 具有其他严重情节的。(2) 为窝藏赃物、抗拒抓捕或者毁灭罪证，是转化型抢劫的主观条件。这里的“窝藏赃物”，是指防护已经到手的赃物使其不被追回；“抗拒抓捕”，是指抗拒公安机关、失主或者其他公民的抓捕或者扭送；“毁灭罪证”，是指销毁或者湮灭作案现场遗留的痕迹、物品或者其他证据，以免成为罪证。(3) 当场使用暴力或者以暴力相威胁，是转化型抢劫的客观条件。这里的“当场”，是指实施犯罪的现场，但现场发现犯罪人并随之追赶的过程，应视为现场的延伸；“使用暴力或者以暴力相威胁”，是指行为人对抓捕的人实施足以危及身体健康或者生命安全的行为，或者以将要实施这种行为相威胁。如果仅有轻微反抗，例如挣脱抓捕、推倒抓捕人，没有实施明显的暴力行为或者以暴力相威胁的，不能转化为抢劫，按其本罪定罪处罚。

关于已满 14 周岁不满 16 周岁的人是否构成转化型抢劫的问题，2003 年 4 月 18 日最高人民检察院法律政策研究室《关于相对刑事责任年龄的人承担刑事责任范围有关问题的答复》第 2 条明确规定，相对刑事责任年龄的人实施了《刑法》第 269 条规定行为的，应当依照《刑法》第 263 条的规定，以抢劫罪追究刑事责任。但是，2006 年 1 月 23 日施行的最高人民法院《关于审理未成年人刑事案件具体应用法律若干问题的解释》第 7 条规定：已满 14 周岁不满 16 周岁的人使用轻微暴力或者威胁，强行索要其他未成年人随身携带的生活、学习用品或者钱财数量不大，且未造成被害人轻微伤以上或者不敢正常到校学习、生活等危害后果的，不认为是犯罪。已满 16 周岁不满 18 周岁的人具有前款规定情形的，一般也不认为是犯罪。

7. 携带凶器抢夺转化为抢劫罪的认定

《刑法》第 267 条第 2 款规定："携带凶器抢夺的，依照本法第二百六十三条的规定定罪处罚。"这是对携带凶器抢夺转化为抢劫罪的规定。这里的"携带凶器抢夺"，根据 2000 年 11 月 28 日施行的最高人民法院《关于审理抢劫案件具体应用法律若干问题的解释》第 6 条的规定，是指行为人随身携带枪支、爆炸物、管制刀具等国家禁止个人携带的器械进行抢夺或者为了实施犯罪而携带其他器械进行抢夺的行为。由此可见，携带凶器抢夺，可以分为两种情形：（1）携带国家禁止个人携带的器械进行抢夺。这种携带行为本身就是一种违法行为，因而只要携带这些凶器进行抢夺，就应定抢劫罪。（2）为实施犯罪而携带其他器械进行抢夺。如果携带其他器械抢夺，携带这种器械不是为实施犯罪，就不能定为抢劫罪。对此，前引意见第 4 条明确规定，行为人随身携带国家禁止个人携带的器械以外的其他器械抢夺，但有证据证明该器械确实不是为了实施犯罪准备的，不以抢劫罪定罪；行为人将随身携带凶器有意加以显示、能为被害人察觉到的，直接适用《刑法》第 263 条的规定定罪处罚；行为人携带凶器抢夺后，在逃跑过程中为窝藏赃物、抗拒抓捕或者毁灭罪证而当场使用暴力或者以暴力相威胁的，适用《刑法》第 267 条第 2 款的规定定罪处罚。应当指出，刑法将携带凶器抢夺规定为抢劫罪，是一种立法推定，因为这种行为本来并非抢劫行为，但刑法规定为抢劫罪。

（四）处罚

根据《刑法》第 263 条之规定，犯本罪的，处 3 年以上 10 年以下有期徒刑，并处罚金；有下列情形之一的，处 10 年以上有期徒刑、无期徒刑或者死刑，并处罚金或者没收财产：（1）入户抢劫的；（2）在公共交通工具上抢劫的；（3）抢劫银行或者其他金融机构的；（4）多次抢劫或者抢劫数额巨大的；（5）抢劫致人重伤、死亡的；（6）冒充军警人员抢劫的；（7）持枪抢劫的；（8）抢劫军用物资或者抢险、救灾、救济物资的。

加重处罚事由 刑法规定了抢劫罪的以下 8 种加重处罚事由。

（1）入户抢劫。这里的"入户抢劫"，根据前引解释第 1 条的规定，是指为实施抢劫行为而进入他人生活的与外界相对隔离的住所，包括封闭的院落、牧民的帐篷、渔民作为家庭生活场所的渔船、为生活租用的房屋等，进行抢劫的行为。对于入户盗窃，因被发现而当场使用暴力或者以暴力相威胁的，应当认定为入户抢劫。根据前引意见第 1 条的规定，认定"入户抢劫"时，应当注意以下三个问题：一是"户"的范围。"户"在这里是指住所，其特征表现为供他人家庭生活和与外界相对隔离两个方面，前者为功能特征，后者为场所特征。一般情况下，集体宿舍、旅店宾馆、临时搭建工棚等不应认定为"户"，但在特定情况下，如果确实具有上述两个特征的，也可以认定为"户"。二是"入户"目的的非法性。进入他人住所须以实施抢劫等犯罪为目的。抢劫行为虽然发生在户内，但行为人不以实施抢劫等犯罪为目的进入他人住所，而是在户内临时起意实施抢劫的，不属于"入户抢劫"。三是暴力或者暴力胁迫行为必须发生在户内。入户实施盗窃被发现，行为人为窝藏赃物、抗拒抓捕或者毁灭罪证而当场使用暴力或者以暴力相威胁的，如果暴力或者暴力胁迫行为发生在户内，可以认定为"入户抢劫"；如果发生在户外，不能认定为"入户抢劫"。

（2）在公共交通工具上抢劫。这里的"在公共交通工具上抢劫"，根据前引解释第 2 条的规定，是指在从事旅客运输的各种公共汽车，大、中型出租车，火车，船只，飞机等正在运营中的机动公共交通工具上对旅客、司售、乘务人员实施的抢劫，以及对运行途中的机动公共交通工具加以拦截后，对公共交通工具上的人员实施抢劫。根据前引意见第 2 条的规定，在认定"在公共交通工具上抢劫"的时候，应当注意公共交通工具承载的旅客具有不特定多数人的特点。因此，在未运营中的大、中型公共交通工具上针对司售、乘务人员抢劫的，或者在小型出租车上抢劫的，不属于"在公共交通工具上抢劫"。

(3) 抢劫银行或者其他金融机构。这里的"抢劫银行或者其他金融机构"，根据前引解释第 3 条的规定，是指抢劫银行或者其他金融机构的经营资金、有价证券和客户的资金等。抢劫正在使用中的银行或者其他金融机构的运钞车的，视为抢劫银行或者其他金融机构。

(4) 多次抢劫或者抢劫数额巨大。这里的"多次抢劫"，是指 3 次以上。根据前引意见第 3 条的规定，对"多次"的认定，应以行为人实施的每一次抢劫行为均已构成犯罪为前提，综合考虑犯罪故意的产生，犯罪行为实施的时间、地点等因素，客观分析、认定。对于行为人基于一个犯意实施犯罪的，如在同一地点同时对在场的多人实施抢劫的；或者基于同一犯意在同一地点实施连续抢劫犯罪的，如在同一地点连续地对途经此地的多人进行抢劫的；或者在一次犯罪中对一栋居民楼房中的几户居民连续实施入户抢劫的，一般应认定为一次犯罪。这里的"抢劫数额巨大"，根据前引解释第 4 条的规定，参照各地确定的盗窃罪"数额巨大"的认定标准执行。

(5) 抢劫致人重伤、死亡。这里的"抢劫致人重伤、死亡"，既包括过失致人重伤、死亡，也包括故意致人重伤、死亡。

(6) 冒充军警人员抢劫。这里的"冒充军警人员抢劫"，是指通过着装、出示假证件或者口头宣称等方法，假充军警人员实施抢劫。

(7) 持枪抢劫。这里的"持枪抢劫"，根据前引解释第 5 条的规定，是指行为人使用枪支或者向被害人显示持有、佩带的枪支进行抢劫。关于枪支的概念和范围，适用《中华人民共和国枪支管理法》的规定。

(8) 抢劫军用物资或者抢险、救灾、救济物资。这里的"军用物资"，是指除武器装备以外，供军事上使用的其他物品；"抢险、救灾、救济物资"，是指用于抢险、救灾、救济的物资。

二、盗窃罪

(一) 概念

盗窃罪是指以非法占有为目的，秘密窃取公私财物，数额较大，或者多次盗窃、入户盗窃、携带凶器盗窃、扒窃的行为。

(二) 构成

1. 罪体

行为　盗窃罪的行为是秘密窃取公私财物。盗窃行为具有以下两个特征。

(1) 秘密。盗窃罪在客观上是以秘密方式实施的，因而属于秘行犯。秘行犯是指以秘密实施某一行为为特征的犯罪。如何理解这里的"秘密"呢？我认为，应当从以下三个方面加以理解。

1) 特定性。秘密意味着人所不知，是在暗中背着他人进行的。盗窃罪的"秘密窃取"是指在财物的所有人或保管人不在场，或者虽然在场但未注意、察觉或防备的情况下实施盗窃。因此，盗窃罪之所谓秘密，是指相对于财物的所有人或保管人来说，是一种隐藏性的行为。

2) 主观性。盗窃罪之所谓秘密，是指行为人自以为采取了一种背着财物的所有人或保管人的行为。因此，这种秘密具有主观性。在某些情况下，行为人在众目睽睽之下扒窃，自以为别人没有发现，是在秘密窃取，但实际上已在他人注视之下。这时，行为人仍然可以被视为是在秘密窃取。

3）相对性。秘密与公然之间的区别是相对的，秘密窃取之秘密，仅仅意味着行为人意图在财物所有人或保管人不在场、未注意的情况下将财物据为己有，但这并不排除盗窃罪也可能是在光天化日之下实施的。例如，犯罪分子大摇大摆地开车进入某工地，将建筑材料运载而去，就是利用了人们误以为其是合法运输而未觉察进行盗窃。

（2）窃取。窃取是使他人丧失对其财物的合法控制，而置于本人的非法控制之下。盗窃行为形形色色，归纳起来具有以下八种情形。

1）单纯窃取型。单纯窃取型的盗窃是指单纯地通过财物的转移，使财物所有人或占有人丧失对财物的控制，并将财物置于本人控制之下。例如，一般的顺手牵羊式盗窃，都属于单纯窃取型。在单纯窃取型的盗窃犯罪中，财物是在所有人或保管人控制之下，但未加屏障（例如加锁）或未予固定，因而只要秘密使财物发生位移即构成盗窃罪。因此，单纯窃取型从盗窃的手段上来说是最简单和纯粹的。对于这种犯罪来说，其行为的法益侵害性主要表现在盗窃数额上。

2）入室窃取型。入室窃取型的盗窃是指行为人采取溜门撬锁的手段潜入他人住宅或者办公场所等，秘密窃取他人的财物。这种入室窃取与单纯窃取具有以下区别：第一，入室窃取除单纯窃取行为以外，还有溜门撬锁、翻箱倒柜等排除障碍性动作，这些动作可以视为盗窃的辅助行为，属于盗窃行为不可分割的一个组成部分。由于这些排除障碍性动作是单纯窃取所没有的，因而从行为方式上来说，其行为的法益侵害程度要大于单纯窃取的。第二，入室窃取与单纯窃取的实施场所不同。“室”是一个封闭性场所，室内财物不同于室外财物，财物所有人或占有人对室内财物采用了门锁等一系列保护性措施。行为人通过破坏这些保护性措施，在室内进行盗窃，因而从行为地点上来说，其行为的法益侵害程度要大于单纯窃取的。第三，入室窃取还涉及一个侵入他人住宅的问题。在入室窃取中，其入户行为构成对他人住宅的侵犯。户，一般是指私人的起居场所，要求具有隐蔽性，绝对排斥他人非法侵入。因此，在各国刑法中都设有非法侵入他人住宅罪，我国刑法亦不例外。对于这种侵入住宅而盗窃的，在刑法理论上通常视为牵连犯。在侵入住宅盗窃中，侵入住宅是从行为，表现为手段行为；盗窃是主行为，表现为目的行为。这两种犯罪行为因相互依存、关系紧密而形成牵连关系。也就是说，他罪行为不是本罪的预备行为，而是为本罪的实行创造必要条件的行为。当这种行为作为本罪的手段时，便是前提行为的牵连。

3）破坏窃取型。破坏窃取型是指为实现非法占有的目的，在财物处于某种附属状态或者固定状态的情况下，行为人采取破坏性手段，非法占有公私财物。破坏性盗窃是盗窃犯罪中情节较为严重的一种，它往往涉及与其他犯罪的牵连。在破坏窃取型的犯罪中，该破坏行为一般来说是故意的，但也不能排除在盗窃过程中因过失造成某种危害后果的情形。因此，破坏窃取型盗窃可以分为故意破坏窃取型与过失破坏窃取型。无论是故意还是过失，其危害后果都应当在量刑时予以考虑。例如，某行为人见贮油罐中有油，起意盗窃，遂拎一塑料桶前往。行为人拔下木塞，油料喷泻而出，行为人仓促逃窜，致使满罐油料流失，损失达数万元。在这种情况下，行为人只想窃取少量油料，未曾预料到油料喷泻难以堵塞，因而造成财物损失。因此，行为人的盗窃在主观上是故意的，对于破坏性后果则是过失的。当然，在司法实践中，更为大量的是故意破坏性盗窃，例如偷割电缆、以破坏性方式盗窃电力设备等。在这些情况下，涉及一罪与数罪的问题，将在下文专门研究。

4）杀生窃取型。杀生窃取型是指为窃取活物，先将其杀死，然后窃取。在司法实践中，较为常见的是为盗鱼而先将鱼炸死或者毒死，为盗牛而先将牛毒死等；也有个别较为特殊的，例如，为倒卖虎皮而毒死动物园的老虎。

5）信息窃取型。信息窃取型是指采取某种秘密手段窃取某种信息，然后利用这种信息获取某种利益。应该说，这是一种比较复杂的盗窃犯罪。其特点是：行为人窃取某种信息，但这种信息既非货币也非财物，只是一种可以获取某种利益的工具或者载体；然后，利用窃取的信息进行转化为货币或者财物的活动，最终获利。

6）电信窃取型。电信窃取型是指以牟利为目的，盗接他人通信密码、复制他人电信码号或者明知是盗接、复制的电信设备、设施而使用的行为。这是在我国电信业发展以后出现的一种犯罪行为，其特点是：盗接、复制的电信设备、设施，单纯地从外在行为上看，与传统的盗窃罪存在重大区别，但从本质上看，仍然符合秘密窃取的本质。因为电信码号虽然只是一组数字，但一旦掌握就可以使用。通信线路也是如此，盗接以后可以任意使用。而这种使用并不是无偿的，必然会给他人造成重大经济损失。《刑法》第 265 条规定，以牟利为目的，盗接他人通信线路、复制他人电信码号或明知是盗接、复制的电信设备、设施而使用的，按盗窃罪定罪处罚。这里的“以牟利为目的”，根据 1997 年 11 月 4 日最高人民法院《关于审理盗窃案件具体应用法律若干问题的解释》（以下简称《盗窃案件解释》）（已失效）第 2 条的规定，是指为了出售、出租、自用、转让等谋取经济利益的行为。2000 年 5 月 12 日最高人民法院《关于审理扰乱电信市场管理秩序案件具体应用法律若干问题的解释》（以下简称《扰乱电信市场秩序案件解释》）规定，将电信卡非法充值后使用，造成电信资费损失数额较大或者盗用他人公共信息网络上网账号、密码上网，造成他人电信资费损失数额较大的行为，均可以盗窃罪论处。

7）电脑窃取型。电脑窃取型是指利用计算机实施的盗窃犯罪。这种犯罪与计算机有关，是广义上的计算机犯罪。在这种犯罪中，计算机是实施盗窃罪的犯罪工具，其所实施的犯罪仍然是盗窃罪。我国《刑法》第 287 条明文规定，对于这种利用计算机实施的盗窃罪，应当依照刑法有关规定定罪处罚。

8）扒窃窃取型。扒窃，又称绺窃，是指采用掏包、割包、拎包的方式窃取他人随身携带的财物的犯罪，是盗窃的一种特殊方式。扒窃犯罪的特点是：第一，盗窃手段通常是掏包、割包、拎包等。某些职业扒手具有十分高超的扒窃技巧，其手段隐蔽，难以破获。第二，盗窃的对象通常是随身携带的他人物品，以现金为主，包括金银饰品、手机、证件等其他重要物品。第三，犯罪具有流动性。扒窃一般发生在人多拥挤的商店、市场、车站、码头、影剧院以及公共汽车、电车、火车等公共场所。由上述特点决定，扒窃是一种较为严重的盗窃类型。

客体　盗窃罪是一种财产犯罪，因而在刑法理论上一般将盗窃罪的客体界定为公、私财物。公、私财物是一定的财产所有权的物质载体，盗窃罪正是通过秘密窃取财物的方式侵犯财产所有权。在刑法理论上，关于盗窃罪的客体存在以下五种观点：一是有效说，认为只要具有经济价值，具有用途和效能的物品，都是财物，都可以成为盗窃罪的客体。二是有形说，认为刑法上的财物是指具有具体形状的物体，故煤气、电力等无形物不能成为盗窃罪的客体。三是动产说，认为盗窃罪的客体只限于动产，不动产不能成为盗窃罪的客体。四是持有说，认为只有事实上可以支配、控制的财物才是盗窃罪的客体。五是管理说，认为只有那些具有管理可能的财物，才可以成为盗窃罪的客体。这些观点都是从某一方面界定盗窃罪的客体，因而失之偏颇。我认为，盗窃罪客体的本质特征是体现财产所有权的物质形态，因此，只有从财产所有权入手，才能科学地揭示盗窃罪客体的性质。此外，对盗窃罪的客体还应从立法上观察。基于立法技术的考虑，在盗窃罪之外，还设立了其他盗窃特定物品的犯罪，例如盗窃枪支、弹药、爆炸物等，由此形成法条竞合关系，并在一定程度上限制了盗窃罪客体的范围。对此，在司法实践中亦应予以特别注意。关于盗窃罪与盗窃其他特定客体的犯罪之间的法条竞合，将在下文中专门加以阐述，在此，仅就刑法及相关立法解释、司法解释涉及的特定财物及其表现形态加以研究。

（1）具有科学价值的古脊椎动物化石、古人类化石。根据 2005 年 12 月 29 日全国人大常委会《关于〈中华人民共和国刑法〉有关文物的规定适用于具有科学价值的古脊椎动物化石、古人类化石的解释》的规定，盗窃具有科学价值的古脊椎动物化石、古人类化石，构成盗窃罪。因此，具有科学价值的古脊椎动物化石、古人类化石是盗窃罪的特殊客体。

（2）信用卡。《刑法》第 196 条第 3 款规定，盗窃信用卡并使用的，以盗窃罪定罪处罚。信用卡只是一种信用凭证，它本身不是货币。为了通过信用卡获利，行为人在盗窃信用卡以后，往往还要冒名使用。那么，对于这种盗窃信用卡并使用的行为应当如何定罪呢？我认为，信用卡作为商品交易和服务的支付凭证，代表着具有一定象征意义的财产权利，而且这种权利具有不确定性。占有它并不等于直接占有财产所有权，必须通过使用才能在直接消费中使象征性财产权利转化为财产所有权，并根据使用次数和数额来最终确定非法占有财产数额的大小。因此，盗窃信用卡骗取财物的行为与盗窃印鉴齐全的银行空白支票骗取财物的行为相类似，应以盗窃罪论处。

（3）增值税专用发票或者可以用于骗取出口退税、抵扣税款的其他发票。《刑法》第 210 条第 1 款规定，盗窃增值税专用发票或者可以用于骗取出口退税、抵扣税款的其他发票的，依照本法第 264 条的规定定罪处罚。因此，增值税专用发票或者可以用于骗取出口退税、抵扣税款的其他发票，也是一种特定盗窃客体。

（4）电力、煤气、天然气等无形物。电力、煤气、天然气都是无形物。当然，这里的有形与无形，是以固体物为标准确定的。气体作为物质的一种存在方式，它本身具有物质的属性，这是不言而喻的。传统观点认为，作为盗窃罪侵害客体的公、私财物，一般是有形物，即看得见、摸得着，具有某种物体形态的物。但是，随着现代科学技术的进步和发展，某些无形的能源，例如电力、煤气、天然气等，逐渐进入人们的日常生活。这些能源具有一定的经济价值，并且具有可管理的特性。是否具有可管理性，也是确定财产犯罪客体的一个重要因素。某些不可管理的物品，例如空气等，不能成为财产犯罪的客体。随着人们管理能力的提高，过去不可管理的物品现在或将来逐渐成为可以管理的物品，因而财产犯罪的客体有逐渐扩大的趋势。在这种情况下，人们逐渐突破了盗窃犯罪客体为有形物的桎梏，而将电力等无形物包括在盗窃罪客体当中。我国刑法与相关司法解释将电力、煤气、天然气等无形物均归入盗窃罪的客体。

（5）电信码号、电信卡、上网账号、密码等电信资源。这些电信资源是随着电信事业的发展而出现的新型的财产形态。根据《刑法》第 265 条和 2000 年 5 月 12 日最高人民法院《扰乱电信市场秩序案件解释》第 7 条、第 8 条的规定，上述电信资源均可以成为盗窃罪的客体。

（6）虚拟财产。这里的“虚拟财产”，是指网络虚拟空间中形成的具有真实价值、以虚拟形式存在的财产，例如虚拟游戏工具。这种虚拟财产和真实财产之间在网络上存在自发的换算与交易机制，因而具有真实价值，可以成为盗窃罪的客体。

（7）违禁品。违禁品一般是指法律禁止持有、携带、流通的物品。某人持有违禁品是非法的，那么，这种违禁品能否成为盗窃罪的客体呢？我认为，除刑法有特别规定的以外，违禁品可以成为盗窃罪的客体。例如，刑法对盗窃枪支、弹药、爆炸物罪作了专门规定，这里的“枪支、弹药、爆炸物”不仅是指合法所有的，而且包括非法持有的，因而枪支、弹药、爆炸物不能成为盗窃罪的客体，而除此以外的其他违禁品，都可以成为盗窃罪的客体。例如，在司法实践中时有发生的盗窃毒品的行为能否构成盗窃罪，涉及违禁品能否成为盗窃罪的客体问题。在我国刑法中，并没有设立盗窃毒品罪。对于盗窃毒品的行为，只能定为盗窃罪。毒品是一种违禁品，国家不允许个人持有，更不允许流通，那么能否就此否认毒品可以成为盗窃罪的客体呢？我的回答是否定的。虽然毒品是违禁品，不受国家法律的保护，但不能认为谁都可以任意占有，更不能以盗窃等犯罪手段占有。根据法律规定，违禁品应当没收，归国家所有。盗窃毒品的行为侵犯的不是毒品持有人的所有权，而是国家对毒品的所有权，因而可以构成盗窃罪。2000 年 4 月 4 日《全国法院审理毒品犯罪案件工作座谈会纪要》（以下简称《毒品案件纪要》）肯定了盗窃毒品以盗窃罪论处的意见。由于违禁品禁止流通，非法流通虽有一定的价额，但从法律上说并不承认这种价额。在这种情况下，如何对盗窃违禁品的行为进行量刑呢？对此，《盗窃案件解释》（已失效）第 5 条第 8 项规定：盗窃违禁品，按盗窃罪处理的，不计数额，根据情节轻重量刑。《毒品案件纪要》规定，认定盗窃毒品犯罪数额，可以参考当地毒品非法交易的价格。此为特别规定，司法实践中应参照执行。对于毒品以外的其他违禁品，仍按情节轻重量刑。

（8）财产凭证。财产凭证是指有价支付凭证、有价证券和有价票证。这里的有价支付凭证，又称为支付证券，指以请求支付金钱为债权内容的金钱证券。这里的有价证券，是指表明一定的财产性权利，只有持该证券才能行使该权利的证券。有价证券具备以下三个特征：1）有价证券是财产性权利的表现，是一定的财产价值的转化物。例如，它可以代表债权，也可以代表物权或者股权。2）有价证券是权利与证券的结合，而不是单纯的权利的表现或者权利的证明，它是二者的统一物，对于有价证券来说，权利就是证券，而证券也就是权利。3）有价证券是权利运行的载体。证券上的权利的发生、转移和行使，其全部或者一部分必须依证券才能进行，有证券就发生其效力，没有证券就不发生效力。这里的有价票证，是指车票、船票、邮票、税票等表示一定的货币数额的票证。上述有价支付凭证、有价证券、有价票证的基本特征是：它们都是一种财产凭证，表示一定的财产性利益，但又不同于货币。这些财产凭证作为盗窃罪客体，具有其特殊性。我国司法解释将财产凭证分为两类：一是不记名、不挂失的财产凭证，二是记名、可挂失的财产凭证。记名的财产凭证是在凭证上记载特定人为权利人的财产凭证；不记名财产凭证则是在凭证上不指定特定人为权利人，而以正当持票人或来人为权利人的财产凭证。通常来说，记名的是可挂失的，不记名的是不可挂失的。上述两种财产凭证的性质不同，因而对于构成盗窃罪的意义也有所不同：对于不记名、不挂失的财产凭证来说，窃取这种财产凭证，即意味着非法占有了该财产凭证所记载的一定数额的财产。因此，不记名、不挂失的财产凭证，可以视同货币。于记名的财产凭证，行为人在获得这种财产凭证以后要非法占有该财产凭证所记载的一定数额的财产，还需以记名人的身份支取其财物。在这种情况下，行为人最终占有财产还需实施一定的支取行为，这一支取的行为具有一定的诈骗性质。我认为，这种冒领行为虽然具有欺骗的性质，但并非独立的诈骗罪，而是为使盗窃的财产凭证转化为实际财物的行为，应视为事后不可罚之行为。

（9）本人财物。根据法律规定，盗窃罪的客体是公、私财物，并且是他人的公、私财物，因此，在一般情况下，本人财物不可能成为盗窃罪的客体，因为在这种情况下，不存在侵犯财产所有权的问题。但在个别情况下，他人控制下的本人财物可以成为盗窃罪的客体。无论基于何种原因（如借予）本人财物处在他人控制下，他人就产生了对该财物的保管责任，在保管期间财物丢损，属于保管不当，该他人应负赔偿的责任。在这种情况下，他人虽然不是财物的所有人，却是财物的保管人。因此，如果财物所有人采取秘密窃取手段盗窃他人保管之下的本人财物然后又进行索赔，实际上侵犯了他人财产所有权，符合盗窃罪的本质特征，应以盗窃罪论处。不仅窃回他人保管下的本人财物构成盗窃罪，而且窃回本人的借条，以消灭债权债务关系的，也应视为盗窃。例如，王某向陈某借款 3 万元，并写下借条一张。某日王某在陈某家玩，偶见抽屉里的借条，顿生歹念，将借条盗走并销毁。当陈某向王某索债时，王某以无借条为由予以否认。在本案中，王某虽然窃取的是一张借条，但它是一种债权凭证，盗窃行为使陈某丧失债权，必然会侵害陈某的财产所有权，故应以盗窃罪论处。当然，本人财物作为盗窃罪的客体是有条件的，只有行为人以非法占有目的窃取本人财物的，才构成盗窃罪。如果只是为了实现自己的权利，即使采用了盗窃手段，也不构成盗窃罪，如果该手段行为触犯其他罪名的，应以其他犯罪论处。例如，行为人窃取本人被公安、司法机关扣押的财物的行为，如果行为人主观上没有非法占有的目的，例如不提出索赔，则其行为不构成盗窃罪，但应以非法处置扣押的财产罪论处。

（10）不能成为盗窃罪客体的物品。在刑法理论上，并非一切物品都可以成为盗窃罪的客体，某些物品由于立法上的原因，或者由于物品自身的性质，不能成为盗窃罪的客体。在此，对不能成为盗窃罪客体的物品作一分析。1）刑法特别规定的物品。某些物品，由于刑法对盗窃这些物品的行为作出了特别规定，因而不能成为盗窃罪的客体，这里涉及法条竞合问题，我将在下文专作论述，在此仅予以列举：第一，《刑法》第 127 条规定了盗窃枪支、弹药、爆炸物罪，因而上述 3 种物品不能成为盗窃罪的客体。第二，《刑法》第 302 条规定了盗窃尸体罪，因而尸体不能成为盗窃罪的客体。第三，《刑法》第 438 条规定了盗窃武器装备、军用物资罪，因而上述物品不能成为盗窃罪的客体。2）不具有财产价值的物品。某些物品，虽然是盗窃对象，但由于这些物品并不反映财产所有权关系，因而刑法未将其规定为盗窃罪的客体，而是规定为其他犯罪的客体。第一，《刑法》第 111 条规定的为境外窃取国家秘密、情报罪中的国家秘密、情报。第二，《刑法》第 280 条第 1 款规定的盗窃国家机关公文、证件、印章罪中的公文、证件、印章。第三，《刑法》第 329 条第 1 款规定的窃取国有档案罪中的国有档案。第四，《刑法》第 375 条规定的盗窃武装部队公文、证件、印章罪中的公文、证件、印章。第五，《刑法》第 431 条第 2 款规定的为境外窃取军事秘密罪中的军事秘密。3）其他物品。这里的“其他物品”是指不动产、遗弃物、遗忘物和埋藏物，下面分别加以论述。第一，不动产。在物权法上，根据财产是否可以移动，将财产分为动产和不动产。在刑法理论上，对于不动产是否可以成为盗窃罪的客体存在争议，主要有以下三种观点：一是肯定说，认为不动产和动产一样，其所有权同样受法律的保护，应把不动产直接作为盗窃罪客体。二是否定说，认为盗窃罪的客体只限于动产。三是犹豫说，即对于不动产是否属于盗窃罪的客体，不明确表态，而是概括地规定为财物。我认为，从盗窃行为的性质上来说，由于不动产不可能被窃取，因而将不动产作为盗窃罪的客体是不合适的。由于刑法设立了侵占罪，对于那些以各种手段非法占有本人持有的他人财物（包括动产与不动产）的行为，可以侵占罪论处。第二，遗弃物。遗弃物是指财物所有人丢弃的物品，这种物品尽管在客观上可能尚有一定的价值，但所有人认为已无保存价值，因而予以遗弃。由于先前的所有人放弃了对该物品的所有权，遗弃物因而就成为无主物。所谓无主物，是指所有人不明或所有人自动放弃了所有关系的财物，例如，工厂抛弃的废旧物品、无人继承的遗产，等等。无主物的特点在于：任何人对其都不享有所有权，或者所有人已经自动放弃了所有权。由此可见，遗弃物是无主物，反之则不然。无主物的外延要比遗弃物的大，遗弃物是由于先前的所有人明确地放弃对财物的所有权而形成的无主物。而其他无主物是指由于暂时没有找到主人或者依法应当转归他人所有的物品。在这种情况下，处于一种物主的暂时缺失状态。应当指出，遗弃物之不能成为盗窃罪的客体，是以行为人主观上明知为前提的。如果某种物品虽然在客观上为遗弃物，但行为人并不知其为遗弃物，从而实施了窃取行为的，仍应以盗窃罪论处。如果某种物品客观上乃非遗弃物，但行为人误以为是遗弃物而予以占有的，不应以盗窃罪论处。如何判断某一物品是否为遗弃物？除应考虑先前所有人的主观心理状态以外，还要考虑某一物品客观上放置的状态。一般来说，作为遗弃物，由于先前所有人认为其不再具有价值，因而在放弃所有权的同时也必将放弃控制权，因此他人取得这种物品往往不必再行秘密窃取。如果虽然所有人认为某种物品已经丧失价值，但尚未丧失这种控制，即未予以遗弃，且行为人不知其为遗弃物，从而秘密窃取的，仍属于盗窃。至于某种物品虽然丧失了其原始功能，但仍有其他效用的情况，例如，一台机床已经报废，但当作废旧金属仍有其价值，如果所有人未予遗弃，而只是放置在某处，则不应视为遗弃物。第三，遗忘物。遗忘物是指非出于占有人或者所有人之本意，偶然丧失其占有之动产。《刑法》第270条第2款已经将侵占遗忘物的行为规定为侵占罪，因此，遗忘物不能成为盗窃罪的客体。第四，埋藏物。埋藏物是指所有权不明的、埋藏于地下或包藏在他物中的财物。根据我国《民法通则》的规定，所有人不明的埋藏物，归国家所有。换言之，国家对埋藏物享有所有权。因此，我国《刑法》第270条第2款将侵占埋藏物的行为规定为侵占罪，因为该种行为侵犯了国家对埋藏物的所有权。但由于埋藏物具有所有人不明的特征，即当时并不在他人控制之下，因而占有埋藏物的行为，不属于秘密窃取的行为。因此，埋藏物不能成为盗窃罪的客体。

2. 罪责

盗窃罪的罪责形式是故意，并且具有非法占有的目的。这里的故意，是指明知是秘密窃取行为而有意实施的主观心理状态。

3. 罪量

盗窃罪的罪量要素是数额较大，在多次盗窃、入户盗窃、携带凶器盗窃、扒窃的情况下，不受上述数额较大的限制。这里的“数额较大”，根据2013年4月2日最高人民法院、最高人民检察院《关于办理盗窃刑事案件适用法律若干问题的解释》（以下简称《盗窃案件适用法律解释》）第1条的规定，是指盗窃公私财物价值1 000元至3 000元以上。根据该解释第2条的规定，盗窃公私财物，具有下列情形之一的，“数额较大”的标准可以按照前条规定标准的50%确定：（1）曾因盗窃受过刑事处罚的；（2）一年内曾因盗窃受过行政处罚的；（3）组织、控制未成年人盗窃的；（4）自然灾害、事故灾害、社会安全事件等突发事件期间，在事件发生地盗窃的；（5）盗窃残疾人、孤寡老人、丧失劳动能力人的财物的；（6）在医院盗窃病人或者其亲友财物的；（7）盗窃救灾、抢险、防汛、优抚、扶贫、移民、救济款物的；（8）因盗窃造成严重后果的。该解释第7条还规定，盗窃公私财物数额较大，行为人认罪、悔罪，退赃、退赔，且具有下列情形之一，情节轻微的，可以不起诉或者免予刑事处罚；必要时，由有关部门予以行政处罚：（1）具有法定从宽处罚情节的；（2）没有参与分赃或者获赃较少且不是主犯的；（3）被害人谅解的；（4）其他情节轻微、危害不大的。此外，根据2006年1月11日最高人民法院《关于审理未成年人刑事案件具体应用法律若干问题的解释》的规定，已满16周岁不满18周岁的人实施盗窃行为未超过3次，盗窃数额虽已达到“数额较大”标准，但案发后能如实供述全部盗窃事实并积极退赃，且具有下列情形之一的，可以认定为“情节显著轻微危害不大”，不认为是犯罪：（1）系又聋又哑的人或者盲人；（2）在共同盗窃中起次要或者辅助作用，或者被胁迫；（3）具有其他轻微情节的。已满16周岁不满18周岁的人盗窃未遂或者中止的，可不认为是犯罪。

如上所述，根据刑法规定，在多次盗窃、入户盗窃、携带凶器盗窃、扒窃的情况下，不受数额较大的限制，只要实施上述盗窃行为的，即构成本罪。这里的“多次盗窃”，是指2年内盗窃3次以上。“入户盗窃”，是指非法进入住所进行盗窃。“携带凶器盗窃”，是指携带枪支、爆炸物、管制刀具等国家禁止个人携带的器械盗窃，或者为了实施违法犯罪携带其他足以危害他人人身安全的器械盗窃。携带凶器进行盗窃而未使用的，以盗窃罪论处。如果在携带凶器盗窃时，为窝藏赃物、抗拒抓捕或者毁灭罪证而当场使用凶器施暴或者威胁的，根据《刑法》第269条的规定，应以抢劫罪定罪处罚。这里的扒窃是指在公共场所或者公共交通工具上窃取他人随身携带的财物。

（三）认定

1. 盗窃数额的计算

盗窃数额是指犯罪人通过盗窃行为实际占有的货币及财物折算而成的货币数量。在某些情况下，盗窃数额也可能是实际造成损失的数额。无论是占有财物的数额还是造成损失的数额，盗窃数额都是占有财物的实际数额或者造成损失的实际数额。因为只有实际数额，才能真正反映财产所有人的法益受侵害程度。在一般情况下，数额都是以人民币为单位计量的，因而在盗窃的是财物的情况下，往往应当通过法定估价机构，把财物折算成人民币的数量。根据我国司法解释的规定，对盗窃数额的计算问题论述如下。

(1) 盗窃一般财物的数额计算

根据《盗窃案件适用法律解释》第4条第1款第1项的规定，被盗财物有有效价格证明的，根据有效价格证明认定；无有效价格证明，或者根据价格证明认定盗窃数额明显不合理的，应当按照有关规定委托估价机构估价。

(2) 盗窃外币的数额计算

根据《盗窃案件适用法律解释》第4条第1款第2项的规定，盗窃外币的，按照盗窃时中国外汇交易中心或者中国人民银行授权机构公布的人民币对该货币的中间价折合成人民币计算；中国外汇交易中心或者中国人民银行授权机构未公布汇率中间价的外币，按照盗窃时境内银行人民币对该货币的中间价折算成人民币，或者该货币在境内银行、国际外汇市场对美元汇率，与人民币对美元汇率中间价进行套算。

(3) 盗窃电力、燃气、自来水等财物的数额计算

根据《盗窃案件适用法律解释》第4条第1款第3项的规定，盗窃电力、燃气、自来水等财物，盗窃数量能够查实的，按照查实的数量计算盗窃数额；盗窃数量无法查实的，以盗窃前6个月月均正常用量减去盗窃后计量仪表显示的月均用量推算盗窃数额；盗窃前正常使用不足6个月的，按照正常使用期间的月均用量减去盗窃后计量仪表显示的月均用量推算盗窃数额。

(4) 电信盗用的数额计算

根据《盗窃案件适用法律解释》第4条第1款第4项的规定，明知是盗接他人通信线路、复制他人电信码号的电信设备、设施而使用的，按照合法用户为其支付的费用认定盗窃数额；无法直接确认的，以合法用户的电信设备、设施被盗接、复制后的月缴费额减去被盗接、复制前6个月的月均电话费推算盗窃数额；合法用户使用电信设备、设施不足6个月的，按照实际使用的月均电话费推算盗窃数额。

(5) 电信盗卖的数额计算

根据《盗窃案件适用法律解释》第4条第1款第5项的规定，盗接他人通信线路、复制他人电信码号出售的，按照销赃数额认定盗窃数额。

(6) 盗窃财产凭证的数额计算

根据《盗窃案件适用法律解释》第5条的规定，盗窃有价支付凭证、有价证券、有价票证的，按照下列方法认定盗窃数额：1) 盗窃不记名、不挂失的有价支付凭证、有价证券、有价票证的，应当按票面数额和盗窃时应得的孳息、奖金或者奖品等可得收益一并计算盗窃数额。

2）盗窃记名的有价支付凭证、有价证券、有价票证，已经兑现的，按照兑现部分的财物价值计算盗窃数额；没有兑现，但失主无法通过挂失、补领、补办手续等方式避免损失的，按照给失主造成的实际损失计算盗窃数额。

（7）盗窃文物的数额计算

根据《盗窃案件适用法律解释》第9条的规定，盗窃国有馆藏一般文物的，应当认定为数额较大；盗窃3级文物的，应当认定为数额巨大；盗窃2级以上文物的，应当认定为数额特别巨大。前引解释还规定，盗窃多件不同等级国有馆藏文物的，3件同级文物可以视为一件高一级文物。盗窃民间收藏的文物的，根据该解释第4条第1款第1项的规定认定盗窃数额。

2. 近亲盗窃

近亲盗窃因行为人与失主之间的特殊关系而在处理上有别于普通盗窃。根据《盗窃案件适用法律解释》第8条的规定，近亲盗窃是指偷拿家庭成员或者近亲属的财物。这种情况下的财物虽然并不等同于本人财物，但又不完全等同于一般外人的财物。因此，对于这种盗窃行为应当采取特殊的处理原则。根据该解释，对于近亲盗窃的，应按照以下两种情形分别论处。

（1）一般可不按犯罪处理

对于近亲盗窃之所以一般可不按犯罪处理，主要是基于以下两点理由：1）按照我国目前的家庭状况，在一般的家庭中，家庭财产基本上是共同共有，很少按份共有。共有财产在分割前很难确定哪些是其他成员所有、哪些是行为人所有，因此，如果追究行为人的刑事责任，盗窃数额难以确定。盗窃数额难以确定，自然也就不能依法追究刑事责任。2）在我国目前的社会中，家庭是社会的细胞，家庭成员之间有着特殊的关系。一般的家庭成员都不希望自己的亲属受到刑事追究。在司法实践中经常出现这样的情况，家庭发现失窃后报案了，破案后却发现行为人是自己家庭的成员，于是家庭的其他成员主动要求不追究行为人的刑事责任，或者原想对行为人略施惩戒，但看到行为人真要受到刑罚处罚时，却又千方百计地要求司法机关免除其刑事责任。这种情况的出现，是因为家庭成员间利益相关、荣辱与共，一人成为罪犯，全家脸上无光，何况盗窃的只是自己家里的东西。因此，家庭成员间除非相互关系发展到确实不能容忍的程度，一般不会要求法律制裁。

（2）需要追究刑事责任的情况

对于近亲盗窃行为，一般可不按犯罪处理，但这并不排除在少数或者个别情况下追究刑事责任。我认为，在以下三种情况下，对于近亲盗窃行为，应当追究刑事责任，但在处罚上可以从轻，以示与社会上作案的区别：1）家庭成员勾结外人盗窃家庭财产的案件。这种盗窃犯罪属于共同犯罪，其法益侵害性大于单纯的家庭成员间盗窃的法益侵害性。对于这种案件应该按照一般的共同盗窃案件追究刑事责任，但在处理时，如无其他恶劣情节的，对家庭成员可以酌情考虑从轻处罚。2）行为人既盗窃公私财物又盗窃自己家庭内或近亲属财物的案件。对这类盗窃案件亦应按一般盗窃犯罪案件追究刑事责任，但在计算盗窃数额时，对家庭内盗窃这一部分，如果被害人不愿追诉的，也可以不计入盗窃总数额，但处理时应将这一部分数额作为情节予以考虑。3）盗窃数额巨大且其他家庭成员坚持要求追究刑事责任的，也应按犯罪处理。此外，根据2006年1月11日最高人民法院《关于审理未成年人刑事案件具体应用法律若干问题的解释》第9条第3款的规定，已满16周岁不满18周岁的人盗窃自己家庭或者近亲属财物，或者盗窃其他亲属财物但其他亲属要求不予追究的，可不按犯罪处理。

3. 偷开机动车的认定

偷开他人机动车的案件在现实生活中屡有发生，《盗窃案件适用法律解释》第10条规定：偷开他人机动车的，按照下列规定处理：（1）偷开机动车，导致车辆丢失的，以盗窃罪定罪处罚。(2) 为盗窃其他财物，偷开机动车作为犯罪工具使用后非法占有车辆，或者将车辆遗弃导致丢失的，被盗车辆的价值计入盗窃数额。(3) 为实施其他犯罪，偷开机动车作为犯罪工具使用后非法占有车辆，或者将车辆遗弃导致丢失的，以盗窃罪和其他犯罪数罪并罚；将车辆送回，未造成丢失的，按照其所实施的其他犯罪从重处罚。

4. 盗窃未遂的认定

从刑法理论上来说，盗窃罪是数额犯，盗窃数额较大才构成犯罪。在盗窃未遂的情况下，不存在盗窃数额。那么，对盗窃未遂的处罚是否符合犯罪构成理论呢？我认为，刑法分则规定的盗窃罪作为数额犯的构成要件，是以犯罪既遂为标本的，并不意味着任何盗窃行为都只有在数额较大的情况下才能处罚，如果是盗窃未遂，由于刑法总则存在未遂犯处罚的一般原则，因而即使不具备数额较大这一要件也应当予以处罚。此外，在入户盗窃、多次盗窃、携带凶器盗窃和扒窃等特殊盗窃形态中，刑法并不要求达到数额较大才能构成犯罪。对此，即使是盗窃未遂，也应当追究刑事责任。例如，入户盗窃但未实际窃得任何财物的，应当以盗窃未遂论处。

在盗窃未遂的认定上，一个疑难的问题是如何区分盗窃未遂与既遂。这不仅是在盗窃罪的认定上的复杂问题，也是犯罪未遂理论的一个复杂问题。在中外刑法理论上，关于盗窃罪的未遂与既遂的区分存在以下观点的聚讼：(1) 接触说。该说以行为人是否接触被盗对象为标准，判断盗窃罪的既遂或未遂：凡是已经实际接触目的物的是盗窃既遂，没有实际接触目的物的是盗窃未遂。因此，按照接触说，只要行为人着手盗窃，触及了目的物，尽管没有把财物盗窃到手，也是盗窃既遂，而不能以未遂论处。(2) 隐匿说。该说认为应以行为人是否将目的物隐匿起来作为判断盗窃既遂还是未遂的标准：凡是已将财物隐匿起来的就是盗窃既遂，未将财物隐匿起来的就是盗窃未遂。(3) 转移说。该说认为应以行为人是否将财物移离现场作为判断盗窃既遂与未遂的标准：凡财物被移离原来场所的是盗窃既遂，没有移离原来场所的则是盗窃未遂。(4) 取得说。该说认为应以行为人是否将他人财物置于自己掌握之下作为判断盗窃既遂或未遂的标准：只要财物到手，不论是否离开现场，都认为是盗窃既遂；没有掌握财物的，则为盗窃未遂。(5) 控制说。该说认为应以行为人是否已实际控制所盗窃财物为标准判断盗窃既遂与未遂：凡行为人已经实际控制盗窃所得财物的是盗窃既遂，没有实际控制所得财物的是盗窃未遂。(6) 失控说。该说认为以失主是否已丧失了对财物的控制为标准判断盗窃既遂与未遂：凡失主已丧失了对财物的实际控制的是盗窃既遂，未丧失实际控制的是盗窃未遂。(7) 失控加控制说。该说认为应以被盗财物是否脱离所有人或占有人的控制和行为人实际控制财物为标准来判断盗窃既遂与未遂：凡失主已对财物失去控制并且财物已为行为人实际所控制的，就是盗窃既遂，否则就是盗窃未遂。上述认定盗窃既遂、未遂的标准不同，可能会导致对具体案件处理的不同。我认为，在以上关于盗窃罪的未遂与既遂的区分标准中，除控制说以外，其他各说均有所不妥：接触说过于严厉，只要一接触就构成盗窃既遂，基本上将盗窃罪视为举动犯而否定了盗窃未遂的存在，因而为我们所不取。转移说以被盗物是否转移作为区分盗窃未遂与既遂的标准也是不准确的，因为在某些情况下，财物虽然转移了，但未必就是既遂。隐匿说也是一样，隐匿不能完全决定盗窃罪的既遂与未遂。取得说也有其偏颇之处，因为取得并不意味着控制，也不见得一旦取得都是盗窃既遂。至于失控说，从失主方面来考虑，固然有一定的道理，但失主丧失对财物的控制，并不必然表明行为人控制了财物，因而也不能作为区分盗窃既遂与未遂的标准。失控加控制说貌似全面，既考虑了失主的情况又考虑了行为人的情况，但它忽视了失主失控、行为人并未控制的情况，因而也不够确切与全面。那么，在区分盗窃罪的既遂与未遂的时候为什么以控制说为标准呢？我认为，这是构成要件说的必然结论。主要理由如下：盗窃罪的未遂与既遂的区分根据是盗窃行为是否得逞。在刑法理论上，确定犯罪是否得逞应坚持构成要件说，即以犯罪构成要件是否全部具备作为犯罪是否得逞的标准。在盗窃未遂与既遂的区分中，也应当坚持盗窃罪的构成要件是否齐备。唯此，才能正确认定盗窃罪的未遂与既遂。那么，盗窃罪的构成要件是否齐备以什么为标准呢？我认为，只有客观上行为人完成了盗窃行为并占有了公私财物，主观上达到了非法占有的目的，才能认为是盗窃罪构成要件的齐备，否则，就是盗窃罪的未遂。总之，应从主观与客观的统一上论证这一点。盗窃罪犯罪构成要件齐备的客观标志，就是秘密窃取的犯罪行为造成了行为人非法占有所盗公私财物的实际结果，而盗窃罪犯罪构成要件齐备的主观标志，就是达到了非法占有公私财物的目的。只有控制说才能满足主观与客观这两个方面的要求。总之，我主张在盗窃罪的未遂与既遂的区分标准上采控制说。

关于盗窃未遂的定罪标准，《盗窃案件适用法律解释》第 12 条规定，盗窃未遂，具有下列情形之一的，应当依法追究刑事责任：(1) 以数额巨大的财物为盗窃目标的；(2) 以珍贵文物为盗窃目标的；(3) 其他情节严重的情形。盗窃既有既遂又有未遂，分别达到不同量刑幅度的，依照处罚较重的规定处罚；达到同一量刑幅度的，以盗窃罪既遂处罚。

5. 盗窃共同犯罪数额的认定

盗窃罪是一种数额犯，主要实行以赃计罪的原则。因此，盗窃数额在盗窃罪的定罪量刑中具有重要意义。在单独盗窃的情况下，行为人应对本人所盗数额承担刑事责任，这是毋庸置疑的。那么，在共同犯罪的情况下，行为人如何对盗窃数额承担刑事责任呢？根据《盗窃案件解释》(已失效) 第 7 条的规定，审理共同盗窃犯罪案件，应当根据案件的具体情形对各被告人分别作出处理：(1) 对犯罪集团的首要分子，应当按照集团盗窃的总数额处罚。(2) 对共同犯罪中的其他主犯，应当按照其所参与或者组织、指挥的共同盗窃的数额处罚。(3) 对共同犯罪中的从犯，应当按照其所参与的共同盗窃的数额确定量刑幅度，并依照《刑法》第 27 条第 2 款的规定，从轻、减轻处罚或者免除处罚。由此可见，在共同盗窃案件中，各共同犯罪人应当对盗窃总数额承担刑事责任，这是一个基本原则。我认为，各共同犯罪人都应当对其所参与实施的共同盗窃的总数额承担刑事责任。这里有以下几个问题值得研究。

第一，定罪与量刑的关系。我们在这里讨论在共同盗窃案件中各共同犯罪人应当对什么数额（是犯罪总额还是分赃数额）承担刑事责任，主要是解决其定罪问题，确切地说，是解决应适用哪一个量刑幅度的问题。在此基础上，再根据共同犯罪人在共同盗窃中的地位与作用，分别予以轻重不同的处罚。

第二，总数额和参与数额的关系。犯罪总数额与分赃数额之间存在明显的差别，这是毫无疑问的。那么，盗窃总数额和参与数额是否也存在区别呢？我认为两者并无不同，只是表述上的区别而已。所谓盗窃集团的首要分子应当对集团盗窃的总数额承担刑事责任，是指首要分子应当对在其组织、指挥、策划下实施的盗窃犯罪的总数额承担刑事责任。因为盗窃集团中的首要分子，既是该集团的组织者，也是该集团实施的具体盗窃犯罪活动的策划者和指挥者。他们不仅自己进行盗窃犯罪活动，而且组织起专门从事盗窃犯罪活动的盗窃集团，积极策划盗窃犯罪阴谋，纠集、指挥其他人进行盗窃犯罪活动。这就充分表明首要分子的社会危害性要远远大于一般盗窃犯罪分子和盗窃集团其他成员的社会危害性，应当给予严厉打击。因此，盗窃集团的首要分子无论是否在犯罪现场指挥，或者是否亲自参加实施具体的盗窃犯罪活动，只要该项盗窃活动是包括在首要分子领导制订的犯罪活动计划之内的，他就要承担刑事责任。如果具体实施盗窃犯罪活动的人实施了超出首要分子犯罪预谋的行为，首要分子对此不负刑事责任。而对于其他主犯或者从犯来说，其所参与的盗窃数额，实际上也是一种盗窃总数额。只要行为人主观上对于这种盗窃犯罪具有故意，在客观上积极参与了盗窃犯罪，就应当对参与的盗窃共同犯罪的总数额承担刑事责任。在这一点上，即从主观与客观相统一上来说，总数额和参与数额的确定方法是相同的，两者没有根本差别。

第三，正犯与共犯。在确定共同盗窃数额的时候，不仅要解决正犯的盗窃数额问题，而且要解决共犯即帮助犯与教唆犯的盗窃数额问题。对于共同正犯来说，参与数额是指直接参加实施盗窃的犯罪总数额，它不限于个人直接盗窃的数额，而且包括他人共同盗窃的数额。而在共犯情况下，参与数额是指在其教唆或者帮助下正犯的盗窃数额。因此，对这里的“参与”应当作扩大解释，它不仅是指直接参与盗窃犯罪的实行，而且是指间接参与盗窃犯罪活动，包括对实行犯进行帮助和教唆。对于帮助犯与教唆犯来说，他们没有个人直接盗窃的数额，但实行犯是在其帮助、教唆下完成盗窃犯罪之实施的，因此，帮助犯和教唆犯应当对实行犯盗窃的总数额承担刑事责任。

如上所述，各共同犯罪人都应对其所参与（实行、帮助、教唆、组织）的盗窃犯罪总数额承担刑事责任，这是从共同犯罪一般原理中得出的必然结论。但在司法实践中，还存在某些特殊问题需要研究。例如，犯罪分子对盗窃同伙隐瞒盗窃数额，他人是否应对隐瞒款额承担刑事责任？我认为，盗窃犯罪数额是盗窃行为的结果，属于盗窃罪的客观因素。在盗窃罪的主观与客观统一上，我们不可能要求绝对的、确定的统一。在一般情况下，犯罪分子秘密窃取的他人财物无论是何种财物，都认为是包含在盗窃故意范围之内的。在个别情况下，盗窃的对象比较明确，例如，就是要盗窃某一特定物品，但在取得以后，发现并非其所意图窃取的那个特定财物，而是其他财物。在这种情况下，行为人仍然予以占有。对此，就不能认为在盗窃的主观故意与客观结果上不相吻合。换言之，在这种情况下，并不影响盗窃罪的成立。但是，如果盗窃同伙隐瞒所盗窃数额，例如盗窃 1 万元，同伙谎称为 5 000 元，行为人只参与了对这 5 000 元的分赃，则行为人只对这 5 000 元承担刑事责任。

6. 盗窃罪的想象竞合

在盗窃案件的审理中，存在各种想象竞合的情形。以下根据相关司法解释的规定，对盗窃罪与其他犯罪的想象竞合犯问题加以论述。

（1）盗窃罪与破坏广播电视设施、公用电信设施罪的想象竞合

当行为人采取偷割电线的方法进行破坏的时候，就涉及破坏广播电视设施、公用电信设施罪与盗窃罪的区分问题。司法实践中，如何正确地划清上述两罪的界限，是一个重要问题。在我国司法实践中一般认为，盗窃广播电视设施、公用电信设施价值数额不大，但是构成危害公共安全犯罪的，依照《刑法》第 124 条的规定定罪处罚；盗窃广播电视设施、公用电信设施同时构成盗窃罪和破坏广播电视设施、公用电信设施罪的，择一重罪处罚。那么，在这种情况下，是牵连犯还是想象竞合犯？对此，我国刑法理论上存在争议。第一种观点认为，这是两个行为所犯两个罪名，两个行为之间存在牵连关系，因而属于牵连犯。第二种观点认为，这是一个行为所犯两个罪名，因而属于想象竞合犯。我赞同上述第二种观点，对此应以想象竞合犯论处。我认为，牵连犯与想象竞合犯的根本区别在于：牵连犯中存在两个犯罪行为，因而它属于实质的数罪，而想象竞合犯中只存在一个犯罪行为，因而它属于想象的数罪。由此可见，在盗窃广播电视设施、公用电信设施的情况下，行为人实行的到底是一个犯罪行为还是两个犯罪行为，就成为想象竞合犯与牵连犯的根本区别之所在。盗窃广播电视设施、公用电信设施时，行为人往往先把电信通信线路上的电线剪断，然后非法据为己有。在此似乎存在偷割电线和将电线据为己有两个行为。但我认为，这并不是两个独立的犯罪行为，不能把“偷割电线”视为破坏广播电视设施、公用电信设施的行为，而把“将电线据为己有”视为盗窃行为。我认为，这只是两个动作，共同形成的是一个犯罪行为。对于盗窃罪来说，秘密窃取包括使财物脱离所有

人的控制，并将其非法占有。例如，溜门撬锁入室窃取财物，不能把溜门撬锁视为独立于盗窃之外的行为，它仅仅是盗窃的不可分割的组成部分。在盗窃广播电视设施、公用电信设施的情况下也是如此：偷割电线并非法占有是一个完整的盗窃行为，正是这一盗窃行为同时触犯了破坏广播电视设施、公用电信设施罪。尤其是司法解释采用了“同时构成”这一表述，似应理解为想象竞合犯。对于这种想象竞合犯，采用择一重罪处罚的原则，是具有理论根据的。至于如何择一重罪处罚，可以参照相关司法解释的具体规定。

（2）盗窃罪与破坏电力设备罪的想象竞合

破坏电力设备罪的破坏手段是多种多样的，如炸毁电力设备，拆卸或者毁坏重要部件，向电力设备投放障碍物或者故意违反操作规程使机器设备遭受损坏，偷割电源线，盗拔电线杆，毁坏高压塔，等等。当犯罪分子采用盗窃手段破坏电力设备的时候，就发生了盗窃罪与破坏电力设备罪的想象竞合。盗窃使用中的电力设备，同时构成盗窃罪和破坏电力设备罪的，在我国司法实践中一般是择一重罪处罚。我认为，这是对盗窃罪和破坏电力设备罪适用想象竞合的处罚原则。

（3）盗窃罪与故意毁坏财物罪的想象竞合

在盗窃过程中，往往造成财物损坏，并且在破坏性盗窃的情况下，财物损坏更是不可避免。根据《盗窃案件适用法律解释》第 11 条的规定，盗窃公私财物并造成财物损毁的，按照下列规定处理：1）采用破坏性手段盗窃公私财物，造成其他财物损毁的，以盗窃罪从重处罚；同时构成盗窃罪和其他犯罪的，择一重罪从重处罚。2）实施盗窃犯罪后，为掩盖罪行或者报复等，故意毁坏其他财物构成犯罪的，以盗窃罪和构成的其他犯罪数罪并罚。3）盗窃行为未构成犯罪，但损毁财物构成其他犯罪的，以其他犯罪定罪处罚。

7. 单位盗窃的处理

我国刑法并未规定单位可以成为盗窃罪的主体，但单位盗窃案件时有发生。在这种情况下，能否以盗窃罪追究单位中的直接责任人员的刑事责任？对此，2002 年 8 月 9 日最高人民检察院《关于单位有关人员组织实施盗窃行为如何适用法律问题的批复》规定：单位有关人员为谋取单位利益组织实施盗窃行为，情节严重的，应当依照《刑法》第 264 条的规定以盗窃罪追究直接责任人员的刑事责任。

8. 盗窃罪的法条竞合

在盗窃罪中，存在普通法与特别法的法条竞合。对此，应当按照特别法优于普通法的原则，以特别法规定的犯罪论处。

（1）盗窃罪与盗窃枪支、弹药、爆炸物罪的法条竞合

盗窃罪与盗窃枪支、弹药、爆炸物罪在盗窃罪的客体——一般物品与枪支、弹药、爆炸物——之间存在普通与特别的关系，两罪分别是普通法规定的犯罪与特别法规定的犯罪，具有法条竞合关系。在这种法条竞合的情况下，应以盗窃枪支、弹药、爆炸物罪论处。

（2）盗窃罪与侵犯商业秘密罪的法条竞合

在侵犯商业秘密罪中，包含盗窃商业秘密的行为。对此，应依特别法优于普通法的原则，以侵犯商业秘密罪论处。

（3）盗窃罪与盗伐林木罪的法条竞合

我国《刑法》第 345 条规定的盗伐林木罪，是指以非法占有为目的，盗伐森林或者其他林木，数量较大的行为。盗伐林木罪中的“盗伐”，是采取盗窃的方法采伐林木，因而具有盗窃林木的性质。盗伐林木罪不仅侵害了他人的林木所有权，而且破坏林业资源，我国刑法将其规定在破坏环境资源保护罪一节，主要是强调该罪所具有的破坏林业资源的性质，但不能由此否

认该罪所具有的盗窃的特征。因此，在盗窃罪与盗伐林木罪之间存在法条竞合关系：盗窃罪是普通法规定，盗伐林木罪是特别法规定。按照特别法优于普通法的原则，在盗窃罪与盗伐林木罪发生法条竞合的情况下，应以盗伐林木罪论处。

（四）处罚

根据《刑法》第264条［《刑法修正案（八）》第39条］之规定，犯本罪的，处3年以下有期徒刑、拘役或者管制，并处或者单处罚金；数额巨大或者有其他严重情节的，处3年以上10年以下有期徒刑，并处罚金；数额特别巨大或者有其他特别严重情节的，处10年以上有期徒刑或者无期徒刑，并处罚金或者没收财产。

加重处罚事由 犯盗窃罪而且数额巨大或者有其他严重情节的，是本罪的加重处罚事由。这里的"数额巨大"，根据《盗窃案件适用法律解释》第1条的规定，以3万元至10万元为起点。至于"其他严重情节"，根据前引司法解释第6条的规定，是指盗窃数额达到上述起点，并具有下列情节之一：（1）犯罪集团的首要分子或者共同犯罪中情节严重的主犯；（2）盗窃金融机构的；（3）流窜作案危害严重的；（4）累犯；（5）导致被害人死亡、精神失常或者其他严重后果的；（6）盗窃救灾、抢险、防汛、优抚、扶贫、移民、救济、医疗款物等造成严重后果的；（7）盗窃生产资料，严重影响生产的；（8）造成其他重大损失的。

特别加重处罚事由 犯盗窃罪而且数额特别巨大或者有其他特别严重情节的，是本罪的特别加重处罚事由。这里的"数额特别巨大"，根据前引解释第1条的规定，以30万元至50万元为起点。根据前引司法解释第6条的规定，至于"其他特别严重情节"，是指盗窃数额达到上述起点，并具有下列情节之一：（1）犯罪集团的首要分子或者共同犯罪中情节严重的主犯；（2）盗窃金融机构的；（3）流窜作案危害严重的；（4）累犯；（5）导致被害人死亡、精神失常或者其他严重后果的；（6）盗窃救灾、抢险、防汛、优抚、扶贫、移民、救济、医疗款物等造成严重后果的；（7）盗窃生产资料，严重影响生产的；（8）造成其他重大损失的。

三、诈骗罪

（一）概念

诈骗罪是指以非法占有为目的，使用虚构事实、隐瞒真相的方法，致使他人产生认识错误，并基于认识错误而处分财物，行为人以此取得财物，使他人遭受财产损失，数额较大的行为。

（二）构成

1. 罪体

行为 诈骗罪的行为是使用虚构事实、隐瞒真相的方法，致使他人产生认识错误，并基于认识错误而处分财物，行为人由此取得财物，从而使他人遭受财产损失。在诈骗罪的行为中，包括双重行为：一是欺骗行为，二是取财行为。上述两种行为之间存在手段与目的的关系，因此，诈骗罪是复行为犯。此外，诈骗罪的成立，还要考察被害人的行为。被害人的行为表现为：因为行为人的欺骗行为而产生认识错误，并基于认识错误而处分财物。被害人的行为介于欺骗行为与取财行为之间：既是欺骗行为的结果，又是取财行为的原因。因此，诈骗罪的行为内容包括行为人与被害人的以下四种行为。

（1）欺骗行为。诈骗罪的欺骗行为是指虚构事实或者隐瞒真相。这里的"虚构事实"，是指捏造并不存在的事实。虚构事实是一种作为的诈骗，即行为人采取言辞或者其他积极的举动，以此欺骗他人。这里的"隐瞒真相"，是指掩盖客观存在的事实。隐瞒真相是一种不作为的诈骗，即行为人有义务披露真相而消极地不予披露，以此欺骗他人。

（2）认识错误。欺骗行为致使他人产生认识错误，因此，认识错误是行为人欺骗行为的结果。认识错误的内容是处分财物的认识错误。如果认识错误与处分财物无关，则不具备诈骗罪的认识错误这一特征。例如，欺骗他人，使其离开随身物品，乘机予以占有。在这种情况下，行为人采取了欺骗方法，他人也产生了认识错误，但这一认识错误与处分财物无关，因而仍然不具备认识错误这一要素。此外，在刑法教义学上还存在机器不能被骗的原理。机器不能被骗是指机器作为一种机械装置或者电子设施，不存在主观意识，因而不可能陷于认识错误。因此，通过操纵机器而非法获取财物的行为，应当认定为盗窃而非诈骗。例如，往自动售货机中投入假硬币，破解通过依赖硬币的体积与重量控制出货口的机器装置，而非法获取自动售货机中的物品，就是一种盗窃行为而不构成诈骗。在这种情况下，机器不能被骗，自动售货机的出货是行为人盗窃的结果。

（3）处分财物。基于认识错误而处分财物，是诈骗罪的重要特征之一，也是诈骗罪与其他财产犯罪的根本区分之所在。处分行为，在民法上是指以处分权利为内容并直接发生权利变动效果的民事法律行为。在诈骗罪中，处分财物是致使财物发生占有转移的行为。在认定诈骗罪的处分行为时，应当讨论以下三个问题：1）处分能力。处分行为以具有处分能力为前提，没有处分能力的人不可能实施具有法律效果的处分行为。在刑法教义学中一般认为，精神病人或者没有行为能力的未成年人（根据我国《民法总则》的规定是指不满 8 周岁的人）不具有处分能力。行为人采取欺骗方法从上述人员处获取财物的，因为不存在处分行为，所以不构成诈骗罪而应以盗窃罪论处。2）处分意识。处分意识是指行为人在处分财物的时候，必须对其所处分的财物具有认识，不具有这种处分意识的，不构成诈骗罪。例如，甲进入超市将照相机等贵重物品装入肥皂的包装箱，调包以后到收银台付款，收银员误以为是肥皂而收取肥皂的货款。在这种情况下，行为人实施了欺骗行为，收银员产生了认识错误并处分了财物。但收银员并不知道肥皂箱中装的是照相机等贵重物品，没有对照相机等贵重物品的处分意识，因此，甲的行为不构成诈骗罪，应以盗窃罪论处。3）处分结局。处分结局是指处分所产生的使财物发生终局性转移的效果。处分行为只有在财物发生终局性转移的情况下，才能构成诈骗罪。如果没有发生终局性转移，则处分行为不能成立，也就不能构成诈骗罪。例如，行为人在商店以借打手机为由，取得他人的手机，然后在假装拨打手机的时候，趁他人不注意而悄然溜走，从而将手机非法占为己有。对于这一行为，定罪的关键在于他人被骗以后将手机交付给行为人的行为是否属于诈骗罪中的处分行为。如果将这一行为认定为处分行为，则成立诈骗罪。如果这一行为并非终局性的处分行为，则不能成立诈骗罪。我认为，在这种情况下，被害人虽然将手机交付给行为人，但并没有终局性转移的意思，而只是让行为人在其监视下有条件地使用手机，手机的占有并未转移，因此不能成立诈骗罪，应以盗窃罪论处。

（4）取得财物。被害人处分财物以后，行为人由此取得财物。因此，在处分财物与取得财物之间存在因果关系。取得财物可以分为以下两种情形：一是积极财产的增加，例如，通过转移占有非法获得他人的财物。二是消极财产的减少，例如，通过欺骗使他人免除债务。以上两种情形都属于诈骗罪中的取得他人财物。

客体　诈骗罪的客体是他人的财物。所以在诈骗罪中，被骗的是人，行为人通过诈骗意在非法占有他人的财物。根据被骗人和被骗财物的关系，诈骗可以分为以下两种情形：一是直接诈骗，即被骗人是财物的所有人或者保管人；二是间接诈骗，也称为第三人诈骗，即被骗的人不是财物的所有人或者保管人，例如诉讼诈骗。

结果　诈骗罪的结果是被骗人对事实发生错误认识，基于这种错误认识而将本人的财物处分给他人，并由此造成财产损失。

2. 罪责

诈骗罪的罪责形式是故意，并且具有非法占有的目的。这里的故意，是指明知是诈骗行为而有意实施的主观心理状态。

3. 罪量

诈骗罪的罪量要素是数额较大。参照2011年3月1日最高人民法院、最高人民检察院《关于办理诈骗刑事案件具体应用法律若干问题的解释》（以下简称《办理诈骗案件解释》）第1条的规定，是指诈骗公私财物价值3 000元至1万元以上。

（三）认定

1. 社保基金诈骗的认定

在现实生活中，通过弄虚作假等手段骗取养老、医疗、工伤、失业等社会保险金的案件时有发生，一些医疗机构甚至用假住院、假名单、滥开药等方式套取巨额医保基金。在司法实践中，对于上述行为，有的按诈骗罪处理，有的给予行政处分，还有的在追回社保基金或待遇后不予处理。司法机关审理这类案件时也有不同看法，有的认定为诈骗罪，有的认定为保险诈骗罪，也有的认定为非法经营罪。对此，2014年2月24日全国人民代表大会常务委员会《关于〈中华人民共和国刑法〉第二百六十六条的解释》明确规定：以欺诈、伪造证明材料或者其他手段骗取养老、医疗、工伤、失业、生育等社会保险金或者其他社会保障待遇的，属于《刑法》第266条规定的诈骗公私财物的行为。这一立法解释为正确认定社保基金诈骗提供了法律根据。

2. 电信诈骗的认定

2000年4月28日最高人民法院《扰乱电信市场秩序案件解释》第9条规定：以虚假、冒用的身份证件办理入网手续并使用移动电话，造成电信资费损失数额较大的，依照《刑法》第266条的规定，以诈骗罪定罪处罚。这种电信诈骗行为是诈骗罪的一种特殊形式，按照上述司法解释的规定，应以诈骗罪论处。

3. 交通规费诈骗的认定

2002年4月10日最高人民法院《关于审理非法生产、买卖武装部队车辆号牌等刑事案件具体应用法律若干问题的解释》（已失效）第3条第2款规定：使用伪造、变造、盗窃的武装部队车辆号牌，骗免养路费、通行费等各种规费，数额较大的，依照诈骗罪的规定定罪处罚。这种交通规费诈骗行为是诈骗罪的一种特殊形式，依照上述司法解释的规定，应以诈骗罪论处。

4. 诈骗未遂的认定

《办理诈骗案件解释》第5条第1款规定：诈骗未遂，以数额巨大的财物为诈骗目标的，或者具有其他严重情节的，应当定罪处罚。此外，第2款规定，利用发送短信、拨打电话、互联网等电信技术手段对不特定多数人实施诈骗，诈骗数额难以查证，但具有下列情形之一的，应当认定为《刑法》第266条规定的“其他严重情节”，以诈骗罪（未遂）定罪处罚：（1）发送诈骗信息5 000条以上的；（2）拨打诈骗电话500人次以上的；（3）诈骗手段恶劣、危害严重的。前引司法解释第6条规定：诈骗既有既遂，又有未遂，分别达到不同量刑幅度的，依照处罚较重的规定处罚；达到同一量刑幅度的，以诈骗罪既遂处罚。根据这一规定，在诈骗既遂与未遂并存的情况下，诈骗数额不能累计计量，而是依照数额较大的情形决定量刑幅度。在诈骗既遂与未遂的数额达到同一量刑幅度的情况下，诈骗数额同样不能累计计量，而是按照诈骗罪既遂处罚，至于未遂数额，可以作为量刑情节予以考虑。

5. 诈骗罪共犯认定

《办理诈骗案件解释》第 7 条规定：明知他人实施诈骗犯罪，为其提供信用卡、手机卡、通信工具、通讯传输通道、网络技术支持、费用结算等帮助的，以共同犯罪论处。这是对诈骗罪特殊帮助行为的规定，对此应以共犯论处。在司法实践中，对共同诈骗犯罪，应当以行为人参与共同诈骗的数额认定犯罪数额，并结合行为人在共同犯罪中的地位、作用和非法所得数额等情节依法处罚。确切地说，于共同诈骗犯罪的各参与人应以其所参与的共同诈骗的数额作为定罪标准，但在量刑的时候，应考虑各参与人在共同犯罪中的地位、作用和非法所得数额等情节。

6. 多次诈骗的认定

对于多次进行诈骗，并以后次诈骗财物归还前次诈骗财物的，在计算诈骗数额时，应当将案发前已经归还的数额扣除，按实际未归还的数额认定，量刑时可将多次行骗的数额作为从重情节予以考虑。这种多次诈骗并以后次诈骗财物归还前次诈骗财物的情况，就是通常所说的"拆东墙，补西墙"。由于每次诈骗均属犯罪，事后归还只是犯罪既遂以后对诈骗财物的一种处置，因而从法理上来说应当将诈骗数额累计计算。但考虑到已将财物归还他人，本人并未实际占有，因此从刑事政策出发，司法解释规定将已经归还的数额予以扣除而不累计计算。

7. 诉讼诈骗的认定

诉讼诈骗是指以非法占有为目的，用伪造的欠据或者其他债权凭证，骗取法院民事裁判，非法占有他人财物的行为。在法理上，诉讼诈骗是通过欺骗法院而非法占有他人财物，是一种间接诈骗行为，与直接诈骗行为的情形有所不同，但并不能改变其诈骗的性质。但是，2002 年 10 月 24 日最高人民检察院法律政策研究室《关于通过伪造证据骗取法院民事裁判占有他人财物的行为如何适用法律问题的答复》规定："以非法占有为目的，通过伪造证据骗取法院民事裁判占有他人财物的行为所侵害的主要是人民法院正常的审判活动，可以由人民法院依照民事诉讼法的有关规定作出处理，不宜以诈骗罪追究行为人的刑事责任。如果行为人伪造证据时，实施了伪造公司、企业、事业单位、人民团体印章的行为，构成犯罪的，应当依照《刑法》第 280 条第 2 款的规定，以伪造公司、企业、事业单位、人民团体印章罪追究刑事责任；如果行为人有指使他人作伪证行为，构成犯罪的，应当依照《刑法》第 307 条第 1 款的规定，以妨害作证罪追究刑事责任"。在诉讼诈骗中，伪造印章或者伪造证据骗取法院民事判决，非法占有他人财物的，存在着手段行为和目的行为之间的牵连关系，是伪造印章的犯罪、妨害证据的犯罪与诈骗犯罪之间的牵连犯。对此，前引答复规定不以诈骗罪论处，而应以伪造印章的犯罪、妨害证据的犯罪论处。我认为，针对某一法院已经就某一民事纠纷作出民事裁判，另一法院置已经生效的民事裁判于不顾，另行以诈骗罪追究胜诉方刑事责任的地方保护主义做法，这一司法解释是有一定现实意义的。但同一法院在作出民事判决后，发现民事案件的原告人系伪造证据欺骗法院作出民事判决，非法占有他人财物的，应在撤销本院已经作出的民事判决后，另行追究有关当事人的刑事责任。在这种情形下，对有关当事人以诈骗罪论处，是具有法理根据的。值得注意的是，《刑法修正案（九）》增设了虚假诉讼罪。根据《刑法》第 307 条之一的规定，虚假诉讼罪是指以捏造的事实提起民事诉讼，妨害司法秩序或者严重侵害他人合法权益的行为。同时，《刑法》第 307 条之一第 3 款规定，有前述行为，非法占有他人财产或逃避合法债务，又构成其他犯罪的，依照处罚较重的规定定罪从重处罚。因此，通过虚假诉讼非法占有他人财物的，如果该诉讼诈骗行为属于处罚较重的情形，应当以诈骗罪论处。

8. 诈骗罪的法条竞合

《刑法》第 266 条规定：对于诈骗罪，本法另有规定的，依照规定。这是对诈骗罪的法条竞合的规定。我国刑法规定了一些特殊类型的诈骗罪，包括集资诈骗罪、贷款诈骗罪、票据诈骗罪、金融票证诈骗罪、信用证诈骗罪、信用卡诈骗罪、有价证券诈骗罪、保险诈骗罪、骗取出口退税罪、合同诈骗罪等，这些诈骗犯罪与诈骗罪之间存在特别法与普通法的法条竞合关系，按照特别法优于普通法的原则，应以特殊类型的诈骗罪论处。此外，诈骗罪还与某些诈骗犯罪如招摇撞骗罪之间，存在交互竞合关系，对此应当按照重法优于轻法的原则处理。《办理诈骗案件解释》第 8 条规定，冒充国家机关工作人员进行诈骗，同时构成诈骗罪和招摇撞骗罪的，依照处罚较重的规定定罪处罚。

（四）处罚

根据《刑法》第 266 条之规定，犯本罪的，处 3 年以下有期徒刑、拘役或者管制，并处或者单处罚金；数额巨大或者有其他严重情节的，处 3 年以上 10 年以下有期徒刑，并处罚金；数额特别巨大或者有其他特别严重情节的，处 10 年以上有期徒刑或者无期徒刑，并处罚金或者没收财产。

从重处罚事由 前引司法解释第 2 条第 1 款规定，诈骗公私财物达到本解释第 1 条规定的数额标准，具有下列情形之一的，可以依照《刑法》第 266 条的规定酌情从严惩处：（1）通过发送短信、拨打电话或者利用互联网、广播电视、报纸杂志等发布虚假信息，对不特定多数人实施诈骗的；（2）诈骗救灾、抢险、防汛、优抚、扶贫、移民、救济、医疗款物的；（3）以赈灾募捐名义实施诈骗的；（4）诈骗残疾人、老年人或者丧失劳动能力人的财物的；（5）造成被害人自杀、精神失常或者其他严重后果的。以上是该解释规定的诈骗罪从重处罚事由，具有上述事由的，应当在《刑法》第 266 条规定的基本犯的法定刑幅度内酌情从重处罚。

免除处罚事由 前引司法解释第 3 条规定，诈骗公私财物虽已达到数额较大的标准，但具有下列情形之一，且行为人认罪、悔罪的，可以根据《刑法》第 37 条、《刑事诉讼法》第 177 条的规定不起诉或者免予刑事处罚：（1）具有法定从宽处罚情节的；（2）一审宣判前全部退赃、退赔的；（3）没有参与分赃或者获赃较少且不是主犯的；（4）被害人谅解的；（5）其他情节轻微、危害不大的。

加重处罚事由 犯诈骗罪而且数额巨大或者有其他严重情节的，是本罪的加重处罚事由。这里的“数额巨大”，参照前引解释第 1 条的规定，是指 3 万元至 10 万元以上。根据前引解释第 2 条第 2 款的规定，诈骗数额接近数额巨大的标准，并具有上述诈骗罪的从重处罚事由之一或者属于诈骗集团首要分子的，应当认定为这里的“其他严重情节”。

特别加重处罚事由 犯诈骗罪而且数额特别巨大或者有其他特别严重情节的，是本罪的特别加重处罚事由。这里的“数额特别巨大”，参照前引解释第 1 条的规定，是指 50 万元以上。根据前引解释第 2 条第 2 款的规定，诈骗数额接近数额特别巨大的标准，并具有上述诈骗罪的从重处罚事由之一或者属于诈骗集团首要分子的，应当认定为这里的“其他特别严重情节”。

诈骗赃物的处理 在诈骗案件的审理中往往涉及诈骗赃物的处理问题，主要是诈骗赃物的发还和追缴。前引解释第 9 条对诈骗赃物的发还作了以下规定：案发后查封、扣押、冻结在案的诈骗财物及其孳息，权属明确的，应当发还被害人；权属不明确的，可按被骗款物占查封、扣押、冻结在案的财物及其孳息总额的比例发还被害人，但已获退赔的应予扣除。该解释第 10 条对诈骗赃物的追缴作了以下规定：行为人已将诈骗财物用于清偿债务或者转让给他人，具有下列情形之一的，应当依法追缴：（1）对方明知是诈骗财物而收取的；（2）对方无偿取得诈骗财物的；（3）对方以明显低于市场的价格取得诈骗财物的；（4）对方取得诈骗财物系源于非法债务或者违法犯罪活动的。此外，该解释还规定，他人善意取得诈骗财物的，不予追缴。

四、抢夺罪

（一）概念

抢夺罪是指以非法占有为目的，公然夺取公私财物，数额较大，或者多次抢夺的行为。

（二）构成

1. 罪体

行为 抢夺罪的行为是公然夺取公私财物，因此，抢夺罪是公然犯。这里的夺取，是指强行将他人控制之下的财物夺而取之，据为己有。夺取虽然也需使用一定的力量，但这一力量是针对财物的，是将他人控制下的财物转而成为自己控制所必需的强制力量。由此可见，它和抢劫罪中针对人身的强制有所不同。抢夺通常是在乘人不备的情况下实施的，但乘人不备并非抢夺的必要条件。在某些情况下，在他人有备时夺取他人财物，也是抢夺。例如，甲见乙迎面而来，见乙来者不善，甲担心自己的手提包被夺走，便紧抓手提包。乙见甲紧抓手提包，猜想包中有贵重物品，在与甲擦肩而过时，当面用力将甲的手提包夺走，乙的行为应以抢夺罪论处。

客体 抢夺罪的客体是公私财物，但不包括刑法分则中已有明文规定的特别物品，例如枪支、弹药、爆炸物等，在后一种情况下，抢夺罪与抢夺枪支、弹药、爆炸物罪之间存在法条竞合关系。

2. 罪责

抢夺罪的罪责形式是故意，并且具有非法占有的目的。这里的故意，是指明知是抢夺行为而有意实施的主观心理状态。

3. 罪量

抢夺罪的罪量要素是数额较大。这里的数额较大，根据2013年11月11日最高人民法院、最高人民检察院《关于办理抢夺刑事案件适用法律若干问题的解释》第1条的规定，是指1 000元至3 000元以上。该解释第2条规定，抢夺公私财物，具有下列情形之一的，“数额较大”的标准按照第1条规定标准的50%确定：(1) 曾因抢劫、抢夺或者聚众哄抢受过刑事处罚的；(2) 一年内曾因抢夺或者哄抢受过行政处罚的；(3) 一年内抢夺3次以上的；(4) 驾驶机动车、非机动车抢夺的；(5) 组织、控制未成年人抢夺的；(6) 抢夺老年人、未成年人、孕妇、携带婴幼儿的人、残疾人、丧失劳动能力人的财物的；(7) 在医院抢夺病人或者其亲友财物的；(8) 抢夺救灾、抢险、防汛、优抚、扶贫、移民、救济款物的；(9) 自然灾害、事故灾害、社会安全事件等突发事件期间，在事件发生地抢夺的；(10) 导致他人轻伤或者精神失常等严重后果的。

除了数额犯以外，抢夺罪还可以由多次抢夺构成，这是数量犯。数量犯构成抢夺罪不受数额较大的限制。这里的“多次”是指3次以上。

（三）认定

1. 抢夺数额的累计计算

在司法实践中，抢夺公私财物，(1) 未经行政处罚处理，依法应当追诉的，抢夺数额应当累计计算，否则，不能累计计算。(2) 没有超过追诉时效，抢夺数额应当累计计算。如果已经超过追诉时效，则不能累计计算。

2. 抢夺行为造成被害人重伤、死亡的定性

在司法实践中，实施抢夺公私财物行为，构成抢夺罪，同时造成被害人重伤、死亡等后果，构成过失致人重伤罪、过失致人死亡罪等犯罪的，依照处罚较重的规定定罪处罚。在这种情况下，实际上是抢夺行为造成了超出本罪的加重结果，但由于法律未作规定，因而不属于结

果加重犯。同时，因为在这种情况下只有一个抢夺行为，虽然造成了重伤或者死亡结果，但予以数罪并罚缺乏法理根据。对此，应当依照处罚较重的规定定罪处罚，应当是按照想象竞合犯从一重罪论处。

3. 驾驶车辆抢夺转化为抢劫的定性

2005 年 6 月 8 日最高人民法院《关于审理抢劫、抢夺刑事案件若干问题的意见》曾经对驾驶车辆抢夺他人财物行为作了规定，该意见第 11 条规定，驾驶车辆抢夺他人财物的，一般以抢夺罪从重处罚，但在三种情况下以抢劫罪论处。前引解释第 6 条对此作了以下规定："驾驶机动车、非机动车夺取他人财物，具有下列情形之一的，应当以抢劫罪定罪处罚：（一）夺取他人财物时因被害人不放手而强行夺取的；（二）驾驶车辆逼挤、撞击或者强行逼倒他人夺取财物的；（三）明知会致人伤亡仍然强行夺取并放任造成财物持有人轻伤以上后果的。"以上规定，为驾驶车辆抢夺他人财物行为转化为抢劫罪的司法认定提供了根据。

（四）处罚

根据《刑法》第 267 条第 1 款的规定，犯本罪的，处 3 年以下有期徒刑、拘役或者管制，并处或者单处罚金；数额巨大或者有其他严重情节的，处 3 年以上 10 年以下有期徒刑，并处罚金；数额特别巨大或者有其他特别严重情节的，处 10 年以上有期徒刑或者无期徒刑，并处罚金或者没收财产。

不起诉或者免予刑事处罚事由 前引解释第 5 条规定：抢夺公私财物数额较大，但未造成他人轻伤以上伤害，行为人系初犯，认罪、悔罪，退赃、退赔，且具有下列情形之一的，可以认定为犯罪情节轻微，不起诉或者免予刑事处罚；必要时，由有关部门依法予以行政处罚：（1）具有法定从宽处罚情节的；（2）没有参与分赃或者获赃较少，且不是主犯的；（3）被害人谅解的；（4）其他情节轻微、危害不大的。该规定体现了对那些情节轻微的抢夺犯罪行为予以从宽处理的政策精神，是宽严相济刑事政策在抢夺罪处理上的直接反映。

加重处罚事由 犯抢夺罪而且数额巨大或者有其他严重情节的，是本罪的加重处罚事由。这里的"数额巨大"，根据前引解释第 1 条的规定，是指 3 万元至 8 万元以上。这里的"其他严重情节"，根据前引解释第 3 条的规定，是指抢夺公私财物具有下列情形之一：（1）导致他人重伤的；（2）导致他人自杀的；（3）具有该解释第 2 条第 3 项至第 10 项规定的情形之一，数额达到本解释第 1 条规定的"数额巨大"50％的。

特别加重处罚事由 犯抢夺罪而且数额特别巨大或者有其他特别严重情节的，是本罪的特别加重处罚事由。这里的"数额特别巨大"，根据前引解释第 1 条的规定，是指 20 万元至 40 万元以上。这里的"其他特别严重情节"，根据前引解释第 4 条的规定，是指抢夺公私财物具有下列情形之一：（1）导致他人死亡的；（2）具有该解释第 2 条第 3 项至第 10 项规定的情形之一，数额达到该解释第 1 条规定的"数额特别巨大"50％的。

五、聚众哄抢罪

（一）概念

聚众哄抢罪是指以非法占有为目的，聚集多人，公然抢夺公私财物，数额较大或者有其他严重情节的行为。

（二）构成

1. 罪体

行为 聚众哄抢罪的行为是聚众哄抢。聚众哄抢具有以下两个特征：（1）聚众性。聚众性表明本罪是聚合犯，即聚集多人进行哄抢。这里的"多人"，至少在 3 人以上，多则几十人，甚至上百人。(2) 公然性。公然性表明本罪是公然犯。这里的“公然”，是指当着公私财物的所有人或保管人的面公开地抢夺财物。

客体 聚众哄抢罪的客体是公私财物。

2. 罪责

聚众哄抢罪的罪责形式是故意，并且以非法占有为目的。这里的故意，是指明知是聚众哄抢行为而有意实施的主观心理状态。

3. 罪量

聚众哄抢罪的罪量要素是数额较大或者有其他严重情节。关于这里的“数额较大”，司法解释未作一般规定。2000 年 11 月 22 日最高人民法院《关于审理破坏森林资源刑事案件具体应用法律若干问题的解释》第 14 条规定，聚众哄抢林木 5 立方米以上的，属于聚众哄抢数额较大。这里的“其他严重情节”，是指聚集人数较多，造成恶劣的社会影响等。

(三) 处罚

根据《刑法》第 268 条之规定，犯本罪的，对首要分子和积极参加的，处 3 年以下有期徒刑、拘役或者管制，并处罚金；数额巨大或者有其他特别严重情节的，处 3 年以上 10 年以下有期徒刑，并处罚金。

加重处罚事由 犯聚众哄抢罪而且数额巨大或者有其他特别严重情节的，是本罪的加重处罚事由。这里的“数额巨大”，根据前引解释第 14 条的规定，是指聚众哄抢林木 20 立方米以上；“其他特别严重情节”，是指聚集人数特别多，造成特别恶劣的社会影响等。

六、侵占罪

(一) 概念

侵占罪是指以非法占有为目的，将代为保管的他人财物或者将他人的遗忘物、埋藏物占为己有，数额较大且拒不退还或者拒不交出的行为。

(二) 构成

1. 罪体

行为 侵占罪的行为是侵占。侵占行为是指已然持有，继而占有。因此，侵占具有以下两个特征。

(1) 已然持有

侵占行为是以已然持有为前提的，这里的“已然持有”包括以下情形：1) 基于委托关系而持有。委托，是指委托人出于一定目的，基于对受托人的信任，将某一事项交给受托人完成。受托人基于这种委托关系，而获得了在委托期间对委托人财物的保管权。在现实生活中，委托事项是各式各样的，例如，委托代为保管物品，委托代购某种物品，委托代为转交、转送某种物品，委托代为接收某种物品，委托代为邮寄物品等。2) 基于租赁关系而持有。租赁，是指出租人将出租财产交付给承租人有偿使用。承租人基于这种租赁关系，而获得了在租赁期间对出租人财物的使用权。3) 基于担保关系而持有。担保，是指以确保债务的履行为目的而在债务人或者第三人的物上设定物权的行为。由担保而形成的物权，称为担保物权，包括质权和留置权等。质权人或者债权人基于这种担保关系，而获得了对第三人或者债务人财物的占有权。4) 基于借用关系而持有。借用，是指出借人将出借物无偿地提供给借用人使用。借用人基于借用关系，而获得了对出借人财物的使用权。5) 基于无因管理而持有。无因管理，是指未受他人委托，也无法律上的义务，为避免他人利益受损失而自愿地为他人管理事务或者提供服务。在无因管理的情况下，行为人对他人之物形成事实上的支配关系。6) 基于不当得利而持有。不当得利，是指没有法律上或者合同上的根据，使他人受到损害而获得某种利益。在不当得利的情况下，是由于他人的过错而导致行为人对财物的持有。7）基于不法给付而持有。不法给付，是指他人出于犯罪或者违法的意图，将财物交付给行为人。在这种情况下，行为人得以持有他人的财物。例如，为他人窝藏赃物而得以持有其赃物，或者帮助他人行贿得以持有其贿赂物。在上述情形下，都可以构成侵占罪之已然持有。

（2）继而占有

这里的“继而占有”，是指在已然持有的前提下，将他人的财物非法地占为己有。占有方式包括以下两种情形：1）非法处分。这里的“非法处分”，是指将他人之物作为本人之物而加以处置。非法处分包括法律上的处分与事实上的处分：前者是行为人通过抵押、买卖等法律形式将他人财物予以处置。后者是行为人将他人财物加以消费或者隐匿。2）非法转移所有权。这里的“非法转移所有权”，是指通过法律形式将本人持有的他人财物转归已有，从而使他人丧失对财物的所有权。例如，将代为保管的他人房屋，通过伪造文件的方式转到自己名下等。

客体 根据《刑法》第270条的规定，侵占罪的客体具有以下3种形式。

（1）代为保管的他人财物

这里的财物，是一般之物。

（2）遗忘物

遗忘物，顾名思义，乃所有人遗忘之物。在刑法理论上，遗忘物是指非出于占有人或所有人之本意，偶然丧失其占有之动产。由此可见，遗忘物具有以下特征：第一，占有或所有人丧失了对物品的控制，这是遗忘物与正常占有之物品的根本区别。第二，丧失对物品的控制，并非出于占有或所有人的本意。这是遗忘物与遗弃物的根本区别。遗弃物与遗忘物的共同之处在于：占有或所有人都丧失了对财物的控制，但遗弃物之丧失控制乃出于占有或所有人的本意，而遗忘物之丧失控制则非出于占有或所有人本意。在论及遗忘物的时候，有必要提及另外一个概念，即所谓遗失物。关于遗忘物与遗失物是否存在区别，我国刑法理论上存在争议。肯定说认为，遗忘物与遗失物是有所不同的，两者应当加以区分。侵占遗忘物构成侵占罪，侵占遗失物则不构成该罪。否定说认为，遗忘物与遗失物是词异而义同，两者为一性质的事物。肯定说是我国刑法学界的通说，但我主张否定说，认为遗忘物与遗失物并不存在区别，因为两者具有不可分性。从遗忘物与遗失物的词义上考察，遗失强调的是客观状态，即占有或所有人丧失了对财物的控制；遗忘则强调主观状态，即占有或所有人丧失对财物的控制，是主观上遗忘的结果。由此可见，遗忘物与遗失物乃一物二名。另外，我国学者对遗忘物与遗失物的区分，主要是根据占有或所有人对丧失之财物的主观心理状态以及遗置时间长短来确定的，即占有或所有人是否能够准确地回忆起财物遗置的时间、地点，如果能够准确地回忆起财物遗置的时间、地点的，就是遗忘物，反之就是遗失物。占有或所有人遗失财物的时间较短的，就是遗忘物，反之就是遗失物。在我看来，遗忘物与遗失物的共同特征在于都是财物占有或所有人非出于本意而丧失了控制的财物，至于丧失控制时间的长短，占有或所有人是否能回忆起财物遗置的时间、地点，都不足以将两者加以区分。

（3）埋藏物

这里的埋藏物，包括所有权不明的埋藏于地下的财物、物品。

2. 罪责

侵占罪的罪责形式是故意，并且有非法占有的目的。这里的故意，是指明知是代为保管的他人财物、遗忘物或者埋藏物而予以非法占有的主观心理状态。

3. 罪量

侵占罪的罪量要素是数额较大，拒不退还或者拒不交出。关于这里的“数额较大”，司法解释未作规定。在司法实践中，一般以2万元为数额较大的起点。这里的“拒不退还或者拒不交出”，是指经财物所有人或者有关机关要求退还或者交出而加以拒绝。

（三）认定

侵占罪与盗窃、诈骗等侵犯财产的犯罪之间有时容易混淆，它们的根本区别在于：侵占罪是以已然持有他人财物为前提的，侵占行为本质是变持有为占有。而盗窃罪、诈骗罪是窃取、诈骗他人财物，因此，在实施盗窃、诈骗之前，财物在他人的合法控制之下，正是通过盗窃、诈骗而获得对他人财物的非法控制。根据在实施犯罪之前，财物是于犯罪人的持有之中还是在他人的控制之下，可以将侵占罪与盗窃、诈骗等犯罪加以正确区分。

（四）处罚

根据《刑法》第270条第1款之规定，犯本罪的，处2年以下有期徒刑、拘役或者罚金；数额巨大或者有其他严重情节的，处2年以上5年以下有期徒刑，并处罚金。第3款规定，犯本罪的，告诉的才处理。

加重处罚事由 犯侵占罪而且数额巨大或者有其他严重情节的，是本罪的加重处罚事由。

“告诉乃论” 侵占罪是“告诉乃论”之罪，即告诉才处理。

七、职务侵占罪

（一）概念

职务侵占罪是指公司、企业或者其他单位的人员利用职务上的便利，将本单位财物非法占为己有，数额较大的行为。

（二）构成

1. 罪体

主体 职务侵占罪的主体是公司、企业或者其他单位的人员，但国家工作人员除外。除刑法明文规定的上述人员以外，有关司法解释还规定了以下两种人也可以成为本罪的主体：(1) 2001年5月23日最高人民法院《关于在国有资本控股、参股的股份有限公司中从事管理工作的人员利用职务便利非法占有本公司财物如何定罪问题的批复》规定：在国有资本控股、参股的股份有限公司中从事管理工作的人员，除受国家机关、国有公司、企业、事业单位委派从事公务的以外，不属于国家工作人员。对于其利用职务上的便利，将本单位财物非法占为己有，数额较大的，应当依照《刑法》第271条第1款的规定，以职务侵占罪定罪处罚。(2) 1999年6月25日最高人民法院《关于村民小组组长利用职务便利非法占有公共财物行为如何定性问题的批复》规定：对村民小组组长利用职务上的便利，将村民小组集体财产非法占为己有，数额较大的行为，应当依照《刑法》第271条第1款的规定，以职务侵占罪定罪处罚。

行为 职务侵占罪的行为是利用职务上的便利，将本单位财物非法占为己有。这里的“利用职务上的便利”，是指利用在本单位担任董事、经理、会计等职务产生的便利条件。应当指出，在本单位没有担任上述职务，而是利用因工作需要而管理、经手本单位财物的便利条件的，也属于这里的“利用职务上的便利”。但如果是利用熟悉本单位的情况，非法占有他人保管的财物的，不构成本罪，应以盗窃罪论处。这里的“将本单位财物非法占为己有”，是指采取侵占、盗窃、骗取或者其他方式，侵占本单位财物。

客体 职务侵占罪的客体是本单位财物。

2. 罪责

职务侵占罪的罪责形式是故意，并具有非法占有的目的。这里的故意，是指明知是职务侵占行为而有意实施的主观心理状态。

3. 罪量

职务侵占罪的罪量要素是数额较大。这里的“数额较大”，参照《立案追诉标准（二）》第84条的规定，是指5 000元至1万元以上。

（三）认定

1. 非法占有他人股权行为的定性

在我国司法实践中，对于公司股东之间或者被委托人利用职务便利，非法占有公司股权的行为，如果能够认定行为人主观上具有非法占有他人财物的目的，即可对其利用职务便利，非法占有公司管理中的股东股权的行为以职务侵占罪论处。

2. 公司、企业或者其他单位人员和他人共同犯罪的定性

2000年6月30日最高人民法院《关于审理贪污、职务侵占案件如何认定共同犯罪几个问题的解释》第2条规定：行为人与公司、企业或者其他单位的人员勾结，利用公司、企业或者其他单位人员的职务便利，共同将该单位财物非法占为己有，数额较大的，以职务侵占罪共犯论处。在上述情况下，行为人本身没有职务便利，但与公司、企业或者其他单位人员相勾结，利用公司、企业或者其他单位人员的职务便利侵占该单位财物，数额较大的，对于行为人应以职务侵占罪的共犯论处。应当指出，这里的“行为人”既可以是本单位人员，也可以是外单位人员。

3. 公司、企业或者其他单位人员与国家工作人员共同犯罪的定性

前引司法解释第3条规定：公司、企业或者其他单位中，不具有国家工作人员身份的人与国家工作人员勾结，分别利用各自的职务便利，共同将本单位财物非法占为己有的，按照主犯的犯罪性质定罪。在上述情况下，双方分别利用了各自的职务便利，根据该规定，以主犯的犯罪性质定罪，即主犯是非国家工作人员的，双方都定职务侵占罪；主犯是国家工作人员的，双方都定贪污罪。

（四）处罚

根据《刑法》第271条第1款之规定，犯本罪的，处5年以下有期徒刑或者拘役；数额巨大的，处5年以上有期徒刑，可以并处没收财产。

加重处罚事由 犯职务侵占罪而且数额巨大的，是本罪的加重处罚事由。这里的“数额巨大”，在我国司法实践中一般掌握在10万元以上。

八、挪用资金罪

（一）概念

挪用资金罪是指公司、企业或者其他单位的工作人员，利用职务上的便利，挪用本单位资金归个人使用或者借贷给他人，数额较大、超过3个月未还的，或者虽未超过3个月，但数额较大、进行营利活动的，或者进行非法活动的行为。

（二）构成

1. 罪体

主体 挪用资金罪的主体是公司、企业或者其他单位的工作人员，但国家工作人员除外。根据2000年2月16日最高人民法院《关于对受委托管理、经营国有财产人员挪用国有资金行为如何定罪问题的批复》的规定，对于受国家机关、国有公司、企业、事业单位、人民团体委托，管理、经营国有财产的非国家工作人员，利用职务上的便利，挪用国有资金归个人使用构成犯罪的，应当依照《刑法》第272条第1款的规定定罪处罚。因此，受委托管理、经营国有财产的非国家工作人员也是本罪的主体。

行为　挪用资金罪的行为是利用职务上的便利，挪用本单位资金归个人使用或者借贷给他人。这里的“挪用”，是指非经合法批准而擅自动用，由此侵犯了公司、企业或其他单位的资金使用权。

客体　挪用资金罪的客体是本单位资金。根据 2000 年 10 月 9 日最高人民检察院《关于挪用尚未注册成立公司资金的行为适用法律问题的批复》的规定，准备设立的公司在银行开设的临时账户上的资金，也属于本罪的客体。

2. 罪责

挪用资金罪的罪责形式是故意。这里的故意，是指明知是挪用资金行为而有意实施的主观心理状态。

目的犯　挪用资金罪是法定的目的犯，即挪用资金以归个人使用或者借贷给他人为目的。这里的“挪用本单位资金归个人使用或者借贷给他人”，根据 2000 年 7 月 20 日最高人民法院《关于如何理解刑法第二百七十二条规定的“挪用本单位资金归个人使用或者借贷给他人”问题的批复》的规定，是指挪用本单位资金归本人或者其他自然人使用，或者挪用人以个人名义将所挪用的资金借给其他自然人和单位。在 2002 年 4 月 28 日全国人民代表大会常务委员会通过《关于〈中华人民共和国刑法〉第三百八十四条第一款的解释》以后，关于个人决定以单位名义将公款供其他单位使用，谋取个人利益的行为是否构成挪用资金罪，在司法实践中存在分歧。2004 年全国人大法工委刑法室曾就如何理解《刑法》第 272 条中挪用资金“归个人使用”的含义问题，对有关部门作出书面答复：《刑法》第 272 条规定的挪用资金罪中的“归个人使用”与《刑法》第 384 条规定的挪用公款罪中的“归个人使用”含义基本相同。根据上述规定，挪用资金的行为可以分为以下三种情形：（1）挪用本单位资金供本人或者其他自然人使用的；（2）以个人名义将所挪用的资金借给其他自然人或者单位使用的；（3）个人决定以单位名义将资金供其他单位使用，谋取个人利益的。

3. 罪量

挪用资金罪的罪量要素是数额较大。这里的“数额较大”，参照《立案追诉标准（二）》第 85 条的规定，是指具有下列情形之一：（1）挪用本单位资金数额在 1 万元至 3 万元以上，超过 3 个月未还的；（2）挪用本单位资金数额在 1 万元至 3 万元以上，进行营利活动的；（3）挪用本单位资金数额在 5 000 元至 2 万元以上，进行非法活动的。

（三）处罚

根据《刑法》第 272 条第 1 款之规定，犯本罪的，处 3 年以下有期徒刑或者拘役；挪用本单位资金数额巨大的，或者数额较大不退还的，处 3 年以上 10 年以下有期徒刑。

加重处罚事由　犯挪用资金罪而数额巨大的，或者数额较大不退还的，是本罪的加重处罚事由。

九、挪用特定款物罪

（一）概念

挪用特定款物罪是指违反国家关于特定款物专用的财经管理制度，挪用用于救灾、抢险、防汛、优抚、扶贫、移民、救济款物，情节严重，致使国家和人民群众利益遭受重大损害的行为。

（二）构成

1. 罪体

行为　挪用特定款物罪的行为是擅自将特定款物挪作他用。这里的“挪作他用”，是指未经合法批准，将特定款物用于非特定用途，但仍属公用的范畴而非私用。

客体 挪用特定款物罪的客体是特定款物，即用于救灾、抢险、防汛、优抚、扶贫、移民、救济款物。根据2003年1月28日最高人民检察院《关于挪用失业保险基金和下岗职工基本生活保障资金的行为适用法律问题的批复》的规定，失业保险基金和下岗职工基本生活保障资金属于救济款物，挪用上述资金的，也可以构成本罪。

2. 罪责

挪用特定款物罪的罪责形式是故意。这里的故意，是指明知是用于救灾、抢险、防汛、优抚、扶贫、移民、救济款物而有意挪作他用的主观心理状态。

3. 罪量

挪用特定款物罪的罪量要素是情节严重，致使国家和人民群众利益遭受重大损害。这里的"情节严重，致使国家和人民群众利益遭受重大损害"，参照《立案追诉标准（二）》第86条的规定，是指涉嫌下列情形之一：（1）挪用特定款物数额在5 000元以上的；（2）造成国家和人民群众直接经济损失数额在5万元以上的；（3）虽未达到上述数额标准，但多次挪用特定款物的，或者造成人民群众的生产、生活严重困难的；（4）严重损害国家声誉，或者造成恶劣社会影响的；（5）其他致使国家和人民群众利益遭受重大损害的情形。

（三）处罚

根据《刑法》第273条之规定，犯本罪的，对直接责任人员，处3年以下有期徒刑或者拘役；情节特别严重的，处3年以上7年以下有期徒刑。

加重处罚事由 犯挪用特定款物罪而且情节特别严重的，是本罪的加重处罚事由。

十、敲诈勒索罪

（一）概念

敲诈勒索罪是指以非法占有为目的，采用威胁或者要挟的方法，强行索取公私财物，数额较大或者多次敲诈勒索的行为。

（二）构成

1. 罪体

行为 敲诈勒索罪的行为是采用威胁或者要挟的方法，强行索取公私财物。这里的威胁，是指对被害人及其亲属以杀、伤相威胁；要挟，是指以揭发、张扬被害人的违法行为或者隐私相要挟。强行索取公私财物，既可以是当场取得，又可以是事后取得。应当指出，上述敲诈行为与勒索行为之间的关系存在以下两种情形：（1）敲诈而当场取财。以威胁方法敲诈勒索当场取财的，威胁内容不具有当场实施性，而只能是以事后付诸实施为必要。以要挟方法敲诈勒索的，因为要挟的内容不具有暴力性，所以可以是当场取财。（2）敲诈而事后取财。以威胁或者要挟的方法使人恐惧，例如通过投递恫吓信而事后取财。

客体 敲诈勒索罪的客体是公私财物。

2. 罪责

敲诈勒索罪的罪责形式是故意，并且具有非法占有的目的。这里的故意，是指明知是敲诈勒索行为而有意实施的主观心理状态。

3. 罪量

敲诈勒索罪的罪量是数额较大或者多次敲诈勒索。这里的"数额较大"，根据2013年4月23日最高人民法院、最高人民检察院《关于办理敲诈勒索刑事案件适用法律若干问题的解释》，以2 000元至5 000元为起点。根据该解释第2条的规定，敲诈勒索公私财物，具有下列情形之一的，“数额较大”的标准可以按照本解释第 1 条规定标准的 50%确定：(1) 曾因敲诈勒索受过刑事处罚的；(2) 一年内曾因敲诈勒索受过行政处罚的；(3) 对未成年人、残疾人、老年人或者丧失劳动能力人敲诈勒索的；(4) 以将要实施放火、爆炸等危害公共安全犯罪或者故意杀人、绑架等严重侵犯公民人身权利犯罪相威胁敲诈勒索的；(5) 以黑恶势力名义敲诈勒索的；(6) 利用或者冒充国家机关工作人员、军人、新闻工作者等特殊身份敲诈勒索的；(7) 造成其他严重后果的。这里的“多次敲诈勒索”，是指 2 年内 3 次以上敲诈勒索的。多次敲诈勒索的，即使没有达到数额较大，也应构成本罪。

（三）认定

1. 情节轻微的敲诈勒索行为的处理

敲诈勒索罪属于数额犯，除多次敲诈勒索的以外，以数额较大作为构成犯罪的罪量要素。但在司法实践中存在虽然敲诈勒索数额较大，但是犯罪情节较轻的情形。对此，前引解释第 5 条明文规定：敲诈勒索数额较大，行为人认罪、悔罪，退赃、退赔，并具有下列情形之一的，可以认定为犯罪情节轻微，不起诉或者免予刑事处罚，由有关部门依法予以行政处罚：(1) 具有法定从宽处罚情节的；(2) 没有参与分赃或者获赃较少且不是主犯的；(3) 被害人谅解的；(4) 其他情节轻微、危害不大的。这一规定体现了对于情节轻微的敲诈勒索行为的宽大处理。

2. 近亲敲诈勒索的处理

和存在近亲盗窃、近亲诈骗一样，也存在近亲敲诈勒索。这种发生在近亲属之间的敲诈勒索行为的社会危害性要小于发生在社会上的敲诈勒索的社会危害性。因此，前引解释第 6 条第 1 款规定：敲诈勒索近亲属的财物，获得谅解的，一般不认为是犯罪；认定为犯罪的，应当酌情从宽处理。

3. 被害人有过错的敲诈勒索的处理

根据前引解释第 6 条第 2 款的规定，被害人对敲诈勒索的发生存在过错的，根据被害人的过错程度和案件其他情况，可以对行为人酌情从宽处理；情节显著轻微危害不大的，不认为是犯罪。

4. 敲诈勒索罪的共犯

根据前引解释第 7 条的规定，明知他人实施敲诈勒索犯罪，为其提供信用卡、手机卡、通讯工具、通讯传输通道、网络技术支持等帮助的，以共同犯罪论处。

5. 敲诈勒索罪与抢劫罪的区分

在司法实践中，如何正确区分敲诈勒索罪与抢劫罪是一个较为疑难的问题。我国刑法学界的通说认为，是否当场使用暴力与是否当场取得财物（“两个当场”）是敲诈勒索罪与抢劫罪相区分的根本标志：凡是符合“两个当场”特征的，就是抢劫罪，反之，就是敲诈勒索罪。我认为，“两个当场”只是对敲诈勒索罪和抢劫罪进行形式上的区分，并没有从性质上正确界分敲诈勒索罪与抢劫罪。敲诈勒索罪是交付型的财产犯罪，被害人的主观意志受到暴力或者威胁的强制，但并未完全丧失意志自由，不得已而向行为人交付财物。而抢劫罪是取得型的财产犯罪，行为人使用暴力、威胁方法，使被害人完全丧失意志自由，利用被害人不敢反抗、不能反抗或者不知反抗而取得其财物。因此，敲诈勒索罪与抢劫罪的根本区分在于，行为人使用暴力、威胁方法，是否使被害人完全丧失意志自由而取得其财物。即使符合“两个当场”特征，但行为人当场使用的暴力较为轻微，并未达到致使被害人不能反抗的程度，主要是利用被害人的恐惧，在其尚未完全丧失意志自由的情况下，当场取得财物的，也应当认定为敲诈勒索罪而不构成抢劫罪。

（四）处罚

根据《刑法》第274条［《刑法修正案（八）》第40条］之规定，犯本罪的，处3年以下有期徒刑、拘役或者管制，并处或者单处罚金；数额巨大或者有其他严重情节的，处3年以上10年以下有期徒刑，并处罚金；数额特别巨大或者有其他特别严重情节的，处10年以上有期徒刑，并处罚金。关于敲诈勒索罪的罚金数额，前引解释第8条规定：对犯敲诈勒索罪的被告人，应当在2 000元以上、敲诈勒索数额的2倍以下判处罚金；被告人没有获得财物的，应当在2 000元以上10万元以下判处罚金。

加重处罚事由 犯敲诈勒索罪而数额巨大或者有其他严重情节的，是本罪的加重处罚事由。这里的“数额巨大”，根据前引解释第1条的规定，是指3万元至10万元以上。前引解释第4条还规定，敲诈勒索公私财物，具有本解释第2条第3项至第7项规定的情形之一，数额达到本解释第1条规定的“数额巨大”80％的，可以认定为《刑法》第274条规定的“其他严重情节”。

特别加重处罚事由 犯敲诈勒索罪而数额特别巨大或者有其他特别严重情节的，是本罪的特别加重处罚事由。这里的“数额特别巨大”，根据前引解释第1条，是指30万元至50万元以上。前引解释第4条还规定，敲诈勒索公私财物，具有本解释第2条第3项至第7项规定的情形之一，数额达到本解释第1条规定的“数额特别巨大”80％的，可以认定为《刑法》第274条规定的“其他特别严重情节”。

十一、故意毁坏财物罪

（一）概念

故意毁坏财物罪是指故意非法毁灭或者损坏公私财物，数额较大或者有其他严重情节的行为。

（二）构成

1. 罪体

行为 故意毁坏财物罪的行为是非法毁灭或者损坏财物。这里的毁灭，是指使某一财物的使用价值完全丧失；损坏，是指使某一财物的使用价值部分丧失。无论是毁灭还是损坏，只要能够造成一定的经济损失就足以构成本罪。应当指出，对财物的毁坏可以分为以下两种情形：一是物理性毁坏，即使财物发生物理性的毁灭或者损坏。二是功能性毁坏，即财物虽然没有发生物理性的损坏，但其功能全部或者部分丧失。

客体 故意毁坏财物罪的客体是公私财物，包括动产和不动产。如果故意毁坏的是刑法另有规定的特定财物，例如交通工具、交通设施、电力设备、易燃易爆设备等，构成其他犯罪的，应按照刑法规定论处。

2. 罪责

故意毁坏财物罪的罪责形式是故意，并且具有毁坏财物的目的。这里的故意，是指明知是毁坏财物的行为而有意实施的主观心理状态。

3. 罪量

故意毁坏财物罪的罪量要素是数额较大或者有其他严重情节。这里的“数额较大或者有其他严重情节”，参照《立案追诉标准（一）》第33条的规定，是指具有下列情形之一：（1）造成公私财物损失5 000元以上的；（2）毁坏公私财物3次以上的；（3）纠集3人以上公然毁坏公私财物的；（4）其他情节严重的情形。

（三）认定

在某些情况下，毁坏他人财物，往往以非法占有他人财物为前提。例如，行为人出于毁坏的主观目的，秘密窃取或者采用其他非法手段获取他人财物，然后予以毁坏。在这种情形下，其非法获取他人财物的行为本身已经构成犯罪，能否将其毁坏行为视为犯罪既遂后对财物的处分行为，以占有财物的手段行为定罪，而不是以故意毁坏财物罪论处？对此，司法实践中存在分歧意见。我认为，应当将刑法意义上的占有行为与毁坏财物行为加以区分。尽管毁坏行为一般以占有为前提，但两者仍然存在性质上的区别：毁坏行为是行为人出于毁坏财物的经济用途的目的实际控制他人财物后予以毁坏，因此，虽然行为人实际控制了他人财物，排除了权利人合法占有财物的可能性，但其控制财物的目的并非依照其本来的用途利用和处分，而是变更财物的性质和价值或使其毁灭，使人在事实上不能按照财物的本来用途使用或者处分。而以非法占有为目的的财产犯罪之占有行为，其正常表现是行为人遵从财物本来用途进行利用和处分，以实现财物的价值或者取得相应的利益。由此可见，毁坏财物行为与占有行为之间主要在于主观目的不同。

（四）处罚

根据《刑法》第 275 条之规定，犯本罪的，处 3 年以下有期徒刑、拘役或者罚金；数额巨大或者有其他特别严重情节的，处 3 年以上 7 年以下有期徒刑。

加重处罚事由　犯故意毁坏财物罪而数额巨大或者有其他特别严重情节的，是本罪的加重处罚事由。

十二、破坏生产经营罪

（一）概念

破坏生产经营罪是指以泄愤报复为目的或者出于其他个人目的，毁坏机器设备、残害耕畜或者以其他方法破坏生产经营的行为。

（二）构成

1. 罪体

行为　破坏生产经营罪的行为是毁坏机器设备、残害耕畜或者以其他方法破坏生产经营。这里的“其他方法”，是指刑法列举的上述两种方法以外的破坏生产经营的方法，例如，以删除计算机中的存储信息等方法破坏生产经营。需要指出，对于这里的“其他方法”应当采取同类解释原则，是指具有毁坏财物性质的方法，而不是妨碍业务等破坏生产经营的方法。

客体　破坏生产经营罪的客体是与生产经营有关，并且是正在使用中的各种设备和工具。

2. 罪责

破坏生产经营罪的罪责形式是故意。这里的故意，是指明知是破坏生产经营的行为而有意实施的主观心理状态。

目的犯　刑法规定，破坏生产经营罪是出于泄愤报复或者其他个人目的。因此，本罪是法定目的犯。这里的“泄愤报复”，是指由于嫉妒、奸情、私欲等得不到满足，或者受到组织、领导的批评而产生抵触情绪，或者对工作安排心怀不满等原因而寻求报复；“其他个人目的”，是指谋求私利或者其他非法利益的目的。

3. 罪量

关于破坏生产经营罪的罪量要素，刑法未作规定。参照《立案追诉标准（一）》第 34 条的规定，涉嫌下列情形之一的，应予立案追诉：（1）造成公私财物损失 5 000 元以上的；（2）破坏生产经营 3 次以上的；（3）纠集 3 人以上公然破坏生产经营的；（4）其他破坏生产经营应予追究刑事责任的情形。

（三）认定

破坏生产经营罪的破坏手段，具有故意毁坏财物的性质，因为其所破坏的机器设备、耕畜等财物关涉生产经营活动，因此，这种行为不仅侵犯他人对财物的所有权，而且破坏生产经营活动。在这种情况下，在故意毁坏财物罪与破坏生产经营罪之间存在普通法与特别法的法条竞合关系，按照特别法优于普通法的原则，应以破坏生产经营罪论处。

此外，故意毁坏财物罪、破坏生产经营罪与破坏型的危害公共安全罪之间也存在法条竞合关系。我国《刑法》分则第二章规定了下列破坏为行为方式的危害公共安全罪：(1) 第116条规定的破坏交通工具罪；(2) 第117条规定的破坏交通设施罪；(3) 第118条规定的破坏电力设备罪、破坏易燃易爆设备罪；(4) 第119条第1款规定的上述犯罪的实害犯；(5) 第124条第1款规定的破坏广播电视设施、公用电信设施罪。在以上犯罪中，破坏是指对上述关涉公共安全的设施、设备和物品的毁坏，因而首先具有故意毁坏财物的性质。其次，上述设施、设备和物品也是交通运输、电力、广播电视、公用电信部门的生产经营活动的工具或者载体，对这些设施、设备和物品的破坏，同样具有破坏生产经营活动的性质。在这种情况下，上述罪名之间存在三重法条竞合关系，即故意毁坏财物罪是普通法规定，破坏生产经营罪是特别法规定；但相对于破坏型的危害公共安全罪，破坏生产经营罪又是普通法规定。按照特别法优于普通法原则，应以破坏型的危害公共安全罪论处。

（四）处罚

根据《刑法》第276条之规定，犯本罪的，处3年以下有期徒刑、拘役或者管制；情节严重的，处3年以上7年以下有期徒刑。

加重处罚事由 犯破坏生产经营罪而情节严重的，是本罪的加重处罚事由。这里的“情节严重”，是指破坏重要机器设备，给生产经营或者科研工作造成严重后果的；犯罪目的卑鄙，破坏手段恶劣，社会影响极坏的；破坏生产经营造成的直接财产损失重大的；破坏行为造成生产经营停顿，给生产经营带来的间接经济损失重大的；等等。

第5章　妨害社会管理秩序罪

一、妨害公务罪

（一）概念

妨害公务罪是指以暴力、威胁的方法，阻碍国家机关工作人员、人大代表、红十字会工作人员依法执行职务、履行职责；或者故意阻碍国家安全机关、公安机关依法执行国家安全工作任务，未使用暴力、威胁方法，造成严重后果的行为。

（二）构成

1. 罪体

行为　妨害公务罪的行为是以暴力、威胁方法，阻碍国家机关工作人员、人大代表、红十字会工作人员执行职务、履行职责，或者故意阻碍国家安全机关、公安机关依法执行国家安全工作任务，未使用暴力、威胁方法，造成严重后果。由此可见，妨害公务罪的手段既包括使用暴力、威胁方法，也包括未使用暴力、威胁方法。这里的暴力，是指对正在依法执行职务、履行职责的国家机关工作人员、人大代表、红十字会工作人员的身体实行打击或者强制，例如捆绑、殴打、伤害等；威胁，是指以杀害、伤害、毁坏财产、损害名誉等进行精神上的恫吓。根据妨害公务罪的客体不同，妨害公务行为可以分为以下4种情形：（1）以暴力、威胁方法阻碍国家机关工作人员依法执行职务。（2）以暴力、威胁方法阻碍人民代表大会代表依法执行代表职务。（3）在自然灾害和突发性事件中，以暴力、威胁方法阻碍红十字会工作人员依法履行职责。（4）故意阻碍国家安全机关、公安机关的工作人员依法执行国家安全工作任务。

客体　根据刑法规定，妨害公务罪的客体是以下4种人：（1）正在依法执行职务的国家机关工作人员。（2）正在依法执行代表职务的全国人民代表大会和地方各级人民代表大会代表。（3）在自然灾害和突发事件中，正在依法履行职责的红十字会工作人员。（4）正在依法执行国家安全工作任务的国家安全机关、公安机关工作人员。此外，根据2000年4月24日最高人民检察院《关于以暴力威胁方法阻碍事业编制人员依法执行行政执法职务是否可对侵害人以妨害公务罪论处的批复》，下述两种人也可以成为妨害公务罪的客体：（1）正在依照法律、行政法规的规定执行行政执法职务的国有事业单位人员。（2）正在执行行政执法职务的国家机关中受委托从事行政执法活动的事业编制人员。

2. 罪责

妨害公务罪的罪责形式是故意。这里的故意，是指明知是妨害公务行为而有意实施的主观心理状态。

3. 罪量

在妨害公务罪的四种行为中，对于前三种妨害公务行为的罪量要素，刑法未作规定。但对第四种妨害公务行为构成犯罪的罪量要素作了规定，即故意阻碍国家安全机关、公安机关执行国家安全工作任务，只有造成严重后果的，才能构成犯罪。这里的“严重后果”，是指国家安全机关、公安机关执行国家安全工作任务受到严重妨害，例如，犯罪嫌疑人逃跑，侦查线索中断，犯罪证据灭失，赃款赃物转移，严重妨害对危害国家安全犯罪案件的侦破，或者造成严重的政治影响等。

（三）处罚

根据《刑法》第 277 条第 1 款之规定，犯本罪的，处 3 年以下有期徒刑、拘役、管制或者罚金。

从重处罚事由　根据《刑法》第 277 条第 5 款［《刑法修正案（九）》第 21 条］的规定，暴力袭击正在依法执行职务的人民警察的，依照第 1 款的规定从重处罚。

二、招摇撞骗罪

（一）概念

招摇撞骗罪是指冒充国家机关工作人员进行招摇撞骗活动，损害国家机关的形象、威信和正常活动，扰乱社会公共秩序的行为。

（二）构成

1. 罪体

行为　招摇撞骗罪的行为是冒充国家机关工作人员进行招摇撞骗活动。这里的“冒充国家机关工作人员”，是指非国家机关工作人员假冒国家机关工作人员的身份、职位，或者某一国家机关工作人员冒充其他国家机关工作人员的身份、职位；“招摇撞骗”，是指以假冒的国家机关工作人员的身份进行炫耀，利用人们对国家机关工作人员的信任，骗取非法利益。

客体　招摇撞骗罪的客体是通过诈骗方法获取的非法利益，包括荣誉称号、政治待遇、职位、学位、经济待遇、城市户口、婚姻以及钱财等。

2. 罪责

招摇撞骗罪的罪责形式是故意，并且具有牟取非法利益的目的。这里的故意，是指明知是招摇撞骗行为而有意实施的主观心理状态。

（三）处罚

根据《刑法》第 279 条第 1 款之规定，犯本罪的，处 3 年以下有期徒刑、拘役、管制或者剥夺政治权利；情节严重的，处 3 年以上 10 年以下有期徒刑。第 2 款规定，冒充人民警察招摇撞骗的，从重处罚。

加重处罚事由　犯招摇撞骗罪而情节严重的，是本罪的加重处罚事由。这里的“情节严重”，是指多次冒充国家机关工作人员招摇撞骗的；招摇撞骗造成恶劣社会影响，严重损害国家机关形象和威信的；造成被骗人精神失常、自杀等严重后果的；等等。

从重处罚事由　冒充人民警察招摇撞骗的，是本罪的从重处罚事由。

三、破坏计算机信息系统罪

（一）概念

破坏计算机信息系统罪是指违反国家规定，对计算机信息系统功能进行删除、修改、增加、干扰，造成计算机信息系统不能正常运行，或者对信息系统中存储、处理、传输的数据和应用程序进行删除、修改、增加的操作，或者故意制作、传播计算机病毒等破坏性程序，影响计算机系统正常运行，后果严重的行为。

（二）构成

1. 罪体

行为　破坏计算机信息系统罪的行为是违反国家规定，破坏计算机信息系统。根据《刑法》第 286 条的规定，破坏行为表现为以下 3 种情形。

（1）（《刑法》第 286 条第 1 款）违反国家规定，对计算机信息系统功能进行删除、修改、增加、干扰，造成计算机信息系统不能正常运行。这里的删除，是指将原有的计算机信息系统功能除去，使之不能正常运转；修改，是指对原有的计算机信息系统功能进行改动，使之不能正常运转；增加，是指在计算机信息系统里增加某种功能，致使原有的功能受到影响或者破坏，无法正常运转；干扰，是指采用删除、修改、增加以外的其他方法，破坏计算机信息系统功能，使之不能正常运转。

（2）（《刑法》第 286 条第 2 款）违反国家规定，对计算机信息系统中存储、处理或者传输的数据和应用程序进行删除、修改、增加的操作。

（3）（《刑法》第 286 条第 3 款）故意制作、传播计算机病毒等破坏性程序，影响计算机系统正常运行。这里的“计算机病毒等破坏性程序”，根据 2011 年 8 月 1 日最高人民法院、最高人民检察院《关于办理危害计算机信息系统安全刑事案件应用法律若干问题的解释》第 5 条的规定，是指具有下列情形之一的程序：1）能够通过网络、存储介质、文件等媒介，将自身的部分、全部或者变种进行复制、传播，并破坏计算机系统功能、数据或者应用程序的；2）能够在预先设定条件下自动触发，并破坏计算机系统功能、数据或者应用程序的；3）其他专门设计用于破坏计算机系统功能、数据或者应用程序的程序。这里的“制作计算机病毒等破坏性程序”，是指故意设计制作计算机病毒等破坏性程序；“传播计算机病毒等破坏性程序”，是指将计算机病毒等破坏性程序以各种方式输入计算机，使计算机信息系统不能正常运行，或者将计算机中存储的数据变更、删除、毁损、分解，最终使计算机系统失灵或崩溃。

此外，2009 年修正的全国人大常委会《关于维护互联网安全的决定》第 1 条第 2 项、第 3 项规定，故意制作、传播计算机病毒等破坏性程序，攻击计算机系统及通信网络，致使计算机系统及通信网络遭受损害，以及违反国家规定，擅自中断计算机网络或者通信服务，造成计算机网络或者通信系统不能正常运行的，应以本罪论处。

客体　破坏计算机信息系统罪的客体是计算机信息系统功能和计算机信息系统中存储、处理、传输的数据和应用程序。这里的“计算机信息系统功能”，是指在计算机中，按照一定的应用目标和规则对信息进行采集、加工、存储、传输、检索的功能；“计算机信息系统中存储、处理或者传输的数据”，是指在计算机信息系统中实际处理的一切文字、符号、声音、图像等内容有意义的组合；“计算机信息系统中的应用程序”，是指用户使用数据库的一种方式，是用户按数据库授予的子模式的逻辑结构，书写对数据库操作和运算的程序。如果破坏计算机信息系统而危害公共安全的，属于本罪与破坏公用电信设施罪之间普通法与特别法的法条竞合，应以破坏公用电信设施罪论处。

2. 罪责

破坏计算机信息系统罪的罪责形式是故意。这里的故意，是指明知是破坏计算机信息系统的行为而有意实施的主观心理状态。

3. 罪量

破坏计算机信息系统罪的罪量要素是后果严重。这里的“后果严重”，可以分为两种情况：一是《刑法》第 286 条第 1 款和第 2 款规定的破坏计算机信息系统行为的后果严重。根据前引解释第 4 条第 1 款的规定，这里的“后果严重”是指具有下列情形之一：（1）造成 10 台以上计算机信息系统的主要软件或者硬件不能正常运行的；（2）对 20 台以上计算机信息系统中存储、处理或者传输的数据进行删除、修改、增加操作的；（3）违法所得 5 000 元以上或者造成经济损失 1 万元以上的；（4）造成为 100 台以上计算机信息系统提供域名解析、身份认证、计费等基础服务或者为 1 万以上用户提供服务的计算机信息系统不能正常运行累计 1 小时以上的；（5）造成其他严重后果的。二是《刑法》第 286 条第 3 款规定的破坏计算机信息系统行为的后果严重。根据前引解释第 6 条第 1 款的规定，是指具有下列情形之一：（1）制作、提供、传输该解释第 5 条第 1 项规定的程序，导致该程序通过网络、存储介质、文件等媒介传播的；（2）造成 20 台以上计算机系统被植入该解释第 5 条第 2、3 项规定的程序的；（3）提供计算机病毒等破坏性程序 10 人次以上的；（4）违法所得 5 000 元以上或者造成经济损失 1 万元以上的；（5）造成其他严重后果的。

（三）认定

1. 以单位名义或者单位形式犯本罪的处理

《刑法》第 286 条第 4 款［《刑法修正案（九）》第 27 条］和《解释》第 8 条对于以单位名义或者单位形式犯本罪的情形作了规定，根据这一规定，以单位名义或者单位形式犯本罪，达到定罪量刑标准的，对单位判处罚金，并对其直接负责的主管人员和其他直接责任人员依照《刑法》第 286 条第 1 款的规定处罚。

2. 本罪共犯的处理

根据前引解释第 9 条的规定，明知他人实施《刑法》第 286 条规定的行为，具有下列情形之一的，应当认定为共同犯罪，依照《刑法》第 286 条的规定处罚：（1）为其提供用于破坏计算机信息系统功能、数据或者应用程序的程序、工具，违法所得 5 000 元以上或者提供 10 人次以上的；（2）为其提供互联网接入、服务器托管、网络存储空间、通信传输通道、费用结算、交易服务、广告服务、技术培训、技术支持等帮助，违法所得 5 000 元以上的；（3）通过委托推广软件、投放广告等方式向其提供资金 5 000 元以上的。实施前述行为，数量或者数额达到前述标准 5 倍以上的，应当认定为《刑法》第 286 条规定的后果特别严重。

3. 专门用于侵入、非法控制计算机信息系统的程序、工具、计算机病毒等破坏性程序的认定

根据前引解释第 10 条的规定，对于是否属于《刑法》第 286 条规定的“专门用于侵入、非法控制计算机信息系统的程序、工具”“计算机病毒等破坏性程序”难以确定的，应当委托省级以上负责计算机信息系统安全保护管理工作的部门检验。司法机关根据检验结论，并结合案件具体情况认定。

（四）处罚

根据《刑法》第 286 条之规定，犯本罪的，处 5 年以下有期徒刑或者拘役；后果特别严重的，处 5 年以上有期徒刑。

加重处罚事由　犯破坏计算机信息系统罪而后果特别严重的，是本罪的加重处罚事由。这里的“后果特别严重”，可以分为两种情况：一是《刑法》第 286 条第 1 款和第 2 款规定的破坏计算机信息系统行为的后果特别严重。根据前引解释第 4 条第 2 款的规定，这里的“后果特别严重”，是指具有下列情形之一：（1）数量或者数额达到该条第 1 款第 1 项至第 3 项规定标准 5 倍以上的；（2）造成为 500 台以上计算机信息系统提供域名解析、身份认证、计费等基础服务或者为 5 万以上用户提供服务的计算机信息系统不能正常运行累计 1 小时以上的；（3）破坏国家机关或者金融、电信、交通、教育、医疗、能源等领域提供公共服务的计算机信息系统的功能、数据或者应用程序，致使生产、生活受到严重影响或者造成恶劣社会影响的；（4）造

成其他特别严重后果的。二是《刑法》第 286 条第 3 款规定的破坏计算机信息系统行为的后果特别严重。根据前引解释第 6 条第 2 款的规定，这里的“后果特别严重”，是指具有下列情形之一：(1) 制作、提供、传输该解释第 5 条第 1 项规定的程序，导致该程序通过网络、存储介质、文件等媒介传播，致使生产、生活受到严重影响或者造成恶劣社会影响的；(2) 数量或者数额达到该条第 1 款第 2 项至第 4 项规定标准 5 倍以上的；(3) 造成其他特别严重后果的。

四、聚众扰乱公共场所秩序、交通秩序罪

(一) 概念

聚众扰乱公共场所秩序、交通秩序罪是指聚众扰乱车站、码头、民用航空站、商场、公园、影剧院、展览会、运动场或者其他公共场所秩序，聚众堵塞交通或者破坏交通秩序，抗拒、阻碍国家治安管理工作人员依法执行职务，情节严重的行为。

(二) 构成

1. 罪体

行为 聚众扰乱公共场所秩序、交通秩序罪的行为是聚众扰乱公共场所秩序、交通秩序。根据刑法规定，本罪在客观上表现为以下两种情形：(1) 聚众扰乱公共场所秩序，抗拒、阻碍国家治安管理工作人员依法执行职务；(2) 聚众堵塞交通、破坏交通秩序，抗拒、阻碍国家治安管理工作人员依法执行职务。

客体 聚众扰乱公共场所秩序、交通秩序罪的客体是公共场所秩序和交通秩序。

2. 罪责

聚众扰乱公共场所秩序、交通秩序罪的罪责形式是故意。这里的故意，是指明知是聚众扰乱公共场所秩序、交通秩序的行为而有意实施的主观心理状态。

3. 罪量

聚众扰乱公共场所秩序、交通秩序罪的罪量要素是情节严重。这里的“情节严重”，是指聚众扰乱公共场所秩序、交通秩序人数多或者时间长的；造成人员伤亡或者公私财物重大损失的；情节严重或者影响恶劣的；等等。

(三) 处罚

根据《刑法》第 291 条之规定，犯本罪的，对首要分子，处 5 年以下有期徒刑、拘役或者管制。

五、编造、故意传播虚假恐怖信息罪

(一) 概念

编造、故意传播虚假恐怖信息罪是指编造爆炸威胁、生物威胁、放射威胁等恐怖信息，或者明知是编造的恐怖信息而故意传播，严重扰乱社会秩序的行为。

(二) 构成

1. 罪体

行为 编造、故意传播虚假恐怖信息罪的行为是编造爆炸威胁、生物威胁、放射威胁等恐怖信息，或者明知是编造的恐怖信息而故意传播。由此可见，本罪的行为具有以下两种情形：(1) 编造虚假恐怖信息。这里的编造，是指虚构、捏造。(2) 传播虚假恐怖信息。这里的传播，是指散布、扩散。根据 2003 年 5 月 14 日最高人民法院、最高人民检察院《关于办理妨害预防、控制突发传染病疫情等灾害的刑事案件具体应用法律若干问题的解释》第 10 条，编造与突发传染病疫情等灾害有关的恐怖信息，或者明知是编造的此类恐怖信息而故意传播，严重

扰乱社会秩序的，以本罪论处。

〔最高人民检察院指导案例第9号〕被告人李某强，男，河北省人，1975年出生，原系北京欣和物流仓储中心电工。2010年8月4日22时许，被告人李某强为发泄心中不满，在北京市朝阳区某工地施工现场，用手机编写短信“今晚要炸北京首都机场”，并向数十个随意编写的手机号码发送。天津市的彭某收到短信后于2010年8月5日向当地公安机关报案，北京首都国际机场公安分局于当日接警后立即通知首都国际机场运行监控中心。首都国际机场运行监控中心随即启动紧急预案，对东、西航站楼和机坪进行排查，并加强对行李物品的检查和监控工作。这些工作耗费大量人力、物力，严重影响了首都国际机场的正常工作秩序。2010年12月14日，北京市朝阳区人民法院作出一审判决，判决被告人李某强犯编造、故意传播虚假恐怖信息罪，判处有期徒刑1年。该案的裁判要旨指出：“编造、故意传播虚假恐怖信息罪是选择性罪名。编造恐怖信息以后向特定对象散布，严重扰乱社会秩序的，构成编造虚假恐怖信息罪。编造恐怖信息以后向不特定对象散布，严重扰乱社会秩序的，构成编造、故意传播虚假恐怖信息罪。”以上要旨对于认定编造、故意传播虚假恐怖信息罪的行为具有重要指导意义。

客体 编造、故意传播虚假恐怖信息罪的客体是虚假恐怖信息。这里的“虚假恐怖信息”，是指爆炸威胁、生物威胁、放射威胁等恐怖信息。根据前引解释的规定，与突发性传染病疫情等灾害有关的恐怖信息也是本罪的客体。

2. 罪责

编造、故意传播虚假恐怖信息罪的罪责形式是故意。这里的故意，是指有意编造虚假恐怖信息或者明知是编造的虚假恐怖信息而有意传播的主观心理状态。

3. 罪量

编造、故意传播虚假恐怖信息罪的罪量要素是严重扰乱社会秩序。这里的“严重扰乱社会程序”，是指造成社会公众的心理恐慌，严重扰乱正常的生产秩序、生活秩序、工作秩序和教学、科研秩序，等等。最高人民检察院指导案例第10号卫某臣编造虚假恐怖信息案的要旨指出：“关于编造虚假恐怖信息造成‘严重扰乱社会秩序’的认定，应当结合行为对正常的工作、生产、生活、经营、教学、科研等秩序的影响程度、对公众造成的恐慌程度以及处置情况等因素进行综合分析判断。对于编造、故意传播虚假恐怖信息威胁民航安全，引起公众恐慌，或者致使航班无法正常起降的，应当认定为‘严重扰乱社会秩序’。”在司法实践中，应当参照上述要旨，从影响程度、恐慌程度、处置情况3个方面对“严重扰乱社会秩序”这一本罪的罪量要件加以正确认定。

（三）处罚

根据《刑法》第291条之一第1款之规定，犯本罪的，处5年以下有期徒刑、拘役或者管制；造成严重后果的，处5年以上有期徒刑。

加重处罚事由 犯编造、故意传播虚假恐怖信息罪而造成严重后果的，是本罪的加重处罚事由。参照最高人民检察院指导案例第11号袁某彦编造虚假恐怖信息案的要旨，对于编造虚假恐怖信息造成有关部门实施人员疏散，引起公众极度恐慌的，或者致使相关单位无法正常营业，造成重大经济损失的，应当认定为“造成严重后果”。

六、聚众斗殴罪

（一）概念

聚众斗殴罪是指出于寻求精神刺激、填补精神空虚等流氓动机，聚集多人进行斗殴的行为。

（二）构成

1. 罪体

行为　聚众斗殴罪的行为是聚集多人进行斗殴。这里的“聚集多人”，是指纠集多人，拉帮结伙；“斗殴”，是指互相殴斗。

2. 罪责

聚众斗殴罪的罪责形式是故意。这里的故意，是指明知是聚众斗殴行为而有意实施的主观心理状态。应当指出，聚众斗殴罪在主观上必须具有寻求精神刺激、填补精神空虚的流氓动机。如果不具有这种流氓动机，而是出于某种利益冲突或者因民事纠纷而引发的结伙械斗，不构成本罪；造成伤害的，应以故意伤害罪论处；造成死亡的，应以故意杀人或者故意伤害罪（致人死亡）论处。

（三）处罚

《刑法》第 292 条第 1 款规定，犯本罪的，对首要分子和其他积极参加的，处 3 年以下有期徒刑、拘役或者管制；有下列情形之一的，对首要分子和其他积极参加的，处 3 年以上 10 年以下有期徒刑：（1）多次聚众斗殴的；（2）聚众斗殴人数多，规模大，社会影响恶劣的；（3）在公共场所或者交通要道聚众斗殴，造成社会秩序严重混乱的；（4）持械聚众斗殴的。第 2 款规定，聚众斗殴，致人重伤、死亡的，依照本法第 234 条、第 232 条的规定定罪处罚。

加重处罚事由　犯聚众斗殴罪而具有下列情形之一的，是本罪的加重处罚事由：（1）多次聚众斗殴的；（2）聚众斗殴人数多，规模大，社会影响恶劣的；（3）在公共场所或者交通要道聚众斗殴，造成社会秩序严重混乱的；（4）持械聚众斗殴的。

转化犯　聚众斗殴，致人重伤、死亡的，应以故意伤害罪、故意杀人罪定罪处罚，这是本罪的转化犯。

七、寻衅滋事罪

（一）概念

寻衅滋事罪是指出于寻求刺激、发泄情绪、逞强耍横等流氓动机，在公共场所无事生非，起哄闹事，随意殴打、追逐、拦截、辱骂他人，强拿硬要或者任意损毁、占用公私财物，破坏社会秩序，情节恶劣或者情节严重、后果严重的行为。

（二）构成

1. 罪体

行为　寻衅滋事罪的行为是寻衅滋事。刑法规定的寻衅滋事行为具有下列四种情形：（1）随意殴打他人。这里的“随意殴打他人”，是指出于寻求精神刺激的目的，无故、无理殴打他人。（2）追逐、拦截、辱骂、恐吓他人。这里的“追逐、拦截、辱骂、恐吓他人”，是指出于寻求精神刺激的目的，无故、无理追赶、拦挡、侮辱、谩骂、恐吓他人。（3）强拿硬要或者任意损毁、占用公私财物。这里的“强拿硬要或者任意损毁、占用公私财物”，是指以蛮不讲理的手段，强行索要市场、商店的商品以及他人的财物，或者随心所欲损坏、毁灭公私财物。（4）在公共场所起哄闹事。这里的“在公共场所起哄闹事”，是指出于寻求精神刺激的目的，在公共场所无事生非，制造事端，扰乱公共场所秩序。

2. 罪责

寻衅滋事罪的罪责形式是故意。这里的故意，是指明知是寻衅滋事行为而有意实施的主观心理状态。应当指出，寻衅滋事罪在主观上必须具有寻求精神刺激、填补精神空虚的流氓动机。如果不具有这种流氓动机，而是由于债务纠纷、邻里口角而引发的殴打，不构成本罪；造成伤害的，应以故意伤害罪论处。

3. 罪量

寻衅滋事罪的罪量要素是：（1）随意殴打他人，情节恶劣的。这里的“情节恶劣”，根据2013年7月15日最高人民法院、最高人民检察院《关于办理寻衅滋事刑事案件适用法律若干问题的解释》第2条的规定，是指具有下列情形之一：1）致1人以上轻伤或者2人以上轻微伤的；2）引起他人精神失常、自杀等严重后果的；3）多次随意殴打他人的；4）持凶器随意殴打他人的；5）随意殴打精神病人、残疾人、流浪乞讨人员、老年人、孕妇、未成年人，造成恶劣社会影响的；6）在公共场所随意殴打他人，造成公共场所秩序严重混乱的；7）其他情节恶劣的情形。（2）追逐、拦截、辱骂、恐吓他人，情节恶劣的。这里的“情节恶劣”，根据前引解释第3条的规定，是指具有下列情形之一：1）多次追逐、拦截、辱骂、恐吓他人，造成恶劣社会影响的；2）持凶器追逐、拦截、辱骂、恐吓他人的；3）追逐、拦截、辱骂、恐吓精神病人、残疾人、流浪乞讨人员、老年人、孕妇、未成年人，造成恶劣社会影响的；4）引起他人精神失常、自杀等严重后果的；5）严重影响他人的工作、生活、生产、经营的；6）其他情节恶劣的情形。（3）强拿硬要或者任意损毁、占用公私财物，情节严重的。这里的“情节严重”，根据前引解释第4条的规定，是指具有下列情形之一：1）强拿硬要公私财物价值1 000元以上，或者任意损毁、占用公私财物价值2 000元以上的；2）多次强拿硬要或者任意损毁、占用公私财物，造成恶劣社会影响的；3）强拿硬要或者任意损毁、占用精神病人、残疾人、流浪乞讨人员、老年人、孕妇、未成年人的财物，造成恶劣社会影响的；4）引起他人精神失常、自杀等严重后果的；5）严重影响他人的工作、生活、生产、经营的；6）其他情节严重的情形。（4）在公共场所起哄闹事，造成公共场所秩序严重混乱的。根据前引解释第5条的规定，在车站、码头、机场、医院、商场、公园、影剧院、展览会、运动场或者其他公共场所起哄闹事，应当根据公共场所的性质、公共活动的重要程度、公共场所的人数、起哄闹事的时间、公共场所受影响的范围与程度等因素，综合判断是否“造成公共场所秩序严重混乱”。

（三）认定

1. 借故生非的寻衅滋事罪之定性

在通常情况下，寻衅滋事都是无事生非，即为寻求精神刺激、发泄情绪、逞强耍横，对不特定的他人进行随意殴打、辱骂、恐吓等。但在某些情况下，虽有缘由而被告人借故生非的，仍然应当认定为寻衅滋事。对此，前引解释第1条第2款规定：“行为人因日常生活中的偶发矛盾纠纷，借故生非，实施刑法第二百九十三条规定的行为的，应当认定为‘寻衅滋事’，但矛盾系由被害人故意引发或者被害人对矛盾激化负有主要责任的除外。”这一规定对于认定借故生非的寻衅滋事罪具有重要意义。在司法实践中，对于那些矛盾系由被害人故意引发或者被害人对矛盾激化负有主要责任的报复性殴打、辱骂、恐吓他人或者损毁、占用他人财物的行为，不得认定为寻衅滋事罪；构成犯罪的，应当以相应罪名论处。

2. 民间纠纷引发的寻衅滋事罪之定性

民间纠纷引发的殴打、辱骂、恐吓他人或者损毁、占用他人财物的行为在性质上与寻衅滋事罪是存在根本区别的，不得将其混同于寻衅滋事罪。对此，前引解释第1条第3款规定：“行为人因婚恋、家庭、邻里、债务等纠纷，实施殴打、辱骂、恐吓他人或者损毁、占用他人财物等行为的，一般不认定为‘寻衅滋事’，但经有关部门批评制止或者处理处罚后，继续实施前列行为，破坏社会秩序的除外。”根据这一规定，虽然是由民间纠纷引发，但经有关部门批评制止或者处理处罚以后，继续实施殴打、辱骂、恐吓他人或者损毁、占用他人财物的行为的，就应当认定为寻衅滋事罪。

3. 寻衅滋事罪转化为其他犯罪的处理

前引解释第 7 条规定："实施寻衅滋事行为，同时符合寻衅滋事罪和故意杀人罪、故意伤害罪、故意毁坏财物罪、敲诈勒索罪、抢夺罪、抢劫罪等罪的构成要件的，依照处罚较重的犯罪定罪处罚。"上述情形属于转化犯。值得注意的是，我国《刑法》第 292 条第 2 款规定："聚众斗殴，致人重伤、死亡的，依照本法第二百三十四条、第二百三十二条的规定定罪处罚。"这一规定被我国刑法理论称为转化犯。《刑法》第 293 条对寻衅滋事罪并无此规定，但前引解释的上述规定，实际上是对寻衅滋事过程中犯有故意杀人罪、故意伤害罪、故意毁坏财物罪、敲诈勒索罪、抢夺罪、抢劫罪等转化犯的规定。虽然前引解释规定的处罚原则是"依照处罚较重的犯罪定罪处罚"，但实际上一般都是以转化之罪论处。

（四）处罚

《刑法》第 293 条第 1 款［《刑法修正案（八）》第 42 条］规定，犯本罪的，处 5 年以下有期徒刑、拘役或者管制。第 2 款规定，纠集他人多次实施前款行为，严重破坏社会秩序的，处 5 年以上 10 年以下有期徒刑，可以并处罚金。

加重处罚事由 犯寻衅滋事罪而纠集他人多次实施寻衅滋事行为，严重破坏社会秩序的，是本罪的加重处罚事由。这里的"纠集"，是指共同犯罪中的首要分子或者主犯，有目的地将他人召集在一起；"多次"，一般是指 3 次以上；"严重破坏社会秩序"，是指造成公共场所秩序混乱，或者造成所在地区的治安秩序紧张，影响人民群众的正常生活和工作秩序。前引解释第 6 条规定："纠集他人三次以上实施寻衅滋事犯罪，未经处理的，应当依照刑法第二百九十三条第二款的规定处罚。"

八、组织、领导、参加黑社会性质组织罪

（一）概念

组织、领导、参加黑社会性质组织罪是指组织、领导或者参加黑社会性质的组织的行为。

（二）构成

1. 罪体

行为 组织、领导、参加黑社会性质组织罪的行为是组织、领导、参加黑社会性质组织。这里的"组织黑社会性质组织"，是指倡导、发起、策划、安排、建立黑社会性质组织；"领导黑社会性质组织"，是指在黑社会性质组织中处于领导地位，对该组织的活动进行策划、决策、指挥、协调；"参加黑社会性质组织"，是指加入黑社会性质组织，成为其成员，并参加其活动。

客体 组织、领导、参加黑社会性质组织罪的客体是黑社会性质组织。这里的"黑社会性质组织"，根据 2000 年 12 月 5 日最高人民法院《关于审理黑社会性质组织犯罪的案件具体应用法律若干问题的解释》第 1 条的规定，一般应具备以下特征：（1）组织结构比较紧密，人数较多，有比较明确的组织者、领导者，骨干成员基本固定，有较为严格的组织纪律；（2）通过违法犯罪活动或者其他手段获取经济利益，具有一定的经济实力；（3）通过贿赂、威胁等手段，引诱、逼迫国家工作人员参加黑社会性质组织活动，或者为其提供非法保护；（4）在一定区域或者行业范围内，以暴力、威胁、滋扰等手段，大肆进行敲诈勒索、欺行霸市、聚众斗殴、寻衅滋事、故意伤害等违法犯罪活动，严重破坏经济、社会生活秩序。及至 2002 年 4 月 28 日，全国人大常委会《关于〈中华人民共和国刑法〉第二百九十四条第一款的解释》对黑社会性质组织的构成特征作出了立法解释，对前述司法解释的规定予以某种程度的修正。根据该立法解释的规定，黑社会性质的组织应当同时具备以下特征：（1）形成较稳定的犯罪组织，人数较多，有明确的组织者、领导者，骨干成员基本固定；（2）有组织地通过违法犯罪活动或

者其他手段获取经济利益，具有一定的经济实力，以支持该组织的活动；（3）以暴力、威胁或者其他手段，有组织地多次进行违法犯罪活动，为非作恶，欺压、残害群众；（4）通过实施违法犯罪活动，或者利用国家工作人员的包庇或者纵容，称霸一方，在一定区域或者行业内，形成非法控制或者重大影响，严重破坏经济、社会生活秩序。比较上述司法解释与立法解释的规定，二者在黑社会性质组织的组织结构、经济实力、行为方式等方面都是相同的，唯一的区别在于：非法保护（俗称“保护伞”）是否为黑社会性质组织的成立条件？前述司法解释将“保护伞”规定为黑社会性质组织的必要条件，没有“保护伞”就不构成黑社会性质组织。而前述立法解释则将“保护伞”规定为或然性条件，没有“保护伞”同样可以构成黑社会性质组织。在前述立法解释颁布以后，应当根据该立法解释认定黑社会性质组织。《刑法修正案（八）》将上述关于黑社会性质组织的概念吸纳规定在《刑法》第 294 条第 5 款，从而为认定黑社会性质组织提供了法律依据。

2009 年 12 月 15 日最高人民法院、最高人民检察院、公安部《办理黑社会性质组织犯罪案件座谈会纪要》对黑社会性质组织的认定作了专门的规定。根据上述刑法和司法解释的规定，黑社会性质组织具有以下四个特征。

（1）组织特征

黑社会性质组织不同于黑恶势力之处，就在于黑社会性质组织具有组织特征，即黑社会性质组织不仅有明确的组织者、领导者，骨干成员基本固定，而且组织结构较为稳定，还有比较明确的层级和职责分工。由此可见，关于黑社会性质组织的组织特征可以从三个方面加以把握：1）人员构成。黑社会性质组织的人员较多，一般在 10 人以上，而且这些人员通常较为固定。2）结构固定。黑社会性质组织具有一定的组织架构。这种组织架构既可以依赖于正式的组织形式，例如在以企业为平台的黑社会性质组织犯罪中，企业往往成为黑社会性质组织的形式载体。同时这种组织架构也可以以非正式的组织形式为载体。3）职责分工。黑社会性质组织在成员之间存在职责分工，组织成员之间具有一定层级，并且在各成员之间形成紧密的联结。根据以上三点，我们可以对黑社会性质组织的组织特征作出正确认定。当前，一些黑社会性质组织为了增强隐蔽性，往往采取各种手段制造“人员频繁更替、组织结构松散”的假象。因此，在办案时，要特别注意审查组织者、领导者以及对组织运行、活动起着突出作用的积极参加者等骨干成员是否基本固定，联系是否紧密，不要为其组织形式的表象所蒙蔽。

（2）经济特征

黑社会性质组织具有一定的经济实力，这主要表现为黑社会性质组织通过合法或者非法活动聚敛钱财，攫取经济利益；同时，又将部分或者全部财物用于违法犯罪活动，或者维系犯罪组织的生存、发展，例如，购买作案工具、提供作案经费，为受伤、死亡的组织成员提供医疗费、丧葬费，为组织成员及其家属提供工资、奖励、福利、生活费用，为组织寻求非法保护以及其他与实施有组织的违法犯罪有关的费用支出等。在认定黑社会性质组织的经济特征时，应当注意将其与暴力性经营行为加以区分：暴力性经营，是指在某些竞争性行业，行为人在从事经营活动中使用暴力、胁迫或者其他方法，其目的是获取经济利益；黑社会性质组织在进行经营活动的时候，也往往使用暴力，但其敛财是为黑社会性质组织提供经济实力。以上两种情形，虽然在形式上较为相似，但实质上是根本不同的。暴力性经营行为构成犯罪的，应当按照其所触犯的有关罪名，例如强迫交易罪、故意伤害罪等，追究刑事责任。

（3）行为特征

黑社会性质组织具有一定的行为特征，即以暴力、威胁或者其他手段，有组织地多次进行违法犯罪活动。这里的“暴力、威胁”，是有组织的暴力、威胁，或者是以组织形式实施的暴力、威胁，因而不同于其他犯罪中的暴力、威胁。这里的“其他手段”，是指以暴力、威胁为基础，在利用组织势力和影响已对他人形成心理强制或威慑的情况下，进行所谓的“谈判”“协商”“调解”、滋扰、哄闹、聚众等其他干扰，破坏正常经济、社会生活秩序的非暴力手段。黑社会性质组织实施的违法犯罪活动，主要包括以下情形：由组织者、领导者直接组织、策划、指挥、参与实施的违法犯罪活动；由组织成员以组织名义实施，并得到组织者、领导者认可或者默许的违法犯罪活动；多名组织成员为逞强争霸、插手纠纷、报复他人、替人行凶、非法敛财而共同实施，并得到组织者、领导者认可或者默许的违法犯罪活动；组织成员为组织争夺势力范围、排除竞争对手、确立强势地位、牟取经济利益、维护非法权威或者按照组织的纪律、惯例、共同遵守的约定而实施的违法犯罪活动，以及由黑社会性质组织实施的其他违法犯罪活动。

（4）控制特征

黑社会性质组织的控制特征，是指称霸一方，在一定区域或者行业内，形成非法控制或者重大影响，从而严重破坏经济、社会生活秩序。控制特征是黑社会性质组织的本质特征，也是黑社会性质组织区别于一般犯罪集团的关键所在。在认定一定区域时应当注意：区域的大小具有相对性，且黑社会性质组织非法控制和影响的对象并不是区域本身，而是在一定区域中生活的人，以及该区域内的经济、社会生活秩序。因此，不能简单地要求一定区域必须达到某一特定的空间范围，而应当根据具体案情，并结合黑社会性质组织对经济、社会生活秩序的危害程度加以综合分析判断。在认定一定行业的时候应当注意，黑社会性质组织所控制和影响的行业，既包括合法行业，也包括黄、赌、毒等非法行业。这些行业一般涉及生产、流通、交换、消费等一个或多个市场环节。通过实施违法犯罪活动，或者利用国家工作人员的包庇、纵容，称霸一方，并具有以下情形之一的，可认定为在一定区域或者行业内，形成非法控制或者重大影响，严重破坏经济、社会生活秩序：对在一定区域内生活或者在一定行业内从事生产、经营的群众形成心理强制、威慑，致使合法利益受损的群众不敢举报、控告的；对一定行业的生产、经营形成垄断，或者对涉及一定行业的准入、经营、竞争等经济活动形成重要影响的；插手民间纠纷、经济纠纷，在相关区域或者行业内造成严重影响的；干扰、破坏他人正常生产、经营、生活，并在相关区域或者行业内造成严重影响的；干扰、破坏公司、企业、事业单位及社会团体的正常生产、经营、工作秩序，在相关区域、行业内造成严重影响，或者致使其不能正常生产、经营、工作的；多次干扰、破坏国家机关、行业管理部门以及村委会、居委会等基层群众自治组织的工作秩序，或者致使上述单位、组织的职能不能正常行使的；利用组织的势力、影响，使组织成员获取政治地位，或者在党政机关、基层群众自治组织中担任一定职务的；其他形成非法控制或者重大影响，严重破坏经济、社会生活秩序的情形。

2. 罪责

组织、领导、参加黑社会性质组织罪的罪责形式是故意。这里的故意，是指明知是组织、领导、参加黑社会性质组织行为而有意实施的主观心理状态。

（三）处罚

《刑法》第 294 条［《刑法修正案（八）》第 43 条］第 1 款规定，犯本罪的，处 7 年以上有期徒刑，并处没收财产；积极参加的，处 3 年以上 7 年以下有期徒刑，可以并处罚金或者没收财产；其他参加的，处 3 年以下有期徒刑、拘役、管制或者剥夺政治权利，可以并处罚金。第 4 款规定，犯本罪又有其他犯罪行为的，依照数罪并罚的规定处罚。根据前引纪要的规定，这里的“组织者、领导者”，是指黑社会性质组织的发起者、创建者，或者在组织中实际处于领导地位，对整个组织及其运行、活动起着决策、指挥、协调、管理作用的犯罪分子，既包括通过一定形式产生的有明确职务、称谓的组织者、领导者，也包括在黑社会性质组织中被公认的事实上的组织者、领导者；“积极参加者”，是指接受黑社会性质组织的领导和管理，多次积极参与黑社会性质组织的违法犯罪活动，或者积极参与较严重的黑社会性质组织的犯罪活动且作用突出，以及其他在组织中起重要作用的犯罪分子，如具体主管黑社会性质组织的财务、人员管理等事项的犯罪分子；“其他参加者”，是指除上述组织成员之外，其他接受黑社会性质组织的领导和管理的犯罪分子。

非罪处理事由　前引 2000 年司法解释第 3 条第 2 款规定：对于参加黑社会性质的组织，没有实施其他违法犯罪活动的，或者受蒙蔽、胁迫参加黑社会性质的组织，情节轻微的，可以不作为犯罪处理。

从重处罚事由　前引 2000 年司法解释第 4 条规定：国家机关工作人员组织、领导、参加黑社会性质组织的，从重处罚。

数罪并罚　犯组织、领导、参加黑社会性质组织罪又有其他犯罪行为的，应当实行数罪并罚。

九、聚众淫乱罪

（一）概念

聚众淫乱罪是指聚集多人在公开或者半公开的场所进行淫乱活动，扰乱公共秩序的行为。

（二）构成

1. 罪体

行为　聚众淫乱罪的行为是聚集多人进行淫乱活动。这里的“聚集多人进行淫乱活动”，是指 3 人以上聚集在一起进行淫乱活动。本罪中的淫乱，是指聚集男女 3 人以上在一起进行性交，即群奸群宿。

地点　聚众淫乱罪的聚众淫乱行为发生在公开或者半公开的场所，因而具有扰乱公共秩序的性质。如果聚众淫乱行为发生在秘密场所，没有扰乱公共秩序的，不构成本罪。

2. 罪责

聚众淫乱罪的罪责形式是故意。这里的故意，是指明知是聚众淫乱行为而有意实施的主观心理状态。

3. 罪量

对于聚众淫乱罪的罪量要素，刑法未作规定。参照《立案追诉标准（一）》第 41 条的规定，组织、策划、指挥 3 人以上进行淫乱活动或者参加聚众淫乱活动 3 次以上的，应予立案追诉。

（三）处罚

根据《刑法》第 301 条第 1 款之规定，犯本罪的，对首要分子或者多次参加的，处 5 年以下有期徒刑、拘役或者管制。

十、赌博罪

（一）概念

赌博罪是指以营利为目的，聚众赌博或者以赌博为业的行为。

（二）构成

1. 罪体

行为　赌博罪的行为是聚众赌博或者以赌博为业。由此可见，本罪的行为具有以下两种情形：（1）聚众赌博。这里的“聚众赌博”，是指为赌博提供赌具，组织、招引他人参加赌博，本人从中抽头渔利。(2) 以赌博为业。这里的“以赌博为业”，是指以赌博为常业，即以赌博所得为其生活或者挥霍的主要来源。

2. 罪责

赌博罪的罪责形式是故意，并且以营利为目的。这里的故意，是指明知是赌博行为而有意实施的主观心理状态。

目的犯　赌博罪必须以营利为目的，是法定的目的犯。这里的“营利”，是指通过赌博获取非法利益。至于赌博输赢，并不影响本罪的成立。2005 年 5 月 11 日最高人民法院、最高人民检察院《关于办理赌博刑事案件具体应用法律若干问题的解释》第 9 条规定，不以营利为目的，进行带有少量财物输赢的娱乐活动，以及提供棋牌室等娱乐场所只收取正常的场所和服务费用的经营行为等，不以赌博论处。这一规定，对于区分赌博罪的罪与非罪具有重要意义。

3. 罪量

关于赌博罪的罪量要素，刑法未作规定，但前引解释第 1 条对聚众赌博构成犯罪的罪量要素作了规定：(1) 组织 3 人以上赌博，抽头渔利数额累计达到 5 000 元以上的；(2) 组织 3 人以上赌博，赌资数额累计达到 5 万元以上的；(3) 组织 3 人以上赌博，参赌人数累计达到 20 人以上的；(4) 组织中华人民共和国公民 10 人以上赴境外赌博，从中收取回扣、介绍费的。

(三) 认定

1. 境外赌博属人管辖的特别规定

前引解释第 3 条规定：中华人民共和国公民在我国领域外周边地区聚众赌博、开设赌场，以吸引中华人民共和国公民为主要客源，构成赌博罪的，可以依照刑法规定追究刑事责任。这是对境外赌博管辖的特别规定。根据《刑法》第 7 条第 1 款的规定，中华人民共和国公民在我国领域外犯罪，法定最高刑是 3 年以下有期徒刑的，可以不予追究。而根据《刑法》第 303 条的规定，赌博罪的法定最高刑为 3 年有期徒刑，依照《刑法》第 7 条第 1 款的规定，本来可以不予追究，但考虑到境外赌博的特殊危害性，司法解释对此作了应予追究的规定。

2. 赌博罪的共犯

前引解释第 4 条规定：明知他人实施赌博犯罪活动，而为其提供资金、计算机网络、通讯、费用结算等直接帮助的，以赌博罪的共犯论处。对于上述赌博的共犯行为，应根据《刑法》第 27 条的规定，以从犯论处。

3. 设置圈套诱骗他人参赌行为的认定

1991 年 3 月 12 日最高人民法院研究室《关于设置圈套诱骗他人参赌获取钱财的案件应如何定罪问题的电话答复》指出：对于行为人以营利为目的，设置圈套，诱骗他人参赌的行为，需要追究刑事责任的，应以赌博罪论处。此外，1995 年 11 月 6 日最高人民法院《关于对设置圈套诱骗他人参赌又向索还钱财的受骗者施以暴力或暴力威胁的行为应如何定罪问题的批复》规定：“行为人设置圈套诱骗他人参赌获取钱财，属赌博行为，构成犯罪的，应当以赌博罪定罪处罚。参赌者识破骗局要求退还所输钱财，设赌者又使用暴力或者以暴力相威胁，拒绝退还的，应以赌博罪从重处罚；致参赌者伤害或者死亡的，应以赌博罪和故意伤害罪或者故意杀人罪，依法实行数罪并罚。”根据上述司法解释，设置圈套诱骗他人参赌的行为，属于赌博行为。在这种情况下，设赌者往往在赌博中采取一定的作弊手段，因而也具有某种欺诈性。但如果设置骗局，虽以赌博的形式但实际上是进行诈骗，则超出了赌博的范畴，属于赌博诈骗行为，应以诈骗罪论处。

(四) 处罚

根据《刑法》第 303 条第 1 款之规定，犯本罪的，处 3 年以下有期徒刑、拘役或者管制，并处罚金。

从重处罚事由 前引解释第 5 条规定，实施赌博犯罪，有下列情形之一的，依照《刑法》第 303 条的规定从重处罚：(1) 具有国家工作人员身份的；(2) 组织国家工作人员赴境外赌博的；(3) 组织未成年人参与赌博，或者开设赌场吸引未成年人参与赌博的。

十一、辩护人、诉讼代理人毁灭证据、伪造证据、妨害作证罪

（一）概念

辩护人、诉讼代理人毁灭证据、伪造证据、妨害作证罪是指在刑事诉讼中，辩护人、诉讼代理人毁灭、伪造证据，帮助当事人毁灭、伪造证据，威胁、引诱证人违背事实改变证言或者作伪证的行为。

（二）构成

1. 罪体

主体 辩护人、诉讼代理人毁灭证据、伪造证据、妨害作证罪的主体是辩护人和诉讼代理人。这里的辩护人，是指在刑事诉讼中为被告人的利益向司法机关提出证明被告人无罪、罪轻或者应当从轻、减轻或免除处罚的事实或材料，并依法为被告人辩护的人，包括律师和其他公民；诉讼代理人，是指在刑事诉讼中为被害人的利益代表被害人向司法机关提出追究被告人或者犯罪嫌疑人刑事责任或者要求给予被害人经济赔偿的人。

行为 辩护人、诉讼代理人毁灭证据、伪造证据、妨害作证罪的行为是毁灭、伪造证据，帮助当事人毁灭、伪造证据，威胁、引诱证人违背事实改变证言或者作伪证。由此可见，本罪的行为具有以下 3 种情形：(1) 毁灭、伪造证据。这里的“毁灭证据”，是指使证据完全消灭或者完全丧失证据的作用；“伪造证据”，是指制造虚假的证据。(2) 帮助当事人毁灭、伪造证据。(3) 威胁、引诱证人违背事实改变证言或者作伪证。这里的威胁“证人违背事实改变证言或者作伪证”，是指以暴力或者其他方法使证人因惧怕而违背事实改变证言或者作虚假证言；引诱“证人违背事实改变证言或者作伪证”，是指以金钱、物质或者其他利益诱使证人违背事实改变证言或者作虚假证言。应当指出，这里的“改变证言”，是违背事实改变证言。如果原先的证人证言是违背事实的，之后即使在辩护人、诉讼代理人的威胁、引诱下予以改变，还其本来面目，也不构成本罪。此外，这里的“违背事实改变证言”，表明改变的只能是关于事实的证言，即威胁、引诱证人对某一事实作出相反的陈述。威胁、引诱证人改变对事实性质的评价，则不构成本罪。

客体 辩护人、诉讼代理人毁灭证据、伪造证据、妨害作证罪的客体是证据。

2. 罪责

辩护人、诉讼代理人毁灭证据、伪造证据、妨害作证罪的罪责形式是故意。这里的故意，是指明知是毁灭证据、伪造证据、妨害作证的行为而有意实施的主观心理状态。因此，《刑法》第 306 条第 2 款规定：辩护人、诉讼代理人提供、出示、引用的证人证言或者其他证据失实，不是有意伪造的，不属于伪造证据。

（三）处罚

根据《刑法》第 306 条第 1 款之规定，犯本罪的，处 3 年以下有期徒刑或者拘役；情节严重的，处 3 年以上 7 年以下有期徒刑。

加重处罚事由 犯辩护人、诉讼代理人毁灭证据、伪造证据、妨害作证罪而且情节严重的，是本罪的加重处罚事由。这里的“情节严重”，是指犯罪手段恶劣，严重妨害刑事诉讼的正常进行，或者使有罪者逃避了刑事追究，或者使无罪者受到了刑事追究。

十二、掩饰、隐瞒犯罪所得、犯罪所得收益罪

（一）概念

掩饰、隐瞒犯罪所得、犯罪所得收益罪是指明知是犯罪所得及其产生的收益而予以窝藏、转移、收购或者代为销售或者以其他方法掩饰、隐瞒的行为。

（二）构成

1. 罪体

行为　掩饰、隐瞒犯罪所得、犯罪所得收益罪的行为是明知是犯罪所得及其产生的收益而予以窝藏、转移、收购、代为销售或者以其他方法掩饰、隐瞒。由此可见，本罪的行为具有以下 5 种情形：(1) 窝藏。这里的窝藏，是指提供藏匿的场所。(2) 转移。这里的转移，是指将犯罪所得及其产生的收益从一个地方转移到另一个地方。(3) 收购。这里的收购，是指为自己或者他人使用而购买。(4) 代为销售。这里的“代为销售”，是指为犯罪分子销售犯罪所得及其产生的收益。(5) 以其他方法掩饰、隐瞒。这里的“其他方法”，包括上述 4 种方法以外的使司法机关难以发现或者难以分辨犯罪所得及其收益的方法。2007 年 5 月 9 日最高人民法院、最高人民检察院《关于办理与盗窃、抢劫、诈骗、抢夺机动车相关刑事案件具体应用法律若干问题的解释》第 1 条规定，明知是盗窃、抢劫、诈骗、抢夺的机动车，实施下列行为之一的，以掩饰、隐瞒犯罪所得、犯罪所得收益罪定罪：(1) 买卖、介绍买卖、典当、拍卖、抵押或者用其抵债的；(2) 拆解、拼装或者组装的；(3) 修改发动机号、车辆识别代号的；(4) 更改车身颜色或者车辆外形的；(5) 提供或者出售机动车来历凭证、整车合格证、号牌以及有关机动车的其他证明和凭证的；(6) 提供或者出售伪造、变造的机动车来历凭证、整车合格证、号牌以及有关机动车的其他证明和凭证的。

客体　掩饰、隐瞒犯罪所得、犯罪所得收益罪的客体是犯罪所得及其产生的收益。这里的犯罪所得，是指通过犯罪直接获得的赃款、赃物。犯罪所得产生的收益，是指对犯罪所得进行投资、经营而获得的收益。

2. 罪责

掩饰、隐瞒犯罪所得、犯罪所得收益罪的罪责形式是故意。这里的故意，是指明知是犯罪所得及其产生的收益而予以掩饰、隐瞒的主观心理状态。这里的明知，是指知道或者应当知道。根据 1992 年 12 月 11 日最高人民法院、最高人民检察院《关于办理盗窃案件具体应用法律的若干问题的解释》(已失效) 第 8 条第 1 项的规定，认定窝赃、销赃罪的明知，不能仅凭被告人的口供，应当根据案件的客观事实予以分析，只要证明被告人知道或者应当知道是犯罪所得的赃物而予以窝藏或者代为销售的，就可以认定。这里的“应当知道”，实际上是一种司法推定。1998 年 5 月 8 日最高人民法院、最高人民检察院、公安部、国家工商行政管理局《关于依法查处盗窃、抢劫机动车案件的规定》第 17 条对如何认定“明知是赃车”作了如下规定：有下列情形之一的，可视为应当知道，但有证据证明属被蒙骗的除外：(1) 在非法的机动车交易场所和销售单位购买的；(2) 机动车证件手续不全或者明显违反规定的；(3) 机动车发动机号或者车架号有更改痕迹，没有合法证明的；(4) 以明显低于市场价格购买机动车的。2007 年 5 月 9 日最高人民法院、最高人民检察院《关于办理与盗窃、抢劫、诈骗、抢夺机动车相关刑事案件具体应用法律若干问题的解释》第 6 条规定：涉及的机动车有下列情形之一的，应当认定行为人主观上属于明知：(1) 没有合法有效的来历凭证；(2) 发动机号、车辆识别代号有明显更改痕迹，没有合法证明的。2009 年 11 月 4 日最高人民法院《关于审理洗钱等刑事案件具体应用法律若干问题的解释》(以下简称《洗钱案件解释》) 第 1 条对如何认定本罪的明知，

作了一般的规定。根据这一规定，这里的明知，应当结合被告人的认知能力，接触他人犯罪所得及其收益的情况，犯罪所得及其收益的种类、数额，犯罪所得及其收益的转换、转移方式以及被告人的供述等主、客观因素进行认定。具有下列情形之一的，可以认定被告人明知系犯罪所得及其收益，但有证据证明确实不知道的除外：（1）知道他人从事犯罪活动，协助转换或者转移财物的；（2）没有正当理由，通过非法途径协助转换或者转移财物的；（3）没有正当理由，以明显低于市场的价格收购财物的；（4）没有正当理由，协助转换或者转移财物，收取明显高于市场的“手续费”的；（5）没有正当理由，协助他人将巨额现金散存于多个银行账户或者在不同银行账户之间频繁划转的；（6）协助近亲属或者其他关系密切的人转换或者转移与其职业或者财产状况明显不符的财物的；（7）其他可以认定行为人明知的情形。

（三）认定

在司法实践中，如何正确区分本罪与洗钱罪的界限，是一个重要的问题。前引《洗钱案件解释》第3条规定：明知是犯罪所得及其产生的收益而予以掩饰、隐瞒，构成《刑法》第312条规定的犯罪，同时又构成《刑法》第191条或者第349条规定的犯罪的，依照处罚较重的规定定罪处罚。根据这一规定，在本罪与洗钱罪之间存在交互竞合关系，即当行为人采用《刑法》第191条规定的方式对7种上游犯罪的所得及其收益予以掩饰、隐瞒时，同时符合洗钱罪与本罪的构成要件，应按照重法优于轻法的原则论处。

（四）处罚

《刑法》第312条第1款［《刑法修正案（六）》第19条］之规定，犯本罪的，处3年以下有期徒刑、拘役或者管制，并处或者单处罚金；情节严重的，处3年以上7年以下有期徒刑，并处罚金。第2款［《刑法修正案（七）》第10条］规定：单位犯前款罪的，对单位判处罚金，并对其直接负责的主管人员和其他直接责任人员，依照前款的规定处罚。

加重处罚事由 犯掩饰、隐瞒犯罪所得、犯罪所得收益罪而情节特别严重的，是本罪的加重处罚事由。

十三、组织他人偷越国（边）境罪

（一）概念

组织他人偷越国（边）境罪是指非法组织他人偷越国（边）境的行为。

（二）构成

1. 罪体

行为 组织他人偷越国（边）境罪的行为是非法组织他人偷越国（边）境。这里的“组织他人偷越国（边）境”，根据2012年12月12日最高人民法院、最高人民检察院《关于办理妨害国（边）境管理刑事案件应用法律若干问题的解释》第1条第1款的规定，是指领导、策划、指挥他人偷越国（边）境或者在首要分子指挥下，实施拉拢、引诱、介绍他人偷越国（边）境等行为。

客体 组织他人偷越国（边）境罪的客体是他人。

2. 罪责

组织他人偷越国（边）境罪的罪责形式是故意。这里的故意，是指明知是组织他人偷越国（边）境的行为而有意实施的主观心理状态。

（三）处罚

《刑法》第318条第1款规定，犯本罪的，处2年以上7年以下有期徒刑，并处罚金；有下列情形之一的，处7年以上有期徒刑或者无期徒刑，并处罚金或者没收财产：（1）组织他人偷越国（边）境集团的首要分子；（2）多次组织他人偷越国（边）境或者组织他人偷越国（边）境人数众多的；（3）造成被组织人重伤、死亡的；（4）剥夺或者限制被组织人人身自由的；（5）以暴力、威胁方法抗拒检查的；（6）违法所得数额巨大的；（7）有其他特别严重情节的。第2款规定，犯前款罪，对被组织人有杀害、伤害、强奸、拐卖等犯罪行为，或者对检查人员有杀害、伤害等犯罪行为的，依照数罪并罚的规定处罚。

加重处罚事由 犯组织他人偷越国家（边）境罪而有刑法规定的七种情形之一的，是本罪的加重处罚事由，这七种情形是：（1）组织他人偷越国（边）境集团的首要分子。这里的首要分子，是指策划、领导、指挥、组织他人偷越国（边）境集团的犯罪分子。（2）多次组织他人偷越国（边）境或者组织他人偷越国（边）境人数众多的。这里的多次，一般是指3次以上；人数众多，是指10人以上。（3）造成被组织人重伤、死亡的。这里的“造成被组织人重伤、死亡”，是指在组织偷越国（边）境过程中，由于运输工具出现故障等原因导致被组织人重伤、死亡或者导致被组织人自杀等。（4）剥夺或者限制被组织人人身自由的。这里的“剥夺或者限制被组织人人身自由”，是指出于偷越国（边）境的需要，采取强制方法对被组织人人身自由进行剥夺或者限制。（5）以暴力、威胁方法抗拒检查的。这里的“抗拒检查”，是指对边防、海关等依法执行检查任务的人员实施殴打等暴力行为或者以暴力相威胁，抗拒检查。（6）违法所得数额巨大的。这里的“违法所得数额巨大”，根据前引解释第1条第2款的规定，是指违法所得数额在20万元以上。（7）有其他特别严重情节的。这里的“其他特别严重情节”，是指除上述6种情形以外，具有其他后果特别严重、手段特别残忍、影响特别恶劣等情节。

数罪并罚 犯组织他人偷越国（边）境罪，对被组织人有杀害、伤害、强奸、拐卖等犯罪行为，或者对检查人员有杀害、伤害等犯罪行为的，依照数罪并罚的规定处罚。

十四、非法行医罪

（一）概念

非法行医罪是指未取得医生执业资格的人非法行医，情节严重的行为。

（二）构成

1. 罪体

主体 非法行医罪的主体是未取得医生执业资格的人。

行为 非法行医罪的行为是非法行医。这里的“非法行医”，是指未取得医师执业资格的人行医。根据《执业医师法》以及相关法规的规定，只有通过医师资格考试，取得医师资格，并且经医师注册取得执业证书后，才能合法地从事医师执业活动，否则，就是非法行医。这里的行医，是指从事诊疗活动即诊断和治疗的活动。根据卫生部1994年颁行、2017年修改的《医疗机构管理条例实施细则》第88条的规定，诊疗活动是指通过各种检查，使用药物、器械及手术等方法，对疾病作出判断和消除疾病、缓解病情、减轻痛苦、改善功能、延长生命、帮助患者恢复健康的活动。因此，非法行医，就是未取得医师执业资格的人从事诊疗活动。根据2016年修改的最高人民法院《关于审理非法行医刑事案件具体应用法律若干问题的解释》第1条的规定，未取得医师执业资格的人非法行医是指具有下列情形之一：（1）未取得或者以非法手段取得医师资格从事医疗活动的；（2）被依法吊销医师执业证书期间从事医疗活动的；（3）未取得乡村医生执业证书，从事乡村医疗活动的；（4）家庭接生员实施家庭接生以外的医疗行为的。

2. 罪责

非法行医罪的罪责形式是故意。这里的故意，是指明知是非法行医而有意实施的主观心理状态。

3. 罪量

非法行医罪的罪量要素是情节严重。这里的“情节严重”，根据前引解释第 2 条的规定，是指具有下列情形之一：（1）造成就诊人轻度残疾、器官组织损伤导致一般功能障碍的；（2）造成甲类传染病传播、流行或者有传播、流行危险的；（3）使用假药、劣药或不符合国家规定标准的卫生材料、医疗器械，足以严重危害人体健康的；（4）非法行医被卫生行政部门行政处罚两次以后，再次非法行医的；（5）其他情节严重的情形。

（三）处罚

根据《刑法》第 336 条第 1 款之规定，犯本罪的，处 3 年以下有期徒刑、拘役或者管制，并处或者单处罚金；严重损害就诊人身体健康的，处 3 年以上 10 年以下有期徒刑，并处罚金；造成就诊人死亡的，处 10 年以上有期徒刑，并处罚金。

加重处罚事由 犯非法行医罪而严重损害就诊人身体健康的，是本罪的加重处罚事由。这里的“严重损害就诊人身体健康”，根据前引解释第 3 条的规定，是指具有下列情形之一：（1）造成就诊人中度以上残疾、器官组织损伤导致严重功能障碍的；（2）造成 3 名以上就诊人轻度残疾、器官组织损伤导致一般功能障碍的。

特别加重处罚事由 犯非法行医罪而造成就诊人死亡的，是本罪的特别加重处罚事由。

从重处罚事由 2003 年 5 月 14 日最高人民法院、最高人民检察院《关于办理妨害预防、控制突发传染病疫情等灾害的刑事案件具体应用法律若干问题的解释》第 12 条规定：“未取得医师执业资格非法行医，具有造成突发传染病病人、病原携带者、疑似突发传染病病人贻误诊治或者造成交叉感染等严重情节的，依照刑法第三百三十六条第一款的规定，以非法行医罪定罪，依法从重处罚。”

十五、污染环境罪

（一）概念

污染环境罪是指违反国家规定，排放、倾倒或者处置有放射性的废物、含传染病病原体的废物、有毒物质或者其他有害物质，严重污染环境的行为。

（二）构成

1. 罪体

行为 污染环境罪的行为是违反国家规定，排放、倾倒或者处置有放射性的废物、含传染病病原体的废物、有毒物质或者其他有害物质。由此可见，本罪的行为具有以下三种情形：（1）排放。这里的排放，是指将废物排入土地、水体、大气，包括泵出、溢出、泄出、喷出等。（2）倾倒。这里的倾倒，是指通过船舶、航空器、平台或者其他运载工具向土地、水体、大气处置危险废物。（3）处置。这里的处置，是指以焚烧、填埋等方式处置危险废物。

客体 污染环境罪的客体是有害物质。这里的有害物质，是指列入国家危险废物名录或者根据国家规定的危险废物鉴别标准和鉴别方法认定的具有危险特性的废物，包括有放射性的废物、含传染病病原体的废物、有毒物质或者其他对人体有害的物质。

2. 罪责

污染环境罪的罪责形式是故意。这里的故意，是指明知是违反国家规定，排放、倾倒或者处置有放射性的废物、含传染病病原体的废物、有毒物质或者其他有害物质的行为而有意实施的主观心理状态。

3. 罪量

污染环境罪的罪量要素是严重污染环境。这里的“严重污染环境”，是指污染环境情节严重或者造成污染环境的严重后果。因此，严重污染环境，既包括发生了造成财产损失或者人身伤亡的环境事故，也包括虽然未造成环境污染事故，但是已使环境受到严重污染或者破坏的情形。

（三）处罚

《刑法》第 338 条规定，犯本罪的，处 3 年以下有期徒刑或者拘役，并处或者单处罚金；后果特别严重的，处 3 年以上 7 年以下有期徒刑，并处罚金。根据《刑法》第 346 条规定，单位犯本罪的，对单位判处罚金，并对其直接负责的主管人员和其他直接责任人员，依照个人犯罪的规定处罚。

加重处罚事由　犯污染环境罪而后果特别严重的，是本罪的加重处罚事由。这里的“后果特别严重”，根据 2006 年 7 月 21 日最高人民法院《关于审理环境污染刑事案件具体应用法律若干问题的解释》第 3 条的规定，是指具有下列情形之一：(1) 致使公私财产损失 100 万元以上的；(2) 致使水源污染、人员疏散转移达到《国家突发环境事件应急预案》中突发环境事件分级Ⅱ级以上情形的；(3) 致使基本农田、防护林地、特种用途林地 15 亩以上，其他农用地 30 亩以上，其他土地 60 亩以上基本功能丧失或者遭受永久性破坏的；(4) 致使森林或者其他林木死亡 150 立方米以上，或者幼树死亡 7 500 株以上的；(5) 致使 3 人以上死亡、10 人以上重伤、30 人以上轻伤，或者 3 人以上重伤并且 10 人以上轻伤的；(6) 致使传染病发生、流行达到《国家突发公共卫生事件应急预案》中突发公共卫生事件分级Ⅱ级以上情形的；(7) 其他后果特别严重的情形。

十六、盗伐林木罪

（一）概念

盗伐林木罪是指以非法占有为目的，盗伐森林或者其他林木，数量较大的行为。

（二）构成

1. 罪体

行为　盗伐林木罪的行为是盗伐林木。这里的盗伐，是指未经国家林业行政管理部门批准，采取秘密手段采伐林木。根据 2000 年 11 月 22 日最高人民法院《关于审理破坏森林资源刑事案件具体应用法律若干问题的解释》第 3 条的规定，本罪的行为具有以下三种情形：(1) 擅自砍伐国家、集体、他人所有或者他人承包经营管理的森林或者其他林木的；(2) 擅自砍伐本单位或者本人承包经营管理的森林或者其他林木的；(3) 在林木采伐许可证规定的地点以外采伐国家、集体、他人所有或者他人承包经营管理的森林或者其他林木的。

客体　盗伐林木罪的客体是森林或者其他林木。这里的森林，包括防护林、用材林、经济林、特种用途林；其他林木，是指城乡的道旁、村边的零星或者小片的树木。

2. 罪责

盗伐林木罪的罪责形式是故意，并且具有非法占有的目的。这里的故意，是指明知是盗伐林木的行为而有意实施的主观心理状态。

3. 罪量

盗伐林木罪的罪量要素是数量较大。这里的“数量较大”，根据前引解释第 4 条的规定，以 2 至 5 立方米或者幼树 100 至 200 株为起点。

（三）处罚

根据《刑法》第 345 条第 1 款之规定，犯本罪的，处 3 年以下有期徒刑、拘役或者管制，并处或者单处罚金；数量巨大的，处 3 年以上 7 年以下有期徒刑，并处罚金；数量特别巨大的，处 7 年以上有期徒刑，并处罚金。

加重处罚事由 犯盗伐林木罪而数量巨大的，是本罪的加重处罚事由。这里的“数量巨大”，根据前引解释第 4 条的规定，以 20 至 50 立方米或者幼树 1 000 至 2 000 株为起点。

特别加重处罚事由 犯盗伐林木罪而数量特别巨大的，是本罪的特别加重处罚事由。这里的“数量特别巨大”，根据前引解释第 4 条的规定，以 100 至 200 立方米或者幼树 5 000 至 1 万株为起点。

从重处罚事由 根据《刑法》第 345 条第 4 款的规定，盗伐国家级自然保护区内的森林或者其他林木的，从重处罚。这是本罪的从重处罚事由。

十七、走私、贩卖、运输、制造毒品罪

（一）概念

走私、贩卖、运输、制造毒品罪是指走私、贩卖、运输、制造鸦片、海洛因、甲基苯丙胺（冰毒）、吗啡、大麻、可卡因和其他毒品的行为。

（二）构成

1. 罪体

行为 走私、贩卖、运输、制造毒品罪的行为是走私、贩卖、运输、制造鸦片、海洛因、甲基苯丙胺（冰毒）、吗啡、大麻、可卡因和其他毒品。由此可见，本罪的行为具有以下四种情形：(1) 走私毒品。这里的“走私毒品”，是指违反海关法规，非法运输、携带、邮寄国家禁止进出口的毒品进出国（边）境，逃避海关监管。此外，直接向走私人非法收购走私进口的毒品，或者在内海、领海运输、收购、贩卖毒品的，也属于走私毒品的行为。(2) 贩卖毒品。这里的贩卖，是指在境内非法转手倒卖或者销售自行制造的毒品。(3) 运输毒品。这里的运输毒品，是指自身或者利用他人携带，或者伪装后以合法形式交邮政、交通部门邮寄、托运毒品。(4) 制造毒品，这里的制造毒品，是指非法从毒品原植物中提炼毒品，或者用化学合成方法加工、配制毒品。

客体 走私、贩卖、运输、制造毒品罪的客体是毒品。这里的毒品，根据《刑法》第 357 条第 1 款的规定，是指鸦片、海洛因、甲基苯丙胺（冰毒）、吗啡、大麻、可卡因以及国家规定管制的其他能够使人形成瘾癖的麻醉药品和精神药品。

2. 罪责

走私、贩卖、运输、制造毒品罪的罪责形式是故意。这里的故意，是指明知是毒品而进行走私、贩卖、运输、制造的主观心理状态。这里的明知，是指行为人知道或者应当知道所实施的行为是走私、贩卖、运输、制造毒品的行为。根据 2007 年 12 月 18 日最高人民法院、最高人民检察院、公安部《办理毒品犯罪案件适用法律若干问题的意见》(以下简称《毒品犯罪案件意见》) 第 2 条的规定，具有下列情形之一，并且犯罪嫌疑人、被告人不能作出合理解释的，可以认定其“应当知道”，但有证据证明确属被蒙骗的除外：(1) 执法人员在口岸、机场、车站、港口和其他检查站检查时，要求行为人申报为他人携带的物品和其他疑似毒品物，并告知其法律责任，而行为人未如实申报，在其所携带的物品内查获毒品的；(2) 以伪报、藏匿、伪装等蒙蔽手段逃避海关、边防等检查，在其携带、运输、邮寄的物品中查获毒品的；(3) 执法人员检查时，有逃跑、丢弃携带物品或逃避、抗拒检查等行为，在其携带或丢弃的物品中查获

毒品的；（4）体内藏匿毒品的；（5）为获取不同寻常的高额或不等值的报酬而携带、运输毒品的；（6）采用高度隐蔽的方式携带、运输毒品的；（7）采用高度隐蔽的方式交接毒品，明显违背合法物品惯常交接方式的；（8）其他有证据足以证明行为人应当知道的。2012 年 5 月 16 日最高人民检察院、公安部《关于公安机关管辖的刑事案件立案追诉标准的规定（三）》[以下简称《立案追诉标准（三）》] 第 1 条对以上“明知”的推定，增加了以下两项基础事实：（1）行程路线故意绕开检查站点，在其携带、运输的物品中查获毒品的；（2）以虚假身份、地址或者其他虚假方式办理托运、寄递手续，在托运、寄递的物品中查获毒品的。此外，《立案追诉标准（三）》第 1 条还对制造毒品主观故意中“明知”中的“应当知道”的基础事实作了规定，指出，有下列情形之一，结合行为人的供述和其他证据综合审查判断，可以认定其“应当知道”，但有证据证明确属被蒙骗的除外：（1）购置了专门用于制造毒品的设备、工具、制毒物品或者配制方案的；（2）为获取不同寻常的高额或者不等值的报酬为他人制造物品，经检验是毒品的；（3）在偏远、隐蔽场所制造，或者采取对制造设备进行伪装等方式制造物品，经检验是毒品的；（4）制造人员在执法人员检查时，有逃跑、抗拒检查等行为，在现场查获制造出的物品，经检验是毒品的；（5）有其他证据足以证明行为人应当知道的。上述司法解释，规定了对“应当知道”进行推定的基础事实，对于认定明知具有重要意义。

（三）认定

1. 毒品数量的累计计算

《刑法》第 347 条第 7 款规定：“对多次走私、贩卖、运输、制造毒品，未经处理的，毒品数量累计计算。”毒品数量之所以应当累计计算，是因为对毒品犯罪是以毒品数量为定罪量刑标准的，只有累计计算才能对毒品犯罪正确地定罪量刑。但是，已经被依法处理过的毒品数量不应当再累计计算；超过时效规定不应追诉的，毒品数量也不应当累计计算。

2. 毒品的定性分析

《刑法》第 357 条第 2 款规定：“毒品的数量以查证属实的走私、贩卖、运输、制造、非法持有毒品的数量计算，不以纯度折算。”按照这一规定，对查获的毒品进行定性分析，而不进行定量分析，即以被查获的毒品的实际数量计算，对查获的掺入非毒成分的毒品不进行提纯计算。但 2000 年 4 月 4 日《全国法院审理毒品犯罪案件工作座谈会纪要》（以下简称《毒品案件座谈会纪要》，已失效）规定：根据刑法的规定，对于毒品的数量不以纯度折算。但对于查获的毒品有证据证明大量掺假，经鉴定查明毒品含量极少，确有大量掺假成分的，在处刑时应酌情考虑。特别是掺假之后毒品的数量才达到判处死刑的标准的，对被告人可不判处死刑立即执行。为掩护运输而将毒品融入其他物品中，不应将其他物品计入毒品的数量。此外，根据前引意见第 4 条的规定，可能判处死刑的毒品犯罪案件，毒品鉴定结论中应有含量鉴定的结论。

3. 毒品案件中特情引诱的问题

在毒品案件的侦破过程中，公安机关经常采用特情侦破的手段。在运用特情侦破案件时，引诱犯罪是应当禁止的，但有些特情未严格遵守有关规定，在介入侦破案件中对他人进行实施毒品犯罪的犯意引诱和数量引诱。犯意引诱，是指行为人本没有实施毒品犯罪的主观意图，而是在“特情”诱惑和促成下形成犯意，进而实施毒品犯罪。数量引诱是指行为人本来只有实施数量较小的毒品犯罪的故意，在“特情”引诱下实施了数量较大甚至达到可判处死刑数量的毒品犯罪。根据《毒品案件座谈会纪要》（已失效）的规定，对犯意引诱的被告人，应当从轻处罚，无论数量多大，都不应当判处死刑立即执行；对数量引诱的被告人，应当从轻处罚，即使超过判处死刑的毒品数量标准，一般也不应当判处死刑立即执行；此外，被告人受“特情”间接引诱而实施毒品犯罪的，参照上述规定处理。

（四）处罚

根据《刑法》第 347 条第 2 款之规定，犯本罪，有下列情形之一的，处 15 年有期徒刑、无期徒刑或者死刑，并处没收财产：走私、贩卖、运输、制造鸦片 1 000 克以上、海洛因或者甲基苯丙胺 50 克以上或者其他毒品数量大的。这里的“其他毒品数量大”，根据 2016 年 4 月 6 日最高人民法院颁布的《关于审理毒品犯罪案件适用法律若干问题的解释》（以下简称《毒品案件解释》）第 1 条的规定，是指具有下列情形之一：（1）可卡因 50 克以上；（2）3，4-亚甲二氧基甲基苯丙胺（MDMA）等苯丙胺类毒品（甲基苯丙胺除外）、吗啡 100 克以上；（3）芬太尼 125 克以上；（4）甲卡西酮 200 克以上；（5）二氢埃托啡 10 毫克以上；（6）哌替啶（度冷丁）250 克以上；（7）氯胺酮 500 克以上；（8）美沙酮 1 千克以上；（9）曲马多、γ-羟丁酸 2 千克以上；（10）大麻油 5 千克、大麻脂 10 千克、大麻叶及大麻烟 150 千克以上；（11）可待因、丁丙诺啡 5 千克以上；（12）三唑仑、安眠酮 50 千克以上；（13）阿普唑仑、恰特草 100 千克以上；（14）咖啡因、罂粟壳 200 千克以上；（15）巴比妥、苯巴比妥、安钠咖、尼美西泮 250 千克以上；（16）氯氮卓、艾司唑仑、地西泮、溴西泮 500 千克以上；（17）上述毒品以外的其他毒品数量大的。

《刑法》第 347 条第 3 款规定，走私、贩卖、运输、制造鸦片 200 克以上不满 1 千克、海洛因或者甲基苯丙胺 10 克以上不满 50 克或者其他毒品数量较大的，处 7 年以上有期徒刑，并处罚金。这里的“其他毒品数量较大”，根据《毒品案件解释》第 2 条的规定，是指下列情形之一：（1）可卡因 10 克以上不满 50 克；（2）3，4-亚甲二氧基甲基苯丙胺（MDMA）等苯丙胺类毒品（甲基苯丙胺除外）、吗啡 20 克以上不满 100 克；（3）芬太尼 25 克以上不满 125 克；（4）甲卡西酮 40 克以上不满 200 克；（5）二氢埃托啡 2 毫克以上不满 10 毫克；（6）哌替啶（度冷丁）50 克以上不满 250 克；（7）氯胺酮 100 克以上不满 500 克；（8）美沙酮 200 克以上不满 1 千克；（9）曲马多、γ-羟丁酸 400 克以上不满 2 千克；（10）大麻油 1 千克以上不满 5 千克、大麻脂 2 千克以上不满 10 千克、大麻叶及大麻烟 30 千克以上不满 150 千克；（11）可待因、丁丙诺啡 1 千克以上不满 5 千克；（12）三唑仑、安眠酮 10 千克以上不满 50 千克；（13）阿普唑仑、恰特草 20 千克以上不满 100 千克；（14）咖啡因、罂粟壳 40 千克以上不满 200 千克；（15）巴比妥、苯巴比妥、安钠咖、尼美西泮 50 千克以上不满 250 千克；（16）氯氮卓、艾司唑仑、地西泮、溴西泮 100 千克以上不满 500 千克；（17）上述毒品以外的其他毒品数量较大的。

《刑法》第 347 条第 4 款规定，走私、贩卖、运输、制造鸦片不满 200 克、海洛因或者甲基苯丙胺不满 10 克或者其他少量毒品的，处 3 年以下有期徒刑、拘役或者管制，并处罚金；情节严重的，处 3 年以上 7 年以下有期徒刑，并处罚金。

《刑法》第 347 条第 5 款规定，单位犯第 2 款、第 3 款、第 4 款罪的，对单位判处罚金，并对其直接负责的主管人员和其他直接责任人员，依照各该款的规定处罚。

从重处罚事由之一 《刑法》第 347 条第 6 款规定：“利用、教唆未成年人走私、贩卖、运输、制造毒品，或者向未成年人出售毒品的，从重处罚。”这是本罪的从重处罚事由。

从重处罚事由之二 《刑法》第 356 条规定：“因走私、贩卖、运输、制造、非法持有毒品罪被判过刑，又犯本节规定之罪的，从重处罚。”这是本罪的从重处罚事由。

十八、非法持有毒品罪

（一）概念

非法持有毒品罪是指明知是鸦片、海洛因、甲基苯丙胺或者其他毒品，而非法持有，数量较大的行为。

（二）构成

1. 罪体

行为 非法持有毒品罪的行为是持有毒品。这里的持有，是指对毒品实际占有、携带、藏有或者以其他方法持有。本罪是持有型犯罪，相对于走私、贩卖、运输、制造毒品罪等高度犯罪来说，是低度犯罪。因此，在高度犯罪不能认定的情况下，应以本罪论处。对此，《毒品案件座谈会纪要》规定："非法持有毒品达到刑法第三百四十八条规定的构成犯罪的数量标准，没有证据证明实施了走私、贩卖、运输、制造毒品等犯罪行为的，以非法持有毒品罪定罪。"此外，在我国吸食毒品本身并不构成犯罪，但吸毒者持有毒品数量较大的，应以本罪论处。对此，《毒品案件座谈会纪要》规定："吸毒者在购买、运输、存储毒品过程中被抓获的，如没有证据证明被告人实施了其他毒品犯罪行为的，一般不应定罪处罚，但查获的毒品数量大的，应当以非法持有毒品罪定罪；毒品数量未超过刑法第三百四十八条规定数量最低标准的，不定罪处罚。对于以贩养吸的被告人，被查获的毒品数量应认定为其犯罪的数量，但量刑时应考虑被告人吸食毒品的情节。有证据证明行为人不是以营利为目的，为他人代买仅用于吸食的毒品，毒品数量超过刑法第三百四十八条规定数量最低标准，构成犯罪的，托购者、代购者均构成非法持有毒品罪。"

客体 非法持有毒品罪的客体是毒品。

2. 罪责

非法持有毒品罪的罪责形式是故意。这里的故意，是指明知是毒品而予以持有的主观心理状态。

3. 罪量

关于非法持有毒品罪的罪量要素，刑法规定为鸦片 200 克以上不满 1 千克、海洛因或者甲基苯丙胺 10 克以上不满 50 克或者其他毒品数量较大的。这里的"其他毒品数量较大"，根据《毒品案件解释》第 2 条的规定，是指非法持有下列毒品：（1）可卡因 10 克以上不满 50 克；（2）3，4-亚甲二氧基甲基苯丙胺（MDMA）等苯丙胺类毒品（甲基苯丙胺除外）、吗啡 20 克以上不满 100 克；（3）芬太尼 25 克以上不满 125 克；（4）甲卡西酮 40 克以上不满 200 克；（5）二氢埃托啡 2 毫克以上不满 10 毫克；（6）哌替啶（度冷丁）50 克以上不满 250 克；（7）氯胺酮 100 克以上不满 500 克；（8）美沙酮 200 克以上不满 1 千克；（9）曲马多、γ-羟丁酸 400 克以上不满 2 千克；（10）大麻油 1 千克以上不满 5 千克、大麻脂 2 千克以上不满 10 千克、大麻叶及大麻烟 30 千克以上不满 150 千克；（11）可待因、丁丙诺啡 1 千克以上不满 5 千克；（12）三唑仑、安眠酮 10 千克以上不满 50 千克；（13）阿普唑仑、恰特草 20 千克以上不满 100 千克；（14）咖啡因、罂粟壳 40 千克以上不满 200 千克；（15）巴比妥、苯巴比妥、安钠咖、尼美西泮 50 千克以上不满 250 千克；（16）氯氮卓、艾司唑仑、地西泮、溴西泮 100 千克以上不满 500 千克；（17）上述毒品以外的其他毒品数量较大的。

（三）处罚

根据《刑法》第 348 条之规定，犯本罪，非法持有鸦片 1 千克以上、海洛因或者甲基苯丙胺 50 克以上或者其他毒品数量大的，处 7 年以上有期徒刑或者无期徒刑，并处罚金；非法持有鸦片 200 克以上不满 1 千克、海洛因或者甲基苯丙胺 10 克以上不满 50 克或者其他毒品数量较大的，处 3 年以下有期徒刑、拘役或者管制，并处罚金；情节严重的，处 3 年以上 7 年以下有期徒刑，并处罚金。

加重处罚事由之一 犯本罪，非法持有鸦片 200 克以上不满 1 千克、海洛因或者甲基苯丙胺10克以上不满50克或者其他毒品数量较大而且情节严重的，是本罪的情节加重处罚事由。这里的“情节严重”，是指多次被查获持有毒品等。

加重处罚事由之二 犯本罪，非法持有鸦片1千克以上、海洛因或者甲基苯丙胺50克以上或者其他毒品数量大的，是本罪的数额加重处罚事由。这里的“其他毒品数量大的”，根据《毒品案件解释》第1条的规定，是指非法持有下列毒品：（1）可卡因50克以上；（2）3，4-亚甲二氧基甲基苯丙胺（MDMA）等苯丙胺类毒品（甲基苯丙胺除外）、吗啡100克以上；（3）芬太尼125克以上；（4）甲卡西酮200克以上；（5）二氢埃托啡10毫克以上；（6）哌替啶（度冷丁）250克以上；（7）氯胺酮500克以上；（8）美沙酮1千克以上；（9）曲马多、γ-羟丁酸2千克以上；（10）大麻油5千克、大麻脂10千克、大麻叶及大麻烟150千克以上；（11）可待因、丁丙诺啡5千克以上；（12）三唑仑、安眠酮50千克以上；（13）阿普唑仑、恰特草100千克以上；（14）咖啡因、罂粟壳200千克以上；（15）巴比妥、苯巴比妥、安钠咖、尼美西泮250千克以上；（16）氯氮卓、艾司唑仑、地西泮、溴西泮500千克以上；（17）上述毒品以外的其他毒品数量大的。

从重处罚事由 《刑法》第356条规定：“因……非法持有毒品罪被判过刑，又犯本节规定之罪的，从重处罚。”

十九、组织卖淫罪

（一）概念

组织卖淫罪是指通过建立卖淫集团，采用招募、雇用、强迫、引诱、容留等手段，控制多人从事卖淫的行为。

（二）构成

1. 罪体

行为 组织卖淫罪的行为是组织他人卖淫。这里的组织，是指通过建立卖淫集团，采用招募、雇用、强迫、引诱、容留等手段，控制多人从事卖淫活动。这里的招募，是指在社会上物色、网罗、招收、聚集他人卖淫；雇用，是指用金钱收买他人从事卖淫活动；强迫，是指违背他人意志，用精神威胁、肉体折磨、摧残等方法，迫使他人卖淫；引诱，是指用欺骗和诱惑、勾引的方法，促使他人卖淫；容留，是指为他人卖淫提供场所；“控制多人从事卖淫活动”，是指控制3人以上，设置卖淫场所或者没有固定场所而通过控制卖淫人员有组织地进行卖淫活动。

客体 组织卖淫罪的客体是卖淫。这里的卖淫，是指非法的性交易，既包括异性之间的性交易，也包括同性之间的性交易。为获取物质报酬与不特定的对象发生性行为的，就应当视为卖淫。值得注意的是，公安部《关于对同性之间以钱财为媒介的性行为定性处理问题的批复》［公复字〔2001〕4号］将卖淫定义为：收受或者约定收受报酬而与不特定的人进行性交或者其他与性器官接触有关的淫乱活动行为，具体包括性交、口交、肛交行为、手淫行为以及其他涉及性器官接触的变态行为。这一定义将性交以外的口交、肛交行为、手淫行为等都视为卖淫活动的交易内容。我认为这一定义扩大了卖淫的外延，有所不当。卖淫是指性交易，以性交行为作为交易内容，有偿提供性交以外的色情服务的，不能认定为刑法中的卖淫。

2. 罪责

组织卖淫罪的罪责形式是故意。这里的故意，是指明知是组织卖淫的行为而有意实施的主观心理状态。

（三）处罚

《刑法》第 358 条第 1 款规定，犯本罪的，处 5 年以上 10 年以下有期徒刑，并处罚金；情节严重的，处 10 年以上有期徒刑或者无期徒刑，并处罚金或者没收财产。

加重处罚事由　犯组织卖淫罪而情节严重的，是本罪的加重处罚事由。这里的"情节严重"，是指组织卖淫手段恶劣的；组织不满 18 周岁的未成年人卖淫的；具有其他严重情节的；等等。

特别加重处罚事由　犯组织卖淫罪而情节特别严重的，是本罪的特别加重处罚事由。这里的"情节特别严重"，参照 1992 年 12 月 11 日最高人民法院《关于执行〈全国人民代表大会常务委员会关于严禁卖淫嫖娼的决定〉的若干问题的解答》（已失效）第 5 条第 1 款的规定，是指：组织他人卖淫的首要分子情节特别严重的；组织他人卖淫手段特别恶劣的；对被组织卖淫者造成特别严重后果的；组织多人多次卖淫具有极大的社会危害性的；等等。

二十、制作、复制、出版、贩卖、传播淫秽物品牟利罪

（一）概念

制作、复制、出版、贩卖、传播淫秽物品牟利罪是指以牟利为目的，制作、复制、出版、贩卖、传播淫秽物品的行为。

（二）构成

1. 罪体

行为　制作、复制、出版、贩卖、传播淫秽物品牟利罪的行为是制作、复制、出版、贩卖、传播淫秽物品。由此可见，本罪的行为具有以下五种情形：(1) 制作淫秽物品。这里的制作，是指生产、录制、摄制、编写、译著、绘画、印刷、刻印、洗印等。(2) 复制淫秽物品。这里的复制，是指复印、拓印、翻印、复写、复录、抄写等。(3) 出版淫秽物品。这里的出版，是指编辑、印刷等。(4) 贩卖淫秽物品。这里的贩卖，是指发行、批发、零售、倒卖等。(5) 传播淫秽物品。这里的传播，是指播放、放映、出租、出借、承运、邮寄等。此外，根据 2004 年 9 月 3 日最高人民法院、最高人民检察院《关于办理利用互联网、移动通讯终端、声讯台制作、复制、出版、贩卖、传播淫秽电子信息刑事案件具体应用法律若干问题的解释（一）》[以下简称《淫秽电子信息刑事案件解释》（一）] 第 1 条之规定，以牟利为目的，利用互联网、移动通信终端、聊天室、论坛、即时通信软件、电子邮件等方式实施上述行为的，应以本罪论处。

客体　制作、复制、出版、贩卖、传播淫秽物品牟利罪的客体是淫秽物品。这里的淫秽物品，根据《刑法》第 367 条的规定，是指具体描绘性行为或者露骨宣扬色情的诲淫性的书刊、影片、录像带、录音带、图片及其他淫秽物品。有关人体生理、医学知识的科学著作不是淫秽物品。包含有色情内容的有艺术价值的文学、艺术作品不视为淫秽物品。根据《淫秽电子信息刑事案件解释（一）》第 9 条的规定，"其他淫秽物品"，包括具体描绘性行为或者露骨宣扬色情的诲淫性的视频文件、音频文件、电子刊物、图片、文章、短信息等互联网、移动通讯终端电子信息和声讯台语音信息。有关人体生理、医学知识的电子信息和声讯台语音信息不是淫秽物品。包含色情内容的有艺术价值的电子文学、艺术作品不视为淫秽物品。值得注意的是，2010 年 2 月 2 日最高人民法院、最高人民检察院《关于办理利用互联网、移动通讯终端、声讯台制作、复制、出版、贩卖、传播淫秽电子信息刑事案件具体应用法律若干问题的解释（二）》[以下简称《淫秽电子信息刑事案件解释（二）》] 对含有不满 14 周岁的未成年人的淫秽电子信息作了专门规定，以体现对未成年人的特殊保护。

2. 罪责

制作、复制、出版、贩卖、传播淫秽物品牟利罪的罪责形式是故意。这里的故意，是指明知是淫秽物品而有意制作、复制、出版、贩卖、传播的主观心理状态。

目的犯 刑法规定，本罪须以牟利为目的，因此，本罪是法定的目的犯。

3. 罪量

关于制作、复制、出版、贩卖、传播淫秽物品牟利罪的罪量要素，刑法未作规定。《非法出版物案件解释》第 8 条第 1 款的规定，以牟利为目的，实施《刑法》第 363 条第 1 款规定的行为，具有下列情形之一的，以制作、复制、出版、贩卖、传播淫秽物品牟利罪定罪处罚：(1) 制作、复制、出版淫秽影碟、软件、录像带 50 至 100 张（盒）以上，淫秽音碟、录音带 100 至 200 张（盒）以上，淫秽扑克、书刊、画册 100 至 200 副（册）以上，淫秽照片、画片 500 至 1 000 张以上的；(2) 贩卖淫秽影碟、软件、录像带 100 至 200 张（盒）以上，淫秽音碟、录音带 200 至 400 张（盒）以上，淫秽扑克、书刊、画册 200 至 400 副（册）以上，淫秽照片、画片 1 000 至 2 000 张以上的；(3) 向他人传播淫秽物品达 200 至 500 人次以上，或者组织播放淫秽影、像达 10 至 20 场次以上的；(4) 制作、复制、出版、贩卖、传播淫秽物品，获利 5 000 至 10 000 元以上的。

根据《淫秽电子信息刑事案件解释（一）》第 1 条第 1 款的规定，以牟利为目的，利用互联网、移动通讯终端制作、复制、出版、贩卖、传播淫秽电子信息，具有下列情形之一的，依照《刑法》第 363 条第 1 款的规定，以制作、复制、出版、贩卖、传播淫秽物品牟利罪定罪处罚：(1) 制作、复制、出版、贩卖、传播淫秽电影、表演、动画等视频文件 20 个以上的；(2) 制作、复制、出版、贩卖、传播淫秽音频文件 100 个以上的；(3) 制作、复制、出版、贩卖、传播淫秽电子刊物、图片、文章、短信息等 200 件以上的；(4) 制作、复制、出版、贩卖、传播的淫秽电子信息，实际被点击数达到 10 000 次以上的；(5) 以会员制方式出版、贩卖、传播淫秽电子信息，注册会员达 200 人以上的；(6) 利用淫秽电子信息收取广告费、会员注册费或者其他费用，违法所得 10 000 元以上的；(7) 数量或者数额虽未达到第 1 项至第 6 项规定标准，但分别达到其中两项以上标准一半以上的；(8) 造成严重后果的。

根据《淫秽电子信息刑事案件解释（二）》第 1 条第 2 款的规定，以牟利为目的，利用互联网、移动通讯终端制作、复制、出版、贩卖、传播内容含有不满 14 周岁未成年人的淫秽电子信息，具有下列情形之一的，依照《刑法》第 363 条第 1 款的规定，以制作、复制、出版、贩卖、传播淫秽物品牟利罪定罪处罚：(1) 制作、复制、出版、贩卖、传播淫秽电影、表演、动画等视频文件 10 个以上的；(2) 制作、复制、出版、贩卖、传播淫秽音频文件 50 个以上的；(3) 制作、复制、出版、贩卖、传播淫秽电子刊物、图片、文章等 100 件以上的；(4) 制作、复制、出版、贩卖、传播的淫秽电子信息，实际被点击数达到 5 000 次以上的；(5) 以会员制方式出版、贩卖、传播淫秽电子信息，注册会员达 100 人以上的；(6) 利用淫秽电子信息收取广告费、会员注册费或者其他费用，违法所得 5 000 元以上的；(7) 数量或者数额虽未达到第 1 项至第 6 项规定标准，但分别达到其中两项以上标准一半以上的；(8) 造成严重后果的。

（三）认定

根据《淫秽电子信息刑事案件解释（二）》的规定，相关人员实施下述行为的，应当按照传播淫秽物品牟利罪定罪处罚。

1. 网站建立后直接负责的管理者

根据《淫秽电子信息刑事案件解释（二）》第 4 条的规定，以牟利为目的，网站建立者、直接负责的管理者明知他人制作、复制、出版、贩卖、传播的是淫秽电子信息，允许或者放任他人在自己所有、管理的网站或者网页上发布，具有下列情形之一的，依照《刑法》第363条第1款的规定，以传播淫秽物品牟利罪定罪处罚：（1）数量或者数额达到第1条第2款第1项至第6项规定标准5倍以上的；（2）数量或者数额分别达到第1条第2款第1项至第6项两项以上标准2倍以上的；（3）造成严重后果的。实施前述规定的行为，数量或者数额达到第1条第2款第1项至第7项规定标准25倍以上的，应当认定为《刑法》第363条第1款规定的"情节严重"；达到规定标准100倍以上的，应当认定为"情节特别严重"。

2. 电信业务经营者、互联网信息服务提供者

根据《淫秽电子信息刑事案件解释（二）》第6条规定，电信业务经营者、互联网信息服务提供者明知是淫秽网站，为其提供互联网接入、服务器托管、网络存储空间、通讯传输通道、代收费等服务，并收取服务费，具有下列情形之一的，对直接负责的主管人员和其他直接责任人员，依照《刑法》第363条第1款的规定，以传播淫秽物品牟利罪定罪处罚：（1）为5个以上淫秽网站提供上述服务的；（2）为淫秽网站提供互联网接入、服务器托管、网络存储空间、通讯传输通道等服务，收取服务费数额在2万元以上的；（3）为淫秽网站提供代收费服务，收取服务费数额在5万元以上的；（4）造成严重后果的。实施前述行为，数量或者数额达到前述第1项至第3项规定标准5倍以上的，应当认定为《刑法》第363条第1款规定的"情节严重"；达到规定标准25倍以上的，应当认定为"情节特别严重"。

3. 以共犯论处的情形

根据《淫秽电子信息刑事案件解释（二）》第7条的规定，明知是淫秽网站，以牟利为目的，通过投放广告等方式向其直接或者间接提供资金，或者提供费用结算服务，具有下列情形之一的，对直接负责的主管人员和其他直接责任人员，依照《刑法》第363条第1款的规定，以制作、复制、出版、贩卖、传播淫秽物品牟利罪的共同犯罪处罚：（1）向10个以上淫秽网站投放广告或者以其他方式提供资金的；（2）向淫秽网站投放广告20条以上的；（3）向10个以上淫秽网站提供费用结算服务的；（4）以投放广告或者其他方式向淫秽网站提供资金数额在5万元以上的；（5）为淫秽网站提供费用结算服务，收取服务费数额在2万元以上的；（6）造成严重后果的。实施前述行为，数量或者数额达到前述第1项至第5项规定标准5倍以上的，应当认定为《刑法》第363条第1款规定的"情节严重"；达到规定标准25倍以上的，应当认定为"情节特别严重"。

4. 明知的认定

根据《淫秽电子信息刑事案件解释（二）》第8条的规定，实施该解释第4条至第7条规定的行为，具有下列情形之一的，应当认定行为人"明知"，但是有证据证明确实不知道的除外：（1）行政主管机关书面告知后仍然实施上述行为的；（2）接到举报后不履行法定管理职责的；（3）为淫秽网站提供互联网接入、服务器托管、网络存储空间、通讯传输通道、代收费、费用结算等服务，收取服务费明显高于市场价格的；（4）向淫秽网站投放广告，广告点击率明显异常的；（5）其他能够认定行为人明知的情形。

5. 数量或者数额的累计计算

根据《淫秽电子信息刑事案件解释（二）》第9条的规定，一年内多次实施制作、复制、出版、贩卖、传播淫秽电子信息行为未经处理，数量或者数额累计计算构成犯罪的，应当依法定罪处罚。

（四）处罚

《刑法》第363条第1款之规定，犯本罪的，处3年以下有期徒刑、拘役或者管制，并处

罚金；情节严重的，处 3 年以上 10 年以下有期徒刑，并处罚金；情节特别严重的，处 10 年以上有期徒刑或者无期徒刑，并处罚金或者没收财产。根据《刑法》第 366 条规定，单位犯本罪的，对单位判处罚金，并对其直接负责的主管人员和其他直接责任人员，依照个人犯罪的规定处罚。

加重处罚事由 犯制作、复制、出版、贩卖、传播淫秽物品牟利罪而情节严重的，是本罪的加重处罚事由。这里的“情节严重”，根据《非法出版物案件解释》第 8 条第 2 款的规定，是指具有下列情形之一：(1) 制作、复制、出版淫秽影碟、软件、录像带 250 至 500 张（盒）以上，淫秽音碟、录音带 500 至 1 000 张（盒）以上，淫秽扑克、书刊、画册 500 至1 000 副（册）以上，淫秽照片、画片 2 500 至 5 000 张以上的；(2) 贩卖淫秽影碟、软件、录像带 500 至 1000 张（盒）以上，淫秽音碟、录音带 1 000 至 2 000 张（盒）以上，淫秽扑克、书刊、画册 1 000 至 2 000 副（册）以上，淫秽照片、画片 5 000 至 10 000 张以上的；(3) 向他人传播淫秽物品达 1 000 至 2 000 人次以上，或者组织播放淫秽影、像达 50 至 100 场次以上的；(4) 制作、复制、出版、贩卖、传播淫秽物品，获利 3 万至 5 万元以上的。

根据《淫秽电子信息刑事案件解释（一）》第 2 条的规定，实施该解释第 1 条规定的行为，数量或者数额达到第 1 条第 1 款第 1 项至第 6 项规定的标准 5 倍以上的，应当认定为“情节严重”。

根据《淫秽电子信息刑事案件解释（二）》第 1 条第 3 款的规定，实施第 2 款规定的行为，数量或者数额达到第 2 款第 1 项至第 7 项规定标准 5 倍以上的，应当认定“情节严重”。

特别加重处罚事由 犯制作、复制、出版、贩卖、传播淫秽物品牟利罪而情节特别严重的，是本罪的特别加重处罚事由。根据《淫秽电子信息刑事案件解释（一）》第 2 条的规定，实施该解释第 1 条规定的行为，数量或者数额达到第 1 条第 1 款第 1 项至第 6 项规定的标准 25 倍以上的，应当认定为“情节特别严重”。

根据《淫秽电子信息刑事案件解释（二）》第 1 条第 3 款的规定，实施第 2 款规定的行为，数量或者数额达到第 2 款第 1 项至第 7 项规定标准 25 倍以上的，应当认定为“情节特别严重”。

第6章　贪污贿赂罪

一、贪污罪

（一）概念

贪污罪是指国家工作人员利用职务上的便利，侵吞、窃取、骗取或者以其他手段，非法占有公共财物的行为。

（二）构成

1. 罪体

主体　贪污罪的主体是国家工作人员或者受委托管理、经营国有财产的人员。

（1）国家工作人员

国家工作人员是指依法从事公务的人员。这里的“从事公务”是指代表国家机关、国有公司、企业、事业单位、人民团体等单位履行组织、领导、监督职责或者具体负责某项工作。履行组织、领导、监督职责的人员通常担任一定职务，主管本单位或者本部门的工作，例如，国有公司的董事、经理、监事等。具体负责某项工作的人员通常就某一方面或者某一项事务行使法律赋予或者国有单位授予的职权，例如，国有公司、企业的会计、出纳、保管员等。根据《刑法》第93条的规定，国家工作人员，是指国家机关中从事公务的人员。国有公司、企业、事业单位、人民团体中从事公务的人员和国家机关、国有公司、企业、事业单位委派到非国有公司、企业、事业单位、社会团体从事公务的人员，以及其他依照法律从事公务的人员，以国家工作人员论。由此可见，我国刑法中的国家工作人员又可以分为以下四种人员。

1）国家机关工作人员，是指各级国家权力机关、行政机关、监察机关、审判机关、检察机关和军事机关中从事公务的人员。其他根据有关规定参照国家公务员法进行管理的人员，应当以国家机关工作人员论。例如，根据中央和国务院有关规定，参照国家公务员法管理的各级党委、政协机关中从事公务的人员，应视为国家机关工作人员。此外，根据2002年12月28日全国人大常委会《关于〈中华人民共和国刑法〉第九章渎职罪主体适用问题的解释》，以下人员也视为国家机关工作人员：在依照法律、法规规定行使国家行政管理职权的组织中从事公务的人员，或者在受国家机关委托代表国家机关行使职权的组织中从事公务的人员，或者虽未列入国家机关人员编制但在国家机关中行使职权的人员。

2）国有公司、企业、事业单位、人民团体中从事公务的人员。这里的国有公司，是指依照公司法成立，财产全部属于国家所有的公司。国有资本控股及参股的股份有限公司不属于国有公司。这里的国有企业，是指财产全部属于国家所有，从事生产、经营活动的营利性的非公司化的经济组织；国有事业单位，是指受国家机关领导，财产属于国家所有的非生产、经营性的单位，包括国有医院、科研机构、体育、广播电视、新闻出版等单位；人民团体，是指由国家组织成立的、财产属于国家所有的各种群众性组织，包括乡级以上工会、共青团、妇联等组织。

3）国家机关、国有公司、企业、事业单位委派到非国有公司、企业、事业单位、社会团体从事公务的人员。这里的“委派”是指受有关国有单位委任而派往非国有单位从事公务。被委派的人员，在被委派以前可以是国家工作人员，也可以是非国家工作人员。不论被委派以前具有何种身份，只要被有关国有单位委派到非国有单位从事公务，就应视为国家工作人员。应当指出，委派的形式是多种多样的，包括任命、指派、提名、批准等，因此，认定是否属于委派，不能仅看形式，必须结合具体案情，充分把握是否属于代表国家机关、国有公司、企业、事业单位行使公权力的实质，准确地加以界定。同时，这里的委派，都是指直接委派，不包括二次委派。二次委派是指在一些特殊行业的非国有单位中，其高层管理决策人员（例如董事会成员）由行业主管部门委派，而具体的执行人员（例如经理人员）又由管理决策层决定任命。这些具体的执行人员由非行政主管部门决定任命，且非国有单位享有任命与否的自由决定权，故不应被认定为委派从事公务的人员。值得注意的是，2010年11月26日最高人民法院、最高人民检察院《关于办理国家出资企业中职务犯罪案件具体应用法律若干问题的意见》（以下简称“意见”）第6条对国家出资企业中国家工作人员的认定作了专门规定。这里的“国家出资企业”，根据该意见第7条的规定，包括国家出资的国有独资公司、国有独资企业，以及国有资本控股公司、国有资本参股公司。国有独资公司、国有独资企业属于国有公司、企业，在其中从事公务的人员，属于在国有公司、企业中从事公务的国家工作人员，对此并无疑问。但国有资本控股公司、国有资本参股公司，不属于国有公司，在其中从事经营、管理活动的人员，是否属于国家工作人员，需要进行具体分析。根据2001年5月23日最高人民法院《关于在国有资本控股、参股的股份有限公司中从事管理工作的人员利用职务便利非法占有本公司财物如何定罪问题的批复》的规定，在国有资本控股、参股的股份有限公司中从事管理工作的人员，除受国家机关、国有公司、企业、事业单位委派从事公务的人员以外，不属于国家工作人员。但前引意见第6条规定：“经国家机关、国有公司、企业、事业单位提名、推荐、任命、批准等，在国有控股、参股公司及其分支机构中从事公务的人员，应当认定为国家工作人员。具体的任命机构和程序，不影响国家工作人员的认定。经国家出资企业中负有管理、监督国有资产职责的组织批准或者研究决定，代表其在国有控股、参股公司及其分支机构中从事组织、领导、监督、经营、管理工作的人员，应当认定为国家工作人员。国家出资企业中的国家工作人员，在国家出资企业中持有个人股份或者同时接受非国有股东委托的，不影响其国家工作人员身份的认定。”在这一规定中，规定了国家出资企业中的两种国家工作人员：第一种属于受委派从事公务的人员。第二种则属于不存在委派关系，按照前引批复的规定，不属于国家工作人员。但前引意见规定，只要经国家出资企业中负有管理、监督国有资产职责的组织批准或者研究决定，不仅在该国家出资企业中从事经营管理工作的人员，而且在分支机构中从事经营管理活动的人员，都应当认定为国家工作人员。尽管对于这里的“国家出资企业中负有管理、监督国有资产职责的组织”如何界定尚存疑义，但这一规定在一定程度上扩大了受委托从事公务的国家工作人员的范围，是对前引批复的一种修改。

4）其他依照法律从事公务的人员。这类人员的特征是，在一定条件下代表国家行使国家管理职能。根据2009年8月27日全国人大常委会修正的《关于〈中华人民共和国刑法〉第九十三条第二款的解释》，村民委员会等村基层组织人员协助人民政府从事下列行政管理工作时，属于《刑法》第93条第2款规定的“其他依照法律从事公务的人员”：救灾、抢险、防汛、优抚、扶贫、移民、救济款物的管理；社会捐助公益事业款物的管理；国有土地的经营和管理；土地征收、征用补偿费用的管理；代征、代缴税款；有关计划生育、户籍、征兵工作；协助人民政府从事的其他行政管理工作。除上述立法解释确定的人员以外，其他依照法律从事公务的人员还包括：依法履行职责的各级人民代表大会代表；依法履行职责的各级人民政协委员；依法履行审判职责的人民陪审员；协助人民政府从事行政管理工作的居民委员会等基层组织人员；其他由法律授权从事公务的人员。

（2）受委托管理、经营国有财产的人员

受委托管理、经营国有财产的人员是指受国家机关、国有公司、企业、事业单位、人民团体委托管理、经营国有财产的人员。这些人员主要是指以承包、租赁等方式，管理、经营国有公司、企业，或者其中的某个部门，以承包人、租赁人的身份，在承包、租赁合同约定的时间、权限范围内，管理、经营国有财产的人员。应当指出，受委托从事公务人员与受委派从事公务人员是有所不同的：受委托人员，不仅在被委托前不是国家工作人员，而且在被委托后也不是国家工作人员，因为委托是平等主体之间的一种民事法律关系。而受委派人员，无论在被委派前是否是国家工作人员，在被委派后就成为国家工作人员，因为委派是一种行政法律关系，委派单位与被委派人员之间存在行政上的隶属关系。《刑法》第 382 条第 2 款的规定是特别规定，通过这一规定使贪污罪的主体从国家工作人员扩大到受委托管理、经营国有财产的人员。因此，在其他以国家工作人员为主体的犯罪中，没有这种特别规定的，其主体范围不得扩大到受委托从事公务的人员。

行为　贪污罪的行为是利用职务上的便利，侵吞、窃取、骗取或者以其他手段，非法占有公共财物的行为。

利用职务上的便利是贪污行为成立的前提条件。贪污罪中的“利用职务上的便利”是指利用本人职务范围内主管、管理、经营、经手公共财物的便利条件，因此，利用职务上的便利可以分为以下四种情形：（1）利用主管公共财物的便利。这里的主管，是指调拨、使用或者以其他方式支配公共财物的职权。（2）利用管理公共财物的便利。这里的管理，是指监守或保管公共财物的职权。（3）利用经营公共财物的便利。这里的经营，是指将公共财物投放市场进行营利活动，或者利用公共财物从事非营利活动。经营者在经营期间通常同时行使管理职权，对公共财物具有处置权。（4）利用经手公共财物的便利。这里的经手，是指领取、支出等经办公共财物的流转事项的权限，经手人虽然不负责公共财物的管理和处置，但具有基于职务产生的对公共财物的临时控制权。值得注意的是，[最高人民法院指导案例 11 号] 杨延虎等贪污案的裁判要点之一，将利用职务上有隶属关系的其他国家工作人员的职务便利也包括在贪污罪的“利用职务上的便利”的含义之中。杨延虎等贪污案的案情如下：被告人杨延虎 1996 年 8 月任浙江省义乌市委常委，2003 年 3 月任义乌市人大常委会副主任，2000 年 8 月兼任中国小商品城福田市场（2003 年 3 月改称中国义乌国际商贸城，以下简称“国际商贸城”）建设领导小组副组长兼指挥部总指挥，主持指挥部全面工作。2002 年，杨延虎得知义乌市稠城街道共和村将列入拆迁和旧村改造范围后，决定在该村购买旧房，利用其职务便利，在拆迁安置时骗取非法利益。杨延虎与被告人王月芳（杨延虎的妻妹）、被告人郑新潮（王月芳之夫）共谋后，由王、郑二人出面，通过共和村王某某，以王月芳的名义在该村购买赵某某的 3 间旧房（房产证登记面积 61.87 平方米，发证日期 1998 年 8 月 3 日）。按当地拆迁和旧村改造政策，赵某某有无该旧房，其所得安置土地面积均相同；事实上赵某某也按无房户得到了土地安置。2003 年三四月份，为使 3 间旧房所占土地确权到王月芳名下，在杨延虎指使和安排下，郑新潮再次通过共和村王某某，让该村村民委员会及其成员出具了该 3 间旧房系王月芳 1983 年所建的虚假证明。杨延虎利用职务便利，要求兼任国际商贸城建设指挥部（分管土地确权工作的）副总指挥的义乌市国土资源局副局长吴某某和指挥部确权报批科人员，对王月芳拆迁安置、土地确权予以关照。国际商贸城建设指挥部遂将王月芳所购房屋作为有村证明但无产权证的旧房进行确权审核，上报义乌市国土资源局确权，并按丈量结果认定其占地面积 64.7 平方米。此后，被告人杨延虎与郑新潮、王月芳等人共谋，在其岳父王某祥在共和村拆迁中可得 25.5 平方米土地确权的基础上，于 2005 年 1 月编造了由王月芳等人签名的申请报告，谎称"王某祥与王月芳共有三间半房屋，占地 90.2 平方米，二人在 1986 年分家，王某祥分得 36.1 平方米，王月芳分得 54.1 平方米，有关部门确认王某祥房屋 25.5 平方米、王月芳房屋 64 平方米有误"，要求义乌市国土资源局更正。随后，杨延虎利用职务便利，指使国际商贸城建设指挥部工作人员以该部名义对该申请报告盖章确认，并使该申请报告得到义乌市国土资源局和义乌市政府认可，从而让王月芳、王某祥分别获得 72 平方米和 54 平方米（共 126 平方米）的建设用地审批。按王某祥的土地确权面积仅应得 36 平方米建设用地审批，其余 90 平方米系非法所得。2005 年 5 月，杨延虎等人在支付选位费 24.552 万元后，在国际商贸城拆迁安置区获得两间店面 72 平方米土地的拆迁安置补偿（案发后，该 72 平方米的土地使用权被依法冻结）。该处地块在用作安置前已被国家征用并转为建设用地，属国有划拨土地。经评估，该处每平方米的土地使用权价值 35 270 元。杨延虎等人非法所得的建设用地 90 平方米，按照当地拆迁安置规定，折合拆迁安置区店面的土地面积为 72 平方米，价值 253.944 万元，扣除其支付的 24.552 万元后，实际非法所得 229.392 万元。对于本案，浙江省金华市中级人民法院于 2008 年 12 月 15 日判决，被告人杨延虎犯贪污罪，判处有期徒刑 15 年，并处没收财产 20 万元。本案的裁判理由认为，贪污罪中的"利用职务上的便利"，是指利用职务上主管、管理、经手公共财物的权力及方便条件，既包括利用本人职务上主管、管理公共财物的职务便利，也包括利用职务上有隶属关系的其他国家工作人员的职务便利。这一裁判要点对于贪污罪中的"利用职务便利"的认定具有重要指导意义。刑法明文列举了贪污行为的以下 4 种手段：（1）侵吞。侵吞是指利用职务上的便利，采取涂改账目、收入不记账的方法，将本人依职务主管、管理、经手的公共财物非法占为己有。（2）窃取。窃取是指利用职务上的便利，采取监守自盗的方法，将本人依职务主管、管理、经手的公共财物非法占为己有。（3）骗取。骗取是指利用职务上的便利，采用虚构事实或者隐瞒真相的方法，将本人依职务主管、管理、经手的公共财物非法占为己有。（4）其他手段。其他手段是指采取侵吞、窃取、骗取以外的方法，例如挪用公款以后携款逃跑等，将公共财物非法占为己有。根据《刑法》第 394 条的规定，国家工作人员在国内公务活动或者在对外交往中接受礼物，依照国家规定应当交公而不交公，数额较大的，也是一种贪污的特殊手段。

客体 贪污罪的客体是公共财物或者国有财物。贪污罪中非法占有的财物，根据刑法规定有以下两种：（1）公共财物。国家工作人员犯贪污罪，非法占有的是公共财物。根据《刑法》第 91 条的规定，公共财物包括以下财产：1）国有财产；2）劳动群众集体所有的财产；3）用于扶贫和其他公益事业的社会捐助或者专项基金的财产；4）在国家机关、国有公司、企业、集体企业和人民团体管理、使用或者运输中的私人财产。（2）国有财物。受委托人员犯贪污罪，非法占有的是国有财物。国有财物是指国家所有的财产，包括国家机关、国有公司、企业、国有事业单位、人民团体拥有的财产，以及国有公司、企业、国有事业单位在合资企业、股份制企业中的财产及国有控股公司的财产。此外，贪污罪的客体公共财物，在通常情况下都是指财产本身，例如一定数额的款物。但前引杨延虎等贪污案的裁判要点之二指出：土地使用权具有财产性利益，属于《刑法》第 382 条第 1 款规定中的"公共财物"，可以成为贪污的对象。根据这一裁判要旨，财产性利益也可以成为贪污罪的客体。

2. 罪责

贪污罪的罪责形式是直接故意，并且具有非法占有公共财物的目的。贪污罪的故意是指明知是公共财物而利用职务上的便利予以非法占有的主观心理状态。

3. 罪量

贪污罪的罪量要素是达到一定的数额或者虽未达此数额但情节较重。根据 2016 年 4 月 18 日最高人民法院、最高人民检察院《关于办理贪污贿赂刑事案件适用法律若干问题的解释》(以下简称《贪污贿赂案件解释》) 第 1 条的规定，个人贪污数额 3 万元以上的构成本罪；个人贪污数额 1 万元以上不满 3 万元，具有其他较重情节的，也构成本罪。

(三) 认定

1. 国有企业改制过程中贪污罪的认定

前引意见第 1 条规定：国家出资企业工作人员在改制过程中，利用职务上的便利，故意通过低估资产、隐瞒债权、虚设债务、虚构产权交易等方式隐匿公司、企业财产，转为本人持有股份的改制后公司、企业所有，以贪污罪定罪处罚。贪污数额一般应当以所隐匿财产全额计算；改制后公司、企业仍有国有股份的，按股份比例扣除归于国有的部分。所隐匿财产在改制过程中已为行为人实际控制，或者国家出资企业改制已经完成的，以犯罪既遂处理。

2. 贪污罪的共犯

《刑法》第 382 条第 3 款规定：非国家工作人员与国家工作人员和受委托管理、经营国有财产的人员勾结，伙同贪污的，以共犯论处。贪污罪是身份犯，不具有这种身份的人教唆、帮助国家工作人员和受委托管理、经营国有财产的人员利用职务上的便利贪污公共财物的，应当以贪污罪的共犯论处。

不具有贪污罪的主体身份的人与国家工作人员和受委托管理、经营国有财产的人内外勾结，利用国家工作人员和受委托管理、经营国有财产人员的职务便利，共同侵吞、窃取、骗取或者以其他手段非法占有公共财物的，应如何处理？这是一个值得研究的问题。在这种情况下，不具有贪污罪主体身份的人并非贪污罪的共犯（教唆犯和帮助犯），而是共同实行了非法占有公共财物的行为，因而属于共同正犯。那么，是贪污罪的共同正犯还是盗窃罪的共同正犯呢？对此，以往司法解释是以主犯的身份定罪。但 2000 年 6 月 30 日最高人民法院《关于审理贪污、职务侵占案件如何认定共同犯罪几个问题的解释》(以下简称《贪污、职务侵占共同犯罪解释》) 第 1 条规定：“行为人与国家工作人员勾结，利用国家工作人员的职务便利，共同侵吞、窃取、骗取或者以其他手段非法占有公共财物的，以贪污罪共犯论处。”这里的共犯，实际上是指共同正犯。

在现实生活中，还经常发生国家工作人员和公司、企业或者其他单位人员勾结，贪污或者职务侵占本单位财物的情形。对此，前引《贪污、职务侵占共同犯罪解释》第 3 条规定：“公司、企业或者其他单位中，不具有国家工作人员身份的人与国家工作人员勾结，分别利用各自的职务便利，共同将本单位财物非法占为己有的，按照主犯的犯罪性质定罪。”也就是说，主犯是国家工作人员的，对非国家工作人员应以贪污罪的共犯论处；主犯是非国家工作人员的，对国家工作人员应以职务侵占罪的共犯论处。当然，这种情况是以分别利用各自的职务便利为前提的。如果只利用国家工作人员的职务便利，则对非国家工作人员应以贪污罪的共犯论处；如果只利用非国家工作人员的职务便利，则对国家工作人员应以职务侵占罪的共犯论处。对于上述共同犯罪，以主犯的犯罪性质定罪，因此，主、从犯的认定直接影响定罪。在司法实践中，区分主、从犯有困难的，一般按照以下原则处理：(1) 根据行为人的职务高低确定主、从犯，职务高的视为主犯；(2) 行为人职务相同的，根据行为人的职权与被占有财物的关系确定主、从犯，行为人的职权与被占有财物联系更密切的，该行为人视为主犯。

3. 贪污数额的累计计算

《刑法》第 383 条第 2 款规定：“对多次贪污未经处理的，按照累计贪污数额处罚。”贪污罪是数额犯，以个人贪污所得作为定罪量刑的根据。贪污数额，往往是多次贪污所得。根据刑法规定，只有对未经处理的贪污数额才能累计计算。这里的“未经处理”是指贪污行为未被发现或者虽经发现但未给予刑事处罚。多次贪污未经处理，按照累计贪污数额处罚，应遵循刑法关于追诉时效的规定，但追诉时效应从最后一次贪污之日起计算。

4. 共同贪污犯罪中个人贪污数额的认定

根据2003年11月13日最高人民法院《全国法院审理经济犯罪案件工作座谈会纪要》(以下简称《经济案件座谈会纪要》）的规定，《刑法》第383条第1款规定的“个人贪污数额”，在共同贪污犯罪案件中应理解为个人所参与或者组织、指挥共同贪污的数额，不能只按照个人实际分得的赃款数额来认定。对共同贪污犯罪中的从犯，应当按照其所参与的共同贪污的数额确定量刑幅度，并依照《刑法》第27条第2款的规定，从轻、减轻处罚或者免除处罚。

5. 贪污罪未遂的认定

关于贪污罪既遂与未遂的区分标准，在我国刑法理论中存在以下4种观点：一是实际取得说，二是失控说，三是控制说，四是失控加控制说。根据《经济案件座谈会纪要》的规定，贪污罪是一种以非法占有为目的的财产性职务犯罪，与盗窃、诈骗、抢夺等侵犯财产罪一样，应当以行为人是否实际控制财物作为区分贪污罪既遂与未遂的标准。行为人控制公共财物后，是否将财物据为己有，不影响贪污既遂的认定。对于行为人利用职务上的便利，实施了虚假平账等贪污行为，但公共财物尚未实际转移或者尚未被行为人控制就被查获的，应当认定为贪污未遂。

（四）处罚

根据《刑法》第383条之规定，对犯贪污罪的，根据情节轻重，分别依照下列规定处罚：

1. 个人贪污数额较大或者有其他较重情节的，处3年以下有期徒刑或者拘役，并处罚金。根据前引《贪污贿赂案件解释》第1条的规定，这里的数额较大，是指贪污数额在3万元以上不满20万元。这里的其他较重情节，是指具有下列情形之一：（1）贪污救灾、抢险、防汛、优抚、扶贫、移民、救济、防疫、社会捐助等特定款物的；（2）曾因贪污、受贿、挪用公款受过党纪、行政处分的；（3）曾因故意犯罪受过刑事追究的；（4）赃款赃物用于非法活动的；（5）拒不交待赃款赃物去向或者拒不配合追缴工作，致使无法追缴的；（6）造成恶劣影响或者其他严重后果的。

2. 个人贪污数额巨大或者有其他严重情节的，处3年以上10年以下有期徒刑，并处罚金或者没收财产。根据前引《贪污贿赂案件解释》第2条的规定，这里的数额巨大，是指贪污数额在20万元以上不满300万元。这里的其他严重情节，是指具有下列情形之一：（1）贪污救灾、抢险、防汛、优抚、扶贫、移民、救济、防疫、社会捐助等特定款物的；（2）曾因贪污、受贿、挪用公款受过党纪、行政处分的；（3）曾因故意犯罪受过刑事追究的；（4）赃款赃物用于非法活动的；（5）拒不交待赃款赃物去向或者拒不配合追缴工作，致使无法追缴的；（6）造成恶劣影响或者其他严重后果的。

3. 个人贪污数额特别巨大或者有其他特别严重情节的，处10年以上有期徒刑或者无期徒刑，并处罚金或者没收财产；数额特别巨大，并使国家和人民利益遭受特别严重损失的，处无期徒刑或者死刑，并处没收财产。根据前引《贪污贿赂案件解释》第3条的规定，这里的数额特别巨大，是指贪污数额在300万元以上。这里的其他特别严重情节，是指具有下列情形之一：（1）贪污救灾、抢险、防汛、优抚、扶贫、移民、救济、防疫、社会捐助等特定款物的；（2）曾因贪污、受贿、挪用公款受过党纪、行政处分的；（3）曾因故意犯罪受过刑事追究的；（4）赃款赃物用于非法活动的；（5）拒不交待赃款赃物去向或者拒不配合追缴工作，致使无法追缴的；（6）造成恶劣影响或者其他严重后果的。

从轻、减轻、免除处罚事由 犯贪污罪，在提起公诉前如实供述自己罪行、真诚悔罪、积极退赃，避免、减少损害结果的发生，有第 1 项规定情形的，可以从轻、减轻或者免除处罚；有第 2 项、第 3 项规定情形的，可以从轻处罚。

终身监禁 犯贪污罪被判处死刑缓期执行的，人民法院根据犯罪情节等情况可以同时决定在其死刑缓期执行 2 年期满依法减为无期徒刑后，终身监禁，不得减刑、假释。

二、挪用公款罪

（一）概念

挪用公款罪是指国家工作人员利用职务上的便利，挪用公款归个人使用，进行非法活动的，或者挪用公款数额较大、进行营利活动的，或者挪用公款数额较大、超过 3 个月未还的行为。

（二）构成

1. 罪体

主体 挪用公款罪的主体是国家工作人员。

行为 挪用公款罪的行为是利用职务上的便利，挪用公款归个人使用。利用职务上的便利是挪用公款行为成立的前提条件。利用职务上的便利，是指利用主管或者保管公款的便利。这里的挪用是指无权动用而不经批准许可，违反财经制度，擅自将公款挪作私用；或者虽有权动用，但违反财经制度，私自将公款挪作私用。

刑法根据挪用公款的 3 种用途规定了构成犯罪的不同条件，这 3 种用途是：

（1）进行非法活动。这里的非法活动是指赌博、吸毒、嫖娼和非法经营、发放高利贷等为国家法律、行政法规所禁止的行为。挪用公款进行非法活动构成挪用公款罪，《刑法》第 384 条并未规定数额起点。但考虑到贪污罪有法律规定的定罪处刑的数额标准，而且贪污公款后进行违法犯罪活动的，也只能以贪污罪定罪处罚。挪用公款进行非法活动没有数额起点，只要挪用公款，无论数额大小，一概定罪处罚，显然不是立法本意。因此，根据前引《贪污贿赂案件解释》，挪用公款进行非法活动的，以挪用公款 3 万元作为追究刑事责任的数额起点。

（2）进行营利活动。这里的“营利活动”是指存入银行，用于集资，购买股票、国债等。将挪用的公款用于归还个人在经营活动中的欠款，属于进行营利活动。此外，将挪用的公款用于公司出资等营利的预备活动的，也属于进行营利活动。根据有关司法解释的规定，挪用公款数额较大，归个人进行营利活动的，构成挪用公款罪，不受挪用时间和是否归还的限制；在案发前部分或者全部归还本息的，可以从轻处罚；情节轻微的，可以免除处罚。根据《刑法》第 384 条的规定，挪用公款进行营利活动，数额较大的，才构成犯罪。根据前引《贪污贿赂案件解释》，挪用公款 5 万元为数额较大的起点。

（3）个人使用。这里的“个人使用”是指挪用公款用于自己或者其他个人的合法生活、非经营性支出等合法用途。根据《刑法》第 384 条的规定，挪用公款归个人使用，数额较大，超过 3 个月未还的，才构成犯罪。这里的“数额较大”是指 5 万元以上的。这里的“超过 3 个月未还”是指自挪用公款之日起至案发之日，超过 3 个月未还。根据有关司法解释的规定，挪用正在生息或者需要支付利息的公款归个人使用，数额较大，超过 3 个月，但在案发前全部归还本金的，可以从轻处罚或者免除处罚；给国家、集体造成的利息损失应予追缴。挪用公款数额巨大，超过 3 个月，案发前全部归还的，可以酌情从轻处罚。

客体 挪用公款罪的客体是公款。这里的公款，在一般情况下是指国有款项，即国家机关、国有公司、企业、事业单位、人民团体所有的款项。但由于国家机关、国有公司、企业、事业单位委派到非国有公司、企业、事业单位、社会团体从事公务的人员也可以构成本罪，因而非国有公司、企业、事业单位、社会团体的款项也可以成为挪用公款罪的客体。关于公款的表现形式，一般是指现金，但也可以是股票、国库券、债券等有价证券，或者定期存单等金融凭证。对于挪用上述有价证券或者金融凭证为他人提供担保的，由于同样侵犯相应款项的使用权，并有可能使被挪用单位遭受经济损失，故应以挪用公款罪论处。对此，《经济案件座谈会纪要》规定，挪用金融凭证、有价证券用于质押，使公款处于风险之中，与挪用公款为他人提供担保没有实质的区别，符合刑法关于挪用公款罪规定的，以挪用公款罪定罪处罚，挪用公款数额以实际或者可能承担的风险数额认定。此外，根据 2003 年 1 月 13 日最高人民检察院《关于挪用失业保险基金和下岗职工基本生活保障资金的行为适用法律问题的批复》的规定，国家工作人员利用职务上的便利，挪用失业保险基金和下岗职工基本生活保障资金归个人使用，构成犯罪的，应当依照《刑法》第 384 条的规定，以挪用公款罪追究刑事责任。因此，失业保险基金和下岗职工基本生活保障资金也可以成为本罪的客体。

挪用公物的行为是否构成挪用公款罪，在 1989 年司法解释中曾经规定挪用公物，情节严重的，应以挪用公款罪论处。但 2000 年 3 月 15 日最高人民检察院《关于国家工作人员挪用非特定公物能否定罪的请示的批复》指出："刑法第 384 条规定的挪用公款罪中未包括挪用非特定公物归个人使用的行为，对该行为不以挪用公款罪论处。如构成其他犯罪的，依照刑法的相关规定定罪处罚。"如果是挪用用于救灾、抢险、防汛、优抚、扶贫、移民、救济等特定公物归个人使用的，则构成挪用公款罪，并且应当从重处罚。

2. 罪责

挪用公款罪的罪责形式是故意，并且具有非法使用公款的目的。这里的故意，是指明知是公款而予以挪用的主观心理状态。由于刑法对挪用公款三种用途构成犯罪的条件作了不同的规定，因而对于挪用公款的用途也应具有认识。在挪用公款给他人或者其他单位使用的情况下，本人认识的用途与他人或者其他单位的实际用途不一致时，应以本人认识作为构成犯罪的根据。例如，他人以进行营利活动为名借用公款，而实际上进行非法活动的，应以挪用者本人认识的进行营利活动作为构成犯罪的根据。

目的犯 挪用公款罪是法定的目的犯，即以归个人使用为目的。刑法规定，构成挪用公款罪必须具备归个人使用这一要件。我认为，这里的"归个人使用"并非构成要件的客观行为，而是主观超过要素。根据有关法律及司法解释的规定，"归个人使用"既包括本人使用，也包括给他人使用。关于是否包括给单位使用，1998 年 4 月 29 日最高人民法院《关于审理挪用公款案件具体应用法律若干问题的解释》（以下简称"解释"）第 1 条规定："挪用公款给私有公司、私有企业使用的，属于挪用公款归个人使用。"根据这一司法解释，挪用公款给国有公司、企业使用以及给集体公司、企业使用的，不属于归个人使用。但 2001 年 9 月 18 日最高人民法院又颁布了《关于如何认定挪用公款归个人使用有关问题的解释》，就如何认定"挪用公款归个人使用"的有关问题作出以下解释：（1）国家工作人员利用职务上的便利，以个人名义将公款借给其他自然人或者不具有法人资格的私营独资企业、私营合伙企业等使用的，属于挪用公款归个人使用。（2）国家工作人员利用职务上的便利，为谋取个人利益，以个人名义将公款借给其他单位使用的，属于挪用公款归个人使用。这一司法解释对于挪用公款归其他单位使用属于"归个人使用"的情形，又从私有公司、企业扩大到所有公司、企业，即包括国有公司、企业以及其他国有单位，但规定只有在为谋取个人利益、以个人名义的情况下，将公款借给其他单位使用的，才属于挪用公款归个人使用。这里规定的"以个人名义"是指单位的法定代表人、负责人或者一般工作人员，超出职权范围，或者未超出职权范围但逃避财务监管，或者明确与使用人约定以个人名义，擅自将公款借给其他单位或者个人使用的情形。因此，单位的法定代表人或者负责人，在单位的授权范围内或者经过批准、许可，以单位的名义将公款借给其他自然人或者单位使用的，属于单位与单位、单位与个人之间的资金拆借行为，不属于“挪用公款归个人使用”。2002 年 4 月 28 日全国人大常委会对“挪用公款归个人使用”的含义作出了立法解释，规定：有下列情形之一的，属于“挪用公款归个人使用”：(1) 将公款供本人、亲友或者其他自然人使用的；(2) 以个人名义将公款供其他单位使用的；(3) 个人决定以单位名义将公款供其他单位使用，谋取个人利益的。这一立法解释的精神是：将公款给其他自然人使用的，都属于归个人使用，而无须以个人名义与谋取个人利益。以个人名义将公款供其他单位使用的，属于归个人使用，而无须谋取个人利益。个人决定以单位名义将公款供其他单位使用的，只有谋取个人利益的，才属于归个人使用。应当指出，这里的单位，既包括私有公司、企业，也包括国有公司、企业以及集体公司、企业。在理解上述司法、立法解释时，根据《经济案件座谈会纪要》的规定，应当注意以下 3 个问题：(1) 立法解释中的“以个人名义”，在司法认定中不能只看形式，要从实质上把握，对于行为人超越权限逃避财务监管，或者与使用人约定以个人名义进行，或者虽然通过单位集体研究决定，但借款、还款都是以个人名义进行的，应认定为以个人名义。(2) 立法解释中的“个人决定”，既包括行为人在职权范围内决定，也包括超越职权决定。(3) 立法解释中的“谋取个人利益”，既包括行为人与使用人事先约定谋取个人利益实际尚未获取的情况，也包括虽未事先约定但实际上已获取了个人利益的情况。其中，个人利益，既包括不正当利益，也包括正当利益；既包括财产性利益，也包括非财产性利益，但这种非财产性利益是指具体的可以用证据证明的利益，如升学、就业等。

3. 罪量

挪用公款罪的罪量要素是挪用公款达到一定的数额标准。根据《贪污贿赂案件解释》的规定，挪用公款的三种用途各自具有不同的数额标准：(1) 挪用公款进行非法活动的，以挪用公款 3 万元作为构成犯罪的数额标准。(2) 挪用公款进行营利活动的，以挪用公款 5 万元作为构成犯罪的数额标准。(3) 挪用公款归个人使用的，以挪用公款 5 万元作为构成犯罪的数额标准。

（三）认定

1. 挪用公款数额的累计计算

挪用公款罪是数额犯，在现实生活中往往发生多次挪用的情形。对此，前引 1998 年解释第 4 条规定：“多次挪用公款不还，挪用公款数额累计计算；多次挪用公款，并以后次挪用的公款归还前次挪用的公款，挪用公款数额以案发时未还的实际数额认定。”根据这一规定，多次挪用公款的数额，在一般情况下应当累计计算，但如果是以后次挪用的公款归还前次挪用的公款，则不予累计，而以案发时未还的实际数额认定。

2. 挪用公款不退还转化为贪污的认定

对于挪用公款不退还的，1988 年全国人大常委会《关于惩治贪污罪贿赂罪的补充规定》规定，以贪污论处。1989 年司法解释规定，这里的“不退还”，既包括主观上不想还，也包括客观上不能还。对于挪用公款主观上不想还的，以贪污论处是合理的。但对于挪用公款客观上不能还的，以贪污论处，则有客观归罪之嫌。因此，1997 年《刑法》修订时，对这一规定作了修改。《刑法》第 384 条明确规定：挪用公款数额巨大不退还的，定挪用公款罪，处 10 年以上有期徒刑或者无期徒刑。针对这一规定，前引 1998 年解释第 5 条指出，是指挪用公款数额巨大，因客观原因在一审宣判前不能退还的。因此，挪用公款数额巨大，客观上能还而主观上不想还的，仍应以贪污罪论处。这里的“以贪污罪论处”，是指从挪用公款罪转化为贪污罪。在司法实践中，这种犯意的转化通常可以根据行为人挪用公款后的客观表现来认定。根据《经济案件座谈会纪要》的规定，于挪用公款转化为贪污的认定，在司法实践中，具有以下情形之一的，可以认定行为人具有非法占有公款的目的：(1) 携带挪用的公款潜逃的，对其携带挪用的公款部分，以贪污罪定罪处罚。(2) 行为人挪用公款后采取虚假发票平账、销毁有关账目等手段，使所挪用的公款难以在单位财务账目上反映出来，且没有归还行为的，应当以贪污罪定罪处罚。(3) 行为人截取单位收入不入账，非法占有，使所占有的公款难以在单位账目上反映出来，且没有归还行为的，应当以贪污罪定罪处罚。(4) 有证据证明行为人有能力归还所挪用的公款而拒不归还，并隐瞒挪用的公款去向的，应当以贪污罪定罪处罚。

3. 挪用公款携款潜逃

在现实生活中，往往发生挪用公款后携款潜逃的情形。对此应如何定罪？前引 1998 年解释第 6 条规定：携带挪用的公款潜逃的，应以贪污罪论处。因为携款潜逃，表明犯罪分子主观上不想归还，定贪污罪是适当的。但如何理解这里的“携带挪用公款潜逃”？我认为，挪用公款后携款潜逃的，只能对所携之款以贪污罪论处，而对于潜逃之前挪用的公款，只要是因客观原因不能归还的，不能定贪污罪，只能定挪用公款罪。

4. 挪用公款的牵连犯

前引 1998 年解释第 7 条规定：“因挪用公款索取、收受贿赂构成犯罪的，依照数罪并罚的规定处罚。挪用公款进行非法活动构成其他犯罪的，依照数罪并罚的规定处罚。”在上述情况下，挪用公款罪与受贿罪以及其他犯罪之间存在牵连关系，是刑法理论上的牵连犯，但司法解释明确规定对这种牵连犯实行数罪并罚。

5. 挪用公款罪的共犯

挪用公款罪是身份犯，但不具有这种身份的人伙同挪用的，应以挪用公款罪的共犯论处。前引 1998 年解释第 8 条规定：“挪用公款给他人使用，使用人与挪用人共谋，指使或者参与策划取得挪用款的，以挪用公款罪的共犯定罪处罚。”这是关于使用人构成挪用公款罪共犯的规定。公款的使用人，其使用公款的行为并非犯罪，即使是明知是挪用的公款而使用的，也不构成挪用公款罪。使用人只有与挪用人共谋，指使或者参与策划取得挪用款的，才构成挪用公款罪的共犯，即教唆犯和帮助犯。那么，非使用人，如果与挪用人共谋，指使或者参与策划挪用公款的，是否构成挪用公款罪的共犯？我认为，挪用公款罪的共犯并不限于使用人，非使用人只要在国家工作人员挪用公款中起到了教唆或者帮助作用，就应以共犯论处。

（四）处罚

根据《刑法》第 384 条第 1 款之规定，犯本罪的，处 5 年以下有期徒刑或者拘役；情节严重的，处 5 年以上有期徒刑。挪用公款数额巨大不退还的，处 10 年以上有期徒刑或者无期徒刑。第 2 款规定，挪用用于救灾、抢险、防汛、优抚、扶贫、移民、救济款物归个人使用的，从重处罚。

加重处罚事由 犯挪用公款罪而情节严重的，是本罪的加重处罚事由。挪用公款归个人使用，进行非法活动，情节严重，根据前引《贪污贿赂案件解释》第 5 条的规定，是指具有下列情形之一：(1) 挪用公款数额在 100 万元以上的；(2) 挪用救灾、抢险、防汛、优抚、扶贫、移民、救济特定款物，数额在 50 万元以上不满 100 万元的；(3) 挪用公款不退还，数额在 50 万元以上不满 100 万元的；(4) 其他严重的情节。第 6 款规定，挪用公款归个人使用，进行营利活动或者超过 3 个月未还，情节严重，是指具有下列情形之一：(1) 挪用公款数额在 200 万元以上的；(2) 挪用救灾、抢险、防汛、优抚、扶贫、移民、救济特定款物，数额在 100 万元以上不满200万元的；(3) 挪用公款不退还，数额在100万元以上不满200万元的；(4) 其他严重的情节。

特别加重处罚事由 犯挪用公款罪而挪用公款数额巨大不退还的，是本罪的特别加重处罚事由。

三、受贿罪

（一）概念

受贿罪是指国家工作人员利用职务上的便利，索取他人财物，或者非法收受他人财物，为他人谋取利益的行为。

（二）构成

1. 罪体

主体 受贿罪的主体是国家工作人员。这里有一个要提及的问题是：离退休人员能否成为受贿罪的主体？我认为，在这种情况下，国家工作人员已经没有职权，因而不存在侵害职务行为廉洁性的问题，而且1997年《刑法》修订时并未对此作出规定。因此，已离退休的国家工作人员不能再成为受贿罪的主体。应当指出，《刑法修正案（七）》第13条设立的利用影响力受贿罪，包含了离职国家工作人员利用原职权或者地位形成的便利条件，通过其他国家工作人员职务上的行为，为请托人谋取不正当利益，索取请托人财物或者收受请托人财物的行为。因此，对上述离退休国家工作人员的行为应以利用影响力受贿罪论处。此外，2000年6月30日最高人民法院《关于国家工作人员利用职务上的便利为他人谋取利益离退休后收受财物行为如何处理问题的批复》指出："国家工作人员利用职务上的便利为请托人谋取利益，并与请托人事先约定，在其离退休后收受请托人财物，构成犯罪的，以受贿罪定罪处罚。"在上述情况下，虽然是在离退休后收受财物，但这是其离退休前利用职务上的便利为他人谋取利益的对价，侵犯了国家工作人员职务行为的廉洁性，因而构成受贿罪。应当指出，事先约定是上述情形构成受贿罪的必要条件。如果没有事先约定，在职时利用职务上的便利为请托人谋取利益，而在离退休后收受原请托人财物的，不能定受贿罪。在没有约定的情况下，在职时利用职务上的便利为请托人谋取利益，而在离退休后向原请托人索取财物的，一般也不宜以受贿罪定罪处罚。

行为 受贿罪的行为是利用职务上的便利索取他人财物，或者非法收受他人财物，以及利用本人职权或者地位形成的便利条件，通过其他国家工作人员职务上的行为，为请托人谋取不正当利益，索取请托人财物或者收受请托人财物。由此可见，本罪可以分为直接受贿与间接受贿两种情形。

(1) 直接受贿行为

直接受贿是指受贿罪的行为是利用职务上的便利索取他人财物，或者非法收受他人财物。

利用职务上的便利是直接受贿行为成立的前提。受贿罪的利用职务上的便利，根据《经济案件座谈会纪要》的规定，是指利用本人职务上主管、负责、承办某项公共事务的职权，也包括利用职务上有隶属、制约关系的其他国家工作人员的职权。担任单位领导职务的国家工作人员通过不属于自己主管的下级部门的国家工作人员的职务为他人谋取利益的，应当认定为"利用职务上的便利为他人谋取利益"。因此，"利用本人职务上的便利"包括以下两种情形：1) 直接利用本人职务上的便利，即利用本人职务范围内的权力为请托人谋取利益而从中收受财物。2) 间接利用本人职务上的便利，即要求有职务上直接隶属、制约关系的其他国家工作人员利用职权为行贿人谋取利益。在这种情况下，从表面上看是通过他人的职权为请托人谋取利益，从而收受财物，但从实际上看，是利用了本人职权产生的制约关系，这种制约关系可以影响被利用者的利益，使之就范。

直接受贿行为是指索取或者收受。我国刑法将索取与收受作为受贿行为的两种表现形式。

1）索取。索取是指主动索要并收取。因此，索取具有两个特点：一是主动性，是受贿人先提出贿赂的要求。二是由索要与收取两个行为构成，这两个行为可供选择。索取既可以是明示的，也可以是暗示的。明示是明火执仗地索要贿赂，如果对方不给贿赂，就不履行其职务行为，以此为要挟，迫使对方就范。暗示是暗度陈仓地索要贿赂，往往使用隐晦但能够让人领会的方法，从而使人乖乖地交付贿赂。无论是明示还是暗示，都应以索贿论处。

2）收受。收受是指被动地收取。因此，收受具有被动性，是在请托人主动交付贿赂的情况下消极地接受。就利用职务上的便利为他人谋取利益与收受财物的关系而言，可以分为两种情况：一是先收受财物后为他人谋取利益，即所谓事前受贿。在刑法理论上，这是一种收买性贿赂。这种事前受贿，在客观上表现为收受财物与为他人谋取利益之间存在因果关系，并且行为人之间往往存在收受财物后为他人谋取利益的约定，即主观上明知是贿赂而予以收受。二是在为他人谋取利益后收受财物，即所谓事后受贿。在刑法理论上，这是一种酬谢性贿赂。关于这种事后受贿是否必须以事前约定为条件，在刑法理论上存在争议。我认为，这种事前没有约定而事后收受他人财物的受财行为不同于事后受贿，事后受贿必须以事前约定为条件。当然，这里的“事前约定”，并不限于明示约定，还包括暗示约定。

（2）间接受贿行为

间接受贿是受贿罪的一种特殊表现形式，指国家工作人员利用本人职权或者地位形成的便利条件，通过其他国家工作人员职务上的行为，为请托人谋取不正当利益，索取请托人财物或者收受请托人财物的行为。认定间接受贿要注意把握以下要件。

1）利用本人职权或者地位形成的便利条件。这里的“本人职权或地位形成的便利条件”，根据《经济案件座谈会纪要》的规定，是指行为人与被其利用的国家工作人员之间在职务上虽然没有隶属、制约关系，但是行为人利用了本人职权或者地位产生的影响和一定的工作联系，如单位内不同部门的国家工作人员之间，上下级单位没有职务上隶属、制约关系的国家工作人员之间，有工作联系的不同单位的国家工作人员之间等。间接受贿利用本人职权或者地位形成的便利条件与直接受贿之利用职务上的便利是有所不同的：在利用职务上的便利的情况下，直接利用本人职权，当然不需要通过其他国家工作人员的职务行为为请托人谋取利益。而利用本人职权形成的便利条件，虽然也是通过其他国家工作人员的职务行为为请托人谋取利益，但这是以本人职务对他人职务存在职务上的制约关系为前提的。在间接受贿的情况下，本人职务对他人职务不存在这种制约关系，而是利用了本人职务对其他国家工作人员的影响。

2）通过其他国家工作人员职务上的行为。间接受贿的“通过其他国家工作人员职务上的行为”，是指行为人本人没有直接为请托人谋取利益，而是让其他国家工作人员利用职务上的便利，为请托人谋取利益。

3）为请托人谋取不正当利益。普通受贿只要为他人谋取利益即可构成犯罪，而不论这种利益是否正当。但刑法规定间接受贿只有在为请托人谋取不正当利益的情况下才能构成。这里的“谋取不正当利益”，根据 1999 年 9 月 16 日最高人民检察院《关于人民检察院直接受理立案侦查案件立案标准的规定（试行）》（以下简称《检察院立案标准》），是指谋取违反法律、法规、国家政策和国务院各部门规章规定的利益，以及谋取违反法律、法规、国家政策和国务院各部门规章规定的帮助或者方便条件。

客体 我国刑法将受贿罪客体表述为财物，这一范围比外国刑法规定的贿赂范围要窄。例如，日本刑法认为贿赂之所得，不一定限定为金钱、物品和其他财产利益，不论有形或者无形，以能满足人的需要、欲望的一切利益为范围。我国刑法则将受贿罪客体限定为财物，包括金钱、物品以及其他财产性利益，例如，债权的设立、债务的免除等，但不包括非财产性利益。在我国刑法理论上曾经讨论过性贿赂问题，存在肯定说与否定说之争。肯定说认为性交可以被看成是某种利益，基于其特性，此种利益乃是一种无形的非物质性利益，但又与有形的物质性利益有着密切关系，因为性交的背后，隐藏着某种利益的交换。否定说则认为，将接受性行为认定为受贿罪，显然不符合我国刑法的规定，况且我国刑法中的受贿罪是以收受一定数额的财物为定罪量刑依据的，如果将性行为作为贿赂，则无法确定受贿数额。我赞同否定说，根据现行刑法，接受性贿赂不能认定为受贿罪。

2. 罪责

受贿罪的罪责形式是故意。这里的故意是指明知是利用职务上的便利索取他人财物或者收受他人财物为他人谋取利益的行为而有意实施的主观心理状态。在索取财物构成的受贿罪中，受贿故意的内容是十分明显的，但在收受财物构成的受贿罪中，受贿故意如何认定，则是一个较为复杂的问题。我认为，收受财物的故意与受贿故意是有所不同的。在受贿故意的内容中，除收受财物的故意以外，还应包括明知财物是本人利用职务上的便利为他人谋取利益的报答物而予以收受的故意。

目的犯 受贿罪是法定的目的犯。根据我国刑法的规定，索取财物构成的受贿罪不以为他人谋取利益为要件，而收受财物构成的受贿罪则以为他人谋取利益为要件。这里的“为他人谋取利益”，并非构成要件的客观行为，而是超过的主观要素，因此，只要行为人主观上具有为他人谋取利益的目的即已构成本罪，而并非一定要付诸实施；并且，行为人为他人谋取的是合法利益还是非法利益都不影响本罪的构成。在司法实践中，承诺为他人谋取利益或者明知他人有具体的请托事项而收受他人财物，即具备了为他人谋取利益的要件。前述没有事先约定的事后受财行为之所以不构成受贿罪，我认为主要就是因为行为人在收受他人财物时主观上没有为他人谋取利益的意图。此外，在间接受贿的情况下，为他人谋取不正当利益同样属于主观目的，行为人只要意图为他人谋取不正当利益而实施了间接受贿行为，即构成受贿罪。

3. 罪量

受贿罪的罪量要素是达到一定的数额，或者虽未达到此数额但具有其他较重情节。根据前引《贪污贿赂案件解释》第 1 条的规定，个人受贿数额 3 万元以上的构成本罪；个人受贿数额 1 万元以上不满 3 万元，具有其他较重情节的，也构成本罪。

（三）认定

1. 商业受贿

商业受贿是受贿罪的一种特殊表现形式，指国家工作人员在经济往来中，违反国家规定，收受各种名义的回扣、手续费，归个人所有的行为。在认定商业受贿的时候，应当正确界定以下概念。

（1）回扣、手续费。回扣、手续费是商业受贿中贿赂的表现形式。回扣是指经营者销售商品时在账外暗中以金钱、实物或者其他方式退给对方单位或者个人一定比例的商品价款。手续费是指在从事经济活动中，收取对方单位或者个人的费用。

（2）经济交往。商业受贿发生在经济活动中，这是它与普通受贿的根本区别之一。这里的经济活动既包括国家经济管理活动，又包括国家工作人员参与的经济交往活动。关于商业受贿，刑法并未规定“利用职务上的便利”这一要件，但这并不意味着商业受贿可以不需要这一要件。实际上，国家工作人员在经济活动中从事各种经济活动本身就是依法从事公务活动，因而是职务行为，在经济活动中收受回扣、手续费的，必然以利用职务上的便利为前提。

(3) 违反国家规定。在经济交往中收受回扣、手续费，只有违反国家规定，才构成受贿罪。这里的“违反国家规定”是指违反全国人民代表大会及其常委会制定的法律，国务院制定的行政法规和行政措施、发布的决定和命令。例如，1993 年 12 月 1 日施行的《反不正当竞争法》第 8 条规定：经营者不得采用财物或者其他手段进行贿赂以销售或者购买商品。在账外暗中给予对方单位或者个人回扣的，以行贿论处；对方单位或者个人在账外暗中收受回扣的，以受贿论处。根据这一法律规定，账外暗中收受回扣是违法的，应以受贿论处。这里的“账外暗中”，是指未在依法设立的反映其生产经营活动或者行政事业经费收支的财务账上按照财务会计制度明确如实记载，包括不记入财务账、转入其他财务账或者做假账等。

(4) 归个人所有。回扣、手续费是否归个人所有，是认定商业受贿的重要条件之一。如果收受回扣、手续费用于集体福利或者奖励，包括对在经济活动中作出贡献的业务人员的奖励，或者收受回扣、手续费归单位所有，并有单位发票、按照会计制度进账的，不构成商业受贿。符合单位受贿罪构成要件的，应以该罪论处。只有收受回扣、手续费，中饱私囊或者少数人私分的，才应以商业受贿论处。

2008 年 11 月 20 日最高人民法院、最高人民检察院《关于办理商业贿赂刑事案件适用法律若干问题的意见》(以下简称《商业贿赂案件意见》) 对某些领域国家工作人员的商业贿赂问题作了以下专门规定。

(1) 医疗机构国家工作人员的商业贿赂

《商业贿赂案件意见》第 4 条第 1 款规定，医疗机构中的国家工作人员，在药品、医疗器械、医用卫生材料等医药产品采购活动中，利用职务上的便利，索取销售方财物，或者非法收受销售方财物，为销售方谋取利益，构成犯罪的，依照《刑法》第 385 条的规定，以受贿罪定罪处罚。这里的“医疗机构中的国家工作人员”，主要是指国有医疗机构中负责医药产品采购的人员，这些人员利用医药产品采购的职务便利受贿的，应以受贿罪论处。

(2) 教育机构国家工作人员的商业贿赂

《商业贿赂案件意见》第 5 条第 1 款规定，学校及其他教育机构中的国家工作人员，在教材、教具、校服或者其他物品的采购等活动中，利用职务上的便利，索取销售方财物，或者非法收受销售方财物，为销售方谋取利益，构成犯罪的，依照《刑法》第 385 条的规定，以受贿罪定罪处罚。这里的“教育机构中的国家工作人员”，主要是指学校及其他教育机构中负责教学用具或者校服等其他物品采购的人员，这些人员利用教学用具或者校服等其他物品采购的职务便利受贿的，应以受贿罪论处。

(3) 招标、采购国家工作人员的商业受贿

《商业贿赂案件意见》第 6 条第 2 款规定，依法组建的评标委员会、竞争性谈判采购中谈判小组、询价采购中询价小组中国家机关或者其他国有单位的代表，在招标、政府采购等事项的评标或者采购活动中，索取他人财物或者非法收受他人财物，为他人谋取利益，数额较大的，依照《刑法》第 385 条的规定，以受贿罪定罪处罚。

2. 变相受贿

随着市场经济的发展，在现实生活中出现了以交易或者其他形式为掩盖的变相受贿行为，这些受贿犯罪具有隐蔽性和复杂性，给查处受贿犯罪案件带来了一定的困难。为此，2007 年 7 月 8 日最高人民法院、最高人民检察院颁行了《关于办理受贿刑事案件适用法律若干问题的意见》(以下简称《受贿案件意见》)，为查处变相受贿犯罪提供了法律根据。《受贿案件意见》规定了下列变相受贿形式。

（1）交易型受贿

《受贿案件意见》第 1 条规定，国家工作人员利用职务上的便利为请托人谋取利益，以下列交易形式收受请托人财物的，以受贿论处：1）以明显低于市场的价格向请托人购买房屋、汽车等物品的；2）以明显高于市场的价格向请托人出售房屋、汽车等物品的；3）以其他交易形式非法收受请托人财物的。受贿数额按照交易时当地市场价格与实际支付价格的差额计算。

（2）干股分红型受贿

《受贿案件意见》第 2 条规定，国家工作人员利用职务上的便利为请托人谋取利益，收受请托人提供的干股的，以受贿论处。这里的“干股”，是指未出资而获得的股份。关于干股分红型受贿的数额计算，该意见根据股权是否转让区分为以下两种情形：1）进行了股权转让登记，或者相关证据证明股份发生了实际转让的，受贿数额按转让行为时股份价值计算，所分红利按受贿孳息处理。2）股份未实际转让，以股份分红名义获取利益的，实际获利数额应当认定为受贿数额。

（3）合作投资型受贿

《受贿案件意见》第 3 条规定：国家工作人员利用职务上的便利为请托人谋取利益，由请托人出资，“合作”开办公司或者进行其他“合作”投资的，以受贿论处。受贿数额为请托人给国家工作人员的出资额。国家工作人员利用职务上的便利为请托人谋取利益，以合作开办公司或者其他合作投资的名义获取“利润”，没有实际出资和参与管理、经营的，以受贿论处。

（4）受托理财型受贿

《受贿案件意见》第 4 条规定，受托理财型受贿根据是否实际出资分为以下两种情形：1）国家工作人员利用职务上的便利为请托人谋取利益，以委托请托人投资证券、期货或者其他委托理财的名义，未实际出资而获取“收益”的，以受贿论处。在这种情况下，受贿数额以“收益”额计算。2）国家工作人员利用职务上的便利为请托人谋取利益，委托请托人投资证券、期货或者其他委托理财，虽然实际出资，但获取“收益”明显高于出资应得收益的，以受贿论处。在这种情况下，受贿数额以“收益”额与出资应得收益额的差额计算。

（5）赌博型受贿

《受贿案件意见》第 5 条规定，国家工作人员利用职务上的便利为请托人谋取利益，通过赌博方式收受请托人财物的，构成受贿。

（6）干薪型受贿

《受贿案件意见》第 6 条规定，国家工作人员利用职务上的便利为请托人谋取利益，要求或者接受请托人以给特定关系人安排工作为名，使特定关系人不实际工作却获取所谓薪酬的，以受贿论处。这里的“特定关系人”，是指与国家工作人员有近亲属、情妇（夫）以及其他共同利益关系的人。

（7）特定关系人收受型受贿

《受贿案件意见》第 7 条规定，国家工作人员利用职务上的便利为请托人谋取利益，授意请托人以本意见所列形式，将有关财物给予特定关系人的，以受贿论处。《受贿案件意见》还对特定关系人与特定关系人以外的其他人构成受贿罪的共犯作了不同的规定：1）特定关系人与国家工作人员通谋，共同实施前述行为的，对特定关系人以受贿罪的共犯论处。2）特定关系人以外的其他人与国家工作人员通谋，由国家工作人员利用职务上的便利为请托人谋取利益，收受请托人财物后双方共同占有的，以受贿罪的共犯论处。

（8）权属未变更型受贿

《受贿案件意见》第 8 条规定，国家工作人员利用职务上的便利为请托人谋取利益，收受请托人房屋、汽车等物品，未变更权属登记或者借用他人名义办理权属变更登记的，不影响受贿的认定。

此外，《受贿案件意见》还对收受财物后退还或者上交问题，在职时为请托人谋利、离职后收受财物问题作了规定。

3. 受贿罪的共犯

受贿罪是身份犯，它以国家工作人员作为特殊主体，因此，非国家工作人员不能单独构成受贿罪。但国家工作人员与非国家工作人员勾结，共同利用国家工作人员职务上的便利，索取他人财物或者非法收受他人财物的，对非国家工作人员应以受贿罪的共犯论处。对此，1988年全国人大常委会《关于惩治贪污罪贿赂罪的补充规定》曾经明确规定：与国家工作人员勾结，伙同受贿的，以共犯论处。在现行刑法中，对此未作规定，而对贪污罪的共犯有规定，因此，在刑法理论上对非国家工作人员是否可以构成受贿罪的共犯存有疑问。我认为，共犯是一个刑法总则问题，《刑法》第382条第3款关于贪污共犯的规定只是一个提示性规定而非特别规定，因此尽管刑法对受贿共犯没有规定，但并不妨碍受贿共犯的成立。在司法实践中，受贿罪的共犯问题，主要是与国家工作人员有财产共有关系的家庭成员和该国家工作人员共同受贿的问题。家庭成员参与受贿主要表现为：与国家工作人员共同商议收受贿赂，积极出谋划策；传递信息，沟通关系并收受财物；帮助国家工作人员向行贿人索取贿赂；诱导、劝说、催促甚至威逼国家工作人员索取财物，致使国家工作人员产生了受贿犯罪的故意，并实施了受贿行为；等等。家庭成员代请托人向国家工作人员转达请托事项，国家工作人员明知其收受了请托人的财物，仍按照家庭成员的要求利用职权为他人谋取利益的，应认定为受贿罪，家庭成员以受贿罪共犯论处。如果家庭成员没有以上行为，只是明知国家工作人员收受贿赂而与其共享的，属于知情不举，不构成受贿罪的共犯。与国家工作人员没有财产共有关系，但与国家工作人员相互勾结，由国家工作人员利用职务上的便利为请托人谋取利益，双方共同收受并占有请托人的财物的，构成受贿罪的共犯。与国家工作人员没有财产共有关系的人和国家工作人员相互勾结，促使行贿人向国家工作人员行贿，但没有与国家工作人员共同占有贿赂财物的，不能以受贿罪的共犯认定；构成其他犯罪的，依照有关规定定罪处罚。

在现实生活中，还经常发生国家工作人员和公司、企业或者其他单位人员共同勾结受贿的情形。对此，《商业贿赂案件意见》第11条规定，非国家工作人员与国家工作人员通谋，共同收受他人财物，构成共同犯罪的，根据双方利用职务便利的具体情形分别定罪追究刑事责任：(1) 利用国家工作人员的职务便利为他人谋取利益的，以受贿罪追究刑事责任。(2) 利用非国家工作人员的职务便利为他人谋取利益的，以非国家工作人员受贿罪追究刑事责任。(3) 分别利用各自的职务便利为他人谋取利益的，按照主犯的犯罪性质追究刑事责任，不能分清主、从犯的，可以受贿罪追究刑事责任。

4. 受贿罪与其他犯罪的牵连

国家工作人员收受贿赂为他人谋取利益的行为往往触犯其他罪名，因而构成牵连犯，对这种受贿罪的牵连犯是否实行并罚呢？对此，1988年《关于惩治贪污罪贿赂罪的补充规定》曾经明确规定："因受贿而进行违法活动构成其他罪的，依照数罪并罚的规定处罚。"由于我国刑法理论上对牵连犯都实行从一重罪处断原则而不实行数罪并罚，因而这是一个对牵连犯实行数罪并罚的特别规定。但在1997年《刑法》修订中，并未将这一规定吸纳进来。况且《刑法》第399条第4款还规定司法工作人员贪赃枉法，即受贿以后徇私枉法或者枉法裁判的，依照处罚较重的规定定罪处罚。在这种情况下，比照这一规定，我认为对于受贿后为他人谋取利益的行为又触犯其他罪名，构成牵连犯的，应从一重罪处断，而不宜实行数罪并罚。

（四）处罚

根据《刑法》第386条、第383条之规定，犯本罪的，根据受贿所得数额及情节，分别以下情形处罚。

1. 受贿数额较大或者有其他较重情节的，处3年以下有期徒刑或者拘役，并处罚金。根据前引《贪污贿赂案件解释》第1条的规定，这里的数额较大，是指受贿数额在3万元以上不满20万元。这里的其他较重情节，是指具有下列情形之一：（1）多次索贿的；（2）为他人谋取不正当利益，致使公共财产、国家和人民利益遭受损失的；（3）为他人谋取职务提拔、调整的；（4）曾因贪污、受贿、挪用公款受过党纪、行政处分的；（5）曾因故意犯罪受过刑事追究的；（6）赃款赃物用于非法活动的；（7）拒不交待赃款赃物去向或者拒不配合追缴工作，致使无法追缴的；（8）造成恶劣影响或者其他严重后果的。

2. 受贿数额巨大或者有其他严重情节的，处3年以上10年以下有期徒刑，并处罚金或者没收财产。根据前引《贪污贿赂案件解释》第2条的规定，这里的数额巨大，是指受贿数额在20万元以上不满300万元。这里的其他严重情节，是指具有下列情形之一：（1）多次索贿的；（2）为他人谋取不正当利益，致使公共财产、国家和人民利益遭受损失的；（3）为他人谋取职务提拔、调整的；（4）曾因贪污、受贿、挪用公款受过党纪、行政处分的；（5）曾因故意犯罪受过刑事追究的；（6）赃款赃物用于非法活动的；（7）拒不交待赃款赃物去向或者拒不配合追缴工作，致使无法追缴的；（8）造成恶劣影响或者其他严重后果的。

3. 受贿数额特别巨大或者有其他特别严重情节的，处10年以上有期徒刑或者无期徒刑，并处罚金或者没收财产；数额特别巨大，并使国家和人民利益遭受特别重大损失的，处无期徒刑或者死刑，并处没收财产。根据前引《贪污贿赂案件解释》第3条的规定，这里的数额特别巨大，是指受贿数额在300万元以上。这里的其他特别严重情节，是指具有下列情形之一：（1）多次索贿的；（2）为他人谋取不正当利益，致使公共财产、国家和人民利益遭受损失的；（3）为他人谋取职务提拔、调整的；（4）曾因贪污、受贿、挪用公款受过党纪、行政处分的；（5）曾因故意犯罪受过刑事追究的；（6）赃款赃物用于非法活动的；（7）拒不交待赃款赃物去向或者拒不配合追缴工作，致使无法追缴的；（8）造成恶劣影响或者其他严重后果的。

从轻、减轻、免除处罚事由 犯受贿罪，在提起公诉前如实供述自己罪行、真诚悔罪、积极退赃，避免、减少损害结果的发生，有第1项规定情形的，可以从轻、减轻或者免除处罚；有第2项、第3项规定情形的，可以从轻处罚。

终身监禁 犯受贿罪被判处死刑缓期执行的，人民法院根据犯罪情节等情况可以同时决定在其死刑缓期执行2年期满依法减为无期徒刑后，终身监禁，不得减刑、假释。

四、单位受贿罪

（一）概念

单位受贿罪是指国家机关、国有公司、企业、事业单位、人民团体，索取、非法收受他人财物，为他人谋取利益，情节严重的行为。

（二）构成

1. 罪体

主体 单位受贿罪的主体是国家机关、国有公司、企业、事业单位、人民团体。集体经济组织、中外合资企业、中外合作企业、外商独资企业和私营企业不能成为单位受贿罪的主体。对此，2006年4月12日最高人民检察院法律政策研究室曾经作出《关于国有单位的内设机构能否构成单位受贿罪主体问题的答复》指出："国有单位的内设机构利用其行使职权的便利，索取、非法收受他人财物并归该内设机构所有或者支配，为他人谋取利益，情节严重的，依照刑法第三百八十七条的规定以单位受贿罪追究刑事责任。”在司法实践中，对于国有单位内设机构受贿的，应当按照上述规定处理。此外，国有单位的分支机构受贿的，也应以单位受贿罪论处。

行为 单位受贿行为有以下两种情形：（1）索取、非法收受他人财物；（2）在经济往来中，在账外暗中收受各种名义的回扣、手续费。

2. 罪责

单位受贿罪的罪责形式是故意，并且具有非法占有财物的目的。这里的故意，是指单位明知是受贿行为而有意实施的主观心理状态。

3. 罪量

单位受贿罪的罪量要素是情节严重。根据《检察院立案标准》的规定，涉嫌下列情形之一的，应予立案：（1）单位受贿数额在 10 万元以上的。（2）单位受贿数额不满 10 万元，但具有下列情形之一的：1）故意刁难、要挟有关单位、个人，造成恶劣影响的；2）强行索取财物的；3）致使国家或者社会利益遭受重大损失的。因此，凡具有上述情形的，应视为单位受贿情节严重。

（三）处罚

根据《刑法》第 387 条之规定，犯本罪的，对单位判处罚金，并对其直接负责的主管人员和其他直接责任人员，处 5 年以下有期徒刑或者拘役。

五、行贿罪

（一）概念

行贿罪是指为谋取不正当利益，给予国家工作人员以财物的行为。

（二）构成

1. 罪体

行为 行贿罪的行为是给予国家工作人员以财物。这里的给予是指交付财物，以作为国家工作人员为其谋取不正当利益的对价。

客体 行贿罪的客体是国家工作人员，这是行贿罪与对非国家工作人员行贿罪的根本区别之所在。

2. 罪责

行贿罪的罪责形式是故意，并且具有谋取不正当利益的目的。这里的故意，是指明知是为谋取不正当利益而向国家工作人员行贿的行为而有意实施的主观心理状态。

目的犯 行贿罪是法定的目的犯，只有具有谋取不正当利益的目的，才构成本罪。这里的“谋取不正当利益”，根据 2012 年 12 月 26 日最高人民法院、最高人民检察院《关于办理行贿刑事案件具体应用法律若干问题的解释》第 12 条的规定，是指行贿人谋取的利益违反法律、法规、规章、政策的规定，或者要求国家工作人员违反法律、法规、规章、政策、行业规范的规定，为自己提供帮助或者方便条件。违背公平、公正原则，在经济、组织人事管理等活动中，谋取竞争优势的，应当认定为“谋取不正当利益”。

3. 罪量

关于行贿罪的罪量要素，刑法未作规定。根据前引《贪污贿赂案件解释》第 7 条的规定，为谋取不正当利益，向国家工作人员行贿，数额在 3 万元以上的，应当依照《刑法》第 390 条的规定追究刑事责任。行贿数额在 1 万元以上不满 3 万元，具有下列情形之一的，应当依照刑法第 390 条的规定以行贿罪追究刑事责任：(1) 向 3 人以上行贿的；(2) 将违法所得用于行贿的；(3) 通过行贿谋取职务提拔、调整的；(4) 向负有食品、药品、安全生产、环境保护等监督管理职责的国家工作人员行贿，实施非法活动的；(5) 向司法工作人员行贿，影响司法公正的；(6) 造成经济损失数额在 50 万元以上不满 100 万元的。

(三) 认定

1. 商业行贿

商业行贿是行贿罪的一种特殊表现形式，指在经济往来中，违反国家规定，给予国家工作人员以财物，数额较大，或者违反国家规定，给予国家工作人员以各种名义的回扣、手续费的行为。商业行贿不同于普通行贿之处，在于它发生在经济往来这一特定领域。应当指出，刑法对商业行贿并未规定为谋取不正当利益的目的，那么，商业行贿构成犯罪是否在主观上不要求具有这一目的呢？回答是否定的。在经济交往中，无论是违反国家规定给予国家工作人员以财物，还是违反国家规定给予国家工作人员以各种名义的回扣、手续费，构成行贿罪在主观上都必须具有谋取不正当利益的目的，若无此种目的，不构成行贿罪。

2. 罪体排除事由

根据刑法规定，因被勒索给予国家工作人员以财物，没有获得不正当利益的，不是行贿。从刑法理论上说，这是一种罪体排除事由。在这种情况下，虽然行为人给予国家工作人员以财物，但这种给予财物是基于勒索，并且没有获得不正当利益，因而不是行贿。这里的"不是行贿"，不仅指其给予国家工作人员财物的行为不构成行贿罪，而且指这种行为不具有行贿的性质。在认定这种罪体排除事由的时候，要注意掌握两个条件：一是被勒索，指被索要或者被敲诈勒索；二是没有获得不正当利益，指行为人主观上是为谋取不正当利益，但最后没有获得该不正当利益。

(四) 处罚

根据《刑法》第 390 条第 1 款之规定，犯本罪的，处 5 年以下有期徒刑或者拘役，并处罚金；因行贿谋取不正当利益，情节严重的，或者使国家利益遭受重大损失的，处 5 年以上 10 年以下有期徒刑，并处罚金；情节特别严重的，或者使国家利益遭受特别重大损失的，处 10 年以上有期徒刑或者无期徒刑，并处罚金或者没收财产。第 2 款规定：行贿人在被追诉前主动交待行贿行为的，可以从轻或者减轻处罚。其中，犯罪较轻的，对侦破重大案件起关键作用的，或者有重大立功表现的，可以减轻或者免除处罚。根据前引 2012 年解释第 13 条的规定，这里的"被追诉前"，是指检察机关对行贿人的行贿行为刑事立案前。

加重处罚事由 犯行贿罪而谋取不正当利益，情节严重的，或者使国家利益遭受重大损失的，是本罪的加重处罚事由。这里的"情节严重"，根据前引《贪污贿赂案件解释》第 8 条的规定，是指具有下列情形之一：(1) 行贿数额在 100 万元以上不满 500 万元的；(2) 行贿数额在 50 万元以上不满 100 万元，并具有本解释第 7 条第 2 款第 1 项至第 5 项规定的情形之一的；(3) 其他严重的情节。为谋取不正当利益，向国家工作人员行贿，造成经济损失数额在 100 万元以上不满 500 万元的，应当认定为《刑法》第 390 条第 1 款规定的"使国家利益遭受重大损失"。

特别加重处罚事由 犯行贿罪而情节特别严重的，是本罪的特别加重处罚事由。这里的"情节特别严重"，根据前引《贪污贿赂案件解释》第 9 条的规定，是指具有下列情形之一：(1) 行贿数额在 500 万元以上的；(2) 行贿数额在 250 万元以上不满 500 万元，并具有本解释第 7 条第 2 款第 1 项至第 5 项规定的情形之一的；(3) 其他特别严重的情节。为谋取不正当利益，向国家工作人员行贿，造成经济损失数额在 500 万元以上的，应当认定为《刑法》第 390 条第 1 款规定的"使国家利益遭受特别重大损失"。

从轻、减轻或者免除处罚事由 根据《刑法》第390条第2款的规定，行贿人在被追诉前主动交待行贿行为的，可以从轻或者减轻处罚。其中，犯罪较轻的，对侦破重大案件起关键作用的，或者有重大立功表现的，可以减轻或者免除处罚。

六、介绍贿赂罪

（一）概念

介绍贿赂罪是指向国家工作人员介绍贿赂，情节严重的行为。

（二）构成

1. 罪体

行为 介绍贿赂行为是指在行贿人与受贿人之间沟通关系、撮合条件，使贿赂行为得以实现的行为。

客体 介绍贿赂罪的客体是国家工作人员，既不包括其他非国家工作人员，也不包括单位。

2. 罪责

介绍贿赂罪的罪责形式是故意，个人是否具有牟利动机在所不问。这里的故意，是指明知是介绍贿赂的行为而有意实施的主观心理状态。

3. 罪量

介绍贿赂罪的罪量要素是情节严重。这里的"情节严重"，参照《检察院立案标准》的规定，是指具有下列情形之一：(1) 介绍个人向国家工作人员行贿，数额在2万元以上的；介绍单位向国家工作人员行贿，数额在20万元以上的。(2) 介绍贿赂数额不满上述标准，但具有下列情形之一的：1) 为使行贿人获取非法利益而介绍的；2) 3次以上或者为3人以上介绍贿赂的；3) 向党政领导、司法工作人员、行政执法人员介绍贿赂的；4) 致使国家或者社会利益遭受重大损失的。

（三）处罚

根据《刑法》第392条第1款之规定，犯本罪的，处3年以下有期徒刑或者拘役，并处罚金。第2款规定，介绍贿赂人在被追诉前主动交待介绍贿赂行为的，可以减轻处罚或者免除处罚。

自首的特别规定 根据《刑法》第392条第2款的规定，介绍贿赂人在被追诉前主动交待介绍贿赂行为的，可以减轻处罚或者免除处罚。

七、巨额财产来源不明罪

（一）概念

巨额财产来源不明罪是指国家工作人员的财产、支出明显超出合法收入，差额巨大，而本人又不能说明其来源合法的行为。

（二）构成

1. 罪体

主体 巨额财产来源不明罪的主体是国家工作人员。

行为 巨额财产来源不明罪的行为是国家工作人员的财产、支出明显超出合法收入，差额巨大，而本人又不能说明其来源的合法性。关于本罪的行为形式，在刑法理论上存在争议。第一种观点认为，本罪的行为方式是持有，因此本罪是持有型犯罪，即国家工作人员持有来源不明的财产。第二种观点认为本罪的行为方式是不作为，因此本罪是不作为犯罪，即国家工作人员不履行来源不明财产的说明义务。我认为，从现行刑法规定来看，本罪的行为形式理解为持有较为妥当。在本罪的客观行为中，国家工作人员持有明显超出合法收入的财产，并且差额巨大，是构成犯罪的关键。而本人不能说明其来源的合法性，是本罪构成的另一个条件。如果本人能够说明其财产来源的合法性，则不构成本罪。只有在本人不能说明其来源的合法性的情况下，才能表明其所拥有的财产系非法所得，因而构成犯罪。这里的“不能说明”，根据《经济案件座谈会纪要》的规定，包括以下四种情形：(1) 行为人拒不说明财产来源；(2) 行为人无法说明财产的具体来源；(3) 行为人所说的财产来源经司法机关查证并不属实；(4) 行为人所说的财产来源因线索不具体等原因，司法机关无法查实，但能排除存在来源合法的可能性和合理性的。这里的“合法收入”包括法定收入、兼职收入以及各种灰色收入，包括货币收入、实物收入以及期权等其他收入。

客体　巨额财产来源不明罪的客体是非法所得。《刑法》第 395 条明确规定，对于本人不能说明来源的差额巨大的财产，对于差额部分以非法所得论。根据《经济案件座谈会纪要》的规定，这里的“非法所得”，一般是指行为人的全部财产与能够认定的所有支出的总和减去能够证实的有真实来源的所得。在具体计算时，应注意以下三个问题：(1) 应把国家工作人员个人财产和与其共同生活的家庭成员的财产、支出等一并计算，而且一并减去他们所有的合法收入以及确属与其共同生活的家庭成员个人的非法收入。(2) 行为人所有的财产包括房产、家具、生活用品、学习用品及股票、债券、存款等动产和不动产；行为人的支出包括合法支出和不合法的支出，包括日常生活、工作、学习费用，罚款及向他人行贿的财物等；行为人的合法收入包括工资、奖金、稿酬、继承等法律和政策允许的各种收入。(3) 为了便于计算犯罪数额，对于行为人的财产和合法收入，一般可以从行为人有比较确定的收入和财产时开始计算。

2. 罪责

巨额财产来源不明罪的罪责形式是故意。这里的故意是指国家工作人员对于本人占有的明显超出其合法收入的差额巨大的财产是在明知的情况下予以占有，并且不能说明其合法来源的主观心理状态。

3. 罪量

巨额财产来源不明罪的罪量要素是持有的财产与合法收入的财产之间差额巨大。这里的“差额巨大”，根据《检察院立案标准》的规定，是指数额在 30 万元以上；未达到这一数额标准的，不构成本罪。在司法实践中计算巨额财产来源不明罪的犯罪数额时，可将行为人的全部财产与以往所有支出的总和减去已认定的犯罪所得（例如贪污、受贿数额）、合法收入及非法所得，剩余的就是来源不明的财产。

（三）处罚

根据《刑法》第 395 条第 1 款［《刑法修正案（七）》第 14 条］之规定，犯本罪的，处 5 年以下有期徒刑或者拘役；差额特别巨大的，处 5 年以上 10 年以下有期徒刑。财产的差额部分予以收缴。

八、私分国有资产罪

（一）概念

私分国有资产罪是指国家机关、国有公司、企业、事业单位、人民团体，违反国家规定，以单位名义将国有资产集体私分给个人，数额较大的行为。

（二）构成

1. 罪体

主体　私分国有资产罪的主体是国家机关、国有公司、企业、事业单位、人民团体，非国有单位不能成为本罪的主体。

行为 私分国有资产罪的行为是指违反国家规定，以单位名义将国有资产集体私分给个人。这里的“违反国家规定”，是指违反国家有关管理、使用、保护国有资产方面的法律、行政法规的规定。这里的“以单位名义集体私分”，是指由单位领导个人或者经领导集体讨论作出决定，将国有资产分给单位全体职工或者绝大多数职工。

客体 私分国有资产罪的客体是国有资产。这里的国有资产是指国家依法取得和认定的，或者国家以各种形式对企业的投资和投资收益、国家向行政事业单位拨款等形成的资产。

2. 罪责

私分国有资产罪的罪责形式是故意。这里的故意，是指明知是国有资产而予以私分的主观心理状态。

3. 罪量

私分国有资产罪的罪量要素是数额较大。这里的“数额较大”，参照《检察院立案标准》的规定，是指累计数额在 10 万元以上。

（三）认定

私分国有资产罪与贪污罪（这里主要是指共同贪污）如何区分，对于正确地认定私分国有资产罪具有重要意义。我认为，两罪的区分主要表现在以下四个方面。

1. 是否具有公开性

一般来说，私分国有资产行为都是以发奖金、购买商业保险等公开名义进行的，因而在单位内部往往是众所周知的；而贪污行为都是秘密的，国家工作人员利用职务上的便利，采取隐蔽方法，将公共财物非法地据为己有。

2. 是否经过一定程序

私分国有资产是以国家机关、国有公司、企业、事业单位、人民团体的名义实施的，因此，往往是由单位领导个人或者经领导集体讨论决定的，经过了一定的程序。而在共同贪污的情况下，即使是经某些人密谋决定，也不能视为经过一定程序，而只是个别人或者少数人的个人决定。

3. 是否记过账目

私分国有资产因为采取公开的方式，所以所分国有资产的情况，例如数额、人数等，均在账目上有所反映，是公开入账的。但贪污则是采取隐蔽方式，将账做平，在账目上没有反映贪污的财物。

4. 是否分给全体或者绝大多数职工

私分国有资产罪与贪污罪相比，在非法获取公共财物的人员范围上存在明显区别。一般来说，私分国有资产是在单位内部全体职工或者绝大多数职工中进行集体私分，而共同贪污则只是在少数人之间对公共财物进行瓜分。

（四）处罚

根据《刑法》第 396 条第 1 款之规定，犯本罪的，对其直接负责的主管人员和其他直接责任人员，处 3 年以下有期徒刑或者拘役，并处或者单处罚金；数额巨大的，处 3 年以上 7 年以下有期徒刑，并处罚金。

加重处罚事由 犯私分国有资产罪而数额巨大的，是本罪的加重处罚事由。

第7章 渎 职 罪

一、滥用职权罪

（一）概念

滥用职权罪是指国家机关工作人员超越职权，违法决定、处理无权决定、处理的事项，致使公共财产、国家和人民利益遭受重大损失的行为。

（二）构成

1. 罪体

主体 滥用职权罪的主体是国家机关工作人员。这里的“国家机关工作人员”是指在国家机关中从事公务的人员，包括各级国家权力机关、行政机关、监察机关、审判机关、检察机关和军事机关中从事公务的人员。其他根据法律规定参照国家公务员法进行管理的人员，应当以国家机关工作人员论。1997年《刑法》对渎职罪的主体限制较严，而相关司法解释对个别犯罪的主体作了扩大解释，不无越权之嫌。由此2002年12月28日全国人大常委会颁布《关于〈中华人民共和国刑法〉第九章渎职罪主体适用问题的解释》（以下简称《渎职罪主体立法解释》），对渎职罪的主体作出了立法解释，规定：“在依照法律、法规规定行使国家行政管理职权的组织中从事公务的人员，或者在受国家机关委托代表国家机关行使职权的组织中从事公务的人员，或者虽未列入国家机关人员编制但在国家机关中从事公务的人员，在代表国家机关行使职权时，有渎职行为，构成犯罪的，依照刑法关于渎职罪的规定追究刑事责任。”根据这一解释，滥用职权罪的主体亦包括上述人员。

行为 滥用职权罪的行为是滥用职权。滥用职权行为在客观上表现为以下两种情形：一是违反法律规定的权限行使职权。任何权力都有一定的边界，因此，国家机关工作人员在行使职权的时候，必须严格在法律规定范围内行使而不得超越法律的限度。违反法律规定的权限行使职权就是一种滥用职权的行为。二是违反法律规定的程序行使职权。任何权力都必须根据一定的程序行使，违反法律规定的程序行使职权也是一种滥用职权的行为。

2. 罪责

滥用职权罪的罪责形式是故意。这里的故意是指明知是滥用职权的行为而有意实施的主观心理状态。在刑法理论上，对于滥用职权罪的罪过形式是故意还是过失存在争议。过失论者认为滥用职权的行为虽然是故意的，但行为人对于损害结果是过失的，应以过失犯罪论处。也有个别学者认为，滥用职权罪的罪过形式既可能是过失，也可能是间接故意，这是一种复合罪过。我认为，滥用职权是明知违反法律规定的权限和违反法律规定的程序而滥用职权，或者明知应当履行职责而不实施职务行为，这种滥用职权行为显然是故意实施的。至于致使公共财产、国家和人民利益遭受重大损失，并非滥用职权罪的结果，而是滥用职权罪的罪量。也就是说，滥用职权行为本身是故意的，但并非只要实施了滥用职权行为就构成犯罪，而是只有在致使公共财产、国家和人民利益遭受重大损失的情况下才构成犯罪。因此，不能根据行为人对于致使公共财产、国家和人民利益遭受重大损失的主观心理状态来确定本罪的罪责形式。

3. 罪量

滥用职权罪的罪量要素是致使公共财产、国家和人民利益遭受重大损失。这里的“致使公共财产、国家和人民利益遭受重大损失”，根据2013年1月9日实施的最高人民法院、最高人民检察院《关于办理渎职刑事案件适用法律若干问题的解释（一）》（以下简称《渎职案件解释》）第1条第1款规定，是指具有下列情形之一：（1）造成死亡1人以上，或者重伤3人以上，或者轻伤9人以上，或者重伤2人、轻伤3人以上，或者重伤1人、轻伤6人以上的；（2）造成经济损失30万元以上的；（3）造成恶劣社会影响的；（4）其他致使公共财产、国家和人民利益遭受重大损失的情形。此外，根据该解释第8条的规定，这里的经济损失，是指渎职犯罪或者与渎职犯罪相关联的犯罪立案时已经实际造成的财产损失，包括为挽回渎职犯罪所造成损失而支付的各种开支、费用等。立案后至提起公诉前持续发生的经济损失，应一并计入渎职犯罪造成的经济损失。债务人经法定程序被宣告破产，债务人潜逃、去向不明，或者因行为人的责任超过诉讼时效等，致使债权已经无法实现的，无法实现的债权部分应当认定为渎职犯罪的经济损失。渎职犯罪或者与渎职犯罪相关联的犯罪立案后，犯罪分子及其亲友自行挽回的经济损失，司法机关或者犯罪分子所在单位及其上级主管部门挽回的经济损失，或者因客观原因减少的经济损失，不予扣减，但可以作为酌定从轻处罚的情节。

（三）认定

1. 法条竞合

《刑法》第397条中的“本法另有规定的，依照规定”，是对滥用职权罪的法条竞合的规定。其中又可以分为两种情形：一是普通滥用职权罪的法条竞合。在这种情况下，普通滥用职权罪是普通法，而违法发放林木采伐许可证罪等具体的滥用职权罪是特别法，根据特别法优于普通法的原则，应当适用特别法而不按普通法定罪处罚。对此，《渎职案件解释》第2条第1款规定：“国家机关工作人员实施滥用职权或者玩忽职守犯罪行为，触犯刑法分则第九章第三百九十八条至第四百一十九条规定的，依照该规定定罪处罚。”二是徇私舞弊犯滥用职权罪的法条竞合。在这种情况下，徇私舞弊犯滥用职权罪是普通法，而徇私舞弊等具体的滥用职权罪是特别法，根据特别法优于普通法的原则，应适用特别法而不按普通法定罪处罚。但是，《渎职案件解释》第2条第2款规定：“国家机关工作人员滥用职权或者玩忽职守，因不具备徇私舞弊等情形，不符合刑法分则第九章第三百九十八条至第四百一十九条的规定，但依法构成第三百九十七条规定的犯罪的，以滥用职权罪或者玩忽职守罪定罪处罚。”

2. 数罪并罚

《渎职案件解释》第3条规定：“国家机关工作人员实施渎职犯罪并收受贿赂，同时构成受贿罪的，除刑法另有规定外，以渎职犯罪和受贿罪数罪并罚。”

3. 共犯

《渎职案件解释》第4条规定：“国家机关工作人员实施渎职行为，放纵他人犯罪或者帮助他人逃避刑事处罚，构成犯罪的，依照渎职罪的规定定罪处罚。国家机关工作人员与他人共谋，利用其职务行为帮助他人实施其他犯罪行为，同时构成渎职犯罪和共谋实施的其他犯罪共犯的，依照处罚较重的规定定罪处罚。国家机关工作人员与他人共谋，既利用其职务行为帮助他人实施其他犯罪，又以非职务行为与他人共同实施该其他犯罪行为，同时构成渎职犯罪和其他犯罪的共犯的，依照数罪并罚的规定定罪处罚。”此外，该解释第5条还规定：“国家机关负责人员违法决定，或者指使、授意、强令其他国家机关工作人员违法履行职务或者不履行职务，构成刑法分则第九章规定的渎职犯罪的，应当依法追究刑事责任。以‘集体研究’形式实施的渎职犯罪，应当依照刑法分则第九章的规定追究国家机关负有责任的人员的刑事责任。对于具体执行人员，应当在综合认定其行为性质、是否提出反对意见、危害结果大小等情节的基础上决定是否追究刑事责任和应当判处的刑罚。”

（四）处罚

《刑法》第397条第1款规定，犯本罪的，处3年以下有期徒刑或者拘役；情节特别严重的，处3年以上7年以下有期徒刑。本法另有规定的，依照规定。该条第2款规定，国家机关工作人员徇私舞弊，犯前款罪的，处5年以下有期徒刑或者拘役；情节特别严重的，处5年以上10年以下有期徒刑。本法另有规定的，依照规定。

加重处罚事由 犯滥用职权罪而情节特别严重的，是本罪的加重处罚事由。这里的“情节特别严重”，根据《渎职案件解释》第1条第2款的规定，是指具有下列情形之一：（1）造成伤亡达到该条第1款第1项规定人数3倍以上的；（2）造成经济损失150万元以上的；（3）造成该条第1款规定的损失后果，不报、迟报、谎报或者授意、指使、强令他人不报、迟报、谎报事故情况，致使损失后果持续、扩大或者抢救工作延误的；（4）造成特别恶劣社会影响的；（5）其他特别严重的情节。

徇私舞弊犯滥用职权罪的处罚 《刑法》第397条第2款规定了国家机关工作人员徇私舞弊犯前款罪的法定刑。我认为，因徇私舞弊只能由故意构成，所以这里规定的犯前款罪，应当理解为犯滥用职权罪而不包括犯玩忽职守罪。根据《检察院立案标准》的规定，徇私舞弊是指国家机关工作人员为徇私情、私利，故意违背事实和法律，伪造材料，隐瞒情况，弄虚作假的行为。这里的徇私，根据《经济案件座谈会纪要》的规定，应理解为徇个人私情、私利。国家机关工作人员为了本单位的利益，实施滥用职权行为，构成犯罪的，依照《刑法》第397条第1款的规定定罪处罚。

二、玩忽职守罪

（一）概念

玩忽职守罪是指国家机关工作人员严重不负责任，不履行或者不认真履行职责，致使公共财产、国家和人民利益遭受重大损失的行为。

（二）构成

1. 罪体

主体 玩忽职守罪的主体是国家机关工作人员。2000年10月9日，最高人民检察院《关于合同制民警能否成为玩忽职守罪主体问题的批复》规定，根据《刑法》第93条第2款的规定，合同制民警在依法执行公务期间，属于“其他依照法律从事公务的人员”，应以国家机关工作人员论。对于合同制民警在依法执行公务活动中的玩忽职守行为，符合《刑法》第397条规定的玩忽职守罪构成要件的，依法以玩忽职守罪追究刑事责任。此外，《渎职罪主体立法解释》规定的人员当然包括在玩忽职守罪的主体范围内。

行为 玩忽职守罪的行为是不履行或者不认真履行职责。因此，玩忽职守行为可以分为以下两种情形：一是不履行职责。这是一种不作为的玩忽职守行为，表现为行为人应当履行而且能够履行但不履行其职责。这种情形包括擅离职守、放弃职守、拒绝履行职守和不及时履行职守等。二是不认真履行职责。在这种情况下，行为人虽然履行了职责，但不严肃认真地对待其职责，以致错误地履行了职责。

结果 玩忽职守罪的结果是致使公共财产、国家和人民利益遭受重大损失。

2. 罪责

玩忽职守罪的罪责形式是过失。这里的过失，是指应当预见自己玩忽职守的行为可能致使公共财产、国家和人民利益遭受重大损失，因为疏忽大意而没有预见，或者已经预见而轻信能够避免，以致发生这种结果的主观心理状态。

3. 罪量

关于玩忽职守罪的罪量要素，根据《渎职案件解释》第1条第1款的规定，是指具有下列情形之一：（1）造成死亡1人以上，或者重伤3人以上，或者轻伤9人以上，或者重伤2人、轻伤3人以上，或者重伤1人、轻伤6人以上的；（2）造成经济损失30万元以上的；（3）造成恶劣社会影响的；（4）其他致使公共财产、国家和人民利益遭受重大损失的情形。

（三）认定

《刑法》第397条第1款中的“本法另有规定的，依照规定”，是对玩忽职守罪的法条竞合的规定。其中，玩忽职守罪是普通法，而环境监管失职罪等具体的玩忽职守罪是特别法。根据特别法优于普通法的原则，在这种情况下，应当适用特别法而不按普通法定罪处罚。

（四）处罚

根据《刑法》第397条第1款之规定，犯本罪的，处3年以下有期徒刑或者拘役；情节特别严重的，处3年以上7年以下有期徒刑。

加重处罚事由 犯本罪而情节特别严重的，是本罪的加重处罚事由。这里的“情节特别严重”，根据《渎职案件解释》第1条第2款的规定，是指具有下列情形之一：（1）造成伤亡达到该条第1款第1项规定人数3倍以上的；（2）造成经济损失150万元以上的；（3）造成该条第1款规定的损失后果，不报、迟报、谎报或者授意、指使、强令他人不报、迟报、谎报事故情况，致使损失后果持续、扩大或者抢救工作延误的；（4）造成特别恶劣社会影响的；（5）其他特别严重的情节。

三、故意泄露国家秘密罪

（一）概念

故意泄露国家秘密罪是指国家机关工作人员或者非国家机关工作人员违反保守国家秘密法的规定，故意使国家秘密被不应知悉者知悉，或者故意使国家秘密超出限定的接触范围，情节严重的行为。

（二）构成

1. 罪体

主体 故意泄露国家秘密罪的主体是国家机关工作人员。根据刑法规定，非国家机关工作人员也可以成为本罪的主体。

行为 故意泄露国家秘密罪的行为是违反保守国家秘密法，故意泄露国家秘密。这里的“泄露国家秘密”，包括以下两种情形：一是故意使国家秘密被不应知悉者知悉，二是故意使国家秘密超出限定的接触范围。这两种情形中，前者是泄露给特定的人，后者是泄露给不特定的人，两者都属于泄露。2001年1月17日最高人民法院《关于审理为境外窃取、刺探、收买、非法提供国家秘密、情报案件具体应用法律若干问题的解释》第6条规定，将国家秘密通过互联网予以发布，情节严重的，依照《刑法》第398条的规定定罪处罚。因此，通过互联网发布也是本罪的行为方式。

客体 故意泄露国家秘密罪的客体是国家秘密。这里的国家秘密是指关系国家安全和利益，依照法律的程序确定，在一定的时间内只限于一定范围的人员知悉的事项。根据《保守国家秘密法》第 9 条的规定，国家秘密主要包括：(1) 国家事务重大决策中的秘密事项；(2) 国防建设和武装力量活动中的秘密事项；(3) 外交和外事活动中的秘密事项以及对外承担保密义务的秘密事项；(4) 国民经济和社会发展中的秘密事项；(5) 科学技术中的秘密事项；(6) 维护国家安全活动和追查刑事犯罪中的秘密事项；(7) 经国家保密行政管理部门确定的其他秘密事项。根据《保守国家秘密法》第 10 条的规定，国家秘密的密级分为绝密、机密、秘密三级：绝密级国家秘密是最重要的国家秘密，泄露会使国家安全和利益遭受特别严重的损害；机密级国家秘密是重要的国家秘密，泄露会使国家安全和利益遭受严重的损害；秘密级国家秘密是一般的国家秘密，泄露会使国家安全和利益遭受损害。

2. 罪责

故意泄露国家秘密罪的罪责形式是故意。这里的故意，是指明知是泄露国家秘密的行为而有意实施的主观心理状态。

3. 罪量

故意泄露国家秘密罪的罪量要素是情节严重。这里的“情节严重”，参照 2006 年 7 月 26 日最高人民检察院《关于渎职侵权犯罪案件立案标准的规定》(以下简称《渎职侵权案件立案标准》)，是指具有下列情形之一：(1) 泄露绝密级国家秘密 1 项（件）以上的；(2) 泄露机密级国家秘密 2 项（件）以上的；(3) 泄露秘密级国家秘密 3 项（件）以上的；(4) 向非境外机构、组织、人员泄露国家秘密，造成或者可能造成危害社会稳定、经济发展、国防安全或者其他严重危害后果的；(5) 通过口头、书面或者网络等方式向公众散布、传播国家秘密的；(6) 利用职权指使或者强迫他人违反国家保守秘密法的规定泄露国家秘密的；(7) 以牟取私利为目的泄露国家秘密的；(8) 其他情节严重的情形。

(三) 处罚

根据《刑法》第 398 条之规定，犯本罪的，处 3 年以下有期徒刑或者拘役；情节特别严重的，处 3 年以上 7 年以下有期徒刑。

加重处罚事由 犯故意泄露国家秘密罪而情节特别严重的，是本罪的加重处罚事由。这里的“情节特别严重”，是指泄露国家秘密已经造成严重后果的；泄露国家重要机密的；泄露国家秘密的次数多或者数量大的；向多人泄露国家秘密，危害严重的；等等。

四、徇私枉法罪

(一) 概念

徇私枉法罪是指司法工作人员徇私枉法、徇情枉法，对明知是无罪的人而使他受追诉、对明知是有罪的人而故意包庇不使他受追诉，或者在刑事审判活动中故意违背事实和法律作枉法裁判的行为。

(二) 构成

1. 罪体

主体 徇私枉法罪的主体是司法工作人员。根据《刑法》第 94 条的规定，司法工作人员是指有侦查、检察、审判、监管职责的工作人员。

行为 徇私枉法罪的行为是在刑事诉讼活动中，违背事实和法律作枉法裁判。这里的“违背事实和法律”，是指不忠于事实真相、不遵守法律规定。根据刑法规定，徇私枉法行为包括以下两种情形：一是对明知是无罪的人而使他受追诉，或者对明知是有罪的人而故意包庇不使他受追诉。这里的追诉，是指从立案到向法院提起公诉的司法行为，因此，这种行为的主体一般是承担追诉职责的侦查、检察和监管人员。二是在刑事审判活动中故意违背事实和法律作枉法裁判。这里的枉法裁判包括把有罪的人判为无罪、把无罪的人判为有罪，轻罪重判或者重罪轻判。因此，这一行为的主体是审判人员。在认定徇私枉法行为的时候，可以参照《渎职侵权案件立案标准》的规定，根据该规定，徇私枉法行为涉嫌下列情形之一的，应予立案：(1) 对明知是没有犯罪事实或者其他依法不应当追究刑事责任的人，采取伪造、隐匿、毁灭证据或者其他隐瞒事实、违反法律的手段，以追究刑事责任为目的立案、侦查、起诉、审判的；(2) 对明知是有犯罪事实需要追究刑事责任的人，采取伪造、隐匿、毁灭证据或者其他隐瞒事实、违反法律的手段，故意包庇使其不受立案、侦查、起诉、审判的；(3) 采取伪造、隐匿、毁灭证据或者其他隐瞒事实、违反法律的手段，故意使罪重的人受较轻的追诉，或者使罪轻的人受较重的追诉的；(4) 在立案后，采取伪造、隐匿、毁灭证据或者其他隐瞒事实、违反法律的手段，应当采取强制措施而不采取强制措施，或者虽然采取强制措施，但中断侦查或者超过法定期限不采取任何措施，实际放任不管，以及违法撤销、变更强制措施，致使犯罪嫌疑人、被告人实际脱离司法机关侦控的；(5) 在刑事审判活动中故意违背事实和法律，作出枉法判决、裁定，即有罪判无罪、无罪判有罪，或者重罪轻判、轻罪重判的；(6) 其他徇私枉法应予追究刑事责任的情形。

2. 罪责

徇私枉法罪的罪责形式是故意。这里的故意，是指行为人明知自己的行为是违背事实和法律的行为而有意实施的主观心理状态。本罪的犯罪动机是徇私、徇情，徇私是指徇个人私利，徇情是指徇亲友私情。

（三）认定

本罪属于司法工作人员的渎职犯罪，因此在一般情况下，本罪只能由司法工作人员构成。但在某些情况下，非司法工作人员可以成为本罪的共犯。对此，2003 年 4 月 16 日最高人民检察院法律政策研究室《关于非司法工作人员是否可以构成徇私枉法罪共犯问题的答复》指出，非司法工作人员与司法工作人员勾结，共同实施徇私枉法行为，构成犯罪的，应当以徇私枉法罪的共犯追究刑事责任。

（四）处罚

《刑法》第 399 条第 1 款规定，犯本罪的，处 5 年以下有期徒刑或者拘役；情节严重的，处 5 年以上 10 年以下有期徒刑；情节特别严重的，处 10 年以上有期徒刑。该条第 4 款规定，司法工作人员收受贿赂，有徇私枉法行为，同时又构成本法第 385 条规定之罪的，依照处罚较重的规定定罪处罚。

加重处罚事由　犯徇私枉法罪而情节严重的，是本罪的加重处罚事由。这里的“情节严重”，是指犯罪手段恶劣，严重损害公民合法权益的；因其徇私枉法而按无罪处理或者被宣告无罪的人重新犯罪的；造成严重的社会影响的；等等。

贪赃枉法的处罚　根据刑法规定，司法工作人员收受贿赂，有徇私枉法行为的，依照处罚较重的规定定罪处罚。这是对徇私枉法罪与受贿罪之牵连犯的处罚原则的规定。在索取或者收受请托人的财物以后，为请托人谋取利益的行为又触犯了徇私枉法罪，在刑法理论上是牵连犯。根据《刑法》第 399 条第 4 款的规定，对于这种牵连犯，应当采取从一重罪处断的原则。

五、私放在押人员罪

（一）概念

私放在押人员罪是指司法工作人员私放在押（包括在羁押场所和押解途中）的犯罪嫌疑人、被告人或者罪犯的行为。

（二）构成

1. 罪体

主体　私放在押人员罪的主体是司法工作人员。根据2001年3月2日最高人民检察院的解释，工人等非监管机关在编监管人员被监管机关聘用受委托履行监管职责的，也可以成为本罪的主体。根据《渎职罪主体立法解释》的规定，上述人员当然包括在私放在押人员罪的主体范围内。

行为　私放在押人员罪的行为是私放在押的犯罪嫌疑人、被告人或者罪犯的行为。这里的“私放”，是指非法地擅自将在押人员释放，使其脱离监管机关的监控范围；在押，既包括监管在看守所、监狱等固定场所，也包括监管在押解途中或者在监管场所以外的劳动、作业等临时场所；私放在押人员行为，根据《渎职侵权案件立案标准》的规定，具有下列情形之一，应予立案：(1) 私自将在押的犯罪嫌疑人、被告人、罪犯放走，或者授意、指使、强迫他人将在押的犯罪嫌疑人、被告人、罪犯放走的；(2) 伪造、变造有关法律文书、证明材料，以使在押的犯罪嫌疑人、被告人、罪犯逃跑或者被释放的；(3) 为私放在押的犯罪嫌疑人、被告人、罪犯，故意向其通风报信、提供条件，致使该在押的犯罪嫌疑人、被告人、罪犯脱逃的；(4) 其他私放在押的犯罪嫌疑人、被告人、罪犯应予追究刑事责任的行为。

客体　私放在押人员罪的客体是在押人员。这里的在押人员，是指犯罪嫌疑人、被告人或者罪犯。

2. 罪责

私放在押人员罪的罪责形式是故意。这里的“故意”，是指明知自己的行为会使在押人员脱逃而有意实施的主观心理状态。本罪的动机大多是徇私、徇情。

（三）处罚

根据《刑法》第400条第1款之规定，犯本罪的，处5年以下有期徒刑或者拘役；情节严重的，处5年以上10年以下有期徒刑；情节特别严重的，处10年以上有期徒刑。

加重处罚事由　犯私放在押人员罪而情节严重的，是本罪的加重处罚事由。这里的“情节严重”，是指私放罪行严重的罪犯，包括私放被判处死刑、无期徒刑的罪犯；私放在押人员多人、多次的；在押人员被私放后实施犯罪、危害社会的；在押人员被私放后，对检举人、控告人、证人或者司法工作人员打击报复的；造成其他严重后果的；等等。

特别加重处罚事由　犯私放在押人员罪而情节特别严重的，是本罪的特别加重处罚事由。这里的“情节特别严重”，是指私放犯有特别严重罪行的罪犯，私放人数、次数特别多的，或者造成其他特别严重后果的；等等。

六、徇私舞弊不移交刑事案件罪

（一）概念

徇私舞弊不移交刑事案件罪是指行政执法人员徇私舞弊，对依法应当移交司法机关追究刑事责任的案件不移交，情节严重的行为。

（二）构成

1. 罪体

主体　徇私舞弊不移交刑事案件罪的主体是行政执法人员。这里的“行政执法人员”是指依法行使行政执法权的国家机关工作人员。根据《渎职罪主体立法解释》，这里的“行政执法人员”，不仅包括国家机关中的行政执法人员，而且包括在依照法律、法规规定行使国家行政管理职权的组织中的行政执法人员，或者在受国家机关委托代表国家机关行使职权的组织中行使职权的行政执法人员，或者虽未列入国家机关人员编制但在国家机关中行使职权的行政执法人员。

行为 徇私舞弊不移交刑事案件罪的行为是徇私舞弊，对依法应当移交司法机关追究刑事责任的案件不移交。这里的“依法应当移交”，是指根据法律规定已经构成犯罪，需要移交司法机关追究刑事责任。“不移交”，是指不向司法机关移送案件。本罪的行为方式是不作为，即不履行移交义务。

客体 徇私舞弊不移交刑事案件罪的客体是刑事案件。这里的刑事案件，是指经立案、查证犯罪嫌疑人实施了一定的犯罪行为，依法应当追究刑事责任的案件。

2. 罪责

徇私舞弊不移交刑事案件罪的罪责形式是故意。这里的故意，是指明知他人的行为已经构成犯罪，应当移交司法机关追究刑事责任而故意不移交，使他人逃避法律追究的主观心理状态。本罪须出于徇私的动机。

3. 罪量

徇私舞弊不移交刑事案件罪的罪量要素是情节严重。参照《渎职侵权案件立案标准》的规定，情节严重是指具有下列情形之一：(1) 对依法可能判处 3 年以上有期徒刑、无期徒刑、死刑的犯罪案件不移交的；(2) 不移交刑事案件涉及 3 人次以上的；(3) 司法机关提出意见后，无正当理由仍然不予移交的；(4) 以罚代刑，放纵犯罪嫌疑人，致使犯罪嫌疑人继续进行违法犯罪活动的；(5) 行政执法部门主管领导阻止移交的；(6) 隐瞒、毁灭证据，伪造材料，改变刑事案件性质的；(7) 直接负责的主管人员和其他直接责任人员为牟取本单位私利而不移交刑事案件，情节严重的；(8) 其他情节严重的情形。

(三) 处罚

根据《刑法》第 402 条之规定，犯本罪的，处 3 年以下有期徒刑或者拘役；造成严重后果的，处 3 年以上 7 年以下有期徒刑。

加重处罚事由 犯徇私舞弊不移交刑事案件罪而造成严重后果的，是本罪的加重处罚事由。这里的“造成严重后果”，是指因不移交刑事案件而严重妨碍其他刑事案件侦破或者审判的；应当移交的刑事案件涉及重大犯罪的；造成极为恶劣的社会影响的；等等。

七、国家机关工作人员签订、履行合同失职被骗罪

(一) 概念

国家机关工作人员签订、履行合同失职被骗罪是指国家机关工作人员在签订、履行合同过程中，因严重不负责任被诈骗，致使国家利益遭受重大损失的行为。

(二) 构成

1. 罪体

主体 国家机关工作人员签订、履行合同失职被骗罪的主体是国家机关工作人员以及《渎职罪主体立法解释》规定的人员。

行为 国家机关工作人员签订、履行合同失职被骗罪的行为是在签订、履行合同过程中，因失职被诈骗。这里的失职，是指严重不负责任，即不履行或者不正确履行签订、履行合同时应尽的职责。

客体 国家机关工作人员签订、履行合同失职被骗罪的客体是国家利益。

结果 国家机关工作人员签订、履行合同失职被骗罪的结果是致使国家利益遭受重大损失。

2. 罪责

国家机关工作人员签订、履行合同失职被骗罪的罪责形式是过失。这里的过失，是指应当预见自己严重不负责任可能发生被诈骗，致使国家利益遭受重大损失的结果，由于疏忽大意而没有预见，或者已经预见而轻信能够避免，以致发生这种结果的主观心理状态。

3. 罪量

国家机关工作人员签订、履行合同失职被骗罪的罪量要素是致使国家利益遭受重大损失。这里的“重大损失”，参照《渎职侵权案件立案标准》的规定，是指具有下列情形之一：(1) 造成直接经济损失30万元以上，或者直接经济损失不满30万元，但间接经济损失150万元以上的；(2) 其他致使国家利益遭受重大损失的情形。

（三）处罚

根据《刑法》第406条之规定，犯本罪的，处3年以下有期徒刑或者拘役；致使国家利益遭受特别重大损失的，处3年以上7年以下有期徒刑。

加重处罚事由　犯国家机关工作人员签订、履行合同失职被骗罪而致使国家利益遭受特别重大损失，是本罪的加重处罚事由。这里的“造成特别重大损失”，是指造成直接经济损失特别重大。

八、帮助犯罪分子逃避处罚罪

（一）概念

帮助犯罪分子逃避处罚罪是指有查禁犯罪活动职责的国家机关工作人员，向犯罪分子通风报信、提供便利，帮助犯罪分子逃避处罚的行为。

（二）构成

1. 罪体

主体　帮助犯罪分子逃避处罚罪的主体是有查禁犯罪活动职责的国家机关工作人员。这里的“有查禁犯罪活动职责的国家机关工作人员”，是指国家安全机关、公安机关、检察机关中负有查禁犯罪活动职责的司法工作人员。

行为　帮助犯罪分子逃避处罚罪的行为是向犯罪分子通风报信、提供便利，帮助犯罪分子逃避处罚。这里的“通风报信”，是指直接向犯罪分子或者通过其亲友向犯罪分子泄露、告知或通报有关部门查禁犯罪活动的部署、措施、计划以及时间、地点等情况；“提供便利”是指为犯罪分子提供隐藏处所、交通工具、通信设备、钱物等便利条件。采用上述两种手段，帮助犯罪分子逃避处罚。根据《渎职侵权案件立案标准》的规定，帮助犯罪分子逃避处罚行为涉嫌下列情形之一的，应予立案：(1) 向犯罪分子泄露有关部门查禁犯罪活动的部署、人员、措施、时间、地点等情况的；(2) 向犯罪分子提供钱物、交通工具、通讯设备、隐藏处所等便利条件的；(3) 向犯罪分子泄露案情的；(4) 帮助、示意犯罪分子隐匿、毁灭、伪造证据，或者串供、翻供的；(5) 其他帮助犯罪分子逃避处罚应予追究刑事责任的情形。此外，根据1998年5月8日最高人民法院、最高人民检察院、公安部、国家工商行政管理局《关于依法查处盗窃、抢劫机动车案件的规定》第10条的规定，公安人员对盗窃、抢劫的机动车辆，非法提供机动车牌证或者为其取得机动车牌证提供便利，帮助犯罪分子逃避处罚的，依照本罪的规定处罚。

客体　帮助犯罪分子逃避处罚罪的客体是犯罪分子。

2. 罪责

帮助犯罪分子逃避处罚罪的罪责形式是故意。这里的故意，是指明知是帮助犯罪分子逃避处罚的行为而有意实施的主观心理状态。本罪具有帮助犯罪分子逃避处罚的目的。

（三）处罚

根据《刑法》第417条之规定，犯本罪的，处3年以下有期徒刑或者拘役；情节严重的，处3年以上10年以下有期徒刑。

加重处罚事由 犯帮助犯罪分子逃避处罚罪而情节严重的，是本罪的加重处罚事由。这里的“情节严重”，是指多次向犯罪分子或者向多名犯罪分子通风报信、提供便利的，致使罪行严重的犯罪分子逃避处罚，造成恶劣社会影响的，等等。

图书在版编目（CIP）数据

规范刑法学：教学版/陈兴良著．—2版．—北京：中国人民大学出版社，2018.12
21世纪高等院校法学系列精品教材
ISBN 978-7-300-26278-9

Ⅰ.①规… Ⅱ.①陈… Ⅲ.①刑法-法的理论-中国-高等学校-教材 Ⅳ.①D924.01

中国版本图书馆CIP数据核字（2018）第224056号

21世纪高等院校法学系列精品教材
规范刑法学（教学版）（第二版）
陈兴良　著
Guifan Xingfaxue（Jiaoxue Ban）

出版发行	中国人民大学出版社		
社　　址	北京中关村大街31号	**邮政编码**	100080
电　　话	010－62511242（总编室）		010－62511770（质管部）
	010－82501766（邮购部）		010－62514148（门市部）
	010－62515195（发行公司）		010－62515275（盗版举报）
网　　址	http://www.crup.com.cn		
经　　销	新华书店		
印　　刷	固安县铭成印刷有限公司	**版　　次**	2015年10月第1版
规　　格	185 mm×260 mm　16开本		2018年12月第2版
印　　张	24.5 插页2	**印　　次**	2021年9月第3次印刷
字　　数	630 000	**定　　价**	52.00元

《　　　　　　》※任课教师调查问卷

为了能更好地为您提供优秀的教材及良好的服务，也为了进一步提高我社法学教材出版的质量，希望您能协助我们完成本次小问卷，完成后您可以在我社网站中选择与您教学相关的 1 本教材作为今后的备选教材，我们会及时为您邮寄送达！如果您不方便邮寄，也可以申请加入我社的**法学教师 QQ 群：83961183（申请时请注明法学教师）**，然后下载本问卷填写，并发往我们指定的邮箱（cruplaw@163.com）。

邮寄地址：北京市海淀区中关村大街 31 号中国人民大学出版社 806 室收

邮　　编：100080

再次感谢您在百忙中抽出时间为我们填写这份调查问卷，您的举手之劳，将使我们获益匪浅！

基本信息及联系方式：※

姓名：＿＿＿＿＿＿　性别：＿＿＿＿＿＿　课程：＿＿＿＿＿＿＿＿＿＿

任教学校：＿＿＿＿＿＿＿＿＿＿＿＿＿　院系（所）：＿＿＿＿＿＿＿＿

邮寄地址：＿＿＿＿＿＿＿＿＿＿＿＿＿　邮编：＿＿＿＿＿＿＿＿＿＿

电话（办公）：＿＿＿＿＿＿　手机：＿＿＿＿＿＿　电子邮件：＿＿＿＿＿＿

调查问卷：※

1. 您认为图书的哪类特性对您使用教材最有影响力？（　　）（可多选，按重要性排序）

   A. 各级规划教材、获奖教材　　B. 知名作者教材

   C. 完善的配套资源　　D. 自编教材

   E. 行政命令

2. 在教材配套资源中，您最需要哪些？（　　）（可多选，按重要性排序）

   A. 电子教案　　B. 教学案例

   C. 教学视频　　D. 配套习题、模拟试卷

3. 您对于本书的评价如何？（　　）

   A. 该书目前仍符合教学要求，表现不错将继续采用。

   B. 该书的配套资源需要改进，才会继续使用。

   C. 该书需要在内容或实例更新再版后才能满足我的教学，才会继续使用。

   D. 该书与同类教材差距很大，不准备继续采用了。

4. 从您的教学出发，谈谈对本书的改进建议：＿＿＿＿＿＿＿＿＿＿＿＿＿＿

＿＿＿＿＿＿＿＿＿＿＿＿＿＿＿＿＿＿＿＿＿＿＿＿＿＿＿＿＿＿＿＿＿＿

＿＿＿＿＿＿＿＿＿＿＿＿＿＿＿＿＿＿＿＿＿＿＿＿＿＿＿＿＿＿＿＿＿＿

选题征集：如果您有好的选题或出版需求，欢迎您联系我们：

联系人：黄　强　联系电话：010-62515955

索取样书：书名：＿＿＿＿＿＿＿＿＿＿＿＿＿＿＿＿＿＿＿＿＿＿＿＿

书号：＿＿＿＿＿＿＿＿＿＿＿＿＿＿＿＿＿＿＿＿＿＿＿＿＿＿＿＿＿＿

备注：※ 为必填项。